雨花年鉴 2015

YUHUA ALMANAC

长沙市雨花区年鉴编纂委员会 编

方志出版社
Publishing House of Local Records

图书在版编目(CIP)数据

雨花年鉴. 2015 / 长沙市雨花区年鉴编纂委员会编
-- 北京：方志出版社，2016.4
ISBN 978-7-5144-1988-7

Ⅰ. ①雨… Ⅱ. ①长… Ⅲ. ①区（城市）—长沙市—2015—年鉴 Ⅳ. ①Z526.41

中国版本图书馆 CIP 数据核字(2016)第 094165 号

雨花年鉴（2015）

编　　者：长沙市雨花区年鉴编纂委员会
责任编辑：齐　笑

出 版 人：冀祥德
出 版 者：方志出版社
地址　北京市朝阳区潘家园东里 9 号(国家方志馆 4 层)
邮编　100021
网址　http://www.fzph.org
发　　行：方志出版社发行中心
电话(010)67110500
经　　销：各地新华书店
印　　刷：长沙市雅捷印务有限公司

开　　本：889×1194　1/16
印　　张：28.5
字　　数：832 千字
版　　次：2016 年 4 月第 1 版　2016 年 4 月第 1 次印刷
印　　数：001～1200 册

ISBN 978-7-5144-1988-7　定价：120.00 元

领导考察

2014年 4月29日，湖南省委书记、省人大常委会主任徐守盛（左二），省委副书记、省长杜家毫（右二）出席长沙地铁2号线试运营仪式

2014年12月13日，国务院副秘书长、国家信访局局长舒晓琴（中）调研雨花区

2014年12月4日，国家禁毒委委员、司法部副部长张苏军（右）考察雨花区司法工作

2014年11月1日，民政部副部长窦玉沛（中）参观政院社区“老首长工作室”

2014年6月20日，国家信访局副局长范小毛（左一）考察雨花区

2014年 4月1日，湖南省委常委、长沙市委书记易炼红（左二）调研长沙雨花经济开发区

2014年 2月24日，湖南省军区司令员黄跃进（中）检查指导高桥街道民兵预备役工作

2014年4月15日，湖南省副省长黄兰香（左四）调研长沙比亚迪公司

2014年1月6日，长沙市委副书记、代市长胡衡华（中）调研雨花区项目建设

2014年1月30日，长沙市委副书记张值恒(左三）督查黎锦苑安全生产

2014年11月27日，长沙市人大常委会主任袁观清（前排右一）考察雨花区截污治理工作

2014年12月15日，长沙市政协主席范小新（右）考察康盛科技公司

2014年4月1日，长沙市委常委、宣传部部长张湘涛（中）到东塘街道调研

2014年9月30日，长沙市委常委、常务副市长陈泽珲（右二）调研侯家塘街道停车场建设

2014年7月4日，长沙市委常委、副市长张迎春（右二）调研商事改革

2014年8月22日，长沙市人大常委会副主任、长沙市安居工程领导小组常务副组长刘新程（左三）现场调研劳动路跨京广铁路桥改造项目工程

领导风采

区委书记 周杏武

区委书记、区长邱继兴

区委副书记、代区长 张能峰

区委副书记 汪 娟

区人大常委会主任 龚景顺

2014年1月3日，在雨花区四届人大二次会议上。左起李电辉、邱继兴、周杏武、龚景顺、汪娟

区政协主席 李电晖

区委常委、长沙雨花经济开发区党工委书记 杜旭辉

区委常委、组织部部长、统战部部长 冯聪龙

区委常委、纪委书记 王清政

区委常委、区委办主任 黄文先

区委常委、宣传部部长 何托林

区委常委、政法委书记 王维宁

区委常委、常务副区长 王雄文

区委常委、副区长 罗予武

2014年1月28日，区委书记周杏武（前排左一）督查安全生产

2014年5月11日，区委书记、区长邱继兴（中）调研区重点产业项目

2014年11月5日，区委副书记、代区长张能峰（中）调研雨花经开区

2014年5月7日，区人大常委会主任龚景顺（中）现场调研左家塘街道东方服饰广场

2014年5月28日，区政协主席（右三）李电晖考察项目建设

2014年5月15日，区委副书记汪娟调研左家塘街道红花坡社区群众工作

副区长　王清华

副区长　余宏卿

副区长　李国军

副区长　陈怀宇

副区长　谭应林

重要会议

2014年6月29日，雨花区委四届十八次暨区政府四届二次全体（扩大）会议

2014年6月10日，雨花区全面建成小康社会暨现代服务业工作推进会

2014年1月7日，雨花区群众路线教育实践活动工作务虚会

2014年3月13日，雨花区党的群众路线教育实践活动动员大会

2014年4月4日，雨花区党务工作暨绩效考核讲评大会

2014年11月19日，全区党建工作会议

2014年1月3日，长沙市雨花区第四届人民代表大会第二次会议

2014年1月2日，政协长沙市雨花区第四届委员会第二次会议

2014年2月22日，雨花区2014年经济工作会议

2014年3月7日，雨花区2014年卫生工作大会

魅力雨花

全国社区治理和服务创新实验区

全国义务教育发展基本均衡县（市、区）

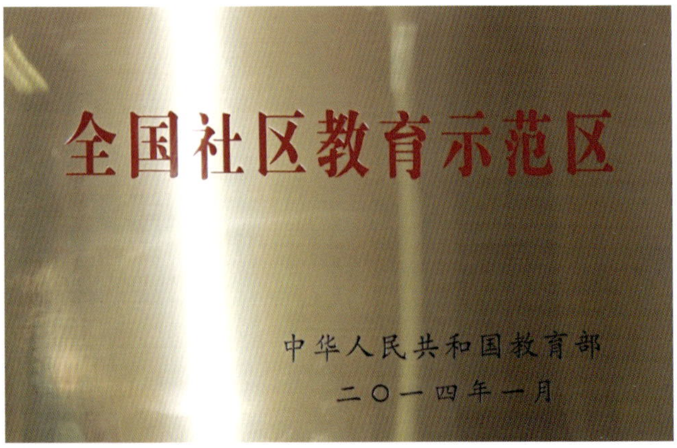

全国社区教育示范区

樱花迎客

① ②

③

①高铁长沙南站
②沪昆高铁长沙南站
③沪昆高铁

武广高铁

劳动路跨京广铁路桥

地铁杜花路站

长沙黎托综合客运枢纽（外景）

长沙黎托综合客运枢纽（内景）

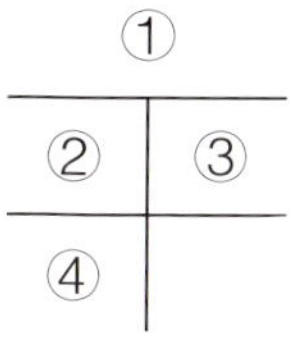

①汽车南站
②长沙大道
③万家丽南路
④时代阳光大道

韶山路

韶山路街景

沙湾路

芙蓉路

建设中的沙湾路跨圭塘河钢桥和紧邻的老圭塘河桥

花侯路

洞井路

天际岭

体育新城

喜盈门范城

圭塘河景观

圭塘河

城中村改造样板　　高升社区

提质改造后的枫树山社区

老旧社区改造　　牛角塘小区

长沙锁厂棚改

农村拆迁保障住房星城新宇·桃花苑项目一期

比亚迪集团光伏发电屋顶

湖南路桥公司

太阳能光伏发电楼道照明系统

三年造绿大行动——义务植树

住宅小区

实力雨花

长沙雨花经济开发区

长沙比亚迪汽车公司

工业机器人

长沙职教基地

汽车工业学校

①高桥商圈
②高桥酒店用品城
③高桥酒水商城
④高桥街景

中部地区唯一的“中国优秀示范市场”—— 湖南高桥大市场

湖南信息园建设项目奠基

潇影大楼

东塘商圈

友谊商城

顺天国际财富中心

红星商圈

市民逛农博会

红星国际会展中心

“洋妞遛土猪”现场

农博会开幕式

雨花区文化产业示范基地

文化雨花

写春联

街道群众文化节

群众文化节

广场舞

①文艺汇演
②快 闪
③班级歌唱比赛
④学跳广场舞

音乐电视拍摄

洞井龙舞

农博会闭幕式

惠民乐购雨花房产节

2014中华茶祖节

茶艺表演

文物保护培训

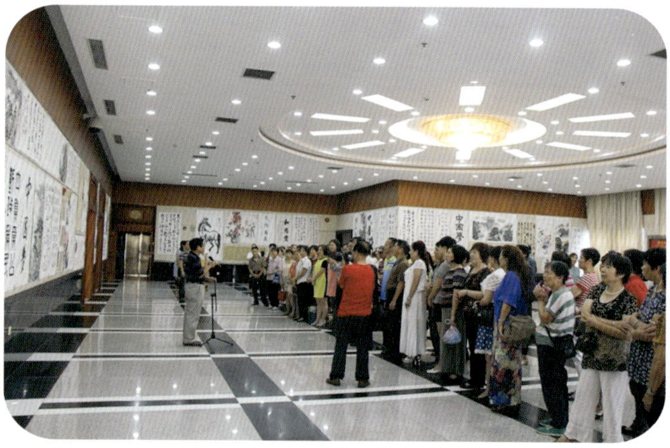

社区书画作品展

图书馆猜谜语

文化传承进校园

全国中小学行楷字教学研讨会

知识产权进校园

社区科普

理论学习

科技活动周启动仪式

“多彩植物园、欢乐伴我行”主题寒假活动

侯家塘街道麻园湾社区“执子对弈国学少年”暑期围棋培训班

篮球比赛

足球联赛

跳绳比赛

区直机关工会棋牌赛

社区活动

湖南省第十届大学生运动会

对口支教

华裔青少年『潇湘文化行』秋令营

义卖抗战花

悦读东塘10分钟读书圈

雅礼中学首位被英国剑桥大学录取的黄雨桐（中）

法治雨花

向宪法宣誓

国家宪法日宣传

法治文化

平均年龄67岁的华银园小区“银发先锋队”

青少年法制教育

安全知识培训

《中华人民共和国职业病防治法》宣传

①安全乘电梯宣传
②禁毒宣传
③药品管理
④督查高校食堂

文化市场整治

打击非法出版物

饮用水检测

春运督查

特种设备检查

夜查渣土车

地铁站消防演习

地铁应急演练

东山街道专职消防队

消防演习

地铁反恐演练

社区筹委会选举

全省各县（市、区）司法局局长参观学习雨花区司法所规范化建设

的士排队进入候客区

鲁爷爷工作室

孟妈妈青少年保护家园

和谐雨花

慰问劳动模范

邱继兴看望邓悦家属

王维宁慰问病故民警李杨的妻子朱晋

看望95岁空巢老人

看望困难老人

喜盈门国际广场，为94岁抗战老兵张默坚老人爱心义卖活动现场

慰问特困环卫工人

关爱智障人士

智障人士游地铁

助残圆梦

关爱自闭症儿童

“美丽长沙、美德先行——长沙幸福家庭公益大讲坛”

“爱苗护学”

长沙首支家长护学志愿队

志愿服务

清洁城市

道路清洗

洗尘护绿

春运志愿服务

两型生活主题宣传志愿活动

雷锋超市

素质教育营地

区直机关少儿夏令营

免费游泳池

问候国庆

爱的火车票

大学生就业指导

公益爱心行动

关注大学生就业

水岸天际小区“百家宴”

福利院元宵节

雨花福利中心

关爱社区矫正对象

同心银行

妇女儿童工作座谈会

亲子活动

国民体质监测

环卫工人拾金不昧

雨花区（台北）经贸交流合作座谈会

政企合作

经验交流

品牌党建

社区党课

区直机关工委“助老助残”

区教育局“名师孵化工程”

区环保局“环保课堂”

东山街道“全程服务所”

东塘街道“百事通工程”

东塘街道“5280（我来帮您）”

砂子塘街道“一事一议三评”

侯家塘街道社区治理“345”工作法

华翼府商务楼宇党委“百企联建”

井湾子街道“幸福里”工程

洞井街道“同心梦工厂”

同升街道“同心圆”

数据雨花

地区生产总值

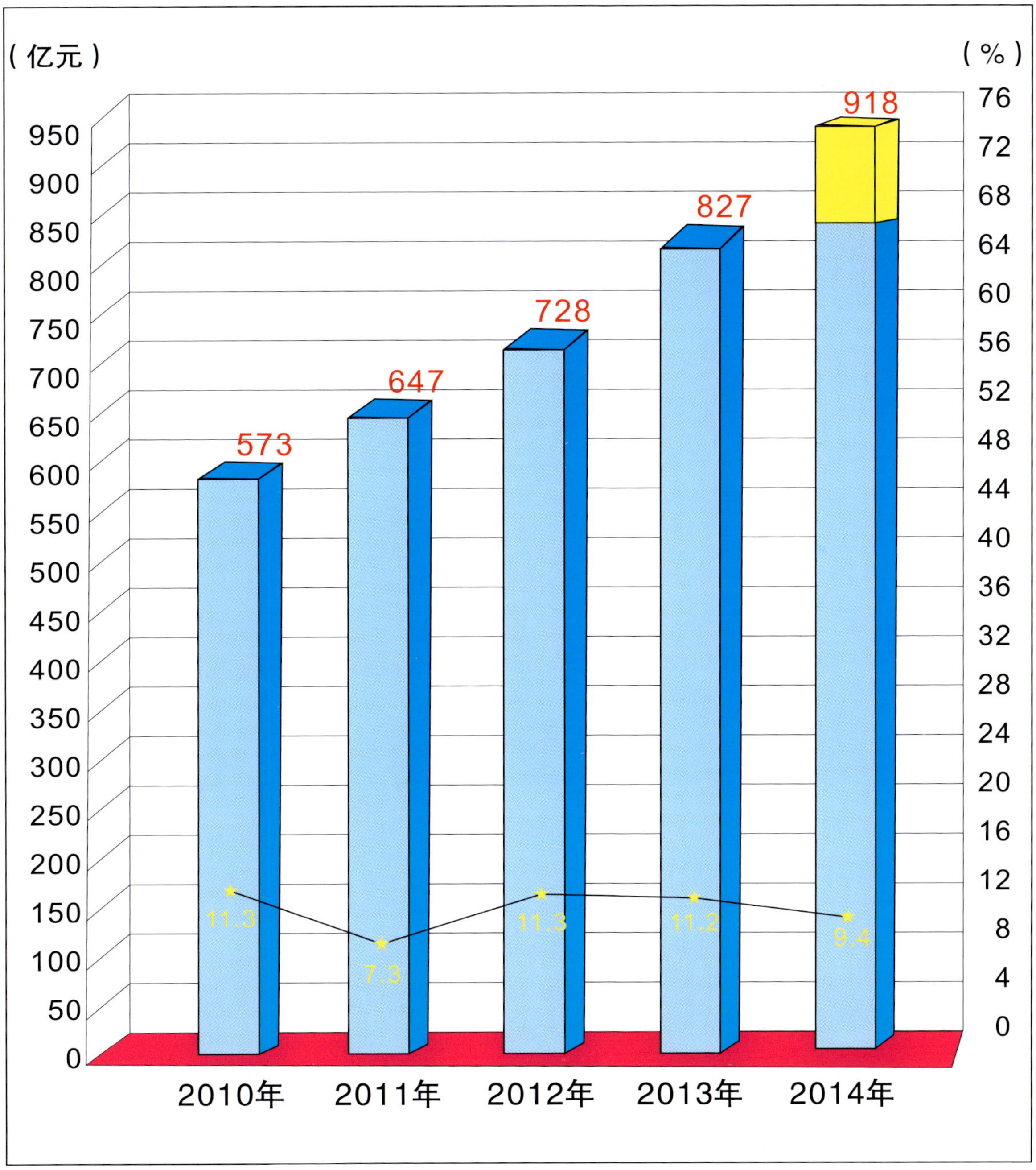
（亿元）
（%）
950
900
850
800
750
700
650
600
550
500
450
400
350
300
250
200
150
100
50
0
76
72
68
64
60
56
52
48
44
40
36
32
28
24
20
16
12
8
4
0
573
647
728
827
918
11.3
7.3
11.3
11.2
9.4
2010年
2011年
2012年
2013年
2014年

规模工业总产值

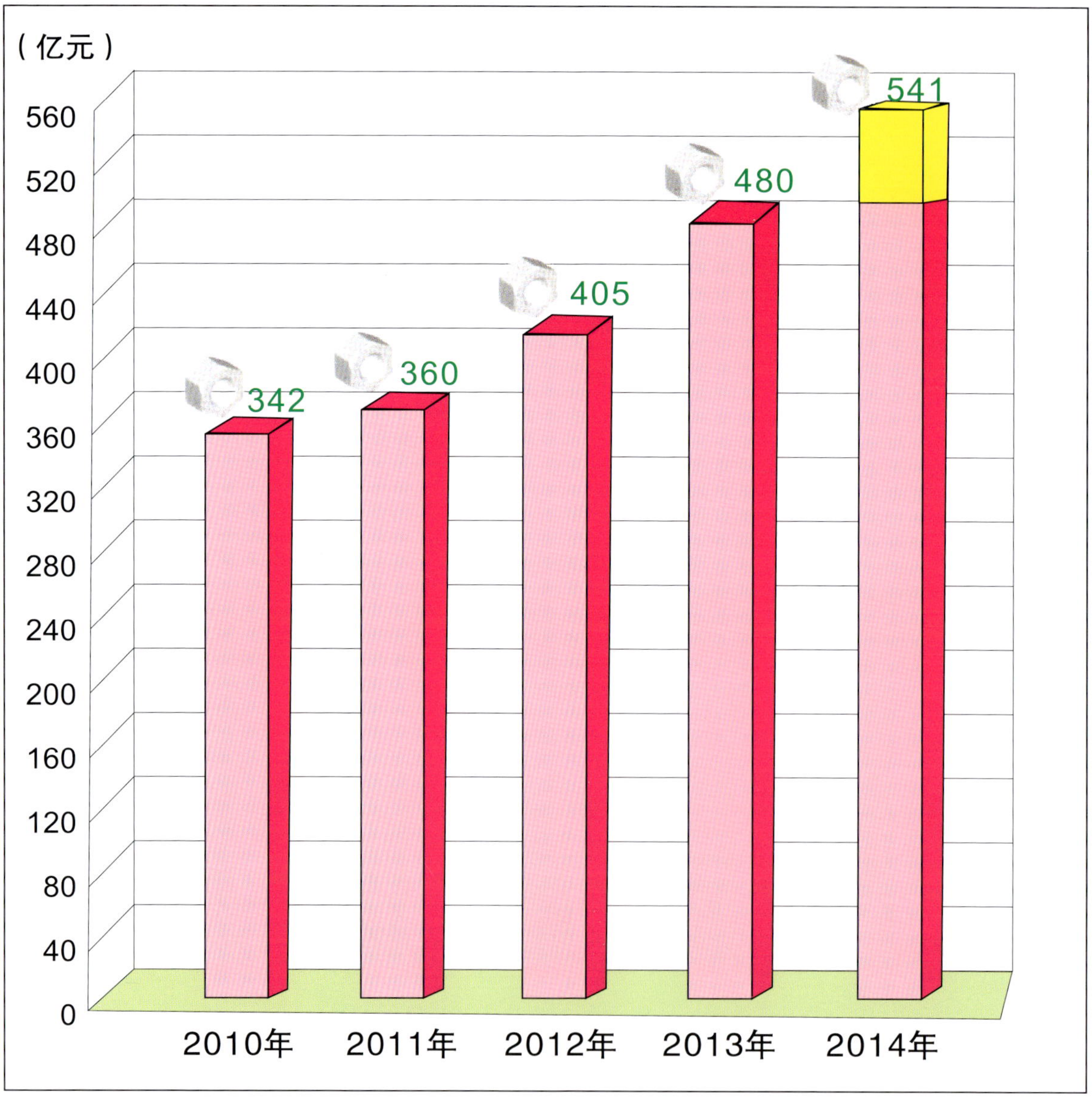
（亿元）
560
520
480
440
400
360
320
280
240
200
160
120
80
40
0
342
360
405
480
541
2010年
2011年
2012年
2013年
2014年

全社会固定资产投资

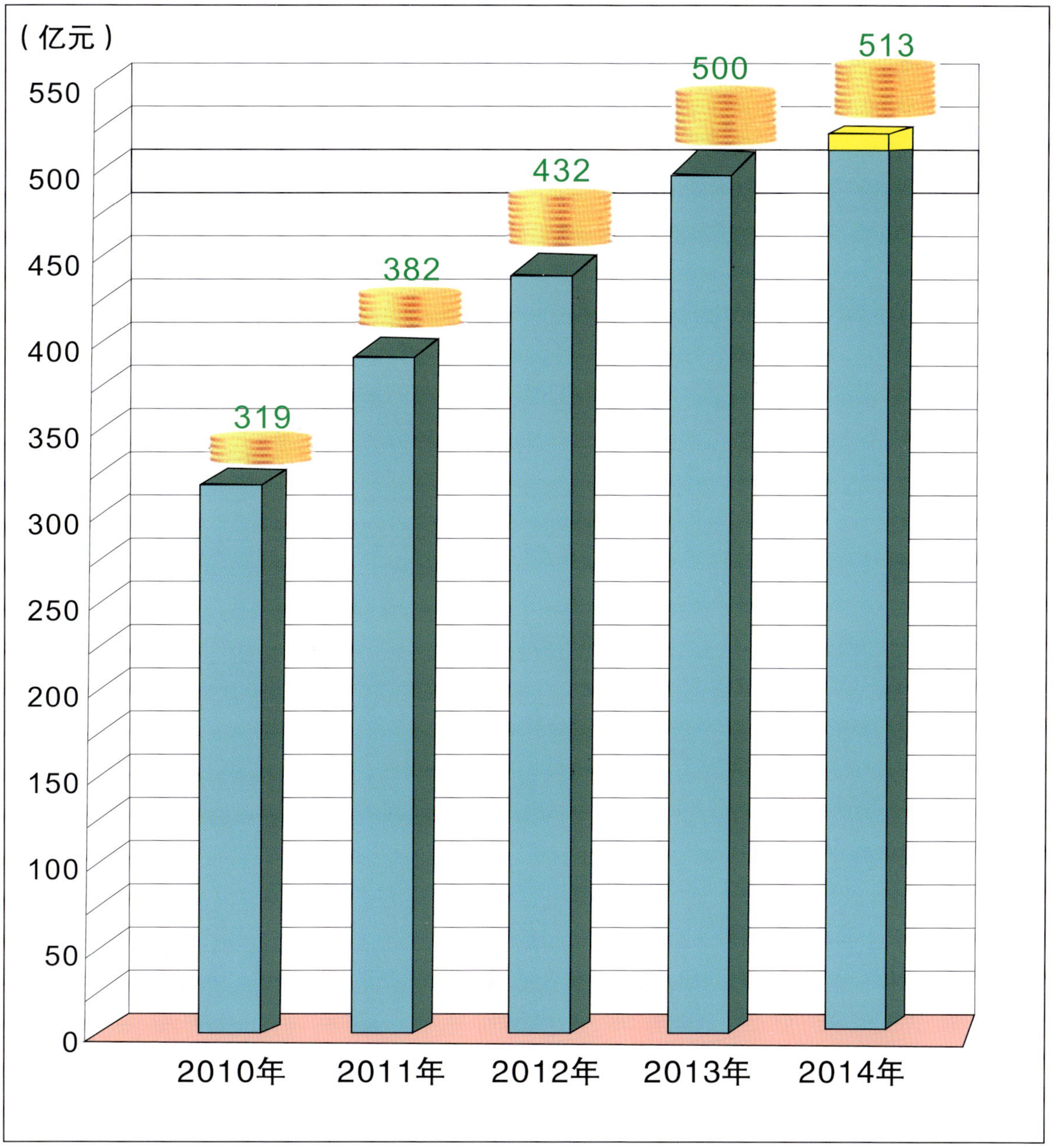

说明：因投资制度及统计方法改革，2014年投资额名义净增13亿元，实际比上半年增长18.2%

社会消费品零售总额

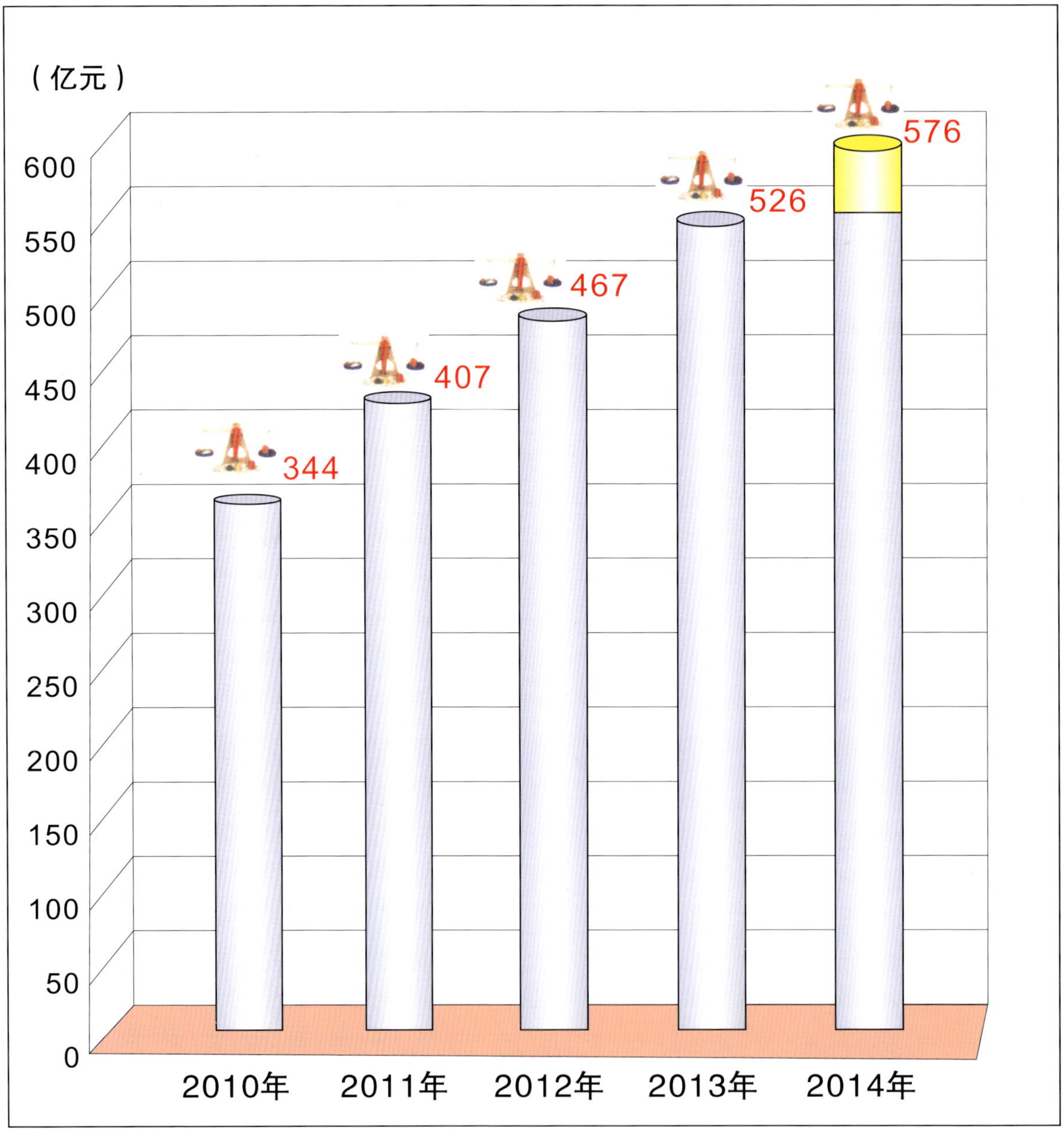
（亿元）
600
550
500
450
400
350
300
250
200
150
100
50
0
344
407
467
526
576
2010年
2011年
2012年
2013年
2014年

地方财政公共预算收入总额

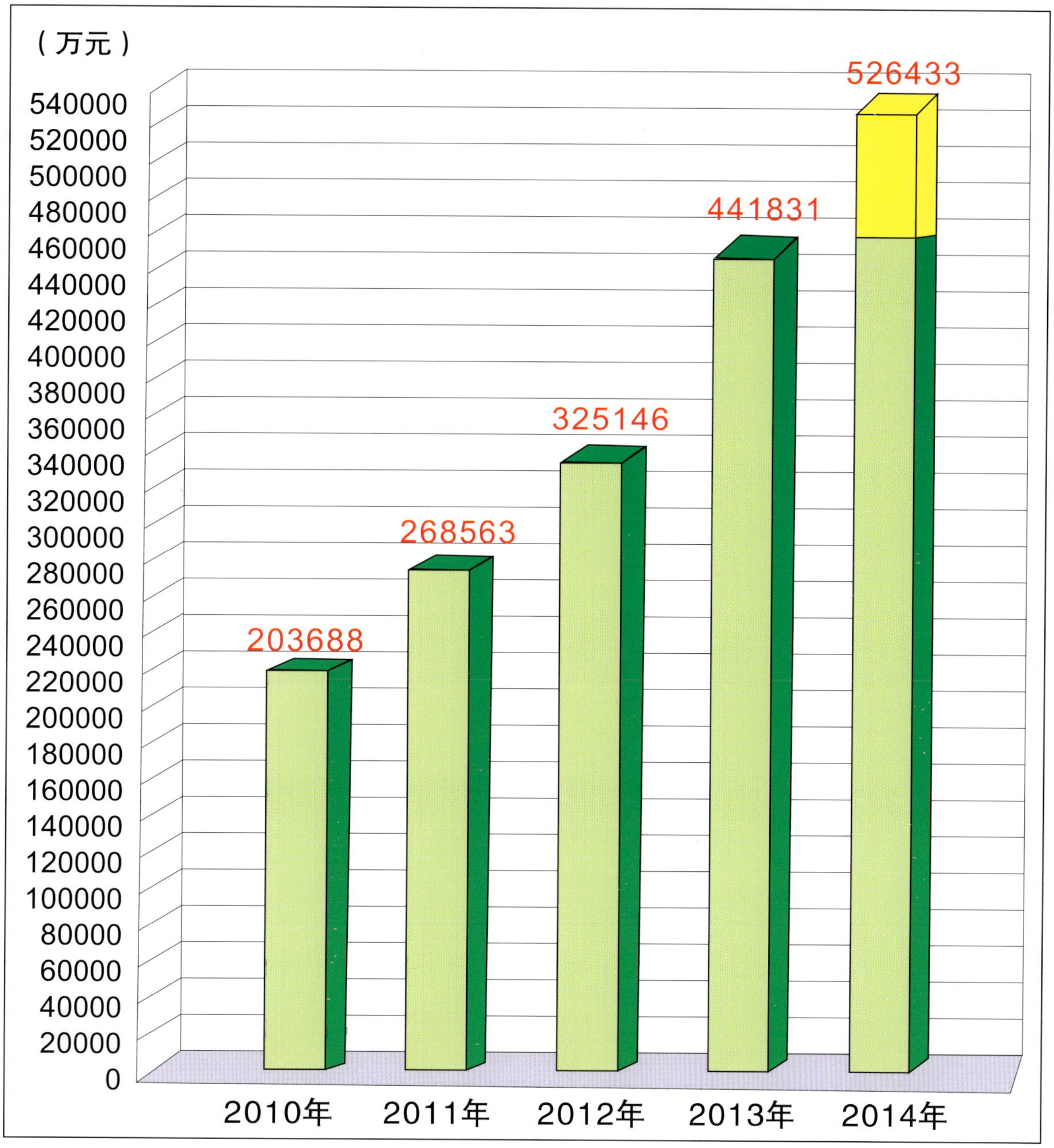

城镇居民人均可支配收入

单位:元

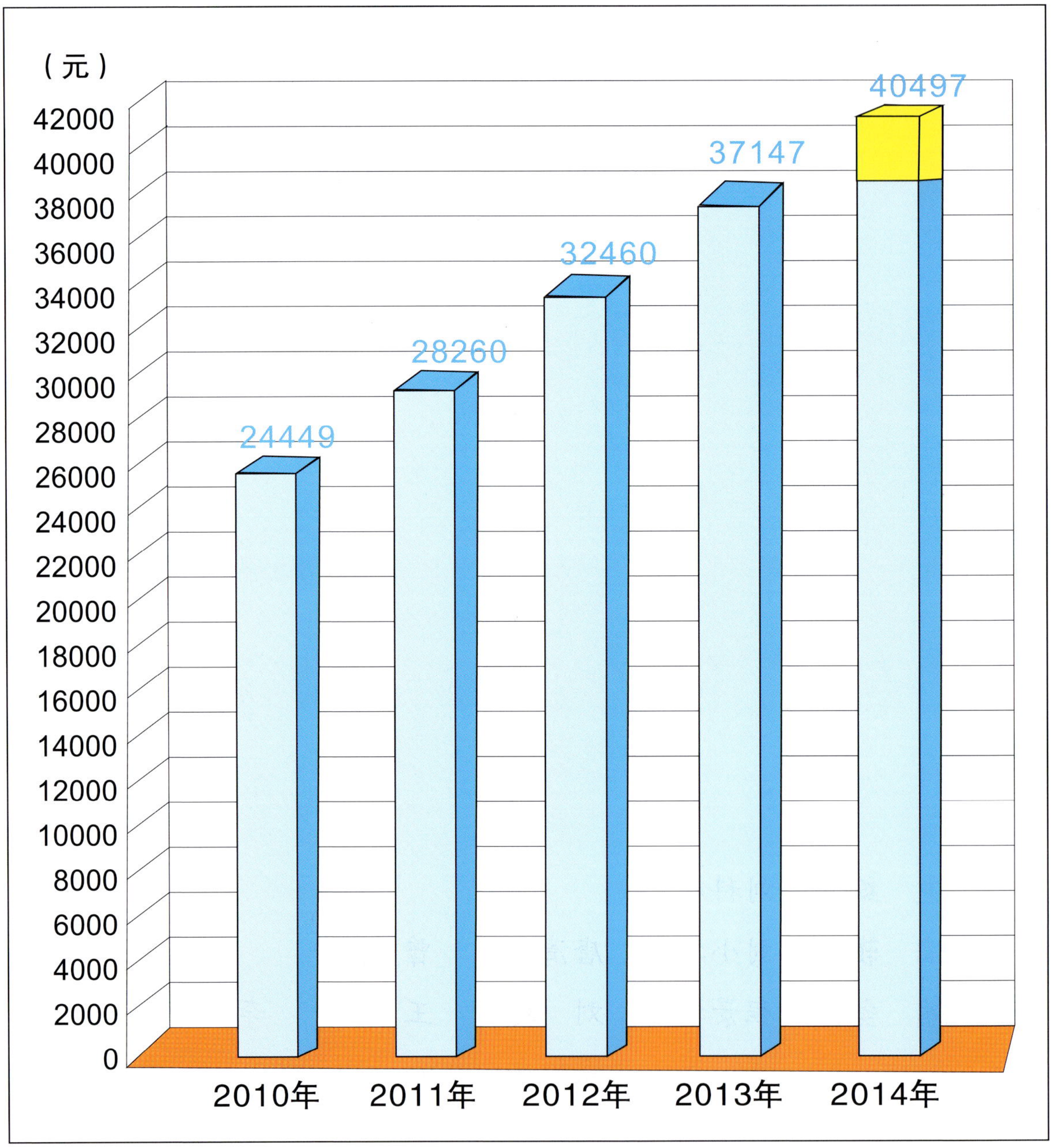

《雨花年鉴》编纂委员会

《雨花年鉴（2015）》编辑部

《雨花年鉴(2015)》组稿人员

（按篇目顺序排列）

殷　浩	钟之兴	杨小军	王晓华	周智婷	向　斌	丁雨晨	叶　坚
沈　敏	胡炜阳	刘　莎	柳美丽	刘　娟	邹希敏	陈福湘	李　奕
刘青帝	唐清明	石曙红	徐科华	陈　伟	刘小龙	刘　娜	孙　琴
刘　丽	罗　宁	陈　芳	周洪灵	杨胜艳	刘泳麟	刘双果	黄　坚
凌　敏	李　娟	罗　富	戴　鹰	曾　慧	易海清	范年慧	田小青
刘艳芳	杨新明	刘　艺	魏小晓	杨　柳	凌艳辉	徐　越	王　卓
秦高辉	熊婷婷	何少华	王　莎	余卫东	邓　星	王　媛	朱楚红
雷浩淼	彭　千	梁　坤	陈　静	陆红连	伍　君	石　懿	周永平
廖继波	谢　琴	刘新飞	于再海	易　佳	邹学镜	刘　鉴	赵秀梅
彭炬勋	周立新	王　鑫	柯　戈	颜　丹	袁　首	李　欣	俞　雯
刘超超	周　慧	王慧娟	李　铮	李灵芝	张　妙	刘　庆	易　燕
陈亮友	刘丽香	陈　婷	蔡丽琴	邓　辉	赵　佩	肖梦佳	骆　毅
黄　娜	杨　婷	仇　莹	陈　清	唐莹芳	谭文姣	赵　芳	胡　蝶
余素梅	何兵生	刘子溶	黄靖宇	靳　文	刘振球	唐天明	于向光
张　静	尹　平	张剑屏	谢姣梅	汤亚子	黄新明	王赞谊	黄　江
杨欣霖	杨　珊	邓颖晴	龚德文	王　卓	姜佳妮	刘响玲	郑　琼
杨春光	谢宇慧	卢金慧	刘伊祉	周巧兰	肖　嘉	王　艳	周李琦
王　勇	周　知	张　欣	彭小翠				

编 辑 说 明

一、《雨花年鉴》是在中共长沙市雨花区委员会领导下，由雨花区人民政府主办、区史志档案局编纂的系统反映雨花自然、政治、经济、文化、社会等方面情况的年度资料性文献。《雨花年鉴(2015)》记载了2014年全区各部门、各行业的主要工作、重要事件，收录若干文献和统计资料，所载资料全面、系统、翔实、准确，是了解雨花区的权威性工具书。

二、本卷年鉴编纂，以马列主义，毛泽东思想和邓小平理论、"三个代表"重要思想和科学发展观为指导，坚持辩证唯物主义和历史唯物主义的观点和方法，实事求是、秉笔直书，力求思想性、科学性和资料性的统一。

三、本卷年鉴采用分类编辑法。设部目、分目、条目3个层次，部分分目下设子目，条目为记述基本层次。正文体例有概况、条目、附录、资料、图表等，以条目为主体。

四、本卷年鉴均由各部门专人撰写，领导审核，年鉴编辑部编辑人员加工整理后再反馈原单位核对，最后由编委会定稿。统计资料由区统计局提供。文稿中有些地区性、部门性数据，由于统计口径不同等原因，与统计局公布的可能不完全一致，请读者在查阅和引用时注意。

四、本卷年鉴资料收录时间为2014年1月1日至2014年12月31日；县级以上领导和区直单位、各街道负责干部名单以2014年12月31日在职者为准，有任免的分别予以注明。

五、本卷年鉴的编辑出版，得到全区各单位的积极配合，本年鉴所有图照，均来自相关单位的无私奉献，在此深表谢意，恳请广大读者和各方面人士提出宝贵意见，使《雨花年鉴》更臻完善。

目 录

要 闻

调研考察雨花区

重大活动

重大事件

大事记

雨花区概况

中共雨花区委员会

雨花区人民代表大会

雨花区人民政府

政协雨花区委员会

民主党派

社会团体

武　装

城乡建设

城市管理

园区建设

雨花经开区

雨花现代电子商务产业园

经济监督管理

宏观经济管理

统计

审计

工　业

农业·林业·水利

商务·服务业

财政·税收·金融

教育·科技

文化·体育

卫生医疗

社会生活

街道

人　物

2014 年统计资料

文献选录

附　录

索　引

Main Contents

Important News

Chronicle of Events

Overviews of Yuhua District

Yuhua District Committee of the CPC

Yuhua District Standing Committee of People's Congress

Yuhua District People's Government

Yuhua District Committee of the CPPCC

Democratic Parties

Social Groups

Rule of Law

Local Military

Urban Construction

Urban Management

Industrial Park Construction

Economic Management and Supervision

Industry

Agriculture & Forestry & Water Conservation

Business & Service

Finance & Taxation & banking

Education & Science and Technology

Culture & Sports

Health Care

Social Life

Street

Figures

Statistics

Selecting Literature

Appendix

Indexes

要　闻

调研考察雨花区

【李克强考察长沙高铁】 2014年7月3日，中共中央政治局常委、国务院总理李克强考察沪昆高铁长沙南站施工现场，踏着凹凸不平的道床石子察看铺设好的钢轨。该铁路建成后将是国内东西向里程最长的高铁，使上海至昆明时间缩短28小时。李克强说，它不仅会缩短东西部的地理距离，也将拉近沿途百姓的心理距离，带动沿线发展，促进社会公平。该铁路穿越秦巴、武陵和六盘水山区等贫困地区，将带动大山深处的农民走出山区，寻求新发展。李克强对现场工人说，你们干的事业很了不起，正在创造中国新的速度，是国家的大功臣。你们既是高铁建设者，也将会是受益者。听到负责人介绍设备已出口海外，长期着力向海外“推销”中国装备的李克强高兴地说：“中国装备、中国标准走出国门，既带动经济发展，也扬了中国人的志气！” （柳　旻）

【舒晓琴调研信访工作】 2014年12月13日，国务院副秘书长、国家信访局局长舒晓琴在长沙调研，副省长戴道晋，省政府副秘书长虢正贵，省政府副秘书长、省信访局局长张严，市委常委、常务副市长陈泽珲陪同调研。舒晓琴一行先后到岳麓区和雨花区实地查看。在雨花区人民来访接待中心，舒晓琴详细了解雨花区网络信访流程。雨花区网络信访平台延伸至大多数区直部门和街道，实现网上投诉、流转、办理、回复，高效快速。舒晓琴对此充分肯定，她强调，要克服各自为政，通过信息化建设，有效整合各方资源和社会力量，创新社会治理的方式方法，把“社会治理”的大概念，落实到解决与人民群众息息相关的“小事情”和社会方方面面相关的具体事情中去。 （柳　旻）

【张苏军考察司法工作】 2014年12月4日，国家禁毒委委员、司法部副部长张苏军率国家禁毒委督导组一行到黎托街道考察雨花区禁毒工作与司法工作开展情况。督导组在办公大厅观看街道禁毒工作成果展示，考察黎托司法所相关工作，并听取街道的相关工作汇报。省政府副秘书长、省禁毒委员会副主任虢正贵，省公安厅党委副书记、副厅长袁友方，省禁毒办常务副主任、省公安厅禁毒总队总队长董瑛，省禁毒办专职副主任朱付建，市禁毒委主任李介德，副主任王伟胜、魏华松、欧益科，区领导邱继兴、张能峰、王维宁等全程陪同。 （徐　越）

【窦玉沛考察民政工作】 2014年3月13日，民政部副部长窦玉沛在省民政厅副厅长唐白玉、邓磊，市政府副市长黎石秋，市民政局局长曹再兴等陪同下，参观雨花区普亲冯家冲社区老年养护站的失能老人生活区、活动室、康复室、社区老人日间照料照中心等，观看“普亲养老模式”专题PPT汇报，对雨花区的养老工作及普亲模式给予肯定，并提出普亲模式是符合中国国情的养老服务模式。

11月13日、14日，窦玉沛率由国家五部委组成的督查组一行7人督查长沙市社区公共服务综合信息平台建设工作。13日，在湖南宾馆举行工作汇报会。市委副书记、市长胡衡华出席接待活动，省民政厅、发改委、工信厅、财政厅有关领导汇报工作情况，黎石秋代表长沙市政府做工作汇报，区委书记邱继兴以社区公共服务综合信息平台建设为重点向督查组汇报雨花区实验区建设进展情况。14 日,雨花区代表长沙市接受督查组的实地督查。省政府副秘书长虢正贵,省民政厅厅长段林毅、副厅长李劲夫、副市长黎石秋,市政府副秘书长曾慧明,市民政局局长曹再兴,区委副书记、代区长张能峰,副区长陈怀宇陪同考察。窦玉沛一行实地考察侯家塘街道韶山路社区“邻里坊”综合服务中心暨社区社会组织孵化基地和“桑榆舒苑”居家养老日间照料中心等服务阵地,听取社区工作人员介绍情况,询问社区在社区治理与服务创新、社会组织培育发展等方面的工作情况;考察东塘街道政院社区办公阵地、社会组织建设情况,对政院社区以“老首长工作室”为引领的群众自助互助、核心价值观宣教的草根社会组织给予肯定;到东塘街道社会组织发展扶持中心和东塘街道政务中心,详细了解东塘街道对于社区公共服务综合信息平台试点运行所做的准备工作,通过听取汇报、查阅资料、实地走访测评等方式,了解雨花区将综合信息平台建设作为基层社会治理和服务系统建设基础创新工程所取得明显成效和阶段性成果。实地考察结束后,窦玉沛代表督查组就督查情况在东塘街道五楼会议室向湖南省进行反馈,充分肯定“社区引导—协会服务—居民参与”的社区治理和服务新模式,指出,雨花区全国社区建设和服务创新实验区工作,尤其是社区公共服务综合信息平台建设工作具有“党委政府重视、加强制度建设、聚焦治理创新”三个突出特点,希望雨花区能进一步在发挥试验区先行先试的独特优势上下功夫,在向社区延伸、向家庭拓展上下功夫,为广大群众谋福祉。(柳　旻)

【范小毛到雨花区调研信访工作】 2014 年 6 月 20 日,国家信访局副局长、党组成员范小毛到区进行信访工作调研。调研组一行参观区人民来访接待中心,随后召开座谈会。区委书记邱继兴向调研组介绍雨花区区情,汇报信访工作情况。参会人员就信访工作现状、存在的问题、意见建议等方面进行深入探讨交流。省政府副秘书长、省联席办主任、省信访局局长张严,长沙市人民政府副秘书长、市信访局党组书记、局长周春晖,区委书记、区长邱继兴,区委副书记汪娟,区委常委、区政府常务副区长王雄文,区委常委、政法委书记王维宁,区信访局全体班子成员陪同调研。(刘青帝)

【孙金龙一行调研城中村改造】 2014 年 7 月 2 日,省委副书记孙金龙,省委常委、省长株潭“两型社会”建设综合配套改革试验区工委书记张文雄,长沙市委副书记、市长胡衡华,市委副书记张迎龙在雨花区委书记、区长邱继兴,区委副书记汪娟等陪同下到洞井街道高升社区调研城中村改造工作。考察组一行察看社区宣传长廊、市民文化广场,深入高升安置小区实地察看城中村改造和被征地农民安置情况,并在社区服务中心各窗口详细了解社区党建、计生、文化以及社会救助、住房保障等工作开展情况。高升社区作为典型的城中村改造社区,从整村拆迁开始在农民生产方式、农民精神面貌、农民生活条件以及社区管理方式上发生显著变化,完成由“有女莫嫁洞井铺”到“有女盼嫁洞井铺”的蝶变,为全省全国城中村改造工作提供先进经验。(柳　旻)

【孙金龙看望老红军】 2014 年 9 月 28 日,省委副书记孙金龙带领省老干局、省商务厅负责人到东塘街道华银园社区,看望 96 岁高龄的老红军张毅川。关切地询问老人的身体状况和生活情况,看到老人身体硬朗、精神矍铄,一家和睦、其乐融融,孙金龙十分高兴。他强调:敬老尊贤是中华民族的传统美德,以张老为代表的老前辈为我们创造了今天的幸福生活,让他们老有所依、老有所乐是我们应尽的责任和义务。老党员党性强、阅历广、威望高、实践经验丰富,湖南的发展进步离不开老党员的支持和帮助,希望张老能一如既往地支持关心全省工作,多提意见和建议。他叮嘱老干局、商务厅等有关部门负责,一定要从多方面进一步关心老同志,安排好他们的生活,为他们解决好实际问题。

张毅川　1933 年参加中国工农红军,1937 年 11 月加入中国共产党,曾参加长征及抗日战争,1940 年 1 月转到地方工作,中华人国共和国成立

后曾担任湖南省商业厅厅长、党组书记等职，1982年12月离休。（柳 旻）

【吴玉良调研基层党建】 2014年3月8日，中组部部务委员、全国基层党组织建设协调小组办公室主任吴玉良一行到雨花区洞井街道高升社区调研基层服务型党组织建设工作。省委常委、组织部部长郭开朗，省委组织部副部长郭树人，市委副书记张迎龙，市委组织部副部长、基层办主任陈昌佳，区委书记周杏武，区委常委、组织部部长、统战部部长冯聪龙等陪同调研。调研组一行参观高升社区党建宣传长廊、党务公开栏、党员网格管理中心，详细了解长沙党员服务网、长沙党建工作平台、长沙市党员志愿服务E平台的使用情况，一致认为，高升社区服务发展有成效、服务民生举措多，通过放大高升这个点来看雨花乃至长沙，整体党建工作水平高、亮点多、成效明显。吴玉良高度评价社区不断强化党组织领导核心作用，实现集体经济股份化、公司发展集团化、小区配套宜居化、社区管理社会化的"一强四化"高升模式，并对其扎实推进在职党员进社区、社区党组织兼职委员制和"网格化管理、组团式服务"等服务型党组织建设工作所取得的有效成果予以充分肯定。

（刘 莎）

【陈肇雄督查安全工作】 2014年8月5日，省委常委、常务副省长陈肇雄现场督查东山街道黎托社区违章建筑群拆除工作的进展情况。听取雨花区委书记、区长邱继兴关于排查治理隐患，大力推进违章建筑拆除工作的基本概况。陈肇雄提出，首先务必进一步加大力度排查各类安全隐患；其次，安全隐患务必尽快整治，违章建筑务必尽快拆除。省人民政府副秘书长张银桥，省政府督查室、省安监局、省消防总队等部门负责人；市人民政府副市长何寄华、市政府秘书长严凤枝、市安监局局长文卫红；区委常委、区委办主任黄文先，副区长余宏卿、谭应林，区安监局、区城管局、区消防大队、区交警大队、东山街道办事处等单位主要负责人陪同督查。（柳 旻）

【易炼红调研考察雨花区】 2014年4月1日，省委常委、市委书记易炼红调研长沙雨花经济开发区。市领导文树勋、何寄华参加调研。易炼红表示，雨花经开区地处长株潭三市的"绿心"地带，既是产业园区，也应该是现代化城区。要坚定不移地走低碳、低耗、低排的两型发展之路，加快园区两型化管理提标提档，实现产城高度融合，在加快转型创新发展中努力建成千亿产业园区。推进转型创新发展，园区要作为主阵地、担当主力军、打好主动仗，按照强力实施"三倍"、提升"三量"的目标，推动园区、产业、企业全面升级，加快打造长沙经济升级版。企业总部基地不仅推动了城市产业的转型升级，更带来了城市品质的提升，要积极发挥首批入驻企业的示范带动效应，一鼓作气引进更多高质量、高品位的骨干企业总部落户于此。

4月20日，省委常委、市委书记易炼红，市委副书记、市长胡衡华与市民一道试乘体验长沙地铁2号线，调研部署试运营各项准备工作。易炼红一行从地铁2号线迎宾路站入口上车，地铁一路平稳开行至杜花路站，仅耗时15分钟。随后，易炼红到市轨道交通集团控制中心，考察地铁的运营、调度、监控等工作。易炼红要求，全市各级各相关部门要以细之又细、精益求精的工作态度和作风，全力确保试运营顺利圆满、万无一失，让群众尽享地铁时代的便捷、舒适、愉悦，以此振奋全市上下的精气神，推动早日实现"率先建成'三市'、强力实施'三倍'，加快长沙现代化进程"的宏伟目标。市领导张湘涛、陈献春、钟钢、何寄华、姚英杰、刘明理参加调研。

5月9日，易炼红一行到湘能楚天集团走访调研，该企业位于雨花区侯家塘街道都市阳光商务楼宇，是湖南省商事登记制度改革后首张营业执照获得者。市领导陈泽珲、陈献春，市政府秘书长凌勤杰，市工商局负责人，区领导邱继兴、黄文先参加调研。易炼红指出，商事制度改革目的是激发和调动市场主体积极性，政府部门要放开或简化行政审批，做好该做的事情。他要求，雨花区要抓好商事主体信息化平台建设，强宣传、多调查、多研究，继续推进行政审批简化，争取商事改革走在全市前列。

7月16日,易炼红在市委常委、市委秘书长陈献春陪同下,调研雨花区经济社会发展情况。要求雨花区高起点、高标准规划,严把项目准入关,做好产城融合大文章,聚集更多人流、物流、资金流和信息流,全力建设好展示现代城市风貌的高端服务业核心区。雨花区作为交通枢纽板块,区位优势独特,商贸业态发达,要切实增强使命感、紧迫感,乘势而上推动经济社会更好更快发展。要以大规模项目建设推动经济稳定增长,以高水准的建设管理推动城市品质提升,以实打实的民生改善促进社会和谐稳定,以队伍建设的正导向激励广大干部奋发进取。

12月27日,易炼红现场督查火车南站,调研站场管理工作。易炼红一行查看正在建设的黎托中路临时停车场,要求施工方在保障质量的前提下加快建设进度,确保停车场尽早投入使用,实现乘客方便快捷换乘。各级各部门要按照"快进快出"的要求,立即拿出打通站场各条通道和周边"断头路"的时间表,赶在客流高峰期到来之前畅通站场交通微循环,全力以赴抓好站场交通组织和车辆应急分流等工作。"对违法违规行为露头就打,让严的管理变成常态。"要继续发扬敢打硬仗的精神,进一步严格执法、优化服务,确保整治成效不反弹。要求各级各有关部门,按照"环境保洁净、交通保畅通、社会保平安、服务保优质"的目标,科学调度、精心组织、强化协作,全力抓好各项工作责任的落实,全面提升站场的管理、服务水准和档次,让来到长沙的每位乘客第一眼就能感受到令人欣喜的变化,以火车南站为窗口,全面展示省会乃至湖南的良好形象。要进一步加强进出疏导,提升服务水准,推进站场管理全面提标提质,全力为旅客营造安全、便捷、舒适的出行环境。市领导陈献春、姚英杰、唐向阳、刘明理参加调研。

(柳　旻)

【李江一行督导党的群众路线教育实践活动】 2014年8月20日,省委督导组组长,全国人大内务司法委员会委员、省人大常委会原副主任、党组原书记李江,省委督导组副组长、省科技厅副巡视员周上游,市联点领导、市委常委、统战部部长文树勋,市委第二督导组组长、市委顾问、长沙学院原党委书记黄中瑞一行督导雨花区党的群众路线教育实践活动。李江一行先后到高铁南站项目及东山街道拆迁拆违现场、东塘街道政院社区和长沙比亚迪汽车有限公司实地调研,并在雨花区政府召开座谈会,雨花区委书记、区长邱继兴作活动开展情况汇报,文树勋主持会议。李江充分肯定雨花区教育实践活动取得的成效,强调,要把活动作为转变干部工作作风、促进全区经济社会发展的良好机遇,善始善终推进教育实践活动,全面推动全区各方面的发展;要紧紧抓住存在的问题认真整改,坚决反对"四风",打通联系服务群众"最后一公里"的问题,切实解决损害群众切身利益的问题;要牢牢把握群众路线教育实践活动的内涵和本质,坚持"为民务实清廉"主题,整章建制,巩固活动成效,以教育实践活动实效取信于民。

(柳　旻)

【黄跃进检查武装工作】 2014年2月24日,湖南省军区司令员黄跃进一行,在湖南陆军预备役师政委胡嘉晖、长沙警备区司令员王忠斌、区人民武装部部长宋尊德的陪同下,检查指导高桥街道湖南省预备役师高炮团修理所正规化建设工作情况。黄跃进对湖南省预备役师高炮团修理所的预备役工作给予充分肯定,强调要把预编人员调优配强,充分发挥民兵先锋作用,加强正规化阵地建设。(柳　旻)

【李友志考察节日市场】 2014年1月26日,湖南省副省长李友志率长沙市委常委、副市长张迎春,省食药局党组书记、局长肖策群考察雨花区节日市场。雨花区委书记周杏武,区委副书记、区长邱继兴,市工商局党组书记、局长卓精华,副局长圣洪兴,副调研员、雨花分局党组书记、局长王金山,分局副局长李小群、唐磊陪同考察。李友志一行到红星水果蔬菜批发市场和市场的肉品区,了解、查看市场的经营秩序和产品供应情况。到长沙步步高超市红星店,查看食品安全查询系统,指出"要抓好食品安全工作,首先就要抓好对商品进货渠道的管控,才能让消费者放心购买”。强调“食品安全重任，政府和企业都责无旁贷，企业要用心经营，政府和各有关部门要用心指导，采取切实有效的措施，给市民营造商品丰富、安全放心、秩序井然的购物环境”。（柳　旻）

【黄兰香调研比亚迪公司】 2014 年 4 月 15 日，副省长黄兰香、省政府副秘书长向曙光、省经信委副主任卓群、长沙市副市长何寄华一行调研长沙比亚迪汽车公司，雨花经开区管理委员会主任郭四军、雨花区人民政府副区长余宏卿、雨花经开区副主任邓波全程陪同。黄兰香一行详细了解比亚迪纯电动大巴总装生产线、产品性能和订单生产情况，乘坐纯电动大巴考察乘用车生产基地。在公司召开现场座谈会。比亚迪汽车公司总裁王传福汇报长沙比亚迪公司在公交电动化方面取得的成绩和在湖南推广面临的困难。黄兰香表示，鼓励社会各个阶层购买新能源汽车，能起到保护生态环境的作用，是对社会尽责，而湖南本地多选择使用新能源汽车，更是对这个产业的支持。对长沙比亚迪面临的发展难题，省政府将协调相关部门根据各自职责尽量予以解决，推动新能源汽车进入更多家庭、机关。（刘超超）

【汪鸿雁调研青少年工作】 2014 年 8 月 11 日，团中央书记处书记汪鸿雁、权益部法制处副处长胡祥、权益部协调督导处副处长滕素芬一行实地调研雨花区区域化团建、预防青少年违法犯罪工作和廖家湾社区预防青少年违法犯罪基地。实地考察黎托街道省强制隔离戒毒所、廖家湾社区“雷锋号”志愿者工作站、预防青少年违法犯罪基地、鲁爷爷爱心室、孟妈妈青护园等特色服务阵地，参观志愿者工作站、未成年人绿色网吧、青年之家，查阅青护园“家书”、受助未成年人档案等资料，全面了解孟妈妈青护园日常事务及主题活动运营情况；听取鲁遐龄老人关于鲁爷爷爱心室延安精神进校园、进社区，保护未成年人主题活动等服务模块的介绍；听取廖家湾社区团组织基本情况以及团活动开展情况、侯家塘街道区域化团建介绍、雨花区区域化团建工作介绍。汪鸿雁对雨花区预防青少年违法犯罪工作和区域化团建工作给予充分肯定，表示在今后的工作中要切实立足共青团工作实际，总结实践经验，分析研究和着力破解制约新时期共青团工作创新突破的重点和难点问题，形成一批具有较高质量的调研成果，进一步推动共青团工作的创新与发展。团省委副书记汤立斌、冯海燕，团市委书记喻志军，雨花区委书记、区长邱继兴，区委副书记汪娟，区人民政府副区长余宏卿，团区委书记黄金等陪同调研。（柳　旻）

【邹铭调研老年工作】 2014 年 9 月 15 日，民政部党组成员、全国老龄办常务副主任兼民政部优抚安置局局长邹铭在省政府副秘书长虢正贵，省民政厅党组书记、厅长段林毅，省民政厅党组成员、省老龄办主任陈毅华，省民政厅副厅长陈慈英，市民政局党委书记、局长曹再兴等陪同下，调研雨花区老年工作。区政府副区长陈怀宇、区民政局局长周敏等陪同调研。邹铭一行考察社区为老服务信息平台话务中心，观看现场系统操作，听取关于“信息平台的概况、为老服务热线、组织架构、平台建设的目标和特点、现实意义、服务内容、服务流程、服务团队、呼叫指挥中心的功能、志愿者活动、服务效果”等情况的汇报询问信息平台存在的困难，以及享受的优惠政策，对信息平台在服务众多老人的同时赢得自身的发展表示赞赏。邹铭表示，雨花区社区为老服务信息平台做出了一定的成绩，经验值得推广。他要求，省、市、区政府和老龄系统要加大对这类信息平台的扶植力度，同时引入竞争机制，让信息平台在竞争中持续发展；信息平台自身还须苦练内功，增强造血功能，拓展业务渠道，在服务社会老人取得社会效益的同时，取得应有的经济效益。（柳　旻）

【胡衡华调研雨花区】 2014 年 1 月 6 日，中共长沙市委副书记、代市长胡衡华一行实地调研雨花区项目建设情况，并听取工作汇报。胡衡华对雨花区相关工作取得的实效给予充分肯定，雨花区的工作思路，符合全市总体战略部署，“从改革转型，到提质升级，再到项目建设品质，与市里提出的率先建成‘三市’、强力实施‘三倍’，及加快现代化建设是吻合的”。“雨花的发展来势非常喜人,机遇很多,担子也很重。”“雨花区的发展空间还非常大,要继续保持打硬仗、干实事的作风”。

1月26日,中共长沙市委副书记、市长胡衡华、副市长何寄华、市政协副主席、市交通运输局局长刘明理等领导带队,市公安局、市安监局等部门联合督查雨花区春运工作,检查汽车南站站内秩序、三品检查、车辆安全,听取黎托高速汽车站、长沙火车南站基本情况的介绍,检查两站相关部位,要求3个客运站主要负责人督促员工认真履行工作职责,做好应急预案,确保旅客平安返乡。区委书记周杏武,区委副书记、区长邱继兴,副区长邹犇淼陪同检查。

2月24日,胡衡华一行在雨花区副区长、公安分局局长谭应林,高桥街道工委书记吴平辉、工委副书记周佳祥的陪同下,考察高桥派出所治安防控建设情况。

4月12日,胡衡华在副市长姚英杰、办公厅副秘书长王伟胜的陪同下考察雨花区浏阳河、圭塘河流域污染治理工作,考察花桥污水处理厂二期、川河北路拆迁情况以及雨花污水处理厂项目建设情况,详细听取雨花区两河流域污染治理工作的总体进展,并询问当前存在的主要问题和困难。胡衡华充分肯定前段项目拆迁、建设工作,同时要求相关责任单位要加强协调、密切配合,严格按照项目时间节点开展工作,确保全市湘江流域污染截污工程建设任务按期完成。区委副书记、区长邱继兴,区委常委、经开区工委书记杜旭辉,区委常委、副区长罗予武,经开区管委会主任郭四军等陪同考察。

4月15日,胡衡华率副市长何寄华、夏建平,市政协副主席、市交通局局长刘明理,市政府秘书长凌勤杰,副秘书长严凤枝、蒋集政,及市发改委、市工信委、市科技局、市财政局、市物价局、市电业局等部门主要负责人赴长沙雨花经开区调研,先后到长泰机器人、晓光模具、长沙比亚迪汽车等企业的一线生产车间,深入了解了各企业的生产经营情况。胡衡华强调园区要按“三市三倍”的目标,加强服务,加快产业升级的步伐。雨花区委副书记、区长邱继兴,区委常委、雨花经开区党工委书记杜旭辉,雨花经开区党工委副书记、管委会主任郭四军,副区长余宏卿等全程陪同。

5月19日,胡衡华,副市长黎石秋,市政府秘书长凌勤杰、副秘书长郑耀频、曾慧明、蒋集政等率市规划局、市国土局、市民政局等到雨花区井湾子街道红星社区和洞井街道高升社区,考察尚未改造的城中村片区和已改造成功的项目现场,实地考察城中村改造工作。邱继兴、王雄文、李国军等区领导陪同调研。

7月25日,胡衡华率市委常委、统战部部长文树勋、市政府秘书长凌勤杰等调研雨花经开区,考察园区企业和比亚迪汽车城二期用地开发项目。区委书记、区长邱继兴全程陪同考察。

11月8日,胡衡华在副市长夏建平,市体育局党组书记、局长李卓民陪同下,到圭塘街道中南院社区,考察该社区的篮球场、足球场、门球场、室外健身路径等体育场地,听取该社区相关情况汇报;听取区委书记邱继兴关于全区全民健身场地、队伍建设、活动比赛开展情况介绍。实地勘察黎托街道长沙市全民健身中心项目筹建处,听取市体育局对该项目具体情况汇报。胡衡华充分肯定雨花区在体育、全民健身方面所做的大量工作和所取得的成绩,对雨花区的体育工作进一步开展提出相关要求和合理可行的意见和建议。并强调长沙市体育局、雨花区政府要把握好国务院《关于加快发展体育产业促进体育消费的若干意见》出台和将全民健身上升为国家战略的契机,一方面要竭尽全力促进全民健身事业的发展,做好做实这项民生工程,同时要在如何发展体育产业、促进体育消费上多下功夫,要有将体育产业打造成第三产业的支柱产业的气魄,争取把长沙体育产业做出特色、做出典型、做出影响。代区长张能峰陪同调研。

(柳　旻)

【袁观清调研雨花区】 2014年3月28日,长沙市人大常委会主任袁观清、副主任黄佳惠、秘书长柳美景先后到湖南建鸿达实业集团、湖南华晨投资置业有限公司、高桥街道金环社区服务中心、高桥街道办事处,走访看望人大代表,调研基层人大工作,并与各级人大代表进行座谈，听取人大代表对党的群众路线教育实践活动以及人大工作的意见、建议。吴建松、刘平建、邹厚军、罗碧波、罗跃、孟毅、李娜、李忠根等代表先后就加强城市管理、民生工程、食品安全、简化办事程序、行政体制改革等各抒己见。袁观清强调，各级人大代表要积极投身各项社会事务，充分发挥代表作用。

10月9日，袁观清组织市水务局、市环保局以及内五区等相关部门单位在市政府副秘书长王伟胜陪同下调研雨花区圭塘河、浏阳河城区段截污工程拆迁建设情况。先后考察花桥污水处理厂二期拆迁现场和圭塘河生态景观带建设现场，听取雨花区关于花桥拆迁和圭塘河排污口截污建设情况汇报。对雨花区强力推进拆迁，加强两河流域截污、清淤、绿化和护坡工作所取得的成绩表示满意，并表示加强河流污染整治是利国利民的大事，利在当代，功在千秋。随后，召开座谈会，听取市水务局关于全市湘江库区城区段截污工程项目总体建设情况汇报。区委书记、区长邱继兴，区人大常委会主任龚景顺，区委常委、副区长罗予武，区人大常委会副主任谢爱龙在现场陪同调研。

11月27日，袁观清率市人大常委会组成人员在副市长姚英杰、副秘书长王伟胜及市住建委、市水务局、市城管局和市环保局主要负责人陪同下考察雨花区截污治理工作，查看花桥污水处理厂二期和川河北路拆迁施工现场，考察圭塘河生态景观区并听取雨花区圭塘河截污治理工作的简要汇报。袁观清充分肯定雨花区拆迁项目的推进力度和圭塘河的截污及建设成果，并指出，雨花区的截污工作在全市范围内都起到了很好的带头作用，要求雨花区要继续加大力度，加大投入，攻坚克难，争取尽快完成所有的截污治理项目，提升圭塘河、浏阳河水环境质量，给人民群众一个满意的答复。区委书记邱继兴、区人大常委会主任龚景顺，区委常委、副区长罗予武等陪同考察。

（柳　旻）

【范小新调研雨花区产业项目】 2014年4月1日，长沙市政协主席范小新率市政协办公厅、市重大项目办公室、市工信委等相关部门负责人一行到湖南康胜生物科技园进行项目调研。湖南康胜生物材料科技有限公司“高强度珊瑚人工骨”项目填补国内空白，是国内骨科医学领域新的里程碑。该项目于2013年10月启动建设，项目完成后年均可实现销售收入2.4亿元，可创利税3500万元，是2014年长沙市“六个走在前列”重点项目和雨花区“三定三抓”重点项目之一。调研组一行现场听取项目的进展情况以及存在问题的汇报。范小新表示，“高强度珊瑚人工骨”项目技术先进，应用广泛，发展前景可观，是一个符合当前产业发展规划的优质项目。有关部门和项目单位，一定要加快项目建设进度，早日实现效益；要对存在的困难相关部门要进专项调度，力争尽快解决；同时，要加强对接力度，优化建设环境，确保项目建设顺利推进。区委副书记、区长邱继兴，区政协主席李电辉，区委常委、常务副区长王雄文，区政协秘书长、办公室主任粟芳陪同调研。

11月25日，范小新率市政协主席会议成员调研长沙公安工作，考察雨花公安分局高桥派出所一线执法执勤状况。副市长、市公安局局长李介德，市政协钟新莲、谢明德、龚振湘、段安娜、彭继球、唐志浩、石长松、袁志恒、刘明理、彭志一等参加调研。

（柳　旻）

【张迎龙调研雨花区】 2014年4月9日，中共长沙市委副书记张迎龙率市园林局、市城管局等相关部门领导一行到雨花区考察三年造绿工作开展情况，区委副书记汪娟、副区长邹犇淼对雨花区三年造绿开展情况、特色亮点工作进行详细的介绍。张迎龙对雨花区三年造绿工作给予高度评价，并希望市相关部门尽快起动时代阳光东延线道路建设，提升南入城口整体环境。

12月4日，张迎龙陪同省军区政治部副主任刘明建、省双拥办常务副主任张甲凤等到东塘街道政院社区考评验收“双拥”创建工作，查阅相关资料，考察社区“退役军人之家”，参观国防教育室、“老首长工作室”活动室，并同军休干部交流，全面了解了政院社区双拥工作开展情况。刘明建充分肯定政院社区对双拥工作十分重视，组织领导有力，政策落实到位，宣传教育深入，工作成效显著，通过开展扶贫帮困、节日慰问，有力推进军民融合。长沙警备区政治部主任曹清军，雨花区委书记邱继兴，区委副书记、代区长张能峰，东塘街道工委书记谢国富、东塘街道办事处主任黄金等陪同考评。（柳　昊）

【张湘涛调研雨花区】 2014年4月1日，中共长沙市委常委、宣传部部长张湘涛在市委宣传部副部长、文明办主任郑力虎等陪同下调研东塘街道宣传思想、文明创建工作，听取基层单位、居民群众关于党的群众路线实践教育活动的意见和建议。张湘涛一行深入东塘街道枫树山社区参观调研未成年人思想道德教育、志愿服务等文明创建工作，到政院社区为“东塘街道社会主义核心价值观教育基地”揭牌并饶有兴致地走进基地详细参观，高度评价东塘街道率全市之先打造教育基地，起到了良好示范带动作用。在政院社区召开座谈会，市委宣传部调研组围绕宣传思想、文明创建工作如何反“四风”、转作风、正行风主题与各界人士座谈交流。雨花区委常委、宣传部部长何托林，区委副书记汪娟汇报雨花区宣传思想、文明创建工作，东塘街道工委书记王明玖汇报街道文明创建相关工作，并立足基层街道实际提出相关意见建议。区、街、驻街单位、社会组织、物业公司及居民群众等代表踊跃发言，提建议、献良策。张湘涛评价雨花区文明创建工作认识有高度、谋划有深度、推进有热度、保障有力度，并结合群众意见建议强调：一是立足实效，成共识，求实效是文明创建惠及群众的必然要求、是提升水平的迫切要求；二是紧贴实效，抓重点，要夯实宣传教育、活动开展、制度建设三大基础，创优公共环境优美、公共秩序优化、公共环境优良三大体系；三是围绕实效，强举措，采取典型示范带动、分类指导举措，强化群众参与、强化网格创建、强化制度落实、强化考核测评。

9月26日，张湘涛在市委宣传部副部长、市文明办主任郑力虎，市文明办副主任胡述斌，区委副书记汪娟，区委常委、宣传部部长何托林等的陪同下莅临雨花亭街道东方红小学，查看学校心理咨询室、少先队队室、绿色网吧及道德讲堂的建设与使用情况；到五(1)班教室参加“向美德少年游柘楠同学学习思想品德”专题队会，慰问“2014年度最美孝心少年”获得者游柘楠同学，为其颁发“第二届长沙市十大孝星”荣誉证书及奖金，张湘涛希望游柘楠同学珍惜荣誉、再接再厉；号召全体学生以游柘楠同学为榜样，尊敬同学、自强不息、阳光地面对人生；希望全体教育工作者全面落实立德树人根本任务，加强培育践行社会主义核心价值观，引导全体学生尊道德、讲道德、守道德，广泛开展爱祖国、爱劳动、爱学习的活动，促成未成年人的成长与进步；号召社会创造良好的环境关心与关爱未成年人，让孩子们能在党的沐浴、社会的关爱下健康阳光的成长，为实现伟大的中国梦时刻准备着，成为社会主义事业者的合格建设者和可靠接班人。（柳　昊）

【陈泽珲调研雨花区】 2014年9月11日，中共长沙市委常委、常务副市长陈泽珲一行调研指导雨花区财税工作。市政府副秘书长黄雄姿主持座谈会。雨花区委常委、常务副区长王雄文汇报全区1—8月份财税工作情况、下阶段收入形势研判以及应对财税改革的基本思路和措施；区财政、地税、国税局局长分别作当前财税工作中的困难问题、原因分析、建议举措发言；区委书记、区长邱继兴作补充讲话，并就财税工作提出请求和建议；市财政局、国税局、地税局等部门领导就促进和推动雨花区财税工作发表意见和建议。陈泽珲充分肯定雨花区财税工作，认为雨花区抓财税工作既有思路、又有套路，能力强、实力足，工作推进有序，组织收入有力，尤其是推进项目建设、强化收入调度、挖掘征管潜力、加强综合治税等系列财税工作举措切实可行，效果良好。雨花区要充分认清形势，保持清醒头脑，看到自己的后发优势，紧扣雨花的发展定位，抢抓机遇，争创佳绩，确保财税工作继续走在全市前列，力争完成市委、市政府下达的全年目标任务。

9月30日，陈泽珲一行调研雨花区侯家塘街道停车场建设工作。陈泽珲一行先后到市十五中和都市阳光大厦，实地察看停车秩序、周边环境等情况，分别听取十五中及街道负责人就校园地下停车场和街道立体停车场建设情况汇报。区委书记、区长邱继兴，区委常委、宣传部部长何托林，区委常委、常务副区长王雄文，区委常委、副区长罗予武参加调研。

（柳 旻）

【程水泉调研雨花区党建工作】 2014 年 12 月 16 日，中共长沙市委常委、组织部部长程水泉在市委组织部、市民政局相关领导陪同下，实地考察侯家塘街道韶山路社区、东塘街道政院社区、砂子塘街道野坡社区公交小区，调研指导雨花区社区党建、社区建设工作。座谈会上，区委副书记汪娟就加强社区党建、社区建设提出工作建议。区委常委、组织部部长、统战部部长冯聪龙从抓管党责任落实、抓基层基础保障、抓基层组织建设、抓班子队伍建设、抓服务型党组织建设四个方面，汇报区基层党建工作开展情况。街道党工委书记代表、社区（筹委会）党组织书记代表就社区党建工作开展的困惑、建议及体会等内容分别发言。程水泉充分认可雨花区基层党建工作，并强调要高度重视社区党建、社区建设工作，要求从巩固党的执政基础出发抓社区党建、社区建设工作；从满足群众现实需求出发抓社区党建、社区建设工作；从解决社区党建、社区建设突出问题出发抓社区党建、社区建设工作；从各街道、社区实际情况出发抓社区党建、社区建设工作。区委书记邱继兴，区委副书记、代区长张能峰陪同调研。

（柳 旻）

【文树勋调研雨花区】 2014 年 5 月 14 日，中共长沙市委常委、统战部部长文树勋调研和指导雨花区党的群众路线教育实践活动，实地考察东塘街道，听取雨花区教育实践活动中好的经验做法、东塘街道党的群众路线教育实践活动在学习教育、听取意见、立行立改等方面的情况汇报，参观政院社区“五新”社会组织功能室和社会主义核心价值观教育基地，并与“老首长工作室”的退休老干部们进行深入交谈，召开征求企业界人士意见座谈会。文树勋高度评价雨花区教育实践活动所取得的成效。市委督导组副组长、市文联党组成员、副主席李小军，区委副书记汪娟，区委常委、雨花经开区工委书记杜旭辉，区委常委、组织部部长、统战部部长冯聪龙陪同调研。

8 月 22 日，文树勋，市委督导组副组长李小军，区委常委、组织部部长、统战部部长冯聪龙，区委常委、常务副区长王雄文全程出席并指导高桥街道怡园社区党总支第一党支部专题组织生活会暨民主评议党员大会。

10 月 24 日，文树勋一行专题调研雨花区卓远传媒移动互联网项目“乐住”智慧社区。“乐住”作为全国首个以“便民服务”为特色的定制化智能社区服务平台，通过量身定制的物业管理服务系统，运用现有信息通信手段，全面提升社区信息化建设水平，并借助与业主友好互动的平台形成全新的创业与就业链条。卓远传媒董事长曹志远详细汇报“乐住”智慧社区项目的整体概况及发展进度。文树勋指出：卓远团队是一群敢于创新、有激情、有活力的年轻人，卓远打造的“乐住”智慧社区是打破传统思维的创新方式，发展潜力非常大，前景非常广阔，创业办、民政、工信各部门要全力以赴给予支持，帮助“乐住”项目做好、做实。雨花区委常委、组织部部长、统战部部长冯聪龙主持调研座谈会，市工商联副主席、市创业办副主任傅纯，市委统战部干部处处长邓磊，市民政局党委副书记、副局长丁文，市住建委副主任杨新武，市工信委副调研员贺长春；区人大常委会副主任、区创业办主任周凌云，区城乡建设局党组书记、局长张学军，区委统战部常务副部长、区工商联党组书记邹开其，区民政局党组书记、局长周敏，区工信局党组书记、局长粟芳，区创业办副主任周红雨参加调研。

（柳 旻）

【张迎春调研指导雨花区工作】 2014 年 1 月 21 日，中共长沙市委常委、副市长张迎春带领市商务局、市安监局、市粮食局、市旅游局、市国资委组成的市安委会第三督查组，随机抽查左家塘街道辖区老国有企业“长沙钢铁厂”的危房宿舍和圭塘街道辖区的高档商业综合商场“喜盈门·范城”，并观看喜盈门·范城大型卖场模拟火情应急处置，现场督查雨花区春节前安全生产工作。雨花区委副书记、区长邱继兴，副区长余宏卿陪同督查，区政府办、区安监局、区工信局、区商务旅游局、区棚改办、左家塘街道、圭塘街道的主要负责人参加督查。在区政府会议厅，余宏卿代表雨花区向督查组汇报雨花区 2013 年安全生产工作总体情况和 2014 年春节前安全生产工作的整体部署。督查组各部门分别反馈现场督查情况和工作建议。张迎春充分肯定并完全赞成雨花区提出的“五个空前”的工作态势和“四不两直”的工作作风。表扬雨花区把事故隐患转化成整治切入点；把压力转化成了发展的动力，并以“警钟长鸣、常抓不懈”的“长”“常”二字和“六个更加”对雨花区 2014 年工作提出要求：思想要更加重视；重点要更加突出；督查要更加务实；责任要更加明确；处置要更加及时；棚改要更加实质性突破。区委书记周杏武、区长邱继兴出席汇报会。

7 月 4 日，张迎春率队调研雨花区商事登记制度改革工作。张迎春表示，工商登记制度改革中的一个主要目的就是要让市民办理业务时少跑部门，少盖章，提高为群众、企业办事服务的效率。强调全市要进一步加大平台建设，市场主体监管信息平台要尽快投入使用。市工商局党组书记、局长卓精华，雨花区委书记、区长邱继兴，副区长邹犇淼参加调研。

（柳　旻）

【李春艳督查安全工作】 2014 年 8 月 26 日，中共长沙市委常委、长沙警备区政委李春艳率领市安全监管局党组成员、副局长刘金泽、市住建委安监站站长曾锡铭、市文广新局党委委员贺平生实地检查一汽棚改项目工地和大镈鑫网吧，督查雨花区安全生产工作。召开座谈会，听取雨花区政府关于安全生产工作情况的汇报；曾锡铭、贺平生反馈督查情况；刘金泽代表市安委通报前期省、市安委明查暗访的情况，并向区政府下达相关隐患的交办函。李春艳认为雨花区党委政府高度重视安全生产工作，对全区安全形势研判透彻、认识到位，推进举措多样具体，成效显著。但是在少数行业、领域上安全隐患仍突出，违法生产现象仍然存在。下一步要常思不忘，时刻保持头脑清醒，牢固树立底线思维，红线意识，掌握主动权；常防不松，把安全措施抓到位，完善预案，专项整治不放松；常抓不懈，把隐患整治抓到位，形成合力抓，结合活动抓，盯住问题抓。区委书记、区长邱继兴，区委常委、区人武部政委肖集林，副区长余宏卿，以及区政府办、区城建局、区文体局、区安监局、区棚改办主要负责人陪同督查。（柳　旻）

【王忠斌调研指导国防教育工作】 2014 年 4 月 1 日，长沙警备区司令员王忠斌率市警备区工作组一行到圭塘街道考察指导国防教育工作。王忠斌检阅圭塘街道民兵，检查圭塘街道民兵登记台账，参观街道国防教育基地，详细了解国防教育特色工作，希望社区继续保持和发扬好的工作作风，进一步将国防教育工作推进全民国防教育的普及发展，并指示警备区总结好经验，以完善制度机制为重点，狠抓“实”的举措，做到思想重视、工作务实、措施周全，努力开创党管武装工作新局面。区人武部部长宋尊德、政委肖集林，市应急办主任晏兴辉，区人武部副部长周新磊，圭塘街道工委副书记、办事处主任董正军，工委副书记赵正坤陪同检查。（柳　旻）

【刘新程调研民生工程】 2014 年 8 月 22 日，长沙市人大常委会副主任、长沙市安居工程领导小组常务副组长刘新程现场调研劳动路跨京广铁路桥改造项目工程。高度肯定雨花区委、区政府对该项目的高度重视，认为项目征拆工作铺开全面，进度完成较好。他强调：该项目是一项惠民利民的民生工程，一定要按计划、按要求、按进度保质保量完成相关工作。雨花区委常委、组织部部长、统战部部长冯聪龙，区委常委、副区长罗予武，区政府副调研员刘广平陪同调研。（柳　旻）

【何寄华调研指导安全工作】 2014 年 4 月 14 日，副市长何寄华、市政府副秘书长严凤枝一行率市政府办公厅、市水务局、市城管执法局、市安全监管局、长沙供电公司、市公安消防支队等单位负责人实地检查花桥污水处理厂拆迁现场、大桥仓库、黎托家具城，督查雨花区安全生产改造。区委副书记、区长邱继兴，区政府副区长余宏卿等陪同督查。

12月17日，何寄华率市发改委、市工信委、市科技局等12个市直部门到雨花经开区督查安全工作并调研工业机器人产业示范园建设项目。现场调研长泰机器人生产基地、科大建设机械有限公司、89号地（机器人产业示范园项目建设用地），并在雨花经开区管委会三楼会议室召开工业机器人产业示范园项目调度会。何寄华表示，要聚焦工业机器人产业发展，加快重点项目推进，加大招商引资力度，优化项目服务流程。区委副书记、代区长张能峰，区委常委、经开区工委书记杜旭辉，雨花经开区工委副书记、管委会主任郭四军，雨花区人民政府副区长余宏卿陪同调研。

12月22日，何寄华、市政府副秘书长严凤枝、市公安消防支队副支队长王建军、市安监局副局长刘金泽一行在雨花区副区长、公安分局局长谭应林等陪同下，深入东塘街道和井湾子街道红星实业集团，检查调研雨花区安全生产和消防工作情况。查阅东塘街道相关资料和检查记录，听取街道工委书记谢国富的安全工作汇报，何寄华强调，作为内城区，安全、消防任务繁重，一定要从灭早灭小上下功夫，抓好防范。在井湾子街道工委书记刘江红，红星实业集团董事长罗跃、总经理张承彦陪同下，走访井湾子国际家居MALL、红星农副产品大市场等多家红星实业集团下属公司，查看井湾子国际家居MALL消控室、设施房、配电房，检测多个消防栓，抽查员工对消防器材使用掌握情况，考察红星农副产品大市场专职消防队，充分肯定红星实业集团安全生产工作严格落实安全生产大检查、安全生产日常管理和隐患排查三项重点工作，措施实，成效大，情况好；企业安全生产文化可圈可点，值得推广和借鉴。（柳　旻）

【姚英杰调研指导城建工作】 2014年6月26日，副市长姚英杰率市发改委、市住建委、市国资委（改制办）、市国土局、市规划局、市住保局、市征收办、市城投公司、市棚改办等单位负责人专题调研雨花区棚户区改造工作。姚英杰一行实地察看雨花区侯家塘街道小林子冲棚改项目、左家塘街道长钢新老11栋危改项目、砂子塘街道梨子山长电宿舍及省苎麻棚改项目（含内贸行管办食品厂宿舍54、55栋及31栋）、雅塘片区综合改造项目、井湾子街道长沙橡胶厂及周边地块棚户区改造项目、高桥街道友谊村城中村改造项目，充分肯定雨花区前期棚户区改造工作，要求抢抓机遇，明确目标，着力改善民生、优化环境，掀起雨花区棚改工作新一轮高潮，全力推进棚改工作。区委书记、区长邱继兴，区委常委、副区长罗予武陪同调研。

8月25日，姚英杰带领市政府副秘书长王伟胜，市住建委、市国土局、市规划局、市环保局、市水务局、市水业集团和市轨道集团相关负责人查看花桥污水处理厂二期拆迁施工现场，调研雨花区“两河”截污治理工作，区委常委、副区长罗予武陪同并汇报工作。姚英杰充分肯定雨花区推进截污治理工作的力度和成效，同时表示，从总体进度上看，项目进度还是与原来的计划有差距，下一步要继续加大力度，攻坚克难，所有工作往前赶，确保湘江长沙综合枢纽全面下闸蓄水前实现污水不下河的目标。

（柳　旻）

【黎石秋调研指导民政工作】 2014年8月6日，副市长黎石秋到雨花区社会福利中心调研养老服务工作，考察福利中心监控室，查看中心监控系统、值班巡查记录和应急处理台账，询问工作人员老人应急情况处理措施；走进老人活动室、老人房间，了解老人们在福利中心的生活情况，询问老人们的建议和意见；详细了解为老服务信息平台运营情况，探讨虚拟养老院建设模式。黎石秋对雨花区社会福利中心建设和“公建民营”的运营充分肯定，高度评价为老服务信息平台建设，是一个“为老人服务的110”，是个好平台，希望雨花区要好好利用这个有效的平台，完善老人信息库，完善加盟商的服务项目，为老人提供全方位的服务，以服务赢得老人的满意，取得最大的社会效益。市政府副秘书长曾慧明、市民政局副局长范凤芝、区政府副区长李国军，市民政局福利处处长吕明、区民政局副局长(兼)社会救助局局长李敏陪同调研。

12月26日，黎石秋一行督查调研长沙市第一社会福利院2014年安全生产工作情况和相关业务工作。走进福利院监控指挥室、寿星公寓、民政食堂，认真查看每一处消防设施配置及安全运行情况，看望慰问社会寄养老人。听取市民政局、市第一社会福利院2014年安全生产工作汇报，强调进一步提高安全意识，狠抓安全责任落实，严防各类安全事故的发生。市政府副秘书长曾慧明，市消防支队参谋长刘红军，市民政局党委书记、局长曹再兴及雨花区、东塘街道相关负责人陪同调研。 (柳　旻)

【钟新莲调研政协工作】 2014年12月2日，长沙市政协副主席钟新莲及市政协委员一行10人到雨花区调研社区委员工作室工作。钟新莲一行参观洞井街道高升社区安置小区，详细了解村集体经济建设的新模式以及高升的发展历史；听委员工作室驻室委员介绍工作情况，翻阅委员工作室的工作记录，充分肯定洞井街道社区委员工作室的做法，并叮嘱委员们要继续发挥主体作用，做群众的贴心人。参观雨花亭街道路桥社区委员工作室，听取驻室委员介绍，参观委员捐赠的图书室和活动室，对委员在社区做出的成绩非常满意；听取雨花亭街道工作概况和政协工作汇报。钟新莲表示，雨花区的政协工作有亮点、有特色，委员的主体作用发挥得好，工作到位，希望雨花政协要继续以“三服务”活动为主题，充分发挥委员的主体和示范作用，使政协工作再上新台阶。区政协党组书记、主席李电晖，副书记、副主席康长萍、任壮岳陪同调研。 (柳　旻)

【教育部调研社区教育工作】 2014年12月9日，教育部职业与成人司副司长达娃、成教处调研员蔡妍、成教处干部韩梅一行调研雨花区开展全国社区教育示范区建设情况。上午，雨花区召开迎接教育部社区教育示范区建设情况调研工作会，参观雨花区各街道社区教育成果展板，观看雨花区社区教育成果视频《社区教育在雨花》；区委副书记汪娟、副区长王清华汇报雨花区社区教育工作，市教育局副局长李平汇报长沙市社区教育发展现状；调研组和与会人员互动交流，并查阅雨花区社区教育示范区建设情况的相关资料。省教育厅副厅长郭建国主持会议，省教育厅职成处副处长周芳友、市教育局高教处处长丁郭、雨花、区委办副主任刘明生、区教育局党委书记、局长、区社区学院院长喻小健，雨花区委办、区政府办、区委宣传部、区教育局、区社区学院和12所街道社区学校的相关负责人出席会议。代区长张能峰会见达娃一行。下午，达娃一行参观高桥街道怡园社区“他乡美”新市民俱乐部、洞井街道高升社区“德乐园”工作室，观看高升社区居民《烘焙》课程培训，听取高升社区教育汇报。副区长王清华、洞井街道工委书记周建雄汇报洞井街道社区教育工作情况。 (柳　旻)

【中组部调研基层党建工作】 2014年7月23日，中组部党建所副所长赵湘江、中组部党建所调研室主任刘建辉一行到雨花区就城镇化进程中加强农村和社区党建问题进行走访调研。赵湘江一行深入洞井街道高升社区、井湾子街道红星社区进行实地考察，随后在红星实业集团会议室开展调研座谈。赵湘江充分肯定雨花区既能严格按照中央要求，又能结合本地实际开展城镇化进程中的各项党建工作，成功打造“一引五化五建”红星模式(即始终坚持党建为引领，大力实施“集体经济股份化、发展方式集约化、现代农业产业化、社会责任均等化、民生福祉普惠化”的“五化战略”，着力建设“开放红星、实力红星、品牌红星、诚信红星、幸福红星”的“五个红星”)和“一强四化”高升模式(即强化党组织领导核心作用，实现集体经济股份化、实现公司发展集团化、实现小区配套宜居化、实现社区管理社会化)，体现了基层干部对党的事业的高度的责任感、事业心，为巩固党的执政基础做出了积极贡献。省委组织部党建所所长彭江龙，市委组织部副部长陈昌佳，区委副书记汪娟，区委常委、组织部部长、统战部部长冯聪龙等陪同调研。 (柳　旻)

【人社部调研基层人社工作】 2014 年 6 月 10 日，人力资源和社会保障部和河南、吉林、江西等兄弟省市人社系统领导一行到雨花区检查指导全系统窗口单位改进作风专项行动工作，实地查看雨花区人力资源和社会保障经办大厅，详细了解人社窗口服务标准、行为规范等的细化和落实情况。听取区人社局党组书记、局长王石汇报。督查组一行高度肯定雨花区人社工作成绩。 （柳 旻）

【省安委考评安全工作】 2014 年 12 月 3 日，省安全生产委员会办公室副主任、省安监局副局长李大剑率省安全生产目标管理考核组一行考评雨花区安全工作。副区长余宏卿从领导调度、宣传教育、检查排查、治理整顿、“打非治违”、机制制度、应急救援等方面对雨花区 2014 年安全生产工作进行汇报。区委副书记、代区长张能峰从认识与重视、重点与措施、机制与保障、督查与追责四个层面作补充汇报。副市长何寄华认为雨花区安全生产认识高、力度大、工作实、效果好，成绩值得肯定。同时也面临流动人口多，市场车站、老旧社区多，城乡结合部、违章仓储面积大等重大挑战，下一步要突出抓教育、促提高、破难题，全面提高区域本质安全水平。李大剑认为，雨花区安全生产工作取得明显进步，应给予充分肯定；要保持清醒头脑，时刻绷紧安全生产这根弦；坚决贯彻省委省政府安全生产八条断然措施，努力实现雨花长治久安。督查组一行到东山街道，听取工委书记陈怀柏对东山街道安全生产工作的汇报，查看街道安全生产资料，对检查街道辖区的速尔快递公司安全生产，并随机抽查雨花经开区晓光模具有限公司生产车间里的各项工艺流程和安全状况。市政府副秘书长严凤枝，市安监局局长文卫红、副局长刘金泽，区委常委、区委办主任黄文先，区政府副区长余宏卿等陪同检查。 （柳 旻）

重大活动

【党的群众路线教育实践活动】 按照中央统一安排，雨花区参加第二批党的群众路线教育实践活动。按照省委、市委部署，雨花区启动党的群众路线教育实践活动的筹备工作，成立专门班子，组织精干力量，实现集中办公，通过专题报告会、雨花政务网、手机报等形式广泛宣传，为开展党的群众路线教育实践活动预热升温。2014 年 1 月 7 日，在区委的统一安排下，区群众路线教育实践活动筹备小组分别组织各街道党工委书记和党群副书记、机关事业单位党组织负责人代表、社区和社区筹委会党组织负责人代表以及非公党组织负责人代表召开群众路线教育实践活动工作务虚会，听取各个不同层面的意见和建议。2 月 7 日，雨花区召开 2014 年开局工作动员暨群众路线教育实践活动专场报告会，特邀湖南省委党校（湖南行政学院）常务副校（院）长徐晨光教授讲授《始终保持党同人民群众的血肉联系》，讲授开展群众路线教育实践活动的重要性和紧迫性，阐释群众路线的内涵，详细地分析开展群众路线教育实践活动的基本要求。26 日，雨花区委党的群众路线教育实践活动省、市督导组领导见面会召开，区委副书记、区长邱继兴主持会议，区委党的群众路线教育实践活动领导小组组长、区委书记周杏武作工作汇报，详细汇报雨花区教育实践活动前段工作开展情况和下步工作打算，表示一定按照省、市委的决策部署，强化责任，强化保障，强力推进，深入扎实开展教育实践活动，确保取得实效。市委督导组组长黄中瑞、省委督导组组长孙在田分别讲话。27 日，周杏武主持召开雨花区党的群众路线教育实践活动领导小组第一次会议。会议传达学习省、市督导组在雨花区见面会上的会议精神，听取前期工作情况汇报，审议《区委关于深入开展党的群众路线教育实践活动的实施方案》《区委常委会深入开展党的群众路线教育实践活动实施方案》《关于成立区委党的群众路线教育实践活动领导小组的通知》《区委党的群众路线教育实践活动领导小组办公室职责分工及工作规则》等文件方案。会议强调，群众路线教育实践活动要突出查找问题、解决问题，要加强督促指导工作，抓好群众评议环节，做好评议收集工作。要把握好舆论引导方向，做到“不偏、不炒、不虚”原则，以正面宣传为主，注重发挥先进典型的示范作用，大力选树和宣传一批好的典型，使党员干部学有标杆、赶有榜样。

3月13日，雨花区党的群众路线教育实践活动动员大会在区政府会议中心召开。区委副书记汪娟主持会议。会议贯彻落实中央和省、市委关于群众路线教育实践活动会议精神，动员全区上下高度统一思想，全面掀起活动热潮，以活动开展为契机，为实现雨花新一轮大提升、大跨越、大迈进，凝聚强大的精神动力。邱继兴强调，雨花区将严格按照中央、省市的统一部署和结合自身实际，着重突出“三改两好一满意”目标：紧扣“改造思想、改进作风、改变状态”这一抓手，突出“科学发展好、为民服务好”这一主题，达到“人民群众满意”这一标准，真正让群众受益。邱继兴要求，全区各级党组织要对照理论理想、党章党纪、民心民声、先辈先进“四面镜子”，以补精神之“钙”、除“四风”之害、祛行为之垢、立为民之制为重点，进一步提高党员思想认识、转变干部作风、融洽党群干群关系、树立为民务实清廉形象。要突出“三改两好一满意”目标，具体做到“五个始终坚持”：始终坚持发挥群众积极性、始终坚持问题导向、始终坚持严格要求、始终坚持衔接带动、始终坚持分类指导。要层层落实责任，抓好督促指导，加强宣传引导，统筹把握全局，确保活动成效经得起各方检验。会议下发《中共长沙市雨花区委员会关于深入开展党的群众路线教育实践活动实施方案》，方案提出，雨花区要着力落实重点任务：扎实抓好专项整治，解决“四风”突出问题；积极回应群众关切，解决群众反映强烈的切身利益问题；着力夯实基层基础，解决联系服务群众“最后一公里”问题。要严格方法与步骤：全区教育实践活动大体安排8个月时间，2014年9月基本完成，具体到每个单位，集中教育时间一般不少于3个月。活动不分阶段、不搞转段，“学习教育、听取意见”“查摆问题、开展批评”“整改落实、建章立制”三个环节要相互衔接、贯通起来，每个环节都要组织“回头看”，达不到标准要求的坚决责令重来。坚持边学边查边改，切实把学习教育贯穿始终，把解决问题贯穿始终，把从严要求贯穿始终，把上下联动贯穿始终，使教育实践活动达到“三改两好一满意”的最佳效果。市委督导组组长、市委顾问、长沙学院原党委书记黄中瑞传达中央、省委、市委关于开展教育实践活动的基本要求，对雨花区教育实践活动动员部署工作给予充分肯定，要求认真贯彻落实中央和省市委的部署，准确把握教育实践活动的目标原则要求，坚持“六个坚定不移”的重要原则，即坚持聚焦“四风”坚定不移、坚持问题导向坚定不移、坚持开门搞活动坚定不移、坚持严肃认真坚定不移、坚持一把手带头坚定不移、坚持联系本单位实际坚定不移；同时，督导组也将找准定位、恪尽职守、严守纪律，认真履行督导职责，以好的作风扎实做好督导工作。市委常委、统战部部长文树勋希望通过大家共同努力，把雨花区办成全市教育实践活动的示范点。省委督导组副组长、省科技厅副巡视员周上游要求，雨花区要不折不扣认真贯彻落实中央、省委、市委活动精神，要从巩固党的执政地位的高度认识活动的重大意义。要把群众当作解决问题的治病医生，要正确对待群众意见，把意见收集好。要坚持正确方法，边学边改、边查边改、立行立改，真正改进作风，确实解决问题。要坚持两手抓、两不误、两促进，注重建章立制，把权利关进制度笼子中。要加强督促检查，对重点问题、重点行业、重点窗口加大检查督查力度，确保活动取得实效，使人民群众满意。会后，全区通过设置流动意见箱与网络意见箱、个别访谈、召开座谈会、一线走访、开通专线电话等多种方式广泛听取意见，认真查找“四风”突出问题及关系群众切身利益和联系服务“最后一公里”的具体问题，抓住广大干部群众的关注点，为对照检查、开展批评和整改打好基础，确保教育实践活动取得令群众满意的更大实效。

22日，雨花区召开党的群众路线教育实践活动工作推进会，区党的群众路线教育实践活动领导小组办公室各组组长分别安排部署相关具体工作。27日，邱继兴主持召开雨花区党的群众路线教育实践活动街道再动员会，布置近期具体工作；召开雨花区党的群众路线教育实践活动基层党组织负责人座谈会，认真听取对区委领导班子及个人在“四风”突出问题等方面和开展党的群众路线教育实践活动的意见和建议。28日,雨花区召开党的群众路线教育实践活动集中学习暨党员领导干部廉洁从政警示教育大会,邱继兴以《为什么要开展群众路线教育实践活动》为题,为全体在职县级领导、全区副科实职以上干部上了一堂高质量、高水平的党课。会上观看警示教育片《四风之害》。31日,雨花区转发《长沙市非公有制经济组织党组织深入开展党的群众路线教育实践活动实施方案》《长沙市社会组织党组织深入开展党的群众路线教育实践活动实施方案》两个文件。区人大常委会党组率先召开党的群众路线教育实践活动动员会,各部门单位亦分别召开动员会,布置本单位党的群众路线教育实践活动。4月3日,邱继兴主持第二次党的群众路线教育实践活动集中学习,全体在职县级领导、全区副科实职以上干部集中观看专题警示教育片《苏联亡党亡国20年祭——俄罗斯人在诉说》。9日,为期两天基层党组织书记党的群众路线教育实践活动专题培训开班,并进行党的群众路线基础知识闭卷考试。5月8日,雨花区召开全区党的群众路线教育实践活动工作推进暨基层党建、党风廉政责任述职大会,深入贯彻落实中央、省、市委相关会议精神和要求,对全区教育实践活动开展情况进行科学评估和客观评价,进一步抓认识提升、抓活动深化,传导压力,增强动力,切实推动教育实践活动深入开展。会议随机抽取12名街道党工委、区直部门党组(党委、工委)书记围绕党的群众路线教育实践活动推进情况、履行2014年基层党建工作责任情况、履行党风廉政责任制执行情况进行述职。15日,雨花区召开党的群众路线教育实践活动第一环节"回头看"督导工作推进会,并下发《对征求意见进行民主评议和第一环节进行自查评估的通知》等文件。

6月5日,雨花区党的群众路线教育实践活动工作推进暨民主评议会召开。会议传达贯彻中央和省委教育实践活动第二环节工作视频会议、市委教育实践活动工作推进暨民主评议会精神,部署下一步工作,并对区"四大家"班子及班子成员中的党员领导干部,法检"两长"征求意见情况进行民主评议。6日,雨花区召开党的群众路线教育实践活动党纪条规教育会议,中央纪委法规室纪检条规处处长王庭坚应邀以党风廉政建设责任制为重点内容作专题辅导报告。7月9日,雨花区在区中型会议室召开部分党群部门党的群众路线教育实践活动民主评议会,对区委组织部、区委统战部、区委党校、区编委办、区老干局等13个党群部门的领导班子及党员领导干部在"学习教育听取意见"环节中征求意见情况进行民主评议。

10月22日,雨花区召开党的群众路线教育实践活动总结大会,学习贯彻中央和省、市委党的群众路线教育实践活动总结大会精神,对全区党的群众路线教育实践活动进行阶段性总结,对巩固发展教育实践活动成果,加强全区党的作风建设,全面推进从严治党进行部署。邱继兴强调,活动收尾绝不是作风建设收场,必须以锲而不舍、驰而不息的决心和毅力,认真总结此次教育实践活动成功经验。要坚持党要管党、从严治党,固化作风建设成果,努力形成践行群众路线的新常态。

全区教育实践活动自3月份正式开展后,紧紧围绕"为民务实清廉"主题,按照"照镜子、正衣冠、洗洗澡、治治病"总要求,突出"三改两好一满意"目标,高起点谋划、高标准开展、严要求推进,共833个党组织、20623名党员参加,教育实践活动成效显著。区四大家班子和科级领导班子及成员分别征集到意见建议2917条、25529条,民主评议的满意率和基本满意率均达98%以上。全区性文件、会议、评比表彰分别减少31%、25%、100%,"三公"经费和公务招待费分别下降34%、73%,制定出台36项制度规定,建立健全长效机制。深入开展"访民情、解民忧、聚民心"和"驻村夜访"活动,为群众办实事3580件,帮扶困难群众11087人,让群众在活动中得到了实惠。

(柳 旻)

【2014中国中部(湖南)国际农博会】 2014年11月17日,由农业部和省政府共同主办的2014中国中部(湖南)国际农博会开幕式暨巡展在长沙红星国际会展中心南广场举行。农业部原党组成员、中国农产品市场协会会长张玉香,全国供销合作总社监事

会副主任汤益诚,阿尔巴尼亚驻华大使塔希尔,甘肃省副省长王玺玉,湖南省领导易炼红、徐明华、张硕辅、武吉海、袁隆平,以及来自黑龙江省、河南省、安徽省、湖北省、山西省、江西省、大连市等省市相关部门负责人出席开幕式。张玉香、张硕辅和长沙市委副书记、市长胡衡华分别致辞。参会嘉宾共同触摸大屏幕启动“云农博”,同时也拉开该届中部农博会的大幕。随后,嘉宾们走进会场进行巡展。农博会共设展位1500个,展区总面积3万平方米,展区划分为国际展区、休闲农业展区、省内龙头企业展区、省外龙头企业展区、黑龙江与大连市组团展区、生鲜水果展区、长沙市蔬菜直销店展区、市州特色农产品直销展区、种子展区、外省名优产品展区,中部6省300余家国家级、省级农业龙头企业携手1000余家中外企业参展,17日至18日为专业观众参观日,19日至24日向公众开放。农博会首次引入移动互联网电商平台,以O2O线上融合线下的立体交易。首次推出农博会APP应用“小辣椒”,首次实现从单一线下交易到“线上+线下”立体交易的营销形式,打造“网上农博会”电子交易平台。实现线上交易订单2.3万笔,交易额185.8966万元。该届农博会以“中部新跨越掘金云农博”为主线,除开幕式和专业观众观展以外,推出农业企业人才引进暨商贸洽谈签约仪式、农超农校产销对接会、农业电子商务发展推进活动、中国中部企业风采巡礼等十大主体活动。首次创新推出高端农业人才视频招聘会,帮助20余家湖南涉农品牌企业在农博会上成功“猎头”,帮2100余名各类农业人才初步达成就业意向。8天展会日均人流量超过10万人次,实现成交总额200亿元,为历届农博会最高。

(柳　旻)

【长沙市雨花区台北专题招商推介会】 2014年11月11日,2014年长沙市雨花区(台北)经贸交流合作座谈会在台北长荣桂冠酒店举行,雨花区首次在台湾举办招商活动。中华青年企业家协会、旺旺中时集团、工业总会、中华两岸教育文化交流协会、海峡两岸经贸交流协会携台湾各行业团体及相关企业高层近50人应邀参加。雨花区委副书记汪娟在致辞中以“四朵美丽之花”,生动形象地介绍雨花得天独厚的区位交通优势,雄厚的产业基础、繁荣的经济商圈、丰富的生态资源和优质的人文发展环境,向台湾新朋友发出常来雨花走一走、看一看,实地体验“四个一”的诚挚邀请。雨花将以包容开放的姿态为台湾各界朋友提供最优的服务、最好的环境。希望此次活动能够搭建起雨花与台湾全面合作的桥梁,共同创造出新的发展机遇。中华青年企业家协会荣誉理事长刘灿树在致辞中表示,雨花是一块难得的投资热土,台湾的企业家们应该立足雨花,放眼长沙、辐射“泛珠三角”,戮力同心,有所作为。企业家协会愿意在台湾和雨花之间作桥梁纽带,促进双方建立多种合作关系。

座谈会上,台湾客人一同观看区域形象宣传片《雨花飞梦》,雨花区商务和旅游局局长易静作雨花现代服务业PPT专题介绍,重点就长沙高铁新城中央商务区——雨花电子商务产业园、长沙德思勤城市广场、长沙总部基地、工业机器人等16个重点开发、建设和工业项目向台湾地区工商界推介。

(刘　娟)

【第三届中部金融中心论坛】 2014年7月8日,由《光明日报》、湖南大学、第一财经主办,湖南德思勤投资有限公司、第一财经《中国房地产金融》、农银国际(湖南)投资管理有限公司联合承办的第三届“中国中部金融中心论坛”在长沙融程花园酒店召开,光明日报副总编辑兼光明网总裁陆先高、财政部旗下中国文化产业投资基金总经理陈杭、上海文化广播影视集团副总编辑兼一财日报总编辑秦朔、湖南大学设计艺术学院院长何人可,以及菲律宾裕景集团中国区总裁黄世达、德意志银行(中国)有限公司财富管理中国区总经理黄凡、紫辉创投总裁郑刚、誉银基金总裁闫红星、一财长富基金总裁陈贤锋等数十位机构高层,文化部文化产业司副巡视员施俊玲、湖南省人民政府副省长张剑飞,长沙市雨花区委书记、区长邱继兴等数位领导就“文化金融中部未来”共襄年度金融盛宴,共商“以金融与文化驱动中部产城升级”。论坛以文化、创意、金融智库的深度碰撞,对经济结构升级转型环境下的产城升级路径，在“金融驱动实体发展”“工业设计和娱乐文化推动产业升级”等文融融合的维度上，进行一系列深入而富于指导性的探讨。省政府金融办、市委宣传部、雨花区委、区政府有关领导出席论坛。雨花区委宣传部、区发改局、区商务和旅游局、区文体新局、区政府金融办、区现代服务业发展办等部门有关负责人参加论坛。

（柳　旻）

【2014 年中华茶祖节】 2014 年 4 月 20 日，省委农村工作部、省农办、省农业厅、省供销合作总社、湖南日报报业集团主办，省茶业协会、省茶叶学会、茶祖神农基金会、汝城县政府承办，神农茶都特别协办的 2014 年中华茶祖节在长沙市高桥神农茶都开幕。省领导和老同志蔡力峰、刘夫生、董志文、罗海藩、唐之享、黄明开等，雨花区人民政府副区长余宏卿，区人大常委会副主任、区工商联主席周凌云出席开幕式。开幕式由茶韵潇湘、祭拜茶祖和茶醉汝城三个板块组成。2014 中华茶祖节组委会副主任、省供销合作理事会副主任李云才主持开幕式。组委会主任、省委农村工作部部长、省农办主任蔡建和恭读炎帝神农祭文。省农业厅厅长刘宗林致辞介绍湖南茶产业强势发展情况及 2014 中华茶祖节品茗思祖活动月系列活动情况。省人大常委会原副主任蔡力峰在会上讲话。省政协原主席刘夫生宣布 2014 中华茶祖节品茗思祖活动月开幕。4 月 10 日至 5 月 10 日在全省相关市县开展十二大茶事和茶文化活动。

（郑　琼）

【湖南信息园项目奠基】 湖南信息园项目包括省电信公司总部办公楼和住宅，位于万家丽路与劳动东路交汇处西北方向，总占地面积 7.6 公顷，总建筑面积 20 万平方米，计划总投资 8 亿元，建成后将成为雨花区重要的总部经济区、服务中南地区的数据信息处理中心。2014 年 4 月 23 日，湖南信息园项目奠基开工。区委副书记、区长邱继兴，区发改局局长聂文涛，高桥街道工委副书记、办事处主任李才军等出席奠基仪式。区委常委、常务副区长王雄文，中国电信湖南公司党组书记、总经理廖仁斌分别致辞。项目建设单位、监理单位负责人进行表态发言。

（郑　琼）

【2014 年湖南省青少年法制宣传周启动仪式在雨花区举行】 2014 年 9 月 24 日，湖南省青少年法制宣传周暨“法治文艺进校园”活动启动仪式在雨花区雅礼雨花中学举行。省司法厅副厅长傅莉娟主持启动仪式。雨花区委副书记汪娟致辞，省人大常委会副主任谢勇宣布活动正式启动，并希望各有关单位和社会各界通过开展丰富多彩的法制宣传教育活动，帮助广大青少年增强法制意识、提高法治观念，人人“学法尊法守法用法，做法治中国的合格公民”。与会领导向雅礼雨花中学学生赠送雨花区自主编印的青少年法制教育读本《长沙市雨花区中小学生平安手册》，受赠学生代表宣誓争做遵纪守法小公民，平安健康成长。湖南省话剧团、雨花区砂子塘泰禹小学献演法治文艺节目。市人大常委会副主任黄佳慧，省综治办副主任陈岭，市司法局党委书记、局长魏华松，区委常委、政法委书记王维宁，副区长李国军，省司法厅、省教育厅、省综治办、团省委、市人大常委会、市司法局、市教育局、各县（市、区）司法局相关负责人出席活动，雅礼雨花中学 2000 余名师生和家长代表参加仪式。

（柳　旻）

【“国际减灾日”主题宣传活动】 2014 年 10 月 13 日是第 25 个国际减灾日，雨花区民政局围绕“提升抗灾能力就是拯救生命——老年人与减灾”主题，组织全区各街道开展形式多样宣传活动。10 月 13 日，由湖南省减灾委、湖南省民政厅主办，长沙市减灾委、长沙市民政局、长沙市应急办承办，雨花区减灾委、雨花区民政局、侯家塘街道、湘农桥社区协办的暴雨洪涝灾害应急演练活动在省水利厅篮球场举行。演练场景模拟雨花区持续几天出现雷雨大风和强降雨天气过程，湘农桥社区低洼地段路面积水达几十厘米，部分楼栋进水受淹、小区内时有高空坠物，电闪雷鸣。为保障群众生命财产安全，按照灾情报告、灾情会商和预案启动、应急救援转移安置以及应急救助等四个步骤的救灾工作流程，社区组织力量组成救援队、监察队、抢险1队、抢险2队、疏导队、医疗队6支队伍，对隐患排查，妥善转移安置受灾群众及财物，及时救援救助受困老人、孕妇等环节全程进行模拟演练。整个演练活动情境逼真，模拟到位，有效提高了参与演练干部及居民群众应对突发灾害的能力。演练活动结束后，省、市、区相关领导到位于高桥沃尔玛超市前坪的雨花区民政局国际减灾日集中宣传点，参观指导区民政局集中宣传活动。省民政厅党组成员、省老龄办主任陈毅华，省减灾委办公室主任、省民政厅救灾处处长陈自力，省民政厅救灾处副处长王剑中、省民政厅救灾处副处长叶建之，市应急办主任晏兴辉，市减灾委秘书长、市民政局党委副书记、副局长伍仁华，区民政局局长周敏等出席观摩指导。（柳　旻）

【防灾减灾日宣传活动】 2014年5月12日是国家第六个防灾减灾日，主题是“城镇化与减灾”。5月11日，在湖南省减灾委、湖南省民政厅、长沙市民政局、雨花区人民政府、雨花区民政局、雨花区安监局、雨花区人防办、雨花区应急办等政府部门指导下，长沙群英会、湖南公益联盟联合中国扶贫基金会·人道救援网络，携手省内数十家公益机构在砂子塘街道雨花亭凯德广场举行“向灾害SAY NO!”——“5·12”全国减防灾社区公益活动。活动通过现场咨询、展板展示、发放宣传品、游戏互动、现场演练等形式，为市民介绍日常生活消防类、公共交通安全类、自然灾害类、医疗救护类、自我安全保护类等五大类别的基本情况和自救常识。全面提升市民综合减灾和安全保障能力，最大限度地减轻灾害对市民造成的损失。活动现场邀请千名市民参与“红灯停绿灯行”“安全转转看”“现场救援演示”“拥挤的公交车”等减防灾方面互动闯关游戏，现场学习交通安全知识、安全锤和车载灭火器使用；参与“救在身边救自己”的现场演练活动，通过动脉大出血、异物梗阻、手臂与大腿骨折的现场演练，学习应急自救互救技能。长沙九龙医院组织医护人员在现场开展免费义诊和咨询活动，长沙市年年福食品有限公司现场免费提供1000份新鲜粽子作为活动礼品。活动组织者、农工党湖南省委社会工作委员会主任、长沙群英会理事兼秘书长傅强（网名：阿寺）说：“这次是湖南省首次以民间公益组织为主体举办的大型减防灾知识宣传活动，这既是对党的十八大关于‘全面深化改革’有关精神的有益尝试，也是对党的群众路线教育实践活动的一次生动实践”。湖南省减灾委秘书长、省民政厅党组副书记、副厅长杨明波等省、市、区民政、安监、人防、应急等政府部门领导参加现场活动，《光明日报》、香港《大公报》、人民网、新浪湖南网、《湖南日报》、湖南经视、《长沙晚报》等20余家新闻媒体进行报道。（柳　旻）

【湖南省第十届大学生运动会】 2014年11月18日，湖南省第十届大学生运动会开幕式在长沙民政职业技术学院新体育馆举行。全国人大常委会原副委员长周铁农出席并宣布开幕。全国人大常委会委员、民革中央副主席修福金，省人大常委会副主任刘莲玉出席。副省长李友志致开幕词，大运会组委会名誉主任、省政协副主席、长沙民政职业技术学院院长刘晓致欢迎词。湖南省第十届大运会由湖南省教育厅主办，长沙民政职业技术学院承办，大运会比赛从9月12日开始，至11月25日闭幕，历时70余天；设有田径、游泳、篮球、排球、足球、乒乓球、羽毛球、武术、健美操、定向越野和体育舞蹈11个大项目。33所本科院校、53所高职专科院校的5800余名运动员参加，规模、规格和人数为历届之最。（柳　旻）

重大事件

【雨花区2013年全面小康实现程度排名全省第一】 2014年6月10日，雨花区全面建成小康社会暨现代服务业工作推进会召开。2013年，全区小康社会的总体实现程度90.96%，综合考核排名全省一类县（市、区）第一，成为全省唯一一个小康实现程度超过90%的区县。2013年，全区经济发展方面小康实现程度87.73%，排名全省第一；人民生活方面小康实现程度86.11%，排名全省第二；社会发展方面小康实现程度100%，排名全省第一；民主法治方面小康实现程度93.96%，排名全省第七；生态文明方面小康实现程度97.82%，排名全省第三，全市内五区第一。 （柳 旻）

【区本级行政审批项目目录公布】 2014年7月2日，雨花区召开区委常委（扩大）会议，审议通过《长沙市雨花区区本级行政审批项目目录》，4日以区政府文件正式发文，并在区政府门户网站面向社会公布。为进一步转变政府职能，提高行政效能，优化发展环境，根据《中共长沙市委 长沙市人民政府关于进一步深化行政审批制度改革提高行政效能的实施意见》（长发〔2013〕15号），5月，雨花区制定《雨花区行政审批项目专项整治工作实施方案》，提出“区本级行政审批项目再减量、审批时限再提速、审批流程再优化、审批事项管理再规范”的总体目标，由区审改办牵头组织实施。区直有关部门单位具体负责市级下放权限的承接工作；区编委办、区政务服务中心、区电子政务管理办负责指导区直有关部门单位做好承接工作，区监察局负责督查区直有关部门单位承接工作的落实情况。区审改办分单位下发行政审批事项目录，各单位对照目录梳理核实本单位保留的行政审批事项后填写《长沙市雨花区本级行政审批事项清理表》，以纸质文件和电子文档的形式报送至区审改办。区审改办对各单位报送的情况进行分类汇总，并采取职能清理、实地核查、比对网上办事事项等方式逐一核对行政审批事项的合法性、真实性、准确性、完整性、规范性。针对审核中存在的问题，区审改办与相关单位进行沟通，并征求专家和社会各界的意见，提出修改意见。各单位根据修改意见对项目目录进行修改后，反馈至区审改办。区审改办对行政审批事项目录进行再次审核汇总，6月12日召开《长沙市雨花区区本级行政审批项目目录》（初稿）专家咨询论证会，特邀湖南大学法学院教授、博士生导师、副院长郑鹏程，省编办审改处处长陈新华，市编办副主任向伟等专家和人大代表、党代表、政协委员、社会各界民主党派的代表到会参与论证。区审改办将区级行政审批事项汇总目录报送区政府办，提请区政府常务会议审议。审议通过后，各单位在单位门户网站上公开行政审批事项目录。各单位按区审改办统一时间要求公示结束后，区审改办在区编委办网页统一公示各单位行政审批事项汇总目录。经过精简清理，与2012年公布的区本级行政审批项目相比，2014年保留的区本级行政审批项目从170项精简到31项，精简81.76%；加上2014年市级两批下放的行政审批项目后，雨花区公布的区本级行政审批项目为65项，与2012年公布的区本级行政审批项目相比，总的精简比例为61.76%。取消行政审批项目3项。 （柳 旻）

【规范性文件清理】 2014年，长沙市雨花区人民政府对2012年清理后确认继续有效和重新公布的规范性文件及后续制定的政府规范性文件进行全面清理。12月16日，区人民政府公布规范性文件清理结果。区人民政府决定，废止《关于印发〈长沙市雨花区促进区域产业发展扶植奖励办法〉的通知》1件规范性文件，宣布《关于印发〈长沙市雨花区清理整顿无证办园联合工作方案〉的通知》等15件规范性文件失效，确认《关于印发〈长沙市雨花区困难残疾人和困难残疾人子女就学救助办法〉的通知》等23件规范性文件继续有效。重新公布《关于印发〈长沙市雨花区农村拆迁户保障住房建设及申购暂行办法〉的通知》等6件规范性文件。废止、宣布失效的规范性文件，自标注日期（未注明日期的自公告发布之日）起不再执行，文件本身确定了有效期限的以该文件规定的日期为准；确认继续有效的规范性文件，有效期与公告发布前连续计算；重新公布的规范性文件，自公告发布之日起重新计算有效期。区政府和区政府办公室于2014年11月30日以前制定的规范性文件，未列入继续有效、重新公布的规范性文件目录的，一律无效，不得作为行政管理依据。 （柳 旻）

【获评“全国社区教育示范区”】 雨花区按照“积极发展继续教育，完善终身教育体系，建设学习型社会”的要求，充分发挥区委和政府对社区教育的统筹作用，进一步创建“学习型雨花”，采取上下结合、区域互动、整合资源的形式,教育形式不断创新,教育内涵不断丰富,2011 年评为 “湖南省社区教育示范区”。2013 年雨花区作为湖南省唯一区县推荐申报“全国社区教育示范区(县)”。2014 年 3 月 24 日,经全国社区教育领导小组审定,教育部授予雨花区“全国社区教育示范区”。 (柳 旻)

【获批全国和谐社区建设示范城区】 2014 年 10 月 30 日,民政部下发《关于确定全国和谐社区建设示范单位的通知》(民发〔2014〕24 号),雨花区再次获批“全国和谐社区建设示范城区”。雨花区在致力于推动区域经发展的同时,始终把打造和谐社区作为和谐社会建设的重要载体,不断创新社区治理和服务方式,培育和扶持社会组织发展,构建“党委领导、部门协调配合、街道社区主办、社会各界支持、群众广泛参与”的和谐社区建设格局。通过坚持“规范化、便民利民、分类施救、舒适宜居、文明健康、安定有序”六大原则,实施“社区标准化工程”“优质服务工程”“社区社会救助工程”“生态环境工程”“平安创建工程”“健康文化工程”六大工程;创新思维,通过突出社区分类治理、清理社区职能职责、建设社区服务信息平台,成功打造众多社区服务品牌,实现社区减负增效和社区治理的转型创新,彰显和谐社区建设特色;协调联动,培育一批和谐社区社会组织品牌,发展义工服务事业,鼓励驻区企事业单位、学校等参与社区共建,推动了社区的和谐发展。东塘街道和侯家塘街道获批“全国和谐社区建设示范街道”,廖家湾、牛婆塘、政院、圭塘、梨子山和融城苑 6 个社区获批“全国和谐社区建设示范社区”。 (柳 旻)

【获批“全国社区治理和服务创新实验区”】 雨花区委、区政府高度重视社区治理和服务创新工作,把基层社会管理创新作为全区的中心工作,作为“民生幸福化”战略的重要内容来抓。加快政府职能转变,加快社区社会组织的培育和发展,积极争创全国社区管理和服务创新实验区。2014 年 2 月 8 日,民政部下发《关于同意将北京市东城区等 31 个单位确认为“全国社区治理和服务创新实验区”的批复》(民函〔2014〕4 号),雨花区成功获批全国社区治理和服务创新实验区。实验时间从 2014 年 1 月至 2016 年 12 月,为期三年。将围绕实验主题开展各项实验任务,完成“十百千”工程的目标,“十”即明确社区社会组织重点发展十大类别(养老助残服务、失独家庭关怀、流动人口管理、社区矫正、失地农民管理、矛盾调解、社区自治社团、禁毒监督、社会事务、环境保护),建立专业性的社区社会组织 20 个;“百”即扩大社区社会组织规模,提高社区社会组织的开放性程度,建立百人以上的社区社会组织 100 个;“千”即明确社区社会组织发展总量,建立 1000 个广泛参与的社区社会组织。通过实验,重点探索出社区社会组织培育、扶持、管理体制机制和制度保障,形成社区社会组织参与社区治理服务的途径、标准和考评机制,为全国创新社区治理和服务提供新的经验。 (柳 旻)

【获评“全国义务教育基本均衡县(市、区)”】 2014 年 3 月 18 日,在全市教育督导工作会上,雨花区捧回国务院教育督导委员会颁发的“全国义务教育基本均衡县(市、区)”奖牌,成为首批评估认定通过的区县。 (柳 旻)

【长沙首条地铁线试运营】 2014 年 4 月 29 日,中共长沙市委副书记、市长胡衡华主持通车仪式,9 时 29 分,省委书记、省人大常委会主任徐守盛宣布:“长沙地铁 2 号线试运营正式开启。”省委副书记、省长杜家毫致辞说,长沙地铁 2 号线的试运营,是长沙乃至全省城市建设和交通发展的一个里程碑,标志着长沙城市建设迈上了新台阶。徐守盛、杜家毫一行考察地铁运营控制中心,并登上地铁,从杜花路站乘地铁到迎宾路口站,亲身体验地铁的快速、安全、便捷。省政协主席陈求发,省委副书记孙金龙,省委常委、省委秘书长韩永文,省委常委、长沙市委书记易炼红,全国人大内务司法委员会委员、党的群众路线教育实践活动驻长沙督导组组长李江,省人大常委会副主任于来山;市领导张迎龙、袁观清、范小新、余合泉、谢树林、张湘涛、程水泉、文树勋、赵文彬、李军、张迎春、陈献春、钟钢、王忠斌等，劳模、工程建设者、安保工作者、志愿者和沿线居民代表出席仪式并随同乘车。

长沙地铁2号线是省“两型”社会建设重点工程，长沙地铁网络的东西向核心骨干线路，也是长沙市最早开工建设的地铁项目，2009年9月28日开工建设，总投资120亿元。线路全长22.262千米，设计最高速度80千米/小时，是长沙轨道交通网络中最重要的东西向大动脉。地铁2号线线路为地下线，西自望城坡站起，沿枫林路、五一路等城市主干道，经岳麓区、天心区、芙蓉区、雨花区、长沙县，东端终于光达站。设站19座，其中换乘站8座，分别与地铁1号、3号、4号、5号、6号、9号线以及长株潭城际铁路、京广铁路、京广高铁和沪昆高铁换乘。

（柳　旻）

【长沙高铁直接抵达16个省会城市】 沪昆高铁是国家“四纵四横”快速客运专线主骨架的重要组成部分，分沪杭、长杭、长昆三部分。2014年9月16日，沪昆高铁长沙至南昌段开通运营；12月10日，沪昆高铁杭长段全线开通运营，长沙至杭州首次实现高铁直达；12月16日，沪昆高铁长沙至怀化段开通运营，标志着沪昆高铁湖南段正式全线贯通。加上已经开通的沪杭段，长沙与长三角地面交通正式进入高铁时代。沪昆高铁杭长段贯通，长沙的高铁版图再次扩大，沪昆高铁与京广高铁在长沙交汇，黄金十字已经形成。长沙与北京、上海、广州形成一个5小时高铁生活圈，长沙成为中部最大的高铁枢纽，成为全国乃至全球交通连通的重要节点。从长沙出发坐高铁6小时可直接抵达16个省会城市或直辖市，包括北京、天津、上海、石家庄、太原、西安、济南、郑州、合肥、南京、武汉、南宁、福州、南昌、广州、杭州。其中，长沙至杭州最快只需3小时38分钟，至上海最快只需4小时26分钟。

（柳　旻）

【国内首条中低速磁浮铁路开建】 2014年5月16日，国内首条具有自主知识产权的中低速磁浮交通线路——长沙火车南站至长沙黄花机场磁浮工程在长沙南站东广场开工建设。省委常委、长沙市委书记易炼红宣布工程开工，副省长张剑飞致辞。长沙磁浮工程投资估算总额约42亿元，线路总长18.54千米，设计时速100千米，是世界上中低速磁浮投入商业运营最长的一条线路。预计2016年上半年完成调试并投入使用，届时从黄花国际机场至长沙火车南站仅需10分钟。磁浮线共有3个站点，分别为长沙火车南站、 梨站和黄花机场站，预留会展站和汽车城站两个站，全线均为高架线，采用环抱线路设计，车体悬浮架部分像一个爪子扣住轨道，可以保证列车不倾覆、不脱轨。

（柳　旻）

【商事制度改革】 2014年1月1日起，雨花区施行商事制度登记改革，改革主要内容涉及八个方面：一是实行注册资本认缴登记制度；二是实行商事主体年报备案制度；三是实行工商登记注册与经营项目审批相分离的登记制度；四是实行商事主体经营异常名录制度；五是放宽住所登记条件；六是放宽企业名称登记条件；七是构建统一的商事登记管理信息平台和商事主体信息公示平台；八是逐步推行网上登记服务。2014年3月1日起，在全区启用竖版的营业执照，新执照将各类市场主体原有的15种营业执照样式统一为8种，版式统一为1种。新版的公司营业执照记载事项取消实收资本、年度检验项目。执照上载有名称、类型、住所、法定代表人、注册资本、成立日期、营业期限、经营范围、企业信用信息公示网址及可显示市场主体基本信息的二维码。根据《企业信息公示暂行条例》（中华人民共和国国务院令第654号）、《个体工商户年度报告暂行办法》（国家工商行政管理总局令第69号）、《农民专业合作社年度报告公示暂行办法》（国家工商行政管理总局令第70号）规定，2014年10月1日起全区实行商事主体年报备案制度。

（陈　婷）

【雨花区官方微信上线】 2014年10月17日，雨花区官方微信公众平台“飞梦雨花”开始上线试运营。“飞梦雨花”开设今日雨花、高铁人生、涨姿势、流口水、随手拍长沙等特色趣味栏目；开通天气、快递、百科等关键词回复、互动飞梦社区、政民互动建议、生活百科查询等便民服务。11月18日晚,雨花区官方微信公众平台“飞梦雨花”正式上线发布会及观影活动在喜盈门范城保利国际影城举行。省委宣传部网宣办副主任贺弘联、长沙市委宣传部副部长刘绪甲等出席,区领导邱继兴、张能峰、汪娟、何托林参加仪式,300余名热心网民现场感受雨花官微带来的独特便捷与指尖乐趣。活动现场,与会人员通过现场扫描二维码、APP动画展示、摇一摇幸运抽奖等微信互动体验。雨花区委书记邱继兴利用手机演示回复指定关键词——“飞梦雨花”,触发“飞梦雨花”上线轻APP动画,宣布雨花区官方微信公众平台“飞梦雨花”正式上线。“飞梦雨花”官方微信上线后,雨花区将充分利用此平台,改善公共服务,有效推动政府职能的转变,创新管理和服务方式。运用微信平台的即时性、移动性、互动性和全民化的特点,走出一条“网上群众路线”,实现从“指尖上民情”到“心里头百姓”的无缝对接。（柳美丽）

【打造文化产业“黄金走廊”】 2014年,雨花区有文化企业1834家,其中规模以上文化企业126家,文化产业总值210亿元,形成影视传媒、数字资讯、创意设计三大优势产业,韩国CJ集团、长沙广电集团、潇影集团、省教育电视台、湖南人民广播电台、第一财经等龙头企业,以及江苏卫视幸福蓝海、保利国际影院等一大批院线集聚雨花,初步形成链条完整、配套完善的影视传媒产业链。区内汇集中国联通手机阅读基地、天闻数媒、湖南有线长沙网络有限公司、长沙国安广电网络、湖南家谱文化网络有限公司、联盛科技、九州众合等300余家数字企业,以及教育出版社、文艺出版社、美术出版社、魅丽文化等几十家内容提供商,形成较完整的数字产业链。拥有中机国际工程设计研究院有限责任公司等8家大型设计类央企,湖南方圆设计有限责任公司等400余家民营企业,年营业额90亿元。12月18日,长沙市雨花区文化产业示范基地在湘府路上的汇艺文创中心正式挂牌。汇艺文创中心汇集湖南演艺集团、湖南佳悦文化创意集团、湖南思齐文化教育集团3家企业总部以及加拿大环球传媒、天闻数媒等众多文化企业,入驻的文化产业项目面积17080平方米,占写字楼总面积的71%。雨花区将以该基地为核心,通过一系列产业扶持政策,将湘府路东起长沙新广电中心,西至德思勤城市广场两千米路段打造成文化产业“黄金走廊”。奥地利AST公司、德思勤24小时书店等16家大型文化产业项目与雨花区签约,落户该“黄金走廊”。（柳　旻）

【雨花区“首届文化领军人物”】 2014年3月7日,“雨花区首届文化领军人物”评选活动在区会议中心举行。活动由区委宣传部、区文体新局主办,邀请湖南省文联副主席、国家一级作曲家孟勇、长沙市人大教科文卫委员会主任委员曹伟、长沙市十大文化领军人物、市群艺馆馆长李大剑、区委宣传部副部长谢新德、湖南公益联盟总执行人傅强担任活动评委。经活动评委严格评审,按照标准从高、要求从严、注重艺术成果、影响力和代表性、秉持宁缺毋滥的原则,分文化事业和文化产业两类,共评选出“雨花区首批文化领军人物”10名。其中,文化事业类6人:湖南省灯谜协会会长、谜语项目市级传承人敖耀寰,知名画家、雨花区湖湘传统文化研究保护会会长成五一,知名出版专家、策划人、作家、湖南文艺出版社编审、文学部长邓映如,湖南省木偶皮影艺术保护传承中心主任张帆,舞龙舞狮国际裁判、国家龙狮协会专家组成员、国际舞龙狮规则编写组成员周招弟,雨花区水电友好合唱团副团长常慧琍。文化产业类4人:湖南联盛网络科技有限公司董事长邓俊西,天闻数媒科技(湖南)有限公司董事长彭兆平,长沙魅丽文化传播有限公司总经理邹立勋,长沙宝典文化用品有限公司董事长胡益云。（柳　旻）

【《雨花年鉴(2013)》出版】 2014年11月28日,雨花区首部年鉴公开出版。《雨花年鉴(2013)》由雨花区人民政府主办,雨花区年鉴编纂委员会组织编纂,长沙市雅捷印务有限公司印刷,方志出版社公开出版。该年鉴全面、系统、翔实、客观记载雨花区2012年度自然、政治、经济、文化、社会等方面的基本情况和重大事项,体现新时代的雨花精神。全书379页,76万余字;彩页44页,图片95张,雨花区2012年最新行政区划图1张;表格39个;设有部目30个,分目118个,收录条目838条;随书附带电子光盘。该年鉴资料收集历经两年时间,2013年4月与2014年3月分别向全区印发报送资料通知,共征集到300万余字文字材料,1000余张图片。资料内容既注重各单位基本资料收集,又重视特色亮点资料收集;既注重文字资料,又关注图表资料。框架设计坚持“统筹兼顾、层次分明,把握热点、与时俱进,立足自身,突出个性”的方针,统筹全区各单位、各机构职能,科学设计框架结构;贴近经济社会发展实际,以年度工作本身的重要性和特色性设计框架结构;立足于自身实际特点,通过对框架结构及内容的设定,体现区委、区政府的工作重点和目标。为促进年鉴编辑的规范性,6月25日,到望城区学习年鉴编纂经验,明确做好年鉴编纂工作的重点和难点。《雨花年鉴》编辑部及全区年鉴组稿人严格按照年鉴体例编辑文稿,8月底形成初稿。全局干部职工参与对年鉴稿件的校审修改,并联系方志出版社,省、市年鉴专家,区领导、相关部门负责人及各单位组稿人对初审稿进行校审,经反复校点、核对和修改,于11月交印刷厂付印。12月,向全区免费发放。《雨花年鉴(2013)》的公开出版发行,推动雨花区地方志工作的发展,成为宣传推介雨花区经济社会发展的重要窗口。

(柳 旻)

大 事 记

2014 年雨花区大事记

1 月

2—4 日 政协长沙市雨花区第四届委员会第二次会议在雨花区会议中心召开。

3—5 日 长沙市雨花区(以下简称“区”)第四届人民代表大会第二次会议在雨花大会堂召开。

6 日 长沙市(以下简称“市”)委副书记、代市长胡衡华一行实地调研雨花项目建设情况,听取工作汇报。区委副书记、区长邱继兴陪同调研。

▲ 雨花区开展道路清洗集中演示全面推进市容市貌提质工作。区委书记周杏武,区委副书记、区长邱继兴,副区长邹犇淼召集区直相关部门和各街道主要负责人到万家丽路与木莲冲路交汇处,开展道路、设施清洗现场演示活动。

13 日 东山商会成立。东山商会成为省内首家经民政部门批准成立的具有法人资格的以街道基层工商联分会变更的商会。

17 日 市委常委、纪委书记李军、副市长夏建平一行在周杏武、副区长李国军陪同下,到砂子塘街道慰问看望街道老红军吴国厚、困难职工文革和困难群众杜金广。

16 日 湖南省(以下简称“省”)副省长黄兰香到长沙火车南站视察春运工作。

19 日 省委常委、宣传部部长许又声率全省宣传部长会议代表实地考察廖家湾社区文明创建及学雷锋活动。

21 日 市委常委、副市长张迎春带领市商务局、市安监局、市粮食局、市旅游局、市国资委组成的市安委会第三督查组,对雨花区进行春节前安全生产工作的督查。在区长邱继兴、副区长余宏卿陪同下,随机抽查左家塘街道辖区老国有企业“长沙钢铁厂”的危房宿舍和圭塘街道辖区的高档商业综合商场“喜盈门·范城”进行现场督查。

22 日 副省长张剑飞到汽车南站考察春运工作。

23 日 雨花区 2014 年“情系高铁枢纽服务春运出行”——千名干部志愿服务高铁春运活动启动。区委书记周杏武,市委宣传部副部长、市文明办主任郑力虎,团市委副书记叶妙及志愿者代表参加活动。

26 日 副省长李友志在张迎春和省食药局党组书记、局长肖策群陪同下,考察雨花区节日市场。区领导周杏武、邱继兴,市工商局党组书记、局长卓精华、副局长圣洪兴,副调研员、雨花分局党组书记、局长王金山陪同视察。

▲ 市委副书记、市长胡衡华、副市长何寄华、市政协副主席、市交通运输局局长刘明理率市公安局、市安监局等部门联合督查雨花区春运工作,现场检查汽车南站、黎托高速汽车站、长沙火车南站。区领导周杏武、邱继兴、邹犇淼陪同检查。

▲ 省政府副秘书长、省联席办主任、省信访局局长张严到雨花亭街道走访慰问“老兵”巡逻队队长、抗美援朝老军人周克敏。

29 日 省委常委、长沙市委书记易炼红,市委副书记、市长胡衡华,市委常委、宣传部部长张湘涛等在周杏武、邱继兴等陪同下,到左家塘街道牛角塘社区的6路公交车总站,慰问春节期间坚守在岗位的湖南龙骧巴士一车队全体员工。

2月

7日 雨花区2014年开局工作动员暨群众路线教育实践活动专场报告会召开,区领导邱继兴、王雄文、罗予武、王清华、邹犇淼、余宏卿、李国军、谭应林参加会议。

8日 民政部下发《关于同意将北京市东城区等31个单位确认为"全国社区治理和服务创新实验区"的批复》,雨花区获批"全国社区治理和服务创新实验区"。

13日 全区社区筹委会党组织和社区筹委会选举工作动员会在区政府会议中心中型会议室召开。区领导邱继兴、王雄文、罗予武、王清华、邹犇淼、余宏卿、李国军、谭应林参加会议。

20日 邱继兴在长沙比亚迪汽车有限公司主持召开现场办公会，专题研究比亚迪公司运营中遇到的困难和问题。副区长余宏卿参加会议。

16日 "2014中奥国际时尚音乐会暨雨花区现代服务业(文化产业)国际品牌签约仪式"在长沙琴岛演艺中心举行。在奥地利驻广州总领事兼商务领事迪特玛·史万克以及现场2500位观众的见证下,全球最著名的冰场营运商——奥地利AST与德思勤城市广场签约合作建设面积达2000平方米、中部最高标准的真冰溜冰场。

21日 雨花区"扎根雨花　走在前列"专题讲座在区会议中心室举办。周杏武,区委常委、组织部部长、统战部部长冯聪龙,区委常委、区委办主任黄文先,区委常委、人武部政委肖集林参加。

22日 雨花区2014年经济工作大会召开。

24日 湖南省军区司令员黄跃进一行,在湖南陆军预备役师政委胡嘉晖、长沙警备区司令员王忠斌、区武装部部长宋尊德陪同下,检查指导高桥街道湖南省预备役师高炮团修理所正规化建设工作。

▲ 胡衡华一行在副区长、雨花公安分局局长谭应林陪同下到高桥派出所考察治安防控建设情况。

27日 中共长沙市雨花区第四届纪委第四次全会暨全区反腐败工作会议在区会议中心召开。周杏武、邱继兴等全体在职县级领导出席。

28日 雨花区召开全区政法、信访、群众工作会议。区领导邱继兴、王雄文、邹犇淼出席。

▲ 雨花区2014年民兵预备役工作会议在区人武部召开。副区长王雄文、李国军出席。

▲ 中共湖南省委决定，周杏武任省纪委派驻省林业厅纪检组组长、省林业厅党组成员。

3月

1日 雨花区"两河"污染治理项目拆迁工作动员会召开。邱继兴、罗予武出席会议。

3日 区委副书记、区长邱继兴,区委副书记汪娟,区人大常委会主任龚景顺,区政协主席李电晖,区委常委、雨花经开区党工委书记杜旭辉,区委常委、组织部部长、统战部部长冯聪龙,雨花经开区副书记、主任郭四军在市会议中心参加市2013年度"六个走在前列"大竞赛暨绩效考核通报讲评大会。

5日 2014年春季义务植树暨雨花区三年造绿大行动启动,邱继兴率四大家主要领导,与干部群众一道参加义务植树活动。

▲ 长沙启动"史上最严"市容整治行动,依规对乱扔垃圾(贴牛皮癣)、店外经营、不履行门前三包责任等10类不文明行为进行严格查处。雨花区举行"洁净长沙,雨花先行,学雷锋万人大扫除志愿服务"活动启动仪式,组织机关干部、社区居民、学生、青年志愿者、公益组织义工等社会各界力量1万余人开展集中大扫除行动。

10日 中共湖南省委统战部副部长崔永平一行5人到雨花区委统战部和长沙群英会调研社会组织统战工作。

13日 民政部副部长窦玉沛一行到雨花区调研民政工作。

26日 雨花区民政工作研究会在区政府1号楼召开。

31 日 经中国成人教育协会社区教育专业委员会审定,雨花区被评为“全国数字化学习先行区”。

4 月

1 日 易炼红在雨花经济开发区调研。他强调,要坚定不移地走低碳、低耗、低排的“两型”发展之路,加快园区“两型”化管理提标提档,实现产城高度融合,在加快转型创新发展中努力建成千亿产业园区。

3 日 长沙警备区司令员王忠斌一行在邱继兴陪同下检查雨花亭街道民兵应急排工作。

4 日 邱继兴等全体在职县级领导在雨花大会堂参加全区党务工作暨绩效考核讲评大会。

9 日 市委副书记张迎龙率市城管局、市园林局等相关部门到雨花区考察三年造绿工作开展情况。副区长邹犇淼陪同调研。

10 日 邱继兴、王雄文、邹犇淼率城管、交警等相关部门负责人一行,实地勘察调研左家塘街道桂花树街的“立体化管理”提质改造工作。

12 日 胡衡华考察浏阳河、圭塘河流域污染治理工作。副市长姚英杰、区领导邱继兴、罗予武陪同视察。

14 日 何寄华率领市政府办公厅、市水务局、市城管执法局、市安全监管局、长沙供电公司、市公安消防支队等单位领导督查雨花区安全生产工作。

15 日 副省长黄兰香一行调研长沙比亚迪汽车公司。

▲ 市委副书记、市长胡衡华,副市长何寄华、夏建平一行调研长沙雨花经济开发区。

20 日 2014 年中华茶祖节在高桥神农茶都开幕。省领导蔡力峰、刘夫生、董志文、罗海藩、唐之享、黄明开等,雨花区副区长余宏卿,区人大常委会副主任、区工商联主席周凌云出席开幕式。2014 中华茶祖节组委会副主任、省供销合作理事会副主任李云才主持开幕式。

23 日 举行湖南信息园项目奠基仪式。区领导邱继兴、王雄文出席仪式。

24 日 举行雨花区人民政府与长沙市一中合作办学签约仪式。区领导邱继兴、王雄文、罗予武、王清华出席仪式。

28 日 长沙市比亚迪汽车有限公司涂装面漆团队获“湖南工人先锋号”称号;长沙市比亚迪汽车有限公司整车校验科科长单丹、湖南晓光模具有限公司总经理仲志刚、雨花区左家塘街道营山巷社区主任罗浩明、雨花区市政局物资供应科科长周玲、雨花区动物卫生监督所副所长彭明强获“长沙市劳动模范”称号。

5 月

9 日 易炼红到湖南省商事登记制度改革后首张营业执照获得者湘能楚天集团走访调研。

13 日 汪娟、李国军在区会议中心 303 会议室参加山西省阳泉市城区社区建设代表团来区考察工作会议。

14 日 联点雨花区防汛工作的市委顾问谢树林,市委常委、长沙警备区政委李春艳,市人大常委会副主任谭杭生,市水务局书记、局长李增加,市水务局党委委员、工会工委主任肖索夫一行督促检查雨花区防汛工作,先后到潭阳垸浏阳河大堤、李家山泵站、排水堵头堵点支路十二、十三等重点防汛地段进行检查。区领导邱继兴、李国军陪同督查。

▲ 市委常委、统战部部长文树勋到雨花区调研和指导党的群众路线教育实践活动,市委督导组副组长、市文联党组成员、副主席李小军,区领导汪娟、杜旭辉、冯聪龙陪同调研。

15 日 市委常委、副市长张迎春,市政府副秘书长王体泽率市发改委、市财政局、市商务局、市规划局、市电子商务协会会长、副会长单位一行 20 余人到雨花区实地考察电子商务发展的情况。区领导邱继兴、余宏卿陪同调研。

19 日 市长胡衡华、副市长黎石秋等率市规划局、市国土局、市民政局等到雨花区实地考察城中村改造工作。区领导邱继兴、王雄文、李国军陪同调研。

20 日 雨花区召开负责干部会议，市委组织部常务副部长袁黎明宣读省、市委任命文件，宣布：邱继兴任中共长沙市雨花区区委书记。市委常委、组织部部长程水泉出席会议。

23 日 雨花区召开 2014 雨花驻区央企经济发展交流会。区委书记、区长邱继兴，区委副书记汪娟，区委常委，常务副区长王雄文，副区长余宏卿出席会议。

▲ 在民政部“全国第二批适度普惠型儿童福利制度建设试点工作视频会议”上，雨花区被国家民政部授予第二批“全国适度普惠型儿童福利制度建设试点区”。

29 日 雨花区纪念“6·5”世界环境日“向污染宣战 建美丽雨花”大型宣传活动在东塘街道第六都市民广场举行。区委副书记汪娟、区人大常委会副主任谢爱龙、副区长邹犇淼、区政协副主席任壮岳，区政府副调研员文洲参加活动。

6 月

3 日 邱继兴率队调研东塘街道开展社区治理和服务创新工作。

6 日 市委政法委副书记、市综治办主任谭学军，市综治办副主任梁银明率长沙市内五区综治办负责人到侯家塘街道现场观摩老旧社区治安防控体系建设工作。

7 日 雨花区现代服务业发展战略及核心片区规划征求意见会召开。

9 日 区领导汪娟、李国军参加厦门市海沧区党政代表团到区考察工作会议。

16 日 全国安全生产宣传咨询日。省安委办和长沙市安委会联合在红星社区举行“湖南省安全生产示范县命名授牌暨长沙市最佳安监人员命名仪式”。省政府副秘书长、省安委办主任、省安监局局长邓立佳，副市长、市安委会副主任何寄华，区委书记、区长邱继兴，区委常委、区委办主任黄文先，副区长余宏卿参加活动。

16 日—19 日 邱继兴、汪娟、余宏卿率队参加湖南省政府在上海举办的湖南（上海）投资贸易洽谈周活动。

24 日 团湖南省委副书记汤立斌、冯海燕，团市委书记喻志军、副书记赵雪峰一行调研雨花区青年创业工作开展情况。区领导汪娟、杜旭辉，经开区管委会主任郭四军等陪同考察。

25 日 长沙市“感恩思源、孝老爱亲”暨雨花区孝道“红黑榜”发布活动在金地社区文化广场举办。

26 日 人口资源和社会保障部就业促进司副司长桂桢考察侯家塘街道社区建设及社会救助工作，省民政厅副厅长唐白玉，省人社厅副巡视员谭文波，市政府副秘书长曾慧明，市人社局党委副书记、副局长王河，市民政局党委副书记、副局长丁文，市民政局副局长贵志平，市社会救助局局长周义中，区领导邱继兴，副区长李国军等陪同考察。

▲ 姚英杰对雨花区棚户区改造工作进行专题调研。邱继兴、罗予武陪同调研。

7 月

1 日 纪念建党 93 周年——“道德模范·身边好人”进社区巡讲活动长沙市“孝亲·敬老·助老”学雷锋志愿服务活动暨雨花区启善读书会启动仪式在高桥街道火焰社区神农茶都举办，活动同时举行火焰社区民间国学传播组织“启善读书会”授牌仪式。长沙市文明办副主任丁德喜，雨花区委常委、宣传部部长何托林，雨花区委党校校长杨仕斌参加活动。

2 日 省委副书记孙金龙，省委常委、省长株潭“两型社会”建设综合配套改革试验区工委书记张文雄，市委副书记、市长胡衡华，市委副书记张迎龙在雨花区委书记、区长邱继兴，区委副书记汪娟等陪同下考察洞井街道高升社区工作。

3 日 中共中央政治局常委、国务院总理李克强考察沪昆高铁长沙南站施工现场。

4 日 全区征兵工作会议在区人武部党委会议室召开。区委常委、常务副区长王雄文，区委常委、人武部政委肖集林，人武部部长宋尊德，副区长李国军,人武部副部长周新磊,区公安分局副局长汪琨参加会议。

8 日 第三届中国中部金融中心论坛在融程花园酒店举行。文化部文化产业司副巡视员施俊玲、副省长张剑飞出席活动。区领导邱继兴、汪娟、黄文先、何托林、王雄文、余宏卿参加论坛。

▲ "牵手友善·微笑生活"——长沙市新市民培育和践行社会主义核心价值观暨"品质雨花"市民素质提升行动主题活动在洞井街道新市民广场举行。邱继兴、汪娟、黄文先、何托林、王清华、余宏卿参加活动。

24 日 区领导王雄文、肖集林、宋尊德、李国军、谭应林走访慰问区消防大队。

28 日 长沙市雨花区人民政府与湖南建工集团签订战略合作框架协议。王雄文主持签约仪式,邱继兴、罗予武出席活动。

8 月

1 日 邱继兴、汪娟、冯聪龙、王雄文、胡和平、余宏卿、康长萍、杨仕斌参加区"奋斗的青春最美丽"青年干部座谈会。

5 日 省委常委、常务副省长陈肇雄率领省人民政府副秘书长张银桥及省政府督查室、省安监局、省消防总队等部门督查雨花区安全生产工作。副市长何寄华、市政府秘书长严凤枝、市安监局局长文卫红及相关部门负责人陪同督查。重点督查东山街道黎托社区违章建筑群拆除工作的进展情况。

7 日 为期三个月的"惠民乐购雨花房产节"启动。

11 日 团中央书记处书记汪鸿雁在团省委副书记、党组副书记汤立斌,团市委书记喻志军、副书记詹萍萍陪同下,到侯家塘街道调研基层团建。

19 日 省民政厅党组副书记、副厅长杨明波,省民政厅政策法规处处长李鄂辉、省社会救助管理局农村处处长刘灵芝等一行到雨花区开展社会救助"四进四看"调研走访活动。

20 日 省委督导组组长,全国人大内务司法委员会委员、省人大常委会原副主任、党组原书记李江督导雨花区党的群众路线教育实践活动。省委督导组副组长、省科技厅副巡视员周上游,市联点领导、市委常委、统战部部长文树勋,市委第二督导组组长、市委顾问、长沙学院原党委书记黄中瑞等领导陪同调研。李江一行到高铁南站项目及东山街道拆迁拆违现场、东塘街道政院社区和长沙比亚迪汽车有限公司实地调研,在雨花区政府召开座谈会,邱继兴作活动开展情况汇报,文树勋主持会议。

21 日 雨花区召开 2014 年市级重大项目工作调度、2015 年重大投资项目计划申报工作调度暨"十三五"规划编制工作动员会。副区长王雄文、罗予武出席会议。

22 日 长沙市人大常委会副主任、长沙市安居工程领导小组常务副组长刘新程现场调研劳动路跨京广铁路桥改造项目工程。副区长罗予武陪同调研。

25 日 副市长姚英杰、市政府副秘书长王伟胜到雨花区调研"两河"截污治理工作。副区长罗予武陪同并汇报。

26 日 市委常委、市警备区政委李春艳对在区委书记、区长邱继兴,副区长余宏卿陪同下督查雨花区安全生产工作。

▲ 邱继兴、杜旭辉、黄文先、何托林在区会议中心中型会议室参加长沙首届微电影文化启动仪式暨媒体见面会。

9 月

1 日 由山东省质量技术监督局高工杨冬静、安徽省标准化研究院教授级高工王琛、湖南大学教授侯俊军、湖南师范大学副教授陈云凡、湖南省质量技术评审中心高工孙华组成的专家组到侯家塘街道评估验收街道公共服务标准化试点项目,该项目以 95.8 分通过验收。省质监局标准化处处长李少阳、副处长刘红、侯家塘街道工委书记贺芳、办事处副主任蒙正国等参加验收。

11 日 市委常委、常务副市长陈泽珲一行调研指导雨花区财税工作,市财政局党组书记、局长张敏，市地税局局长方志平，市国税局副局长谭元奎，市财政局党组成员、总会计师肖文让，以及市政府办公厅综合发展处和市财政局预算处、税政处的负责人陪同调研。区领导邱继兴，王雄文参加调研座谈。座谈会由市政府副秘书长黄雄姿主持。

19日 2014年区委议军会议召开。

22日 国台办海峡两岸出版交流中心媒体部副主任刘潭到雨花区调研对接涉台宣传工作，冯聪龙，市台办副主任袁湘鄂，市台办宣传处处长郑玉屏陪同调研。

26日 邱继兴出席雨花区深化师德师风建设教师展示活动。

28日 省委副书记孙金龙带领省老干局、省商务厅负责人来到东塘街道华银园社区，看望96岁高龄的老红军张毅川。

▲ 文树勋调研指导雨花区党的群众路线教育实践活动，邱继兴陪同调研。

29日 雨花区党的群众路线教育实践活动群众测评大会，邱继兴对全区教育实践活动开展情况进行通报。来自基层的“两代表一委员”，街道社区干部职工和居民群众，机关普通干部共200余名代表参加测评。

▲ 邱继兴、陈怀宇一行走访慰问区百岁老人，拉开“金秋惠老”敬老月走访慰问活动的序幕。

30日 陈泽珲调研雨花区侯家塘街道停车场建设工作。区领导邱继兴、何托林、王雄文、罗予武陪同调研。

10月

9日 市人大常委会主任袁观清在市政府副秘书长王伟胜陪同下调研雨花区圭塘河、浏阳河城区段截污工程拆迁建设情况。

10日 雨花区庆祝人民代表大会制度建立60周年座谈会在区会议中心召开。

12日 省人口计生委综合考评检查组组长谭国岳一行10人到雨花区进行省对区计划生育工作考评综合调查。邱继兴、陈怀宇出席汇报会。

14日 长沙市高铁新城文化金融商务客厅项目工作协调会在省驻深办会议室召开。会议由湖南省人民政府驻深圳办事处副主任毛永红主持，长沙市委常委、市人民政府副市长张迎春，湖南省人民政府副秘书长王体泽、湖南省人民政府驻深圳办事处主任廖克勤，雨花区委书记、区长邱继兴，副区长余宏卿等参加会议。

▲ 长沙(深圳)重大片区重点产业推介会暨签约仪式在深圳香格里拉酒店召开，雨花区组织企业、客商积极参加。邱继兴代表雨花区现场签约昆仑能源湖南总部基地项目；雨花经开区签约比亚迪电动汽车、机器人等项目。推介会总签约金额近100亿元。

18日 邱继兴在区政府接见长沙龙骧集团董事长龚乐群及龙骧集团高层管理人员一行。

20日 省商务厅厅长徐湘平一行调研雨花区外贸工作。余宏卿汇报工作情况，邱继兴和来自香港、深圳的相关企业董事长等参加调研。

21日 省纪委副书记、监察厅厅长周农一行到雨花区调研反腐倡廉建设工作。省纪委副秘书长王鹰柏、省纪委研究室主任袁美南、省纪委干部监督室副主任朱盛世，市委常委、市纪委书记李军，市纪委副书记、市监察局局长邱俊杰，市纪委常委、市纪委秘书长沈光，市纪委常委彭清华，雨花区委书记、区长邱继兴，区委常委、区纪委书记王清政及区纪委(监察局)班子成员参加调研。

22日 雨花区召开党的群众路线教育实践活动总结大会。

23日 2014中国(长沙)科技成果转化交易会在长沙世纪金源大饭店召开。邱继兴、陈怀宇等领导出席会议。

24日 中共郑州市委组织部常务副部长李喜安，郑州市委副秘书长、政研室主任李建伟等一行在长沙市委组织部副部长陈昌佳，市民政局副书记、副局长丁文等陪同下考察指导雨花区社区党建和社区建设工作。

29日 湖南省卫计委党组书记詹鸣等一行在长沙市计生委主任周敏等人的陪同下，到雨花区左家塘街道考察指导社区城镇居民独生子女父母奖励工作,汪娟、陈怀宇陪同考察。

30日 民政部下发《关于确定全国和谐社区建设示范单位的通知》,雨花区再次获批"全国和谐社区建设示范城区"。

▲ 张能峰任中共长沙市雨花区委副书记、副区长、代区长。

▲ 全省非公经济组织教育实践活动总结大会召开,长沙比亚迪汽车有限公司党委被评为"全省非公有制经济组织先进基层党组织",长沙市肛泰肛肠医院党支部书记陈水明被评为"全省非公有制经济组织优秀共产党员"。

11月

3日 雨花区在区会议中心举办区"党员干部学习邓悦同志先进事迹"沙龙活动。

4日 雨花区举办2014年干部职工篮球比赛。邱继兴出席开幕式。

5日 区委副书记、代区长张能峰率区政府办、区政府研究室、区财政局、区环保局等12个部门及同升街道主要负责人调研雨花经开区。

▲ 雨花区首批现代服务业示范楼宇签约及授牌仪式在区政府举行。

6日 2014中国中部(湖南)国际农博会全市工作调度会在红星国际会展中心召开。市人民政府副秘书长曾慧明主会议持,副市长黎石秋出席。区领导邱继兴、张能峰、王雄文、谭应林、陈怀宇参加会议。

8日 胡衡华、夏建平调研雨花区体育工作,市体育局党组书记、局长李卓民,区领导邱继兴、张能峰陪同调研。

10日 郑州市中原区委常委、组织部部长李长义,区委常委、常务副区长陈春梅率考察团,到雨花区考察社区党建和社区建设工作。

14日 侯家塘街道韶山路社区、东塘街道办事处、东塘街道政院社区代表长沙市接受由民政部副部长窦玉沛带队的国家五部委督查组一行社区公共服务综合信息平台建设工作实地督查。张能峰、陈怀宇陪同考察。

17日 2014中国中部(湖南)国际农博会召开。

29日 雨花区委书记邱继兴会见美国大运公司董事长普雷斯一行。副区长余宏卿、区商务和旅游局局长易静陪同会见。

30日 湖南兴旺集团与广州正佳集团战略合作协议签署仪式暨新闻发布会在雨花区顺天凯宾斯基大酒店举行。区领导邱继兴、张能峰、余宏卿、李国军出席签约仪式。

12月

2日 市政协副主席钟新莲及市政协委员一行10人到雨花区调研社区委员工作室工作。区政协党组书记、主席李电晖,副书记、副主席康长萍、任壮岳陪同调研。

3日 省安委办副主任、省安监局副局长李大剑率领省安全生产目标管理考核组一行到雨花检查指导工作。市政府副市长何寄华、副秘书长严凤枝,市安监局局长文卫红、副局长刘金泽,区领导张能峰、黄文先、余宏卿等陪同检查。

4日 国家禁毒委委员、司法部副部长张苏军,国家禁毒办副主任陈绪富,司法部办公厅秘书田林,司法部戒毒管理局处长蔡呈伟,司法部戒毒管理局干部刘新超,国家禁毒办戒毒康复指导处副处长李晓等国家禁毒委督导组一行到黎托街道考察禁毒工作开展情况。

5日 中宣部、中央文明办、中国志愿服务联合会公开发布全国"最美志愿者"先进事迹,雨花区"爱心妈妈"孟繁英被授予"最美志愿者"荣誉称号。

8日 省残疾人联合会党组书记、理事长肖红林,省残联维权部部长谢开图一行在雨花区人民政府副区长陈怀宇、区残联理事长陈小玲等的陪同下,对雨花区2014年省实事项目——贫困残疾人家庭无障碍改造工作进行调研,实地察看雨花区贫困残疾人家庭无障碍改造。

9日 教育部职业与成人司调研组一行到雨花

区开展全国社区教育示范区建设情况调研。

16 日 沪昆高铁长沙至怀化段正式开通运营。徐守盛、杜家毫、易炼红等省市领导到长沙南站参加开通仪式，并慰问沪昆高铁长怀段建设者，乘坐动车体验。区领导邱继兴、张能峰、黄文先等陪同。

▲ 市委常委、组织部部长程水泉在市委组织部、市民政局相关领导陪同下，到雨花区调研指导社区党建、社区建设工作。邱继兴、张能峰、汪娟、冯聪龙陪同调研或参加座谈会。

17 日 何寄华率市发改委、市工信委、市科技局等 12 个市直部门到雨花经开区调研工业机器人产业示范园建设项目。张能峰、杜旭辉、郭四军、余宏卿陪同调研。

18 日 “雨花区文化产业示范基地”授牌暨区 2014 重大文化产业项目签约仪式在湘府十城前坪举行。区委书记邱继兴，区委副书记、代区长张能峰，区委副书记汪娟，区人大常委会主任龚景顺，区政协主席李电晖，区委常委、宣传部部长何托林，区委常委、常务副区长王雄文，区人大常委会副主任刘海秋，副区长余宏卿，区政协副主席康长萍出席。

23 日 全省烟花爆竹打非清剿行动紧急视频会议召开。区领导邱继兴、张能峰、王清华、余宏卿、李国军、谭应林，区交通局、区安监局、区工商分局、区质监分局、区消防大队等安委会主要成员单位负责人和街道党政主要负责人在区公安分局雨花分会场参加视频会议。

29 日 雨花区安全生产工作培训大会在雨花大会堂召开，省安监局副局长李大剑作安全生产专题讲座。邱继兴、张能峰出席会议。

雨花区概况

自然地理

【区域位置】 长沙市雨花区位于湖南省东部偏北，长沙市东南部，是1996年7月长沙市行政区划调整设立的新城区，雨花区区名源自长沙城东南古佛道圣地之名胜雨花亭，建制沿革于原长沙市郊区。境域范围为北纬28° 02′ 30″ ~28° 11′ 30″ ，东经112° 57′ 30″ ~113° 06′ 30″ 。东面以浏阳河为界，与长沙县黄兴镇和榔梨镇相接；南部和东南面以井湾子街道与跳马镇、暮云镇镇界为界，相邻长沙县；西面以芙蓉路、韶山路(至井湾子)和井湾子街道红星村与文源、青园两街街界、洞井街道与桂花坪街道街界、先锋街道街界为界，与天心区接壤；北以人民路(识字岭至花桥)和浏阳河为界，与芙蓉区毗邻。全区面积115.23平方千米，边界线全长67.72千米，其中，与芙蓉区边界线13.10千米，与天心边界线18.80千米，与长沙县边界线35.82千米。

(刘科明)

【地质地貌】 雨花区地域呈南北长、东西较窄的地理走向。地形呈波状起伏，地势南高北低，东南面黄狮山海拔146米，为境内最高峰。全区地貌类型多样，主要为堆积地貌(平原)、侵蚀剥蚀地貌(岗地、丘陵)和侵蚀构造地貌(低山)。平原主要分布在洞井街道的白田铺至圭塘的溪谷平原和浏阳河黎托冲积平原；岗地主要分布在雨花亭街道、井湾子街道、同升街道、洞井街道、黎托街道和东山街道。境内分布红色砂岩、砂砾岩、粉砂岩和页岩。全区成土母质以第四纪红土、河流冲积物为主。第四纪红土主要分布在洞井街道、井湾子街道、雨花亭街道一带，经垦殖后成为浅红黄泥、红黄泥、耕型红土红壤等土属，一般土层深厚，质地料粘，养分缺乏，呈酸性，耕性较差；河流冲积物主要分布于浏阳河两岸冲积平原，由其发育而成的土壤有河沙泥、耕型河潮土等土属，一般土层深厚，质地沙壤至壤土，呈酸性、微酸性或中性，肥力高，适种性广；紫色风化岩风化物零星散布于同升街道全境、洞井街道的和平、鄱阳、天华、牛头，黎托街道的大桥，东山街道的边山、侯照、由其发育而成的紫色土，土壤抗蚀力差，土层较浅，不耐旱、易拆裂，磷、钾含量较丰富。

(刘科明)

【水文气候】 雨花区属亚热带季风性湿润气候区，由于位居盆地内部、距海较远、受冬夏季风转换、地势向北倾斜等因素的影响，冬冷夏热，季节变化明显。年平均气温为17.2℃，积温为5457℃。全年日照充足，年平均日照时数为1762.64小时，年平均无霜期为296~298天。全年雨水充沛，多集中在春夏两季，年均降水量为1361.6毫米。夏冬季长，春秋季短，夏季约118~127天，冬季117~122天，春季61~64天，秋季59~69天。春温变化大，夏初雨水多，伏秋高温久，冬季严寒少。3月下旬至5月中旬，冷暖空气相互交绥，形成连绵阴雨低温寡照天气。从5月下旬起，气温显著提高，夏季日平均气温在30℃以上有85天，气温高于35℃的炎热日，年平均约30天，盛夏酷热少雨。9月下旬后，白天较暖，入夜转凉，降水量减少，低云量日多。从11月下旬至第二年3月中旬，节届冬令，长沙气候平均气温低于0℃的严寒期很短暂，全年以1月最冷，月平均为4.4℃~5.1℃，越冬作物可以安全越冬，缓慢生长。2014年雨花区年平均气温为18.23℃，极端最高温度为41.3℃，极端最低气温为-4℃。流经全区河流两条，浏阳河自长沙县黄兴镇入境东山街道，经黎托街道花桥进入芙蓉区，蜿蜒32.6千米；圭塘河位于长沙市的东南部，系浏阳河一级支流，也是最后一条支流，发源于长沙县跳马乡石门村的鸭巢冲（石燕湖水库），由南向北贯穿雨花区，在人民东路浏阳河大桥处汇入浏阳河，全程约28千米，流经雨花区20.6千米，是长沙唯一的城市内河。（刘科明）

建置·区划

【中华民国时期“外四区”】 清末，长沙市郊区境地分属长沙、善化两县。民国元年（1912年）起，统属长沙县管辖。民国前期，长沙城郊属长沙县管辖。民国15年（1926年）8月，长沙近郊区农民协会成立，11月，中共长沙近郊区委成立。民国16年（1927年）3月，国民党湖南省党部正式划定长沙近郊区管辖范围：云田全乡（现望城区谷山乡，岳麓区望岳街道金星社区以北，岳麓街道观沙岭社区以北）；麓山镇之清美、集思、同德、纯美五团（今岳麓区岳麓街道观沙岭社区以南，桃花社区以北，望岳街道金星社区以南、及天顶街道）；伏龙镇之三太、顺清、敦仁、顺福、靳江五团（今岳麓区岳麓街道桃花、天马、五星、靳江社区）；九峰镇之太平都十一团及静善上下七井、安静上下同仁六团（今天心区大托街道、南托街道、雨花区洞井街道、同升街道）；明道镇之一甲近甲、二甲朝阳、镇湘两团，三甲治安、永清、安清、河清四团（今雨花区黎托街道、东山街道，芙蓉区东岸街道，开福区洪山管理局和长沙县㮾梨镇）。5月21日长沙“马日事变”后，长沙近郊区被迫撤销。民国17年（1928年）8月，长沙市政筹备处划勘市区范围，南至太乙寺、沙湖桥、雨花亭、金盆岭、李公庙，北至落刀咀，东至杨家山、湖渍渡，西循岳麓山脊往北，经溁湾镇、南冲至施家港。在沿界设立32处钢筋水泥标界，城区与标界之间地域成为郊区正式区划的基础。民国22年（1933年），长沙市政府成立。重新划勘市区范围：河东，北抵落刀咀，东抵沙湖桥，南抵猴子石；河西，南抵廖家垸子，北抵大同岭。城郊从长沙县划归长沙市内四区管辖，东郊为城一区第四坊，南郊为城二区第四坊，西郊为城三区第四坊，北近为城四区第三坊和第四坊。民国23年（1934年），长沙城区继续扩大，湘江东岸，东抵湖渍渡、阿弥岭，北抵捞刀河，南抵百家河；湘江西岸，南抵靳江河，西抵小望城坡，北抵下大同岭与落刀咀隔江相望。民国37年（1938年）8月，长沙市改区坊保甲制为镇（乡）保甲制，因城区难以管辖城郊农村，故实行城区与城郊分治，城区划为8镇，城郊从城区划出，改建为文艺、金盆、岳麓、会春4乡，由市政府直辖，即为郊区建置之始。1939年2月，裁撤长沙市政府，城区镇和城郊4乡划归长沙县管辖。1941年10月，恢复长沙市政府，城区镇和城郊4乡重归长沙市管辖，并将4乡改建为4镇。1943年12月，废镇改区，4镇改为相应的四区，称外四区。（刘科明）

【长沙市郊区】 1949年8月4日，长沙和平解放，辖城东、城南、城西、城北、文艺、金盆、会春、岳麓8个区。10月，设立文艺、金盆、岳麓、会春人民区公所，直属长沙市人民政府领导，下辖37保，其中农业户14保、居民户11保，半农半居民户12保。1950年3月30日，设立长沙市人民政府郊区办事处，统辖文艺、金盆、岳麓、会春四区，是为郊区建制之始。境域与民国23年界址无甚变化，靠城区界址，东、南以铁路为界，北以兴汉路、湘春路为界，西以湘江东岸为界。总面积106平方千米，占长沙市总面积95%。6月，撤销郊区办事处，成立郊区工作委员会。8月，废除保甲制，农业、半农业地区划分为18个乡，分别建立乡人民政府，居民区设立11个居民委员会。其中，文艺区辖新合、滩头坪、桂花树、蓉园4个乡和韭菜园、新都、寿康里、衡湘里4个居委会；金盆区辖农改、沙湖、五福、新开、雨花5个乡和南大十字路、裕南街2个居委会；岳麓区辖靳顺、金顺、岳北、岳云、岳文、云麓6个乡和溁湾市、水陆洲2个居委会；会春区辖复兴、福安、永安3个乡和文昌阁、彭家井、留芳岭3个居委会。至此，郊区始有真正的政权体系和独立的行政区划。

1951年5月,从长沙县辖划入五乡,分别建立莲湖、自然、新农(划归金盆区)、东屯渡、藕塘、新化(划归文艺区)、涝湖、朝镇(划归会春区)、岳华(划归岳麓区)9个乡,郊区调整为4区27乡。1952年调整为4区24乡4街。12月,岳麓区水陆洲居委会划归城西区。1953年3月,郊区区划调整为4区22乡6个街道办事处。文艺区辖滩头坪、桂花树、新化、新合、藕塘5乡和东大路街道;金盆区辖沙湖、雨花、自然、新开、新农、莲湖6乡和麻园湾街道;岳麓区辖靳顺、金顺、云麓、岳文、岳华、岳北、岳云7乡和溁湾镇街道;会春区辖福安、涝湖、朝镇、洪西4乡和文昌阁、丝茅冲、伍家岭3个街道。8月,文艺区撤销东大路街道,居民划归城东区管辖,恢复蓉园乡建制;金盆区麻园湾街道划归城南区,恢复农改乡建置;会春区文昌阁街道和伍家岭、丝茅冲2个街道的居民区划归城北区,农民区改建为永福乡;岳麓区溁湾镇街道办事处改建为镇政府。至此,郊区下辖4区25乡1镇。1954年3月,长沙农场划归郊区管辖。9月,撤销郊区工作委员会,恢复郊区办事处。1955年7月,市内四区所辖2个高级农业社和5个初级农业社及尚未入社的菜农就近划入郊区各区、乡。1956年5月,郊区撤区并乡,撤销文艺、金盆、岳麓、会春四区,所辖各乡镇调整为文艺、金盆岭、雨花亭、会春、岳南、岳北6乡和溁湾镇,管辖长沙农场。10月,会春乡划分为会春、洪山2乡。7个乡下设24个高级农业合作社。11月,建立44个居委会,分属各乡镇人民委员会管辖。1957年,析出洪山乡太阳升高级农业社,成立长沙市国营综合农场。1958年3月,长沙农场收归省、市管理。1958年9月,郊区撤销乡镇,建立工农兵学商五位一体,政社合一的人民公社体制,实行人民公社化。全郊设立东风、万年红、岳麓山3个公社,下辖19个大队和3个街道居委会,保留市国营综合农场。其中,岳麓山公社由岳南、岳北两乡和溁湾镇合并而成,下设6个大队和3个居委会。雨花亭乡、金盆岭乡合并为东风公社,下设5个大队;文艺、会春、洪山乡合并为万年红公社,下设8个大队。

1959年1月,撤销郊区并入长沙县。

1962年1月12日,恢复长沙市郊区建置,除辖原郊区地域外,另从长沙县划入部分近郊地区,辖岳麓区和雨花亭、东屯渡、伍黑路、岳麓山、洞井、南托、大托、高塘、榘梨、长冲、黎托、望仙桥、望岳、谷山14个公社及榘梨镇,共193个大队和3个居委会。10月,望仙桥公社分为望新、东岸两个公社,望岳公社分为望岳、天顶两个公社,并将天顶、大托、南托、洞井、望新、榘梨、高塘、长冲8个公社和榘梨镇划归长沙县。1963年10月,又划出黎托、谷山、望岳3个公社,郊区下设1个区5个公社共48个大队和3个居委会。1964年,伍黑路公社改为上大垅公社,并将东屯渡公社渔场、岳麓山公社岳麓渔场、上大垅公社史家湖渔业队从所在公社划出,扩建为国社合营湘湖渔场、岳麓渔场和史家湖渔场(1966年更名为红色渔场)。1965年,在岳麓山公社大干岭兴建长沙市养鹿场。1968年2月,雨花亭公社改名韶山路公社。3月,岳麓山公社湘江大队划归西区管辖。4月,郊区办事处改为郊区革命委员会。12月,综合、东屯渡2个国营农场和长沙市园艺场、市养鹿场划归郊区管辖。1970年,湖南农学院、农科院所属农场划归郊区,改建为团结、立新两个大队,划归东岸公社管辖。望城县境内国营东方红农场划归郊区,省高级兽医研究所下放郊区管辖,并与市园艺场合并为长沙市良种繁殖场。郊区下辖5个公社、5个农场、3个渔场、1个养鹿场,共50个大队,16个管区。1971年10月,市良种繁殖场划归市管(1973年分设为市园艺场和市畜牧农场)。1972年5月,岳麓山公社、岳麓渔场划归岳麓区。1973年6月重新划归郊区。12月,将岳麓山公社咸家湖、望麓桥2个大队和麓山大队及望岳公社望岳大队一部分划出,建成国社合营西湖渔场。1974年3月,国营综合、东方红农场划归市管,1975年,国营综合、东屯渡、东方红、畜牧农场,园艺场、养鹿场重归郊区管辖。1978年1月,长沙县大托、洞井、黎托公社和望城县望岳公社划归郊区管辖。至此,郊区行政区划相对稳定,辖9个公社、5个国营农场、4个国社合营渔场、1个养鹿场。

1980年,郊区革命委员会改为长沙市郊区人民政府。

1983年5月,郊区开展政社分设,建立乡、村政权的试点工作。韶山路公社改称雨花亭乡。1984年2月,历时25年的人民公社体制改制为乡人民政府。东屯渡公社更名为马王堆乡、上大垅公社更名福安乡,其余仍原名命乡,原大队改为村民委员会,生产队改为村民小组。此后,先后有红旗、桂花、新河、国庆、沙湖、赤岗、金盆、火星等村被征用。1990年,经市政府批准,成立火星镇。1993年6月,福安乡胜利村划归北区。10月,雨花亭乡石马村划归南区,望岳乡咸嘉湖划归西区。1994年12月,马王堆乡五一村划归东区管辖。

1996年6月,郊区下辖9乡1镇10场,90个村、9个居委会,28个管区(分场),即:马王堆乡(8村1居)、东岸乡(11村)、火星镇(6居)、黎托乡(12村1居)、大托乡(11村)、洞井乡(18村)、雨花亭乡(7村)、望岳乡(6村1居)、岳麓山乡(16村)、福安乡(1村)、东屯渡农场(4分场)、畜牧农场(2管区)、园艺示范繁殖场(1管区)、国营综合农场(12管区)、东方红农场(3管区)、湘湖渔场、西湖渔场(2工区)、岳麓渔场(2管区)、红色渔场、市养鹿场。

(刘科明)

【长沙市雨花区】 1996年6月19日,长沙市市辖区调整,撤销郊区,设立雨花区。7月10日,雨花区挂牌成立。雨花区下辖左家塘、侯家塘、井湾子、圭塘4个街道,黎托、洞井、雨花亭3个乡和高桥乡筹备领导小组。左家塘街道辖长钢、窑岭、湖橡、王公塘、长岭、湘农桥、阿弥岭一委、二委、妹子山一委、二委、曾家湾、桂花一委、二委、赤岗一委、二委、赤岗北路、曹家坡、营山巷、左家塘、牛角塘、官塘村、荷叶塘、红花坡、赤岗冲、狮子山一委、二委、树木岭一委、二委、梓园一委、二委、长塘里一委、二委、湘农桥、广济桥、韶山路、泉塘、东塘共37个居民委员会。侯家塘街道辖侯家塘、上、下麻园湾、廖家湾一委、二委(南大门)、枫树山、马家冲、政干校、雨花亭、省人大、七里庙、牛婆塘、涂家冲、野坡、新塘冲、茶园坡、梨子山、冶金院、砂子塘一委、二委、长沙卷烟厂、长沙锅炉厂、内燃机配件总厂共23个居民委员会;圭塘街道辖体院路、圭塘、大塘、中南院、航空路、医疗、长重一委、二委、雅塘冲一委、二委、三委、自然岭、正圆、鼓风、井塘、井巷共16个居民委员会;井湾子街道辖井圭路、卢家冲、中建五局、香樟路、红星、黑塘坡、赤岗岭、铁道、省路桥9个居民委员会;雨花亭乡辖自然、石马、井塘、莲湖、红星5村,洞井乡、黎托乡建置未变。高桥乡筹备领导小组辖高桥、友谊、五一、火焰4村。12月,雨花区本着“优化配置,城乡一体,成块连片,界限分明,便于管理,有利发展”的原则,进行区域微调,新设立东塘、砂子塘两个街道,保留左家塘、侯家塘、圭塘、井湾子4个街道建制,对城区街道作切块调整,以东塘广场为中心,以韶山路和劳动路为轴划为四块,东北角为左家塘街道,西北角为侯家塘街道,西南角为东塘街道,东南角为砂子塘街道,井湾子街道与雨花亭乡合并以乡建制,将洞井乡大塘、圭塘、月塘3个村划归圭塘街道。洞井乡改称为洞井镇。新建高桥乡,保留黎托乡。区域微调后,雨花区下辖6街3乡1镇,97个居民委员会,39个村。1997年7月,长沙市政府决定设立雨花亭街道和高桥街道,两乡建置撤销。

2000年7月24日,撤销侯家塘街道水电居委会,增设水院、电院和远东(后改称人民中路)3个居委会。8月31日,圭塘街道新设劳动东路居委会。9月15日,东塘街道增设伍桂塘居委会。到此,全区共有101个居民委员会。2001年10月,全区101个居民委员会,经过拆、并、改和新建,调整为76个社区居民委员会(简称社区,下同)。2003年,雨花区下辖左家塘、侯家塘、东塘、砂子塘、圭塘、雨花亭、高桥7个街道办事处和洞井镇、黎托乡1镇1乡,77个社区居委会,39个行政村。此后,经区划微调,2007年辖7个街道办事处、1个乡、1个镇,81个社区,35个行政村,4个社区筹委会。

2010年,撤销洞井镇、黎托乡,以街道建制。2011年全区全面“撤村设筹”,年底,雨花区辖9个街道办事处,90个社区,37个社区筹委会。

2012年1月,雨花区将洞井街道析置为洞井、同升两个街道,将黎托街道析置为黎托、东山两个街道,恢复井湾子街道,至此,全区共辖左家塘、侯家塘、东塘、砂子塘、圭塘、雨花亭、高桥、洞井、黎托、同升、东山、井湾子12街道。2014年年末,雨花区辖12个街道,共106个社区,36个社区筹委会。

(刘科明)

表1 2014年雨花区行政区划情况一览表

街道名称	下辖社区	下辖社区筹委会	办事处驻地
雨花亭	正圆、雨新路、自然岭、路桥、雅塘村、华云、新星、曲塘、麻塘桥、香南郡	石马、自然、井塘	香樟路778号
高　桥	高桥大市场、火焰、永定、永祥、五一、怡园、金环	高桥、友谊	万家丽中路二段88号
左家塘	阿弥岭、曹家坡、长钢、长岭、长铁、车站南路、赤岗、官塘冲、桂花、荷叶塘、红花坡、湖橡、牛角塘、曙光、树木岭、狮子山、王公塘、窑岭、营山巷、左家塘		桂花路271号
侯家塘	侯家塘、廖家湾、韶山路、湘农桥、电院、水院、广济桥、活力、麻园湾、梓园、枫树岸、泉塘		胜利路2号
砂子塘	砂子塘、茶园坡、梨子山、桔园、金地、野坡、金科园、白沙		曙光南路1号
东　塘	芙蓉南路、七里庙、省人大、政院、华银园、东塘、枫树山、牛婆塘、浦沅、新雨		新建西路188号
圭　塘	雨花家园、中南院、长重、劳动东路、圭塘、体院路、大塘、美林景园、景程、泰安	圭塘、月塘、大唐	杨子路
黎　托	广益、东澜湾	潭阳、合丰、川河、平阳、大桥、花桥、粟塘	长沙大道黎托入口处
洞　井	高升、新城、商贸城、丰园、新裕、湘天、植物园、龙庭、歇马亭	桃花、洞井、牛头、鄱阳、板塘、天华、和平	时代阳光大道359号
井湾子	冯家冲、赤岗岭、三湘、香樟路、德馨园、井湾子、融城苑、红星、井湘、井圭路、井巷	莲湖	井湾路658号
同　升	景环、同升湖、古樟树	白田、洪塘、新兴、联盟、同升、金井、桃阳	环保东路
东　山	南雅、黎郡、东山镇	黎托、渔场、边山、长托、侯照、东山	曲塘路

【区治】 长沙市郊区区治位于人民中路245号,芙蓉路与人民路相交处的东南角,占地8229平方米。原有办公楼三栋,建筑面积9492.14平方米。因场地窄小,中栋办公楼于1991年下半年爆破拆除。1995年4月爆破拆除前栋办公楼,兴建综合楼。综合楼原设计为框剪结构,主楼28层,裙楼5层。因财力问题,1995年7月至1997年4月,建成主楼10层(地下3层,地上7层)、裙楼5层,建筑面积3万平方米。雨花区成立后,规划将区治从区的西北角迁建于区腹地。2002年2月,与湖南弘欣置业有限公司联合,续建30层综合楼,面积2.6万平方米,由弘欣置业有限公司独资续建23层,其中8—14层归区政府所有,并将综合楼改成雨花大厦。

雨花新区治位于全区中心腹地,万家丽路与香樟路交汇处的东南角,东靠香莲路,南接玉竹路,西临火星大道(万家丽路),北傍香樟路。雨花区建区以后,原区治处在区的西北角顶端,且办公场地狭小,近半数的直属部门在区治外办公,群众到机关办事十分不便。同时,为加速雨花区腹地城市化进程,1997年12月,雨花区第一届人民代表大会一次会议提出抓好新区治的规划和建设,5年内完成整个机关搬迁的设想。2000年,新区治选址圭塘,2002年9月新区治奠基,2004年4月竣工。整个区治占地22万平方米,11个单体建筑,总建筑面积13.4万平方米。大院内还建有2万平方米的水、旱喷泉和1.2万平方米的山水园艺景观,大院西北角建有1.3万平方米水体喷泉和市民休闲广场。院区内绿化面积11.2万平方米，绿化率为53%。主楼及中心广场地下建有人防设施和356个车位的停车库。2014年，区政府接收位于香樟路的原湖南省武警总队直属支队营院改建为区政府“二办”。（刘科明）

人口·民族

【人口】 2014年年末，雨花区户籍总人口为57.63万人，增加1.09万人。其中城镇人口51.52万人，乡村人口6.11万人。户籍人口中男性29.14万人，女性28.49万人。人口出生率11.3‰；死亡率6.1‰；自然增长率5.1‰。城镇化率99.1%，同比提高0.1个百分点。（刘科明）

【民族】 2014年，雨花区有40个民族，少数民族1.74万人，是全市少数民族人数最多、人员最为集中的城区之一。（刘科明）

国民经济和社会发展

【综合】 2014年，雨花区实现经济总量、人均均量和运行质量“三量齐升”。

经济总量进一步扩大。按含中烟公司长沙卷烟厂部分口径核算，全年实现地区生产总值(GDP)918.49亿元，同比增长9.4%。其中第一产业实现增加值0.80亿元，同比下降44.7%；第二产业实现增加值366.30亿元，同比增长8.6%，其中工业实现增加值271.55亿元，同比增长7.8%；第三产业实现增加值551.39亿元，同比增长10.1%。第一、二、三产业分别拉动GDP增长–0.1、3.5、6.0个百分点，三次产业对GDP增长的贡献率分别为–0.8%、36.8%、64.0%。人均GDP为122205元。三次产业结构为0.1∶39.9∶60.0。按含中烟湖南省工业公司部分口径核算，全年实现地区生产总值（GDP)1429.74亿元，同比增长9.6%。第二产业实现增加值877.55亿元，同比增长9.3%，其中工业实现增加值782.80亿元，同比增长9.1%，占GDP的比重54.8%。规模以上工业实现增加值770.82亿元，同比增长9.4%。三次产业结构比为0.1∶61.4∶38.5。GDP总量占全市的18.3%，经济总量占在内五区的32.1%。

财政收入持续快速增长。全年实现财政总收入1186561万元，同口径增长9.2%。公共财政预算收入526433万元，同口径增长19.1%。公共财政预算支出618961万元，同比增长13.1%。

为民办实事目标任务全面完成。全年关系民生的省、市20项为民办实事工程建设全面或超额完成目标任务，在促进就业、扶贫解困、社会保障、百姓安居等领域效果显著。

【农业】 2014年，雨花区农业结构进一步改善。全区完成农林牧渔服务业总产值11625.40万元，同比下降43.6%，其中农业总产值完成7056.20万元，同比下降44.6%；牧业总产值3362.90万元，同比下降45.5%；渔业总产值1132.30万元，同比下降30.1%；农业服务业总产值74万元，同比下降12.9%。

【工业和建筑业】 2014年，雨花区工业生产稳中有增。全区实现规模工业总产值540.99亿元（含长烟)，同比增长17.2%。全部工业实现增加值271.55亿元，同比增长7.8%，对GDP增长贡献率为29.6%，其中规模以上工业实现增加值242.36亿元，同比增长7.0%。不含长沙卷烟厂实现规模工业总产值361.40亿元，同比增长25.2%，其中长沙雨花经开区实现规模工业总产值316.79亿元，同比增长33.2%。规模以上工业增加值占全市的25.3%。

建筑业稳步发展。全年具有建筑业资质等级的独立核算企业完成建筑业总产值1147.24亿元，同比增长11.1%，其中不含省外完成建筑业总产值383.97亿元，同比下降7.9%；实现增加值94.74亿元，同比增长13.0%。全年完成房屋建筑施工面积10270.08万平方米；房屋建筑竣工面积1679.15万平方米。

【固定资产投资】 2014年，雨花区投资总量进一步增大。全年完成固定资产投资512.86亿元，同比增长 18.2%。其中城镇 500 万元以上固定资产投资 324.96 亿元，同比增长 47.3%；房地产开发投资 187.90 亿元,占固定资产投资的比重为 36.6%。全年完成工业投资 61.42 亿元,同比增长 28.6%;更新改造投资 137.64 亿元,同比增长 6.8%;生产性服务业投资 184.63 亿元,占城镇以上固定资产投资的比重为 36.0%。

房地产市场顺应国家政策发展。全年完成房地产开发投资 187.90 亿元,同比下降 11.9%。全区商品房销售面积 178.79 万平方米，同比下降 36.6%，其中住宅销售面积 155.98 万平方米，同比下降 37.6%。全区商品房销售额 125.44 亿元,其中住宅销售额 100.19 亿元,同比下降 40.6%。

【国内贸易】 2014 年，雨花区消费品市场持续繁荣。全年实现社会消费品零售总额 576.21 亿元,占全市的 18.2%,同比增长 10%,增速回落 3.2 个百分点。按经营地统计,城镇消费品零售额 576.13 亿元,同比增长 9.5%;乡村消费品零售额 0.08 亿元,同比增长 7.1%。按行业统计,批发业消费品零售额 57.3 亿元,同比增长 1.4%;零售业消费品零售额 480.08 亿元，同比增长 10.7%；住宿业消费品零售额 5.85 亿元，同比增长 2.0%；餐饮业消费品零售额 32.98 亿元,同比增长 7.5%。

全区全部限额以上企业消费品零售总额 394.37 亿元，同比增长 7.2%，占全部消费品零售总额的 68.4%。限额以上连锁企业实现零售额 95.65 亿元,同比增长 2.2%。大型商品交易市场快速发展,全区拥有亿元以上商品交易市场 15 个。

限额以上批发零售企业零售额同比增长 8.0%。分类别统计,食品、饮料、烟酒类同比增长 9.0%;服装、鞋帽、针纺织品类同比增长 12.9%; 化妆品类同比增长 13.1%;金银珠宝类同比下降 7.8%;体育、娱乐类同比下降 7.8%;石油及制品类同比增长 39.3%;通信器材类同比下降 11.8%；家用电器和音像器材类同比增长 9.9%;汽车类同比增长 5.2%。举办 2014 中国中部(湖南)国际农博会、"福满星城·乐购雨花"——2014 年雨花区第七届购物消费节、"宜居宜业乐购雨花"——2014 年雨花区房产嘉年华活动等节会活动，打造中国中部现代服务业中心工作进展顺利，编制区现代服务业总体发展战略规划和核心片区规划,黄金走廊、雅塘新城、东塘组团、浏阳河生态经济带等区域详细规划编制工作取得实效。明确现代金融、商贸物流、商务智慧、康乐文体 4 大产业支点,高桥大市场提质、红星冷冻四期、养天和大药房 3 个新项目纳入国家级现代服务业综合试点。全区综合性和现代服务业项目占比超过 35%,高新技术增加值占 GDP(含中烟)比重 13.8%;实现第三产业增加值 551.39 亿元,同比增长 10.1%。全区登记在册的 10 亿元以上项目 59 个，一批城市综合体相继启动建设、投入运营,打造专业示范楼宇 6 个,德思勤城市广场、顺天国际金融中心被定为区金融业示范楼宇;新芙蓉之都、双塔国际被定为区专业服务业示范楼宇;湘府十城被定为区文化产业示范楼宇;天翼未来城被定为区电子商务示范楼宇。培育两个"亿元楼宇"。积极参加沪洽周、深洽会等招商节会,累计签约重大项目 18 个,中石油、昆仑能源、华夏人寿保险等 12 家区域性总部签约落户。新引进湖南云企网络科技有限公司、三正电子商务有限公司、汇视传媒有限责任公司、湖南联盛网络科技有限公司、美团网、美中电视网络购物股份有限公司、瑞庭网络技术(上海）有限公司长沙分公司等多家电子商务企业。新增入网服务外包企业 9 家。雨花现代电子商务产业园运营顺利,仓储 1 号地摘牌,园区首个项目成功落地。雨花的知名度和美誉度进一步提升。

【对外经济和旅游】 2014 年,雨花区外贸进出口总额平稳增长。全年进出口总额(海关口径)12.45 亿美元,同比增长 73.2%,内五区排名第一。其中出口总额 11.42 亿美元,同比增长 84.3%;进口总额 1.03 亿美元,同比增长 4.0%。

招商引资取得新成绩。全年实际使用外商直接投资 5.49 亿美元,同比增长 15.9%,内五区排名第二。全年新增实际到位省外境内资金 76.25 亿元,同比增长 12.9%。市外境内资金形成固定资产 198.35 亿元,增长 19.78%,内五区排名第二。

对外经济合作有新发展。全年新签对外承包工程、劳务合作和设计咨询合同金额0.63亿美元,完成营业额1.42亿美元。

旅游业蓬勃发展。区内拥有AAAA级旅游景区湖南省森林植物园，省级工业旅游示范点长沙比亚迪工业园、克明面业，省级旅游购物示范点神农茶都,市级工业旅游示范街道同升街道。2014年,区内举办“第六届湖南世界名花生态文化旅游节”“第三届百万花蝴蝶文化节”“一元游雨花”等大型旅游活动,全年接待国内旅游者1375.40万人次,同比增长15.0%。实现国内旅游收入136.88亿元，同比增长11.5%。接待入境旅游者16.86万人次，同比增长9.0%。实现国际国内旅游总收入154亿元,同比增长19.3%。

【人事人才】 2014年，雨花区建立并完善人才配置、流动、激励机制,培育并建立了一支适应区经济发展的科技人才、企业管理人才、农村实用型人才队伍。2014年年末,有各类专业技术人才3349人。为经济和社会的持续快速健康协调发展提供了强有力的人才智力保障。

【城市品位】 2014年，雨花区城市品质不断提高。主动服务国家、省市重大工程建设，实施重点项目53个。沪昆高铁站场投入使用,磁悬浮开工建设,地铁2号线竣工运营,地铁1号线、城际轻轨、京珠高速、万家丽路快速化改造、洞株公路等项目完成年度建设任务。积极推进高铁新城、雅塘片区开发建设,洞井路、大桥路、楠竹路、东进路、曙光南路、圭塘路二标、马王堆路、嘉雨路、万侯路等9条道路建成通车,木莲冲路、石坝路、川河路等10余条道路强力推进。加强建设行政执法监管,强化质量安全监督,有效确保了工程质量。确立“4+X”征拆模式,强力推进征拆工作,全年腾地372公顷,其中集体土地上拆除合法建筑675栋,国有土地上征收私房户972户。实施“百万拆违”大行动,拆除违法建筑126万平方米、违章户外广告招牌5.5万平方米。开展城管“三进”“清洁城市”等行动,强化“门前三包”、夜宵摊担、渣土扬尘管理,改造了一批老旧社区、背街小巷,组织火车南站、汽车南站、高桥大市场、红星大市场等区域综合整治,市容市貌有效改善。实施“三年造绿”大行动,开展花侯路、长沙大道等道路绿化提质,打造景观街2条,兴建社区公园2个、小游园4个,新增绿地67.3公顷。实施清霾、碧水、静音和污染隐患排查整治四大行动,开展“两河”流域综合治理,圭塘河二期开工建设,花桥污水处理厂二期、雨花污水处理厂建设顺利。

【教育和科学技术】 2014年,雨花区教育事业全面发展。全区拥有普通高中4所,初中学校10所,普通小学57所。普通高中在校学生5082人，同比增长0.5%;普通初中在校学生15670人,同比增长4.6%;普通小学在校学生60550人,同比增长7.7%;幼儿园在园幼儿21723人,同比增长3.9%。小学、初中适龄人口入学率100%,小学升初中入学率100%。推进合格学校、校安工程建设和薄弱学校提质改造,市一中雨花新华都学校、枫树山南屏锦源小学、长塘里新华都分校、黎郡小学等学校如期开学,新增校舍面积10万平方米、学位8550个,获“长沙市文明指数测评与未成年人思想道德建设先进集体”“湖南省平安校园建设先进区”“全国义务教育基本均衡区”“全国教育信息化创新应用典范区”“全国社区教育示范区”荣誉称号。

科技服务水平进一步提升。新增省级科技创新平台5家、高新技术企业15家。全年共取得国家科技进步奖励科技成果1项。专利申请2367件,同比下降11.8%;发明专利876件;授权专利1532件;签订技术合同520项,成交金额5.08亿元。实现高新技术产业增加值454.80亿元,同比增长153.5%。

【文化体育卫生】 2014年,雨花区文化体育事业欣欣向荣。打造群众文化节、“书香雨花”读书节等品牌,建成示范性街道综合文化站2个、示范性社区文化活动中心12个。全区拥有艺术表演团体19个;文化馆1个,公共图书馆1个。全年放映农村公益电影500场;开展全民健身项目36项次,全民健身运动参加人数58万人。年末拥有各种体育场地16个,体育馆11座,运动场38个,游泳池21个;各种训练房367个。全区体育设施面积167.53万平方米,文化设施面积70.97万平方米。

卫生事业稳步发展。落实国家基本药物制度,区公卫大楼完成主体工程,砂子塘、洞井社区卫生服务中心建设如期推进,改造村级卫生室7所。全区拥有医疗卫生机构488个,其中医院、卫生院50个;卫生防疫、监督检验、妇幼保健机构各1个。卫生技术人员13821人,增加907人,其中执业医师、执业助理医师2952人,增加1216人;注册护士1329人,增加57人。区级卫生机构床位1005张,增加49张。

【环境保护】 2014年,雨花区全区建成东塘、左家塘、雨花亭3个环境噪声达标区,总面积28平方千米;烟尘控制区5个,面积46.7平方千米。工业项目环保"三同时"执行合格率100%,工业固体废物综合利用率100%;城市污水集中处理率96.9%。全年空气质量良好以上天数342天。全年建成区绿化覆盖面积2652.5公顷,绿化覆盖率41.7%。

【安全生产】 2014年,雨花区深入推进"打非治违""火灾隐患大排查大整治",加强重点行业、重点领域安全隐患排查治理,扎实推进企业安全生产标准化建设,全区安全生产形势持续好转,保持"省级安全生产示范县(区)"称号。积极推进"平安雨花"建设,构建立体化的治安防控网络,群众的满意度进一步提升,连续八年保持全省"平安县(区)"称号。加大食品药品安全监管力度,对校园周边、餐饮门店、加工作坊等重点场所进行治理,有效保障了人民群众"舌尖上的安全"。全年安全生产事故24起,同比下降85.2%;全年安全生产事故死亡5人,同比下降28.6%;亿元GDP生产安全事故死亡人数0.0054人,同比下降36.5%;工矿商贸企业从业人员十万人生产事故死亡1人,同比下降50.0%;道路交通事故106起,同比下降45.9%;死亡人数16人,同比下降11.1%;万人死亡率为2.1290‰。

【文明创建】 2014年,雨花区巩固文明创建成果,按照"工作不松、班子不撤、劲头不减"的工作要求,全面保持良好的创建态势,确保了全市领先。开展"八个最美"创建活动,打造"高铁志愿服务""七彩雷锋日"等服务品牌。开展幸福家庭创建活动,加强流动人口管理,落实"单独两孩"政策、"城镇独生子女父母奖励制度",关爱计生特殊家庭,连续七年保持"全国计生优质服务先进区"称号。

【人民生活】 2014年,雨花区居民收入快速增长。全年城镇居民人均可支配收入40497.42元,同比增长9.0%。其中人均工薪收入23114.69元;人均经营净收入5991.67元;人均财产净收入3298.41元;人均转移净收入8092.65元。城镇居民人均可支配收入高于全市平均水平3671元。

居民消费结构升级加快。全年城镇居民人均消费支出33216.35元。在城镇居民消费分类中,食品烟酒消费7684.17元,占比23.1%;衣着消费2196.16元,占比6.6%;居住消费6883.67元,占比20.7%;生活用品及服务消费1362.84元,占比4.1%;交通通信消费6986.31元,占比21.1%;教育文化娱乐服务消费5209.29元,占比15.7%;医疗保健消费2107.54元,占比6.3%;其他用品和服务消费786.37元,占比2.4%。城镇住户年末每百户家庭拥有家用汽车39.89辆,家用电脑89.36台,接入互联网的计算机51.06台。人均住房建筑面积42.83平方米。

【社会保障】 2014年,雨花区全年新增就业人员22102人,其中城镇新增就业人19442人,农村劳动力转移就业2600人。实现失业人员再就业培训112人次,农村劳动力转移培训869人。城镇登记失业率2.3%,"零就业"家庭实现动态清零。年末,参加区级城镇职工基本养老保险的人数达11.05万人,同比增长2.8%,其中在岗职工参加基本养老保险人数9.65万人。年末,参加城镇职工基本医疗保险人数达39.27万人,同比增长2.4%;参加城镇居民医疗保险人数达28.64万人,同比增长0.3%;参加新型农村合作医疗保险农民人数达6.4万人。

推进惠民解困“雨露工程”，城乡低保救助6.8万人次，高龄老人津贴1.06万人。黎锦苑、黎雅苑、太和园、颐景苑等农民保障住房竣工分房，桃花苑、瑞景苑、莲景苑、月雅苑等农民保障住房主体封顶。长沙锁厂棚改竣工交房，一汽棚改主体封顶，长重棚改一期竣工，华狮、长城信息、长钢、梨子山等项目启动改造。新建廉租房616套，185套公租房建设顺利。红星、高升、石马等城中村改造试点工作稳步推进。全区各类收养性社会福利单位收养人员450人，床位数631张。城镇各种社区服务设施945处，其中综合性社区服务中心1个。直接接受社会捐赠173万元。全年发放居民最低生活保障金2265.84万元，城镇居民得到政府最低生活保障人数为4937人。城市低保资金按规定标准拨付到位率100%，农村最低生活保障资金按规定标准发放到位100%，做到了应保尽保。（柳　旻）

2014年组织机构及领导人名录

·中共雨花区委员会·

书　记　周杏武(3月免)　邱继兴(5月任)
副书记　邱继兴(5月免)　张能峰(10月任)
　　　　汪　娟(女)
常　委　杜旭辉　冯聪龙
　　　　王清政　叶方舟(6月免)
　　　　黄文先　何托林
　　　　王雄文　王维宁
　　　　罗予武　肖集林(6月任)

·雨花区人大常委会·

党组书记　主任　龚景顺
副书记　副主任　胡和平　刘海秋
副主任　周凌云(兼)(女)
　　　　谢爱龙　杨　平(女)

·雨花区人民政府·

区　长　邱继兴(10月免)
代区长　张能峰(10月任)
副区长　张能峰(10月任)　王雄文
　　　　邹犇淼(9月免)　罗予武
　　　　王清华(女)　余宏卿　李国军
　　　　陈怀宇(9月任)　谭应林(兼)
　　　　王海军(9月任,挂职)

·政协长沙市雨花区委员会·

党组书记　主席　李电晖
副书记　副主席　康长萍(女)　任壮岳
副主席　陈国强　廖云伟(兼)　罗艳辉(兼)
秘书长　粟　芳(女)

·中共雨花区纪委(区监察局)·

书　记　王清政
副书记　陈润兰(女)　陈伯华
常　委　邓运娥　张建平　彭　灿(女)
　　　　陈　清(兼)(女)
　　　　张　磊　傅丹成
监察局局长　陈润兰(女)
监察局副局长　彭　灿(兼)(女)
　　　　　　杨胜艳(女)

·雨花区人民武装部·

政　委　叶方舟(2月免)
　　　　肖集林(2月任)
部　长　宋尊德
副部长　周新磊

·长沙雨花经济开发区·

工委书记　杜旭辉
副书记　管委会主任　郭四军
副书记　管委会副主任　喻新义(2月免)
副书记　纪工委书记　洪　健(1月任)
委员　管委会副主任　邓　波(1月任)
　　李国庆(2月免)
　　刘　庄(女)(2月免)
委员　纪工委书记　李逾之(1月免)
委　员　傅建辉(1月任)　张　建(兼)
　　廖昌规(兼)
管委会副主任　朱　江(女)(3月任)
委员　纪检监察室主任　李逾之(1月任)
委员　规划建设局局长　刘　庄(女)(1月任)
办公室主任　陈大勇
招商合作局局长　莫　伟
经济发展局局长　余　忠
工务局局长　陶静湘
社会事务局局长　张　昱(9月免)
　　杜　江(9月任)

·区委党校(行政学校)·

第一校长　王雄文(9月免)
校　长　杨仕斌(9月免)
　　汪　涓(9月任)(女)
常务副校长　杨仕斌(9月任)
副校长　李富山　毛玉生　龚剑新(兼)
　　张新义(9月任)

·长沙火车南站地区综合管理办公室·

党组书记　副主任　粟　琳
副书记　主任　廖铁辉(6月免)
　　吴平辉(9月任)
纪检组长　副主任(兼)
　　陈春华(9月免)(女)
　　刘非平(9月任)
副主任　肖建璋
社会事务部部长　黄国富(9月免)
　　夏晓波(9月任)
综合管理部部长　曹旭鑫(2月免)
　　赵　灿(2月任)
综合管理部副部长　罗志德(2月任)
执法协调部部长　李健球(9月免)
执法协调部副部长　刘革新(9月任)
社会事务部副部长　谢建娇(2月任)

·区委工作机构·

区委办公室

主　任　黄文先
第一副主任　刘鹏飞(9月免)
　　黄生文(9月任)
常务副主任　肖向东(1月免)
　　刘昌军(1月任)
副主任　李杏仁(兼)(女)　刘志平(9月免)
　　龙峥嵘(9月任)(兼)　刘明生
　　秦永忠(兼)　陈　智(兼)

区委组织部

部　长　冯聪龙
副部长　钟智宏(9月免)　王青春
　　刘昌军(1月免)　肖向东(1月任)
　　李　悦(兼)(女)　苏　波(9月任)
　　王　石(兼)(女)　秦勇忠(兼)
　　章　波(兼)(女)

区委非公有制经济组织工委

书　记　李　悦(女)
副书记　杨　平(女)
基层党建办主　任　王青春(兼)
　　副主任　陈　琳(女)
绩效考核办主　任　钟智宏(9月免)
　　副主任　苏　波(9月免)　钟　波
远教中心主任　蒋　平(女)

区委宣传部(区文明办)

部　长　何托林

副部长　罗　玲(女)　谢国文(兼)
　　　　谢新德　尹美娜(女)

区文明办

主　任　谢国文

副主任　谢　曙　袁　志(4月免)(女)

新闻中心主任　段　萍(女)

文化产业发展办主任　别必雄(9月任)

区委统战部

部　长　冯聪龙

副部长　邹开其　蒲新林(兼)
　　　　唐荣欢(兼)(女)　程　缅

台办

主　任　唐荣欢(女)

副主任　刘　娟(女)

区委政法委员会

书　记　王维宁

副书记　王恩铣　李国良　杨　宁
　　　　王　强　黄利萍(女)
　　　　周少敏(8月任)
　　　　王均全(兼)　谭剑辉(兼)
　　　　谭应林(兼)　梁云伟(兼)

610办主任　杨　宁

610办副主任　陈海军

综治办主任　王　强

综治办副主任　徐国武　潘　武

维稳办主任　李国良

区直机关工委

书　记　石曙红

副书记　徐科华　王　芳(女)

纪委书记　刘铁山

区机构编制委员会办公室

主　任　余　莉(女)

副主任　黄　超　冯　粤(女)

事登局局长　黄　庆(女)

区委老干部局

局　长　章　波(女)

副局长　黄吉祥　杨建立　贺立云
　　　　戴明艳(女)

区老干部活动中心主任　戴明艳(女)

区信访局

党组书记　局长　秦勇忠

副书记　副局长　喻伯正　黄　乐

副局长　张贻俊　张光祥　周　剑(女)

纪检组长　张　良

群工办主任　秦勇忠(兼)

区史志档案局

党组书记　局长　陈　智

副书记　副局长　周红雨(女)
　　　　曾振环(9月免)

纪检组长　副局长(兼)　尹亿民(9月任)

副局长　李景明(9月免)(女)
　　　　王　扬(9月任)(女)

·区人大工作机构·

办公室

主　任　郭彤莉(9月免)(女)
　　　　刘助斌(9月任)

副主任　罗　玲(女)　夏晓波(9月免)
　　　　陈　伟(9月任)(女)

教育科学文化卫生工作委员会

主　任　王伟思

副主任　胡朝霞(女)

农业财政经济工作委员会

主　任　朱跃良

城乡建设环境保护工作委员会

主　任　刘素娟(女)

选举任免联络工作委员会

主　任　周　伟(9月免)(女)
　　　　郭彤莉(9月任)(女)

副主任　朱海波

内务司法工作委员会

主　任　易方顿(9月免)　李劲松(9月任)

·区政府工作机构·

区政府办公室

主　任　姜泽红(2月免)　张小军(2月任)

副主任　易光明(9月免)　李　文(9月任)

　　　　龙峥嵘(9月免)

　　　　易方顿(9月任)(兼)　周　红(女)

　　　　李　勇　钟　波　李建华(兼)

　　　　秦勇忠(兼)　陈建良(兼)

区发展和改革局(物价局)

党组书记　局长　聂文涛(9月免)

　　　　贺　芳(9月任)(女)

副书记　副局长　黄　杰　罗正平

副局长　郭　勇(9月任)　冀治宇

　　　　李岱芳(女)(7月任,挂职)

党组成员　周秋国(1月任)

两型办副主任　刘　群(女)

区教育局

党委书记　局　长　喻小健

副书记　副局长　王　朋(女)　陈乾坤

区政府主任督学　李长青

副局长　张新卫

纪委书记　谢述飞

区政府副主任督学　朱紫彪(女)

党委委员　李宏伟

区科学技术局(知识产权局)

党组书记　局　长　夏　杨

副书记　副局长　傅志刚

副局长　王义文　黄小元　余　伍(女)

区城乡建设局

党委书记　局长　张学军

副书记　副局长　吴军红

副书记　纪委书记　刘望峰(女)

副局长　彭　晖(10月免)

　　　　罗艳辉(10月任)(女)

　　　　罗　能(10月任)(兼)

质安监站站长　罗　能

区民政局

党组书记　局　长　周　敏(女)

副书记　副局长　彭谱城(9月免)

　　　　汤　勇(9月任)

副局长　吴　岚(女)　周果平　佘宗龙

　　　　李　敏(兼)

党组成员　欧阳伟军(9月任)

社会救助局局长　李　敏

生活无着人员救助管理站站长　李　玲

区司法局

党组书记　局　长　梁云伟

副书记　副局长　杨　涟(女)

副局长　姚万军　吴振明

纪检组长　周碧莲(女)

区财政局

党组书记　局长　周　宏

副书记　副局长　朱怀喜(女)

副书记　副局长(兼)　陈　清(女)

副局长　方金莲(女)　张　柱　张孟晗(兼)

纪检组长　文艺明(兼)

国库管理局局长　刘勇志

非税收入管理局局长　游　斌

财政预决算(投资)评审中心主任　文艺明

区人力资源和社会保障局

党组书记　局　长　王　石(女)

副书记　副局长　李金国(1月任)　符前勇

副局长　杨铁辉(9月免)　贺晓玲(9月任)

　　　　颜怀亮

纪检组长　陈　超

党组成员　肖跃武(9月任)

区环境保护局

党组书记　局长　彭跃辉(女,9月免)

　　　　钟智宏(9月任)

副书记　副局长　蒋朝东

纪检组长　副局长　刘佩良

副局长　宋　明

区商务和旅游局(招商合作局)

党组书记　局　长　李庆宏(9月免)

局　长　易　静(9月任)(女)
副书记　副局长　李泽友
副局长　周舞云(女)(9月免)
　　　　宁　丽(女)(9月任)　雷灵军

区文化体育新闻出版局
局　长　王　琳(女)
党组书记　副局长　赵振平
副局长　谢伍良　邓　波　陈志刚
纪检组长副局长(兼)　李　翚
文化馆馆长　邹建姣(女)
公共图书馆馆长　董玲玲

文化市场综合执法局
局　长　谢伍良
副局长　李鳗芝　李士杰

区卫生局
党委书记　局长　韩　哲
副书记　副局长　章大为
副局长　陈　军(兼)　陈云清
纪委书记　副局长　陈泽香
党委委员　龚尚武(援藏)
政府督办员　曾汉其　邱林强
红十字会常务副会长　陈　军(3月任)

区人口和计划生育局
党组书记　局长　周宏伟(女)
副书记　副局长　龚文波　罗　宁(女)
纪检组长　陈琳波(女)
副局长　武振刚　李春云(女)　张丽娜(女)
　　　　陈　谨(兼)

区审计局
党组书记　局长　罗春晖
副书记　副局长　吴海林　曾振环(9月任)
副局长　贺晓玲(9月免)(女)　周　群(女)
纪检组长　李晓梅(女)

区农业林业水利局
党组书记　局长　袁　林
副书记　副局长　汤　勇(9月免)
　　　　吴志勇(9月任)
纪检组长　副局长(兼)　陈　玲(女)
副局长　杨绍炎(9月免)　唐术江
　　　　周　文(女)　刘英治(9月任)(女)

区食品安全管理办公室
党组书记　主任　何小林
副书记　副主任　谢松林(女)
纪检组长　张海清
党组成员　副主任　邱晓峰
党组成员　陈晓东

区城市管理和行政执法局
党委书记　局长　刘文舫
副书记　副局长　刘　归
副书记　张　勇　喻鹏飞(兼)
纪委书记　廖丽莉(女)
副局长　高志勇　周　晨　周祖辉
　　　　易恒良(9月任)
城管执法大队大队长　刘文舫
教导员　谢　锋
常务副大队长　喻鹏飞
党委委员　工会主席　陶建华
纪委书记　夏勇文
副大队长　石　华　季正章　姜胜才

区法制办公室
主　任　肖述华

区工业和信息化局
党委书记　局长　黄生文(9月免)
　　　　粟　芳(9月任)
副书记　副局长　吴志勇(9月免)
　　　　魏　然(9月任)
纪委书记　副局长(兼)　郭　勇(9月免)
　　　　喻向东(9月任)
副局长　吴海平　黎　华

区交通运输局
党组书记　副局长　周德平
副书记　局　长　刘诺奇
副书记　副局长　李健球(9月任)
副局长　张忠顺　尹亿民(9月免)
　　　　谭　波(9月任)(女)
纪检组长　刘　霞(9月免)(女)

罗　宇(9月任)(女)

区统计局

党组书记　副局长　袁海军

副书记　局长　王湫石

副书记　副局长　刘　波(女)

副局长　钱永刚　黄　超(1月免)

陈　敏(1月任)

普查中心主任　吕　伟

区民族宗教和外事侨务局

党组书记　副局长　匡平洋

副书记　局长　姚正清

纪检组长　副局长　周智婷(9月免)(女)

纪检组长　刘　霞(女,9月任)

区安全生产监督管理局(安全生产委员会办公室)

党组书记　局长　张蛟龙

党组副书记　副局长　王映东

副局长　周克难　刘　伟　董　卫

杨　军(9月免)

杨绍炎(9月任)

纪检组长　副局长(兼)　杨飞宇(女)

区人民防空办公室

党组书记　副主任　周小英(女)

副书记　主任　刘硕平

副书记　副主任　刘英治(9月免)(女)

黄国富(9月任)

区住房保障局

党委书记　副局长　黄意平

副书记　局长　汤小辉

副书记　副局长　邓　悦(3月免)

副局长　喻佑庚　何　军(3月任)

纪委书记　付光雄

党委委员　赵文武(1月任)

区区政务服务中心

党组书记　主任　李建华

副书记　副主任　吴敌之

纪检组长　副主任　袁鸿斌

副主任　陈　珊(9月免)(女)

杨　军(9月任)　戴　玺(兼)

区工务局

党组书记　副局长　黎岳林(9月免)

李　博(9月任)

副书记　局长　邓自新

副书记　副局长　李家谋(9月任)

纪检组长　副局长(兼)　刘　伟

副局长　罗艳辉(女)(9月免)

李清红(女)　邓　卓

黎春凤(9月任)(女)

总造价师　黄　辉(9月任)

区直属机关后勤服务中心

党组书记　副主任　吴　喆(9月免)

黎岳林(9月任)

副书记　主任　罗凤良

副主任　王志爱(1月任)　钟小平　王玉文

李朝晖(2月任)(女)

纪检组长　副主任(兼)　周　敏(女)

政府督办员　邱小定

区物业管理中心(城建投融资中心)

党组书记　副主任　陈　萍(女)

主　任　叶　松(女)

副书记　副主任　李　博(9月免)

彭　晖(9月任)

副主任　罗红星　邓　友(女)　马　晖(女)

纪检组长　李俊龙

区征地办公室

主　任　冯　斌

党组书记　副主任　唐　平(女)

副主任　彭　文(2月任)　刘伟峰　孔建军

长沙雨花现代电子商务物流管委会

党工委书记　李国庆(1月任)

副书记　主任　黄　超(1月任)

委员　副主任　侯　宇(1月任)

副主任　方明星(9月任)

区城市房屋征收和补偿办公室

主　任　黎顺利(女)

副主任　王　扬(9月免)(女)

吴秋生(9月免)　李景明(女,9月任)
文霄乾(9月任)

区棚改办

主　任　建　良
副主任　缪　戈　舒　运(9月任)
黎春风(女,9月免)

区现代服务业发展办公室

主　任　仇　莹(女)
副主任　贺　耀

区市容环境卫生管理局

党委书记　副局长　李先桃
副书记　局长　李　文(9月免)
黎大强(9月任)
纪委书记　副局长　谭　波(女)(9月免)
李绍萍(9月任)
副局长　曾宪锋　何伟华　赖庆龙

区园林管理局

党委书记　副局长　魏　然(9月免)
刘鹏飞(9月任)
副书记　局长　宋　电
纪委书记　徐建文
副局长　谢海波(9月免)　易　强　李朝晖
周舞云　杜令德

区市政工程管理局

党委书记　副局长　张兴义(9月免)
吴　喆(9月任)
局　长　莫志刚(9月免)
副书记　局长　易光明(9月任)
副局长　李普得　孙三林　宋兴武　张　勇
纪委书记　王志爱(1月任)

区疾病预防控制中心

书　记　李中华(女)
主　任　周建湘

区卫生监督所

书　记　黄够多
所　长　黎雪军

区妇幼保健所

所　长　陈　谨

·区政协工作机构·

政协办公室

主　任　粟　芳(10月免)(女)
彭谱诚(10月任)
副主任　谢淑贞(女)　罗龙忠

群团联络委员会

主　任　刘利平(10月免)(女)
周玉萍(10月任)(女)
副主任　聂庆媛(女)

提案法制委员会

主　任　彭　知(女)
副主任　赵春芳(女)

人口资源环境委员会

主　任　左　平

文化教育卫生体育委员会

主　任　周玉萍(10月免)(女)
刘利平(10月任)(女)

经济科技委员会

主　任　汤艳辉

·长沙市雨花区人民法院·

党组书记　院长　王均全
副书记　副院长　彭智勇
党组成员　副院长　李大龙　许耀明　宋月清
副院长　梁　平
党组成员　纪检组长　钟红梅
党组成员　执行局局长　聂志强
党组成员　土房庭庭长　黄　森
党组成员　政工室主任　彭聪颖(1月任)

·长沙市雨花区检察院·

党组书记　检察长　谭剑辉
党组成员　副检察长　吴正文　熊　飞
李　勇　曾永清

副检察长　储硕(女)
党组成员　纪检组长　杨　东
党组成员　专职委员　姜　农
党组成员　宁　毅　王　勇

·社会团体·

区总工会
党组书记　主席　许乐云(9月免)(女)
主　席　冯聪龙(9月任)
党组书记　常务副主席　彭跃辉(9月任)(女)
副主席　谭洪波
纪检组长　郭绍炎(2月任)
区妇女联合会
主　席　郑迎春(女)
副主席　彭聪颖(1月免)(女)
　　　　刘　娣(1月任)(女)
共青团雨花区委员会
书　记　黄　金(9月免)(女)
　　　　陈　昊(9月任)
副书记　宁　丽(9月免)(女)
　　　　黄乐佳(9月免)
　　　　余静雯(9月任)(女)
区工商业联合会(总商会)
主席(会长)　周凌云(女)
党组书记　副主席(兼)　邹开其
副主席(副会长)　戴　鹰(女)
纪检组长　胡永谦
区残疾人联合会
理事长　陈小玲(女)
副理事长　赵福秋
区归侨侨眷联合会
主　席　蒲新林
副主席　孙　雷
区科学技术协会
主　席　刘虎其(4月免)　周　伟(9月任)
副主席　张新其(9月免)　易海清(9月任)

·垂直管理单位·

长沙市公安局雨花分局
党委书记　局长　谭应林
副书记　政委　章晓波
副书记　副局长　汪　琨
委员　副局长　樊正其　胡正坤　谢代炎
　　　　张国斌
委员　副政委　纪委书记　邹仲林
委员　政工室主任　周　巍
长沙市工商行政管理局雨花分局
党委书记　局长　王金山
副书记　副局长　蒋苏阳
委员　副局长　周雄伟　李小群
　　　　唐　磊(8月免)　李海舟(8月任)
委员　纪委书记　蔡建双
长沙市雨花区国家税务局
党组书记　局长　吕雅君
副局长　陈建强　张　靖　邓曙光
　　　　彭　欣(女)　岳青春　饶玉华
纪检组长　董　谦(女)
长沙市雨花区地方税务局
党组书记　局长　李宇奇
副局长　张左文　周　歌(女)　易　强
　　　　郝　玲(女)
纪检组长　副局长　汤长湘
工会主席
长沙市国土局雨花分局
党组书记　副局长　文新平
副书记　局　长　雷世良
副局长　执法大队队长　黄　宏
纪检组长　副局长　李良安
副局长　欧　薇(女)　汤　菁
长沙市城乡规划局雨花区分局
书　记　刘泽辉
局　长　李定平
副局长　孔　昶

执法大队大队长　魏心田
执法大队副大队长　谢时英(女)

长沙市质量技术监督局雨花分局

局　长　宋杰斌
副局长　舒宗文　黄正茂(3月免)

长沙雨花农村合作银行

党委书记　董事长　邓来发
副书记　行长　张中豪
纪委书记　监事长　李志伟
副行长　任辉兵　夏义芳(女)
行长助理　尹尚进

交警大队

大队长　李智文
教导员　余卫东
副大队长　邱　波　张　星　李　林　彭星顺

区消防大队

大队长　杨立明(9月免)　刘立宪(9月任)
教导员　雷晓军
副大队长　唐碧辉　王　勇(11月任)
副教导员　颜志芸

·民主党派·

民革雨花区工委

主　委　冯　斌

民盟雨花区工委

主　委　罗艳辉(女)

民建雨花区工委

主　委　莫志刚

民进雨花区工委

主　委　夏晓波

农工党雨花区工委

主　委　罗发明

致公党雨花区工委

主　委　易　静(女)

九三学社雨花工委

主　委　吴海军

·街道·

雨花亭街道

工委书记　杜　剑
副书记　办事处主任　张杰军
副书记　纪工委书记　人大工委主任
黎大强(9月免)　杨　丹(9月任)
副书记　政协联络处主任　言自平
副书记　王广安　吴浩宁(挂职)
刘国华(兼)
工委委员　彭　伟　胡　开　李　娜(兼)(女)
王振凯(兼)
办事处副主任　黄　滔　石　浩　罗　闽
韦育华

高桥街道

工委书记　吴平辉(9月免)　李才军(9月任)
办事处主任　李才军(9月免)
莫志刚(9月任)
副书记　政协联络处主任　刘曙林
副书记　纪工委书记　张辉煌
副书记　周佳祥　肖　朗(兼)
工委委员　副主任　游　伟　谢冬波
工委委员　甘松林(兼)
办事处副主任　杨远高　黄练文　邹轶亮
肖　英(2月任)(女)

左家塘街道

工委书记　张良欣
副书记　办事处主任　向　星(9月免)(女)
聂文涛(9月任)
副书记　纪工委书记　人大工委主任
喻思旭(女)
副书记　政协联络处主任　常　曙
副书记　邓集林　高文武(兼)
工委委员　副主任　刘新辉
工委委员　朱映凯
办事处副主任　龚海燕(女)　莫正文

侯家塘街道

工委书记　贺　芳(9月免)(女)
　　向　星(9月任)(女)
副书记　办事处主任　张小军(1月免)
　　石远康(9月任)
副书记　人大工委主任　张　宇　(4月免)
　　蒋多利(9月任)(女)
副书记　政协联络处主任　陈　勇
副书记　纪工委书记　张　宇　(4月免)
　　陈燕武　(9月任)
副书记　张良友(兼)
工委委员　周　彬
办事处副主任　蒙正国　李　继　侯　莉(女)
　　刘舜乾

砂子塘街道

工委书记　邓　波(1月免)
　　刘燕妮(9月任)(女)
副书记　办事处主任
　　刘燕妮(9月免)(女)
　　刘志平　(9月任)
副书记　纪工委书记　人大工委主任　刘松山
工委委员　政协联络处主任　宁世平
副书记　副主任　黄　蔚(女)
副书记　黄红军　彭　冰(兼)
　　张华平(挂职)
工委委员　副主任　丁志勇
办事处副主任　黄　磊　谭　琰

东塘街道

工委书记　王明玖(9月免)
　　谢国富(9月任)
办事处主任　易　静(9月免)(女)
副书记　办事处主任　黄　金(9月任)(女)
副书记　纪工委书记　人大工委主任
　　许惠芝(女)
政协联络处主任　石　斌
副书记　昌名林　张　卫(兼)
工委委员　黄春艳(女)
办事处副主任　寻伟阳　张　靖　邹　鹏

圭塘街道

工委书记　姜泽红
副书记　办事处主任　董正军
副书记　纪工委书记　人大工委主任　程　献
副书记　政协联络处主任　赵正坤
副书记　舒　畅(女)　杨跃华(兼)
　　贺　燕(挂职)
工委委员　杨　柳(女)
办事处副主任　陈　泽　罗飞跃　王　炯
　　肖　嫣(女)

黎托街道

工委书记　谢国富(9月免)　王明玖(9月任)
副书记　办事处主任　王润虎
副书记　纪工委书记　人大工委主任　张锡泉
副书记　政协联络处主任　杨钦涵(9月免)
　　刘　虎(9月任)
副书记　彭　芬(女)　李伟才
　　刘国华(1月免)(兼)
　　李建军(1月任)(兼)
工委委员　副主任　胡国强
工委委员　杨万敏
办事处副主任　王铁龙　许文智

洞井街道

工委书记　周建雄
副书记　办事处主任　肖司昊
副书记　纪工委书记　人大工委主任　文健雄
政协联络处主任　吴海军
副书记　王金柱　夏胜卫(兼)
工委委员　李　芳(女)　张　敬　张　琳(兼)
　　陈　珊(9月任)
办事处副主任　万建军　喻向东(9月免)
　　邓雪聪(9月离职)(女)　李应飞
　　张新其(9月任)

井湾子街道

工委书记　刘江红
副书记　办事处主任　尹江华(9月免)
　　杨钦涵(9月任)
副书记　纪工委书记　人大工委主任　邓　星

政协联络处主任　张福新
工委副书记　刘　虎(9月免)
　　陈春华(9月任)(女)
　　李　卫　吴建松(兼)
　　李金海(兼)
工委委员　副主任　万　多
工委委员　王　况　刘助斌(9月免)
办事处副主任　杨铁辉(9月任)　曾　频(女)

东山街道

工委书记　李劲松(9月免)　陈怀柏(9月任)
副书记　办事处主任　陈怀柏(9月免)
　　尹江华(9月任)
副书记　纪工委书记　人大工委主任
　　邹　霞(3月任)
副书记　政协联络处主任　蒋　汉
副书记　彭劲宇(3月任)　祖文志(兼)
　　黄海洋(挂职)
工委委员　副主任　邓　悦(9月病故)
　　段灿军
工委委员　包新伟(兼)
办事处副主任　张　浩　杨　文

同升街道

工委书记　张　建
副书记　办事处主任　尹新国
副书记　纪工委书记　人大工委主任
　　曹旭鑫
副书记　政协联络处主任　陈　明
副书记　吴　波　黎银波(兼)
　　杜　江(兼)(9月任)
工委委员　严忠正　王红艳(女)
　　杜　江(兼)(9月免)
办事处副主任　刘黎黎(女)

中共雨花区委员会

重要会议

【雨花区开局工作动员会议】 2014年2月7日,区委副书记、区长邱继兴主持召开雨花区开局工作动员会。会议认为,2013年,既是雨花的克难之年、奋进之年,也是雨花的丰收之年、喜悦之年。从文明创建最前线到项目建设主战场,从城市环境专项整治到“百万大拆违”行动,从社会综合治理到民生民利改善,从市容环境卫生大清扫到千名干部志愿服务春运活动,全区广大干部群众遇难不避难,吃苦不叫苦,吃亏不言亏,始终坚持勇挑重担,真抓实干,有力推动了区域经济社会各项事业率先发展、走在前列。区委书记周杏武对抓好2014年开局工作提出六点要求:一是要倡导一种理念,为民务实清廉;二是要营造一种氛围,大干实干快干;三是要激发一股活力,锐意改革创新;四是要坚守一条底线,会干事不出事;五是要锤炼一支队伍,练就过硬本领;六是要成就一份事业,努力走在前列。会议要求各级各部门要尽快从节日气氛中走出来,从走亲访友的节日应酬中走出来,抖擞精神,集中精力,收心上班,专心干事,把万家团圆的欢喜,化作谋划事业的动力;把追求美好生活的憧憬,变为做好本职工作的实际行动;确保每岗每位高效运转,奋力推动区域各项事业更好更快、率先发展。 (殷 昊)

【区委常委(扩大)会议】 2014年2月7日,雨花区召开区委常委(扩大)会议。会议结合省、市有关精神,部署社区筹委会选举工作。全体区委常委,分管副区长,区委组织部、区民政局主要负责人,有选举任务的街道党工委书记参加会议。区委组织部、区民政局分别汇报社区筹委会党组织选举和社区筹委会选举工作,对选举中可能面临的一些具体事宜呈请常委会讨论研究,予以明确。区委组织部部长冯聪龙、副区长李国军作补充发言。区委常委会议对选举工作进行充分讨论、细致研究,全体区委常委分别发言,提出具体的指导意见。区委书记周杏武要求认识要高、责任要明、程序要严、人选要准、风气要正、效果要好,要选优配强社区筹委会“两委”班子,真正把那些德才兼备、公道正派、群众信赖、组织放心、能干成事的人才选进“两委”班子。 (钟之兴)

【区委常委会议】 2014年,区委召开常委会议29次,主要研究事项:

1月10日,听取安全生产工作情况汇报;学习习近平总书记在中纪委十八届三次全会上的重要讲话精神以及《中国共产党第十八届中央纪律检查委员会第三次全体会议公报》;研究相关人事任免工作。

1月24日,传达全市建设“清洁城市”动员部署会议精神,安排部署区“清洁城市”工作;通报10名军转干部选岗结果。

1月27日,传达学习中央第二批党的群众路线教育实践活动精神;对街道党工委书记2013年党建工作履职情况进行测评;研究干部职工的绩效奖励问题;传达市委、市政府“清洁城市”文件精神;研究同升湖学校安全隐患问题。

2月7日,听取区委组织部汇报社区筹委会党组织换届选举工作情况;听取区民政局汇报第九次社区筹委会换届选举工作情况;听取群众路线教育实践活动筹备工作情况汇报。

2月17日，传达贯彻学习省两会精神；传达学习省委十届九次全会讲话精神。

2月25日，研究政法工作、宣传思想工作、办公室工作、信访工作、反腐倡廉建设工作。

2月27日，专题研究雨花区委党的群众路线教育实践活动相关工作。

3月12日，市委组织部宣布区委主要领导人事任免。

3月22日，研究组织统战工作、群众路线教育实践活动工作、绩效考核工作、清洁城市工作。

4月4日，传达群众路线教育实践活动相关学习精神，并就近期工作开展情况进行通报；学习传达关于省政府机构改革期间冻结机构编制和人员调整的通知；审议雨花区"清洁城市、品质雨花"行动实施方案；研究城市管理工作落实不力实施问责的暂行办法。

4月18日，观看电影《焦裕禄》；区委副书记汪娟通报传达省市下阶段群众路线教育实践活动工作安排有关要求。

4月25日，邱继兴组织学习《论群众路线——重要论述摘编》一书；何托林组织学习《厉行节约 反对浪费》一书；冯聪龙汇报近期教育实践活动事项；汪娟传达市委书记易炼红讲话精神。

5月4日，传达学习省委书记徐守盛在部分县市区委书记座谈会讲话精神；深刻反思和吸取"衡阳破坏选举案"教训，开展"五项教育、五项反思"专题大讨论；研究群众路线教育实践活动相关工作；研究清洁城市相关工作。

5月12日，集中学习《论共产党员的修养》一书；研究部署全面建成小康社会工作；听取机关工委工作情况汇报。

5月23日，研究信访工作、绩效考核工作。

5月29日，市委督导组副组长尹社来通报对常委班子民主评议、班子意见和班子成员个人意见情况，常委班子成员逐一表态发言，省委督导组殷国宝讲话。

6月12日，市委督导组副组长尹社来通报常委班子征求意见民主评议结果；研究违规用车整治工作。

7月2日，研究全面深化改革相关工作；分析2014年考核体系基本情况；研究行政审批改革工作。

7月5日，听取对照检查材料及相互批评意见清单情况汇报。

7月17日—18日，区委专题民主生活会。

7月28日，区委全会报告起草讨论。

8月14日，研究部署安全生产工作；研究房产项目教育配套问题；修改完善全区产业发展扶植奖励办法；统筹规范县级领导和区直部门联点工作；研究审议干部状态测评等三个文件。

8月19日，研究雨花区委常委会党的群众路线教育实践活动整改方案。

9月28日，听取、研究同升湖学校临时接管方案；听取群众路线教育实践活动情况汇报；研究雨花经开区关于请求区财政为园区短期借款提供担保的问题；贯彻落实市委书记易炼红重要讲话精神。

10月10日，研究高铁新城片区征地拆迁方案和相关配套政策；社区职能职责情况汇报研究；学习习近平在中央教育实践活动总结大会上的讲话精神；研究追授邓悦为区"优秀共产党员"的请求。

10月17日，听取群众路线教育实践活动工作情况汇报。

11月7日，听取群众路线教育实践活动工作情况汇报；研究议事协调机构清理工作；研究区有关干部人事任免工作；听取班子成员履行"一岗双责"和廉洁反腐情况汇报。

11月26日，研究审议《长沙市雨花区人民政府职能转变和机构改革方案(送审稿)》；听取行政区划调整工作情况汇报；学习传达市委书记易炼红、市长胡衡华调研讲话精神。

12月19日，研究社区减负增效、绩效考核工作；听取基层党建和党员干部联系群众工作汇报；研究区管干部选拔任用工作制度；研究审定区食品药品监督管理局"三定"文件。 (杨小军)

【区纪委四届四次全会暨反腐败工作会议】 2014年2月27日，雨花区召开区纪委四届四次全会暨反腐败工作会议。区委副书记、区长邱继兴主持会议。会上,区纪委书记王清政回顾总结2013年全区反腐倡廉的工作成绩,并作2014年工作总体安排。

会议指出,坚定不移地改进作风、惩治腐败,是党心民心所向,是事业发展所需,也是各级党组织的责任所系。要在市委的坚强领导下,坚持不懈地把党风廉政建设和反腐败斗争推向深入,以反腐倡廉、严纪正风的显著成效,为全面建成“五新雨花”,打造中部现代服务业中心做出新的更大贡献。区委书记周杏武提出四点要求:一是要正确认识形势,做政治上的清醒者;二是要准确把握任务,做公信力的维护者;三是要推进制度建设,做改革令的执行者;四是要严明党的纪律,做遵纪守规的坚守者。

会议强调,要坚决把党风廉政建设和反腐败斗争进行到底,充分体现了党要管党、从严治党的坚强决心。全区各级党员干部要做政治上的清醒者,正确认识形势,切实增强党风廉政建设和反腐败工作的紧迫感和责任感。 (殷　昊)

【雨花区2014年经济工作会议】 2014年2月22日,雨花区召开2014年全区经济工作会议。会议传达学习中央、省、市经济工作精神,表彰奖励2013年度区“三定三抓”、创业富民、安全生产等工作先进单位、先进个人和优秀企业。区委书记周杏武就经济工作提出三点要求:一要锐意改革,一马当先,马不停蹄。围绕建设“五新雨花”、打造中部现代服务业中心这一目标,一马当先抓改革、快马加鞭抓落实、马不停蹄促发展,以改革的大气魄、大力度,实现雨花的大提升、大发展。二要聚焦关键,一马平川,马到功成。既要奋力破旧,更要大胆立新;既要加速领跑,更要加快转型;既要整体推进,更要重点突破;既要做大蛋糕,更要分好蛋糕。三要转变作风,龙马精神,鞍前马后。要增强理解力,提升执行力,发挥创造力,要提高驾驭力。会议要求各部门单位把责任担当起来,把干劲鼓足起来,把工作抓实起来,推动改革创新,推动工作落实,努力推进雨花各项事业走在前列。 (殷　昊)

【雨花区党的群众路线教育实践活动动员大会】 2014年3月13日,雨花区召开党的群众路线教育实践活动动员大会。会议指出,召开全区第二批党的群众路线教育实践活动动员大会,是贯彻落实中央和省、市委关于群众路线教育实践活动会议精神,动员全区上下,高度统一思想,全面掀起活动热潮,以活动开展为契机,为实现雨花新一轮大建设、大发展、大提升,凝聚强大的精神动力。

区委副书记、区长邱继兴就如何抓实、抓好第二批党的群众路线教育实践活动提出三点意见:一要提高认识,把思想行动统一到中央省市对活动的要求部署上来。一方面,是集中解决干部作风突出问题、增进干群关系的迫切需要;另一方面,是加快建设中部现代服务业中心、促进雨花转型发展的迫切需要。同时,是打造基层服务型党组织、巩固党的执政基础的迫切需要。二要科学统筹,确保活动方向正确、任务明确、举措有力。具体要做到“五个始终坚持”:始终坚持发挥群众积极性,始终坚持问题导向,始终坚持严格要求,始终坚持衔接带动,始终坚持分类指导。三要加强组织领导,确保活动成效经得起各方检验。要层层落实责任,要抓好督促指导,要加强宣传引导,要统筹把握全局。

会议强调,开展第二批党的群众路线教育实践活动是一项重大政治任务,各级部门单位要以坚定的信念、充沛的精神、务实的作风、饱满的热情把教育实践活动开展得扎实有效,为努力打造中部现代服务业中心、全面建成“五新雨花”提供强大动力。 (殷　昊)

【雨花区党务工作暨绩效考核讲评会议】 2014年4月4日,雨花区召开党务工作暨绩效考核讲评会议。区委副书记汪娟主持会议。区委常委、区委组织部部长冯聪龙,区委常委、区委办主任黄文先,区委常委、区委宣传部部长何托林分别作组织统战、办公室及宣传工作工作报告,区委常委、常务副区长王雄文通报2013年度绩效考核和攻坚克难突击手评选结果,汪娟讲评绩效考核工作。会议强调,2013年,党务部门认真履职,扎实工作,取得了明显成绩,创造了新的经验和亮点。绩效考核工作各项指标都完成得不错,成绩来之不易。区委副书记、区长邱继兴要求:一是要围绕中心,服务大局,全面推进党务工作;二是要统筹兼顾,分类指导,发挥绩效考核导向作用;三是要主动作为,创新实干,全面展示队伍形象。

(钟之兴)

【雨花区全面建成小康社会暨现代服务业推进会】 2014年6月10日,雨花区召开全面建成小康暨现代服务业推进会。会议结合省市有关精神,坚持以"打造中部现代服务业中心"的发展总定位,加速建设全面小康社会。

区委书记、区长邱继兴强调,全区上下要坚定信心,明确奋斗方向,能切实参与进来,投身新一轮大建设、大发展。标准要更高,要"咬定青山不放松"。各项工作必须高标准、严要求、实打实的推进,各个责任部门都要服务大局,责任上肩,务实作为,为率先建成全面小康添砖加瓦、做出贡献。指标要过硬,要"扬长补短",强化领先指标,追赶落后指标。每个监测指标都要实实在在,都要经得起验收。特别是针对居民文教娱乐服务占家庭消费支出比重、文化产业占GDP比重等几项弱项指标,相关部门要查找原因,创新方法,集中力量攻坚克难,决不能拖后腿。定位要明确,"发展才是硬道理",要狠抓发展,狠抓项目。物质基础永远决定上层建筑,抓发展、抓项目任何时候都是我们的永恒主题。 (王晓华)

【雨花区落实党风廉政建设主体责任大会】 2014年7月10日,雨花区召开全区落实党风廉政建设主体责任大会。会议传达十八届中纪委第三次全体会议精神,指出要落实党委的主体责任和纪委的监督责任,强化责任追究,不能让制度成为纸老虎、稻草人。党委、纪委或其他相关职能部门都要对承担的党风廉政建设责任做到守土有责。

面对新的反腐败和党风廉政建设形势,区委书记邱继兴强调:一要在深化认识中强化党风廉政建设党委主体责任。党委班子要"不松手",把党风廉政建设视为主责,真正做到把党风廉政建设与经济社会发展和社会稳定同研究、同部署、同检查、同考核、同落实。党委书记要"不甩手",要强化"抓好党风廉政建设是本职,不抓党风廉政建设是失职,抓不好党风廉政建设是不称职"的担当意识。班子成员要"不缩手",班子成员要履行分管责任,贯彻执行"一岗双责",将党风廉政建设融入分管领域的各个环节,时刻做到"不缩手"。二要在改革发展中落实党风廉政建设党委主体责任。突出"正风"这一抓手,加强作风建设。突出"肃纪"这一关键,切实严明纪律。突出"清源"这一重点,深化源头预防。突出"固本"这一根本,做到一心为民。三要在强化领导中保障党风廉政建设党委主体责任。要全面落实"两个责任"、全面落实"两个为主"、全面落实"两个支持"。

(王晓华)

【雨花区文明创建暨城管工作推进会】 2014年7月16日,雨花区召开文明创建暨城管工作推进会,会议观看督查暗访视频,区政府副区长邹犇淼,区委常委、宣传部部长何托林分别安排部署城管工作和文明创建工作。

区委书记邱继兴强调,雨花区按照市委、市政府的统一安排部署,结合雨花实际,强力推进"清洁城市、品质雨花"十大专项行动。一要营造浓厚氛围。文明创建与城市管理没有良好的社会氛围很难得到有力的扎实推进,要营造一种全面动员、全民参与、人人共享、共建共享的氛围。宣传工作要改变形式,要创新内容,要变换手法,要有新意,要有特色。要与媒体多配合,制作一些朗朗上口、打动人心、触动思想心灵的广告语,以适当的方式公示出来,让市民看得进、记得住、做得到。二要完善基础设施。要最大限度地解决背街小巷、老旧社区路面不洁、燃气不通、停车不便、路灯不亮、排水不畅等问题。要对城乡结合部垃圾清运系统进行改革,实现涉农街道清扫保洁全覆盖。三要创新管理手段。要向管理要形象、要品质。管理手段必须要现代化,包括信息化、数字化、网格化、机械化、自动化的管理手段推广、应用,减轻文明创建和城市管理强度,提高工作的精细度、安全性。

邱继兴指出，要推动文明创建和城市管理常态化。一是要做实网格。要将城市管理和文明创建工作网格化落到实处。二是要建强队伍。保障和改善一线环卫工人、市政园林工人、城管执法队伍、城市协管员、路面交警协警以及社区工作人员必要的工作生活条件，确保工作推动能够更加有力。三是加大投入。一年抓几个重点、解决几个问题，要予以财政保证，创建要常态就得有长效投入。（王晓华）

【区委四届十八次全体(扩大)会议】 2014年7月29日，中共长沙市雨花区委召开四届十八次全体(扩大)会议。会议全面回顾上半年各项工作推进情况，全区上下紧扣“锐意改革创新，率先科学发展”的工作主题，攻坚克难，砥砺奋进，顺利实现“双过半”目标。

区委书记邱继兴强调，要精准发力，坚定信心，确保全年目标任务圆满完成。要增强定力，坚定发展的信心。要冷静分析、科学研判、保持清醒。充分利用区位、交通等诸多方面不可复制、无法比拟的优势，在新一轮区域竞争中脱颖而出。要攻坚项目，扭住发展的重点。要围绕现代服务业、新型工业、批发零售业、房地产业等产业项目，精心谋划，全速建设。要依托雨花经开区这一主阵地，坚定不移地推进新型工业化。要做强批发零售业。坚持线上线下联动发展，推动高桥、红星、东塘三大商圈由传统商贸向现代商贸转变。稳住房地产业。坚持市场化取向，加强规划把关和刚性执行，合理确定住宅、办公楼、商业用房等不同性质，商品房、经济适用房、廉租房等不同类别房地产项目的用地布局和比例，避免房地产开发同质化竞争。要深化改革，增强发展的动力。改革是促发展、稳增长最根本的动力。全区各级各部门要以改革统揽全局，进一步提气、鼓劲、加速，真正聚焦、聚神、聚力抓改革落实。要改善民生，营造发展的氛围。邱继兴着重强调要打造一支有激情、能干事、敢担当、守规矩的干部队伍。（王晓华）

【全面建成小康社会暨绩效考核工作推进会】 2014年10月20日，雨花区召开全面建成小康社会暨绩效考核工作推进会，安排部署做好全面建成小康社会考评和绩效考核工作。

会议指出，2013年雨花区小康社会的总体实现程度达91%，综合考核排名全省第一。2014年，各单位部门要树立危机意识、担当意识和率先意识，加强沟通协调，及时解决难点，确保2014年全面建成小康社会考评全省第一。要求各部门单位紧盯中心目标不动摇，全面落实工作责任，抓好统筹，奋力冲刺，抓实民调工作，做好横向、纵向对比，争取2014年市对区绩效考核实现赶超进位。结合党的群众路线教育实践活动，落实整改、建章立制，全面促进全区各项工作。区委书记、区长邱继兴强调，当前正处在全面建成小康社会和绩效考核工作的冲刺阶段，各部门单位要高度重视、积极争取，确保绩效考核工作全市进位，全面建成小康社会考评全省第一。对于全面建成小康社会和绩效考核工作，各部门单位意识上要重视，业务上要知晓，要做好与上级部门、数据提供部门、责任部门的沟通和协调，摸清底数。要下定决心，“只怕想不到，不怕做不到”，要积极争取，努力实现2014年“绩效考核全市争取进位、小康社会全省务必第一”。区委副书记汪娟主持会议。区领导冯聪龙、黄文先、王清华出席会议。（钟之兴）

【全区安全生产工作紧急调度会】 2014年12月1日，雨花区组织召开安全生产工作紧急调度会，区政府副区长、区公安分局局长谭应林传达全市安全生产工作会议精神，重点学习市委书记易炼红和市长胡衡华的讲话精神，并从落实企业主体责任和政府监管责任两个方面，对全区后段消防安全工作进行部署。副区长余宏卿安排部署全区安全生产工作。区委书记邱继兴强调，思想上务必高度重视，重点督促企业落实安全生产主体责任，确保排查、整改、执法全覆盖、零容忍，切实提高安全生产的意识，提升安全防范技能。会议由区委常委、区委办主任黄文先主持。雨花经开区、火车南站地区综管办、区安委会各成员单位主要负责人，各街道主要负责人、分管负责人、安监站长，区高危企业、规模以上工贸企业及市场、商场负责人代表280余人参加会议。（钟之兴）

工作纪要

【深化改革】 2014年是全面深化改革的开局之年，区委按照省委、市委的部署，紧扣“锐意改革创新，率先科学发展”的主题，聚神聚力抓改革推进，真刀真枪促改革落地，全区8大类57项改革推进有力，全面深化改革工作扎实有效、进展顺利。

区委成立全面深化改革领导小组和8个深化改革专项小组，加强对全区改革的总体设计、统筹推进，形成《区委全面深化改革领导小组工作规则》《区委全面深化改革领导小组专项小组工作规则》《区委全面深化改革领导小组办公室工作细则》《雨花区统筹推进全面深化改革动态管理办法》的改革工作“两规则、一细则、一办法”推进机制。各牵头部门认真负责，参与单位主动配合，涉改部门服从大局，改革办统筹协调，为推进各项改革提供有力的组织保障。开展“我为改革点题”“我为改革建言”专题活动，营造全区干部群众支持改革、参与改革的良好氛围。收到点题12条、改革建言136条，组织专家评选出优秀建言25条。部门、街道105名领导干部参与雨花“干部改革能力培养沙龙”，畅谈改革能力培养。邀请著名作家王跃文开设“干部改革能力提升讲座”，开通“雨花改革最强音”微信公众号，打造雨花论道改革新阵地。

坚持“做服务的加法、做权力的减法”，推进行政审批事项改革，在全市各城区率先公布《长沙市雨花区区本级行政审批项目目录》，全区224项行政审批项目精简到65项，总的精简比例为70.98%。在此基础上进行流程再造，提速增效，行政审批整体提速50%以上。《湖南日报》《经济日报》、人民网等媒体第一时间报道。推进商事登记制度改革，企业和个体工商户营业执照办结时限由法定的10天分别缩减至2.5天和1天，行政审批提速80%；全区新设立商事主体（不含省、市局登记）17173户，同比增长54%，其中企业新增6732户，同比增长80%，有效地释放了市场活力。突出以税源专业化管理为核心，改“管户制”为“管事制”，搭建“征、管、评、查”四分离征管模式。推进社区治理改革，在全省率先推行社区职能职责精简减负增效改革，社区事项由558项核减至147项，最大限度实现社区“去行政，强服务”的功能，《人民日报》大版面报道，《经济日报》头版头条报道。推行“电视问政”，开展“15位‘一把手’和你面对面”问政活动，现场交办食品安全等民生问题，切实顺民意、解民忧、惠民生。制定《雨花区科级领导干部工作状态测评实施办法〈试行〉》《雨花区科级干部交流工作实施办法》，先行先试、积极探索干部任用制度改革，着力打造一支“有激情、能干事、敢担当、守规矩”的干部队伍；推进绩效考核优化精简，区直部门由28个考核项目整合瘦身至9个，街道由20个考核项目减少至10个，真正让绩效考核考正导向，考出实绩。

（周智婷）

【政策研究】 2014年，区委政策研究室积极适应新形势、新任务的要求，紧紧围绕区委中心工作，强化参谋职能，搞好综合协调，团结务实，开拓创新，圆满完成各项目标任务。

全年铺排调研课题36个。坚持“开门搞调研”思路，建立联合调研长效机制，与区委党校联合承担省级重点调研课题2个，与区委组织部、区委政法委、东山街道等部门街道开展联合调研12次，形成调研报告12篇。将区级刊物《雨花调研》纳入政研考核，出刊6期。为推进全区社区职能职责清理工作，历时两个多月开展调研摸底，形成《雨花区社区职能职责清理工作的做法与思考》，促进了社区职能职责方面相关政策的出台，率全省之先开展社区职能职责清理减负增效工作。按照区委小康工作要力争全省第一的要求，早谋划，早动手，深入实际调查研究，坚持一周一调度，一月一讲评，紧咬小康工作各项指标不放松，确保各项指标走在全省前列。全区全面建设小康工作受到省市的一致好评。

全年起草区委领导讲话、向省市领导的综合汇报材料、区委领导署名文章等各类文字材料200余篇，并在各级报刊发表经验材料和署名文章28篇，其中《坚持三改两好，达到一满意》在求是理论网上发表；《扑下身子才能走在前列》《让“狮子型”干部

“舞”动基层》等9篇文章在省级刊物上发表,《坚持群众路线做好调查研究》《以鲜明的用人导向激发干部活力》等18篇文章在市级报刊上发表。

建立全区政研干部轮训机制,开辟“政研讲坛”活动新阵地,计划用两年时间对全区从事文字材料的干部进行集中轮训,邀请区内外在维稳、财税、征地拆迁、公文写作等方面的部门单位“一把手”讲课,形成一种政研人群策群力共同为区域发展参政设谋的氛围,2014年举办1期。创新打造雨花“政研沙龙”活动品牌,共举办7期。9月,全市党委系统第一期政研沙龙活动在雨花区举行。“政研沙龙”活动在全市学习型城市建设示范项目中脱颖而出,被评为全市优秀学习载体;建立中南林业科技大学实习基地,着力发现和培育一批政研后备人才,架起了政府与高校的深层次合作与交流的桥梁。（杨小军）

【工作督查】 2014年,区委督查室在确保决策督查、专项查办、督查调研三项工作齐头并进的同时,联合区政府督查室一起赴天心区、芙蓉区、岳麓区和长沙县进行督查工作交流学习,出台《关于进一步加强督促检查切实抓好工作落实的意见》,进一步明确督查工作重点、要求和机制。确立督查问责约谈机制,对于区委、区政府的重要工作在督查过程中发现问题并进行通报的,视情况由分管区领导对责任单位分管副职进行约谈,区委督查室、区政府督查室全程参与约谈。牵头组织新建违章建筑拆除、安全生产、文明创建、夜市整治、重点项目、消防安全、作风建设以及“四个专项治理”等专项督查30余次,综合督查3次,重大会议人员到位情况督查10余次,编发《督查通报》30期,其中重点项目拆迁和新建违章建筑拆除情况两期通报得到区委书记邱继兴的肯定性批示。做好市办公用房清理、“六个走在前列”及市对区督查等10次督查活动的衔接协调工作。注重将督查与调研两手并抓,在《湖南督查》《长沙督查》《“六个走在前列”工作简报》中发表各类文章共7篇,提升了督查调研的决策价值。规范领导批示件的办理程序,严格落实“批必查,查必清,清必结”的工作要求,全年办理市委书记易炼红批示件20件,《问政湖南》书记信箱回复200余条,区委主要领导批示件4件,办复率100%,确保了领导批示件的按时办结。在批示件的办理过程中坚持深入一线调查,深入现场取证,客观真实地了解情况,快速上报结果。（向　斌）

【保密工作】 2014年,区委把机要保密工作列入重要议事日程,区财政投入保密业务经费48万元,区委保密委认真履行全区保密工作管理职责,1月8日,召开全区保密工作会议,听取各涉密重点单位保密工作汇报,研究讨论保密工作中的相关问题。2012年起,区财政累计安排预算近173万元建设全区党政电子政务内网工程,促进全区信息安全保密工作有效开展。区委保密局修订、完善《涉密人员管理规定》《保密工作守则》《涉密计算机保密管理规定》《涉密移动存储介质管理制度》,完善办公室考勤制度和保密制度,干部考勤、安全保密职责、工作完成情况纳入办公室考核评比机制。分季度对保密设备和文电办理情况进行核对清查,确保登记详细具体、项目齐全、分类标准、保存完好。推行追踪检查、交叉核对,采取定期与不定期抽查相结合的核查机制,及时发现、及时纠正,不断总结工作经验和管理方法。文件均在第一时间按照规定程序传阅办理,并分别及时登记入柜,文件做到专人、专柜、专室“三专”管理,进一步提升了上情下达、安全保密的能力。

区保密局开展“保密宣传月”活动,充分利用机关大院电子显示屏,连续四周滚动播放宣传标语和保密常识,发送手机短信54000条次,向全区干部职工普及保密法规。举办各类规模的保密知识培训6次,参训干部职工600人次。组织全区170余名干部职工参加市委保密委的保密知识“送教上门”活动,借助党校培训教育平台,邀请省国家保密局法规宣传处处长孙丹到浙江大学,为区改革创新政策研修班的学员讲授保密知识。牵头建设党政内网二期工程,与区电子政务办成立联合工作小组,7月29日召开全区政务内网工作调度会,着力讨论解决二期工程中单位部门的业务应用数据条块分割、横向数据调用困难、信息孤岛现象等实际问题。10月底,全区办公电脑终端隔离工程基本完工。全年组织各种形式的文电保密安全检查6次,其中联合区委办、区政府办检查重点涉密部门涉密文电安全3次;联合区电子政务办专项检查区直部门内网使用安全情况5次;9月10—11日,摸底式专项检查区治大院废旧文件清理回收情况,先后查看院内7家文印室以及区治大院印刷厂,检查结果现场反馈至承包公司负责人。6月,派出保密专干协助区招办对高考试卷保密管理、考场保密措施等主要环节全程监督和指导,实地考察考点保密安全情况,全程监督试卷押送过程,实现高考保密工作无漏洞、无失误、无差错。

(丁雨晨)

【综合信息】 2014年,区委办公室综合信息科通过召开信息员例会交流轮训、到省委办信息处跟班特训、林科大在校生实习帮训等多种方式,加强对被省市采用的优秀信息进行讨论讲评力度,积极探索规律、总结经验,提升信息业务水平。注重利用微信、微博等新媒介,论坛、博客等新载体,发现收集信息点,进一步拓宽信息来源。及时了解和掌握上级的信息需求,克服“等、靠、要”思想,主动出击,按需供“货”,通过下发需求要点、电话约稿、上门组稿等形式,实现信息服务“适销对路”,从而有效提高信息报送水平。坚持“三把尺子”(是否对领导决策有参考价值、是否领导重视和关注、是否确实需要领导重视和关注)衡量信息的价值。收集报送日常经验信息500余条,涉湘、涉长舆情信息4000余条,《当前新能源汽车产业发展壮大面临四大瓶颈》《长沙市雨花区探索推进基层党组织改革》《单向考核机制下的社区治理困境亟待引起重视》《基层建议:城市低保制度应进一步完善》《基层反映:新形势下计生工作三大难题凸显亟待破解》等10余条信息被省委办采纳,有效构建了“大信息”格局。信息上报采纳累计得分列全省区(县市)级第四,被评为2014年全省、全市党委信息工作先进单位。

发布《关于进一步加强紧急信息报送工作的通知》,建立紧急信息归口管理联席会议制度,明确信息科作为紧急信息报送“第一主渠道”地位和作用,牵头组织信访、政法、公安、国保、消防、交警等部门单位召开2次联席会,完善紧急信息归口管理;各街道建立辖区紧急信息工作联席会议制度,形成党政办牵头,综治、城管、民政、计生、社区、驻街单位共同参与的定期沟通机制,确保紧急信息及时、准确地上报。综合信息科将掌握的第一手紧急信息第一时间编辑短信发送给区委书记、区委政法委和区委办主任,为区委决策部署提供及时、准确、全面的信息服务保障。加强紧急信息收集、审核、编发力度,切实杜绝迟报、漏报、瞒报、误报现象,确保报送及时高效、符合实情。报送的省司法警察总医院患者堵门、高桥越南男子被刺死、公交车纵火、井湾子液化气罐泄漏爆炸、同升金井村民集访省委、中亿佰联投资债务纠纷等60余条信息,被省、市委办信息处采纳。

(叶　坚)

【“六个走在前列”工作】 2014年,雨花区严格按照全市“六个走在前列”大竞赛活动的总体要求,切实加强领导,精心部署安排,确保大竞赛活动有力有序有效地推进。

安排部署到位。年初第一时间召开常委会进行专题研究,并迅速召开全区“六个走在前列”大竞赛活动调度会。深入开展“月调度、季讲评”工作及“五比五赛”竞赛活动,制定《雨花区“六个走在前列”大竞赛活动2014年工作要点》,明确工作任务,细化工作责任,把“六个走在前列”大竞赛活动作为重要工作任务,突出推进项目建设,全区所有在职县级领导和各级各部门根据各自分工和联点任务,积极参与到竞赛活动中来。

责任落实到位。区委、区政府主要领导带头深入基层、企业、群众中,搞调研,抓帮扶,解难题。各级各部门及早动员、及早部署,制定详细的工作实施方案,排出具体的工作推进表。全区65名县级领导、77个部门单位的180名干部,按照“一个项目、一名领导、一套班子、一个方案”的要求,对84个纳入“三定三抓”的重点产业项目进行“一对一”上门帮扶,全力确保“六个走在前列”大竞赛活动各项工作有序开展。

督查考核到位。区委督查室、区政府督查室、区绩效考核办、区文明办等部门联合组成督查组,通过采取明查和暗访的形式,深入一线督查各项工作落实情况,发现问题,责成相关责任单位迅速整改落实到位。大竞赛活动开展后,下发督查通报30期,其中“四个专项治理”督查6期。

集中宣传到位。在中央和省、市主流媒体上发布报道200余篇,其中在《长沙晚报》刊发头版5条。编发“六个走在前列”简报9期,在雨花手机报、雨花政务网和雨花新闻网分别开辟专栏,精心制作大竞赛活动海报、宣传扇和《四个专项整治》宣传手册上万份。同时,运用城区主要街道、标志性建筑物、商业区、商业街等场所设立的电子显示屏、公益广告牌等,全方位开展多层面宣传。（向　斌）

【全面小康社会建设】 雨花区作为省会中心城区、“两型”示范核心区和高铁枢纽区,2014年紧扣全面建成小康社会的总体目标,强化总抓手和一把手工程意识,各级各部门主动作为,扎实推进,奋力攻坚,连续两年在全省一类地区获得第一名,已提前实现全面小康。2014年全面建成小康工作在全省一类县(市、区)实现程度综合排名第一,实现程度为93%。其中,经济发展实现程度为90.1%,排全省第三,9个分项指标中5项指标实现程度为100%;人民生活实现程度91.0%,排全省第一,7个分项指标中5项指标实现程度100%;社会发展实现程度均为100%,排全省第一;民主法治实现程度为92.7%,排全省第七,7个分项指标中5项指标实现程度为100%;生态文明实现程度为99.5%,排全省第三,7个分项指标中5项指标实现程度100%。全面小康带动引领,经济社会实现均衡发展、科学发展、率先发展。

扭住发展主题,奋力打造中部现代服务业中心。2014年,全区完成地区生产总值1429.74亿元(含中烟),财政总收入和地方公共财政预算收入分别达到118.66亿元、52.64亿元,两项收入总量持续位居中部省会城区前列。以“拆”腾空间。强力实施“4+X”征拆行动,扎实推进“百万大拆违”。两年累计拆除违章建筑240万平方米,实现腾地800公顷。以“转”立产业。紧扣打造“中部现代服务业中心”的战略目标,按照“一核两带四组团”的总体布局,推动和壮大现代金融、总部经济、文化创意、电子商务和信息服务等主导产业,成为全省机器人产业发展集聚区和新能源汽车生产基地,全区投资10亿元以上项目59个,50亿元以上项目6个,世界500强企业和大型央企区域性总部32家,现代服务业占GDP比重63%。以“帮”优服务。持续推进定目标、定责任、定奖惩,抓引进落地、抓建设成长、抓提质升级的“三定三抓”活动,全体县级领导、区直部门实行一个项目、一名领导、一套班子、一个方案、一抓到底的“五个一”帮扶模式,促进了一大批项目的提速建设、达产增效。

改善民本民生,居民幸福指数随GDP一起增长。在全面小康建设中,雨花区坚持把老百姓的幸福感、获得感作为着力点和落脚点,推动“民生幸福化”战略,每年以新增财力的80%以上用于保障和改善民生。先后启动保障性住房建设项目15个,建设规模达350万平方米,安置人口4万余人;累计投入20亿元,新、改扩建学校40所,解决了全市1/3以上外来人口子女入学问题。深入开展“访民情、解民忧、聚民心”活动,解决群众反映的突出问题2489个,群众满意率95%以上。狠抓就业再就业,打造“15分钟就业圈”。全区组织各类招聘会160余场,现场提供岗位4万余个,解决近万人的就业问题,真正以就业创业带动了居民收入的增长。

践行两型建设,提升雨花城乡品质。坚持推进“城市品质化”战略,着力建设生态宜居的文明之区。率先设立“两型社会”专项扶持资金,20个项目获国家节能减排财政综合示范重点项目。相继启动花桥污水处理厂二期、雨花污水处理厂一期建设,关停、搬迁“五小”企业46家,提前完成“十二五”总量减排目标。实施“三年造绿”大行动,全面提升城市环境生态容量,累计投入近5亿元,提质高铁新城周边环境,打造4条景观街、6个社区公园和5个小游园,建成全省首个立体绿化工程,率先启动长沙环城绿带建设。坚持整治护航。紧扣全市“最严厉、最精细、最到位”的城市管理要求，把人的文明放在首位，把严的管理变成常态，把高的品质充分展示，突出专项整治市容市貌、城乡环境、道路交通秩序和打击非法营运四个方面，实现城乡品质倍升。

坚持依法治区，促进社会公正和谐。让社会和民主权益得到尊重和保障，是小康社会不可或缺的一个标志。雨花区深入推进“管理法治化”战略，法治化进程加速推进，人民群众对民主法治建设的满意度大幅提升。在全市率先完成行政审批项目清理精简，行政审批项目由224项精简到65项，精简率达到71%。率全省之先，扎实开展社区减负增效，社区事项由558项核减至147项，核减率达到74%。坚持用法治思维解决各种矛盾纠纷，创新联合评查、联动办理、联手办结“三联”化解机制，探索疑难信访问题听证模式，化解了一大批信访积案。深入推进“平安雨花”建设，率全市之先组织开展防范和打击涉众型经济犯罪专项行动，大力推行“红袖章”工程、“天网工程”、流动人口“旅店式”服务管理，构建了全方位、全天候、立体型治安防控网络，连续八年获全省平安区(县)称号。（沈　敏）

·附录·

中共雨花区委2014年文件目录

▲雨发〔2014〕1号　关于同意成立中共长沙市雨花现代电子商务物流管理委员会工作委员会和中共长沙市雨花区纪律检查委员会现代电子商务物流管理委员会工作委员会的批复

▲雨发〔2014〕2号　关于表彰2013年度雨花区创业富民工作先进单位、先进个人和对创业基地、创业企业进行扶持的决定

▲雨发〔2014〕3号　关于表彰2013年度民兵预备役工作先进单位和先进个人的决定

▲雨发〔2014〕4号　关于印发《关于贯彻落实中共中央〈建立健全惩治和预防腐败体系2013—2017年工作规划〉的实施办法》的通知

▲雨发〔2014〕5号　印发《关于深入开展党的群众路线教育实践活动实施方案》的通知

▲雨发〔2014〕6号　关于印发《中共长沙市雨花区委常委会深入开展党的群众路线教育实践活动实施方案》的通知

▲雨发〔2014〕7号　关于同意成立中共长沙市雨花区湘辉人力资源服务有限公司委员会的批复

▲雨发〔2014〕8号　关于同意成立长沙市雨花区城市房屋征收和补偿管理办公室党组及纪检组的批复

▲雨发〔2014〕9号　关于同意成立中共长沙市雨花区思齐培训学校委员会的批复

▲雨发〔2014〕10号　关于印发《党风廉政建设党委(党组)主体责任、纪委(纪检组)监督责任定期报告制度》的通知

▲雨发〔2014〕11号　关于成立区委全面深化改革领导小组的通知

▲雨发〔2014〕12号　关于同意成立中共长沙市雨花区东山街道边山社区筹委会委员会的批复

▲雨发〔2014〕13号　关于同意成立中共长沙市雨花区东山街道长托社区筹委会委员会的批复

▲雨发〔2014〕14号　关于追授邓悦同志“优秀共产党员”称号的决定

▲雨发〔2014〕15号　关于同意撤销雨花区高桥街道五一社区筹委会党委的批复

▲雨发〔2014〕16号　关于印发《中共长沙市雨花区委贯彻执行〈党委(党组)贯彻执行民主集中制的基本规则(试行)〉的实施办法》的通知

▲雨发〔2014〕17号　关于改进和规范区委管理干部选拔任用工作的意见(试行)

▲雨发〔2014〕18号　关于全区议事协调机构清理调整的通知

（胡炜阳）

组织工作

【概况】 中共长沙市雨花区委组织部（简称“组织部”)内设办公室、干部科、组织科(党代表联络处)、干部信息档案室、研究室5个科室,行政编制数12个,其中领导职数3个。实有干部17人。

2014年,雨花区始终坚持“政策向基层倾斜,资源向基层聚集,经费向基层投入”,建立季度党建会议制度,确保基层党组织有人管事、有处议事、有钱办事,努力把基层组织建成坚强有力的战斗堡垒;认真推进干部人事制度改革,着力探索完善干部选任、管理和人才引进等工作机制;做好省市考核任务的分解、督促和迎检工作,坚持突出重点工程、民生实事、社会管理等区委区政府工作,重点抓好区内绩效考核工作。（刘　莎）

【党内统计】 2014年,雨花区增加党员1872名,其中发展党员237名(女党员129名,少数民族党员5名),转入组织关系1635名（其中区内整建制转入59名);党员减少918名,其中出党6名(开除党籍4名,退党除名1名,劝退1名),死亡152名,转出组织关系760名(其中区内整建制转出16名);全区党员总数22307人,其中女党员8653名;少数民族党员225名。1937年7月至1945年9月2日(抗日战争期间）入党的6人,1945年9月3日至1949年9月入党的22人，中华人民共和国成立后入党的22279人。在岗职工党员8433名,学生党员25名,离退休党员7445名,其他党员6404名。研究生学历571名,大学本科学历6178名,大专学历5034名,中专、高中、中技学历5878名,初中及以下4646名。35岁及以下党员5903名,36至45岁4108名,46至60岁5018名,61岁至70岁4401名,71岁及以上2877名。

全区基层党组织1272个,其中党委41个,派出工委16个,党总支102个,党支部1129个。基层党委中,机关党委5个,事业单位党委6个,企业党委9个(其中非公有制企业党委8个),其他类型党委21个(城市社区、社区筹委会党委)。派出工委中,市委派出工委1个,区委派出工委15个。党总支中,机关党总支11个,事业单位党总支3个,非公企业党总支10个,其他类型党总支78个。党支部中,机关党支部97个,事业单位党支部105个,企业党支部563个(其中非公企业党支部559个),其他类型党支部364个。全区社区(含筹委会)141个,建立党委20个、党总支76个、党支部41个。（刘　莎）

【组织建设】 2014年,雨花区推行季度党建会议制度,突出管党责任落实。区委书记邱继兴主动担起管党治党第一责任,先后召开区委常委会11次、区委全会1次、专题座谈会8次，研究解决落实管党责任、激活干部状态、建设服务型党组织等党建工作中的重点难点问题。每季召开一次全区基层党建工作专题会议,通报前段党建工作开展情况,部署安排下步党建工作;采取实地观摩、经验交流、理论学研等方式，围绕一个党建热点难点问题进行研讨。基层党建工作纳入绩效考核范畴;年初组织53名区直部门党组书记和25名区属党工委书记签订党建工作目标责任书;5月8日,组织区直部门党组织“一把手”开展述管党责任、述群众路线、述廉政建设的“三述”活动;年底组织对街道、区直部门党组织“一把手”开展党建情况述职、测评和考核。全面开展社区职能职责清理,通过实地走访调研、多方听取意见、反复沟通对接、逐条研究论证等方式,将社区事项由558项核减至149项,核减率73.3%,解决了社区转嫁事务多、机构挂牌多、考核评价多、社区盖章多、台账报表多等突出问题。制定《雨花区社区建设标准体系》,构筑“功能优化、服务优质、形象优良、环境优美”的社区标准化建设模式。全区社区服务用房平均面积605平方米,全面完成社区“五室一站一厅一市一吧一中心”的办公服务设施配套。社区工作经费列入财政预算,通过“财政支持、联点扶持、费随事转、社区自筹”等途径,建立多元经费保障机制。建立社区工作经费正常增长机制，每个社区工作经费均超过60万元。先后安排700万余元惠民项目资金,为群众兴办实事。建立“非公企业党组织建设奖励专项资金”“雨花区党员慰问帮扶专项资金”，区级财政和区管党费固定年投入50万元，实现经费投入常态化。按照“知识化、年轻化、专业化”要求，建立社区工作者后备人才库，加大社区工作者队伍培训力度，推行社区工作者执证上岗制度，318名社区工作者考取社工资格证，提升社区工作者队伍整体素质。全面落实社区工作人员养老、医疗等各项待遇，完善《关于规范社区专职工作人员工资福利待遇和社区工作经费的意见》，实行“基础工资＋职称工资＋年终奖金”的工资结构，安排184万元用于离任村干部养老生活补助，有效调动了社区工作者积极性。将社区党支部升格为党总支或党委，规模较大的小区成立党支部，党小组建到楼栋，构建“街道工委—社区党委—小区党支部—楼栋党小组”四级网格党建体系，探索推行小区党建和楼栋党建模式，涌现出左家塘街道长钢社区佳润新都小区党建模式和砂子塘街道金地社区“邻里守望爱心角”“社情民意角”“健康约会吧”3个楼栋党建特色平台。普遍摸排全区基层党组织，确定软弱涣散的社区（筹委会）党组织6个、非公经济党组织和社会组织党组织26个，采取联点帮扶、专项整治、培训党组织负责人等方式，并结合选举换届，大力进行整顿改造。组织66个区直机关党组织与141个社区（筹委会）建立结对共建协议，结合文明创建、群众工作日等时机开展活动，实现班子联建、党员联培、实事联办、发展联促、阵地联享，共同提高。率全省之先探索实施社区（筹委会）“绩廉考评”，将绩效考核从机关延伸至基层，制定出台《长沙市雨花区社区（筹委会）资金资产资源管理办法》等制度，构建一委一办一中心（公共资源交易监督管理委员会、管理办公室和公共资源交易中心）的监管体系，将“三资”监管工作纳入全区公共资源管理“一张网”，强化对财务收支、三资交易、合同收入、财务数据处理的同步监管。将社区经费开支审批权统一上交到街道，并在每个社区组建监督委员会，邀请群众监督。推行民主议政，完善居务公开、审议质询、民主评议党支部书记等制度，开展“双述双评”考核工作，进行公开述职述廉和民主测评，加大对社区（筹委会）党组织的监督管理。以干部状态测评为突破口，打出激发干部活力“组合拳”，切实建强班子队伍。面向440名不同层级、领域的干部进行问卷调查、走访调研，建设一支“有激情、能干事、敢担当、守规矩”的干部队伍。利用社区筹委会选举之机，选拔一大批守信念、讲奉献、有本领、重品行的社区筹委会带头人。4月，分3期对899名基层党组织书记进行专题培训；7月，采取“3+3”模式（3天集中学习、3天实地考察），组织新当选的社区筹委会党组织书记进行培训，并到杭州、江苏等地学习先进村经验。开设社区书记、主任培训班，连续四年与清华大学、湖南大学、中国社区建设中心等高校或专业培训基地联合举办多期雨花社区干部高级研修班和精英班。出台《关于进一步加强发展党员和党员教育管理服务工作的指导意见》，探索建立双向培养和发展党员新机制，推行党员发展“两票制”和服务积分制，严把“入口关”。广泛开展送千场党课“进机关、进社区、进学校、进企业”的“四进”活动。推行以“梯级分层、考评量化、畅通出口”为主要内容的党员梯级管理制度，扎实开展不合格党员处置工作，11名民主测评差的党员被要求限期整改。依托“1+5”党员信息管理系统和组织树结构，指导街道建立辖区党员电子台账。推行网格化管理、组团式服务，将60余名县级领导、1000余名区直机关干部、716名“两代表一委员”、134位驻点律师、864支志愿服务队伍、14060名志愿者，全部整合进全区783个服务网格，深入开展“进网格、亮身份、作承诺、办实事”活动。聘任102名街道“大工委”兼职委员和575名社区党组织“兼职委员”，构建“大事共管、要事共决、难事共解、实事共办、资源共享”的区域大党建工作格局，形成侯家塘街道“四定四联”模式、东塘“乐享空间”等一系列特色品牌。开展在职党员进社区活动，全区接收在职党员、非公党员、中央省属部门党员、离退休党员和流动党员等各类报到党员15701人。以社区为阵地，建成群众工作站、群众维权站、“两代表一委员”工作室、志愿服务站、同心工作站等“多位一体”服务群众平台，全面提升基层党组织服务水平。左家塘街道窑岭社区启动长沙市首家关爱外来务工人员子女的“蒲公英成长教育基地”服务项目。砂子塘街道建成37个党员连心灯,26个党员关怀室，打造15分钟“党员服务圈”。洞井街道丰园社区探索建立社区、社会组织、社工“三社”联动服务模式,综合利用多方资源打造1000余平方米,集残障人士康复、培训、弱势群体就业“三位一体”的公益就业援助中心,解决辖区120余人就业问题。率全省之先建立“智慧社区APP”,集成物业服务、便民服务、社会事务和公益活动四大主题功能,搭建民意双向沟通、便捷服务群众平台。率全市之先开展“热点问题你热辣问,我诚恳答——雨花大问政”活动,15位重要民生部门“一把手”集中公示办公地址、热线电话、工作照片和便民举措,与群众面对面对话。针对商贸市场流动党员较多的实际,建立“高桥大市场党员服务中心”,搭建组织服务党员、党员回馈社会、党员相互交流的平台。黎托街道推行“驻村夜访”制度,全体党政领导、大办主任、社区书记、主任利用晚上时间进村入户走访群众,与群众促膝交谈,帮助群众化解矛盾纠纷,解决生活难题。东塘街道实施“百事通”工程,打造干群联系平台,提升了群众满意度。（刘　莎）

【非公经济党建】 2014年,雨花全区非公经济党组织新建34家,撤销62家,年末实有653家。在全区开展“组织找党员、党员找组织”“亮党员身份、树党员形象”活动,3369名非公企业党员和1407名流动党员主动亮明身份,参加组织生活。开展非公企业入党积极分子培训、教育实践活动专题培训、经济知识培训等大中型培训35场，培训非公经济组织党员1100余人次。对教育实践活动查找出的26家阵地建设差、活动开展少、作用发挥弱的软弱涣散非公经济党组织进行整顿。以华翼府楼宇党委为处置不合格党员试点单位,通过谈心谈话、提供培训、结对帮扶等措施,将民主评议为“一般”的党员基本转化到位，并将华翼府党委的做法和经验推广到其他非公经济党组织。以党的群众路线教育实践活动为抓手,派5个督导组、4个巡回指导组和153名指导员严格督促指导非公企业党组织规范组织生活，确保党小组会和支委会一月一召开、党员大会和党课学习一季度一开展。区委邀请市委党校讲师团开展“送百堂党课下基层”活动,将党课送进车间、工地和企业。加大对非公企业党组织的经费、培训和政治保障力度,增强非公党建动力。对规模以下企业党员按照人均100元的标准拨付补助经费25万余元。奖励“好”“良好”等级非公党组织35个,表彰先进非公党建指导员8名,区、街核拨经费60万余元,建立财政资金定期奖励、重点帮扶的长效机制。组织150余名非公党建指导员和专干参加厦门大学、深圳大学、浙江大学研修班,选派30余名优秀非公企业负责人赴北京大学、市委党校等地学习。向省、市推荐一批先进基层党组织、先进非公企业党务工作者和先进党员,评选表彰一批“星级非公党组织”和优秀非公经济党建指导员，在每季度一期的雨花区非公党建报和非公党建信息平台上刊登宣传非公党建先进典型事迹,使非公党建队伍成为一支政治过硬的有生力量。开展“八个一”“双进四联”“星级非公党组织”评选等活动,进一步激发各非公党组织争创一流、潮立涌头的意识,增强了党组织的凝聚力、战斗力和创造力,呈现出党建与企业发展齐头并进的局面。（刘　莎）

【干部工作】 2014年，雨花区重新编制职务序列表,加强班子研判,建立党政领导班子配备的结构模块,从班子队伍的年龄结构、经历结构、知识结构、专长结构和专业知识结构等方面进行统筹规划。制定《雨花区科级领导干部工作状态测评实施办法〈试行〉》，对全区所有的科级干部开展两次四轮状态测评,由单一的上级领导考评,转变为领导、同级、同事以及所在单位服务对象(群众)代表四级打分测评。8月底，区委组织对140名正科实职领导干部进行工作状态测评,9月,区委办以红头文件形式,对21名状态为“优”的干部通报表扬,给予一定经济奖励。11名工作状态测评排名靠后的干部进行提醒谈话,对排名最后的3名干部进行诫勉谈话,创新做法被省、市多家媒体报道推广。制定《雨花区科级干部交流工作实施办法》,对任职交流、计划性交流、回避性交流、结构性交流、培养性交流、惩罚性交流等六大类必须交流情况作出规定,对68名干部工作岗位进行交流调整,把干部放到街道、重点工程、信访一线、招商一线或艰苦复杂地方等急难险重岗位上“墩墩苗”,加强实践锻炼和培养。加强年轻干部选拔力度,公选科级干部2名,安排6名科级后备干部到两河拆迁指挥部压岗锻炼。加大干部培训力度,派出11批次800余人赴清华大学、北京大学、浙江大学等高校进行高端培训。举办5期“改革能力提升”党员干部沙龙,确定“在雨花 实现人生出彩”“改革能力培养”“学习身边典型 践行群众路线”等主题,吸引近1000名党员干部参与交流讨论。首创开放式报名、线上线下双互动等互动模式,影响不断扩大。其中“学习身边典型,践行群众路线”学习邓悦先进事迹沙龙,有力推动全区人民学典型、当先进的浓厚氛围,得到市群教办高度评价,被省市多家媒体报道。加大人才关心,鼓励人才报考区内事业编制,为人才开辟新上升途径,2012年引进的专业人才黄辉被区委聘为工务局总造价师,在聘期内享受班子成员待遇,激发全区干部人才的工作激情。制定《雨花区科级干部集中报告个人有关事项工作制度》,在全市率先全面实行科级干部个人有关事项报告制度,规定副科级以上干部每年报告个人有关事项,包括个人基本情况、重要社会关系、配偶及子女涉外事项、从业情况以及个人收入、房产、投资等15项主要内容,全区在职副科级以上干部按要求进行填报。干部兼职情况清理到位。加大“有错无为”问责力度,对工作失职、落实不力的5名科级干部进行问责处理。开展“三超两乱”专项治理,出台《关于对雨花区干部人事和机构编制领域突出问题专项治理工作协调领导小组成员调整的通知》,对“三超两乱”问题专项整治工作整改阶段的六个问题明确牵头单位。建立联席会议制度,制定整改消化倒排表,逐步推进整改。

（刘　莎）

【绩效考核】 2014年,雨花区区直部门单位按“党群政务、经济发展、社会管理、司法执法监督”分类,街道坚持“内外有别,差异考核”,按内街、外街分开制定工作目标考核体系,实行分类差异考核;更加注重改善民生、社会进步、生态效益等指标的设置,街道考核增加消防安全、“两河”流域、“绿心”保护等指标,增加社会保障、环境保护等指标的权重;删除不合时宜的指标,删减街道工作新增企业户数、小额担保贷款等32个指标,对部门和街道的自身建设指标进行大幅度删减,考核项目进行合并删减,考核说明进行整体“瘦身”。绩效办加强对考核的统筹整合,明确规定各部门单位未经区委、区政府主要领导和区绩效考核工作领导小组同意,不得擅自组织开展全区性的绩效考核。规范“一票否决”工作,对中央、省、市有明文规定的工作实行“一票否决”,防止“一票否决”泛化。已纳入绩效考核体系的考核指标,必须按照“一办法四细则”的要求,设置指标性质、考核分值、考核办法、考核对象、考核责任单位,严禁将是否开会发文、设置机构、上报信息纳入考核内容,不得随意更改和增设考核指标。年底集中考核时采取“考绩、考人、考廉”三合一,提倡节俭迎检,不允许摆放水果鲜花,不过度包装资料文书,切实解决多头考核、重复考核、繁琐考核等问题,减轻基层负担,提高考核效率。充分发挥区绩效办服务指导、沟通协调、综合反馈的职能,加强与市绩效办的纵向对接,及时掌握第一手资料,争取工作的主动权。加强与区直各部门单位、街道的横向联系,按照“即时掌握,动态分析,科学预警”的原则,及时研究分析指标情况,通过《绩效专报》对指标存在问题进行预警通报。全年召开考核指标培训会3次,指标调度会4次,多次走访重点指标责任单位跟进、了解指标运行状况。统筹建立省、市、区民调信息平台,定期调度社会公认评估,有效掌控信息并积极应对。引进第三方民调机构组织实施区内社会公认评估,定期研究和分析民调反映问题。充分运用“两办”和督查室督查工作结果,定期将督查中发现的问题反馈给被考核单位,并作为年终工作目标考核评价的重要依据;切实加强对被考核单位重点工作目标的跟踪调度,及时通报日常考核情况,形成倒逼压力;不定期约谈单位主要负责人,提出工作目标预警,以常态化、高标准的日常考核来“上紧发条”。所有指标拉开差距计分。对街道考核的百分制考核指标(C类)均采取排名分档计分,4个内街分三档进行计分,8个外街分四档进行计分,每个档次差距0.1分。其他指标一律不准打平均分，必须参照C类指标扣分有等次差别,分数区间至少在0.1分以上。避免考核计分单位“被协调”、打平均分。坚持考绩、考人、考廉、考德四考合一,严格落实组长负责制,各考核组组长既对考核过程负责,也对考核结果负责。运用绩效考核电子管理体系功能,科学量化领导干部班子成员履行岗位职责,整合工作目标、自身建设、中心工作以及兼职情况，改主观评价划等为量化计分划等,建立履职情况档案，有效避免管理和考核的盲区,提升了考核的客观公正性。（刘　莎）

【组工干部队伍建设】 2014年,雨花区始终把强化党性、转变作风放在突出位置,着力建设“模范部门、过硬队伍”。区委组织部深入开展党性集中教育,提出“从严带队伍组工系统要带头,从严管理组工干部要带头,从严律己班子成员要带头”。通过支部民主生活会、撰写党性分析、好干部标准讨论、专题轮训、党性体验日、为党员过政治生日、走访学习中华人民共和国成立前老党员等形式，引导机关党员干部讲党性、讲信念、讲传统,比工作、比学习、比奉献。全面落实作风建设和党风廉政建设责任制，严格执行制度管部、制度管人、制度管事。年初,制定《关于改进机关作风加强自身建设“五个坚持,五个反对”的意见》和《“五好科室”评比方案》。进一步完善财务管理、内务管理、公车管理、公务接待等工作制度,落实清理办公用房,聘请21名组工形象监督员,组织“开门评部”,主动接受监督。坚持推行干部读书活动,开展赠送图书,读书交流,建言献策。推动学习研究与推动工作有机结合,年初安排每个科室承担2—3个调研课题,建立学习研究长效机制。在《中国组织人事报》《湘组研究》《湘组信息》《长沙组工信息》和《长沙组工通讯》等发表组工信息和调研文章近60篇,《雨花区创新基层党组织设置形式的实践与探索》被省委办公厅信息处《综合与摘报》推介,顺利完成干部工作状态和不合格党员处置两大课题调研任务,调研信息工作居全市前列。开展“社区认亲、联点帮扶”活动,班子成员联系10户、其他干部联系1—2户困难群众,定期走访、节日慰问、解决困难。组织部联点梨子山社区，走访群众500余户，慰问困难群众、志愿者150余户次、物资3万余元,帮助居民解决天沟漏水、燃气入户等问题。深入拆迁安置小区进行民情走访，较好地处理了黎托合丰社区筹委会庄建清等信访案。大力加强组工干部核心价值观教育,引导党员干部弘扬政治坚定、公道正派、求实创新、清正廉洁的组工文化。开展内部交心谈话,班子成员定期和中层干部、一般干部交流谈心，关心干部思想、学习、工作、生活和身心健康。丰富机关文化生活,组织干部职工进行体育锻炼、畅游橘子洲、接力岳麓山等活动。（刘　莎）

【邓悦先进事迹座谈会】 2014年10月31日,邓悦同志先进事迹座谈会在区治一号楼A401会议室召开,邓悦的亲人、朋友、同事以及曾经共事的老领导、工作中的服务对象参加座谈会。区委教育实践活动办副主任、区委组织部副部长肖向东主持会议。与会人员深情讲述邓悦工作和生活中的点点滴滴和感人事迹。通过一系列细节故事的重新回顾,邓悦的优秀事迹和精神品格深深打动在场的每一位与会人员,每一个故事都有血有肉,充满正能量。（刘　莎）

【首次评定星级非公党组织】 2014年10月，区委组织部派出6个小组，通过查看现场、查阅台账资料、听取情况汇报等方式对申报星级的非公党组织进行评定，评选出湖南晓光汽车模具有限公司党总支等20家非公党组织为雨花区2014年度“四星级非公党组织”，长沙正圆医院党支部等34家非公党组织为雨花区2014年度“三星级非公党组织”。这是雨花区首次开展非公经济组织和社会组织党组织“星级”评定工作。（刘　莎）

【党建工作会议】 2014年11月19日,雨花区召开党建工作会议。区委书记邱继兴,区委副书记汪娟,区委常委、组织部部长、统战部部长冯聪龙,区人大办、区政府办、区政协办主任;区委常委所在部门分管副职,区法院、区检察院、雨花经开区、区委党校、雨花公安分局分管副职，火车南站地区综管办党组书记;区直部门党组(工委、党委)主要负责人,群团组织负责人;各街道党工委书记、党群副书记或组织委员;社区(筹委会)党组织书记;非公党组织书记代表等200余人参加会议。会议由汪娟主持。(刘　莎)

【党建工作座谈会】 2014年12月5日,雨花区党建工作座谈会召开。会议由区委常委、组织部部长、统战部部长冯聪龙主持。区委书记邱继兴,区委副书记汪娟,区委常委、区委办主任黄文先出席会议,街道党工委书记代表、区直部门党组书记代表、社区(筹委会)党组织书记代表应邀参加会议。与会人员结合个人感悟和工作实际,围绕落实管党责任制、加强基层服务型党组织建设、强化基层党建保障等主题谈困惑、悟感受、理思路、提建议。区委主要领导和与会人员进行充分的沟通交流,认真听取与会人员抓党建的感悟和思考,以及对雨花党建工作的意见和建议。(刘　莎)

宣传工作

【概况】 中共长沙市雨花区委宣传部(简称"宣传部")下辖雨花区未成年人思想道德建设工作办公室、新闻中心、文化产业发展办公室3个二级事业单位,实行公务员管理制度,实有人数24人;其中在职人员13人(副处级1人、正科职4人、副科职2人、副科级2人、其他人员4人),退休人员5人,青年科技人才1人,合同聘用人员5人,文明办抽调人员10人。内设办公室、雨花手机报、红网雨花分站、文明办、群众文化及公共文化办5个职能科室。共有编制17名,其中行政编制9名。部党支部,党员18人,其中在职党员14人。办公地点设在雨花区人民政府机关大院1号楼B座4楼。

2014年,宣传部开展群众路线教育实践活动,收集群众对支部工作的意见和建议46条,所有问题均整改到位。加强服务型党组织建设,实施"市民素质提升"专项行动,组织创办雨花官方微信"飞梦雨花",开设"道德讲堂""新市民大学堂""雨花尚善堂"等市民教育阵地,提高文明创建水平,丰富群众文化活动。走访联点的黎托街道合丰社区群众200余户,解决群众实际困难40余起,在职党员进社区报到服务群众50余次。严格党内组织生活,落实"三会一课"、民主评议、集中学习制度,开展集中学习30余次,加强对党员的教育,促进党员的发展。开展"邻里守望,爱国奉献""岗位学雷锋""五助"等活动,改进离退休干部党员的管理和服务。落实党务公开要求,自觉向党员、群众公开党务;认真履行党风廉政建设责任,制定下发《雨花区委宣传部2014年党风廉政建设责任分解》,明确责任,形成各负其责、齐抓共管的良好局面;组织开展公车清理清退、办公用房清理清退等专项整治。雨花区获全省首次开评的"省未成年人思想道德建设工作先进城区"称号。新市民素质提升工程作为全市唯一代表,获评全省优秀学习活动,工作经验在全省予以推介。"舆情处置快速通道建设"项目获长沙市"宣传工作优秀成果"奖。中共长沙市委办公厅授予雨花区"2013年度全国城市文明程度指数测评及全国未成年人思想道德建设工作优秀集体",授予雨花区创建办"2013年度全国城市文明程度指数测评及全国未成年人思想道德建设工作优秀单位",授予何托林、谢国文"2013年度全国城市文明程度指数测评及全国未成年人思想道德建设工作优秀个人"称号。区委宣传部被评为长沙市"四比四看四争推动六个走在前列"竞赛活动先进单位,获长沙市第十一届精神文明建设"五个一工程"组织工作奖,2014"欢乐潇湘——长沙篇·舞动星城　歌涌湘江"大型群众文化活动组织工作奖。罗玲获评"湖南省全民国防教育工作先进个人"。(柳美丽)

【理论教育】 2014年,雨花区结合群众路线教育实践活动以及区经济发展的趋势,开展区委中心组(扩大)理论学习5次,参学人员5000余人次。特邀商务部国际贸易经济合作研究院消费经济研究部副主任赵萍讲授《雨花区如何发展现代服务业》,省委党校副校长徐晨光讲授《始终保持党同人民群众的血肉联系》,省委党校党史教研部主任、湖南省政治学研究会常务理事霍修勇讲授《以整风精神开展群众路线教育实践活动》,以及新《安全生产法》专题辅导报告、解读《中共中央关于全面推进依法治国若干重大问题的决定》等课程。以“新市民大学堂”为载体,以微学习为主要方式,开展“牵手友善·微笑生活”新市民培育和践行社会主义核心价值观暨“品质雨花”市民素质提升行动主题等系列学习活动,涌现东塘街道社会主义核心价值观宣教基地等一系列微学习阵地。推选区征地办冯斌、商务局副局长宁丽参加全市“微理论 微宣讲”比赛,均获二等奖,两人同时入选全市基层理论宣讲团。参与长沙市“四创四评”活动,14 家单位、个人获评全市学习型组织示范单位、全市优秀学习载体、全市学习之星和全市学以创业先锋等荣誉。强化理论调研。中宣部《党建》杂志第 9 期登经验文章《践行核心价值观 ,凝聚传播正能量》,推介雨花区培育和践行社会主义核心价值观的经验做法。湖南省哲学社会科学基金重点委托项目《推进被征地农民市民素质建设研究》经审核结项,鉴定等级良好。围绕区情区策开展调研,成立推进被征地农民市民化课题组,调研成果《推进被征地农民素质市民化的思考》在 12 月 5 日的《光明日报》刊登。其他调研文章在《长沙宣传》发表 8 篇,在《湖南宣传动态》发表 2 篇。（柳美丽）

【舆论引导】 2014 年,雨花区围绕打造“中国中部现代服务业中心”等中心工作,精心打造系列重头报道:《光明日报》重磅推出《失独家庭的“温心家园”》;新华每日电讯大篇幅报道《“最有爱粉店”最多感人事》;人民网强势推介《区委副书记、区长邱继兴带头讲党课》;CCTV-12 专题报道雨花区孟繁英《关爱孩子,守护明天》优秀事迹;CCTV-1 和 CCTV-13 连续跟踪《雨花树木岭社区关爱空巢老人》;省、市媒体多次报道雨花区打造中部现代服务业中心、加快建成全面小康社会、“左家右邻同心银行”等活动。全年在各类主流媒体上发稿 7500 余篇(条)。培养、宣传、推介全国十佳最美孝心少年游柘楠、全国十佳最美志愿者孟繁英和全国法治人物王均全 3 个全国典型人物。

主题宣传群众路线教育活动。在《湖南日报》《长沙晚报》分别刊发区委书记邱继兴的群众路线理论文章《基层领导干部要努力提高三种素质》与《坚持群众路线 做好调查研究》,区委副书记汪娟的理论文章《让“狮子型”干部“舞”动基层》。紧扣活动进程,重点推出“扮靓长沙南”“书记的脚步”“身边的典型”等特色主题宣传。及时向市新闻宣传组报送群众路线重要新闻线索 100 余次,在市教育实践活动专题网推稿 60 余篇,区群众路线专题网第三轮改版升级。

创办《舆情周刊》,帮助领导干部读网。及时化解“五一社区建设变电站”“中医附一医患纠纷”“区政府二办未挂牌影响群众办事”等突发事件,全年舆情掌控零事故,树立起雨花舆情处置新典范。共发现、处置各类涉区负面网络舆情 100 条,编制《舆情专报》24 期。

健全《雨花“两网一报”信息报送、审核与发布流程》等规章制度,进一步完善新媒体内容建设与维护机制。全年编辑并推送雨花手机报 241 期,雨花政务网共采编信息 5000 余条,是 9 个区县中唯一一个由宣传部审核发布且信息量最大的政务网站。雨花历史上第一家自媒体——雨花官方微信“飞梦雨花”11 月 18 日正式创办上线,开设“今日雨花”“高铁人生”“涨姿势”“随手拍长沙”等特色趣味栏目,开通天气、快递、百科等互动飞梦社区、政民互动建议等便民服务,共推送 43 期内容,形成了网上、掌上、微博、微信、视频等“五个雨花”。（柳美丽）

【文明创建】（参见《精神文明建设》）

【文化建设】 2014 年,雨花区加强文化建设。做好文化产业普查工作,第一次全面系统摸清家底。全区文化企业 1834 家,其中规模以上文化企业 126 家。通过对企业所处街道、行业、产业规模、产值等数据处理,分街道、分行业建立详细的企业台账,建立骨干企业档案,分类管理与服务企业。走访全区各知名文化企业,近距离了解企业生存与发展中的实际困难,积极协调各方面力量,推动企业发展,运用宣传部门自身优势,加大宣传力度,为企业做好服务。

建立文化产业项目库。通过和商务部门、发改部门共同研究，确定8个区级文化产业项目，其中中港珠宝城、工业文化旅游、城南路珠宝一条街等4个项目被列入全市重大文化产业项目。引进奥地利知名冰场品牌AST投资公司、快乐老人产业经营有限公司、“湖南民营文化传媒美国第一股”——北纬国际传媒等知名文化企业20余家。对德思勤城市广场、天翼未来城、华悦府、板塘综合楼等地理位置佳、配套设施好的专业楼宇进行甄别、筛选，最后选定汇艺文创中心作为雨花区首个文化产业示范基地。12月18日，“雨花区文化产业示范基地”授牌暨区2014重大文化产业项目签约仪式在汇艺文创中心举行，奥地利AST公司、湖南演艺集团、四川搜啦购等16家知名文化企业现场集体签约入驻。该基地已有8家龙头文化企业签约入驻，使用物业面积1.7万余平方米，占项目写字楼总面积的71%。雨花区文化产业示范基地初具雏形。制定文化产业工作考核办法，积极推进组建全区文化产业协会，为文化企业积极交流、共同发展提供平台。出台一系列文化企业扶植奖励办法。广泛动员社会力量参与文化建设，壮大人才队伍。组织评选首届“文化领军人物”，激发全区文化人才参与文化建设的积极性和创造性。积极发挥专业人才作用，组织省、市文化专家、专业团队深入社区进行演出培训50余次。邀请专家艺术家对全区群众文艺团队进行专业指导。组织召开全区群众文艺团队创作研讨会，针对群众文艺团队的专业特点开展为期三个月的“私人定制”团队培训。探索建立“以需定供”文化配送服务模式，实现政府供给和群众需求的紧密对接，最大限度地满足群众文化需求。建立文艺团队数据库，定期收集群众文艺团队信息。健全三级公共文化设施网络，馆、站、室免费开放常态化、优质化。新建砂子塘示范性街道综合文化站，提质井湾子示范性街道综合文化站，建设12个示范性社区文化活动中心。举办雨花区第13届群众文化节，开展“中国梦”文艺作品征集活动，策划“校园文化进社区”“欢乐大潇湘 美丽新雨花”群众文化活动。组织专家和文艺团队座谈会，打造“欢乐潇湘”参赛精品。邀请知名文艺家参与节目创作、编排和演出。举办“校园文化进社区”活动20余场，内容涵盖文艺汇演、国学知识讲座、美术展览三大类10余种形式，惠及群众数万人。（柳美丽）

精神文明建设

【环境综合治理】 2014年，雨花区全面铺开创建网格化工作，明确责任主体、工作职责、考核办法，确保小事不出网格，大事不出社区。将交通秩序、公共安全、窗口服务、民生权益、市容环境“五治”作为夯实创建基础工作的重点，开展专项整治。制定《2014年雨花区强力推动“清洁城市、品质雨花”市民素质提升专项行动实施方案》，推动“清洁城市、品质雨花”建设，落实“洁净”“清霾”“碧水”“静音”四大环保行动。区委、区政府制定下发《关于深化城市环境综合整治建设更高水准文明城市工作的实施方案》，明确三年投入不低于10亿元、全面完成47个老旧社区和78条背街小巷整治工作，全年投入经费不少于4亿元，推动环境综合治理，强力实施“三进”工作。开展最美企业、最美学校、最美小区、最美商店、最美楼宇、最美街道、最美公园、最美家庭“八个最美”创建活动，齐抓共管、综合治理，努力提升城市品位和文明形象，抓常态创建，以常态迎检。创建经验《湖南长沙市雨花区：推动核心价值观入脑入心入行动》在《党建》2014年第9期刊发，《践行核心价值观 凝聚传播正能量》发表于中宣部《信息专报》第110期、省委宣传部《湖南宣传动态》第9期。《长沙市雨花区落实“四大举措”提升创建水平》《弘扬传统文化 建设精神文明强区》《加强网络文明建设 释放社会正能量——雨花区深入开展“加强网络文明建设”活动》《夯实基础促发展 注重实效求创新——长沙市雨花区未成年人思想道德建设工作概述》在《湖南精神文明建设》刊发。（柳美丽）

【市民教育】 2014年，雨花区率全市之先打造300余平方米的东塘街道政院社区“培育和践行社会主义核心价值观教育基地”，开设“新市民大学堂”“雨花尚善堂”，开展“道德讲堂”市民教育，以区—涉农街道—涉农社区(筹委会)为主体,构建新市民学习三级体系,夯实市民教育品牌基础。承办长沙市道德讲堂总堂“道德修身”活动。出台《2014年雨花区诚信建设活动实施方案》,建立“红黑榜”制度,定期进行发布。志愿服务制度化、常态化、标准化,注册志愿者8万余人。孟繁英获授湖南唯一“全国十佳最美志愿者”,孟繁英、文德元获评“2014年度CCTV中国(湖南)法治人物”湖南十佳;傅强被评为全国首批优秀五星级志愿者;傅学俭登名3月份“中国好人榜”敬业奉献好人。11人当选“长沙好人·我身边的雷锋”。起草《社区志愿服务管理规范》湖南省地方标准,属全国首款。廖家湾社区创建为“全国岗位学雷锋示范点”。2014年全国社区志愿服务制度化工作座谈会上,廖家湾社区主任刘映先作为湖南省唯一社区代表做经验发言。 (柳美丽)

【未成年人思想道德建设】 2014年,雨花区构建学校、家庭、社区“三位一体”教育网络,全力推进区未成年人心理健康辅导中心、“心灵家园”品牌建设,着力净化未成年人成长的社会文化环境,《长征组歌》少年版大型音乐会成功演出。《夯实基础促发展 注重实效求创新——长沙市雨花区未成年人思想道德建设工作概述》一文在《湖南精神文明建设》刊发。孟妈妈青护园“亲情呵护 化茧成蝶”项目获首届“中国青年志愿服务项目银奖”;东方红小学游柘楠被评为2014中国“十佳最美孝心少年”,南雅中学欧阳龙棂获评“全国百名美德少年”;李金灿、刘洪波获长沙市第二届十大孝星提名,游柘楠获得特别贡献奖。 (柳美丽)

纪检监察

【概况】 中共长沙市雨花区纪律检查委员会(简称“区纪委”)与长沙市雨花区监察局合署办公(合称区纪检监察机关),是履行党的纪律检查和政府行政监察两项职能的工作机构。内设办公室(调研法规室)、党风廉政建设室(区委党风廉政建设责任制办公室、宣教室)、信访室(举报中心)、纪检监察室、案件审理室、执法监察室(财务监察室)、行政效能监察室(纠正行业不正之风室)、干部室(监督检查室)。编制数23名,其中行政编21名,工勤编2名;领导职数9人;在职在岗人数21人。2014年,雨花区纪委、监察局认真贯彻落实市第十二届纪委第二次全会精神,围绕中心,服务大局,聚焦主业,深化创新,坚决维护党纪国法权威,持续纠正“四风”(形式主义、官僚主义、享乐主义和奢靡之风),有力惩治腐败,大力推动“三转”(转职能、转方式、转作风),精心打造纪检铁军,全区党风廉政建设和反腐败工作取得新进展新成效。 (陈 芳)

【党风廉政建设】 2014年,雨花区全面落实党风廉政建设责任制,推动党委主体责任和纪委监督责任的落实。结合雨花区实际,制定《2014年区委区政府领导班子成员党风廉政建设职责》《2014年街道和区直单位党委(党组)领导班子党风廉政建设责任目标》,细化和明晰责任的具体内容、目标要求和主要措施,形成主体责任清单。做好区委、区政府领导班子成员党风廉政建设工作的责任分解,并以责任书形式进行签字背书,确保权力管到哪里,党风廉政建设的职责就延伸到哪里。7月10日,召开雨花区落实党风廉政建设责任制主体责任大会。雨花区委常委、纪委书记王清政就党风廉政建设党委(党组)主体责任和纪委(纪检组)监督责任进行辅导。全区各部门单位党委(党组)进行落实党风廉政建设责任制主体责任情况书面报告,并通过电脑现场随机抽取区民政局、圭塘街道等5个部门单位主要负责人就落实党风廉政建设责任制主体责任进行口头报告。区直部门单位主要负责人向区委书记、区长邱继兴递交落实党风廉政建设责任制主体责任承诺书。通过开展调研、组织座谈,约谈区直部门单位、街道党政主要负责人及其成员,就落实党委“主体责任”提要求、压担子,层层明确责任;开展区直部门单位、街道落实党风廉政建设主体责任专题报告工作,层层传导压力;建立党委主体责任、纪委监督责任定期报告制度,细化操作程序,一级抓一级,层层抓好落实。落实党内监督,建立健全任前廉政谈话、纪委负责人同下级党政主要负责人和纪委负责人谈话、信访监督谈话和诫勉谈话制度，约谈5名单位主要负责人，督促其严格履职，依法行使权力。

（周洪灵）

【行政效能建设】 2014年，雨花区进一步增强党政领导干部执政为民的服务意识，提高党政领导干部勤政廉政的责任观念，提升党政领导干部依法使用权力的法治理念。共受理效能投诉15件，所有投诉件办结率100%，投诉人满意率较高。共办理行政问责案件25件。在区内选择20家有代表性的企业作为经济发展环境监测点，选择其中10家企业负责人作为经济发展环境监督员。明确监测点和监督员的权利、职责，开辟监测点和监督员投诉快速处置的“绿色通道”，建立信息定期反馈机制。不定期走访企业，及时收集企业及投资商对全区发展环境的诉求和建议。要求各有关职能部门单位，严格落实企业“宁静日”制、涉企检查备案制度；督促职能部门认真清理核实收费项目及收费标准，在区门户网站上公示收费项目、收费标准、收费依据，接受社会监督。牵头开展清理规范区本级与行政许可、行政审批相关联的中介组织、行业协会收费行为专项治理，优化经济发展环境；开展收费检查专项整治，群众办事难等专项治理工作，督促各职能部门认真履职，进一步优化全区政务服务环境。全区已上网运行行政审批事项均全部纳入电子监察系统全程监控，要求各部门按照职责和分工重点把好预审、核查和督查“三关”，杜绝体外循环。

（杨胜艳）

【政风行风建设】 2014年，雨花区积极落实中央“八项规定”，巩固办公用房清理成果，开展公务用车专项整治，三公经费下降30.5%。开展党的群众路线教育实践活动，抓好省委部署的34项专项整治任务，着力解决损害群众切身利益的问题。出台《关于加强作风建设监督检查的实施办法》等10余项制度。率全市之先出台办公室“风雅”禁令，严肃办公纪律，提高工作效率。突出监督检查，开展明察暗访，对发现的典型问题点名道姓通报曝光，全区政风建设呈现新常态。率全市之先完成区本级行政审批项目清理精简工作，区本级行政审批项目由224项精简至65项。全面加强电子政务网络建设，严格限时办结制度，实现按时办结率100%。充分发挥12345市民服务热线作用，扎实开展“三定三抓”和创业富民活动，方便群众办事，帮扶企业发展。围绕政务公开、人事管理等关键环节和重点部位，开展涉企检查、拆违控违、渣土管理等专项效能监察和重要岗位效能监督。严格执行《有错无为问责办法》和《十二条禁令》等规定，公开通报影响机关效能和损害经济发展环境的典型案件。

（周洪灵）

【规范权力运行】 2014年，雨花区加强廉政风险防控和防止利益冲突机制制度建设，抓好《中共长沙市雨花区关于贯彻落实中央〈建立健全惩治和预防腐败体系2013—2017工作规划〉的实施意见》责任分解和督促落实，推动党政机关廉洁从政、社会各界廉洁从业。大力推行“制度＋科技＋文化”廉政风险防控模式，对权力进行同步监察、动态监控。进一步完善重要决策、重大工程项目、重要人事安排和大额财务开支集体决策制度，严格一把手“三个不直接分管”制度的执行，全面落实凡离必审、先审后离、凡用必审、先审后用的经济责任审计制度。结合科级干部重大事项报告，建立党政正职“廉政档案”，要求党政正职对本人及家庭在收入、住房、接收礼品等情况以书面形式向组织汇报。认真落实党员干部礼金礼品上交制度，开设雨花区廉政账户。全区各级领导干部上交红包礼金46.4万元。认真执行《党政机关厉行节约反对浪费条例》，规范公务接待、公务用车、公费考察等制度，加强财经纪律监督，进一步优化机关行为管理。牢牢把握“监督的再监督”职能定位，不断探索监督方式创新，强化部门履职情况监督。建立政府投资建设工程造价随机复审制度，上半年随机复审两个政府投资项目造价情况。逐步强化投评、建设、审计等部门职能，发挥其工程变更审核、项目现场管理、政府投资审计等的专业优势，强化主责意识。

（刘双果）

【宣传教育】 2014年,雨花区以开展“党纪条规教育年”活动为契机,加强纪律建设,将反腐倡廉党纪条规教育纳入区委中心组学习和干部教育培训工作计划,重点做好新提拔任职领导干部、社区(筹委会)基层干部的廉政教育工作。7月24日,把廉政教育课堂搬到法庭上,组织社区(筹委会)的240名两委干部旁听原雨花区黎托街道粟塘社区筹委会的干部共同贪污一案的庭审,发挥“审理一案,教育一片”的效果。7月18—19日,《湖南日报》连续两天在“要闻版”对全区“转职能、转方式、转作风”工作情况做系列宣传报道。推进廉政文化“九进”活动和廉政文化示范点创建活动,不断巩固“一街一特色、一街一品牌”的廉政文化新格局。注重发挥“4·20”廉政文化的品牌效应,策划以“聚焦反‘四风’,汇聚正能量”为主题的第九届廉政文化节,开展廉政文化精品工程、廉政警示教育等一系列活动,引导全区广大党员干部在学习中思廉、典型中倡廉、活动中促廉,其中廉政动漫设计大赛3件优秀作品被中纪委采用,8件优秀作品被省纪委采用,成为区廉政文化建设的新亮点。（黄　坚）

【案件查办】 2014年,按照中纪委“三转”(转职能、转方式、转作风”)的工作要求,雨花区纪检监察机关进一步完善办案纪律和安全工作,适时调整对街道和区直部门的考核,加大对基层案件查办工作的指导,及时规范基层的办案工作,提升雨花区纪检监察系统的办案水平。全年查办各类违规违纪案件55件55人,与上年度同比增加5.7%。其中,委局本级立案9件,完成市委巡视组交办件1件,区直部门、街道纪委立案46件。其中,大要案2件,贪贿类案件8件,失职渎职类案件9件;移送审理48件,受到党纪政纪处分的48件,移送司法机关立案查处的6件。案件审结率、常委会(案件审理小组会)定性意见采纳率、量纪意见采纳率均为100%,未出现一起行政复议和行政诉讼案件。（刘泳麟）

【监督检查】 2014年,雨花区按照彻底清理“小金库”的工作要求,制定《关于开展“小金库”专项治理的工作实施方案》,组织全区各部门单位开展“小金库”问题自查自纠、督导抽查和整改落实,督导各部门单位小金库治理工作开展情况。根据长监发〔2013〕5号《关于对政府投资建设工程项目进行抽查复审的监督办法》文件精神,依据《行政监察法》第30条规定,经依法申请立项并报本级纪检监察机关批准同意,组织三轮政府投资工程项目结算抽查复审,对工程项目中发现的问题发出监察建议书,并要求各相关部门单位进行整改并将整改情况上报。依据《中华人民共和国政府采购法》《关于转发长沙市财政局关于加强政府采购验收工作的通知》(雨财发〔2013〕44号)的规定,会同有关部门对区内政府采购项目的验收情况进行两轮抽查,检验政府采购合同履约结果,保证政府采购的质量。充分发挥纪委统筹协调、督查督导作用,牵头抓好为官不为、群众办事难、会所歪风等15个方面问题的整治。出台《关于在办公室严禁摆放成套茶具及公款购买高档茶的通知》,推行办公室“风雅”禁令,严肃办公纪律,提高工作效率。（刘双果）

【纪检组织建设】 2014年,雨花区经委(监察局)机关提拔1名室主任进班子,1名常委交流至街道任纪工委书记,1名室主任通过区委年轻干部选拔提拔为团区委书记,通过对全区优秀年轻干部的考察把关,选调1名街道年轻干部、1名法院年轻干部进机关。8名区直部门、街道纪(工)委书记(纪检组长)交流任职,其中1名街道纪工委书记走上党政正职的岗位。建立《基层纪检监察系统干部信息名册》,做到档案清,信息明。明确街道纪工委书记不得分管重点工程建设、招商引资、安全生产及一票否决的工作,并要求将职责分工文件上报备案。开展区直部门单位、街道纪(工)委书记(纪检组长)向区纪委述职活动,上报书面述职报告材料。成立“清涟书社”图书阅览室,安排专人任图书阅览室管理员,每月根据书社会员的推荐书目进行采购、归类并对会员的借阅情况进行登记。成立课题组,带课题到街道联点指导,撰写调研文章12篇,《清涟》第三辑编印成册。邀请武汉大学教授谢贵安为全区纪检监察干部授课。组织相关部门纪检监察干部带着课题到深圳、南京、杭州等地学习先进经验，带领部分委局干部、部分区直部门、街道纪（工）委书记（纪检组长）赴清华大学进行专题学习培训。组织两批次共8人参加市纪委纪检监察干部进修班的学习。（陈　芳）

【云监察平台】 2014年，雨花区纪委运用科技手段监管权力运行，建设云监察平台。云监察平台是指利用云采集、云存储、云计算等先进技术开发的集信息采集、数据整合、综合分析、风险预警等功能于一体的综合性电子监察平台。该平台从2014年2月开始构思设计方案，6月初开始同步启动软件开发和硬件建设，7月份完成第一期开发，9月份启动第二期开发。已在该平台运行的有农村集体“三资”监管系统、行政审批系统、工程建设领域监察系统、视频监控系统等。网上举报网站、公共资源交易公开平台、工程建设领域项目信息公开平台、政府采购网上竞价电子反拍系统、政府性投资项目合同双控资金管理系统等接入该平台。在云监察平台上，不仅可以开发升级监察系统，还可以通过接入监察数据，打破时间与空间上的障碍，畅通监督渠道，实现反腐倡廉建设全社会的共同参与、共同推进，在规范权力运行，有效预防腐败方面发挥了积极的作用。省市纪委领导多次来调研，三湘风纪网、长沙廉政网等媒体对此项创新工作进行宣传报道、推介。（黄　坚）

【“清单制”工作法推行】 2014年，雨花区围绕贯彻落实中纪委“转职能、转方式、转作风”的工作部署，通过建立责任、创新、能力清单制，构建履职、监督、作风新常态。推行责任清单，明确党委主体责任。整合全区党风廉政建设责任制领导小组，提高小组规格、增强工作力量。细化和明晰责任的具体内容、目标要求和主要措施，形成主体责任清单。坚持“监督责任”主业，清理议事协调机构，把不该管的协调工作交还给主要责任部门；清理职责外事项，不再承办和参与行政审批制度改革、政府采购审批等工作。建立行政监督责任清单，加强主责部门履职情况的责任检查，监督的切入点从配合参与转到执纪查处和问责，着力监督主责部门履职情况。推行创新清单，实现监督新常态。牢固树立法治意识，注重制度创新。突出程序规范，注重制度指导。规范执纪权力，加强制度约束。牢固树立现代意识，注重科技创新。通过探索依托现代科技手段，打造云监察平台，弥补监督力量的不足，提高监督的精度。牢固树立效率意识，注重机制创新。扭转监督思路，不再监督具体事项，而是监督履职情况，通过间接监督达到双重目的。推行能力清单，实现作风新常态。以“清廉书社”为平台，定期组织会员召开学习讨论会，定期向会员征集学习书目、推荐学习资料。在案件查办工作中切实提高机关干部执纪办案、组织协调、开拓创新的力。借助纪检监察系统之外的专业性队伍，通过加强联动，注重协调，充分发挥其“外脑”作用。模范遵守领导干部廉洁自律的各项规定，守住底线，带头改革公车，清理办公用房，精简会议支出。主动推行纪检监察机关财政预算和决算公开，公开“三公”经费使用情况，开通群众举报网站，主动接受监督。“清单制”工作法的推行，促进了党风廉政建设责任制监督责任的全面落实，为区域经济持续发展提供坚强的纪律保障。（黄　坚）

【雨花区纪委第四届第四次全会】 2014年2月27日，中共雨花区第四届纪委第四次全会暨全区反腐败工作会议在雨花大会堂举行。区全体在职县级干部、区纪委委员等近千人参加会议。会议由区委副书记、区长邱继兴主持。区委常委、区纪委书记王清政首先代表区第四届纪委常委会作工作报告。全面总结2013年全区党风廉政建设和反腐败工作成绩，认真分析当前反腐败工作的严峻形势，着重部署2014年的工作任务，坚持党要管党、从严治党，加强纪律建设，持之以恒狠抓作风，保持高压态势，坚决有力惩治腐败，突出权力制约，科学有效预防腐败，大力推动“三转”，精心打造纪检铁军，为推进“五新雨花”建设、“打造中部现代服务业中心”提供坚强的纪律保障。（黄　坚）

统一战线

【概况】 中共长沙市雨花区委统一战线工作部（简称“区委统战部”)是雨花区委主管统一战线的职能部门。加挂中共长沙市雨花区委台湾工作办公室(长沙市雨花区人民政府台湾事务办公室)、长沙市雨花区归侨侨眷联合会(简称“侨联”)的牌子。在职在编人员8人,其中县级领导1人,正科实职人员3人,副科实职、正科级人员1人,副科实职人员2人,工人1人,雇员1人,退休干部4人。一位正科实职人员继续抽调雨润棚改公司。部机关与区工商联机关设联合党支部,党员12人,其中在职党员9人(统战部7人,工商联2人)。办公地点设在区机关大院1栋外弧2楼。

2014年,区委统战部以多党合作、“四同创建”、社会组织、基层网络统战工作为重点,再次排名全市统战系统年度绩效考核区县(市)第一名。社会组织统战工作在全省民主党派工作座谈会上作典型发言，侨务工作进社区工作经验在全省新任侨联干部培训班作工作交流，工商联工作在全省工商联系统“同心工程”推进会(长株潭片区)上作《建同心楼宇创金字招牌》典型发言。长沙雨花群英会获评“2013年度全省统战工作实践创新成果”。《中国统一战线》2014年第11期刊载《长沙:“群英会”延伸基层统战工作“新触点”》，推介雨花区“四同创建”同心项目——群英会基层网络统战工作特色亮点，长沙群英会打造为全国统战工作新品牌。（刘　娟）

【多党合作】 2014年,雨花区委常委会2次专题研究统战工作,区四大家主要领导多次参加重要统战活动,全区各部门、街道积极参与“四同创建”活动、群英会提质、致公万里行等重点统战工作。开展全区统一战线党的群众路线教育实践活动,统战系统各单位组织各类学习活动40余场次，收集意见建议300余条次。落实解决增加党派活动经费和解决专用办公场地等10余个问题。全区统一战线有6名干部抽调参加区委“群教”活动督导组工作。配合做好非公党组织的群教活动,思齐教育、金杯电工等非公党组织的群教活动得到市群教办的高度肯定。组织党派成员、非公经济人士参与全区各级各单位民主评议、座谈会等上千场次。党派自发组织参与学习讨论活动20余场次，追加党派工作经费18万元，每个党派工委年度经费支持超过3万元，民盟区工委经费5万元。为区内每个民主党派工委安排一间固定的办公室并配备电脑等办公用品。完善基层党派组织结构,民革雨花区工委成立“参政议政部”、民进雨花区工委成立“参政议政”“社会服务”“妇女”等7个工作委员会。民革雨花区工委获评全省先进基层工委,九三学社雨花区工委获评全市优秀集体。民盟盟员孟繁英获评“全国最美志愿者”称号。农工党党员傅强获“全国首批优秀五星级志愿者”。区民主党派提交提案、议案50余件。积极以社情民意、调研报告等形式参政议政,民革《关于推进水利国有企业改革的建议》被省委统战部采用,民盟《和谐视角下民盟基层组织建设》等获得民盟省委的高度肯定。民建《长沙烈士公园烈士陵园纪念堂亟须升级改造》的社情民意被中共长沙市委采用,并得到市领导批示。按省市要求完成党外代表人士队伍建设和特约人员调研工作。参加省市统战理论课题招标工作,《运用新媒体开展统战工作的思考和研究》和《长沙市社会组织统战工作研究》等课题中标。3篇信息被《零讯》等中央统战部信息刊物采用。（刘　娟）

【经济统战】 2014年,雨花区在非公经济人士中开展“信念、信任、信心、信誉”“四信”教育,组织非公经济代表人士学习省、市开展“信誉建设年”活动等文件、向基层商会发布诚信倡议书、开展以“弘扬雷锋精神 做诚实守信企业家”为主题的教育活动、参观长沙监狱进行廉政警示教育。开展“同心帮扶进企业”等主题活动,选取50家初创企业作为重点帮扶对象,由区内成功企业家、区创业指导服务“一中心,六平台”相关成员单位、街道、社区(社区筹委会)联合提供帮扶和服务,增强其创业能力。参与开展“雨花创业学堂”系列活动,举办专题讲座20余场次,助推创业青年拓展创业思维、排解创业疑惑。“八一”前夕，区工商联（总商会）与武警长沙十四中队签订军地共建意向书，双方结成军地共建友好单位，拓宽商会服务职能，拓宽军地交往渠道。以雨花区创业指导服务“一中心 六平台”为主体，发挥“雨花创业网”和“雨花创业群”的线上交流功能，为初创企业提供创业咨询2000余次，联合区科技局为企业解决技术难题20余个。开展市、区两级创业示范基地评选活动，授予东一国际创业基地、亚商国际创业基地、高桥现代商贸城创业基地、华翼府创业基地“优质服务创业基地”称号，各奖励扶持3万元；授予群英会创业就业基地、长沙商贸旅游职院大学生创业孵化基地“区级孵化基地”称号，各奖励扶持8万元。全区166家初创企业获得市级创业富民专项资金，70家企业得到大学生自主创业经营场所租金补贴，为企业争取扶持资金779.14万元，获得扶持企业数和争取资金额度均在全市名列前茅。率先在全市开展区级“优秀帮扶企业家”评选表彰活动，发放区级创业富民奖励扶持资金148.86万元，惠及200余家初创企业。全区新增私营企业6276家，新增个体工商户9665家，累计新增城镇就业人数16212人，新增农村劳动力转移就业2207人，创业带动就业、拉动经济增长成果进一步显现。（刘　娟）

【民生统战】 2014年，春节、端午等传统佳节，雨花区统一战线各单位、各党派组织、各人民团体参与高铁志愿服务和慰问困难群众200余人次，慰问品慰问金50万余元。其中为特困侨胞阮红英申请困难补助1.5万元。各党派以及商会成员参与社会福利院义工等社会服务活动300余人次。（刘　娟）

【社会组织统战工作】 雨花区网络统战工作品牌长沙群英会在全省社会组织统战工作试点工作座谈会上被确定为全省社会组织统战工作5个试点之一。2014年，长沙群英会接待湖南省委常委、长沙市委书记易炼红，省委统战部副部长崔永平、农工民主党湖南省委副主委、长沙市政协副主席、农工民主党长沙市主委龚振湘和全省各地州市民主党派负责人、岳麓区委统战部和工商联、省社会主义学院、深圳市民政部门、兰州市委统战部、益阳市委统战部、全省青年社会组织负责人等各级领导和单位的考察和指导。在上半年全省民主党派工作交流会上，雨花区作题为《发挥社会组织统战平台作用 拓展民主党派社会服务领域》的经验介绍。群英会理事长、农工党党员傅强在全省中青年党外人士培训班“同心互动”座谈会上作“党外人士参与社会公益服务的探索与实践”主题发言。群英会开展的切实解决群众关心的切身利益问题和扶助困难群众活动影响广泛，发起的“万名母亲护网行动”引起中央统战部的重视。群英会“向阳花”公益团队与致公党雨花区工委在枫树山社区共同打造青少年兴趣培养项目，举办“向阳花开 邻里守望 同心送福”志愿服务活动。（刘　娟）

【党外干部工作】 2014年，雨花区区委坚持把党外干部的教育培养、履职考察、提拔使用纳入重要议事日程，与全区干部工作统一部署，统筹安排，统一推进。对党外干部更是高看一等，厚爱一筹，明确“一把手”负总责，分管领导具体抓，建立健全并坚持组织部、统战部培养选拔党外干部“六个共同”的工作机制。区委书记碰头会、区委常委会专题听取党外干部工作汇报，专门研究解决党外干部成长教育、选拔使用、发挥作用等方面工作中的具体问题；区委组织部、区委统战部坚持定期召开联席会议，研究制定党外干部培养选拔远期规划和年度目标任务，使全区党外干部工作有系统的规划和安排，保证全区党外干部工作目标的顺利实现。区委组织部和区委统战部组织党外干部履职汇报会，在年度班子考察和党外干部推荐时，共同组织民意测评，全面了解他们的思想认识、履职能力、参政水平、生活作风和群众公认度。区委统战部积极推荐党外干部参加省、市党校、社院培训。区委建立与党外代表人士交友联系制度，定期约访，经常沟通，交友结对，进一步浓厚全区合作共事的氛围。区委组织部、区委统战部联合对全区党外干部队伍资源进行全面摸底，健全党外干部信息库，并实施动态管理，随时推荐合适人选和优秀党外干部交流和提拔任职。选送1名党外干部参加省委党校、省社院为期两个月的深造学习,推荐交流13名党外干部,提拔2名党外干部担任区直部门行政主要负责人。党外科级以上干部75名,其中副县职6名,正科级15名,副科级39名(含副科职30名);科级后备党外干部35名。 (刘 娟)

【民族宗教工作】 2014年,雨花区严格执行民族优惠政策,18人完成少数民族身份更改确认,办理少数民族高考加分94人。开展民族工作“三进”活动。打造少数民族流动人口服务管理品牌,妥善处理长沙民政学院维吾尔族学生寝室祷告事件和环保学院藏族学生外出因交流不畅引发的集体冲突事件。开展少数民族人员走访调研工作,课题《少数民族权益保障与创新社会管理研究》获省民委立项。在清泉寺、川河占白龙王庙等宗教活动场所和民间信仰活动场所制作固定宣传栏宣传宗教法律法规。积极协调相关部门解决宗教教职人员养老保险和医疗保险的问题。开展宗教专项治理工作,将两个基督教私设聚会点转化纳入到城南堂进行管理。抵御宗教渗透,制止一起藏传佛教僧人在华雅大酒店开展非法传教活动。依法处置一起涉及外国人参与的非法宗教活动。 (刘 娟)

【全面推进统一战线“四同创建”工作】 2014年,雨花区141个社区(筹委会)全面推进同心工作站建设,为各类统战人士参与社区管理和社会服务搭建有效平台。组织党派、商会、人民团体、社团组织、企业参与“四同创建”工作。申报同心示范园区1个,同心示范社区19个,同心示范项目16个。党派的“法律援助服务站”“融通民资 成就百业”“同心百课进基层”“同心梦工厂”“致公万里行”;街道“左家右邻同心银行”“同心同行商务沙龙”;商会“诚信品牌建设”;统战团体“鲁爷爷工作室”各具特色。11月21日,致公党雨花区工委10余位党员赴致公党中央和致公党北京市委汇报交流工作,为“致公万里行”活动增添重要一环。华翼府商务楼宇被评为市“同心创业园区”、高升社区被评为市“同心创业社区”、长沙卓远传媒有限公司被评为“同心创业项目”。长沙群英会被省委统战部评为全省首批、全市首批“同心示范项目”,廖家湾社区和怡园社区被评为全市首批“同心示范社区”。 (刘 娟)

【无党派人士联谊会】 2014年初,召开雨花区无党派人士联谊会第一次会长会议,确定工作重点。积极配合参与中共群众路线教育实践活动。组织会员采取自学和集中相结合的形式,不定期学习全国和省、市统战工作会议以及统一战线和党外代表人士队伍建设的重要文件精神,增强无党派人士坚持中国共产党领导,坚持中国特色社会主义道路的自觉性和坚定性。3月,区无党派人士联谊会在区委统战部领导下,到武广高铁站开展旅行应急避险知识宣传和医疗义诊咨询活动,然后到广东韶关市,与韶关市多个公益组织进行经验交流;6月上旬,会同区红十字会,在长沙市妇幼保健院门口,开展“世界献血者日”宣传活动,引导公众参与献血。8月3日云南省鲁甸地震之后,组织会员积极募捐2000元,上交市红十字会救助灾区。在坚持标准从严的前提下,发展区人事局原副局长杨铁辉、湖南省冶金劳动保护院医院院长陈平入会,壮大会员队伍。以联谊会为渠道载体,配合区委组织部、市委统战部积极举荐党外干部。适时向中共及民主党派组织输送优秀人才,班子成员异动后及时选优补充,保持领导班子和会员队伍充满生机活力。原无党派人士联谊会秘书长到致公党组织后,已担任致公党雨花区工委主委,原联谊会副秘书长聂庆媛及时提升到秘书长位置,补充杨胜艳为副秘书长,保证工作的接续发展。在区直部门实职安排中,全区75名党外科级干部中有陈军、赵灿、姚万军、陈志刚、杨胜艳、储硕、蒙正国、寻伟阳、张柱、余伍、唐术江、杨铁辉、李景明、周剑、宁丽、李清红、肖英、邹轶亮、谭琰、聂庆媛、林畅、隆改平、张明秀、杨柳等52名无党派人士,占比69.3%。无党派人士周凌云、陈国强、廖云伟担任区人大、区政协副职领导。区政协设置无党派人士界别,83名无党派人士担任区政协委员,占非中共委员的57.6%。市、区人大代表及其他相关人民团体均有一定比例的无党派人士。 (刘 娟)

【“邻有情　粽有意”公益爱心行动】 端午节期间，长沙市雨花区群英公益发展促进中心(简称“长沙群英会”)党支部联合工商联会员企业长沙年年福食品有限公司开展“邻有情　粽有意”公益爱心行动。从5月27日开始，长沙群英会委托年年福食品有限公司先后向雨花区12个街道免费派送2400个新鲜粽子，各街道围绕“我们的节日——端午节”开展各种形式多样的活动。端午节当天，长沙群英会联合九三学社雨花区工委、农工党雨花区工委、孝为先社工服务中心，组成50人的志愿者队伍，在长沙火车南站开展以咨询引导、卫生保洁、帮困助残为主要内容的12个小时学雷锋志愿服务活动。并向奋战在一线的长沙火车南站的公安、交警、环卫、安检等岗位的工作人员赠送150个粽子。（刘　娟）

对台工作

【对台工作机制】 2014年，雨花区完善对台工作机制，争取领导重视，3月22日，区委常委、组织部部长、统战部部长冯聪龙向区委常委会汇报对台领域的专项经费保障和组团赴台交流事宜；下半年，区台办多次向区委碰头会和主要领导专题汇报2014年区委组团赴台交流事宜。坚持为对台工作领导小组成员订阅《台湾工作通讯》《两岸关系》，坚持涉台重要文件、内刊和重要台情呈送区委对台工作领导小组负责人阅示的制度，使区领导进一步掌握党的对台方针政策和台海形势，及时了解全区涉台工作动态，更好地争取领导的重视和支持。全区涉台领域重要参访、交流、座谈、调研等活动，区委主要领导高度关注，倾力指导。在全区大范围清理、削减议事协调机构的大背景下，区委同意保留全区对台领导小组工作机构并调整组成成员，凝聚全区对台工作合力。各级台办对雨花对台工作特别关注，重点倾斜。健全大对台工作格局，台办干部定期主动上门走访区政法委、法院、商务、人社、民政等相关部门和基层街道、社区联系对台工作负责人，及时通报沟通涉台工作事宜，联络联谊工作感情。确保涉台涉诉问题一律有问必答、有求必应，最大限度地争取各部门单位对涉台工作的高度重视和全力支持，高效及时排解对台领域服务对象的困难问题，打通“最后一公里”。（刘　娟）

【对台基础工作】 2014年，雨花区对所有街道、社区台胞、台属及台湾新娘实施动态管理、跟踪服务，进一步加强与公安、工商部门密切联动，整合工作资源，深度挖掘涉台服务资源，做实中国台湾地区民心工作。3次发出联系函，请求公安部门支持调取常驻台湾居民基本情况和两地居民往来情况，加强对驻区台商台胞的“一对一”管理与服务，优化管理台账，夯实对台工作基础。区台办下发“2014年春节前区委台办走访慰问困难台胞、台属、台湾新娘情况摸底表”，搜集区内35户困难台胞、台属、台湾新娘基本情况，春节前夕走访慰问困难台胞、台属及台湾新娘34户，下拨慰问金及物资价值2万余元。下拨黄埔同学会成员慰问金1万元，支持黄埔同学后裔联合会、台北长沙同乡会工作活动经费5000元。向回乡定居台胞朱振行八十寿诞祝寿。春节、端午、中秋等传统佳节前夕，区台办坚持发送对台手机短信或电话问候，为驻区重点台商、台胞、台属送上节日祝福。创新建立“雨花对台之家”微信群，将辖区内重点台商、台胞朋友纳入该群，介绍驻区台湾朋友相互认识。每个季度开展一次定期约谈，主动了解台湾朋友在雨花区投资、安家情况，及时通报区内重大产业或项目进展情况和优质的投资发展环境，并提供观光、旅游、就学、信访投诉等涉台业务咨询服务。每个月开展一次台胞朋友相互走访、交流座谈等联谊活动，相互交流思想，化解隔阂误会，增进联络感情。通过定期约谈，以心交心的优质服务，让驻区台胞切身感受到“台亲大家庭”的牵挂和关爱，“产业在雨花放心、人居在雨花怡心、发展在雨花有信心”。全区涉台信访投诉率首次为零，涉台领域稳定和谐。（刘　娟）

【对台经济工作】 2014年，雨花区启动对台“同心直通车”，充实并提升全区对台工作联席会议制度，着力优化投资发展环境。试行区委主要领导、区台办干部对口联系服务台企台商和台资项目制度,联动所有相关部门,现场协调解决台企及项目生产经营或规划建设中的困难问题。重点为南良集团、九龙集团、卢山企业、小哈佛、元祖等重点台企细化服务措施,保护台商及台企的合法权益。走访调研台商总部大厦、康师傅、卢山实业、元祖食品、华信航空、小哈佛等台资企业,收集整理企业面临的各种问题,现场排忧解难。争取区教育局奖励资金4万元,用于添补小哈佛幼稚园教学器材。妥善处理卢山实业护坡垮塌造成相邻人家的财产损失、人员伤害纠纷。开设绿色通道,采取"一对一、点对点"专属服务台商总部大厦,先后11次上门为项目的临建和规划协调沟通,为公司招聘人才筹谋划策。九龙集团遭遇娄底资金挤兑及信誉受损风波后,区台办多次陪同公司高层到区直相关部门登门拜访,妥善做好解释说明,及时消除误解,最大限度地争取省、市台办和区委、区政府的大力支持,加速项目推进进度。台湾好自然科技公司落户顺天财富中心。策划包装"璀璨雨花、闪耀星城"对台招商引资宣传资料,并通过华夏经纬网、台商返台、赴台参访等多种平台推动入岛宣传,加大对台招商引资力度。注重以台引台,发挥台商主体作用,先后通过苏荣玉、肖思庆、李秀娥、童兴华等台商引荐,招引6批次台商朋友来区考察健康颐养、金融服务等现代服务业项目。在台北成功举办雨花区首场台湾招商会,宣传雨花的区位、交通和现代服务产业等优势,进一步加深台湾客商和各界朋友对雨花的了解,提升雨花区在台湾的知名度和美誉度。 (刘 娟)

【对台交流工作】 2014年,雨花区开展"中国心 两岸情"活动,推动雨花区与台北长沙同乡会、中华青年企业家协会、高雄苓雅区林围里社区、私立普台国民小学等社会团体的民间交流交往,增进台湾同胞对长沙、雨花的了解和认识,增进两岸同胞同源、同文、同祖的心灵认同和归属感。11月,组织全省首个廉政文化组赴台参访交流,圆满完成区委第九次赴台经贸考察交流活动,在台北举办首场经贸交流合作座谈会,推动入岛招商引资和行业交流,促进合作共赢。策划打造"雨台教育同心共建项目",先后组织稻田中学学科骨干分赴京、浙两地参加首届海峡两岸高中教师中华传统文化特色活动课观摩研讨会,组织区教育局局长、稻田中学校长赴台参访交流台湾中小学国学教育课程,开启双方中华传统文化教育的交流先河。指导稻田中学在第一时间向台湾方面发出唁电,悼念马英九母亲秦厚修不幸离世。马英九悼亡母的祭文《慈母良师一甲子,永世难报养育恩》对外公布后,区台办与稻田中学一起组织全校师生认真品读、细细领会,从中感悟老校友"厚德修身、慈母良师"的无私大爱与家教,追思老校友的爱国爱家情怀。 (刘 娟)

【对台宣传工作】 2014年,雨花区在王家冲小学、廖家湾社区基础上,新增稻田中学为涉台教育基地,下拨涉台教育经费4万元。整合社区、学校涉台教育资源,以宣传栏、黑板报、书画征文、道德讲堂等各种灵活多样、易于接受的方式开展各类涉台宣传活动。指导廖家湾社区以"创新为先,架起两岸连心桥"为主题,接续开展"薪火相传、与爱同行"亲子共读经典公益大讲堂活动。湖湘艺术名家于万元、王日华在社区志愿服务广场现场泼墨,挥毫写下"湘台一家亲""两岸心,中国情"等书法作品,表达社区居民对"浓浓两岸情,共圆中国梦"的美好祝愿。王家冲小学开展以"七个一"为内容的多元化涉台宣教活动,"悠悠两岸情,千里共婵娟"低年级优秀绘画作品和"中国梦,两岸情"高年级作文文选作品得到市台办主任袁义和的高度肯定。稻田中学深挖校文化的深厚底蕴,以台湾知名老校友秦厚修、王恺等事迹作为生动教材开展涉台教育。依托华夏经纬网、雨花同心网、雨花手机报,宣传台办工作动态、台资企业发展新亮点和台商台胞的义行善举;借助"雨花对台之家"微信群,宣传两岸政策、涉台知识和区情要闻;搭建涉台教育平台,扩大社区居民和中小学生对涉台法规政策知识的知晓率。9月,邀请市台办副主任张克清为稻田中学300余名教师开设中小学涉台教育报告会。强化宣传信息调研,及时上报对台简讯信息、经验文章,宣传推介雨花,展示雨花对台魅力。全年上报各类信息20篇、台情专报1篇、信访回复2篇,涉台教育基地调研报告1篇。中国台湾网、新华网、中国日报网、华夏经纬网、《旺旺时报》《两岸商情》等两岸知名媒体杂志采稿率高,传播范围广,提升了雨花对台宣传美誉度。（刘 娟）

【台湾卢山企业集团考察雨花区】 2014年4月16日,台湾卢山企业集团董事长、台湾农会副理事长苏荣庆率卢山企业集团高层到雨花区考察交流。市台办主任袁义和、区人大常委会副主任刘海秋,区政府副区长余宏卿、区政协副主席任壮岳,雨花经开区工委委员、副县级干部邓波等参加座谈。区台办、区商务局相关负责人全程陪同台湾客人实地考察德思勤城市广场、武广高铁新城片区及台商总部大厦等项目。余宏卿代表区委、区政府热烈欢迎台湾客人。区商务局介绍雨花区情,并就高铁新城片区等重大招商项目进行重点推介。洞井街道、区人社局、区民政局分别就如何进一步优化台资企业服务,推动长沙卢山实业公司转型升级、推动双方经贸交流合作与台湾老朋友进行亲切交流。袁义和向苏荣庆一行简单介绍台商投资长沙的基本情况,充分肯定卢山企业集团及苏荣庆本人20余年来对推动两岸经贸交流合作和服务长沙、雨花经济建设发展做出的突出贡献。雨花区是长沙最富有的城区,区位优势独特,发展势头强劲,希望借助卢山企业集团落户、扎根雨花近20年的合作基础和深厚友谊,两地同胞能常来常往、深化友谊,进一步加强合作交流,搭建更大更广的经贸交流平台。（刘 娟）

机构编制

【概况】 长沙市雨花区机构编制委员会办公室（简称“区编委办”）是长沙市雨花区机构编制委员会的常设正科级办事机构,主要负责全区行政体制机制运行和机构改革以及机构编制日常管理等工作。既是区委的工作机构,又是区政府的工作机构。下设二级事业单位区事业单位登记管理局(简称“事登局”)和雨花区机构编制实名制信息中心。在职在编人员9人,其中党员8人,民盟盟员1名;共有退休干部3人,其中党员3人。

2014年,雨花区率全市各城区之先公布《长沙市雨花区区本级行政审批项目目录》,《经济日报》《湖南日报》、人民网、湖南新闻联播等媒体纷纷报道。区编委办获评“长沙市政务和公益域名注册管理工作先进单位”和“长沙市机构编制信息工作先进单位”。（邹希敏）

【深化改革】 2014年,雨花区县启动政府职能转变和机构改革工作。区编委办按程序提请区编委会、区政府常务会、区委常委会审议通过,向区人大、区政协予以通报,于11月29日将《长沙市雨花区人民政府职能转变和机构改革方案》呈报市委、市政府审批。该方案主要涉及组建部门、调整挂牌、工作部门调整、事业单位调整、行政职能剥离、机构更名。区政府机构改革后,实际设置工作部门20个,其中监察局、人防办不计入限额。

事业单位改革是有效推进各类事业单位全面发展的基础性工作。12月29日,《长沙市雨花区机构编制委员会办公室关于雨花区事业单位分类的通知》(雨编办发〔2014〕11号)文件呈报市编委办备案。

区编委办制定《长沙市雨花区承接市级经济社会管理权限下放工作方案》《雨花区行政审批项目专项整治工作实施方案》《2014年长沙市雨花区深化行政审批制度改革工作要点》《长沙市雨花区行政审批制度改革工作部门联席会议制度》,落实承接市级两批下放到区本级的经济管理权限78项(行政审批项目54项,其他事项24项)。区本级行政审批项目从224项精简到65项,总的精简比例为70.98%。7月4日,区政府正式发文公布《长沙市雨花区区本级行政审批项目目录》(雨政发〔2014〕42号),并在区政府门户网站上设立专题网页,面向全社会公布目录。区本级审批项目向社会公布后,雨花区迅速启动审批项目的流程再造工作,开发在线办理系统,完善网上办事平台,每个环节都接受监督,于7月15日正式上线运行。通过流程再造,所有进窗办理事项均提速50%以上,实现了行政审批“大瘦身”。建立审改工作联席会议制度,出台《长沙市雨花区行政审批事项目录管理办法》,实行审批项目动态管理。规范审批运行管理体制。9月,全面启动区本级行政职权清理规范工作,12月底,对行政审批之外的区本级行政职权进行分类清理规范,形成区本级政府“权力清单”并对外公布。

2014年,市委市政府将城管执法大队下放到区级管理,区编委办对区市政、环卫、园林系统开展工作调研,成建制承接市城市管理和行政执法局所属长沙市雨花区城市管理执法大队,并更名为长沙市雨花区城市管理综合执法大队,为长沙市雨花区城市管理和行政执法局所属事业单位,理顺了城市管理体制。

进一步理顺食药监局体制机制,确保人员编制到位。12月18日,《长沙市雨花区食品药品监督管理局主要职责内设机构和人员编制规定》经区机构编制委员会、区政府常务会审核,12月19日经区委常委会审议通过,以(雨政办发〔2014〕57号)文件上报市编委办。(邹希敏)

【事业单位登记管理】 2014年,雨花区办理事业单位设立登记6个,变更登记62项,注销登记3个。应审单位135个,年审率100%,合格率100%。

(邹希敏)

【编制管理】 2014年,雨花区合理调控编制数额,逐步消化超编现象。办理人员调入和异动编单229张。经编制委员会研究,核定区直各机关事业单位2015至2017年雇员计划数额530名,雇员数额只减不增;根据教育发展需求,按照学生增长人数,核实2015年全区聘用教师数1407名。批准设立长沙市雨花区黎郡小学、圭白路小学、枫树山南屏锦源小学、长沙市一中雨花新华都学校,同意设立区教育局第四幼儿园,同意区教育局合并业余体校和少年宫,设立长沙市雨花区教育局艺术体育科技中心,加挂长沙市雨花区青少年业余体育学校的牌子,均为区教育局二级事业单位。同意设立区教育公共服务中心,为区教育局直属事业单位。调整司法局政法专项行政编制。区人力交流服务中心更名为区人力资源公共服务中心。长沙雨花经开区经济发展局加挂“环境保护局”牌子,实行两块牌子一套人马。(邹希敏)

【实名制数据库建设】 2014年4月,雨花区设立长沙市雨花区机构编制实名制信息中心,在全省率先试点启动机构编制实名制数据库建设。通过对全区机构编制实名制报表的“三审”(单位自审、编委核审、部门联审),实现对全区机构编制工作的“五查”(职责职能理顺情况、依规设立机构情况、定编定员情况、领导职数配备情况、机构编制信息公开情况),确保机构编制实名制管理的真实性、有效性和及时性。全面完成全区机构编制实名制数据建库工作。其中“三审”“五查”工作信息被中编办网站采用,作为经验在全国推广。(邹希敏)

【《长沙市雨花区机构编制历史沿革》编纂】 为全面、系统、完整的回顾和总结雨花区1987—2012年机构编制工作历程,翔实记述26年来的机构编制历史沿革,2013年3月,以市编办编纂机构编制史为契机,区编委办启动《长沙市雨花区机构编制历史沿革》的编纂工作。2014年11月,完成编纂工作任务,全市首部编制专业史书——《长沙市雨花区机构编制历史沿革》作为工作用书印发至全区。

(邹希敏)

党校教育

【概况】 中共长沙市雨花区委党校(简称“党校”)与长沙市雨花区行政学校合署办公,房屋总建筑面积8000平方米,拥有办公楼一层13间,教学楼(教室8间)、多功能报告厅(能容纳300人学习),多媒体教室一间(电脑40台),图书藏量2万册,光纤网络和教学监控相连,天地两网设备齐全。副县级中专体制,实行校委负责制,校委成员5人,其中校长1名,副校长3名,副校长兼教研室主任

1 人。下设办公室和理论教研室，核定编制 15 人。在编在职干教职工 8 人，其中：副县级领导 1 人，正科实职干部 4 人，专业教学科研人员 2 人，后勤保障人员 1 人。

2014 年，党校坚持“三二一”的办学定位，紧扣“三个围绕（围绕全区经济社会发展抓干部教育，围绕基层政权建设抓业务培训，围绕全区热点、难点问题抓调查研究）”“两个提高（适应学员需求，提高教学水平；适应教学改革需要，提高管理水平）”“一个巩固（巩固全省城区一流党校地位）”，结合区中心工作设置主体班次，科学安排培训内容，积极开展调查研究，圆满完成全年工作任务，较好地为区域经济社会发展提供思想政治保障和人才智力支持。

（陈福湘）

【干部教育培训】 2014 年，雨花区建立包括高校教师、上级党校教师、各级领导干部、专家顾问团成员、本校优秀教师、普通党员干部在内的师资信息库，为教学提供有力的师资保障。举办主体班 16 期，培训人数 2780 人次；联合班 36 期，培训人数 2100 人次；送课下基层 102 堂、受训人数 8430 人次。举办 12 期异地培训班，赴北京、杭州、深圳、厦门、井冈山等地学习，从培训机构、培训对象、培训内容、学员管理及成果检验等方面严格把关，杜绝借培训之机公费旅游的现象，得到区委区政府领导充分肯定，培训满意率 98.9%。

（陈福湘）

【课题调研】 2014 年，党校推行“一名校领导、一套人马、一个课题、一个奖励办法”的“四个一”科研工作办法。积极争取省市党校的业务指导，加大与区直部门单位的合作，形成“党校牵头、部门联动、成果共享”的工作机制。开展重点课题研究 3 个，完成调研论文 9 篇。区级重点课题成果《关于雨花区干部工作状态的调研报告》《提高全区干部改革能力的调研与思考》《村民对基层干部信任度降低浅析》进入区委、区政府领导决策视野，数据及观点被区委全会报告多处采用。科研论文《创新网格化管理，提升服务群众质量》《以生态促发展打造经济建设和环境保护双赢格局》《关于雨花区社区筹委会干部培训需求的调查与思考》获全省党校系统理论研讨会二等奖，并在《湖湘论坛》发表；4 篇论文获三等奖；上报全市党校系统“三市三倍”征文参赛论文 7 篇，2 篇获三等奖，党校获优秀组织奖。

（陈福湘）

【教学管理】 2014 年，适应新形势的发展变化和干部知识更新、能力提高的需要，党校按组织之需、岗位之需、个人之需设置培训内容，形成以基本理论、党性修养、管理素质能力和国情、省情、市情、区情为主要内容的教学结构体系。注重传统方法与现代手段相结合，广泛运用案例式教学、体验式教学等新型教学方式，组织基层管理典型案例分享交流会、组织到法院审判庭旁听职务犯罪案件庭审、组织参观省市看守所、组织多期干部互动沙龙，提高学员的学习热情。组织学员进行参观考察、现场教学、异地培训等活动，积极拓展培训平台。组织主体班到井冈山开展革命传统教育，聆听革命前辈事迹，重走朱毛挑粮小道。组织主体班到北京大学、清华大学、浙江大学、厦门大学、深圳市委党校等开展异地培训，学员们在一流大学和知名党校学习交流，感受一流学府浓厚的学习氛围，开阔视野，活跃思维，提升干部的综合素质和管理水平。

（陈福湘）

【异地培训】 2014 年，党校举办异地培训班 12 期。先后举办雨花区区域经济发展与管理研究浙江大学高级研修班、区财税干部综合能力提升浙江大学高级研修班、区宣传干部北京大学高级研修班、区纪检监察干部党风廉政建设清华大学高级研修班、雨花区科级领导干部深圳市委党校现代服务业发展专题研修班、雨花区组工党建干部厦门大学高级研修班、雨花区城管系统干部浙江大学高级研修班、雨花区政法系统干部井冈山党性教育提高班、雨花区文秘骨干浙江大学专修班。每一期异地培训班都做到方案层层把关，管理严格细致，学风严谨务实，实实在在的培训，实打实的教学，注重实效。

（陈福湘）

老干部工作

【概况】 中共长沙市雨花区委老干部局负责全区离休和副县级以上退休干部的管理服务,并对全区退休干部管理工作进行宏观指导,归口区委组织部管理。区关心下一代工作委员会办公室、区老干部活动中心为二级事业单位。内设政治待遇科、生活待遇科、老年教育科、办公室4个职能科室。核定编制10人。2014年,有在职工作人员10人,雇员6人,机关离退休干部8人(其中离休2人,退休6人),设机关党总支1个,下设机关在职支部、机关离退休支部、省属企业离休支部3个支部。办公地点设在雨花区机关大院。2014年,全区年度绩效考核一等单位。 (李 奕)

【落实政治待遇】 2014年,雨花区以深入开展党的群众路线教育实践活动为契机,不断加强离退休干部理想信念、形势政策和政治纪律教育,利用"老干部大课堂",广泛征求老干部意见。1月6日,举行老干部代表迎春座谈会,区委副书记、区长邱继兴通报2013年度区经济社会发展情况和2014年工作思路、工作目标。区委书记周杏武充分肯定老干部的监督作用、模范带头作用和参谋助手作用,鼓励老干部为建设"五新雨花"、推动雨花发展共同努力。8月28日,区委组织部部长、统战部部长冯聪龙主持区离退休干部政情通报会,区委常委、常务副区长王雄文代表区人民政府向老干部通报2014年1—8月份经济社会发展形势,区委副书记汪娟详细介绍全区1—8月的经济社会发展情况。组织老干部参加区内重要会议与重大活动,前往云南丽江、大理等地考察学习;3月6日,组织全区离休及县级退休女干部30余人,参观长沙市园林生态园。4月3日,组织全区离休及县级退休干部80余人,参观湘乡市东山学校(毛泽东母校)。5月8日,召开离休干部座谈会。7月25日,组织区属离休及副县级退休涉军老干部赴长沙县开慧乡开展"八一"建军节活动。研究出台《关于加强和改进离退休干部党支部建设的通知》(雨组发〔2014〕11号),推行离退休干部"双重管理"模式,把退休干部党建工作融入街道社区网格化党建中,确保离退休干部党员就近接受教育管理,参加组织活动。表彰5个区级"五好"离退休干部党支部和22名"四好"离退休干部党员,佳润新都、中江国际花城、梨子山社区、公交小区等4个离退休支部被评为全市"五好"离退休支部示范点,其中佳润新都离退休支部被评为全省离退休干部先进集体。为老干部订阅《长沙晚报》《老年人》《党建文汇》《求是》等报刊,及时组织传阅中央和省、市、区有关文件,让老干部时刻知晓最新政策和重要信息,紧跟政治形势。 (李 奕)

【落实生活待遇】 2014年,雨花区主动回应老干部所需所盼,用心用情服务老干部,做好"三必访六慰问"和易地安置老干部走访慰问工作,全年上门走访老干部849人次,电话慰问900余人次。5月,组织老干部进行健康体检;先后前往山东、河南等地走访慰问易地安置老干部。建立老干部服务管理个性化档案,为老干部提供个性化、差异化服务,提高服务的针对性。建立老干部短信服务平台,为老干部生活、学习提供便捷服务。 (李 奕)

【离退休干部社区"四就近"工作】 2014年,雨花区巩固和提高离退休干部社区"四就近"服务工作阶段性成果,下拨经费20.5万元作为社区"四就近"工作扶助经费,帮助社区完善相关基础设施建设,完善服务功能。新增"四就近"工作示范社区16个,全区"四就近"工作社区达40个,枫树山、树木岭、韶山路和融城苑4个社区被评为市级示范社区。 (李 奕)

【"五老四教"工作】 加强区"五老"金牌讲师团队伍建设,邀请国防科大退休教授徐佐林、彭忠秋等专家加入讲师团,为讲师团注入新的活力与力量;开展全市第三批"发挥五老作用"示范阵地推荐评选工作,东塘街道"老首长工作室"、左家塘街道长钢社区被评为全市"发挥五老作用"示范阵地,全区创建市级"发挥五老作用"示范阵地9个,区级示范阵地40

个，成立“五老”志愿者服务团队93支；引导“五老”人员积极投身服务群众路线教育实践活动，活动期间，“五老”宣讲员在全区34个部门单位、街道开展群众路线教育实践活动主题宣讲47场，受众近5000人次，42个部门单位、街道邀请“五老”人员参加本单位教育实践活动动员会议1100余人次，参加征求意见座谈会650余人次，提出建议112条，助推全区教育实践活动的深入开展。（李　奕）

【关工委工作】 2014年2月27日，成立长沙市雨花区民营经济关心下一代工作委员会；8月14日，雨花区关心下一代工作推进会召开。区委副书记汪娟，区委组织部部长、统战部部长冯聪龙，区委常委、常务副区长王雄文出席会议并讲话。8月27日，雨花区关心下一代工作委员会、雨花区教育基金会主办“‘扶助贫困学子，助圆大学美梦’雨花爱心助学捐赠活动”。11月26日，深圳市盐田区关工委主任林电雄一行11人学习考察雨花区关心下一代工作。（李　奕）

【全区老干部工作、关工委工作部署会议】 2014年3月20日，雨花区老干部工作、关工委工作部署会议召开。全区各街道老干部工作分管领导、老干部工作专干和区直有关部门单位老干部工作负责人以及区老干局全体工作人员参加会议。区委常委、组织部部长、统战部部长冯聪龙出席会议并讲话。区委组织部副部长、老干部局局长章波主持会议。区委老干部局副局长杨建立和区关工委主任李仲文分别回顾并总结2013年全区老干部、关工委工作，并就2014年的老干部和关工委工作任务与重点进行部署。冯聪龙对做好2014年老干部、关工委工作提出三点要求：一是掌握老干部的真需要。要全面了解老干部的需求，有针对性地做好老干部工作。二是要有真作为。要加大人力、物力、财力等各方面的投入，提升老干部工作服务管理水平。三是要有真实效。要切实加强老干部学习活动阵地建设，继续深化“五老四教”等老干部工作品牌，扎扎实实为老干部办实事，确保老干部满意。（李　奕）

【《关于加强和改进离退休干部党支部建设的通知》出台】 2014年6月，雨花区委老干部局出台《关于加强和改进离退休干部党支部建设的通知》(雨组发〔2014〕11号)。文件按照统分结合、就近便利、灵活多样、注重实效的原则，推行离退休干部“双重管理”模式，倡导机关事业单位离退休干部党员到居住地社区党组织报到，既可参加居住地社区党组织生活，也可参加所在单位党组织生活，从而把退休干部党建工作融入街道社区网格化党建中，确保离退休干部党员就近接受教育管理，参加组织活动，在社区网格中发挥作用。（李　奕）

【离退休党支部建设工作推进会】 2014年6月11日，雨花区离退休干部党支部建设工作推进会召开。全区副县级以上退休干部和区属离休干部，街道党群副书记和区直部门单位党建工作负责人，区直部门、街道离退休干部党支部书记参加会议，区委常委、组织部部长、统战部部长冯聪龙出席会议。区委组织部副部长王青春主持会议。区委办党总支书记、第一副主任刘鹏飞作经验交流，砂子塘街道野坡社区公交小区离退休干部党支部书记易嘉勋和东塘街道政院社区退休干部党员彭忠秋分别作典型发言；区离退休干部党员代表、区政协原主席苏伟宣读在党的群众路线教育实践活动中致全区离退休干部党员的倡议书；区委组织部副部长、老干部局局长章波宣读《关于加强和改进离退休干部党支部建设通知》和《关于在全区开展“五好”离退休干部、“四好”离退休干部党员和“五好”关工委、特色“五老”工作站(室)、“五老”明星评选表彰活动的通知》，就新形势下加强和改进全区离退休干部党支部建设工作明确具体要求和举措。冯聪龙代表区委就加强和改进离退休干部党支部建设工作、开展好离退休干部党员群众路线教育实践活动提出三点要求：一是要凝心聚力，希望广大老同志多提宝贵意见，一如既往地关心支持雨花的新发展；二是要务实创新，各级各单位要与时俱进，切实履行好老干部工作和离退休党支部建设工作职责；三是要支持保障，为老同志发挥作用提供组织支撑，做

好服务工作。（李　奕）

【雨花区老干部工作推进会】 8月15日，雨花区老干部工作推进会在区政府一号楼B322会议室召开。区老年保健协会会长苏伟，区关工委主任、老干部大学校长谭小杰，区直有关部门单位老干部工作分管负责人，各街道分管老干部工作负责人及老干部工作专干参加会议。区委组织部副部长、老干部局局长章波主持会议。区委老干部局副局长杨建立分析与指导离退休干部党支部建设、老年教育网络课堂、“五老四教”“四就近”、信息宣传及“五好”离退休干部党支部、“四好”离退休干部党员、“五好”关工委、特色“五老”工作站（室）、“五老”明星推荐评选表彰等工作推进中存在的问题，提出下一阶段工作具体要求。苏伟、谭小杰分别就全区保健知识抢答赛和困境儿童帮扶等工作进行布置。章波代表区委组织部点评全区老干部工作和“五老四教”工作，并要求所有参会单位认真学习、传达、贯彻好会议精神，从组织上进一步加大力度做好老干部工作和“五老四教”工作。把握新形势、探索新途径、创造新经验。（李　奕）

【“同一片蓝天，同一个梦想”关爱困境儿童主题活动】 2014年8月27日，由雨花区关心下一代工作委员会主办，湖南华晨投资有限公司、雨花区教育基金会协办的雨花区“同一片蓝天，同一个梦想”关爱困境儿童主题活动举行。市关工委主任董学生、秘书长罗斌，区委副书记汪娟，区委常委、区委组织部部长、统战部部长冯聪龙出席活动。各街道、教育局关工委分管领导及专干、区教育基金会负责人、湖南华晨投资有限公司负责人、孟妈妈青护园、德乐园、德哆故事吧、雨花侨之家、鲁爷爷工作室、幸福里、长沙市雨花区群英公益发展促进中心等爱心组织负责人、帮扶对象、相关媒体工作人员参加活动。活动旨在充分发挥关工委作用，努力搭建奉献爱心平台，大力倡扬助人为乐的传统美德，营造全区关爱困境儿童的良好氛围，努力实现困境儿童学业有教、生活有帮、困难有助、安全有保，让困境儿童和其他孩子一样，在同一片蓝天下幸福快乐地成长，着力营造和谐雨花。区关工委主任谭小杰主持活动仪式。此次活动共资助2014年大学贫困新生11人，困境青少年26人。（李　奕）

【“五老四教”工作观摩会】 2014年9月30日，“雨花梦·夕阳情”2014雨花区重阳节主题活动暨“五老四教”工作观摩会在雨花大会堂举行。市、区有关领导，区直机关事业单位老干部工作分管负责人、老干部代表、各街道党群副书记、老干部工作专干、“五老”人员代表、各社区（筹委会）书记、区属离休干部和副县级以上退休干部、受表彰先进集体代表和先进个人及区老干部大学学员参加。区委副书记汪娟出席并致辞。活动旨在进一步巩固和提升离退休干部党支部建设成果，充分发挥先进“五老”组织的示范带头作用，激发全区离退休干部党员和“五老”人员参与社会管理、服务人民群众的热情与积极性，树立、宣传、推广先进典型，在全区离退休干部中进一步营造“学先进、比先进、争先进”的良好氛围。左家塘街道桂花社区离退休干部二支部等5个党支部被评为雨花区“五好”离退休干部党支部，罗国祥等22人被评为雨花区“四好”离退休干部党员，圭塘街道关工委等5个基层关工委组织被评为雨花区“五好”关工委，高桥街道金环社区“鹤发给力先锋队”等10个“五老”组织被评为雨花区特色“五老”工作站，彭云辉等10人被评为雨花区“五老”明星。（李　奕）

【《政府工作报告》征求意见座谈会】 2014年12月24日，雨花区政府召开《政府工作报告》征求老干部意见座谈会，会议听取区属离休及县级退休干部代表意见。区委常委、常务副区长王雄文主持会议，区委副书记、代区长张能峰出席。区政府办副主任钟波对《政府工作报告（征求意见稿）》的起草和形成过程作简要说明。老干部们一致认为，《政府工作报告（征求意见稿）》重点突出、经验总结到位，很好地总结了雨花区2013年所取得的政绩，反映出了雨花区发展的特点，对未来发展思路清晰，目标明确。老干部们还结合实际，就雨花区域经济发展、城市建设、民生建设、环境资源以及进一步完善报告内容等方面提出具体意见和建议。张能峰代表区政府衷心感谢老干部一直以来对区域经济社会事业发展的关心和支持，表示对老同志提出的宝贵意见，将认真学习、消化，落实好，进一步修改完善《政府工作报告》。希望老同志们继续关心、支持雨花区的建设和发展，积极建言献策，真正使《报告》更加符合雨花的发展实际和人民群众的心声。（李　奕）

【参加长沙市第二届老干部运动会】 2014 年 5 月，区委老干部局带队参加长沙市第二届老干部运动会，获广场舞比赛第一名和女子乒乓球比赛第二名。（李　奕）

【雨花区老年保健知识现场抢答赛】 2014 年 8 月 22 日，雨花区培育和践行社会主义核心价值观老年保健知识现场抢答赛在区会议中心中型会议室举行。活动由区委老干部局、区文明办主办，区老年保健协会承办，区疾控中心、湖南高桥投资有限公司、红星实业集团股份有限公司、全洲药业集团有限公司、湖南博瑞新特药有限公司协办。区委副书记汪娟、区委组织部部长、统战部部长冯聪龙，区委常委、常务副区长王雄文出席活动并致辞。活动旨在大力普及健康科学知识，提高全区中老年朋友健康知晓率，着力营造雨花区健康老人的社会环境。（李　奕）

信　访

【概况】 雨花区信访局下设区人民来访接待中心、区委群众工作办公室 2 个二级机构，内设办公室、办信科、办案科、复查复核科、网络信访科、督查督办科 6 个职能科室。核定行政编制 5 名，事业编制 7 名，全体在职干部职工数 26 人，其中班子成员 7 人，一般干部 7 人，雇员 8 人；退休 4 人。局党支部，党员 23 人，其中在职党员 19 人，退休党员 4 人。办公地点设在雨花区政府大院南门。

2014 年，区信访局强化进京非访治理，加强综合治访，推进积案化解，规范信访秩序，遏制信访增量，化解信访积案，接待来访 1396 批 4357 人次，批次和人次同比下降 5.5%和 26.8%，初访办结率 100%；办理上级交办件 37 件（含书记、市长信箱），同比下降 33.9%，人民来信 132 件，同比上升 2.3%，网上信访 138 件，同比上升 68.2%，其中省长信箱 87 件，同比上升 210.2%，市转网上信访 26 件，同比上升 36.8%，中央网上直转件 25 件，同比下降 28.5%，办结率均为 100%。各项特护期任务圆满完成，确保了全区政治安定、社会稳定。区信访局被评为市“2014 年度信访积案化解工作考核优秀单位”“2014 年度区县（市）群众工作一类单位”“2014 年二季度信访工作红旗单位”“2014 年三季度信访工作先进单位”“2014 年四季度信访工作红旗单位”“2014 年度全区政法工作先进单位”。（刘青帝）

【领导接访】 2014 年，中共雨花以区委办、区政府办下发《关于印发〈2014 年雨花区县级领导坐班接访工作时间安排表〉的通知》文件，并在《长沙晚报》上进行公示，确保每个工作日都有县级领导接访。全年落实领导接访日 87 个，接待群众 381 批 1142 人次，编发《接访专报》62 期。（刘青帝）

【复查复核】 2014 年，雨花区信访局全年接到复查复核申请 13 件，同比下降 40.9%，其中受理 1 件，不予受理 9 件，放弃申请 3 件。共出具告知书 10 份，出具复查意见书 1 份，所有书面材料均亲自送达信访人并由信访人签收。（刘青帝）

【信访救助】 2014 年，按省统一下拨补助资金 1：1.5 的比例，雨花区财政拨付“解决特殊疑难信访问题专项配套资金”45 万元，区级信访救助金 100 万元，对 12 个信访人给予信访救助，发放救助金 42 万元，未使用完的资金存区财政局。（刘青帝）

【化解积案】 2014 年，雨花区坚持把“事要解决”作为控增量、减存量的积案化解手段，化解李阳、叶慧英、宋军良、秦利华等信访积案 71 个，信访人均未再进京上访,其中31人签订息访息诉协议书,省委书记、市委书记和市长交办以及省委督导组交办的7件积案,全部成功化解。组织开展"深入践行群众路线,切实化解信访积案'百日专项行动'"活动,对全区突出信访问题进行再次梳理,提请区委对其中17个重点问题重新进行领导包案和集中交办,严格落实"三有""五个清楚""八个一"的工作要求;区联席办每周一调度,区联席会议召集人每月一会商,区主要领导每月一督办,每次突出问题专题研究会议都由联席会议召集人组织,与重点案件的包案领导和相关责任单位的负责人一起进行联合会商,研究制定具体的解决方案、工作措施、进度安排,区联席办负责督促落实。 (刘青帝)

【依法治访】 2014年,雨花区建立依法治访联席会议工作机制,成立依法治访工作领导小组,定期召集公、检、法、司、信访、维稳等职能部门专题会商,对进京非访重点人员成立专案组,实行"一案一查,一访一查"。出台《雨花区联席会议工作规则》,明确工作目标,处置原则,组织领导,处置方法和流程,妥善处置各类赴省到市上访67批2720人次,未发生一例群体性重大恶性事件。元旦、春节、全国、省、市、区"两会"、十八届四中全会、APEC峰会、"七一""八一"、中秋、国庆、全国文明城市创建、农博会等特护期间,均组织工作力量驻火车站和相应的值班点开展巡查劝导,驻点值班85天,成功劝返各类拟进京非访人员64人次,进京非访登记人次同比下降60%。派驻专门的工作组常驻北京,一名副局长坐镇调度,从各重点街道抽派精干力量,建立调度处置、信息收集、外围查找,人员疏导,送返回长,法制教育的接访送返机制,化解准备进京非访的苗头隐患20起,疏导稳控已经购票准备进京人员45人次,30人次进京信访群众在未非访前被送返。

(刘青帝)

【群众工作】 2014年,雨花区围绕"访民情、解民忧、聚民心"主题,组织指导全区各级各部门认真开展群众工作,率先全市制定"实事办结一览表",全区133个群工站公示每月实事办理情况,并按月更新。2014年,市对区群众工作考核中被定为一类,经验推介、信息采用名列全市第一。开展"三个一""向群众承诺、为群众办事""结对帮扶、排忧解难"三大主题活动,各基层党组织和广大党员干部驻站联社区,围绕服务群众、回应群众、为群众办实事、解难事。走访群众33133户,召开座谈会1158场次,收集群众反映意见建议3950条,解决群众反映问题3481个,化解矛盾纠纷1453件,为群众办实事5309件。联系重点信访对象474人,联点驻站工作组包案信访突出问题152件;全区群工站共承诺办理实事432件,通过与群众结对子、认亲戚等方式,与群众结对认亲1054户,帮扶困难群众11091人,提供救助资金70.71万元。左家塘街道树木岭社区在原有社区博客、小区QQ群、社区网站的基础上开通社区微博"牵手树木岭";东塘街道开通"百事通"便民服务套餐,发布网上"东塘百事通"电子书,开通"百事通"手机版,并印刷成书,免费发放;砂子塘街道在群众工作站下设民生维权室,聘请5名知名律师免费开展法律咨询、法律知识培训以及法律维权活动;侯家塘街道以有威望的名人、老人、社区民警为工作骨干,在全市首创"街坊仲裁庭";东山街道创新"土地征收全程服务所"群众工作载体,连续三年实现无进京赴省到市非访的目标,维护拆迁群众的合法权益,确保征拆工作"拆得下、稳得住、安得好";雨花亭街道依托"两站两室两点"服务体系,打造以"三建""三联""三创"为特色的"百企联建"非公党建示范点,成为非公党建对外展示的窗口,并以"格子公司"的形式为初始创业的大学生和居民群众提供创业场所,同时明确实行"三免"(免创业阵地租金、免物管费用、免水电费用)的孵化政策;井湾子街道实施小区楼栋"幸福里"工程,结合楼栋实际开展文明幸福里、绿色幸福里、亲子幸福里、红色幸福里等创新活动,提升居民群众的归属感、认同感。 (刘青帝)

【雨花区积案化解推进会】 2014年7月10日,雨花区信访工作经验交流暨积案化解推进会在区会议中心召开。市人民政府副秘书长、市信访局党组书记、局长周春晖，区委书记、区长邱继兴，区委副书记汪娟，区委常委、区委办主任黄文先，区委常委、常务副区长王雄文，区委常委、政法委书记王维宁，副区长、区公安分局局长谭应林出席会议。区联席会议专项工作小组组长，区联席会议成员单位负责人，各街道工委书记、分管副书记，各社区（筹委会）书记或主任，区信访局全体人员参加会议。汪娟主持会议，王雄文点评和部署 2014 年度上半年全区信访工作，圭塘街道、井湾子街道、东山街道分别作经验交流发言，区公安分局介绍依法治访情况。会议表彰奖励信访积案化解和先进单位，高桥街道张某某案，雨花亭街道王某某案等 11 个案件获“一类积案化解奖”，每案奖励 3 万元；左家塘街道唐某某案、侯家塘街道孟某案获“二类积案化解奖”，每案奖励 2 万元。侯家塘街道、砂子塘街道、东塘街道、圭塘街道、东山街道获“信访工作‘三无’先进街道奖”，各奖励 3 万元。区委政法委、区政府办、区信访局、区公安分局（治安二大队，法制科，国保大队）获“处理信访突出问题及群体性事件特别贡献奖”，每个单位奖励 3 万元。区建设局、区人社局、区法制办、区征地办、区国土分局、区金融办获“信访工作先进单位奖”，各奖励 1 万元。

（刘青帝）

【首例疑难信访积案听证】 2014 年 8 月 26 日，陈某某信访事项公开听证会召开。区委常委、常务副区长王雄文主持听证会。听证会邀请区人大代表、区政协委员、基层群众代表及专业人士在内的 9 名听证员，其中 6 名由信访人抽签选定。信访人陈某某陈述听证申请诉求和理由，被信访方原五一村村改居后成立的五一实业有限公司进行申辩，双方代理律师开展举证、质证及辩论，原处理单位及职能部门进行政策解答并发表处理意见，通过 3 个小时的陈述、举证、质证、辩论，最后，听证员站在客观公正的立场，发表独立的意见，通过表决，形成听证结论。省政府副秘书长、省信访局局长张严，市政府副秘书长、市信访局局长周春晖，雨花区委书记、区长邱继兴，区委副书记汪娟现场观摩听证会议。11 月 8 日，湖南都市频道“信访调解进行时”栏目以《园长的养老金到底该不该付》为题对此次信访听证会进行播出。

（刘青帝）

【群众工作会议】 2014 年 2 月 28 日，雨花区召开全区政法、信访工作暨“一推行四公开”群众工作会议。区委副书记、区长邱继兴主持会议，各街道、区直各部门单位参加会议。区委常委、区委办主任、政法委书记王维宁作政法工作报告，常务副区长王雄文作信访工作报告，区委副书记汪娟作群众工作报告，区委书记周杏武强调，要牢记宗旨、抓住根本，做好群众工作；要提高能力，做好服务工作。（刘青帝）

【集中交办社区问题】 2014 年 8 月 1 日，雨花区“访民情 解民忧 聚民心”——首批社区问题集中交办会在区会议中心中型会议室召开。市委群工办副主任、市信访局副局长陈艳，市委群工办群众工作指导处处长王硕到会指导。区委常委、组织部部长、统战部部长、区委群众工作领导小组副组长冯聪龙主持会议。区属各部门单位主要负责人，各街道工委书记、分管群众工作副书记，相关社区（筹委会）主要负责人参会。特别邀请 10 名社区居民群众代表全程参加此次会议。会议组织观看《2014 年雨花区部分社区反映的问题纪实》VCR。该纪录片形象、直观的收录正圆、红花坡、潭阳、长重、桔园、丰园等 10 个首批帮扶困难社区居民群众最关心的 38 个问题，78 位特困群众。副区长邹犇淼对 38 个问题进行交办，明确部门、街道、联点驻站单位的工作职责，办结期限，要求责任单位制定具体工作方案，明确承办负责人，对承办的问题认真进行调查核实，对能够解决的问题一定要在三个月之内基本解决，对人民群众的诉求，能解决的坚决解决到位；不能解决的，一定要细致耐心解答到位。并要求居民群众全程参与监督，并将邀请群众代表参与交办问题办理汇报会和办理情况验收。区民政局、区城管局就交办问题作表态发言；东塘街道、桂花社区负责人作群众工作信息平台建设经验发言。区委副书记汪娟从全力帮扶解民困、明确主体优服务、培育亮点

创特色等方面点评群众工作,要求以更高标准扎实推进下阶段群众工作。（刘青帝）

史志档案

【概况】 雨花区史志档案局内设办公室、史志科、档案法制宣教科、档案馆4个职能科室。核定编制8名,其中领导职数4名;全体在职干部职工数16人,其中副县级干部1人,引进人才2人,雇员5人;退休7人;党员21人,其中在职党员13人。办公地点设在雨花区人民政府机关大院文化中心。

2014年,区史志档案局启动《雨花年鉴》《红星村志》《洞井镇志》和《黎托乡志》编纂工作,开展《红色记忆》党史系列资料征集工作,编印《长沙市雨花区年鉴编纂手册》,公开出版《雨花年鉴(2013)》,局馆提质扩容与“雨花区档案信息管理系统”项目建设取得实质性成果。获评“全省档案宣传工作先进集体”、《长沙年鉴》组稿一等单位、长沙市党史工作目标管理先进单位。（唐清明）

【党史工作】 2014年,雨花区深化党史宣传教育“四进”(进机关、进学校、进社区、进家庭),发挥离退休老干部作用,联系党史联络组老干部,结合“五老四讲”活动,推进党史“四进”活动。启动《红色记忆》编纂工作。制定《〈红色记忆〉系列汇编实施方案》,收集到50余篇,30万余字的《红色记忆》系列资料,并着手对文稿进行编辑。联络区农水局、党史联络组参与《湖南优良水稻品种的推广与应用》回忆录撰稿。协助区委组稿《长沙党委工作纪事》(2014卷)。完成市委办“党和国家领导人在长沙视察”资料征集任务,收集大量文字资料及与原郊区和雨花区有关的图片10余张。11月13日,市委党史联络组对雨花区党史工作进行调研,肯定雨花区党史工作的成绩并提出建议。（唐清明）

【地方志工作】 2014年,雨花区开展《地方志工作条例》颁布8周年宣传活动,在长沙汽车工业学校开展地方志宣教“进学校”活动,制作两块宣传板报,展示党和国家主要领导人对史志工作的重要阐述,利用区政府、各街道及区直单位的电子屏播放史志宣传标语。启动《雨花年鉴》编纂工作。编印《年鉴编纂手册》,指导规范年鉴编纂工作;3月18日,召开《雨花年鉴》编纂工作暨培训会,11月,公开出版雨花区首部年鉴《雨花年鉴(2013)》,使年鉴成为宣传推介雨花区经济社会发展的又一重要窗口。3月,向全区发放《关于报送〈雨花年鉴〉(2014)稿件的通知》,收集到有100万余字,图片1000余张图片的年鉴资料,资料质量和数量比上年有显著提升。年内完成《雨花年鉴(2014)》部分初稿撰写。启动乡镇志编纂工作,组织相关人员到青岛和苏州两市学习乡镇志编纂工作经验,为雨花区乡镇志编纂工作打下基础。启动《红星村志》编纂工作,制定《〈红星村志〉编纂工作方案》,摘录复印有关资料并整理35卷,约100万字,收集大量文字电子稿、录音及图片资料电子档案。参与《长沙年鉴》2013年度人物、年度事件评选推选工作,“雨花区成湖南省首个财政过百亿城区”获评《长沙年鉴》2013年度事件,李杨获评《长沙年鉴》2013年度人物。撰写《城市区志四种属性》在《长沙史志》2014年第1期(总第4期)发表。（唐清明）

【档案工作】 2014年,雨花区加强档案法治宣传活动,与市档案局在烈士公园联合开展“6·9”国际档案日宣传活动,发放档案宣传手册300余份。将档案执法检查纳入区绩效考核专项检查,对检查中发现存在问题的要求单位限期整改,并进行复查,促进档案收集、整理、归档的常态化、规范化管理。会同相关部门研究商定扩容建库方案,解决馆库扩容问题。启动“雨花区档案信息管理系统”项目建设,提高档案服务利用水平。制定出台区档案馆接收档案范围实施细则和2014年档案接收计划,加强公务礼品档案、人物档案、民间地方特色档案等收集工作。丰富档案载体,电子、声像等新型载体档案纳入进馆范围。通过公开征集购买、协议无偿代管等多种方式,拓宽档案资源进馆渠道。4月,举办两期档案培训班,全区区直部门、街道(社区)档案工作人员200余人参加培训。落实国家档案局10号令,开展区内重点企业档案业务指导和规范工作。馆藏档案数字化率90%以上,全文数字化率30%左右。对档案数据存储设备进行扩容,所有电子数据进行备份,档案信息数据库实现内网运行。定期进行库房安全检查,全年未发生档案泄密、损毁、丢失事故。全年接收工程档案212卷、文书档案828卷(盒),改制单位(黄兴医院)病案63778份、会计档案3006册、名人字画33幅、个人技术档案277份。全年接待档案利用者2160人,提供档案3290卷(盒),复印9160页。接收婚姻档案677卷、三重档案1176卷、特色档案26卷。 (唐清明)

【《雨花年鉴》编纂工作暨培训会】 2014年3月18日,区史志档案局在区委党校组织召开《雨花年鉴》编纂工作暨培训会,局长陈智、副局长李景明及全局干部职工,雨花经开区、火车南站综管办、各街道、各区直部门100余人参加会议。陈智对年鉴编纂工作提出具体要求,李景明对年鉴工作进行部署和安排。《长沙年鉴》编辑部副主编尚畅以《年鉴组稿中应注意的若干问题》为题,进行业务培训。该次会议的召开,标志着雨花区正式启动年鉴编纂工作,是对区级地方志工作的创新,为加强年鉴编写队伍建设,高质量编纂《雨花年鉴》打下良好基础。 (唐清明)

【《地方志工作条例》颁布8周年宣传活动】 2014年5月16日,雨花区史志档案局局长陈智带领局干部到长沙汽车工业学校开展地方志宣传"进机关,进学校,进社区,进家庭"主题活动,与学校师生座谈如何开展以史鉴今,科学用史,拓展方志事业;副局长李景明就方志的起源、历史和意义等方面向师生进行宣讲,并向学校、学生赠送《长沙市雨花区志》《长沙市雨花区简志》等方志书籍100余本,发放《地方志工作条例》宣传手册200余册。制作两块宣传板报,内容包含国务院《地方志工作条例》和《湖南省实施〈地方志工作条例〉办法》,并突出宣传习近平、李克强关于地方志工作的重要讲话或批示,重点展示李克强在第五次全国地方志会议"修志问道,以启未来"的批示。利用区政府、各街道及区直单位的电子显示屏,以"热烈庆祝国务院《地方志工作条例》颁布8周年"为标语,滚动播出宣传标语,让更多人了解地方志工作。 (唐清明)

【《红色记忆》编纂工作】 2014年年初,雨花区史志档案局制定《〈红色记忆〉系列汇编实施方案》,明确编纂任务、体例、前期的准备及相关的保障措施。3月6日,召开《红色记忆》编纂工作动员会,部署和安排《红色记忆》编纂工作,确定工作的方向和重点。6月4日,召开《红色记忆》编纂工作座谈会,邀请3名经验丰富的有编写党史经历的离退休老干部参与会议,重点研究如何收集《红色记忆》系列资料。截至年底,收集到回忆录、口述史、个人传记、研究论著等各种类型共50余篇,30万余字的《红色记忆》系列资料。区档案局将所有《红色记忆》纸质文稿录为电子档,并着手对文稿进行编辑校审,根据文稿的标题和内容,进行分析、归类和整理,形成《红色记忆》目录,完成《红色记忆》初稿。 (唐清明)

【乡镇志编纂工作】 为充分保存利用好原洞井镇、黎托乡的历史资料,记录乡镇经济社会发展成果,雨花区在2014年初启动《洞井镇志》《黎托乡志》编纂工作。5月4—13日,到青岛和苏州两市学习乡镇志编纂工作经验,参观当地乡镇志编纂成果,了解在开展乡镇志编纂工作中的重点和难点,并带回《角直镇志》等数十本具有参考价值的志书资料。6月19日、20日,在洞井街道、黎托街道分别召开《洞井镇志》《黎托乡志》编纂工作座谈会,就如何做好乡镇志编纂工作,在人力、物力、财力上确保工作的顺利开展进行探讨和交流。随后,洞井街道、黎托街道分别完成《洞井镇志》《黎托乡志》编纂工作方案,聘请专家及退休老干部专门负责该项工作。11月3日,乡镇志编纂工作推进会召开,区史志档案局与洞井街道、黎托街道就乡镇志编纂工作前期遇到的问题进行交流探讨,对之后如何做好该项工作进行研究部署。

(唐清明)

【《红星村志》编纂工作】 红星村是雨花区具有改革开放典型特征的一个村,为客观记述红星村经济、文化及社会等各方面的发展情况,积累、保存相关重要文献资料,雨花区在2014年年初启动《红星村志》编纂工作。成立《红星村志》编辑部,制定《〈红星村志〉编纂工作方案》(草案)。3月20日,召开《红星村志》编纂工作座谈会,对《〈红星村志〉编纂工作方案》(草案)进行深入商讨。4月28日,在红星实业集团召开《红星村志》编纂工作动员会,确定《红星村志》的工作方向和重点,并对如何开展该项工作进行安排部署。5月4—13日,《红星村志》编辑部参与青岛、苏州两地的参观学习,收获大量村志编纂工作经验。《红星村志》编辑部制定资料收集提纲,对资料收集进行分工安排,通过查阅档案资料、走访80岁以上退休老干部、老党员,召开专题座谈会等形式,收集与红星村政治、经济、文化、社会发展等各方面相关的文字资料、口述资料、实物资料等各种资料。截至年底,查阅雨花亭街道档案(1951—2005年)1031卷,红星村档案150卷,摘录复印有关资料并整理35卷,约100万字,并收集到大量文字电子稿、录音及图片资料电子档案,为《红星村志》文稿正式编写做好充分准备。 (唐清明)

【"雨花区数字档案馆"建设】 2014年,区档案局推进"雨花区数字档案馆"建设,并完成政府采购程序。"雨花区数字档案馆"建设目标是按照国家数字档案馆建设标准,建成雨花区数字档案馆和电子文件中心,实现全区档案管理信息网络全覆盖。具体内容包括采购雨花区数字档案馆所需的服务器、存储备份系统;采购数字档案馆室一体化软件应用平台;完成区档案馆馆藏档案目录和全文数字化处理,实现档案数字化利用和信息资源共享。 (唐清明)

【档案业务培训班】 2014年4月18日,举办全区档案业务培训班,副区长李国军,区档案局党组书记、局长陈智,副局长曾振环,区直各部门、各街道办事处80余名档案员参加培训会议。李国军强调全区各级各部门要做好收齐档案、管好档案、用活档案;授课教师结合大量案例,注重实际操作,直观讲授档案业务知识和操作技能3个方面的工作。4月29日,举办全区社区(筹委会)档案业务培训班,全区各社区(筹委会)的140余名档案员参加培训会议,培训结合社区(筹委会)工作职能和特点,对社区(筹委会)文书和业务档案收集、整理、保管、利用,声像档案整理以及社区(筹委会)档案管理制度、档案法律法规进行重点讲解,突出实用性和操作性。该次培训会议对提升全区档案工作人员业务素质,促进社区(筹委会)档案室规范化建设起到重要作用。 (唐清明)

机关党建

【概况】 中共长沙市雨花区直属机关工作委员会(简称"区直机关工委")负责区直机关党务、党建工作。核定行政编制3名,实有4人,其中领导职数4名。2014年,区直机关工委辖9个党委,11个党总支,71个党支部,党员总数1272人。 (石曙红)

【思想政治建设】 2014年,区直机关工委注重把理论学习同区委、区政府的重大决策部署结合起来,深化党员教育,举办中共十八大精神党员专题学习班2期,开展"送书到支部"活动,将党的十八大精神的学习辅导书籍送到党员干部手中。对3本必读书目进行专题学习,开展"学习身边典型,做群众贴心人"专题讨论,观看《焦裕禄》等教育专题片,到胡耀邦故居和文家市秋收起义纪念馆开展红色教育,参加教育实践活动基础知识问答,开展"人民利益高于一切"主题诵读活动。开展"书记讲党课"活动,引导党员干部树立重视学习、终身学习的理念,进一步浓厚区直机关党支部学习氛围。 (石曙红)

【基层组织建设】 2014年,雨花区以"星级支部"为抓手,推进机关党支部阶梯式管理。在强化"班子队伍建设""支部建设"及"业务指标"等传统标准外,将党员作用、群众工作、作风建设、窗口单位为民服务等列为创建重点,科学设定创建标准。由普通党员、服务对象、监督员组成评审组，严格评审，力求评审结果公平公正，实现“星级支部”动态管理。组织召开机关党建工作务虚会，对机关党总支部、党支部工作进行述职测评。科学谋划机关党建工作，进一步提高机关党建科学化水平。举办党建工作沙龙。区直机关党务干部教育培训纳入全区干部教育培训计划安排。11月，在厦门大学主办为期一周的党建干部党性研修班，机关总支、支部书记及部分机关党建专干70余人参加培训。做好党员发展和支部换届工作，严把党员发展质量关，发展新党员7人，转正党员11人。新建党支部2个，总支换届2个，支部换届9个。开展走访慰问老党员和生活困难党员活动，评选表彰“五好”离退休干部党支部1个、“四好”离退休干部党员15个。开展“四德五评”工作，对全区510名科级实职干部实施德的考核，增强干部加强道德修养的自觉性。

（石曙红）

【党员志愿服务】 2014年，雨花区贯彻中共十八大精神，“推动学雷锋活动常态化”。区直机关学雷锋志愿服务活动年度有方案，月月有安排，周周有活动，支部齐参与，党员诚奉献。年初，制定主题活动方案，建立区社会福利中心、区永济老年养护院等9个志愿服务基地，一周安排一个支部进行爱心志愿服务。活动形式、内容不断丰富，有自编自演的文艺节目、专家保健知识讲座、为老人防病治病提供咨询、帮助整理房间、打扫卫生、为老人集体做寿，为社会福利中心绿化美化环境等等。组织区直机关参加无偿献血活动，125人到现场验血，成功献血人数为97人。召开区直机关干部职工志愿者注册工作暨志愿服务推进会，组织在职人员在长沙市志愿服务系统进行注册，并对个人志愿服务开展情况及时进行登记。1月23日至2月7日，组织区直机关党员干部开展“千名干部志愿服务高铁春运活动”，端午节期间（5月30日至6月2日），组织200名机关干部志愿者参加“品质雨花 文明高铁”学雷锋志愿服务活动。区直机关工委被评为区敬老模范单位、区无偿献血先进单位、长沙市学雷锋扶残助残“十佳”爱心团队（市直机关、区县机关唯一一个）。区直机关志愿服务活动分别被人民网、《中国日报》、新民网、《湖南日报》《长沙晚报》、长沙新闻网、星辰在线等省内外媒体报道，《长沙晚报》11月28日专题介绍。

（石曙红）

【群团组织活动】 2014年，雨花区直机关举行“人民利益高于一切”主题诵读比赛，27个支部的党员代表经选拔参加区直机关决赛。开展向优秀共产党员邓悦学习活动，各支部深入开展进行一次集体学习动员、组织一次专题讨论、举办一次“身边的典型，学习的榜样”主题演讲比赛，开展一系列为民服务主题活动的“四个一”活动。举办2014年区直机关干部职工篮球赛，举行“团结、拼搏、进取”为主题的棋牌比赛，862名干部职工参加。组织区直机关166名干部职工子弟在雨花区素质教育基地参加为期一天的“快乐成长”少儿夏令营活动。通过开展各类专题活动，进一步激发党员干部工作干劲，焕发干事热情。区直机关工会、共青团、妇联工作分别被评为市级先进单位。

（石曙红）

【党风廉政建设】 2014年，雨花区直机关加强党风廉政建设。开展区直机关“4·20”廉政文化节活动，组织党员干部观看廉政教育片，到长沙看守所开展警示教育，举办“学党章、守党纪，清廉务实为人民”演讲比赛，宣传学习党章，推介身边典型。制定《雨花区直机关工委2014年党风廉政建设责任制目标》，完善党风廉政建设责任追究制定，按照“一岗双责”要求，量化分解党风廉政建设责任，党支部委员按分工各负其责，定期向党组织汇报情况。开展党员干部述职述廉2次，上廉政党课4次，组织干部学习廉政建设理论知识2次、观看反腐倡廉教育片2次、听反腐倡廉形势报告1次、参观反腐倡廉警示教育基地1次。利用各种机会及时传达学习省、市、区关于党风廉政建设的一系列指示精神，切实做到制度严、职责清、情况明、落实好。深化党务公开，区直机关年度党员发展、预备党员转正、党费收缴、基层党组织分类定级、“星级党支部”创建，机关工委“三公经费”等事项均按要求及时予以公示公开。以贯彻执行中央“八项规定”,省“九条”“八条禁令”、省纪委文件和市“五项规定”为突破口,进一步严肃机关办公秩序,规范机关党员干部日常上班行为,提升行政效能。牵头组织或协同区纪委、区委组织部、两办督查室等部门开展作风建设督查7次,发督查通报4期,其他情况则当面向相关单位领导反馈。组织开展党员和公职人员违章建筑自查自纠工作,在深入动员教育的基础上,逐人谈话、逐人登记、逐人填报相关情况,做到宣传教育不漏一人,违章建筑不漏一处。区治大院内务管理进一步规范,内务秩序进一步好转,开展流动红旗评比活动12期。（石曙红）

【结对帮扶】 2014年,雨花区将结对共建与“一推行四公开”、在职党员进社区活动相结合,坚持统筹抓、结合抓、聚力抓。专门召开“结对共建”“党员进社区”工作推进会,交流经验,推进工作。工委领导带头深入联点社区、带头进村入户、带头帮扶困难群众,走访群众200余户,慰问困难群众20户,为联点社区解决帮扶资金3万元。区委办党支部联点同升街道白田社区,坚持每名党员都联系5户家庭,先后走访居民群众600余人次,解决居民反映强烈的道路建设、拆迁安置、集体资产管理等难题20余个。区编办提出建立“十分钟社区文化圈”理念,协调有关单位投入23万余元,在社区楼苑之间配套文体设施和健身器材,满足群众的多年期盼。区直机关工委与区人社局、黎托街道、川河社区协同合作,举办居民就业现场招聘会,促成群众与企业达成就业意向,解决社区失地农民再就业。区直机关工委克服困难支持3万元资金,帮助川河路的修建硬化建设。联点洞井街道,参加安全隐患排查和维稳工作,认真细致尽职,得到群众的肯定与好评。（徐科华）

雨花区人民代表大会

主要工作

【概况】 长沙市雨花区人民代表大会常务委员会（简称“区人大常委会”）机关设6个正科级办事工作机构。12个人大街道工作委员会为其派出机构。常委会机关有在职干部职工19人，雇员6人，离退休人员26人。

2014年，区人大常委会党组贯彻落实践行党的群众路线教育实践活动“照镜子、正衣冠、洗洗澡、治治病”总要求，认真查找“四风”方面存在的突出问题43个，逐一提出整改措施，逐步建立长效机制。加强学习型党组织和学习型机关建设，坚持并完善常委会集体学习和党组班子成员轮流讲党课制度，不断提高常委会机关干部的理论素养和业务能力。组织学习习近平总书记在庆祝全国人大成立60周年大会上的重要讲话精神，并组织召开全区庆祝座谈会。加强对上联系和对外交流，安排机关干部到省市人大进行学习培训，组织常委会各工作委员会兼职委员、人大街道工委负责人以及机关干部分赴外地专题考察，接待兄弟区县人大到区考察调研3批次。服从区委统一安排，常委会领导、部分委室负责人分别参与和服务群众工作、联点工作、雅塘片区改造、红莲广场拆迁、川河片区建设、平阳项目征收及教育实践活动督导、文明创建督查等重要工作，督促解决经济社会发展中的困难问题。

2014年，区人大常委会召开主任会议34次，常委会议10次，审议议题29个，听取和审议专项工作报告17次，作出决议决定8项，组织开展执法检查调研5次、专项工作评议1次、集中考察调查5次，对8件规范性文件进行备案审查。（陈　伟）

【监督工作】 2014年，区人大常委会坚持围绕中心、服务大局，按照依法监督、突出重点、注重实效的原则，认真行使监督职权。为避免监督议题流于形式，年初，常委会审议通过《2014年工作要点》，印发“2014年工作计划安排表”，分月份、按计划、有重点地选择主要议题，审议议题时选取主要侧重点：对财政监督侧重于政府性债务、税源建设和全口径预决算审查监督；对城市建设监督侧重于城中村和棚户区改造等。在坚持运用召开“一府两院”工作联席会议、听取审议工作报告、考察调研、执法检查等常规监督方式的同时，常委会审议通过《专项工作评议暂行办法》，对“一府两院”工作监督专题化、精细化、制度化。根据“凡议必调研”的原则，有针对性地开展会前视察活动，不断强化对议题有关情况的掌握。探索满意度测评，组织参会人员对听取的报告，按照“满意、基本满意、不满意”三个等次，采取无记名投票进行评价。建立会后跟踪督查机制，对审议意见实行致函交办，对整改进度进行跟踪问效，对落实情况推行刚性监督。认真贯彻依法治国方略，监督区政府及有关部门制定落实年度普法工作计划。开展“司法公正长沙·雨花行”活动，重点监督支持区法院、区检察院、区公安分局、区司法局贯彻落实《中华人民共和国刑法》（简称《刑法》，以下法律均只注明实体名称）、《刑事诉讼法》和其他法律法规关于社区矫正工作的有关规定，促进司法机关相关工作在监督中规范和提升。大力弘扬宪法精神，协调开展“12·4”国家宪法日活动。配合省市人大开展《城乡规划法》《税收征收管理法》《专利法》《禁毒法》《森林法》等法律法规实施情况的执法检查。完善规范性文件备案审查机制,对区政府报备的规范性文件进行备案审查,维护国家法制的统一。全面履行预算监督职能,着重加强对预算资金使用绩效的监督。先后两次听取审议区本级财政预算执行情况报告,审查批准了2013年决算报告和2014年预算调整报告,提出严格预算管理、完善预算编制、培植壮大税源、防范债务风险等意见。专门召开全口径预算探索研讨会,推动区政府确定实施全口径预算管理的具体步骤。邀请省人大财经委副主任委员、预算工委主任朱新民到区开设《加强对政府全口径预决算审查监督》的专题讲座。实行提前介入,积极参加部门预算编制工作等财政专题会议,全面把握年度预算编制的总体情况和基础数据。从预算的编制、执行、调整、决算及审计等环节入手,深化预决算全过程监督。对财政、审计和国税、地税等部门进行重点调研,听取区审计有关工作情况报告,切实增强预决算监督的针对性。

(陈　伟)

【决定与任免工作】 2014年,区人大常委会坚持党管干部与依法任免有机统一的原则,健全人事任免工作制度。规范拟任免干部呈报工作,加强常委会组成人员对拟任人员的了解,完善听取拟任人员有关情况说明、任前调查、法律考试、任前陈词、无记名投票表决和颁发任命书等法定程序,提高任免工作的规范性和公信力,共依法任命国家机关工作人员23人、免职16人,任命区法院人民陪审员79人、免职1人,补选区人大代表16名、市人大代表4名。

(陈　伟)

【代表工作】 2014年,区人大常委会深入开展"人大常委会联系代表,代表联系人民群众"的"双联"活动,主动为代表履行职责提供平台,为代表知情知政拓宽渠道,为代表联系选民创造条件,为代表干事创业竭诚服务。常委会组成人员经常深入基层了解代表的工作和履职情况,听取收集对全区各项工作的意见建议。举办区人大代表履职专题培训班,建立代表履职档案,召开代表履职工作经验交流会,涌现出一批创新成果和先进典型。切实提高代表在常委会工作中的参与度,全年共邀请代表280人次列席常委会议、参加各项视察、旁听区法院庭审、参加区检察院开放日等活动,部分人大街道工委还组织代表对政府职能部门的派驻机构进行工作评议。建立人大代表向选民述职的制度,29名代表向选民述职。注重在引导代表提出意见上求质量、办理方式上求创新、督办落实上求实效。坚持常委会领导重点督办、委室归口督办、邀请代表共同督办和开展专项视察制度,先后两次听取审议区政府关于区四届人大二次会议议案、建议、批评、意见办理情况的汇报。

(陈　伟)

【决定重大事项】 2014年,区人大常委会积极发挥地方国家权力机关职能作用,通过科学决定重大事项,助推经济转型升级。贯彻区委"加快打造中部现代服务业中心"战略,注重在增进共识、营造氛围、提出建议等方面下功夫。主任(扩大)会议专题听取区政府关于中部现代服务业中心建设的汇报,提出完善产业链、抢占制高点、打造新平台、提高集聚度的合理意见以及观念带动、规划驱动、政策推动、项目促动的具体建议。重点围绕产业项目建设、农民拆迁安置、城中村和棚户区改造、城市综合体发展等议题,开展"基层集中走访月"活动,听取全区12个街道有关情况汇报,考察重点项目43个,向区委提交《看项目、听意见、找出路》的调研报告,为全区经济发展和项目建设提供重要参考。认真研究项目建设情况,针对项目投资趋缓、进展迟滞、后劲乏力等问题,专门提出产业项目引导帮扶、择商选资、税收调度、"两安"用地等方面建议。督促项目加快施工进度,2014年"项目推进雨花行"重点项目——欧亚达第一国际的拆迁腾地等工作进展顺利。为加快推动高桥大市场的提质改造和红星大市场的择址迁建,常委会组成人员多次到两大市场调研,主任会议专题听取区政府关于两大市场未来发展定位的汇报,提出科学论证、合理布局、争取政策、整合资源、强化引导、加快实施的建议。听取审议2013年区本级政府性债务融资与偿还执行情况及2014年区本级政府性债务融资与偿还计划、城投公司债券发行、经开区向市先导投公司拆借短期借款的报告，常委会作出决议明确2014年政府性债务规模，要求区政府加强科学决策、控制债务规模、规范举债行为、完善全程管理，保障全区经济社会良性健康发展。通过广泛调研、综合考虑，认真向省、市人大会议提交启动长沙东南区划微调的建议，积极为雨花区划拓增鼓与呼。常委会听取审议区政府关于提请接管跳马镇的议案，作出批准成建制接管跳马镇的决定。

（陈　伟）

【专项活动】 2014年，区人大常委会继续开展“环保世纪行”活动，听取区环保工作汇报，加强对“两河”流域污染整治工作的监督，实地察看花桥污水处理厂、圭塘河生态经济带和浏阳河沿线现状，督促职能部门履职；关注大气污染，深入具有代表性的小微企业调研，着重就工地扬尘控制、企业锅炉改烧等方面提出建议。将禁毒工作确定为2014年专项工作评议重点，组织对区政府进行为期4个月的禁毒工作专项评议活动，并召开雨花区禁毒工作专项工作评议大会。通过走访调查、听取汇报、民主评议、满意度测评、意见反馈等工作，常委会提出“提高认识、强化领导、加大投入、注重宣传、整合力量、打防并举”的意见建议，要求区政府在规定时限内报告整改落实情况。为推动全区保障性住房建设工作健康发展，主任会议实地考察黎郡新宇等3个安置小区、华狮啤酒等6个棚改项目以及黎锦苑等4个农村拆迁保障住房项目。针对考察中发现的问题，要求区政府积极争取政策、做好立项评估、加快施工进度、落实质量监管、重视物业管理。继续推进“三湘农民健康行”活动，督促政府职能部门在提质农村卫生服务、美化农村环境卫生、保障农村饮水安全等方面履职作为。重视人口计生法律法规的贯彻落实，围绕计生政策调整实施情况、加强社会抚养费征收与管理等方面听取区人口计生工作汇报。把“三湘农产品质量安全行”的重点放在溯源体系的建设完善上，通过开展专项整治和综合执法行动，推动对农产品质量安全的重点监管和长效监管。（陈　伟）

重要会议

【雨花区第四届人民代表大会第二次会议】 2014年1月3—5日，雨花区第四届人民代表大会第二次会议在雨花大会堂召开。会议听取和审议区人民政府《政府工作报告》《雨花区2013年财政预算执行情况和2014年财政预算（草案）的报告》《雨花区人大常委会工作报告》《雨花区人民法院工作报告》《雨花区人民检察院工作报告》，并通过关于5个报告的决议（草案）。会议补选区第四届人民代表大会常务委员会委员1名。会议通过《雨花区第四届人民代表大会第二次会议议案审查报告》，确定将《关于建议木莲冲路在2014年通车的议案》作为本次大会立案件，将《关于对赤新农贸市场改造及周边整治的建议》作为重点督办件。会议号召，区第四届人民代表大会及其常务委员会，要在党的十八大和十八届三中全会精神指引下，在中共雨花区委的正确领导下，以更加饱满的热情、更加坚定的信心、更加务实的作风，尽心履职，扎实工作，为加快打造中部现代服务业中心，奋力推进雨花新发展做出更多更大的贡献。（陈　伟）

【常委会议】 2014年，区人大共召开常委会议10次。

2月21日，区四届人大常委会第九次会议以无记名电子投票表决方式通过有关人事任免事项；审议通过区人大常委会2014年工作要点。

4月10日，区四届人大常委会第十次会议审议通过《雨花区人民代表大会常务委员会专项工作评议暂行办法（草案）》；补选宁长云、贺绍凡、盛革华3人为出席长沙市第十四届人民代表大会代表；听取和审议关于提请接受李金国等辞去雨花区第四届人民代表大会代表职务的议案和关于个别代表的代表资格审查报告，确认李金国、杨丹、彭聪颖、邓波、洪健、厉江华6人代表资格终止。

6月27日，区四届人大常委会第十一次会议听取和审议雨花区政府关于2013年区本级政府性债务融资与偿还执行情况及2014年区本级政府性债务融资与偿还计划的报告；审议通过长沙市雨花区人大常委会关于同意区人民政府2014年政府性债务融资的决议，同意区人民政府2014年融资270250万元，2014年底政府性债务总规模控制在691819万元内。

8月29日，区四届人大常委会第十二次会议听取、审议和批准区人民政府关于2013年财政决算草案和2014年1—6月预算执行情况的报告及2013年度区本级预算执行和其他财政收支的审计工作报告。会议部署禁毒工作专项评议。

9月9日，区四届人大常委会第十三次会议听取和审议代表工作有关事项，表决通过龙江辞去区四届人大代表职务的议案和免去其雨花区人大常委会城乡建设环境保护工作委员会委员职务的议案，审议通过关于个别代表的代表资格审查报告。

9月29日，区四届人大常委会第十四次会议审议通过有关人事任免事项；听取雨花经开区关于向长沙市先导投公司拆借3.5亿元短期借款需要雨花区财政提供担保的情况汇报。

11月12日，区四届人大常委会第十五次会议以电子表决方式讨论通过有关人事任免事项，同意邱继兴辞去长沙市雨花区人民政府区长职务，任命张能峰为长沙市雨花区人民政府副区长、代理区长。会议同时听取区人民政府关于区四届人大二次会议代表议案、建议办理情况汇报；审议通过雨花区人民代表大会常务委员会关于人大代表述职的制度(草案)；审议通过代表工作的有关事项，确认黎大强、易方顿、周杏武、贺芳、周伟、钟智宏、许乐云、吴平辉、张琼静、张宇的雨花区四届人大代表的代表资格终止。

11月27日，区人大常委会第十六次会议审议通过长沙市雨花区人民政府关于提请审议接管跳马镇的议案，批准成建制接管长沙县跳马镇。

12月18日，区人大常委会第十七次会议讨论通过有关人事任免事项；补选张能峰为长沙市第十四届人民代表大会代表，其代表资格将报长沙市人民代表大会常务委员会代表资格审查委员会确认，报区四届人大三次会议备案；决定区四届人大三次会议于2015年1月13日召开；审议通过区四届人大三次会议的特邀、列席人员建议范围；审议通过区四届人大三次会议议程(草案)和区四届人大三次会议主席团成员和秘书长名单(草案)，将提请大会预备会议审议通过；审议通过区四届人大三次会议关于质询案的提出和办理程序(草案)，将提请大会第一次主席团会议审议通过。

12月30日，区四届人大常委会第十八次会议听取和审议区人民政府《关于2014年1～11月财政预算执行情况和2014年财政预算调整方案（草案）的报告》、区人大农财工委《关于2014年区级财政预算调整方案(草案)初步审查结果的报告》，通过区人大常委会《关于批准2014年区财政预算调整方案的决议(草案)》；听取和审议区人民政府《关于2014年财政预算执行情况和2015年财政预算(草案)》的报告、区人大农财工委《关于2014年区级财政预算执行情况及2015年财政预算(草案)初步审查结果的报告》，同意区人民政府《关于2014年财政预算执行情况和2015年财政预算(草案)的报告》提交区四届人大三次会议审议；听取和审议代表工作有关事项，审议通过区四届人大三次会议代表资格审查报告、区四届人大三次会议筹备工作报告；听取和审议区人大常委会工作报告，同意将报告提交区四届人大三次会议听取和审议。（陈　伟）

【区委调研人大工作】 2014年12月4日，区委书记邱继兴、副书记汪娟到区人大常委会调研指导工作。区人大常委会党组书记、主任龚景顺代表区人大常委会就区人大坚持“维护核心、服务中心、紧贴民心”的工作原则，依法履行职责，发挥代表作用，创新工作举措等方面作汇报说明。区人大常委会各位副主任作补充汇报。区委办、区委组织部、区编委办有关负责人陪同调研。区人大常委会副主任胡和平、刘海秋、周凌云、谢爱龙、杨平以及各委室主要负责人参加调研汇报会。

邱继兴充分肯定区人大常委会的各项工作，对区人大常委会能始终坚持正确的政治方向和立场，服务中心、服务大局，依法履职、依法监督，队伍建设富有特色,有力推动全区经济社会发展等方面,给予高度评价。他强调,今后的人大工作要注重从四个方面着力:一是要围绕提高雨花地位一起发声,二是要围绕中心和大局积极作为,三是要探索创新依法履职的途径和方式,四是要为人大工作开展提供有力保障。（陈　伟）

【庆祝人民代表大会制度建立60周年】 2014年10月10日,雨花区庆祝人民代表大会制度建立60周年座谈会在区会议中心召开。区委书记、区长邱继兴,区人大常委会党组书记、主任龚景顺,区委常委、组织部部长、统战部部长冯聪龙,区人大常委会副主任胡和平、刘海秋、谢爱龙、杨平,区人民法院院长王均全,以及担任过区人大常委会主任和上届副主任的老同志代表肖学源、王健、彭美尧、谭小杰、罗自贤和部分区人大代表出席座谈会。区人大各委室负责人,“一府两院”办公室主任,区人大各街道工委负责人参加,区委副书记汪娟主持座谈会。

龚景顺首先致辞,全面回顾全国人民代表大会制度成立60周年以及雨花区人大设立常委会46周年的光辉历程,并展望了全国人民代表大会制度在新形势下的美好未来。老同志代表谭小杰、肖学源以及人大代表夏月云、何敏、吴建松,人大街道工委主任蒋多利、邓星分别阐述自身对人民代表大会制度的感受,并对人大工作提出建议,会场气氛融洽。

邱继兴充分肯定区人大工作在各级人大领导及机关干部、人大代表的共同努力下,呈现出政治立场非常坚定、维护中心非常坚决、队伍素质非常优良、服务主体非常到位等特点,强调要认真学习贯彻习近平在庆祝人民代表大会制度建立60周年上的重要讲话精神,在实践中积极探索对工作机制的创新,切实加强人大常委会自身建设,支持保障人大依法行使各项职权。（陈　伟）

【分地区组织人大代表会前活动】 为确保雨花区第四届人民代表大会第三次会议如期顺利召开,按照区人大常委会主任会议要求,2014年12月29日,全区12个街道人大工委分别组织本地区代表小组代表开展会前活动。听取和讨论《区人民政府工作报告》(征求意见稿)、《区人大常委会工作报告》(征求意见稿)、《区人民法院工作报告》(征求意见稿)、《区人民检察院工作报告》(征求意见稿),酝酿讨论区四届三次会议大会议程(草案),酝酿主席团成员和秘书长建议名单,学习《大会须知》。推选代表团的正、副团长。（陈　伟）

【人大代表视察长沙总部基地项目】 2014年12月23日,驻区60余位省、市人大代表对雨花经济开发区九泰置业——长沙总部基地项目现场视察。区人大常委会党组书记、主任龚景顺,雨花经开区党工委副书记、管委会主任郭四军,区人大常委会副主任杨平,区政府办主任张小军、区政府办副主任钟波等全程陪同。

长沙总部基地项目位于长沙市雨花区万家丽路与金海路交汇处东南角,东临金井路、南临万家丽路、西接青苹果数据中心、北靠环保大道,总投资约31亿元,总占地面积近22公顷,总建筑面积约65万平方米,已累计投入资金超12亿元。2014年完成6.6万平方米标准厂房建设,另有3万平方米正在建设中(1-A、5#、6#栋),二期共计15万平方米的建设全面启动。三、四、五期开发在筹备中。项目建成后可容纳近1000家企业入驻,安置就业人数约5万人,预计年创税收超5亿元。拟打造成为湖南最大的民营企业孵化器和中南地区最具知名度和辐射力的工业地产总部基地。多位代表就项目定位、厂房销售、项目优势等进行深入了解,当场表达对新型工业地产的浓厚兴趣。（陈　伟）

【江夏区考察雨花区】 2014年9月12日,武汉市江夏区人大常委会主任王和平率领人大代表考察团,到雨花区左家塘街道及桂花社区进行实地参观考察。区人大常委会主任龚景顺、副主任杨平,街道工委书记张良欣等陪同考察。考察团先后参观社区的“两代表一委员”网上工作室、桂花社区信息管理导航和街道人大代表办公室、“两代表一委员”活动室、活动室、阅览室等,观看街道人大代表履职宣传片，浏览街道“两代表一委员”网上工作室网页。杨平、左家塘街道人大工委主任喻思旭分别介绍雨花区和左家塘街道人大工作情况。考察团对雨花区充分利用各种资源夯实人大工作基础，创新工作方法，充分发挥代表作用给予充分肯定，并就人大工作开展情况展开讨论交流，表示雨花区通过调动人大代表的积极性、加强代表的学习机制、开展代表联系选区和联系选民的双联工作、以及利用科普阵地等方法和经验，值得好好学习，此行收获很多。（陈 伟）

【代表工作履职经验交流会】 为了进一步激发和调动人大代表的履职积极性，引导代表认真履职，更好地做好区人大工作，2014 年 7 月 25 日，雨花区人大常委会召开代表工作履职经验交流会。区人大常委会主任龚景顺、副主任杨平出席会议。左家塘街道人大工委主任喻思旭介绍创新代表活动方式、丰富代表活动内容、发挥代表主体作用、夯实代表履职基础，激发代表履职热情，提升代表履职效果的成功经验；侯家塘街道人大工委副主任黎辉交流服务代表、联系代表、加强与代表的沟通、为代表履职搭建平台等方面的工作体会。区人大代表夏月云从如何强化代表意识、如何当好人大代表、如何密切联系选民群众三个方面介绍自己担任三届区人大代表的一些做法和体会。左家塘赤岗社区党委书记纪清明作为最基层的人大代表，时刻牢记选民的重托，代表的使命，利用在基层工作和经常在群众中的工作优势，认真履行职责，积极建言献策，做群众的传声筒。精心收集和掌握与居民群众生活息息相关的热点和难点问题，积极提出建议和意见，她提出的关于赤新农贸市场提质改造、纯居民住户水表改造、赤岗社区花园提质改造等建议得到很好解决，赢得居民群众的一片赞扬声，大家都认为“她这个代表称职”。杨平就代表如何履职提出两点要求：要在履职中体现价值，要在履职中体现代表性和先进性。龚景顺充分肯定人大街道工委工作成绩，高度评价代表在履职过程中体现出的强烈使命感、责任感和先进性，经验将在全区推广。要求与会代表进一步提高认识，增强依法履职意识，找准自己的位置，弄清“代表是什么？代表谁？该怎么干？”等问题，正确处理好会议期间的工作与闭会期间活动的关系，处理好执行代表职务和做好本职工作的关系，处理好依法行使职权和学法守法的关系。要求基层人大工作者，努力适应新形势，切实加强和改进代表工作，深入开展“双联”活动，进一步密切人大街道工委与代表、代表与选民群众的联系，在代表联系选民群众的方式方法、深度广度等方面不断探索，求新求实。（陈 伟）

雨花区人民政府

重要会议

【区政府常务会议】 2014年,雨花区人民政府共召开常务会议8次。研究雨花经开区申报国家级经济开发区工作实施方案、2013年度促进区域产业发展扶持奖励兑现工作、拟派驻湖南绿地城花发展有限公司高管人员的事项,学习中纪委十八届三次全会公报和习近平总书记在中纪委十八届三次全会上的讲话。研究2013年度安全生产工作先进单位和先进个人名单、区政府领导成员工作分工。审议雨花现代物流中心开发建设有限公司有关章程制度。研究雨花区行政审批事项目录管理办法、回购湖南中烟公司17.2公顷(258亩)闲置工业用地问题、雨花经开区关于请求区财政为园区短期借款提供担保的情况以及雨花区棚户区改造征收补偿安置奖励办法。研究雨花区人民政府职能转变和机构改革方案、行政区划微调工作。学习中共湖南省委办公厅、湖南省人民政府办公厅《关于统筹做好当前各项考核工作的通知》,研究学习《长沙市雨花区行政审批事项目录管理暂行办法》,听取安全生产及消防整治工作情况汇报。传达中央、省委、市委经济工作会议精神,讨论《政府工作报告》,研究2015年财政预算工作,传达《湖南省安全生产委员会办公室关于深刻吸取河南新乡“12·15”火灾事故教训加强冬季火灾防控工作的通知》《湖南省安全生产委员会办公室关于武冈市“12·18”非法生产烟花爆竹事故的紧急通报》和省烟花爆竹打非清剿专项行动紧急视频会议精神。部署安全生产工作。研究《雨花区安全委员会关于全面开展烟花爆竹“打非”清剿行动的通知》《关于开展县级领导带队对安全生产工作进行明察暗访的通知》,研究高桥大市场消防隐患整改工作。 (刘小龙)

【区政府全体(扩大)会议】 2014年7月29日,第四届区人民政府二次全体(扩大)会议在区会议中心召开,区委常委、常务副区长王雄文从7个方面通报2014年上半年全区经济社会发展情况。一是主要经济指标稳中有升,二是产业建设加快推进,三是城区建设不断提质,四是城市管理水平有效提升,五是社会治理成效明显,六是社会事业协调发展,七是政府自身建设切实加强。存在的困难和问题:一是经济下行压力加大,二是要素制约更为明显,三是产业结构有待优化,四是安全维稳任务艰巨。下半年推进工作的主要措施是:着力抓好产业转型升级,着力抓好重点工程建设,着力抓好城市精细管理,着力各项改革举措,着力抓好社会事业发展,着力抓好大局平安稳定。区委书记、区长邱继兴充分肯定上半年的工作成绩,对下半年的工作提出具体要求,强调要做有激情、能干事、敢担当、守规矩,奋发有为的好干部。会议下发《雨花区科级干部交流工作实施办法(试行)》。 (刘小龙)

工作纪要

【综合调研】 2014年,区政府办起草各类文稿1200余个、280万余字,组织开展对政府系统58个重点课题的调研工作,刊发《决策参考》6期、文章12篇,《基层领导干部要努力提高三种素质》《清洁城市行动需要思想的解放》《以品质建设提升办公室服务水平》等20余篇领导署名理论文章,分别在《湖南日报》《长沙晚报》《长沙通讯》等省、市媒体发表。向市政府办报送政务信息200余条,被省、市采用信息近60条,获2014年度"全市政务信息工作先进单位"。(刘小龙)

【会务管理】 2014年,雨花区政府办严把办文程序,规范公文格式,编制《办文办会工作规范》,制发公文752件,办理收文1948件,处理来电来信600余件。完成区政府全会、常务会议、区长办公会等重要会务80余次,协助制订周工作安排表48份,编撰区政府大事记207条,发放会议通知和落实参会事项2133个次,发送会议通知短信3万余条。做好档案管理、印章管理工作,收发、处理保密邮件950余件,未发生文电泄密、遗失事件。安排召开各类会议704次、各级领导督查调研、考察人员20批次、200余人。(刘小龙)

【督查工作】 2014年,雨花区开展渣土清运、产业建设、重点工程、食品安全等专项督查23次,下发《政府督查》4期、《雨花督查》30期。办理省、市领导批示件35件,交办、转办批示件1314件、2372次,其中领导批阅件495件,领导批办件285件,省、市长信箱534件。办理省、市、区人大代表议案、建议、政协委员提案217件,其中人大代表议案、建议110件,政协委员提案107件,办复率100%、满意率99%。(刘小龙)

【金融工作】 2014年,雨花区开展小额贷款公司、保险、私募资金等工作调研,形成《雨花区金融产业发展空间布局规划》《加快金融产业发展 努力建设金融强区》等可行性报告。推进金融生态良好城市创建,组织"雨花区2014年金融企业座谈会"。全区获批小额贷款公司5家,注册资金5.5亿元。开展防范和打击涉众型经济犯罪专项行动,稳妥调查处置"广州服饰城""中天行"非法集资案、融城花园酒店项目债权债务问题、"1·31"案件、湖南杨子冶金实业有限公司债权债务问题。(刘小龙)

【综合治税】 2014年,雨花区督促做好共享平台信息上传,开展综合治税专项清查,全年采集各类信息102038条,派发批量交办单7090户,通过综合治税入库税款18798万元。(刘小龙)

【电子政务】 2014年,雨花区政府门户网站全面升级改版,开辟重点领域、行政审批、行政权力信息公开等专栏,增加无障碍浏览、简繁转换、微博和微信等新技术新媒体的运用。引进服务外包模式,加强内网建设,创办电子期刊,电子政务办公平台应用水平得到提升。2014年,全省政府网站绩效评估排名第一。(刘小龙)

【会展工作】 2014年,雨花区指导举办各类展会104场,参展商16904家,观展人员388.38万人次,成交总额367.51亿元。筹备2014中国中部(湖南)国际农博会,以"绿色与品牌,交流与合作"为主题,以"掘金新农业"为主线,1000余家中外企业参展,现场签约意向合同金额突破200亿元;首次引入移动互联网电商,通过APP"手机农博汇"、网上农博会和农博会二维码三大互联网平台,与消费者和客商进行线上线下互动。首次以电视直播的形式,举办"农博大擂台",每天一主题进行现场PK。2014年,获得第十一届"中国十佳品牌展览会"荣誉。(刘小龙)

【应急管理】 2014年,雨花区成立总值班室,配强人员力量,制定值班工作手册,实行固定人员轮值,形成责权明确、运转流畅、处置高效的值班模式。加强应急平台建设,建设区应急联动指挥中心。规范应急信息报送,上报应急信息33条;健全应急预案体系,编制区突发事件总体应急预案及其他23项专项预案;强化应急预案演练,组织各类集体演练6次。现场参与、妥善处置3起较大突发事件和数十起较小突发事件,事态控制有效,险情处置有力,没有出现处置不当、报送延误情况。接待群众来访80余次,维护了机关正常的办公秩序。(刘小龙)

【法制工作】 2014年,雨花区法制办先后就红星公司要求取得社保融资用地成交后各项返还款问题、与安徽国祯房产公司签订的《土地转让协议》等10项事务，拿出法律意见供领导参考。审查、备案《雨花区临时建筑管理实施细则》等区政府规范性文件8件，合法性审查率、备案率均达100%。受理行政复议案件15件，结案14件；行政诉讼案件16件，结案13件，化解行政争议，做到案结事了。组织举办雨花区临时建筑管理研讨、无主违法建筑处理研讨等领导干部依法行政专题研讨班，研讨形成《关于无法确定主体的违法建筑处理的可行性分析报告》，为省住建厅《湖南省关于实施〈中华人民共和国城乡规范法〉办法》的起草提供参考意见。积极参与广州服饰城、融程花园、利璞大厦等涉嫌非法集资案件的处置和黄兴医院、雨花区建筑公司的改制工作，并在国有土地上房屋征收、集体土地征收等重大、敏感事务中提前介入、先期指导，为预防和杜绝官民纠纷、法律风险发挥积极作用。（刘小龙）

【电子信息产业】 2014年，雨花区电子信息产业完成规模工业产值42.78亿元，占全区规模工业总产值的7.91%。湖南省首个定制化智慧社区整合服务平台“乐住智慧小区”项目，在全区105个社区试点。推动长沙市工业企业电子商务平台建设，集中打造长沙本地工业企业的“e企来”B2B平台、“湘赢”B2C2C平台和“裕邦”智慧法律平台等电子商务品牌。组织湖南卡卡移动互联网有限公司、湖南龙骧洪鑫物流有限公司等数十家信息企业申报，获得省、市信息化、信息产业、移动互联网资金340万元。（刘小龙）

【“三定三抓”帮扶】 2014年，雨花区登记在册的产业投资项目159个，其中续建项目91个、新建项目18个，待建项目50个。通过采取工作例会制、联点责任制、信息反馈制、问题台账制、项目调度制、问题交办制、排查销号制、考核奖励制等多项工作制度，破解项目建设重大难题202个，实现拆迁腾地200公顷，18个新建项目全部开工，开工率100%。政府投资类项目完成投资额18.5亿元，为年度计划的100%；社会投资类项目完成投资85亿元，为年度计划的120%。（刘小龙）

【招商引资】 2014年6月，雨花区协助湖南油富投资控股有限公司，在上海成功举办“中部跨国公司总部经济园项目推进会”，澳洲联邦银行、中国新型房屋集团东方公司等6家国内外企业与湖南油富控股公司签订了入园意向协议。在“2014年湖南（上海）投资贸易洽谈周”期间，雨花区成功签约中国海洋石油总公司设立湖南销售总部项目、绿地智慧产业综合体项目等3个项目，签约金额65亿元。在“深洽周”活动期间，雨花区成功签约昆仑能源、比亚迪电动轿车生产线、德国库卡、日本拓野工业机器人等8个项目，签约金额约100亿元。在“国资项目洽谈周”活动期间，雨花区成功签约中铁五局总部，签约金额18亿元。（刘小龙）

【黄兴医院改革】 2014年，黄兴医院完成改革，实现人员转岗分流，在职人员全部分流到各社区卫生服务中心。原黄兴医院旧址引进北京长峰医院集团继续办医，医院资产平稳移交区城投公司统一管理，药品分流到各社区卫生服务中心（站），壮大基层卫生人才队伍，最大限度地发挥了国有资产的效能，成功走出一条公立医院改革的路径。（刘小龙）

【“三年造绿大行动”】 2014年，雨花区实施花侯路——香樟路、人民路、韶山路、圭塘河（湘府路——时代阳光大道段）、东南二环线提质改造工程、李家塘互通周边绿化整治工程、杨子路环境综合整治工程，新增绿地12万平方米。以东塘商圈西南角为试点，打造立体绿化，新增绿化面积7500平方米，该试点是湖南省首个立交桥综合立体绿化工程。通过采取政府、社会企业、市民“三轮驱动”方式，实施双水湾体育公园和泰禹学校立体绿化项目。（刘小龙）

【侯家塘街道获评全市城市管理“五佳”街道】 2014年，侯家塘街道获评全市城市管理“五佳”街道，这是侯家塘街道连续三年获评该项荣誉。该街道强力推进史上最严城管，实施精细化管理，构建网格化体系，启动全方位考核,先后投入54万元购置专业清洗设备、聘请专门力量,开展52次大清洗活动,带动8000余人次参加。发挥群众力量,组建“红袖章”市容监督队,持续开展月底“最佳”、“最差”门店评选,有效落实“门前三包”责任。推进“一路两社区三广场”综合改造,拆除违章建筑50余处、820余平方米,粉刷居民楼14栋,修葺花坛2个,规范停车位200个,完成路面平整和下水道改造,社区面貌焕然一新。 (刘小龙)

【“湖南省工业机器人产业示范园区”授牌】 2014年3月,省经信委、省加速推进新型工业化工作领导小组批复同意长沙雨花经开区创建“湖南省工业机器人产业示范园区”。为充分发挥这一优势,园区提供75公顷已统征完毕的工业用地用于机器人产业示范园建设,包括示范园一期89号地37.67公顷(565亩),二期88-1、54号地约36.67公顷(550亩)。9月19日,由长沙市人民政府主办、雨花经开区承办的长沙市工业机器人推广暨发布会举办,会上正式发布长沙市《工业机器人产业发展三年行动计划(2015—2017)》。9月下旬,中共长沙市委、长沙市人民政府《关于实施工业园区“转型提质发展”三年行动计划》征求意见稿出台,初步确立雨花经开区以工业机器人、汽车产业、新能源与节能环保产业为重点培育方向。在长沙(深圳)招商会上,雨花经开区成功签约库卡、拓野、佛山精一、湖南大捷、长泰、艾伯特6家机器人厂商,总投资15亿元。10月28日,由湖南省人民政府副省长黄兰香授牌,雨花经开区成为全省唯一获此授牌的工业机器人产业示范园区,并纳入全省“135”创新产业示范园区序列。 (刘小龙)

【雨花经开区获“长沙市推进新型工业化建设红旗园区”称号】 2014年,雨花经开区完成规模工业总产值305亿元,同比增长28%;完成规模工业增加值80.03亿元,增长18.3%;完成固定资产投资(不含房地产)86.59亿元,同比增长55.23%;完成高新技术产业产值160.84亿元,同比增长73.24%,以上指标均在全市8个省级园区中排名第一。完成财政总收入14.25亿元,其中税收收入7.36亿元。引进各类产业项目115个,其中投资1亿—5亿元项目6个,10亿元以上项目2个。实际到位外资1.26亿美元。在省经信委“中小企业公共服务体系建设平台建设项目”中排名第一,在园区综合评价工作中被评为全省一类园区,在长沙市建设用地节约集约利用考核中被评为优秀单位。获“长沙市推进新型工业化建设红旗园区”称号。 (刘小龙)

【比亚迪成为全省第一家产值过百亿元汽车企业】 2014年,长沙比亚迪公司成功实现转型升级,新能源车产销量和产值均实现倍增,电动公交车全年销售2485辆,同比增长472.58%;轿车销售5.24万辆,长沙基地全年实现总产值100.13亿元,顺利完成年初定下的成长为百亿级高端制造企业的目标,成为全省第一家过百亿元的汽车企业。截至2014年12月底,历时6个多月的长沙比亚迪首条白车身全自动化焊装生产线机械设备安装正式完工。产线布线进度顺利,已进入电气联调、机器人示教阶段。 (刘小龙)

·附录·

雨花区政府2014年雨政发〔2014〕文件目录

▲1号 关于同意实施《湖南黄兴医院改革人员安置实施方案》的批复(1月9日)

▲2号 关于《2014年雨花区安监部门行政执法检查工作计划》的批复(1月19日)

▲3号 关于对长沙新东方大酒店有限责任公司实行挂牌督办整改的通知(1月22日)

▲4号 关于派驻工作组进驻湖南长沙同升湖实验学校的通知(1月29日)

▲5号 关于派驻工作组进驻湖南长沙同升湖实验学校的通知(1月29日)

▲6号　关于成立湖南长沙同升湖实验学校派驻工作组的决定(2月17日)

▲7号　关于下达2014年政府投资重大项目计划的通知(2月20日)

▲8号　关于2013年度促进区域产业发展扶植奖励兑现的决定(2月20日)

▲9号　关于同意雨花区社会福利中心申报民政部公办养老机构改革试点单位的批复（2月23日）

▲10号　关于同意对重大火灾隐患单位长沙恒信奥龙汽车销售服务有限公司摘牌销案的批复(3月6日)

▲11号　关于《社保融资用地10号地项目和平社区筹委会征地补偿安置方案》的批复(3月7日)

▲12号　关于撤销圭塘河生态景观区建设指挥部及相关工作人员岗位调整的通知(3月7日)

▲13号　关于《圭塘河改造配套项目自然社区筹委会征地补偿安置方案》的批复(3月12日)

▲14号　关于对“多合一”场所开展消防隐患专项整治行动的通告(3月18日)

▲15号　关于下达2014年城建重点工程建设项目计划的通知(3月20日)

▲16号　关于下达2014年项目征拆任务的通知(3月20日)

▲17号　关于进一步加强全区征拆工作的通知(3月20日)

▲18号　长沙市雨花区人民政府通告(3月20日)

▲19号　长沙市雨花区人民政府通告(3月20日)

▲20号　长沙市雨花区人民政府公告(3月26日)

▲21号　长沙市雨花区人民政府公告(3月26日)

▲22号　长沙市雨花区人民政府公告(3月26日)

▲23号　长沙市雨花区人民政府公告(3月26日)

▲24号　长沙市雨花区人民政府公告(3月26日)

▲25号　长沙市雨花区人民政府公告(3月26日)

▲26号　关于开展2014年民兵预备役组织整顿工作的通知(3月25日)

▲27号　关于印发《雨花区全国社区治理和服务创新实验区实验方案》的通知(4月3日)

▲28号　关于《香月路Ⅱ期项目大塘社区筹委会征地补偿安置方案》的批复(4月21日)

▲29号　关于《唐湘市场提质改造项目大塘社区筹委会征地补偿安置方案》的批复(4月21日)

▲30号　关于同意对长沙新东方大酒店有限责任公司重大火灾隐患单位销案摘牌的批复（4月18日）

▲31号　关于对长沙市妇幼保健院实行挂牌督办整改的通知(4月25日)

▲32号　关于暂停活羊交易的通告(5月4日)

▲33号　关于变更黎托南片控规内项目运作主体的批复(5月2日)

▲34号　关于雨花区打造中部现代服务业中心的意见(5月4日)

▲35号　关于《洞井路(香樟路—雅塘冲路)项目自然社区筹委会征地补偿安置方案》的批复(5月9日)

▲36号　关于《川河路建设项目(火焰路－劳动路)合丰社区筹委会征地补偿安置方案》的批复(5月13日)

▲37号　关于印发《雨花区计划生育奖励扶助实施办法》的通知(5月24日)

▲38号　关于调整长沙市雨花现代物流中心开发建设有限公司董事长、法人代表、董事会成员、监事会主席和增加公司经营范围的通知(6月9日)

▲39号　关于长沙市雨花现代物流中心开发建设有限公司章程和财务管理办法的批复(6月9日)

▲40号　关于对长沙市雨花城市建设投资集团有限公司《关于圭塘河生态景观区二期项目委托开发、建设和运营的请示》的批复(6月9日)

▲41号　关于开展环境污染综合整治的通告(6月16日)

▲42号　关于提请审议2014年雨花区政府性债务融资与偿还计划的报告(6月26日)

▲43号　关于长沙润雨棚户区改造投资有限公司国有股权无偿划转至长沙市雨花城市建设投资集团有限公司的通知(6月30日)

▲44 号　关于《长沙市鄱阳小学项目鄱阳社区筹委会征地补偿安置方案》的批复(7 月 2 日)

▲45 号　关于《花桥污水处理厂二期项目花桥社区筹委会征地补偿安置方案》的批复(7 月 2 日)

▲46 号　关于公布雨花区区本级行政审批项目的通知(7 月 3 日)

▲47 号　关于开展物流市场综合整治行动的通告(7 月 22 日)

▲48 号　关于关于依法强制拆除违法建筑的通知(7 月 27 日)

▲49 号　关于雨花区洞井街道红星实业集团有限公司红星农副产品大市场花卉区“3·1”火灾事故调查报告的批复(7 月 27 日)

▲50 号　关于《城投 9 号地项目莲湖社区筹委会征地补偿安置方案》的批复(8 月 1 日)

▲51 号　长沙市雨花区人民政府通告(8 月 4 日)

▲52 号　长沙市雨花区人民政府森林防火禁火通告(8 月 12 日)

▲53 号　关于加强全区中小学校幼儿园学生用车管理的意见(8 月 8 日)

▲54 号 长沙市雨花区人民政府通告(8 月 13 日)

▲55 号　关于对涟源百货城仓库实行挂牌督办整改的通知(8 月 24 日)

▲56 号　关于对长沙市雨花区健怡大酒店实行挂牌督办整改的通知(8 月 24 日)

▲57 号　关于同意对长沙市妇幼保健院重大火灾隐患单位销案摘牌的批复(8 月 21 日)

▲58 号　关于涟源百货城仓库强制关停的批复(8 月 28 日)

▲59 号　关于《潭阳垸后河雨污合建泵站项目潭阳社区筹委会征地补偿安置方案》的批复(9 月 3 日)

▲60 号　关于对长沙市雨花区雨田假日大酒店实行挂牌督办整改的通知(9 月 3 日)

▲61 号　长沙市雨花区人民政府通告(9 月 3 日)

▲62 号　长沙市雨花区人民政府通告(9 月 7 日)

▲63 号　关于对东上一品综合楼实行挂牌督办整改的通知(9 月 30 日)

▲64 号　关于同意对长沙市雨花区雨田假日大酒店重大火灾隐患单位销案摘牌的批复(9 月 30 日)

▲65 号　关于印发《长沙市雨花区促进区域产业发展扶植奖励办法(修订稿)》的通知(9 月 7 日)

▲66 号　关于印发《长沙市雨花区促进金融业发展扶植奖励办法(试行)》的通知(9 月 7 日)

▲67 号　关于印发《长沙市雨花区促进文化产业发展扶植奖励办法(试行)》的通知(9 月 7 日)

▲68 号　关于印发《长沙市雨花区促进专业服务业发展扶植奖励办法(试行)》的通知(9 月 7 日)

▲69 号　长沙市雨花区人民政府通告 (10 月 11 日)

▲70 号　关于清理整顿无证办学民办教育机构的通告(10 月 13 日)

▲71 号　关于依法强制拆除违法建筑的通知(10 月 16 日)

▲72 号　关于将原长沙重型机器厂部分非经营性资产移交至圭塘街道办事处的通知(10 月 17 日)

▲73 号　关于原湖南黄兴医院产权及管理问题的通知(10 月 23 日)

▲74 号　关于依法强制拆除违法建筑的通知(10 月 27 日)

▲75 号　关于长沙雨花经济开发区发展方向区划定结果的批复(10 月 30 日)

▲76 号　关于依法强制拆除违法建筑的通知(10 月 31 日)

▲77 号　长沙市雨花区人民政府通告(11 月 6 日)

▲78 号　关于同意湖南省九城汽车贸易有限公司作为主发起人成立长沙市雨花区普利小额贷款有限公司的批复(10 月 16 日)

▲79 号　关于同意对长沙茶市重大火灾隐患单位销案摘牌的批复(11 月 12 日)

▲80 号　关于同意对涟源百货城仓库重大火灾隐患单位销案摘牌的批复(11 月 12 日)

▲81 号 长沙市雨花区人民政府通告(11 月 15 日)

▲82 号 长沙市雨花区人民政府通告(11 月 15 日)

▲83 号　关于《磁悬浮项目东山社区筹委会征地补偿安置方案》的批复(11 月 16 日)

▲84号　关于《磁悬浮项目川河社区筹委会征地补偿安置方案》的批复(11月16日)

▲85号　关于《磁悬浮项目平阳社区筹委会征地补偿安置方案》的批复(11月16日)

▲86号　关于《天凯东苑项目自然社区筹委会征地补偿安置方案》的批复(11月16日)

▲87号　关于《磁悬浮项目黎明渔场社区筹委会征地补偿安置方案》的批复(11月16日)

▲88号　关于依法强制拆除违法建筑的通知(11月18日)

▲89号　关于印发《长沙市雨花区电子商务业和信息服务业示范园区、示范楼宇扶植奖励办法(试行)》的通知(11月27日)

▲90号　关于依法强制拆除违法建筑的通知(11月26日)

▲91号　关于同意设立嘉园社区居民委员会的批复(12月10日)

▲92号　关于同意设立鑫华社区居民委员会的批复(12月10日)

▲93号　关于同意设立南庭社区居民委员会的批复(12月10日)

▲94号　关于同意设立井旺社区居民委员会的批复(12月10日)

▲95号　关于《川河路建设项目川河社区筹委会征地补偿安置方案》的批复(12月7日)

▲96号　关于《红旗路项目(曲塘路—湘府路)边山社区筹委会征地补偿安置方案》的批复(12月7日)

▲97号　关于《红旗路项目(曲塘路—湘府路)长托社区筹委会征地补偿安置方案》的批复(12月7日)

▲98号　关于《红旗路项目(曲塘路—湘府路)东山社区筹委会征地补偿安置方案》的批复(12月7日)

▲99号　关于《红旗路项目(浏阳河大桥—曲塘路)川河社区筹委会征地补偿安置方案》的批复(12月7日)

▲100号　关于《星城新宇·川河苑项目川河社区筹委会征地补偿安置方案》的批复(12月7日)

▲101号　关于依法强制拆除违法建筑的通知(12月9日)

▲102号　关于调整高桥街道社区辖区单位及范围的批复(12月23日)

▲103号　关于公布规范性文件清理结果的公告(12月16日)

▲104号　关于取缔非法瓶装液化气经营门店的通告(12月31日)　　(刘小龙)

人力资源和社会保障

【概况】　雨花区人力资源和社会保障局(简称“区人社局”)为正科级政府工作部门,局行政编制18名,其中领导职数5名,机关后勤服务编制1名。内设办公室、政策法规科(信访室)、综合管理科(公务员管理科)、工资福利科、社会保险管理科(征缴中心)、仲裁科、就业和培训科、基金监督科8个科室,下设社会保险服务中心、就业培训服务中心、医疗保险服务中心(区新型农村合作医疗管理中心)、劳动保障监察大队、城乡居民基本养老保险服务中心、人才交流服务中心6个二级机构,设置人力资源和社会保障经办大厅17个对外业务经办窗口。全体在职干部职工数85名,其中在职在编人员51名(含区人武部地方安置专项事业编制3名)、引进人才2名、雇员24名、经区政府同意抽调社保站工作人员8名,离退休干部职工数19名。局党支部,党员56人,其中离退休党员15人。办公地点设雨花区万家丽路朝晖路499号。

2014年,区人社局以“以人为本、服务至上”为工作宗旨,全面推动就业创业,完善社会保障体系,切实加强人才队伍建设,深化人事制度改革,努力构建和谐劳动关系,不断推动人力资源和社会保障事业科学发展,获评“湖南省诚信人力资源服务机构”“长沙市文明单位”“长沙市敬老文明号”“长沙市妇女小额担保贷款工作先进集体”。　　(刘　娜)

【人事人才】 2014年,雨花区通过考试引进大批优秀人才,改善工作人员结构,充实干部队伍力量。全年组织机关事业单位工作人员公开招考5次。编制计划内招考工作人员326名,共有8200余人报名参考。2014年全区完成岗位设置的事业单位全面实施绩效工资,完成岗位聘用。事业单位收入分配和人员管理上新台阶,黄兴医院改革人员分流总体情况稳定。关于对区财政供养临聘人员的薪酬规范管理建议,得到领导重视,对于维护临聘人员利益、缓解相关矛盾、稳定队伍有积极的意义。完成中央、省市统一部署的"三超两乱"专项治理任务;完成市下达的国有企业职教、幼教、技校退休教师工资并轨测算和津补贴调标工作;完成省政府统一布置的机关事业单位退休人员独生子女生育奖励涉及退休费的核定。公务员管理、工作人员考核以及雇员管理等工作多次得到市局的肯定。全年完成5500余人次的工资晋级晋档审批手续,办理近300人次的流动调配手续,完成年度考核、日常管理等各项工作。(刘　娜)

【就业创业】 2014年,雨花区人社局联合民政部门,在全市率先制定《雨花区基层人力资源和社会保障公共服务平台、社会救助工作平台管理办法》,在人员、资金等方面给予保障。出台《雨花区街道人社工作考核办法实施细则》,以百分制的形式对各项工作进行具体部署。组织全区233名人社基层平台人员进行为期2天的业务培训及闭卷考试。11月,迎接市人社局基层平台标准化建设评估组检查,得到高度好评。立足于"15分钟满意就业圈"品牌,自主开发"雨花区15分钟满意就业圈信息管理平台",把求职者信息与本社区或相邻社区用工信息进行有效匹配,实现求职者与用工方"双满意"。该品牌被市人社局采纳并在全市推广,成为惠及全市企业和市民的就业品牌。全区城镇新增就业19442人,完成全年指标任务的129.61%;失业人员再就业6540人,完成167.69%;就业困难人员再就业3028人,完成189.25%;就业失业登记率完成2.3%,完成130.43%;小额担保贷款完成934万元,完成116.75%,其中为两家企业发放小额担保贷款280万元。采集6346家单位、18.25万人劳动力资源信息,居全市第一,为更有效地开展就业指导提供了信息支撑。培育"一街道一特色"就业工作新模式。同升街道开展"劝就业工程"、洞井街道组织"春风行动";雨花亭街道在推进残疾人、妇女充分就业方面有新举措;高桥街道、黎托街道等采取奖励扶持,支持就业创业惠民工程。新申报"充分就业社区"49个,力争实现全区75%的社区成为充分就业社区。针对用工荒、招工难的情况,实施"走出去"线路,携手长沙县,组织区内企业"走进跳马",进行专场招聘;开展"就业援助月""走群众路线,促民企腾飞""区委书记校园行"等就业援助活动;指导街道、社区有针对性的举办招聘会85场,参会企业174家,现场提供岗位15.86万个,参加求职13680人,达成意向3086人。创新农博会人才引进工作思路,采取线上招聘和线下招聘相结合的方式,首开高端人才网络视频洽谈先河,得到省、市领导的好评,人民网、红网、《潇湘晨报》《长沙晚报》专题报道。

(刘　娜)

【社会保障】 2014年,雨花区新增企业养老保险15938人,完成199.23%;城乡居民养老保险征缴基金280.58万元,完成116.91%;新增工伤保险人数16237人,完成180.41%;城乡居民医疗保险实际参保缴费160769人,完成108.70%;全区基本医疗保险覆盖率为98.30%,完成109.22%。严密组织基数申报,加强企业欠费清理,确保应保尽保、应收尽收。全年完成2064家单位的基数申报,追缴130家单位社保基金369万余元;对344家欠费6个月以上的单位作出中止单位在职职工社会保险关系处理,催缴欠费单位50家,追缴历史欠费435万余元。克服全区环卫工人人数庞大、情况复杂的困难,稳妥开展环卫工人纳入社保体系工作,办理环卫工人五险参保2370人。加大宣传力度,规范参保程序,理顺参保环节,严格限时办结业务,加快被征地农民纳入社保的进程。全面清理规范雨花区试点办法及103号令被征地农民自2008年到2014年12月共计212个项目的社保资金收支情况。并多次召开涉农街道问题汇报会及社区专干讨论交流会,收集整理存在问题。广泛开展“医保走基层、爱心传万家”活动,深入街道、社区宣讲政策、解答问题,做好“服务群众最后一公里”工作,发放宣传资料10万余份。对40家定点医疗机构开展“损害群众利益的医疗行为”专项整治活动,处罚违规定点医疗机构6家。编制《长沙市雨花区基本医疗保险服务手册》,为群众提供绿色简捷的医保服务。持续优化服务水平,简化办事程序,在全市率先对外承诺:定点门诊申报7个工作日办结,医疗生育费用结算申报15个工作日办结。全市首创实施养老和医疗退休审批同步、并前移到窗口操作,方便群众办事。人社经办大厅完善工作人员考核制度,每日考核,实时反馈,将考核结果与值班津贴挂钩。完善《工作规范流程与为民服务标准指南》,并在局网站上公开发布,实现多项业务一次办妥。作为市人社系统唯一的“湖南省文明窗口单位”,迎接人社部明察暗访组的明察指导,为民服务、自主创新和队伍建设等方面工作得到肯定。（刘　娜）

【劳动维权】 2014年,雨花区编发《政策法规汇编》5000本;免费开办区内企业法人代表培训班,为200余名企业法人提供政策法规服务;开展“12333”集中宣传日活动,推广“12333”人社咨询服务平台,接入电话11000多个,电话接入量、通话时长、服务态度、处理满意度均排在全市第一。强化日常巡视检查和专项检查,稳步推进“两网化”建设并出台具体考核细则,劳动保障监察信息采集量位居全市第一。接待来电来访4500余人次,受理133件,立案、结案32件,为1121名劳动者追回工资、押金等1002.17万余元。其中处理涉及建筑领域拖欠农民工工资集体上访、应急突发事件9起,涉及964人、金额932.07万元。劳动保障监察案卷评查全市排名第一。坚持调裁结合的原则,较好地保证仲裁效率和质量。审查立案500件,办结案件464件,按期结案率100%,其中调解185件,裁决279件,调解率40%,共为劳动者挽回经济损失1800万余元。劳动争议仲裁办理案件数为内五区之首,被区委、区政府授予“雨花区信访工作红旗单位”。（刘　娜）

政务公开与政务服务

【概况】 雨花区政务服务中心为区政府直属事业单位,负责全区政务服务体系建设、政府信息公开、长沙市12345市民服务热线求助平台工作。内设办公室、督查科、业务科。全体在职干部职工数13人,其中在职在编干部7人、引进人才1人、雇员5人。中心党支部,党员8人。办公地点设在雨花区人民政府机关大院2号楼B栋一楼。

2014年,区政务中心严格执行《雨花区政务服务中心窗口工作人员行为规范》《雨花区政务服务中心窗口工作人员考核实施细则》《长沙市雨花区窗口单位禁止性规定》《长沙市雨花区窗口单位通用文明用语》,不断改进工作方式、改变工作作风。根据业务需要协调增加政务大厅质监、消防窗口工作人员。设立单独的休息等候区,安装手机免费充电加油站和便民支付终端,引入公共阅读点,不断完善便民服务措施。严格执行值班制度,每天4次巡查,对科室、窗口进行常态化的监督检查;采取明察暗访等方式,定期对服务事项进行专项督察。不定期对办事群众进行电话回访,了解掌握工作人员的工作纪律、服务态度、办事效率。进一步完备中心视频监控系统,全面提质改造视频监控摄像头、机房等电子监控设施设备;紧密结合行政审批制度改革,协调电子政务办,及时修改完善电子监察系统数据,搞好技术衔接。区政务大厅全年共办结审批与服务事项8万余件,提前办结率99.34%;收取非税收入11.5亿元。（孙　琴）

【行政审批】 2014年,雨花区集中力量促进行政审批制度改革工作,清理审批项目、精简审批流程、削减前置条件、压缩审批时限。3月,雨花区组成联合调研组,深入各单位调研摸底,逐单位逐事项清理核对。按照市委、市政府《关于进一步深化行政审批制度改革提高行政效能的实施意见》,政务中心对照公布的《行政审批项目目录》,切实减少自由裁量权,取消不必要的程序,归并相近的程序,对审批事项的审批流程进行全面优化，达到全面提速50%的要求。以内容完整、指标具体、格式规范为要求，制定审批事项的工作流程图，将审批事项的关键环节以直观的形式加以体现，进一步定岗、定人、定责、定时。对全区政务服务事项在线审批系统进行升级与改版，完成流程编制与软件编写工作，同步实现网上审批与网上监察，新、旧审批系统的数据顺利交换，确保全区行政审批事项100%系统内运行，做到规范有序、安全高效。（孙 琴）

【信息公开】 2014年，雨花区改版区政府门户网站政府信息公开专栏，将各部门单位信息公开专栏由原来的栏目形式改为元数据形式，呈现方式更加清晰、明了，群众查找信息更为直观、便捷。11月，雨花区官方微信公众平台“飞梦雨花”正式上线发布，部分街道、社区相继开通手机APP、微信公众平台，利用新媒体，有效发挥“沟通”“便民”“问政”作用。首创将居务公开纳入区纪委“云监察”平台，社区（筹委会）集体资金使用、拆迁补偿、各项政策补贴等群众关心的热点事项的各项公开环节，均纳入电子监察云系统，实行网上监察，政务信息主动公开的网络末端延伸至社区，监督公开的手段实现电子化。5月，下发全区《关于做好2014年度重点领域政府信息公开工作的通知》，召开全区重点领域政府信息公开工作会议，通报重点领域政府信息公开现状、存在的问题与工作要求。7月，结合市级权限下放，公布区本级《行政审批项目目录》，全区“权力清单”一目了然。7月底，全区所有部门单位2014年财政预算、“三公”经费预算通过政府网站向社会公示，做到了公开与监管并行。依法依规转办、协调回复全区政府信息依申请公开，配合开展依申请公开行政复议事件开展调查。对依申请公开信息内容比较敏感、社会预期效应复杂的申请，如征地拆迁、拆除违章等依申请公开，多次由政务中心牵头，组织法制、保密、受理部门专题会商，针对个案研究是否公开、如何答复，特别注重听取区法制办和相关部门单位的意见。（孙 琴）

【12345市民服务热线】 2014年，雨花区建立完成全区12345市民服务热线工单办理软件平台，将手工派单转变为网上派单，缩短工单流转时间，提高工单承办的实效性。8月4日，12345市民服务热线平台系统正式运行。雨花区制订出台《雨花区12345市民服务热线社会求助平台考核办法》，细化考核内容、量化考核数据，将工单办理纳入对各单位年度绩效考核内容。下发《关于明确承办长沙市12345市民服务热线相关工单责任单位的通知》，明确部分典型工单、疑难工单的牵头单位及责任单位，提高工单转办的效率和效果。热线平台启用后，区热线办在签收工单后能立即下派给各承办部门单位，无需依靠传真机派单或专人领取工单，避免派单中存在的漏派工单或遗失工单的现象发生。通过热线平台，各部门单位热线工作人员能将工单处理的结果第一时间提交到区热线办，节省部门科室之间流转时间，达到及时办结的目的。热线平台提供各承办部门工单处理情况的数据统计，便于区热线办对市民投诉的热点、难点以及办理情况进行综合分析，为领导当好参谋工作。所有工单处理流程都可以在网络平台上进行操作，实现无纸化办公。通过现场调查处理、召开协调会议研究解决的方式，解决了一批如背街小巷路灯不亮、小区餐馆油烟污染、KTV噪音扰民等责任不够明晰，但市民反映强烈的热点、难点问题。细化和规范转办工单事项的分类，加强对群众投诉问题的综合分析，每月编发《长沙市雨花区12345市民服务热线快讯》，定期对各全区工单承办单位工作情况进行通报。全区各部门单位接听咨询电话8200余个；按时办结12345市民服务热线工单4582件，按时办结率100%。对牵涉全局问题、敏感问题，以《要情摘报》的方式，上报主管区领导批示。撰写提交工单情况说明及工作汇报，及时向区政府反映社情民意，提出高质量的建议意见。（孙 琴）

【全区12345热线培训工作会议】 2014年7月31日，区政务中心组织召开全区12345热线工作半年度总结讲评暨培训工作会议，区委常委、区委办主任黄文先，区直部门、街道办事处分管热线工作负责人与工单受理人参加会议。会议通报2014年上半年全区12345市民服务热线工作情况，安排下半年工作。会议强调，承办12345市民服务热线工作是深入开展党的群众路线教育实践活动的一项重要内容，全区各承办单位要在办理上突出“快”字，在沟通上突出“畅”字，在效果上突出“实”字，在考核上突出“严”字，不断推进全区工单承办工作向精细化、规范化和常态化发展，切实将12345市民服务热线求助平台打造成区委区政府听名声、察民情、解民困、分民忧的全新载体。会后，区政务中心对各承办部门工单受理人进行12345热线平台操作培训。 （孙　琴）

【基层政务公开】 2014年，雨花亭街道、高桥街道、左家塘街道、侯家塘街道、圭塘街道、洞井街道、同升街道共7个街道开展政务服务中心标准化建设，11月份接受市政务中心的考核验收。通过对街道政务服务中心进行规范化、正规化、标准化建设与管理，全面、全域、全速提升基层便民服务水平。东塘街道、砂子塘街道试点，探索在“一站式”政务服务大厅的基础上，建成“一口式”受理公共事务服务平台，将与社区群众基本生活和保障密切相关的，如人社、民政、计生、房管等民生事务的政务咨询、受理、办理、出证等服务，集中到街道公共事务受理中心，并在各社区设立代办点，为群众提供就近便捷服务。配合区民政局建设社区“公共服务综合信息平台”（包括公共事务服务平台、社区管理服务平台、社区生活服务平台），推进公共服务的均等化、便利化。规范清理社区职能职责，梳理社区服务于居民群众的公共服务事项，将人社、民政、计生、残联四个部门的49项民生服务统一汇编，拟定为首批进入“一口式平台”业务，充分发挥政务服务资源整合效能，实现就近服务。 （孙　琴）

【雨花区政务公开暨电子政务工作领导小组会议】 2014年3月20日，雨花区召开政务公开暨电子政务工作领导小组会议。区领导王清政、王雄文出席会议，区政务公开工作领导小组、电子政务公开工作领导小组成员单位行政负责人参加会议。会议传达中央、省、市政务公开、电子政务工作的相关文件精神，总结2013年度政务公开、电子政务工作开展情况，研究部署2014年的工作重点。会议要求，要进一步完善政务公开和政务服务载体，继续推进街道政务中心标准化建设，全面提高基层政务公开与政务服务工作质量；认真做好长沙市12345市民服务热线承办工作和政信息公开工作，畅通与群众沟通的渠道；强化窗口行业工作人员的宗旨意识，以改进作风、优化服务的实际成效服务群众。要在全区范围内推进电子内网建设和无纸化办公；探索进行部分服务事项网上办理；重点做好全区电子监控系统和区政府门户网站的维护与运行。 （孙　琴）

机关后勤

【概况】 雨花区直属机关后勤服务中心（简称“区后勤中心”）内设办公室、公务车辆管理科、安保物业科、服务保障管理科、“二办”综合管理科、公共机构节能科、基建与招投标管理科、财务科8个职能科（室）。核定事业编制27名，其中领导职数3名。2014年末，全体在职干部职工数31人，其中雇员7人。单位内设立在职党支部和退休党支部，共有党员42人，其中在职党员24人。办公地点设在雨花区人民政府机关大院。

2014年，区后勤中心以实现“优质服务零差错、安全工作零隐患、后勤保障零搁置、设备运转零故障、服务群众零距离、团队之间零隔阂”为年度总体目标，不断推动后勤工作发展，湖南省公共频道、长沙新闻频道对机关食堂文明餐桌、节约用餐情况专题报道，湖南卫视新闻联播专题报道雨花区公共机构节能工作。 （刘　丽）

【公车管理】 2014年，区后勤中心从严把握车辆维修保养、从严把控车辆外地加油报销、从严控制车辆无序装饰、严格车辆保险理赔，杜绝和减少公车私用等手段，降低公车使用费支出。与相关部门的联合督查、检查,减少车辆违规使用次数,节假日、休息日、下班后公务车辆按要求停放在机关内,从而较好地保持公车使用效能。6月上旬到9月底,上交超编超标公车242台,除待处置的公车外,分两批公开拍卖156台。2014年,公车运行四项费用同比上年度节约196万元。 (刘 丽)

【安全保卫】 2014年,区后勤中心抓安全维稳,通过完善应急处置预案,加强风险调控,加强与相关部门的沟通协调,机关大院年内无重大恶性事件发生。全年接待和有效地阻止上访、闹防及老上访户上访575次,圆满处理10余次上访人员扬言自杀、跳楼、爆炸等恶性事件。 (刘 丽)

【物业管理】 2014年,区后勤中心对后勤名下固定资产进行全面清理,扫描资产条码2474条,清查资产4000万余元。严格按照“统一调配管理”的原则使用管理国有资产。严格根据人员编制统一安排办公家具,对退休、调动的人员及时将办公家具予以收回,对临时增加的办公人员,先内部调剂,确有缺口再由招标确定的家具供应商保障添置;严格电脑、空调等其他国有资产添置审批程序,尤其对耗电量较大的空调等设备,严格把控,任何部门增添大功率电器必须通过后勤论证同意方可增加。根据中共中央《关于厉行节约反对浪费条例》要求和指示精神,严格按照党政机关办公用房标准调配办公用房,机关大院办公室用房均按要求整改到位,腾出办公面积1433.18平方米。 (刘 丽)

【公共机构节能】 2014年,雨花区落实《公共机构节能条例》,推进节能降耗。通过实施节能减排和节能改造等措施,强化对水、电、气的严格管理,2013年10月至2014年9月全区公共机构总能耗同比下降5.48%;其中天然气、汽油、电消耗量降幅较大,分别同比下降5.73%、6.59%、8.63%。 (刘 丽)

【基建工作】 2014年,后勤中心承办机关二办老干活动中心维修改造工程、二办老干部教学楼维修改造工程、治安巡逻大队办公楼维修改造工程等任务,从论证、报审、预(初)审、维修等各个环节,多方听取意见,科学调查研究,确保工程顺利进行。完成二办老干部活动中心维修改造工程、二办老干部教学楼维修改造工程、二办治安巡逻直属区大队办公楼维修改造工程、二办水泵房维修改造工程。二办老干部门球场新建工程、二办老干部羽毛球馆新建工程、二办老干部大学教学楼新建工程,区司法局社区矫正中心、法律援助中心维修改造工程,天登酒店收回后机关食堂维修改造工程,区人大会议室、主任室装修装饰工程,区文体新局文体设施维修工程等基建项目进展顺利。 (刘 丽)

【食堂管理】 2014年,雨花区确保食堂就餐秩序,严格根据作息时间用餐,积极开展“光盘”行动,利用电子屏、宣传画、标语等形式,引导教育就餐人员文明就餐,节约用餐,杜绝浪费,有效配合机关作风建设整顿。严把原材料进货渠道采购关,通过招标,确定12家供应商为机关食堂原材料供应商,降低了成本,保证了食品卫生安全。通过专项清理长期不用的餐卡,关闭机关超市刷卡消费等手段,促使就餐人数回流,降低原成品过剩,有效减少机关食堂浪费。全年接待就餐总共约70万人次,就餐满意率在90%以上。 (刘 丽)

外事·侨务

【外事工作】 2014年,在全区群众路线教育实践活动中,雨花区民宗外侨局牵头负责全区因公出国专项整治工作,以此为契机,进一步对因公出国严格审核、严格把关。实行区委工作碰头会议议定制,并对副科级(含)以下干部出国,原则上不予批准。核实工作人员近五年来因公出国(境)的基本情况,按单位建立在职在编工作人员因公出国(境)台账。对审批通过的因公出国(境)人员的手续办理,发放便民卡,便民卡上注明每一个环节的注意事项、办理部门和联系电话,为办事人员提供方便。各企事业单位邀请外国人到长沙36人次,涉及英国、斯里兰卡、印度、尼日利亚等国家或地区。5月上旬，联合区应急办、区民政局等单位，开展应急知识宣传周活动，在东塘商业广场设立应急知识集中宣传点，通过标语、宣传板、宣传单、现场咨询等方式，集中开展应急知识宣传活动。组织编印《外事侨务知识问答》，帮助群众更好了解外事侨务政策知识，方便群众办事。以比亚迪股份有限公司和砂子塘教育集团天华寄宿制学校为重点，拨付专项工作经费，着力培育涉外参观点。（王　卓）

【外事交流】 2014年，雨花区民宗外侨局邀请境外组织开展大型交流活动：7月，指导砂子塘教育集团天华寄宿制学校从英国牛津大学、国王学院等邀请20名大学生担任英语教师，开展英语夏令营活动，2000余名学生参加。8月，英国英中贸易协会负责人到雨花区对接招商项目，对投资高铁新城开发建设有着浓厚的兴趣和热情。9月，马来西亚、泰国学生及领队66人，到长沙开展“2014年回家过节·海外华裔青少年振乾坤潇湘文化行”活动，在砂子塘新世界学校开展交流活动3天。扩大外出交流活动。3月，副区长王清华代表区政府到美国、加拿大友好访问；7月，教育系统到新加坡、马来西亚考察交流，与马来西亚教师总会签订教育合作意向书。（王　卓）

【侨务工作】 2014年春节、端午等节日期间，雨花民宗外侨局通过走访、电话问候和发放慰问金等形式，慰问部分老归侨和困难归侨侨眷家庭。春节期间，走访慰问归侨侨眷42名，慰问金额5万元，多次现金慰问特别困难的7户。建立帮扶年老、病弱、受灾和困难归侨侨眷方案，定期走访、慰问。针对泰国归侨易某某老伴去世、子女没在身边、精神孤寂等现实情况，安排所在社区给予其特别的关注和关心，专门安排志愿者服务队进行义务陪伴。注重发挥各街道、社区的作用，维护归侨、侨眷的合法权益。在办理养老保险、医疗保险、廉租房等方面，优先服务归侨侨眷。在做好服务的同时，切实维护归侨侨眷的合法权益，积极为华侨协调解决身份证明问题，为归侨、侨眷协调解决子女入学问题。接待归侨侨眷来信来访2批次，为到新西兰定居的华侨周某某协调解决离职费问题，协助旅法华侨叶绍光到公安部门报案。成立“侨之家”法律服务中心，由天恒健律师事务所指派5名专职律师为全区侨界人士提供法律援助服务。在对全区侨（港澳）资企业调查摸底的基础上，结合企业实际情况开展帮扶活动，大力支持企业发展，湖南成功新世纪投资有限公司、德辉实业有限公司等港资企业。列入政府“三定三抓”项目范围进行帮扶。定居法国多年的华侨王某某在洞井街道鄱阳村租用农村土地建设一个加油加气站，由于担心土地征收会影响其正常经营，一直放心不下，他将情况反映给省市区三级外侨部门，区侨务部门立即到街道和社区了解情况，进行协调，使其能够放心经营。打造社区侨务工作平台，专门拨付侨务工作经费，业务上重点指导，支持东塘街道省人大社区打造为全国侨务工作明星社区。支持井湾子街道三湘社区创建国务院“侨法宣传角”，指导侨务对象较为集中的中南院社区、华银园社区开展侨务工作，积极开展为侨服务。（王　卓）

政协雨花区委员会

主要工作

【概况】 中国人民政治协商会议长沙市雨花区委员会(简称“区政协”)机关设办公室和群团联络、经济科技、文教卫体、人口资源环境、提案法制5个专门委员会。设12个街道政协工作联络处和长沙雨花经济开发区政协工作联络处。区政协机关行政编制14名,工勤编3名。2014年,在职在岗人员23人,其中雇员5人;退休干部20人;机关党支部党员15人。全年共收集社情民意信息100余篇,经综合整理,向省、市政协报送社情民意信息10余篇,其中《在长新疆少数民族群众的管理服务亟待规范》被省政协《社情民意》刊发,引起省政府重视,长沙市政府专题调研落实。 (罗 宁)

【协商议政】 2014年,区政协主席会议专题协商跳马镇接管、政府机构改革、财政预算编制等重大事项。8月14日,区政协常委会邀请区委、区政府领导和相关部门负责人,首次专题协商雨花区大气污染防治工作。11月5日,区政协办、区大气污染防治工作领导小组联合组织召开区大气污染防治政协委员民主监督工作会议,聘请15名区政协委员为大气污染防治特约监督员。 (罗 宁)

【提案办理】 2014年,区政协四届二次会议期间提交提案133件,经审查立案99件。在立案的提案中,委员个人和联名提案88件;各民主党派、政协联络处集体提案11件。所交办的提案均得到认真办理,并全部给予书面答复。其中,所提问题已经解决或基本得到解决的59件,占59.6%;正在解决或列入计划逐步解决的39件,占39.4%;因条件限制需待以后解决的1件,占1%。区委主要领导对第24号提案《关于加快我区电子商务发展的建议》进行阅批,充分肯定该提案具有针对性和操作性,区政府专门出台《长沙市雨花区电子商务业和信息服务业示范园区、示范楼宇扶植奖励办法》(试行),有效加快雨花电子商务的发展步伐。区政府和区政协领导专题协商《关于加强圭塘河治理的提案》,将圭塘河引水这一核心难题列入重要议事日程。 (罗 宁)

【视察调研】 2014年,区政协共组织开展“三定三抓”项目、计生工作、农村拆迁保障住房建设项目、安全隐患整治工作、民族宗教工作等考察调研活动18次,提出重要意见建议30余条,编写《意见与建议》4期。形成《聚焦产业建设难点,提速高铁片区发展》《关于雨花区“社区减负”问题的意见与建议》等6篇调研报告。

区政协继续就高铁新城的产业项目建设问题开展深度调研,形成调研报告《聚焦产业建设难点,提速高铁片区发展》,为高铁经济继续“加热”。根据社区事务繁杂、不堪重负的现状,适时开展“社区减负”问题专题调研,并提出《关于雨花区“社区减负”问题的意见与建议》,区群教办《党的群众路线教育实践活动简报》第25期上全文刊登,有效推动了全区社区职能职责的清理规范。关于雾霾治理、信访维稳等方面的几个调研报告,也为夯实发展基础、优化发展环境提供了智力支持。在深入调研的同时,区政协还组织政协委员,重点围绕区内重大项目、重点工程以及征地拆迁、违章拆除、社区卫生服务中心建设、科技创新、民族宗教、安全隐患整治、计生改革等工作开展专题考察并提出意见建议，为区委、区政府提供重要决策参考。调研委员作用发挥以及提案实效，形成《关于进一步发挥政协委员主体作用的调研报告》和《创新提案工作方法、增强提案办理实效——关于政协提案办理有关问题的调研报告》。（罗 宁）

【委员工作室】 2014年，区政协在134个社区设立委员工作室。政协委员更加积极地参与委员工作室工作，认真地服务群众，踊跃地反映民声，主动地促解民困。社区委员工作室的建设，畅通了政协联系群众的渠道，更为居民群众搭建了反映诉求的平台，在政协委员工作室“零距离接触群众、面对面服务群众”的履职新平台上，委员们为基层社区和居民群众解决了一大批民生问题，雨花政协的影响力与亲和力不断提升，赢得上级的肯定和群众的好评。市政协领导带队专题到雨花区调研。广州市番禺区政协以及长沙市开福、岳麓等区政协组织先后到雨花区考察学习。（罗 宁）

【“真情‘五助’·温暖雨花”公益活动】 2014年5月15日“政协委员助残圆梦行动”启动仪式拉开以“助残、助困、助学、助老、助业”为内容“真情‘五助’·温暖雨花”系列公益活动的序幕。活动形式多样，内容丰富，深受欢迎，影响深远，打造了雨花政协的公益惠民品牌，为建设幸福雨花聚集更多正能量。《湖南日报》《湘声报》等媒体多次进行宣传报道。（罗 宁）

政协会议

【中国人民政治协商会议长沙市雨花区第四届委员会第二次全体会议】 政协长沙市雨花区第四届委员会第二次会议于2014年1月2~4日在区会议中心召开。来自全区各条战线的240名政协委员及所有特邀、列席人员参加会议。会议听取并审议李电晖代表政协长沙市雨花区第四届委员会常务委员会所作的区政协一次会议以来的工作情况工作报告和陈国强所作的长沙市雨花区第四届委员会常务委员会区政协四届一次会议以来提案工作情况报告。全体政协委员、列席人员列席区四届人大二次会议，听取区人民法院、区人民检察院工作报告；通报提案审查情况。会议审议通过《政协长沙市雨花区第四届委员会第二次会议政治决议》（草案）、《政协长沙市雨花区第四届委员会第二次会议关于区政协四届常务委员会工作报告的决议》（草案）。选举粟芳任秘书长。会议宣读《政协长沙市雨花区委员会关于表彰2013年度“三好”政协工作联络处、“十佳”政协委员等先进集体和先进个人的决定》。吴海军、罗发明及刘欣等3名委员分别从基层街道如何推进政协工作、政协委员投身“三服务”主题活动以及如何推进委员工作室的活动等不同层面和角度交流一年来的履职心得与体会。（罗 宁）

【区政协第四届委员会第6次常委会议】 2014年3月7日，区政协召开四届委员会常务委员会第6次会议。会议由区政协副主席康长萍主持，会议审议并通过《政协雨花区委员会常务委员会2014年工作要点》（草案）、《关于深入开展“三好”“十佳”评比活动的通知》（草案）、《关于在全区政协系统开展“真情五助，温暖雨花”系列公益爱心活动的实施方案》（草案）等文件。会上，主席李电晖要求，每位常委都要树立带头示范意识，勇当政协组织的“排头兵”；勇当科学履职的排头兵；勇当本职工作的“排头兵”。（罗 宁）

民主党派

民革雨花区工委

【组织建设】 2014年,中国国民党革命委员会雨花区工作委员会(简称“民革雨花区工委”)设5个支部,党员85人。工委坚持深入学习政治理论并做到学以致用。认真贯彻执行民革市委和中共雨花区委的决议决定,贯彻民主集中制原则,坚持重大问题集体讨论决定,坚持集体领导与个人分工负责相结合的制度,讲究科学的工作方法。制定工委思想工作、参政议政工作的具体目标。做好新党员发展和优秀党员推荐工作,2014年发展新党员8名;党员梁赛被推荐加入区工商联,廖晓宇被增选为区政协委员。工委有33名党员分别担任区政府、区委25个部门的特约人员和政风行风评议员,为各部门提出建议100余人次。 (刘 娟)

【参政议政】 2014年,民革雨花区工委积极参加民革市委、中共雨花区委、区政府和区委统战部的各项参政议政工作。结合雨花区两会,号召工委人大代表、政协委员积极谏言献策,提出有质量、上档次的议案、提案。选拔一批年富力强、热心参政议政工作的党员成立“民革雨花工委参政议政部”。2014年,工委各支部参政议政骨干、信息员和新党员参加由民革雨花工委、民革市委和区政协、区委统战部开展的各级各类培训10余次。上交各类参政议政稿件30余篇,党员文富勇《关于推进水利国有企业改革的建议》一文被省政协采用,梁赛和胡银燕的3篇社情民意被市政协采用。 (刘 娟)

【服务社会】 2014年,民革雨花区工委积极服务社会。“同心社区法律服务站”,每月9日为社区群众开展免费法律咨询服务。8月,组织开展“民革雨花工委纪念抗日战争胜利69周年”暨“民革雨花工委芷江行”主题活动。一支部致力于关爱抗战老兵活动和关注桑植捐资助学活动;二支部自筹五千元资金,捐赠给野生动物保护协会;三支部以参政议政部所在地为阵地,开展学习型支部的建设;四支部开展进社区慰问老人家、看望抗战老兵、“邻里守望,关爱单亲母亲”、关爱贫困家庭儿童等活动10余次。 (刘 娟)

【成立“参政议政工作部”】 2014年6月10日,民革雨花区工委“参政议政工作部”挂牌启动仪式在香颂国际商厦前坪举行,民革省委副主委、民革市委主委朱建军,民革省委秘书长黄自荣,民革省委组织处处长戴明星,区委统战部副部长程缅,民革雨花区工委主委冯斌、副主委吴建安等参加仪式。冯斌致欢迎辞;吴建安宣读《关于同意成立民革雨花区工委参政议政工作部》的批复文件;黄自荣和戴明星授牌。朱建军肯定民革雨花区工委和该种创新的工作方式,认为该部的成立在湖南省民主党派内属于首创,具有重要意义,树立了榜样作用。程缅对民革雨花工委“参政议政工作部”的成立表示祝贺。参政议政工作部部长张书文宣读《民革雨花区工委参政议政工作部工作方案》,方案对工作内容、工作安排及奖励措施均做出详细的安排和部署。授牌仪式结束后,全体党员在工作部所在地——长沙市怡维怡心理师培训中心进行工委第一次参政议政工作培训。民革长沙市委宣传处处长杨舜尧传授“如何在新形势下开展参政议政工作”,从“三种意识——民生意识、问题意识、大局意识;四点——关注焦点、热点、难点、盲点;三实——反映问题要实、数据了解要实、文字表达要实;三新——标题要新、看问题角度要新、建议要新”阐述如何写好社情民意、统战信息的文章。“参政议政工作部“,为民革雨花区工委的全体党员搭建了参政议政的舞台,营造了昂扬向上、团结和谐的良好发展氛围。 (刘 娟)

【探望、慰问抗战老兵】 2014 年 8 月 31 日,民革长沙市委宣传处处长杨舜尧、民革雨花区工委主委冯斌及四支部的部分党员代表探望、慰问抗战老兵夏定夷、王聿新,民革老党员王庚俞、罗茂华。从 2013 年 11 月开始,民革雨花区工委联合长沙老兵之家、黄埔后裔,长沙市民政局组织对申报抗战老兵进行走访、调查了解,由申报人及直系亲属口述并经各级组织确认为参加抗战的老兵由政府每月补贴生活费(12 月份开始发放)。经民革雨花区工委一支部党员彭拥军等走访确认,雨花区有抗战老兵刘吉星、周树安、李玉堂、莫鸰玲、张碌绥等。刘吉星,男,1920 年 6 月 3 日出生,1938 年 6 月抽壮丁入伍到国民党辎重兵学校。1941 年改编入新 38 师调往云南保山。1942 年 3 月入缅参加仁安羌战役。1944 年随新一军入缅配合远征军第二次作战。莫鸰玲,女,1922 年 9 月 1 日出生,第九战区干部训练团第三大队接受失学失业青年,上午学军事,下午学医护,准尉待遇。学习一年后分到第十后方医院(江西宜章杨梅山)工作。夏定夷,黄埔军校 19 期学员,1944 年任 18 军 11 师炮兵营排长,参加湘西会战。王聿新,男,1930 年 6 月 3 日出生,1942 年参加防空情报部队,在部队管后勤,当抄写员。7 月 12 日,民革雨花工委主委冯斌、一支部主委江山带领支部党员一行 6 人先后探望、慰问红花坡社区的 94 岁抗战老兵刘吉星和雅塘村社区 92 岁的抗战老兵莫鸰玲。 (刘 娟)

民盟雨花区工委

【组织建设】 2014 年,中国民主同盟雨花区工作委员会(简称“民盟雨花区工委”)设 11 个支部,盟员 411 人,其中发展新盟员 22 人。工委组织盟员深入学习中共十八届三中全会和四中全会精神,加强对盟员的盟史、盟章和多党合作理论的学习,开展新时期盟员标准的教育,提高广大盟员的思想政治素质和参政能力。根据盟员工作部门分散,工作时间不统一的具体情况,利用网络工具和集中学习的机会,及时传达民盟省委、民盟市委、区委统战部会议精神,使广大盟员及时了解组织发展状况。全年组织区工委委员集中学习 4 次,开展业务培训 1 次。组织各支部学习习近平《在庆祝人民政协会议成立 65 周年大会上的讲话》并撰写心得体会 11 篇,评选出一等奖 1 篇,2 等奖 2 篇,三等奖 8 篇。各基层支部活动次数均超过 3 次。完善支部盟员考核评先机制,引导盟员积极主动参加各种活动,组织“活力支部”和“示范支部”建设活动,组织盟员在长沙、宁乡、浏阳、怀化、益阳、娄底等地开展各类支部组织活动 30 余次。盟员中担任市、区人大代表 6 人,市、区政协委员 15 人,特约人员 36 人。 (刘 娟)

【参政议政】 2014 年,民盟雨花区工委围绕雨花区委和区政府的中心工作,积极组织广大盟员做好开展调研,深入调查研究,结合岗位专业优势,科学建言献策,撰写人大、政协提案 8 个,结合工作实际和存在的问题开展社会调研活动 22 次,撰写调研论文 12 篇,向《长沙民盟》、区委统战部提交社情民意和相关稿件 11 篇。引导各基层支部完善盟员档案、参政议政档案、社会服务活动档案、各类文件档案等,将其统一保存于雨花区民主党派活动中心办公室。 (刘 娟)

【服务社会】 2014 年,民盟雨花区工委发挥孟妈妈青护园平台、高校支部、文教卫支部智力资源丰富的优势,与学校开展结对援助或支教活动。开展文化、科技、卫生、教育下乡活动,采用多种形式做好社会服务。民盟雨花区工委盟员银样军参与民盟长沙市委组织的地中海贫血症儿童捐赠仪式活动和芙蓉区农村拆迁调研活动;罗艳珠利用业余时间义务咨询心理个案34人次,危机干预2人;唐莹参加义务支持新疆职业教育事业活动,对口援助指导新疆吐鲁番中等职业技术学校成功申报自治区“老年护理”精品课程,在新疆吐鲁番中等职业技术学校、克拉玛依职业技术学院开展义务讲座4场;蒋玉芝利用业余时间为天心区慧灵智障人士开展义务心理辅导、赴湘雅博爱康复医院慰问脑瘫儿童及家属、带领学生为雨花区桂花社区居家养老老人开展爱老敬老活动、赴新化进行贫困支援活动,为当地小学生赠送文具和食品、为长桥劳教所劳教人员开展团体心理辅导4次。雅礼中学支部组织全体盟员去湖南省少数民族地区薄弱学校——通道一中开展扶贫助学活动。各基层支部积极参加区委统战部“同心工作站”载体建设,推进社区建设和管理创新;定期组织公益活动和社区服务,认真了解和分析辖区居民群众的需求、诉求,有针对性地通过直接的资金物质帮助、举办群众文化生活等来提高群众的生活质量,树立民盟组织的良好形象。

(刘　娟)

民建雨花区工委

【组织建设】 2014年,中国民主建国会雨花区工作委员会(简称“民建雨花区工委”)设6个支部,会员170人。坚持支部集中学习制度,各支部分别召开2次以上全体会员大会,组织会员深入学习贯彻中共十八届三中全会精神以及习近平在开展党的群众路线教育实践活动系列重要讲话,全面学习统一战线理论和多党合作理论、方针政策,全面学习会章、会史和会的优良传统。各支部结合自身实际,学习调研、分析检查,组织形式多样的专题调研民主生活会等学习活动,形成“学行并重、成在实践”的共识。工委注重考察入会积极分子的年龄、学历、行业分布、专业能力等条件,逐步形成人才队伍梯队。为承接做好保险支部的建设工作,支部从《保险周刊》和保险公司发展3名新会员。对新会员进行传帮带,促进新会员快速成长。三支部吸收一批科技界、传媒界、法律界的优秀人才加入。扩大和深化会务监督员作用,研究重大问题和工作安排时邀请3名会务监督员列席监督。三支部、左家塘支部、保险支部发动会员集思广益,集体组织和小组活动相结合,行业联谊和跨区联谊相结合,组织开展爬山、郊游、考察学习等活动,增强凝聚力。(刘　娟)

【参政议政】 2014年,民建雨花区工委组织企业家、经济部门工作的会员,实地调查、走访相关部门、到社区和居民小区听取意见建议、召开座谈会,详细摸清资本市场建设的现状和存在的问题,调动会员参政议政的积极性,发挥会员联系面广、专业熟悉的特点,提高调查研究的深度和针对性,提交多篇提案。市人大代表张德明在市人代会上多次提出关于规范长沙市出租车管理的问题;区政协委员夏剑波深入基层调研,编制《长沙市开放式社区物业服务工作手册及资料汇编》;王东华撰写的《长沙烈士公园烈士陵园纪念堂亟需升级改造》的社情民意被市委采用。民建雨花区工委牵头组织撰写《雨花区圭塘河污水治理现状调查及其对策》的调研报告,与区市政局、区环保局等部门有关人员多次深入现场查勘调研。《关于加强圭塘河污水治理的建议》被区政协主席会议评为2014年重点提案,认为该提案主题鲜明、重点突出、贴近实际,较为真实地反映了雨花区两河流域治理的现状。三支部邀请区政协副主席任壮岳和区委统战部常务副部长邹开其与会员座谈交流。

(刘　娟)

【服务社会】 2014年,民建雨花区工委工委依托组织优势,发挥党派特色,发动全会力量,继续推进“同心工程”,打造民建的社会服务品牌。鼓励和引导会员特别是企业家会员积极承担社会责任,参与帮扶工作,拓展帮扶领域,扩大帮扶数量和地域,扩大社会影响力。一支部上半年慰问结对社区怡云社区困难群众4000元;6月21日,组织会员、骨干到雨花区救助站参加“全国救助机构开放日”活动;10月,到娄底市双峰县慰问企业,对当地困难学生进行扶贫助学。三支部以扶贫助学为重点,5月底,筹集价值4万余元的服装及学习用品,在湘西麻阳富洲学校开展爱心助学活动；中秋节慰问怡云社区4000元。左家塘支部以“同心工程”为平台，组织会员购买节日用品，上门慰问贫困家庭和部分困难老会员。（刘　娟）

民进雨花区工委

【组织建设】 2014年，中国民主促进会雨花区工作委员会（简称“民进雨花区工委”）设9个支部，会员141人，其中新发展会员7名。工委组织7名会员参加民进全国市、县级组织主委培训班，听取民进中央副主席刘新成专题报告。4月3日，成立参政议政、社会服务、三胞、妇女工作、组织工作、老龄工作、统战理论研究等7个工作委员会，以及企业家联谊会、艺术教育联谊会。5月30日，民进雨花区工委主委夏晓波参加全国政协副主席、民进中央常务副主席罗富和在长沙举行的基层组织建设调研座谈会，并作题为《基层组织如何履行好参政议政职能》发言。12月4日，组织会员61人开展工业旅游。（刘　娟）

【服务社会】 2014年5月24日，民进雨花区工委与省儿童医院、侯家塘街道工委在宁乡大屯营同荣小学联合主办“送医下乡、爱心助学”公益活动。11月6日，组织到安化县马路镇湖南坡完小“捐资送课”安化行活动，捐赠电脑20台，树木岭小学教师朱英为四年级学生授课。组织会员撰写“雨花区吸毒人员情况调研报告”，组织火车南站地区综合管理办公室谢建姣、袁首等会员立足本职岗位进行调研，撰写《理顺机制、升格机构、提高火车南站管理水平的调研报告》。（刘　娟）

农工党雨花区工委

【组织建设】 2014年，中国农工民主党雨花区工作委员会（简称“农工党雨花区工委”）设5个支部，党员123人。工委组织收看《“立党为公，执政为民”先进事迹报告会》保持共产党员先进性教育活动电视专题片及专题电教片，警示和正面教育党员树立正确的人生观和价值观，增强党风廉政意识。组织党员参加市委组织的“三八”节、庆国庆、中秋节、重阳节和迎新春活动，以及参加市委组织的党员骨干进修班。坚持开展送温暖活动，增进党员间的感情，增强支部基层组织的凝聚力。（刘　娟）

【参政议政】 2014年，长沙市中心医院农工总支加强社会调研，关注民生，撰写社情民意《关于改善高铁南站停车场标识的建议》《关于打的难的几点建议》。支部成员、市规划设计院副院长谭春华作为湖南省城乡规划委员会专家委员主持株洲市、衡阳市、益阳市等城市的城市总体规划编制，以及郴州市等十几个历史文化名城、名镇、名村规划的技术审查工作。农工规划院支部主委龙卫华作为区政协委员参与政协小组组织的各项调研活动，走访对口社区，出资购买慰问物资慰问贫困户。支部支委王高峰作为区政协委员，分别参与重型机械厂、小林子冲的棚户区改造。（刘　娟）

【服务社会】 2014年，长沙市妇幼院农工支部开展“面向家庭、面向群众、面向流动人口”的生殖健康保健知识普及、便民活动，举办惠民义诊活动，接待就诊群众1000余人，发放健康资料2000余份；党员薛志辉主编市妇幼院《爱婴医院复核应知应会手册》，参编中华护理学会专科护士系列培训教材之《妇产科护理分册》《儿科护理分册》；党员王卫东指导并协助医院各科研团队申报科研课题，其中部级立项2项，吴阶平医学基金会立项1项，省级科研3项，论文《长沙市13所产科医院10年出生缺陷监测》获湖南省第十五届自然科学优秀学术论文三等奖；党员王比男带领全科人员做好不孕不育及盆底障碍性疾病的防治工作，被聘为新一届长沙市盆底专业委员会主委、省盆底专业委员会委员、长沙市妇科腔镜质量控制中心委员。市中心医院农工支部老年医学科刘竞芳连续担任二届市老年病防治委员会主委，并获省卫生系统先进个人；肾内科李芋获国家青年科学基金项目“氟非尼酮治疗糖尿病肾病抗氧化应激的作用研究机制研究”；神经外科向鹏举办市内神经外科脑血管病防治学习班,推广经鼻胃空肠置管新技术,开展有创颅内压监测等新项目,发表论文3篇。雨花区支部新发展的党员长沙群英会理事长、湖南公益联盟总执行人、湖南金牌义工、潇湘风尚人物傅强作为民间公益界代表人士，参加全省党外代表人士为期半个月的脱产培训班。傅强牵头组织数十支公益团队,对云南、湖南等受地震、水灾地区群众募集和运送救灾物资近500万元,联合深圳壹基金为湖南边远贫困儿童赠送温暖包2000个,筹建15个儿童乐园。傅强被补选为农工党省委社会工作委员会副主任、雨花区政协常委。雨花区支部委员江南英,参加市委组织的党员骨干进修班，全年参加公益爱心活动10余次。（刘　娟）

致公党雨花区工委

【组织建设】 2014年,中国致公党雨花区工作委员会(简称“致公党雨花区工委”)设4个支部,党员76人,新推荐3名入党积极分子。为进一步盘活党员资源,加强党员与地方的互动,为省直党员充分履职搭建平台,致公党省委成立省直雨花区工委。6月13日,在区工委主委易静、副主委沈静的陪同下,致公党湖南省委秘书长、省直工委主委刘良廷带领省直雨花区工委全体班子成员及部分党员代表与中共雨花区委进行首次工作对接。区工委组织新进支部成员和后备干部参加省委和市委举办的学习班、海外洪门研讨班和参政议政研讨班等。4月19日，三支部全体党员在支部微信群里召开如何开展“2014年致公党雨花三支部紧跟党的群众教育路线活动”的讨论,以微信会议的方式,创新创建学习型组织,活动被致公党省委作为优秀支部学习活动推荐到致公党中央。5月17日,三支部党员到韶山开展爱国主义学习活动。工委在市委网站发表报道23篇,在和网发表6篇,在致公党省委网站发表报道24篇。参加致公党省委征文“开展坚持和发展中国特色社会主义学习实践”,投稿3篇。参加雨花区政协征文“做好人民政协工作,必须坚持发扬社会主义民主”征文活动,投稿2篇。6月12日,党员莫艳芝参加市委组织赴芷江抗日受降旧址和麻阳滕代远纪念馆参观学习。（刘　娟）

【参政议政】 2014年,致公党雨花区工委利用各级人大、政协平台发挥参政议政职能,每位人大代表、政协委员提交1篇以上提案，工委提交集体提案1篇,共计14篇提案议案。提交社情民意3篇。调研报告《雾霾治理、全民参与，唤醒你我心中的绿色意识》,获区政协高度评价。成立以工委主委为组长的参政议政工作小组，撰写《关于公立医院改革的课题》。调研报告《实施人才兴业工程,加快中部现代服务业中心建设——雨花区现代服务业人才队伍建设的对策研究》获致公党市委调研报告一等奖,获雨花区统战部调研报告二等奖。（刘　娟）

【服务社会】 2014年1月17日，致公党雨花三支部组织党员去雨花区第一社会福利院看望孤寡老人。1月21日,区工委党员参加枫树山社区新春送祝福活动。4月25日,一支部党员到省人民医院看望贫困家庭患者并捐款;5月24日,区工委开展“送医下乡、爱心助学”活动,捐赠助学资金4800元,图书3000余册和价值1万元的学习体育用品等;5月28日，工委为第二福利院的老人孩子捐赠节日礼物、衣物、牛奶、粽子、饼干和现金一万余元;6月8日,工委党员、一支部党员前往第二社会福利院开展义务劳动;4月27日、11月2日一支部党员参加雨花区社会福利中心志愿者活动。11月27日,三支部组织党员为雨花区第一社会福利院看望孤寡老人表演文艺节目。持续开展雨花致公“万里行”接力活动,利用旅游、休息、公干之余时间对多地致公党基层组织进行拜访与交流,其中有柬埔寨、菲律宾、美国等海外致公党的组织。（刘　娟）

九三学社雨花区工委

【组织建设】 2014年,九三学社雨花区工作委员会(简称“九三学社雨花区工委”)设5个支社,社员

146人;8月31日，九三学社长沙市委员会成立30周年纪念大会表彰9个先进集体,九三学社雨花区工委和雨花一支社、二支社、城建支社获“先进集体”称号;王琳等15人获评“优秀社员”,傅琼琼、何亚伟获评“优秀社务工作者”，敖耀寰等8人获评“优秀科技工作者”。（刘 娟）

【参政议政】 2014年，九三学社雨花区工委开展“清霾”工作调研,通过座谈、走访等形式,深入调研,形成《关于清霾工作的调研报告》。5月23日,工委就前期调研工作总结出的“清霾”工作的基本情况、“清霾”工作存在的主要困难和问题等方面向区政协、区环保局等相关部门单位的负责人作汇报,并提出重视科学研究、提高居民思想认识、加强部门联动治理、强化区域联防联控、扩大公共绿地面积、高污企业合力外迁、发展绿色生态经济、节能减排绿色出行等可操作性的建议。工委深度调研,理顺思路,主持撰写“关于加快配套改革,充分实现农村土地财产性收益的建议”的课题调研报告。（刘 娟）

【服务社会】 2014年5月16日，九三学社雨花区工委联合与区政协举办“同心梦工厂”之“你我牵手·乐在‘棋’中——雨花区第二届残疾人象棋比赛”活动。3月5日,承办“雷锋精神,高铁速递——让红丝带在高铁飘起来”活动。开展“架同心桥,圆学子梦”助学捐助活动,扶助2名贫困大学生完成学业。开展帮扶助学活动，在高升社区募捐现场募集111674元，部分工委成员和贫困孩子结对认亲。成立雨花区丰和公益服务联盟,依托同心梦工厂,打造“丰和晴天”公益就业援助中心。推出“爱心水果直通车”项目,与果熊维尼公司(湖南)农产品有限公司联袂打造残障人士就业创业新平台，实施爱心水果直销连锁项目。（刘 娟）

社会团体

总工会

【概况】 2014年，雨花区总工会在职工作人员8名,其中行政编人员3名,事业编制2名,雇员2人;离岗干部1人,退休6人。办公地点设区治大院2号楼A118。区总工会下设全额拨款二级事业单位职工服务(帮扶)中心。

2014年,区总工会创新工作方法,夯实基层组织基础,加强职工权益维护服务,工会组织吸引力、凝聚力和战斗力得到加强,各项工作扎实推进,工会组建、工资集体协商、经费收缴、服务卡办理、职工医疗互助等工作指标全面完成。获评市总工会目标考核一等奖。 (凌 敏)

【组织建设】 2014年,雨花区总工会积极探索新形势下工会组织建设、运行机制和组建方式的新途径,推行区域性、行业性工会联合会等多种建会形式。全年组建工会158家,涵盖法人单位485家,发展工会会员5000余人。8月,开展“工会组织核查月”集中清查大行动,核查全区工会组建和规范化建设,聘请30名大学生配合雨花经开区、各街道社会化工会工作者,对全区企业进行地毯式清查,确保工会组织信息的真实性与准确性，通过对预置数据库的12015家企业建会情况进行地毯式的核查，核减事实不存在的企业6396家,核准后的建会企业2110家,定期更新数据库,夯实了全区工会组织建设基础。日常工作中坚持工会组建与女职工委员会、经审委员会同步报批,组建发文与集体合同、工资协商同步签订,做到组建、规范两手抓、共发展。在非公企业中开展“双亮双比双争”活动,免费为非公企业赠送规范化建设板100余份。创新“职工书屋”建设,依托区文化馆资源,挂牌成立全市最大的职工书屋,藏书15万册,并有电子阅览室、读书研讨沙龙室等,除周日外其他时间免费对全区广大职工开放。 (凌 敏)

【职工素质】 2014年,雨花区在全区深入开展“争当技术能手,争做节能减排先锋”为主题劳动竞赛系列活动,通过系列竞赛活动引导职工努力学习新知识、钻研新技术、掌握新技能,不断提高学习能力、创业能力、竞争能力和创新能力,推动了社会和谐发展。劳动竞赛企事业单位覆盖率80%,职工参与率近90%。区职工业余培训学校以集中培训、订单培训、流动课堂等形式,形成“两库一员”的办学方式,引导职工增强劳动本领和创新能力、就业能力和发展能力。举办各类培训班13期，培训职工1300余人次。3月7日,区总工会联合区妇联在长郡雨花外国语学校体育馆内联合举办庆“三八”趣味运动会。300余名女职工参加。5月前夕,活跃和丰富职工业余文化生活,在全区举办“建功‘十二五’·劳动我最美”职工摄影大赛,各基层工会职工100余人参赛。选送的节目《生命》在全市中华精典诵读比赛中获一等奖。以“12·4”国家宪法日为契机,区总工会联合区司法局、区法院、区检察院等单位及北京盈科、湖南言顺律师事务所,在红星农博会展中心和高桥西子商业街广场设点开展大型法制宣传活动。向广大职工群众宣传《宪法》《工会法》和《劳动法》等与广大职工群众切身利益相关的法律法规。 (凌 敏)

【职工权益维护】 2014年，雨花区总工会加强与区人社局、工商联的沟通联系，建立三方协商会议制度，每季度召开一次会议，共同研究、部署、推进工资集体协商工作。以工资协商签约作为劳动关系调整的突破口，全面推进劳动合同、集体合同、工资集体协商工作开展。举办工资集体协商工作培训班1期，全区规模以上非公企业工会主席近100人参加，重点对基层工会难点问题进行培训指导。6月19日，在洞井街道举办工资集体协商百家企业集体签约活动，62家企业行政方、工会方及职工代表正式签下了工资集体协议书。全年2047家企业完成工资集体协商备案工作。其中区域性工资集体协商协议54份，覆盖企业2002家，职工24785名；单签工资集体协商协议45份，覆盖职工12657名。（凌　敏）

【职工帮扶】 2014年春节期间，雨花区总工会筹集52万元慰问资金和物资，走访慰问市政、园林、环卫一线职工和部分非公企业困难职工400余人。1月31日大年初一，区委常委、政法委书记王维宁，区委常委、区委办主任黄文先、区总工会主席许乐云慰问春节加班辛勤工作的一线职工。“三八”期间，联合长沙安贞妇产医院、长沙正和医院从3月1日至5月10日为全区2174名一线女职工免费体检，并为40名单亲、特困女职工送上慰问金。8月，开展金秋助学活动，资助贫困学子52人，发放帮扶资金13.6万元。11—12月，为全区近60名因病（灾）致贫、致困的职工提供救助，发放救助经费约20万元。全年慰问职工1400余人次，慰问金额80万余元。酷暑期间，筹集资金40万余元，重点慰问环卫、城管等一线职工1万名。为减轻职工医疗负担，预防职工因病致困、因病返贫，进一步提升广大职工幸福指数，在市总工会的指导支持下，全年组织15465名职工参与职工互助医疗，为职工1600余人次报销医药费130万余元。定期召开劳模座谈会，了解劳模工作、生活情况，听取劳模意见。10月组织省、市、区级劳模分别到广西、郴州等地进行疗养。认真做好市第二十次劳动模范评选推荐工作。（凌　敏）

【新增4名市劳模】 2014年4月28日，中共长沙市委、市政府举办庆祝“五一”国际劳动节暨劳动模范表彰大会，长沙市比亚迪汽车有限公司整车校验科科长单丹、湖南晓光模具有限公司总经理仲志刚、雨花区左家塘街道营山巷社区主任罗浩明、雨花区市政局物资供应科科长周玲获“长沙市劳动模范”称号。（凌　敏）

【安全生产】 2014年，雨花区总工会以“安康杯”竞赛为载体，以维护职工的安全健康权益为重点，推进安全生产管理，落实安全生产责任制，提高职工的安全生产意识和自我保护能力。在全区企业工会中开展1次消防演练活动，免费为基层工会举办消防培训班10期，培训职工800余人次。加强基层工会安全生产工作，下发《关于做好国庆节期间安全生产工作的通知》，联合区安监局、雨花经开区、各街道工会联合会等对全区非公企业进行安全生产大检查，着重检查督促安全生产、劳动防护等方面，增强职工安全防范意识。（凌　敏）

【全市最大职工书屋揭牌】 2014年，雨花区总工会在全市率先与区文体新局共同打造职工书屋建设平台。创新“职工书屋”建设，购置与职工密切相关的书籍，藏书15万册，并有电子阅览室、读书研讨沙龙室等。12月22日，区总工会举行区职工书屋揭牌仪式，区委常委、组织部部长、统战部部长、总工会主席冯聪龙，总工会党组书记、副主席彭跃辉，区文体新局局长王琳一同为雨花区职工书屋揭牌。职工只要凭借身份证到区职工书屋办理借书证，即可免费借阅书籍，并参加读书沙龙活动。（凌　敏）

【全省首个社区职工服务站挂牌】 2014年12月24日，雨花区红星社区职工服务站授牌暨社区服务节活动启动仪式在井湾子街道红星社区举行。“红星社区职工服务站”是湖南省工会系统政府购买服务的首个试点单位，市总工会党组书记、副主席彭惊雷，市总工会副主席鲁承钢，区委副书记汪娟，区委常委、组织部部长、统战部部长、总工会主席冯聪龙，副区长陈怀宇,市、区总工会、井湾子街道的相关负责人出席启动仪式。服务站内设多功能活动室、职工增能室、图书室、舒心坊等多个功能区,实施心理咨询、招聘培训、健康娱乐、图书阅览、困难帮扶等服务项目。服务时间从8小时以内的服务延伸到24小时,真正做到把服务送到职工家门口,让工会成为职工的贴心“娘家”。 (凌 敏)

【“节约一元钱 爱心献灾区”捐款活动】 2014年8月,雨花区总工会率先开展“节约一元钱 爱心献灾区”活动,全区93家基层工会、3000余名会员踊跃捐款275442.5元。8月22日,区总工会将5万元募捐款送到安化县重灾区清塘铺八里潭村。9月12日,区总工会组织部分捐款职工代表区赴云南省鲁甸县灾区,将225442.5元募捐款送到受灾学校及30名学生手中,为30名学生每人捐助助学金5000元,为中心学校捐助75442.5元。 (凌 敏)

【增补总工会委员】 2014年11月6日,雨花区总工会第三届委员会第十三次全体委员(扩大)会议召开,补选新的工会委员。区委组织部副部长肖向东介绍补选委员候选人基本情况。通过投票选举,补选冯聪龙、彭跃辉、郭绍炎、傅建辉、张辉煌、蒋多利、许惠芝、彭芬、邹霞、曹旭鑫为区总工会第三届委员会委员。召开区总工会第三届委员会第十四次会议,补选冯聪龙、彭跃辉、郭绍炎、傅建辉为区总工会第三届委员会常委,选举冯聪龙为区总工会主席,彭跃辉为区总工会副主席。 (凌 敏)

妇女联合会

【概况】 2014年,长沙市雨花区妇女联合会(简称“区妇联”)行政编制3名,其中领导职数2名。2014年在职在岗人数4人,其中干部3人,雇员1人;退休1人。区妇联党支部,党员5人,其中在职党员3人,雇员党员1人,退休党员1人。办公地点设在区政府1号楼。

2014年,全区妇女工作围绕促进妇女发展和维护妇女权益两条工作主线,在组织建设、事业发展、宣传工作、维权工作、妇儿工委等方面开展一系列的工作,有力推动了全区妇女事业与经济社会的协调健康发展,被评为全省妇联系统宣传工作先进单位。 (李 娟)

【组织建设】 2014年,区妇联辖区直机关工委妇委会、教育局妇委会、12个街道妇联、雨花经开区妇委会和12个街道妇联。区妇联坚持“党建带妇建”,进一步开展“妇女儿童之家”创建活动,高桥街道怡园社区、砂子塘街道梨子山社区、东塘街道枫树山社区获评市级示范“妇女儿童之家”。联合区委党校举办妇联干部业务培训班,150余人参加培训。区妇联主席郑迎春等2人出席省第十二次妇女代表大会。3月7日,长沙市各界妇女庆祝“三八”国际妇女节104周年会上,包括“十大最美女性人物”孟繁英、“十大最美女性人物”提名奖肖卓作在内的雨花区一批优秀女性受到表彰。 (李 娟)

【妇女活动】 2014年3月7日,区妇联与区总工会在长郡雨花外国语学校环科园校区体育馆内联合举办庆“三八”趣味运动会。全区800余名女同胞参加。5月,区妇联、区文明办联合启动开展寻找“最美家庭”活动。倡导夫妻和睦、尊老爱幼、科学教子、勤俭节约、邻里互助的家庭文明理念,发挥妇女在弘扬中华民族家庭美德、树立良好家风方面的独特作用,经过居民自主申报、社区初评、街道复查、区级验收等环节,综合“庭院环境”“家居环境”和“家庭成员素质”3个方面评分情况,10月,表彰50户家庭。组织妇联巾帼志愿者到“普亲”老年养护中心开展志愿服务活动。为失能的老人们送去爱心物资和亲切关怀。推荐孙建华等优秀义工参加“巾帼学雷锋”“道德模范”等先进妇女典型的评选。承办长沙市巾帼志愿者骨干培训班。开展创评“两型”示范家庭活动,倡导低碳、绿色、环保的生活方式。左家塘街道赤岗社区刘德尧家庭获得市“两型示范家庭”称号。 (李 娟)

【关爱妇女儿童】 2014年，区妇联与区人社局联合开展“春风行动”，为失业妇女搭建就业平台，为3333名求职者提供免费职业介绍服务，成功就业831人。春节期间，市妇联到雨花区集中走访慰问特困单亲母亲和特困妇女；区妇联走访慰问特困妇女41名。端午节前，区妇联走访慰问水院社区的15户结对认亲及困难家庭。9月，区妇联党支部走访慰问10户社区空巢老人、困难家庭。12月，区妇联举办育婴师技能培训，160名妇女群众学习新生儿抚触、婴儿操、婴儿辅食添加、婴儿护理、早期脑潜能开发、产后护理和宝宝常见病的预防等课程；对全区范围内12名身患“两癌”疾病的贫困妇女提供救助金1万余元。在全区开展家庭教育巡回讲座活动13场，针对家庭教育中的热点难点问题，组织专家、学者开展家教知识宣讲。由市妇联副主席赵景利主讲的“我们的第二次成长——品质篇”家庭教育公益讲座在区会议中心中型会议室开课。儿童节期间，区妇联走访42名特困女童家庭。7月，区妇联为全区55名贫困儿童发放助学款2.6万余元；市妇联看望慰问雨花亭街道新星社区特困儿童典型10岁“小妈妈”楠楠2000元。8月，区妇联走访慰问全国“三八红旗手”漆秀华、王丹丹，省级“三八红旗手”游端霞、肖花朝。（李　娟）

【维护妇女儿童权益】 2014年，区妇联全年共接待信访案件35起。“三八”期间，雨花区集中表彰一批维权工作先进集体和先进个人。牛角塘社区获评长沙市“妇女之家”反家暴工作示范点。11月28日，在牛角塘社区广场开展“国际反家庭暴力日”宣传活动。（李　娟）

【妇儿工委全会】 2014年，雨花区积极推进实施《雨花区妇女儿童发展规划(2011—2015年)》，促进妇女儿童事业发展。9月19日，2014年雨花区政府妇儿工委全会召开。46家成员单位主要负责人参加会议。区妇联副主席刘娣主持会议。会议听取区妇儿工委副主任、区妇联主席郑迎春《政府主导规划引领合力推动妇女儿童事业新发展》的全会报告。区政府妇儿工委主任、副区长王清华，区关心下一代工作委员会主任、原区人大常委会主任谭小杰出席会议并讲话。王清华强调，要审时度势，切实增强妇儿工委工作的责任感和使命感；要攻坚克难，强举措促进规划如期达标；要统筹兼顾，强机制提升妇女儿童工作品质。（李　娟）

【庆“三八”集体跳绳比赛活动】 2014年3月7日，区妇联与区总工会在长郡雨花外国语学校环科园校区体育馆内联合举办庆“三八”趣味运动会。来自经开区、区直机关、教育局系统、各街道以及辖区企业的800余名女同胞参加此次活动，区妇联主席郑迎春致辞，区县级领导、总工会主席许乐云宣布活动开幕。运动会设“绳飞扬梦飞翔”集体跳绳比赛、齐心协力六人七足跑、背靠背夹球六人接力赛、“盲人敲锣”4个比赛项目。区教育局、区法院、建鸿达房地产公司分别获集体跳绳比赛项目、“六人七足跑”项目、“六人接力赛”项目第一名，杨妙、曾淑芳并列“盲人敲锣项目”第一名。（李　娟）

【摄影比赛活动】 为了弘扬爱国、文明、和谐的新时代社会核心价值观，充分展现雨花女性在婚姻家庭、社会生活中的精彩人生及独特魅力，展示雨花妇女良好的精神风貌，区妇联深度挖掘雨花区在建设全面小康之市、两型引领之市、秀美幸福之市的优秀成果。激发女性摄影爱好者以女性视角定格女性之美、雨花之美，2014年3月，由雨花区妇联发起，雨花区工商联女企业家商会、悠游行摄沙龙、长沙圆之旅旅行社有限公司协办的“光影雨花·幸福家园”女性随手拍摄影比赛启动，历时3个月，收到130名女性摄影爱好者的摄影作品300余幅，在经过摄影专家评审后，评出一等奖作品1幅、二等奖作品2幅、三等奖作品3幅、优胜奖作品4幅、入围奖作品30幅。雨花区教育局妇委会、雨花亭街道妇联获组织奖。9月5日，“光影雨花·幸福家园”女性摄影比赛颁奖仪式暨摄影知识讲座在区会议中心举行。雨花区人大常委会副主任、区工商联会长周凌云，雨花区工商联女企业家商会会长荣丽萍出席会议，来自妇联系统以及社会各界的摄影爱好者共计百余人参加活动,区妇联副主席刘娣主持会议。区妇联主席郑迎春对"光影雨花·幸福家园" 女性摄影比赛活动的稿件征集、评审及社会效应等情况进行说明,国家高级摄影师、湖南省摄影家协会会员、美国职业摄影师协会会员张洪泉老师对入围的40幅作品逐一点评,分析每幅作品特点,讲解怎样从主题、构图、角度、用光、取景、焦距等方面拍出尽善尽美的照片, 随时记录身边的美好瞬间和点滴感动。 (李 娟)

【"凤雅智慧课堂"】 2014年3月27日,雨花区"凤雅智慧课堂"启动式暨家庭诚信主题宣讲活动在区会议中心举行,区委副书记汪娟、市妇联副主席钟小珍、区委宣传部部长何托林,市妇联宣传部长黄建敏出席活动。各街道分管妇联工作的领导,街道、社区妇联主席和区有关部门妇委会主任参加活动。6月13日, 区妇联在高升社区繁星西点学院举办"雨花凤雅智慧课堂"之"爱的营养早餐"制作培训课程,区委副书记汪娟、区政协副主席康长萍、副县级领导许乐云及来自区直各部门、街道及社区的女干部参加培训。8月15日,为了发挥妇女在家庭中的积极作用,传承良好道德风尚,弘扬孝老爱亲美德,倡导和践行社会主义核心价值观,区妇联邀请专家老师为全区妇联干部送上一堂精彩的道德讲堂课程。9月5日,区妇联举办"光影雨花·幸福家园"女性摄影比赛颁奖仪式暨摄影知识讲座。12月18日,区妇联依托"雨花凤雅智慧课堂",开展"送课下基层"活动,分别在洞井街道丰园社区和高桥街道永定社区, 各举办为期3天的育婴师技能培训。 (李 娟)

【社区志愿服务"雨花模式"成为湖南地方标准】 2014年2月,由雨花区文明办和侯家塘街道等单位起草的《社区志愿服务规范》通过省文明办和省质量技术监督局的专家评审,社区志愿服务形式从"雨花模式"上升为湖南省地方标准,在全省推广。侯家塘街道廖家湾社区作为雨花区积极探索社区志愿服务长效机制的优质"试验田",多年来,秉承"人人都是义工、处处都有岗位、时时都讲奉献"的理念,依托"孟妈妈青少年保护家园"和"鲁爷爷爱心室""道德评议庭"等工作品牌,推出关爱农民工、留守儿童关怀、扶贫助残、社区矫正、卫生保洁、治安巡逻、宣传教育、健康服务、受绿护绿等"十大"项目。社区注册志愿者3000余人,60余个团队。 (李 娟)

共青团

【概况】 中国共产主义青年团长沙市雨花区委员会(简称"团区委"),正科级行政单位,是长沙市雨花区各级团组织的领导机关;2014年, 团区委内设办公室1个职能科室,编制3名,领导职数2名,在职干部2人,党员2人。2014年,以科学服务"五化五新"雨花为中心,以青年群众工作为基础,以社会管理创新为突破口,通过广借资源、广聚力量、广泛影响,充分发挥共青团组织先锋模范和服务引导作用。创建各级青年文明号5家, 省级雷锋号志愿者工作站1家,市级雷锋号志愿者工作站2家,共有50余个先进单位和个人受到各级团组织的表彰。 (罗 富)

【组织建设】 2014年,团区委坚持以会代训,提升团干部政治业务素质;通过基层团干例会、日常工作研讨、部门街道团干交流,以及"学雷锋""五四"等大型系列主题活动,增强团员的组织意识;加强和区直各部门、企事业单位、社会各界的联系对接,优化共青团事业发展环境。开展"我们一起过青年节"团干参观培训会、以"价值"为主题的专题讨论和群众路线教育实践活动抢答赛活动、"奋斗的青春最美丽"青年干部座谈会等培训座谈活动, 提升各基层团委书记的自身素质、工作能力、工作效率。非公经济组织、青年组织、网络团建等模式上有所突破,新建芝麻宝贝摄影等"两新"团组织20家,进一步扩宽团组织覆盖面,筑牢共青团的组织基础。推动成立青年工作小组、青联、青年读书会、青年理论学习研究会、青年论坛等凝聚青年的形式,创新团的组织设置形式。运用互联网、手机等新媒体工具,增强与青年的沟通互动;在全市率先成立雨花工商个私团工委,通过与工商、个私联动充分发挥共青团推动个私经济发展的中坚力量。在全区开展区域化团建工作，侯家塘和雨花亭被选为区域化团建试点单位，左家塘、高桥、东塘、圭塘、侯家塘和雨花亭创建区域化团建工作示范点。推行《基层团委工作手册》和《团支部（总支）工作手册》，建立健全“推优”工作机制，加大团员管理力度、壮大团员队伍，做好《中国青年报》《年青人》报刊征订和团费收缴工作；指导各基层团组织按要求做好信息录入工作，准确把握基层团的组织格局创新工作进度，认真统计核对共青团基层数据，确保2014年共青团数据采集工作数据的真实性和准确性；健全基层考核制度，确立经常性检查与年度考核相结合的工作机制。雨花区教育局通过公开竞聘的方式完善班子队伍建设，为基层团的工作顺利开展提供有效保证，形成基层团组织发展的长效机制。

（罗　富）

【志愿服务】 2014年，雨花区志愿服务弘扬“奉献、友爱、互助、进步”的志愿服务精神，充分展现雨花志愿者良好形象，形成组织健全、运转正常、管理科学的志愿服务网络，志愿活动主题化、品牌化。提升志愿服务的参与度、覆盖面、连续性和常态化。建立健全青年志愿者协会队伍，组织全区志愿者服务组织积极参与社会公益活动，深入社区、企业开展科技传播、医疗服务、法律援助、农技帮扶等志愿服务。设计和开展青少年易于参与、乐于参与的实践活动，开展“七彩雷锋日爱心大传递”“学习身边典型、培养核心价值”“保护母亲河”、感恩主题道德讲坛等活动，建设“雷锋e超市网络爱心平台”、打造“雷锋交通岗”、培植“雷锋爱心林”、组建“雷锋帮帮团”“雨花妈妈家园”，新建“雷锋号”志愿者工作站和“扮靓星城文明南站”雨花区高铁南站志愿者服务驿站。拓展青年志愿服务活动的社会影响力。春运期间，开展“洁净长沙·雨花先行”志愿主题活动，组织志愿者服务高铁南站。联合区教育局开展“预防雾霾绿色生活”大型公益环保活动，推进市民树立绿色环保意识，进一步优化、美化社会环境，进一步督促环保行为，并且通过学生带动家庭、带动市民，带动社区，共创绿色校园，绿色家庭，绿色城市。积极创建青年文明号和“雷锋号”志愿者工作站，全区有志愿者工作站141家，志愿服务团队263个，青年志愿者8万名，廖家湾社区的孟繁英被评为全国“最美志愿者”。省委书记、省人大常委会主任徐守盛高度评价雨花区志愿服务工作，充分肯定“七彩雷锋日”学雷锋志愿服务活动工作内涵非常好，雷锋号志愿工作站创建取得显著成果。《湖南日报》《长沙晚报》等媒体进行报道。

（罗　富）

【服务经济发展】 2014年，全区开展“中国梦青春梦雨花梦”主题活动，为打造中部现代服务业中心建言献策，激发青年干事创业激情，促进青年干部健康成长。召开北大博士团现代服务业课题调研座谈会，以高桥、红星商圈为实例分析雨花区现代服务业的区位优势、现状及问题，提出合理化建议，展望雨花区现代服务业发展的美好未来。组织志愿者5万余人参与文明城市创建活动，组织各类志愿者、文明礼仪宣导队劝导文明交通和文明行为，推荐95名“最美志愿者”在雨花区政务网和雨花手机报上集中展示。通过微信公众平台等新媒体面向全市招募武广高铁志愿者，为高铁南站提供优质志愿服务。

（罗　富）

【帮扶弱势青年】 2014年，团区委组织为农民工子女、闲散青少年、服刑在教人员未成年子女、流浪乞讨青少年等重点群体提供心理辅导、情感关怀、学习指导和生活扶助。发动志愿者组织和个人向拥有1400余名农民工子女的树木岭小学捐赠电视、音响等教学配套设施和5000余册图书，在市少年福利院开展“锋蜜帮帮团”认娃认亲活动，党团员志愿者现场与10名孤儿、残障儿结成帮扶对子。“孟妈妈青护园”“鲁爷爷会客厅”探索青少年保护工作社会化新路子，爱心集市活动向广大市民提供不同类别和形式的文明志愿服务，“学雷锋·新年新书包”为35位失依儿童购买新书包文具。“春的希望”活动，100户家庭结队帮扶100名贫困学生，“冬日暖阳”活动爱心助学20名贫困学

子,“陪你追梦——爱的火车票”活动为20位贫困大学新生提供大学四年的火车票。（罗　富）

【预防青少年违法犯罪】 2014年区团委重点实施一系列青少年群体帮扶工程,加强组织领导,为预防青少年违法犯罪工作提供组织保障。针对农民工子女、闲散青少年、服刑在教人员未成年子女、流浪乞讨青少年等重点群体,为他们提供心理辅导、情感关怀、学习指导和生活扶助。雨花区廖家湾社区推动长沙第一批县市区重点青少年群体服务和预防青少年违法犯罪基地的工作,建立“鲁爷爷爱心室”“孟妈妈青护园”等社会关爱公益组织。（罗　富）

【千名干部志愿服务高铁春运活动】 2014年春运期间,雨花区团委志愿者组成医疗卫生、文明劝导、卫生保洁、便民服务等7支服务队,在花侯路和火车南站南匝道引桥等外围进行文明交通的劝导，确保火车南站外围环境和进站路口交通顺畅；在拥挤通道疏导客流,维持秩序,开展旅客咨询引导服务;向旅客宣传乘车常识和铁路春运便民利民服务措施;配合车站做好旅客滞留等应急服务；参与火车南站周边及站内的环境卫生保洁工作。区委书记周杏武现场表示：长沙火车南站是湖南省目前对内对外的最大窗口，雨花区政府正在为加速打造高品质高铁新城，建设城市靓丽的风景线和新名片而努力。机关干部参与志愿服务是转变作风践行群众路线教育的第一课。机关干部当好保平安、促和谐的排头兵,能为广大群众营造欢乐、祥和的节日氛围。同时通过参与志愿服务，机关干部们也可以更加深入了解民情,真切关注民意。（罗　富）

【服务青年创业就业】 2014年,雨花区关注农村青年、下岗失业青年、城镇新增青年劳动力、大中专毕业生群体创业就业情况,积极整合资源,引导、激励、帮助、支持广大青年就业创业,提高就业创业能力。组织五月创业就业服务月活动，开展“有梦想创未来”雨花区梦想学堂就业创业活动,举办青年创业大讲坛和青年创业典型事迹报告会各一场。举办雨花区“爱心一夏”人才招聘会活动,引导青年树立正确就业观念。开展青年创业融资直通车8场。选树长沙卓远文化传播有限公司曹志远等10名创业典型组成专业创业指导团队开展“雷锋励志堂——青年创业导师团”进校园活动。争取企事业单位支持,创建芝麻宝贝摄影机构、朗慧科技公司等10家青年就业创业见习基地,为青年见习就业提供保障。组织青年参加就业创业培训2400人次、青年网商精英培训70人次,大幅度提高青年就业创业能力。（罗　富）

【青年干部座谈会】 2014年8月,区团委召开“奋斗的青春最美丽”座谈会,全区科级干部代表、科级后备干部代表、人才引进代表、海归留学生代表、选调生代表、招录公务员代表等青年干部结合自身工作实践畅谈个人的工作感受和人生感悟以及联系服务群众的心得体会,充分体现出青年干部对学习的渴望,对工作的热情,展示了新时期雨花青年干部朝气蓬勃、奋发进取的精神风貌。区委书记、区长邱继兴以年轻人的角度与代表来谈心、交心,为青年寄语。雨花区青年干部总体素质较高,有学历、有热情、有能力,党性较强、专业性较强、事业心较强、创新力较强。雨花工作取得的显著成绩,与广大青年干部的积极努力是分不开的，要衷心感谢大家。他强调,要打造一支有激情、能干事、敢担当、守规矩的干部队伍,要加大年轻干部的选拔力度,让敢干事的人有机会,让能干事的人有舞台,让干成事的人受尊重、得重用。（罗　富）

【多单位受表彰】 2014年3月27日，在共青团长沙市第十八届七次全委(扩大)会议上,东塘街道牛婆塘社区志愿者工作站获评省级雷锋号志愿者工作站；共青团雨花区委员会、雨花区井湾子街道团工委、雨花区洞井街道团工委3家单位获“长沙市五四红旗团委”称号;侯家塘街道团工委获“五四红旗团委标兵”称号;同升街道白田社区筹委会团支部、东塘街道机关团支部、左家塘街道桂花社区团支部、长沙雨花农村合作银行红星支行团支部4家单位获“长沙市五四红旗团支部(总支)”称号。雨花区“爱心一夏”大中专院校学生就业创业招聘会获长沙市第二届“我最满意的一个创业服务项目”奖。黄金、宁静、胡炜阳、盘瑶获评优秀团干，黄金、宁丽、黄乐佳、吴晓丹、罗富、邱维、刘真烝被评为优秀志愿者。

（罗　富）

【校地结对共建】 2014年6月10日，由湖南省直团工委主办，长沙环境保护职业技术学院承办的2014年湖南省直大学生志愿者暑期“三下乡”社会实践活动启动仪式在长沙环境保护职业技术学院图书馆报告厅举行，5个省直大学生“三下乡”志愿服务团队分别与服务地领导签署合作协议。雨花区团委副书记黄乐佳与湖南生物机电职业技术学院作为示范代表在现场签署青年志愿服务共建合作协议书。协议从校地合作、共同育人的角度出发，达到“优势互补、资源共享、共同提高”的目的，搭建服务雨花区域社会发展平台。雨花区团委将协调辖区内各单位支持和帮助学校青年志愿者开展活动，努力创造条件，便于学生们更多的接触居民、认识社会、了解国情、适应时代，提高组织能力、协调能力、社交能力和解决实际问题的能力。湖南生物机电职院将组织学院青年志愿者充分发挥自身优势，利用周末、寒暑假或其他课余时间到雨花区所辖街道、社区、福利院、学校等场所开展志愿服务活动。服务内容主要包括以“三下乡”为主要内容的暑期社会实践活动，以及日常的敬老助残、爱心帮扶、环境保护、科普宣传、社区公益等志愿服务活动，并以此为起点，积极开创结对共建常态化、联运方式多样化、工作载体品牌化的工作新局面。

（罗　富）

工商联

【概况】 长沙市雨花区工商业联合会(总商会)(简称“区工商联”)核定行政编制3名，其中领导职数3名。

2014年，区工商联以中共十八届三中、四中全会精神为指导，围绕全面深化改革工作主线，牢牢把握“两个健康”工作主题，围绕中心服务大局，注重教育引导，加强作风建设，以创“五好”县级工商联为目标，着力做好各项服务工作，切实发挥工商联职能作用，为雨花区打造中部现代服务业中心发挥积极的作用。

（戴　鹰）

【教育引导】 2014年，区工商联组织区内非公有制经济代表人士、非公党组织负责人代表参加中共雨花区委中心组十八届四中全会《决定》专题学习，提升法治观念和综合素养。召开区工商联四届三次执委会议，邀请省检察院林业检察处处长陈秋华作“企业家应成为反腐倡廉的积极参与者”专题讲座，引导企业廉洁诚信、依法经营。组织工商联常委到长沙监狱开展警示教育活动，观看警示专题片；体验武警训练营地军旅生活，增强国防意识。发动非公有制企业开展拥军优属活动，与武警长沙第十四中队开展军地共建。执委会、常委会、主席会，深刻学习中共十八大三中全会精神和区委区政府会议、文件精神，加强对直属会员的学习引导，坚定发展信心、凝聚改革共识。围绕“信念、信任、信心、信誉”“四信”教育活动，倡议诚信建设；开展“守合同重信用”活动，规范企业诚信经营行为，建设非公有制企业诚信体系。开展“弘扬雷锋精神，做诚实守信企业家”活动，组织参观雷锋纪念馆，开展“学雷锋讲诚信”教育活动，倡议非公有制经济人士诚信经营，做有理想、爱学习、重信誉和敢担当的企业家。坚持“义利兼顾，以义为先”核心理念，组织开展到偏远山区、贫困地区进行扶贫献爱心活动，以国家设立扶贫日为契机，组织区内非公经济代表人士赴安化开展“情暖茶乡——安化爱心行”活动，捐赠6万元购买20台电脑，帮助湖南坡完小改善办学条件。组织女企业家商会赴长沙市第二福利院开展学雷锋爱心植树送温暖活动，为福利院智障孩子们种下爱心树、送去衣服、鞋子及食品等生活用品。发动并引导各基层商会开展一系列形式多样的光彩事业活动。

（戴　鹰）

【参政议政】 2014年，区工商联有针对性地走访调研会员单位，密切联系执常委非公有制企业，根据会员企业的意见和诉求，认真总结企业面临的发展形势和存在的问题，形成“为非公有制企业解难题、办实事"走访调研情况报告,得到区委、区政府的认可和采纳。重点走访非公有制企业副主席、副会长单位,调研非公有制企业信用问题,撰写完成《雨花区中小民企信用建设问题研究及对策》调研文章,为雨花区非公有制企业信用体系建设当好参谋,《雨花区中小民企信用建设问题研究及对策》获全省工商联系统2014年度优秀调研成果三等奖。引导非公有制经济人士中的人大代表和政协委员,积极为非公有制企业的发展建言献策,当好"代言人",通过提出的一系列提案、议案和建议意见,为区域经济社会发展提供决策参考;畅通参政议政渠道,加强与区纪委、监察局、优化办的合作,推荐一批非公有制经济代表人士担任职能部门的监督员、评议员,参与区委、区政府的重要工作,发挥非公有制经济代表人士参政议政、民主监督作用,为非公有制企业的发展营造良好环境。（戴　鹰）

【创业富民】 2014年,雨花区围绕"四同"(同心园区、同心项目、同心乡村、同心社区)创建主题,以"同心聚力服务经济,提质增效促推发展"为主题组织开展"初创企业座谈会""高校专家进基地、进企业指导""雨花创业学堂"、初创企业财税培训等同心帮扶活动。重点开展"创业富民在基层"竞赛活动,全区12个街道和108个社区参与竞赛,社区参与活动覆盖率78%,以竞赛为手段推动创业富民各项政策和措施更好地深入到基层;开展"同心帮扶服务进企业"活动,重点帮扶50家初创企业,发放"同心帮扶服务卡",联合帮扶企业家、各部门、街道、社区(社区筹委会)全面为初创企业帮扶服务,实现创业帮扶服务精细化、网格化,让帮扶活动真正落实到实处;率先在全市开展"优秀帮扶企业家"评选表彰活动,让帮扶企业家有荣誉、有地位、有动力。华翼府商务楼被评为长沙市"同心创业园区"、高升社区被评为长沙市"同心创业社区"。166家初创企业获得市级创业富民专项资金,70家企业得到大学生自主创业经营场所租金补贴,为企业争取扶持资金779.14万元,获得扶持企业数和争取资金额度均在全市名列前茅。发放区级创业富民奖励扶持资金148.86万元,惠及200余家初创企业。全区新增私营企业7738家,新增个体11448家,累计新增城镇就业人数19442人,新增农村劳动力转移就业2660人。（戴　鹰）

【商会建设】 2014年,针对基层商会专干流动性强、业务知识不熟的现状,区工商联首次举办商会业务培训班,详细讲解工商联职能及如何做好提案、社情民意、宣传信息调研、计划生育及会员统计等业务工作,提升商会专干履职能力。定期调度部署,组织召开基层商会负责人工作经验交流会等会议,分解布置各项工作计划和工作任务,有序推进工商联各项职能的开展。发挥非公有制经济人士示范带动作用,表彰优秀商会、一类商会、二类商会14家、商会先进工作者6人,优秀会员10人,形成商会激励机制。完善会员统计,及时更新非公有制经济企业名册、会员企业登记表、会员信息变更等基础性工作台账,准确填报工商联执、常委数据库信息和会员组织数,动态掌握会员发展情况;加大会员发展力度,制定会员发展规划,完善会员发展、管理和服务等制度,有组织、有计划、有目标地将新社会阶层中的积极分子、优秀人士吸收到会员队伍中来,使会员更具有先进性和代表性,发展会员120余名;调整充实商会领导班子,将政治素质好、经济实力强、有活力、热心商会工作的企业家充实到商会领导班子,年初改选兼职副主席1名,吸收新执委2名。（戴　鹰）

【服务社会】 2014年,区工商联组织企业参加在湖南大学体育馆举行的"民营企业招聘周启动仪式暨高校毕业生专场招聘会";动员辖区内中国平安集团、中国人寿、比亚迪股份有限公司等400余家用人单位参加雨花区"爱心一夏"大中专毕业生供需洽谈会,提供各种不同层级的岗位两万余个,涉及工种30余类,现场初步达成就业意向1083人。组织会员、会员企业参加市总商会和潇湘晨报社举办的"湖南(长沙)投资理财博览会"、会员企业大民信业主办的"引领平民百姓投资理财,架接中小企业资金桥梁,促使非法集资谢幕出局,稳定地方经济健康发展”为主题的投资理财沙龙活动，并成功帮助大民信业在上海股权交易中心Q板上市，引导民企阳光投资、合法理财，服务实体经济，激发创业信心。组织工商联常委参观考察雨花经开区开发建设投资有限责任公司开发的工业地产和长沙创新城两个项目，推动会员企业与园区项目的合作互动。邀请新入驻电商企业湖南云企业网络科技有限公司就互联网和电子商务相关知识及该企业创办的湘赢商城项目进行讲解、推介，加深会员对电子商务及其发展趋势的全面了解，提升企业借助互联网拓展电子商务理念，构建合作共赢平台。发挥民营企业投诉处理中心作用，开展“损害民营经济发展环境问责专项行动”，为非公有制企业提供法律咨询服务，完善维权服务机制，维护民营企业合法权益。参与创新社会管理，加强“协调劳动关系三方会议”相关工作，受理企业反映的发展环境问题，主动与职能部门沟通协调，维护企业的合法权益。组织兼职常委到长沙湘雅三医院开展免费体检活动，建立个人健康档案。组织女企业家商会开展“营养早餐”制作培训活动，到梅溪湖桃花岭公园开展“亲近自然　快乐身心”登山比赛，在放松中学习，在学习中交流，增强会员强身健体意识，树立健康生活理念。（戴　鹰）

残疾人联合会

【概况】 雨花区残疾人联合会（简称“区残联”），主要负责为残疾人提供代表、服务和管理保障。内设办公室、组宣文体部、康复部、教育就业部、维权部。核定编制3名，其中领导职数2名，2014年有在职干部职工数8人，其中科级领导2人，科员3人，专业人才1名，雇员2名；退休人员2名。区残联党支部，党员9名，其中在职党员8人。办公地点设在香樟路592号。

2014年，雨花区残联秉持“建活力队伍，树服务意识，创一流业绩”的工作理念，先后开展委员助残、支部助残、党员助残三大主题活动，创建43个残疾人工作星级明星社区，打造左家塘街道窑岭社区为残疾人无障碍示范社区。争取40万元资金实施省为民办实事工程，抢救性康复贫困残疾儿童46名，投入20万元资金为全区73户的贫困残疾人家庭实施无障碍改造。在雨花区晴天公益就业援助中心全省首创公益就业援助新模式，实现就学救助全覆盖，为172名义务教育阶段在读残疾儿童、就读高中以上的贫困残疾学生、贫困残疾人家庭子女发放就学救助金27.3万元。获评2014年度“区创业服务考评”一等单位，信访工作二类单位。5月，智障人士托养机构——雨花区怡智家园获评全国第五届自强与助残表彰会“残疾人之家”。（曾　慧）

【组织建设】 2014年，雨花区全面实施残疾人基本服务现状和需求专项调查，完成“基础管理建设年”核查工作，有效核查持证残疾人5598人。选聘残疾人专职委员34名，侯家塘社区残疾人专职委员朱庆明获2013年度长沙市“三八红旗手”称号。全区创建43个长沙市残疾人工作星级明星社区，侯家塘社区成立“心视界”残疾人服务中心并广泛开展盲人“电影译站”活动；窑岭社区开展全国爱耳日“爱耳护耳，健康听力”主题讲座，组织残疾人坐地铁游橘洲公园；廖家湾社区开展全国爱眼日“关注眼健康，预防糖尿病致盲”主题健康讲座；活力社区举办“邻里守望，牵手学艺”活动；车站南路社区成立社区助残志愿者联盟，辖区内9个单位定期为残疾人提供特色志愿服务；梨子山、广济桥等20余个社区利用传统节日慰问残疾人60余次，发放慰问资金物质1.8万元。（曾　慧）

【宣传工作】 2014年省、市、区三级网络平台刊发雨花区残疾人工作信息253条。利用党报党刊和新闻媒体对残疾人特色活动进行深入报道，其中《湖南日报》5篇，《长沙晚报》7篇，湖南都市频道2次，湖南公共频道2次，长沙政法频道和新闻频道深入报道雨花区无障碍示范社区创建活动。雨聆聋儿康复中心联合长沙市民政学院志愿服务团队开展“爱在雨花，情系听障儿童”主题活动，邀请专家为聋儿免费检测听力，《中国残疾人》杂志进行宣传。（曾　慧）

【康复工作】 2014年,雨花区开展“康复社区行,幸福来敲门”系列活动,投入12万元为100名残疾人提供上门医疗康复服务,投入3.5万元对35名贫困中风偏瘫患者实施住院救助。实施0~14岁残疾儿童康复救助项目,投入80.4万元为67名残疾儿童提供康复训练,发放家庭陪护困难补助12.48万元,为25名贫困残疾儿童发放训练补贴9.9万元。实施“光明·关爱”项目,为33名胬肉、青光眼及眼底病患者实施免费手术,为80名低视力贫困残疾人适配助视器80台。实施“义肢助残”项目,为8名缺肢残疾人装配假肢。实施“辅具适配进家庭”项目,为40户贫困残疾家庭适配辅助器具92件。实施彩票公益金项目,为10名重度残疾人适配基本生活所需辅具12件,免费发放辅具47件。 (曾 慧)

【就业培训】 2014年,雨花区开展残疾人职业技能和实用技术培训,在培源社会工作服务中心为30名残疾人培训插花艺术,在莲湖医用氧厂为30名残疾人培训生产技能。为4名贫困残疾人个体工商户发放养老保险补助0.8万元。实施“盲人按摩进社区”,对新增的4家盲人按摩机构进行有效扶持,发放扶持金7.66万元。在同升街道、洞井街道组织残疾人专场招聘会,推荐残疾人就业280余次,16名残疾人成功获得就业岗位。 (曾 慧)

【救助服务】 2014年,雨花区加强残疾人救助服务。春节期间,区残联慰问残疾人家庭550户,发放慰问金32万元。为166名肢体残疾人申请燃油补贴4.3万元。为69名肢体残疾人发放叭叭车补贴34.5万元。为1093名重度残疾人发放重残补助和慰问金81万元。托养救助180名重度、精神、智力残疾人。实现就学救助全覆盖,为义务教育阶段在读的54名残疾儿童发放就学补助金5.4万元,为就读高中以上的118名贫困残疾学生和贫困残疾人家庭子女发放就学救助金21.9万元。 (曾 慧)

【“政协委员圆梦行动”】 2014年5月15日,区政协、区残工委共同组织的“折翼天使梦想秀”和“政协委员圆梦行动”系列主题活动在侯家塘街道举办,13名残疾人作为追梦人述说梦想。全区12个街道政协联络处的政协委员分别帮助残疾朋友实现运动梦、艺术梦、公益梦、创业梦、旅行梦、健康梦等多个梦想。相继举办残疾人唱歌比赛、象棋比赛、听力残疾人羽毛球赛、盲人乒乓球赛。开展参观杨开慧故居、比亚迪和思乐诗公司,游玩野生动物园,到厦门旅游,联合医疗专家为残疾朋友提供专业健康服务等活动。盲人周建华开办的盲人按摩机构获得2万元资金扶持,左家塘街道窑岭社区“兵哥五彩助残工作室”揭牌成立,为盲人廖建明创建“陶艺吧”,残疾人的梦想在政协委员们的支持下全部得以实现。 (曾 慧)

【“红色助残责任田”领养活动】 2014年,雨花全区120个基层党组织通过开展节日走访慰问、人性化志愿服务、残疾人特色主题活动等方式实施个性化帮扶,带动一批后盾单位对120户贫困残疾人家庭实施点对点特色化帮扶。活动中,长沙肛泰肛肠医院党支部成立专项“向阳基金”和“小白鸽”医疗志愿服务队,12个街道的120个基层党组织先后筹集各类救助资金物质180余万元,专门用于救助贫困残疾人。 (曾 慧)

【党员志愿助残活动】 2014年,区残联、区直机关工委联合建立爱萌、爱丽、星苑、怡智、怡馨5家“助残基地”,24个区直机关党支部近400名机关党员前往“基地”奉献爱心,开展慰问帮扶、精神关怀等系列主题活动,筹得爱心善款物质28万元。区城乡建设局向爱萌捐赠儿童床20张,区总工会向星苑捐赠儿童课桌20套,区卫生局、区档案局等单位捐赠各类图书730余册、各类教学用品850余件。(曾 慧)

【打造残疾人“无障碍示范社区”】 2014年,左家塘街道窑岭社区确定为区新建的残疾人无障碍示范社区。区残联投入20万元,为社区安装将近80米的各类扶手12处,改造路面2处,安装长条石凳6张,实施社区贫困残疾人家庭厨卫、卧室、房门等重点改造10户,发放配套辅助器具43件;加大社区信息无障碍的建设力度。全省首创印制盲文版《窑岭社区居民办事指南》,建立盲文阅览室,开通装有盲文软件的电脑和微信平台,并配有社区广播,适时发布关系残疾人切身利益的各类信息,充分让社区残疾人朋友享受无障碍改造带来的生活便利。（曾 慧）

【"飞梦雨花,残健融合"体验运动会】 2014年12月2日,雨花区残联在长沙鼓风机厂篮球场举行"飞梦雨花,残健融合"体验运动会,庆祝12月3日"国际残疾人日"。体验活动分为视障体验、肢残体验、投筷子进瓶和趣味保龄球四个环节。200名居民群众与特邀的18名残疾人共同参与体验。"快乐美人鱼"肖卓作分享她自立自强的励志故事,18名残障人士接受区残联、区群英会、湖南公益联盟、雨花亭办事处等多家单位给予的节日慰问。（曾 慧）

【省政府实事工程完成】 抢救性康复贫困残疾儿童46名和贫困残疾人家庭无障碍改造20户是2014年雨花区涉残疾人省政府实事工程任务。区残联积极争取40万元资金用于实施区项目,60名0~7岁的残疾儿童在5家康复机构接受2~10个月不等的抢救性康复训练。投入20万元资金为全区73户贫困残疾人家庭实施无障碍改造,让政府的关爱惠及更多的残疾人家庭。（曾 慧）

归侨侨眷联合会

【概况】 雨花区归国华侨联合会(简称"侨联"),主要职能是凝聚侨心,发挥侨力,团结广大归侨侨眷、海外侨胞,为促进区域经济发展、维护社会稳定做出积极贡献。（刘 娟）

【组织建设】 2014年,雨花区侨联与区委统战部、区民宗外侨局坚持周一工作联席会议制度。坚持和规范季工作通报制度。每季中共雨区召开侨联主席会议,通报前段工作,谋划后段工作。3月,组织主席会议成员到左家塘街道营山巷社区调研;6月,组织主席会议成员参观毛泽东曾经就读的东山学校。9月,组织主席会议成员参观王震故居。与区政法系统相关单位进行积极沟通,制定《关于建立涉侨案件联系工作机制的意见》。扎实开展党的群众路线教育实践活动,区侨联副主席被抽调区委群教办参加全区的督导工作。（刘 娟）

【参政议政】 2014年,雨花区侨联以人大、政协为平台,向区委统战部推荐侨界代表作政治安排,为政治素质强、社会影响大、参政议政水平高的侨界知名人士提供参政议政的舞台。区侨界人大代表和政协委员共提出提议案和社情民意信息10余件。其中《关于加强火车南站地区综合管理的建议》得到区政府的高度重视。（刘 娟）

【海外联谊】 2014年,春节前后,雨花区侨联与柬埔寨湖南商会进行互访,6月,区侨联副主席龚炜访问纽约旅美湖南同乡会,建立良好关系。11月,与西班牙温州商会建立友好关系。关注宝翼汽车等归侨初创企业的成长,与三岩信息、鹏润农业、晨星艺校等7家企业建立定点联系机制。接待中联部率领的澳门濠江中学湖南参访团,展示长沙市和雨花区的良好形象。（刘 娟）

【基层侨务】 2014年1月,成立雨花区侨之家法律服务中心。4月,侨之家法律服务中心为侨眷杨某某和刘某某提供法律援助服务,得到援助对象的好评。侨之家法律服务中心受理侨胞求助案件4起,都及时予以答复和援助。深化侨联工作进社区的工作机制,丰富活动载体。侨之家——鲁爷爷工作室、向阳花工作室相继挂牌,鲁爷爷工作室结合群众路线教育活动开展延安精神主题宣传活动,参观延安、南泥湾、平江抗战纪念馆、浏阳王震故居等,鲁爷爷担任6所中小学的校外辅导员,其本人被推荐参评全省侨界先进个人。第一批侨联工作示范社区省人大社区不断总结工作经验,提升服务水准。在5月全省侨联新任干部培训班上,雨花区进行侨联工作进社区

的经验交流。 (刘 娟)

【扶贫帮困】 2014 年春节期间,雨花区侨联走访慰问归侨侨眷 42 名,慰问金额 5 万元,对特别困难的陈英豪、吴文辉、周丽燕等 7 户进行多次现金慰问。对于部分年老、病弱、受灾和困难归侨侨眷,建立帮扶方案,定期走访、慰问。泰国归侨易继珩老伴去世、子女没在身边、精神孤寂,所在社区给予其特别的关注和关心,专门安排志愿者服务队进行义务陪伴。为特困归侨阮红英争取困难补助 1.5 万元, 为省人大社区争取专项工作经费 1 万元。 (刘 娟)

【“侨之家”法律服务中心成立】 2014 年 1 月 16 日,民间组织雨花区“侨之家”法律服务中心挂牌仪式在湖南天恒健律师事务所举行, 长沙市侨联主席翁少兰, 秘书长粟威武, 雨花区委统战部常务副部长、区工商联党组书记邹开其,副部长、区侨联主席蒲新林, 区民宗外侨局局长姚正清以及区侨联部分常委参加活动。雨花区“侨之家”法律服务中心依托区侨联副主席、湖南天恒健律师事务所主任龚炜在法律界的资源优势, 以为雨花区侨界人士提供法律援助服务为重点工作内容。服务中心设立在湖南天恒健律师事务所内, 天恒健律师事务所指派 5 名专职律师为雨花区侨界提供优质、便捷、公平、公正的法律帮助,架起党和政府与侨界群众之间的连心桥,打造一个为雨花区侨界群众服务的新平台。

(刘 娟)

科学技术协会

【概况】 雨花区科学技术协会(简称“科协”)组织开展全区科普工作, 核定编制 3 名, 其中领导职数 2 名。2014 年,在职干部职工 5 人,其中领导 2 人,主任科员 1 人,科员 1 人;雇员 1 人。12 月成立党支部,党员 4 人。办公地点设在雨花区人民政府机关大院 2 号楼 3 楼。

2014 年,区科协深入贯彻党的群众路线教育实践活动,按照“搭建平台、资源共享”的工作思路,以“大联合、大协作”的工作方式,围绕区域工作中心,着力开展科普宣传,着力倡导科学、文明、健康的生活方式和思维方式,努力把科协工作落到实处。

(易海清)

【组织网络建设】 2014 年,雨花区科协加强区科协内部建设,完善内部考核机制、内部工作机制、对街道绩效考核,大力提升自身的综合素质与实力;开展对街道科协、社区、学校的走访、调研活动,通过走访、调研及时掌握街道科协、社区、学校的实情,根据调研微调科协工作的思路与重点, 在条件较好的桂花社区、枫树山社区成立社区科协,把科协的触角延伸至全区。 (易海清)

【科技普及】 2014 年, 雨花区常态化使用街道科协、科协常委会、《全民科学素质纲要》成员单位三大平台,全面推动科普工作在全区开展。充分调动、利用区内、区外资源、上下联动、协作,创新科普服务载体、活动方式,因地制宜地把科协工作植入雨花区相关部门、企业、社区、学校,全面推动《纲要》实施。开展科普活动 50 余场次;新建雨花亭街道新星社区科普广场,建设井湾子街道融城苑社区、圭塘街道雨花家园社区、侯家塘街道活力社区 3 个科普长廊,新增科普宣传栏 100 余个。科普阵地建设进一步加强。1 月 16 日,区委宣传部、区文体新局、区科协主办,雨花亭街道、区文化馆、区湖湘文化研究保护会共同承办的 “向梦想出发”2014 年雨花区第十三届群众文化节暨文化科普送万家活动在新星社区文化广场举行。3 月区科协在全区范围内开展社区科普大学摸底调查,并依托“科普惠民生关爱老人”科普行动,在左家塘街道赤岗社区建立全区第一个 “社区老年人科普服务站”; 区科协投入 10 万元与砂子塘街道联合在街道新址筹建“科普活动中心”。举办“科普大篷车进校园”系列活动,3 月 28 日,砂子塘吉联小学开展科普大篷车进校园活动。4 月 11 日,由长沙市科协、区教育局、区科协组织的“科普大篷车”走进砂子塘湘天小学;4 月 18 日, 市科技科普大篷车开进枫树山东南海小学。5 月,区科协配合区科技局在雨花亭街道沃尔玛广场举办“科技活动周”启动式，同时各街道、社区充分利用各科普活室、科普广场、科普宣传栏，发动各科普志愿者积极开展如食品安全、养生、消防、防灾、卫生知识讲座等活动，在社区内营造倡导科学文明的生活方式。（易海清）

【“全国科普日”宣传】 2014 年 9 月 18 日，由区委、区政府主办，区科协、区教育局、区科技局、区老科协、区少年宫及天华寄宿制学校承办的长沙市雨花区 2014 年“全国科普日”主题活动在雨花区砂子塘教育集团天华寄宿制学校举行。9 月 20 日，在长沙市“全国科普日”洋湖湿地公园主会场，长沙市 26 中学周雪琴、枫树山鸿铭小学周逸航获青少年科技创新市长奖。（易海清）

【科协会议】 2014 年 10 月 28 日，雨花区科协二届常委会议在区政府机关大院 2 号楼召开。区委组织部副部长肖向东出席并主持会议，科协常委 13 人出席会议。会议以举手表决的形式，全票一致通过，补选周伟为区科协主席、易海清为区科协副主席。（易海清）

【学会、协会活动】 2014 年 9 月 24 日，长沙市科协、老年保健协会，雨花区科协、区老年保健协会在雨花区赤岗社区老年科普活动室联合举办“送健康到社区”科普活动。区科协在 2014 年组织开展优秀科普课题征集活动，有效调动雨花区丰富的教育、卫生、环保、科技、文体等资源，通过对申报课题初审筛选，有 15 个科普课题通过初审；有 8 个科普课题通过专家评审，其中获一等奖 2 篇，二等奖 2 篇，三等奖 4 篇。向市科协推荐晓光模具公司、湖南有色冶金劳动保护研究院 2 家单位申报市科协“院士工作站”，长沙长泰机器人有限公司建立第二批长沙市院士工作站。（易海清）

【“科普示范社区”创建】 2014 年，区科协利用“科普示范社区”“科普广场”等创建活动的高效平台，全方位的指导社区的科普活动阵地，促进科普活动设施健全与其功能的发挥，指导创建科普示范社区。4 月 2 日，长沙市科协党组书记李范坤、副主席易方、科普部部长张宇等调研雨花区街道、社区科普工作，实地考察政院社区、枫树山社区。左家塘街道桂花社区积极开展创建国家科普示范社区活动，4 月份省科协检查桂花社区创建全国科普示范社区工作，6 月东塘街道枫树山社区被授予“全国科普示范社区”。12 月，长沙市科学技术协会认定雨花区东塘街道浦沅社区、政院社区为长沙市科普示范社区。（易海清）

法 治

综合治理

【概况】 中共长沙市雨花区委政法委员会（区社会管理综合治理委员会办公室），主管全区政法和社会管理综合治理工作。区维护稳定工作办公室在区委政法委员会内挂牌。区委政法委内设办公室、执法监督室、社会管理综合治理基层基础科。行政编制12名，工勤编制1名，其中领导职数3名。中共长沙市雨花区委防范和处理邪教问题领导小组办公室（区人民政府防范和处理邪教问题领导小组办公室）是区委、区政府防范和处理邪教组织问题的部门管理机构，归口区委政法委员会管理。

2014年，区委政法委全面加强平安雨花、法治雨花和过硬队伍建设，切实履行政法职能，为全区经济社会发展提供了坚强政法保障。雨花区连续8年保持湖南省“平安区(县)”称号。按照“政治过硬、业务过硬、责任过硬、纪律过硬、作风过硬”的要求，深入开展党的群众路线教育实践活动，着力在加强思想政治建设、职业能力建设、纪律作风建设、服务群众等方面抓重点、抓推进、抓落实。组织学习中共十八大和习近平总书记系列重要讲话精神，举办政法系统井冈山党性教育培训班和《关于依法处理信访活动中违法犯罪行为的指导意见》等培训活动，组织开展百日大走访、一包双联、服务经济月和“平安杯”政法系统男篮竞赛等主题活动，队伍素质能力达到新高度。组织专题培训17次，参加上级调训29次，开展岗位练兵6次。涌现出“湖南省模范司法所”黎托司法所、年度CCTV中国(湖南)法治人物王均全等一批先进典型。（范年慧）

【维护稳定】 2014年，雨花区强化国家安全观念，加强情报信息工作，加强重点人管控，做到预知预警、预防预控，严防各种敌对势力、极端分子的滋扰破坏活动。深化创建“全国无邪教示范区(县)”，加强防范和处理邪教问题工作，扎实专项整治“法轮功”“全能神”等邪教组织，抓获各类邪教人员17人，刑拘1人、治安拘留1人、教育训诫15人，捣毁“法轮功”邪教组织反宣制作窝点1个，收缴反宣资料2000余份。加强源头防范体系建设，实施重大决策事项社会稳定风险评估41起，未发生因决策不当引发的不稳定问题，未出现因决策失误激化矛盾的现象；开展“三调联动化矛盾，息诉息访保平安”活动，组建“五老”联调队伍，集中清理化解信访积案18件；率先全市成立道路交通事故矛盾纠纷调处中心，建立“四位一体”联防联调机制，成功调处矛盾纠纷39件。坚持关口前移，深入排查化解社会矛盾，积极预防、妥善处置群体性事件。收集各类不稳定信息2759条，处置化解各类矛盾纠纷1605起，完成各级两会、农博会等重要会议、重大活动、重要时段的安保维稳任务。加大信访问题治理力度，完善重大进京非正常上访案(事)件处理机制和责任追究机制，增强了工作实效。（范年慧）

【平安建设】 雨花区始终坚持“严打”方针不动摇，扎实开展“春雷行动”“亮剑行动”和出租屋“三治三防三优”等专项行动，组织专门力量加强对多发性侵财犯罪和非法集资等涉众型经济犯罪的打击力度，2014年，全区刑事发案同比下降11.40%。公安机关查结治安案件3622起，破获刑事案件1347起，刑事拘留1167人，摧毁犯罪团伙65个；检察机关批准逮捕779件1039人，提起公诉980件1472人，查办贪污贿赂、渎职侵权等职务犯罪案件12件24人；法院受理案件11314件，审、执结案件8850件。建立常态培训机制、考核奖惩机制、分析研判机制，深入推进“红袖章”工程建设，涌现出东塘街道浦沅社区“老口子义务巡防队”、左家塘桂花社区“邻里维和协会”等一大批优秀志愿团体。全面启动巡防改革，调整全区巡防机构及职责，完善和强化区巡防办的专职管理，推动全区治安“大巡防”管理运行模式。加大治安重点地区整治，加强“黄赌毒”突出治安问题专项整治，建立“黄赌毒”捕诉跟踪监督机制。加强对肇事肇祸等严重精神障碍患者的救治和管控，对全区442名精神病人建立管理治疗信息库。积极引导社会组织参与社会治理，成立雨花区禁毒协会，加强社区戒毒康复和吸毒人员帮教工作，吸毒人员复吸率明显下降。（范年慧）

【司法公正】 2014年，雨花区政法委指导和督促政法各单位进一步健全执(司)法制度体系，重点围绕修改后的《刑事诉讼法》《民事诉讼法》，完善相关的配套机制和工作制度。规范自由裁量权的行使条件、原则和方法程序，健全和落实涉案款物处置管理有关规定。组织开展执法检查5次，专项督查3次，案件评查100件。健全落实执法监督联席会议制度，积极开通信访举报电话和电子邮箱，全面深化警务、检务、审务公开工作，进行网上发布裁判文书3418件，裁判文书上网率100%，公开数量全省排名第二；阳光警务执法办案查询系统录入案件30255件，确保司法工作在阳光下运行。组织开展“坚决纠正涉法涉诉中损害群众利益行为”专项整治工作和“坚决反对司法不公、司法腐败”专项行动，严肃查处“人情案”“关系案”“金钱案”问题，查处各类执法司法突出问题，查处4案6人。建立轻刑快办机制，全面贯彻宽严相济的刑事司法政策，提高刑事诉讼效率，迅速办结首批适用“轻刑快办”机制的样板案件27起。加大对拒不执行判决、裁定等犯罪行为的打击力度，全年拘留31人，以犯拒不执行判决罪向公安机关移送5人。（范年慧）

【《长沙市雨花区中小学生平安手册》发放】 2014年4月14日，雨花区在砂子塘泰禹小学举行《长沙市雨花区中小学生平安手册》发放仪式暨泰禹小学生命教育之《平安手册》进课堂活动。省司法厅副厅长傅莉娟、省委政法委综治一室主任周武，区委常委、政法委书记王维宁等有关领导及砂子塘泰禹小学3000余名学生、老师和家长参加仪式。（范年慧）

【首届“平安杯”男子篮球比赛举办】 2014年9月9日，雨花区政法系统首届“平安杯”男篮比赛在中国电信长沙分公司电信大楼篮球馆举办。区委常委、政法委书记王维宁，区政协副主席陈国强，区法院院长王均全，区检察院检察长谭剑辉，区公安分局政委章晓波，副县级干部、区综治委副主任刘亚平等出席开幕式。该次活动由区委政法委牵头组织，区委政法委、区法院、区检察院、区公安分局、区司法局、区交警大队、区消防大队、区城管警察大队、区巡警大队9支篮球队近300人参加比赛。（范年慧）

【雨花区道路交通事故矛盾纠纷调处中心成立】 2014年12月，针对辖区道路交通事故矛盾纠纷频发的突出问题，由区委政法委牵头推动，建立司法行政、法院、交警、保险协会“四位一体”的“一站式”调解服务机制，成立“四位一体”的区道路交通事故矛盾纠纷调处中心，有效破解交通事故处理难题，维护群众利益，促进社会和谐稳定。（范年慧）

法治政府建设

【概况】 雨花区人民政府法制办公室(简称“区法制办”)为正科级单位，归口区人民政府办公室管理。行政编制4名，其中领导职数3名。

2014年，区法制办紧紧围绕区委、区政府的中心工作和工作重点，以科学发展观为指导，按照年初既定的目标，落实责任，扎实工作，为全面推进依法行政，建设法治政府、构建“五新雨花”提供了有力的服务和保障。（田小青）

【政府法律顾问工作】 2014年,区法制办在列席区政府常务会议和区长办公会议时,对政府的重要议题提供法律咨询,对重大决策认真分析,积极发言,使政府决策更加民主、更加符合法律规范;对区政府及工作部门出台的规范性文件进行严格审查、把关,对文件中不符合法律、政策的规定进行删除或修订,保证政府出台的各项文件严肃性、规范性和权威性。针对《无主违法建筑处理的可行性分析》,多次组织相关会议,开展实地调研和专家讨论等活动,为有效查处违法建设行为,推进违法建筑查处工作的顺利开展提供法律支持。审查、修改各类经济合同100余份,确保政府经济活动合法、有效。为政府重大行政决策、重大经济活动、重大建设项目,如政府投资、产业规划、招商引资、合同签订等提供法律服务。参与黄兴医院与省人民医院合作项目的可行性研究,提出了合理化建议。针对在经济和社会事务中与群众利益密切相关的事项,区政府在做出决策前,区法制办牵头组织有关方面对该事项的必要性、合法性和可行性进行论证,听取利益相关人和公众的意见,保障政府决策科学、民主、合法、透明。区政府聘请北京盈科(长沙)律师事务所作为法律顾问,综合运用社会法律资源服务全区各项工作。 (田小青)

【规范性文件管理】 2014年,雨花区按照《湖南省规范性文件管理办法》要求,严格执行规范性文件制定程序,加大规范性文件的监督管理力度,杜绝损害社会公众利益的规范性文件出台。对规范性文件落实“三统一”制度(统一登记、统一编号、统一公布),“三统一”规范性文件共8件。在规范性文件备案工作中,做到有件必备、有备必审、有错必纠。加强对各单位执行“三统一”制度情况的督促检查,纠正未经“三统一”程序发布的规范性文件。 (田小青)

【行政复议行政诉讼工作】 2014年,雨花区法制办受理行政复议案件26起,作为被申请人或第三人参与行政复议案件12起。严把复议案件质量关,及时处理涉及土地征收纠纷、拆除违章建筑纠纷、非法营运纠纷等案件,发挥行政复议在防范和化解行政争议、构建和谐社会中的积极作用。区法制办代理区人民政府应诉行政案件25起,作为第三人参与行政诉讼案件4起。 (田小青)

【行政执法工作监督】 2014年10月下旬至11月上旬,雨花区在全区范围内开展区直行政执法单位案卷集中评查活动,对区直行政机关的行政处罚案卷和行政许可案卷进行评查、考核打分,下达书面反馈意见,并在12月份召开案卷评查通报暨法制专干培训会议,全区范围内对评查情况进行通报。配合省、市法制办开展新一轮执法培训、换证工作,对行政执法人员的持证情况进行全面清理,严格行政执法资格和证件的管理,行政执法人员资料全部录入湖南省政府法制网供公众查询,接受社会有效监督。 (田小青)

【化解信访矛盾纠纷】 2014年,雨花区法制办坚持每周参与领导信访接待日活动,针对涉法涉诉信访,客观出具法律意见书,为领导决策、解决信访问题提供法律参考。参加信访协调会及专项调度会议50余次,出具法律意见书20余份。多次与信访群众面对面交流沟通,倾听群众诉求,答复信访群众。针对信访问题比较集中的事项,通过走访群众听取意见,与区直部门、各街道、社区相关人员进行座谈,邀请专家学者召开论证会等多种形式了解情况、提出建议。针对牛头社区新生人员享受两安分配和村集体经济组织共有资产待遇、平阳村两安用地等复杂信访问题,积极调研,出具法律意见书,提出具体解决办法,为有效化解高桥信访矛盾、维护社会稳定出谋划策。 (田小青)

【《长沙火车南站地区管理规定》立法调研】 2014年1月14日,市法制办主任陈剑文、副主任杨建辉带领市法制办法规处一行5人到雨花区调研《长沙火车南站地区管理规定》立法工作情况。区委副书记、区长邱继兴、副区长邹犇淼、火车南站综管办主任廖铁辉,火车南站综管办、区法制办相关人员陪同调研。陈剑文介绍该次调研目的,强调市政府领导对立法要求严格，立法需求大，立法资源有限，该次调研要充分论证立法必要性可行性问题。邹犇淼介绍长沙火车南站地区管理现状，阐述制定出台《长沙火车南站地区管理规定》的重要性、紧迫性。邱继兴就立法必要性作进一步说明。火车南站综管办党组书记粟琳汇报立法工作准备情况、需要解决的问题。与会人员就相关问题展开深入讨论。陈剑文要求雨花区要借鉴外地的经验，结合自身工作的需要，确定火车南站地区管理、执法模式，明确立法工作的方向。

（田小青）

【《长沙市雨花区区本级行政审批项目目录》公布】 2014年3月，区直各涉改单位对照公布的目录和下放的71项市级经济社会管理权限，积极与市级做好衔接和承接，对区本级行政审批事项进行首次摸底清查，梳理行政审批项目，如实填写区本级清理表，并上报到区审改办。区审改办首先联合区监察局、区政务中心、区电子政务办组成调研组，对涉改单位逐个调研，进行初步审批，并就有关问题与涉改单位反复沟通衔接，进一步调整修改，汇总形成《长沙市雨花区区本级行政审批项目目录》初稿。区法制办对《长沙市雨花区区本级行政审批项目目录》（初稿）进行合法性审查，逐一审核每项事项，并出具详细的审查报告。为完善决策程序，推进依法行政，6月12日，雨花区召开行政审批制度改革论证会，听取专家和社会各界代表对《长沙市雨花区区本级行政审批项目目录》意见。9月29日，召开雨花区行政审批制度改革工作推进会议，安排部署区本级行政审批项目目录的贯彻落实及区本级行政职权的清理规范工作。

（田小青）

公 安

【概况】 长沙市公安局雨花分局（简称“公安分局”）有正科级机构28个，其中综合管理机构3个：政治工作办公室（包含机关总支、工会、团委）、纪委（监察室）、后勤保障科；执法勤务机构25个，其中科室3个（指挥中心（办公室）、法制科、警卫科），大队10个（刑事侦查大队、第一治安管理大队、第二治安管理大队、第三治安管理大队、经济犯罪侦查大队、禁毒大队、国内安全保卫大队、网络安全保卫大队、人口与出入境管理大队、单位内部安全保卫大队），派出所12个（左家塘、侯家塘、东塘、砂子塘、高桥、雨花亭、圭塘、洞井、黎托、同升、井湾子、东山）。2014年，公安分局有民警、职工721人，其中女警102人，职工7人；副处职3人，正科职57人，副科职132人；研究生9人，本科392人，大专253人，中专35人，高中32人。机关警力65人，占总人数的9.0%；大队警力212人，占总人数的29.4%；派出所警力435人，占总人数的60.3%，机关科室（含办公、政工、后保、纪委和法制科）与一线民警的警力（含职工）配备比例为1∶9.9。局党委辖基层党支部28个，其中派出所党支部12个，业务大队党支部10个，机关科室党支部5个，退休老干党支部1个。全局党员851人，其中在职党员677人，临聘、辅警党员95人，离退休党员75人、预备党员4人；完成28个支部换届选举工作，扎实开展第二批党的群众路线教育实践活动，聚焦“四风”问题，狠刹挥霍享乐和骄奢之风，“三公”经费普遍压缩，“慵懒散拖”“吃拿卡要”等突出问题得到有效治理。

2014年，公安分局坚持以党的十八大、十八届三中、四中全会精神为指导，以深入学习贯彻党的群众路线为主线，以经常性思想政治工作制度为抓手，着力夯实思想政治基础、创新队伍科学管理、提升民警素质能力、促进和谐警民关系、强化从优待警措施、推进自身建设，不断增强公安队伍的凝聚力、战斗力、亲和力，为完成各项公安工作奠定坚强的思想和组织保障。全局以维护社会大局稳定为己任，以促进社会公平正义为追求，忠实践行群众路线，全力推进平安建设，为实现雨花“科学发展、率先发展、跨越发展”创造了平安和谐的社会环境。

2014年，公安分局按照“干什么，练什么、缺什么、补什么”的原则，贴近实战，注重实效，扎实开展随岗培训工作。相继组织民警信息化应用、情报平台应用、经典案例研判方法等培训20余期400余人次，组织《解决执法问题与困惑》等法制业务培训5

期600余人次,参加市局执法监督支队预审大队“随岗培训”3期12人次,安排优秀中青年干部到北京大学培训2期3人次,参加省厅组织的所长教导员培训8期8人次,完成市局组织的枪械实战应用培训班20期452人次,参加全市公务员“提高新时期群众工作能力”专题培训4期95人次,完成公务员任职培训6期50人次的送训任务,组织基本级、中级、高级执法资格考试,10人通过基本级执法资格考试、29人通过中级执法资格考试,41人参加2014年度科级领导干部任职资格考试,36人考试合格。

2014年,公安分局深入落实党风廉政建设责任制,广泛开展廉政宣传教育。重申“五条严禁”“六个严禁”“八项规定”“三项纪律”等党纪警规,切实改进机关工作作风,深入开展党纪条规教育年活动。强力整治超标配备公车及公车私用现象,清理领导干部违规占用住房、办公用房,开展接受外单位资金及使用情况清理登记工作,整治利用婚丧喜庆等事宜借机敛财和违规收受礼金礼品问题,整治会所中的歪风等专项整治工作。严肃查处民警违纪违规问题,努力创新队伍监督管理机制。局纪委发通报批评7期,通报单位6个,民警22人。通报民警违法违纪案件4起,行政警告1人,记过2人,降级1人,撤职2人。办理上级及信访部门转来各类投诉涉及民警的34起,办理市局转交“12389”电话投诉件55起。

坚持“以警为本”理念,认真执行各项爱警惠警措施。关爱民警身心健康,组织全局804名民警、职工健康体检,组织120名女民警(职工)进行妇女安康体检。严格落实休假制度,休假率92%。成立公安民警心理服务站,组织民警参加市局心理健康服务授课比赛和心理服务朋辈小组活动,邀请市委党校曹习华教授讲授《养成阳光心态,弘扬敬业精神》的专题讲座,有效缓解民警、辅警的紧张、焦虑心理。强化民警优抚慰问,组织慰问民警及家属生病住院等422人次,其中特困户58人次,民警住院63人次,民警亲属住院63人次,民警亲属去世131人次,民警去世1人次,老干部住院25人次,老干部去世2人次,民警、辅警出警受伤慰问21人次,其他45人次。完善人事基础工作,整理晋升警衔民警材料115份,转正定级2人,完成2014年晋级晋档201人,警衔工资213人;完成2014年1至12月加班补贴审核,办理退休4人、新警18人医保手册,完成每个月临时工社会缴费、异动变更、工资发放,进行公务员登记20人;完成全局民警的工伤保险参保,完成303名辅警的招录、政审以及工资、合同等工作。

(杨新明)

【公安宣传】 2014年,公安分局坚持正面宣传为主,及时宣传报道雨花公安队伍在维护稳定、打击犯罪、服务群众等方面亮点工作及取得的突出成效。9月,邀请湖南经视、湖南都市频道、长沙政法频道、《长沙晚报》《潇湘晨报》《三湘都市报》《法制周报》、星辰在线,湖南音乐广播1061电台、9·18电台等省、市新闻媒体开展集中宣传报道周活动,从窗口服务、打击多发性侵财犯罪、打击盗窃团伙犯罪、巡逻防控工作、为民服务等方面广泛宣传。牢固树立“舆情就是警情”理念,健全完善网上网下联动机制和快速反应处置机制,切实加强涉警舆情引导工作。发生各类舆情67起,其中较为重大舆情29起,都及时沟通引导,及时疏导化解,特别是“6·2”中医学院涉医案等重大涉警负面舆情,牢牢掌握舆论工作主导权,营造良好的社会声势和舆论氛围。充分发挥先进典型示范引领作用,加强先进事迹宣传,5月底举办先进典型事迹报告会。对爱岗敬业、一心为民的盛曼、陈海青、王亮等优秀民警,在群众危难时积极勇为的雨花亭派出所、东山派出所、圭塘派出所民警,成功处置“7·23”警情中表现突出的东塘派出所张卫、石红光、董卫华及治安二大队龚广益、文敏、钟霖倬,对“亮剑”专项行动中表现突出的16名民警及积极协助民警办案的2名辅警给予通报表扬并重点推介,高桥派出所所长肖朗被市公安局评为“雷锋式公安卫士”。严格落实一事一奖,3个集体记集体三等功,2个集体记集体嘉奖,13人记个人三等功,14人记个人嘉奖。

(杨新明)

【打击邪教】 2014年,在强大的高压打击态势下,雨花区全区邪教组织活动大为减少,总体形势平稳。

全年立邪教类案件 2 起，破案 2 起，打击处理 2 人，行政拘留 2 人。（杨新明）

【维稳处突】 2014 年，公安分局进一步强化矛盾纠纷的排查，做到超前预警，坚持把维护社会稳定作为首要职责。集中排查矛盾纠纷及不安定因素 39 次，指挥调动各类力量 400 余人次，搜集各类情报信息 600 余条，编报《雨花国保》336 期，成功化解各类矛盾纠纷 100 余起。完成警卫任务 43 场次，一级任务 2 场次，二级任务 7 场次，三级及其他警保卫 34 场次，全年投入警力 2156 余人次。（杨新明）

【刑事侦查】 2014 年，公安分局依托大刑侦格局，开展“春雷”行动、“亮剑”打击整治专项行动等专项行动，严厉打击刑事犯罪，破获各类刑事案件 1705 起，摧毁团伙 75 个，其中侵财团伙 67 个，恶势力团伙 8 个，抓获犯罪嫌疑人 3051 人，刑拘 1412 人、逮捕 871 人、直诉 988 人。坚持“命案必破”，充分运用传统走访调查、视频侦查、信息碰撞等现代化侦查手段，发命案 6 起，侦破 6 起，命案发案率下降 78.6%。摧毁涉恶犯罪团伙 8 个，打击处理 49 人(年内省厅认定 6 个，认定 41 人)。多发性侵财案件立案 12895 起，其中抢劫 167 起、抢夺 64 起、盗窃机动车 60 起、入室盗窃 4728 起、扒窃 1202 起、诈骗 1738 起；侦破 1179 起，其中抢劫 47 起、抢夺 7 起、盗窃机动车 21 起、入室盗窃 386 起、扒窃 108 起、诈骗 74 起；摧毁地域性犯罪团伙 67 个，抓获团伙犯罪嫌疑人 219 人，破团伙案 461 起；刑拘侵财犯罪嫌疑人 730 人，逮捕 516 人，直诉 418 人。加强刑事技术工作规范化、现代化建设，刑事技术员出勘各类现场 5485 起，提取痕迹物 2641 起，利用痕迹串并 845 案，利用“指纹系统”破获案件 162 起，带破案件 200 余起，利用“DNA 系统”破获案件 135 起，带破案件 231 起，法医受理活体检验 1202 次，尸体检验 182 具。（杨新明）

【治安管理】 2014 年，公安分局依法查处“黄赌”案件 273 起，处置犯罪嫌疑人 1255 名，其中，刑事拘留 125 人、行政处罚 1130 人、逮捕直诉 177 人。全年共查处食品安全案件 6 起，其中，刑事拘留 19 人，逮捕直诉 15 人。侦破涉枪涉爆刑事案件 3 起，其中，刑事拘留 6 人，逮捕直诉 6 人。侦破涉枪涉爆行政案件 8 起，行政处罚 10 人，收缴具有杀伤力枪支 25 支、仿真枪 61 支、管制器具 503 件(把)、各类子弹 4987 发，废旧炮弹 5 枚，梯恩梯药包 1200 克，电雷管 11 发，导火索 10 米。组织各类旅店、休闲娱乐场所清查 300 余次，下发整改通知书 120 余份，取缔非法刻制公章门店 12 家。（杨新明）

【经济侦查】 2014 年，公安分局经侦大队围绕经济发展大局和公安中心工作，开展打击组织、领导传销活动等专项行动，推进经侦基础工作，履行打击、服务和参谋三大职能，切实加强打击和预防经济犯罪工作，发挥公安机关服务经济发展和维护经济安全的职能作用，立经济犯罪案件 143 起，破案 59 起，刑拘 83 人，取保候审 7 人，监视居住 39 人，逮捕 39 人，移送起诉 78 人(其中直诉 39 人)，为国家集体个人挽回经济损失 131.97 万余元，有效地维护了市场经济秩序的稳定。（杨新明）

【内部保卫】 2014 年，公安分局维护全区经济文化单位内部稳定，深入细化目标管理考核责任制，切实加大情报信息工作力度，强化要害保卫工作和防恐怖袭击工作措施，提高单位内部的治安防控能力，确保直管单位内部无重特大恶性案件、无群死群伤的治安灾害事故、无影响恶劣的群体性事件，有力地保障了全区内保单位的安全与稳定。全年搜集各类情报信息 80 余条，化解不安定事端(苗头)60 起，处置各类矛盾、纠纷 45 起。协同办理银行营业网点报建验收行政许可审批 75 起，办结 75 起。受理物业单位报备 22 家，办结 17 家，组织保安队员培训，发放培训证 1308 本，办理行政案件 2 起。调处企业内部闹事、医患纠纷、校内矛盾、征地拆迁等不安定事端(苗头)和各类矛盾、纠纷 60 余起。（杨新明）

【禁毒缉毒】 2014 年，雨花区破获毒品案件 121

起，其中省督办目标案1起，摧毁涉毒犯罪团伙5个，抓获毒品犯罪嫌疑人151名，逮捕、起诉153名，强制隔离戒毒271人，社区戒毒337人，收缴毒品海洛因14892.8克。10月，禁毒大队成功破获省督特大运输、贩卖毒品案件，逮捕犯罪嫌疑人7名，监视居住嫌疑人2名，强制隔离戒毒2名，行政拘留17人，缴获冰毒5.7千克、K粉2.5千克以及麻古、大麻若干，贩、吸毒工具一批，高档小轿车一辆。（杨新明）

【公安法制】 2014年，公安分局围绕公安执法规范化建设、涉案财物管理、执法办案区域管理、执法不作为和“治虚灭假”专项整治等工作，深化执法监督工作，推进公安机关执法规范化建设。行政(治安)案件一裁准确率100%，无一起冤假错案。（杨新明）

【网络监管】 2014年，公安分局自主侦办涉网刑事案件4起、逮捕10人，处罚网吧37家，通过网吧实名报警系统和网监技术手段，抓获全国犯罪信息中心逃犯89名。受理配侦、协侦案件28起，抓获犯罪嫌疑人30名。编撰《网监信息参考》93期，提供情报、舆情信息1415条，上报各类有害信息12732条，上报互联网各类违法信息147条，上报违法栏目36037个，责令整改网站24家、警告网站3家、关停网站6家。全面铺开天网工程二期建设，建成后视频监控系统将整合区内原有的城市安防监控系统，覆盖雨花区内所有治安复杂区域、主次交通干道、重点要害部位，有效提升治安防控、精确打击的能力。（杨新明）

【信访工作】 2014年，公安分局完善信访工作长效机制，充分发挥各部门、警种解决信访问题的总体作用，加强初信初访工作，着力解决重信重访问题，强化信访基础工作建设，狠抓规范化管理，从源头上预防减少信访问题，创造了和谐稳定的社会环境。接待群众来信来访136件，办结122起，其中初信93件，重复信件51件；来访193件320余人次，办结174起，其中初访98件180人次，重复访76件140人次，涉及人身伤害类40起。积案4起，全部办结。开展37次局长接访活动，化解重点疑难积案37起。（杨新明）

【消防管理】 2014年，雨花区围绕第二次“清剿火患”战役、全市重大火灾隐患集中整治、长沙市“六打六治”打非治违等专项行动，全力维护全区消防安全形势平稳。全年发生火灾722起，接报警1656起，出动车辆2716台次、警力18480人次，抢救被困人员67人，挽救财产损失566.9万元。（杨新明）

【巡防工作】 2014年，公安分局成立治安巡防办公室，加强治安巡防队伍的管理，充分发挥治安巡防队伍维护社会治安的积极作用探索立体化大巡防工作新机制，深化巡防队伍管理改革，有效整合武装巡逻、网格化GPS警车巡逻、巡防队的巡逻力量。按照“控点、巡线、保面”的巡防勤务模式密织全区32条主次干道的巡逻防控网络，着力把警力向案件和事故高发地段、防范薄弱时段倾斜。巡防队员抓获各类违法犯罪嫌疑人共333人，其中刑拘132人，治拘130人，强制戒毒16人，移外和监视居住等其他处理方式28人。全区刑事发案同比持续下降，“两抢三盗”等多发性侵财犯罪得到有效打击和有力遏制。（杨新明）

【交通管理】 长沙市公安局交通警察支队雨花大队(雨花交警大队)为公安机关执法性质类的正科级单位，主要担负雨花辖区道路交通管理职能，确保辖区交通安全、畅通，为全区经济健康、可持续发展营造良好的交通环境。2014年，雨花交警大队有民警189人，职工1人，辅警62人，其中党员135人。领导职数6人。内设路面中队、突击中队、122中队、综管、处罚、秩序、安宣、停车管理等部门。2014年，大队先后获湖南省春运工作先进单位、全省县级道路交通管理绩效评估先进单位、雨花区安全生产工作先进单位等荣誉称号。

全面落实“网格化”勤务管理部署，全力疏导保畅。大队190名民警职工、62名辅警、97名协警、202

名交通劝导员在辖区 78 个主要路口全面展开，辖区绝大部分路口、路段勤务管控时间普遍延长 3 个小时以上。各个执勤岗点开展“定岗、定人、定责”执勤，督查部门进行严格督查。根据全区不同道路、不同时段交通流量和流向的变化，78 个主次路口分别设置全天候交通指挥岗、交通高峰岗和交通守望岗，民警值守路口较 2013 年增加 2.5 倍，基本实现复杂路口交警疏导的全覆盖，确保道路基本畅通。万家丽路快改全线施工，万家丽路通行能力下降四分之三，沿线交通压力急剧增大。大队及时增加相关主要路口民警执勤点和交通劝导员岗点，打通周边马王堆路、嘉雨路、木莲路等“断头路”，综合分流减压和疏导，有效化解因道路施工所造成的交通压力，确保了万家丽路施工期间交通保持基本畅通。

大队充分发挥突击中队的拳头作用，积极与区交通局、区城管局等相关职能部门联合整治火车南站、汽车南站，红星大市场商圈、高桥大市场商圈“两站两圈”的交通乱源，降低交通事故发生概率，查处无证驾驶、货车闯禁、酒驾等交通违法行为 5.9 万起，其中查处酒驾 243 起，违停抄牌锁车 26800 起，行政拘留无证驾驶人员、妨碍执行公务违法人员 353 人。雨花区道路因交通事故死亡人数由 2012 年 102 人降至 56 人。

创新交通事故处理机制，打造交通事故处理“四组（处警组、重案组、机动组、管理组）一中心（事故处理接待中心）”分工机制和“四位一体（交警、法院、司法、保险四家集中办公）”矛盾纠纷调处机制等一批亮点工程，提升群众对交通事故处理的满意度。

（余卫东）

【人口出入境管理】 2014 年，雨花区实有人口 108 万人，常住人口 57.6 万人，流动人口 50.5 万人，出租房屋 13.2 万余户，公安分局通过开展基础信息采集、服务窗口争先创优、出租房屋三治三防、户口清理整顿、入室盗窃防控工作，抓培训、促服务、强管理，不断创新工作理念，加强维护社会稳定能力、治安防控能力、服务管理能力，办理本地二代证 22912 张，异地二代证 2626 张，临时证 1690 张；录入实有人口信息 347722 条，实有房屋信息 118463 条；出入境窗口接待办证人员 71482 人次，受理出国（境）证照申请 67722 人次。办理港澳通行证 36346 人次，办理出国护照 23646 人次，办理赴台通行证 7730 本，完成出国（境）人员调查 451 人次，完成境外人员调查 19 起。

（杨新明）

【后勤保障】 2014 年，完成公安分局机关六、七、八楼及机关食堂的提质改造。公安分局投入 120 万元率先建成方便实用、设施齐全的应急物资储备仓库和警务装备仓库，极大提升应急处突能力；投入 150 万元为各基层派出所实战大队配备单警装备八件套 200 套、巡逻执勤装备、防护装备、反恐处突装备等公安装备 920 余件；投入 1100 万余元，为指挥通信、刑侦、网技、治安、禁毒、国保、入境等实战部门配备专业技术装备；投入 50 万余元购置 3 台运兵车配发到基层单位，基层一线实战能力和正规化建设水平得到明显提升。

（杨新明）

【公安工作会议】 2014 年 2 月 25 日，长沙市公安局雨花分局召开 2014 年雨花公安工作会议。雨花区委副书记汪娟，区委常委、政法委书记王维宁，区政协副主席陈国强以及分局全体在家党委成员、科室队所全体中队指导员以上干部及民警、形象监督员代表 200 余人出席会议。会议回顾总结 2013 年度雨花公安工作，分析当前面临形势，部署 2014 年工作任务。

（杨新明）

【考察高桥派出所】 2014 年 10 月 30 日，泛珠三角及西南地区信访警务合作第四次会议在省厅召开。公安部办公厅副巡视员李竹红，省厅副巡视员汪华，广东、福建、广西、海南、重庆、四川、贵州、云南、江苏、甘肃、黑龙江、浙江、江西、湖北、湖南等 15 个省（自治区、直辖市）公安厅（局）信访部门负责人到高桥派出所考察基层矛盾纠纷排查化解工作。

（杨新明）

【破获系列冒充香港人跨省流窜诈骗案件】 2014

年4月4日,5月16日、20日,区公安分局先后抓获4名冒充香港人的安徽五河籍诈骗犯罪嫌疑人,侦破省厅市局督办诈骗案1起,破获长沙本地诈骗案4起,破获湖北、广西诈骗案3起,总涉案价值近5万元。（杨新明）

【破获一起涉外命案】 2014年7月23日,公安分局侦破一起越南籍人员相互斗殴故意伤害致人死亡案件,抓获犯罪嫌疑人3名,刑事拘留3人。（杨新明）

【破获省督特大运输、贩卖毒品案件】 2014年10月2日,公安分局禁毒大队破获省督特大运输、贩卖毒品案件,抓获涉毒违法犯罪嫌疑人9名,其中刑事拘留6人,治安拘留3人,缴获冰毒5.7千克、K粉2.5千克以及麻古、大麻若干,贩、吸毒工具一批,高档小轿车一辆。该特大案件的破获,斩断了一条由广东清远至长沙的毒品运输路线,为国庆65周年献上一份厚礼,打响了禁毒会战专项行动的开局之战。（杨新明）

检　察

【概况】 雨花区人民检察院(简称"区检察院")内设办公室、政工室、监察室、侦查监督科、公诉科、反贪污贿赂局、反渎职侵权局、控告申诉检察科、监所检察科、民事行政检察科、职务犯罪预防科、司法警察大队、案件管理科等13个机构。检察专项编制79个,在职干警73人(其中女干警22人),平均年龄42岁。中共党员68人;副处级干部1人,副科级干部10人。院领导10人,其中检察长1人,副检察长5人,纪检组长1人,其他党组成员4人。

2014年,区检察院开展党的群众路线教育实践活动,搜集220条意见和建议,开展"坚决纠正涉法涉诉中损害群众利益行为""查处人情案、关系案、金钱案"以及"一包双联""一推行四公开"等专项活动,检察工作作风持续好转。组织青年干警深入社区、村,结合当地实际,现场剖析案件。重大案件和重大事项及时向区委、区人大常委会汇报,以院门户网站为平台,推行网上公开、网上查询等措施,除法定限制外,把每个案件的依据、流程和结果及时公之于众。高度重视律师提出的辩护意见,保障律师依法阅卷、会见、调查取证等权利。多次开展检察开放日、公民放言等活动,邀请人民群众走进检察机关,听取群众意见。加强内部监督,出台《对不捕、不诉案件进行事前告知和事后见面的规定》,主动向犯罪嫌疑人告知办案纪律。在案件办结后,纪检监察部门再与犯罪嫌疑人或家属见面,查找违法违纪行为,防止各种可能存在的"了难"现象。成立刑事速裁案件办案组,对部分事实清楚、证据充分,犯罪嫌疑人认罪的轻微刑事案件简化办案程序及文书,将该类案件审查起诉期限由约一个月缩短到平均八个工作日,节约资源,提高效率。抓好全国检察机关统一业务应用系统平台在我院的操作、使用,做到执法信息网上录入、执法流程网上管理、执法活动网上监督。探索推进刑事犯罪案件预防工作,组成多个调研组,对近年来办理的被征地农民赌博犯罪、前科人员再犯罪、吸毒人员暴力犯罪等案件的特点深入调研分析,提出预防、打击建议,落实相应的工作措施。对前科人员再犯罪案件的调研得省检察院的充分肯定。（刘艳芳　刘　艺）

【打击刑事犯罪】 2014年,区检察院受理审查逮捕案件1106件1553人,比上年增加142件47人,经审查,批准逮捕779件1039人;受理审查起诉案件1118件1696人,比上年增加127件48人,向法院提起公诉980件1472人,各项办案指标在全市继续领先。批准逮捕故意杀人、故意伤害、放火、强奸、爆炸、绑架等暴力犯罪和寻衅滋事、聚众斗殴等恶性犯罪的犯罪嫌疑人87人,起诉145人。及时批准逮捕社会影响极其恶劣的4人杀人碎尸案。批准逮捕抢劫、抢夺、盗窃、诈骗等侵财型犯罪以及非法集资等涉众型经济犯罪的犯罪嫌疑人596人,起诉682人。批准逮捕假借租赁豪车诈骗近600万元的犯罪嫌疑人邬某某。批准逮捕11名生产销售假劣食品、药品的犯罪嫌疑人,起诉12人。方荣坤等7人因制造、销售假笋丝,被法院有罪判决。（刘艳芳　刘　艺）

【化解社会矛盾】 2014年,区检察院对主观恶意较轻、社会危害性不大的初犯、偶犯、过失犯、未成年犯、老年犯、轻微帮助犯不批捕307人、不起诉47人。保护劳动者权益,办理《刑法修正案(八)》正式实施后辖区内首例拒不支付劳动报酬的刑事案件,帮助158名劳动者追回薪酬75万余元。

(刘艳芳　刘　艺)

【查办和预防职务犯罪】 2014年,区检察院突出查办本辖区内区直单位、驻区单位的贪贿案件。侦查更加公开化、透明化,破除"口供为王"的定罪模式,客观、全面搜集、审查证据,力办"铁案"。立案侦查贪贿案件7件19人,均为大案,起诉7件16人,法院判决6件10人,各项业务数据均位居全市前列。查办雨花经开区社会事务局原局长张某受贿案;中建五局土木工程有限公司王某等人贪污受贿系列案4件12人;湖南省计划生育委员会人事处原处长李某某(正处级)受贿案。强化监督国家机关工作人员"不作为、乱作为",全面调查并责令整改因工作渎职造成不良后果的案件16起。对构成犯罪的渎职人员立案侦查5件5人,起诉4件4人,判决2件2人。从一起生产、制作、销售伪劣笋丝和蕨菜的普通刑事案件入手,查处区质监分局和高桥街道食安办两名工作人员的渎职犯罪,是湖南省首例适用食品监管渎职罪名的案件,两人被法院作出有罪判决。针对有的单位出问题后以当事人是"临时工"为借口推卸责任的现象,依法查处两名临聘人员渎职案。对雨花区农村危房补贴等进行预防调查;对中建五局土木工程有限公司职务犯罪情况等进行犯罪分析;向区公安分局、区商务局、区质监分局等单位提出7件检察建议。拍摄廉政公益宣传片,联合区委党校探索警示教育进党校,组织社区筹委会全体干部观摩职务犯罪案件的庭审。做好行贿犯罪档案查询工作,接待查询3057件。 (刘艳芳　刘　艺)

【诉讼法律监督】 2014年,区检察院对侦查机关应当立案而未立的案件,监督立案17件;对不应当立案而立案的案件,督促撤案17件;对侦查机关应当提请逮捕而未提请逮捕的犯罪嫌疑人,追加逮捕20人;对应当移送起诉而未移送起诉的被告人,追加起诉2人;纠正遗漏罪行10人;对刑事审判中的违法情况提出纠正意见1件;对认为确有错误的刑事裁决,提出刑事抗诉4件。对辖区内355名监外执行罪犯逐一登记造册,定期核查并配合社区矫正。发出书面纠正违法通知书9份,检察建议25份,监督收监9人。开展减刑、假释、暂予监外执行等专项检察活动。对暂予监外执行条件已消失的罪犯章某某监督收监执行刑罚,对伪造病历资料,骗取保外就医的罪犯邱某某监督重新收监。办理不服法院民事判决、裁定的申诉案件3件;支持起诉案件14件。办理左某与孙某民间借贷纠纷申请监督案,提请长沙市检察院就该案向市中级人民法院抗诉。

(刘艳芳　刘　艺)

法　院

【概况】 长沙市雨花区人民法院(简称"区法院")内设刑事审判庭、民事审判一庭、民事审判二庭、民事审判三庭、未成年人审判庭、行政审判庭、土地房屋征收审判庭、立案庭、审判监督庭、执行工作局、办公室、研究室、政治工作办公室、纪检监察室、法警队15个机构。在职干部115人(其中政法专项编制人数110人,事业编制人数5人),党员人数118人,副科职以上领导职数26人,退休干部17人。

2014年,区法院受理各类案件11314件(含旧存2022件),审、执结各类案件8850件,收、结案同比上升34.3%和38.2%。上诉案件总和为1367件,占全年结案数的15%。接待群众来访380人次,法律咨询1540人次,完成各级转、交办信访案件37件。

加强诉讼服务中心建设,破解"门难进、脸难看、事难办、立案难、诉讼难、执行难"问题,深入推进司法公开,建设数字法庭6个,实现庭审直播、录播、点播,完成网络庭审直播4次。制定裁判文书上网实施细则,实现裁判文书上网率100%,在湖南省高级人民法院裁判文书公开情况通报中,公开数量全省排名第二;完成门户网站的改版升级,建立法院官方微博,通过电视、报纸、广播、网络、微博等全媒体完成重大案件审执情况报道60余件,建立新闻发言人制度,并召开新闻发布会一次。开展“法院开放日活动”5次,并创新推出“带着微博去执行”和“人大代表、市民代表执行体验”等特色活动。拓宽司法救助范围,全年为困难当事人缓、减、免诉讼费204.96万元,为57名生活困难当事人发放救助金80余万元。密集开展“小额民生案件集中执行行动”,受理涉及劳动争议、抚养费、赡养费、人身损害赔偿、交通事故赔偿等各类小金额民生执行案件179件,执结175件,执行标的368.15万元,标的一次到位率97.76%,被长沙市中级人民法院授予“全市小额民生集中执行专项活动先进集体”。积累未成年人案件综合审判经验,关心未成年人健康成长,创设温馨、平和的“课堂式庭审”,特邀湘雅医学院教授、心理咨询师等具有专长的陪审员参加庭审,进行价值引导,建立从立案、审理到执行各个环节有机衔接的“一体化”机制。探索轻微刑事案件快审快结工作机制,确立“及时受理、专人办理、简化庭审、快速裁判”的审理思路,以快速办理机制审结轻刑案件24件。加强三调联动工作,完成司法确认案件55件,诉前调解案件291件,申报建设全国多元纠纷解决机制改革示范法院,将刑事和解工作纳入诉前调解范围,与区检察院合作建立刑事和解工作机制;在全省率先实行撤销缓刑公开开庭审理机制;探索行政案件诉前协调和解机制,将部分行政案件在正式立案之前尝试纳入诉调对接中心先行协调化解;探索机动车交通事故责任纠纷一体化调处机制,成立“交通事故巡回法庭”,对高发的交通事故纠纷进行集中快速办理。构建法官与律师作为法律职业共同体间的和谐关系,推行民事诉讼证据调查令制度。完成人民陪审员“倍增计划”,推进司法民主,人民陪审员人数由上年的183名增至262名,与法官比例达到3∶1。

加强队伍建设,做到领导班子和中层干部提高司法管理能力,一线法官提高司法审判能力,其他工作人员提高司法保障能力。集体和个人获得荣誉57项,被评为2014年度全省、全市“优秀基层人民法院”。办案总数名列全省基层法院第四名,人均结案142.7件,是全省人均结案数52.1件的近三倍,22名一线法官因业绩突出被湖南省高级人民法院全省通报表扬。

(魏小晓)

【刑事审判】 2014年,区法院受理一审刑事案件1076件(含旧存51件),审结1025件,判处罪犯1510人。严惩暴力性犯罪,保护人民群众生命财产安全,审结故意杀人、故意伤害案件75件79人、“两抢一盗”等多发性犯罪案件444件602人;公开审理许某编造虚假恐怖信息案、陈某某公交车纵火案,有力震慑危害公共安全犯罪。审结黄、赌、毒犯罪案件215件327人,净化社会风气。严厉制裁破坏市场经济秩序犯罪,维护经济秩序的稳定,审结诈骗和组织、领导传销犯罪案件73件143人;审结生产、销售伪劣产品犯罪案件8件27人,依法惩处王某等3人私设生猪屠宰场、非法从事生猪屠宰的经营活动,确保人民群众食品安全。加大对职务犯罪的打击力度,依法审结职务犯罪案件19件25人,审慎适用缓刑,依法公开审理某村委会成员李某某等4人贪污公款案,分别判处5至8年不等的有期徒刑。(魏小晓)

【民商事审判】 2014年,区法院受理民商事案件7376件(含旧存1531件),审结5574件。平等保护各类当事人的合法权益,保障合同自由和交易安全;依法审理婚姻家庭、人身损害赔偿、继承、民间借贷、房屋买卖合同等纠纷案件,妥善化解家庭、社会矛盾,顺利审结陆某某民间借贷系列纠纷案,依法确认和保护债权2.78亿元,并联合政法频道制作节目以案说法,警示民众正确辨识非法吸收公众存款、集资诈骗等违法犯罪活动;分析劳动争议中存在的劳务派遣被滥用现象问题,对企业规范劳动用工提出司法建议,维护劳动者合法权益。加大房屋买卖合同、劳动争议等群体性诉讼案件的调解力度,促进社会和谐,民商事案件调解和撤诉结案2366件,调撤率42.4%,张某某等60人与长沙恒丰房地产开发有限公司间的民间借贷纠纷均以调解结案。加强对经济社会发展新情况新问题的司法应对,审慎处理金融借款合同纠纷案件143件、股权纠纷案件21件,并

分析此类纠纷逐年增多的原因，及时提出司法建议，积极防范和化解风险。（魏小晓）

【行政审判】 2014年，区法院受理各类行政案件150件（含旧存14件），审结138件。加大行政诉讼案件的审理力度，切实保障当事人的合法权利。保障行政相对人的诉权，降低立案门槛，受理第一起以该院为赔偿义务机关的自赔案件并顺利审结；审理全市第一起涉学生学籍管理的行政案件，并判决行政机关败诉；审理全省第一起涉“移动数据流量计量标准”的行政案件，首次在判决书上附上“法官寄语”，《民主与法制时报》专题报道该案。加大对行政机关的监督力度，促进依法行政，全年判决行政机关败诉案件12件。重视非诉行政案件的执行，支持行政机关依法行政。受理非诉执行案件186件（含旧存33件），执结152件，其中130件经协调后自动履行，自动履行率85.5%。（魏小晓）

【案件执行】 2014年，区法院全年受理执行案件2504件（含旧存382件），执结1947件，涉案标的25.12亿元。在执裁分离的基础上，建立执行综合组，实施执行查控并承担财产快速执行到位职责，大量可以在45天内办结的案件得以消化。建立健全法院内部立、审、执密切配合的机制，立执、审执兼顾，加强诉讼执行风险告知，及时采取诉前保全措施，防止财产转移；建立执行工作联动机制，积极与工商、房管、国土、银行、公安、检察、社区等负有法定协助义务部门沟通衔接，确保协助执行顺利有效。有履行能力而拒不履行的288名被执行人录入失信人名单，并通过电视、报纸、微博、微信等多渠道向全社会公示其不良社会信誉；加大对拒不执行判决、裁定等犯罪行为的打击力度，全年拘留31人，以犯拒不执行判决罪向公安机关移送5人，其中李某某已于12月被岳麓区法院判处有期徒刑一年宣告缓刑二年，维护了司法权威。（魏小晓）

【涉危害公共安全案件新闻发布会】 2014年10月24日，根据最高院的统一部署，雨花区法院召开涉危害公共安全案件新闻发布会。该院新闻发言人、院党组副书记、副院长彭智勇通报该院近3年来涉危害公共安全案件的审理情况，并发布6个典型案例，分析危害公共安全犯罪的严重危害性。该院当天公开开庭审理被告人陈某某涉嫌纵火犯罪一案。被告人陈某某因生活、恋爱等事不如意和找工作受挫，且受2014年7月5日杭州市发生的公交车纵火案影响，产生纵火以报复社会的想法。7月11日，陈某某从杭州来到长沙，在长沙7路公交车上点燃装有易燃液体的饮料瓶，导致乘客慌乱中拥挤下车逃生，致使两名乘客受轻微伤。法院经审理认为，被告人陈某某为泄私愤，在公共交通工具上实施放火行为，危害公共安全，其行为已构成放火罪，但未造成严重后果，对其作出判处有期徒刑四年的判决。《人民法院报》《法制日报》《长沙晚报》等15家媒体同步报道该案审理实况。（魏小晓）

【编造虚假恐怖信息案审理】 2013年11月24日13时许，有人报警称在长沙家乐福韶山南路店放置了“炸弹”，警方赶到现场进行搜查排爆，证实为虚假恐怖信息，2013年11月28日在北京将犯罪嫌疑人许某抓获。2014年4月4日雨花区法院对本案进行第一次开庭，被告许某提出要对自己刑事责任能力进行鉴定的申请。5月21日第二次开庭审理中，公诉机关提供由湘雅二医院司法鉴定中心出具的司法鉴定书，证明许某在作案时具有完全刑事责任能力。法院经审理认为，许某编造爆炸威胁恐怖信息，严重扰乱社会秩序，其行为已构成编造虚假恐怖信息罪，当庭宣判，许某犯编造虚假恐怖信息罪，判处有期徒刑一年半。（魏小晓）

【湖南首例撤销缓刑案件开庭审理】 2014年11月7日，雨花区法院公开开庭审理一起撤销缓刑案，被告人宁某某被雨花区法院撤销缓刑。宁某某因非法拘禁他人被判处有期徒刑七个月，缓刑一年，在社区服刑的宁某某多次不按规定到长沙市开福区司法局望麓园司法所报到，不交思想汇报材料，手机经常关机无法联系和定位，不参加教育活动和社区组织的公益活动,其行为违反了法律、行政法规以及国务院公安部门有关缓刑的监督管理规定,情节严重,该院开庭审理并撤销了对其之前作出的缓刑判决。这是湖南法院第一次开庭审理撤销缓刑案件。(魏小晓)

【交通事故巡回法庭设立】 雨花区法院根据最高人民法院相关精神,在雨花区交警大队办公区内建设规范的办公、审判及调解等法庭场所,设立交通事故巡回法庭,2014年12月26日正式启用。该院派出经验丰富的资深法官承担审判工作,并配备人民陪审员、书记员。辖区内的交通事故纠纷案件将实现就地受案、就地财产保全、调解、审判等一站式服务,以集中、便捷、高效的工作模式减轻当事人诉累。此举是该院践行群众路线,落实司法为民的重要举措。(魏小晓)

【长沙首起适用轻微刑事案件快速办理机制案件审理】 2014年4月9日,雨花区法院对被告人肖某盗窃案公开开庭审理并当庭宣判,从受理案件到当庭宣判,仅用9天,是长沙实行轻微刑事案件快速办理机制后宣判的首起案件。在刑事案件增多、司法资源有限、案多人少矛盾突出的情况下,通过对刑事案件实行繁简分流,依法快速办理轻微刑事案件,能够节省诉讼成本,把有限的司法资源集中于办理重大、疑难、复杂的案件;同时能够确保被告人迅速接受审判,有效防止审前羁押期限与实际判决刑期的"倒挂"现象,有利于充分保障人权。(魏小晓)

【雨花区首张悬赏执行公告发布】 2014年,根据中央政法委、最高人民法院有关规定,在借鉴其他城市经验的基础上,长沙市中级人民法院于7月2日出台《关于实行悬赏执行措施的规定(试行)》。8月1日,雨花区人民法院在执行一件离婚纠纷案时,经申请人蔡某申请,发布"赏金猎人招募令",这是长沙试行悬赏执行制度以来发布的首张悬赏执行公告。启动悬赏执行,有利于借助社会的力量,破解执行难,提高执行效率,并可以引发广泛传播,进而压缩被执行人经济生活空间,实现信用惩戒。(魏小晓)

【微博直播雨花法院法官执行案件】 2014年,7月12日,最高人民法院、湖南高院官方微博全程图文直播雨花区人民法院法官陈颖一天的行程。7月10日,最高人民法院官方微博就发出预告,并邀请其640余万粉丝关注。当天最高人民法院官方微博发布微博16条,图文并茂,记录陈颖法官对"水利厅强制腾房案"的全部执行过程。最高人民法院自5月23日启动的"带着微博去执行"微博直播活动,真实记录执行的困难和艰辛,体现了执行法官的智慧和风采,阳光公开的司法执行获得粉丝们热烈地评论、转发和点赞。(魏小晓)

【"两代表一委员"首次见证执行】 一起小额民生案件,法院依法判决生命权、健康权、身体权纠纷案被执行人章某、朱某承担50%责任,赔偿申请执行人李某109204.72元,被执行人未履行分文。2014年8月29日,雨花法院执行局邀请市人大代表龙凤舞、区政协委员陈容、市民代表彭蓬参与执行,执行局局长向朱某详细解释法律责任,告知法院已掌握的可供执行的财产状况,并严肃阐述拒不履行的法律后果。市人大代表向当事人释法律、明道理,积极引导教育,在大家的共同努力下,被执行人朱某与申请执行人签订和解协议。长沙政法频道全程跟踪报道雨花区首次"见证执行",展示该院"依法、规范、理性、廉洁"的执行文化,同时创造性地以"零距离"现场体验的方式,让人大代表、政协委员、市民代表充分了解到法院执行工作面临的主观、客观因素,对倡导社会诚信、推进执行难问题解决进而提升司法公信力和促进法院工作起到积极作用。(魏小晓)

司法行政

【概况】 长沙市雨花区司法局(简称"区司法局")内设办公室、基层工作科、法律服务工作管理科、法制宣传教育科、社区矫正工作管理科5个职能科(室);下设雨花公证处、雨花区法律援助中心2个二级机构;下辖12个基层司法所。共有专项行政编制31名,其中领导职数4名,在职干部28名,退休干部8

名，党员32名。区“法治雨花”建设领导小组办公室设在区司法局。

2014年，区司法局紧紧围绕区委、区政府“建设中部现代服务业中心”战略目标和“锐意改革创新，率先科学发展”工作主题，扎实推进平安雨花、法治雨花和过硬队伍建设，实现了各项工作走在省、市前列。区司法局被评为“2014年度全国人民调解宣传工作先进单位”“2013年度全市司法行政工作目标管理考核红旗单位”。（杨　柳）

【法治雨花建设】 2014年，雨花区制定出台《2014年雨花区普法依法治理工作要点》《雨花区2014年普法依法治理工作考核细则》，以刚性要求框定责任范围，年终按照考核细则对各街道和区直部门单位法治建设工作进行考核，考核情况纳入区绩效考核。开展主题突出、贯穿全年的“法制宣传四季行”活动，积极组建普法志愿者、法律明白人队伍，结合“3·15”国际消费者权益日、“6·26”国际禁毒日、“青少年法治宣传周”等重要时间节点开展宣传活动。突出抓好宪法宣传教育，举办“12·4”首个国家宪法日大型户外宣传活动，《湖南日报》《法制周报》《长沙晚报》等媒体对活动进行报道。加强青少年法制宣传教育，组织普法讲师团宣讲中小学生生命法制教育读本《长沙市雨花区中小学生平安手册》，提升青少年的法治意识。编印法治论文集《法治雨花之探索与实践》1000余册，制作4000余个学法笔记本和学法鼠标垫，发放到全区领导干部和公职人员手中，确保学法活动经常化。组织开展2014年度国家工作人员网上学法考试，参考率、合格率100%。侯家塘街道红旗法治文化广场建成并投入使用，被确定为“全省法治文化示范项目”。加强“依法办事示范窗口单位”创建工作，东塘街道华银园社区参评“全国民主法治示范社区”，省人大社区获评“全省民主法治示范社区”。（凌艳辉）

【人民调解】 2014年，雨花区深入开展“三调联动化矛盾、息诉息访促平安”专项调解活动，全区各级人民调解组织成功调处各类矛盾纠纷6624件，其中重大疑难纠纷442件，为群众挽回经济损失6601万元。驻区法院调解室调处纠纷121件，司法确认52件，驻区检察院调解室办理刑事和解案件5件，驻公安派出所调解室调处纠纷262件。注重发挥“五老”人员独特优势，率先全市组建一支以“五老”人员为骨干的联调队伍，重点解决长期积累、久拖不决的“钉子案”“骨头案”，成功清理信访积案18件。巩固发展调解组织，组建道路交通事故、婚姻家庭、温州商会等调解组织。5月13日，组织各司法所开展人民调解典型案例评选活动，推荐两个精品案例到市司法局参赛并成功入选。8月21日至31日，组织对各司法所调解案卷进行集中评查，提升调解工作规范化水平。12月18日，在区会议中心举办全区人民调解业务培训班。全面落实关于基层司法所升格为副科级机构的文件精神。11月10日，市编委发文，明确侯家塘、左家塘司法所为副科级机构，所长解决副科实职待遇，雨花区成为全市首个落实司法所副科级建制的区县。9月1日，区司法局被中华全国人民调解员协会评为“2014年度人民调解宣传工作先进单位”。（徐　越）

【社区矫正】 2014年，雨花区接收各类社区矫正人员204人，开展审前社会调查评估241件，组织社区矫正人员学习1226人次，开展公益劳动1226人次，收监执行6人。接收安置帮教对象412名，协助符合条件的安置帮教对象办理低保6人。加强社区矫正队伍建设，采取政府出资购买公益性岗位的方式，招聘一批思想政治素质、业务素质过硬的社区矫正专干充实到各司法所，夯实基层工作力量。健全社区矫正对象监管机制，对严管级、普管级社区矫正对象实施电子腕带，对宽管级矫正对象实施手机定位监管措施，确保全区在册矫正对象全部纳入科技管控范围。探索社会力量参与矫正工作新机制，联合湖南麓山枫社工服务中心，组织对辖区社区矫正对象进行心理测评和心理危机干预，最大限度地减少重新违法犯罪。开展“情暖高墙、关爱孩子”联合帮扶行动，组织社区矫正专干、志愿者与服刑人员未成年子女结成“一对一”“多对一”的帮扶对子。春节前夕,为100余名生活困难的社区矫正对象和安置帮教人员发放慰问金和过年物资。每季度组织社区矫正专干进行业务知识培训;11月26–28日,组织全体司法所长参加全市社区矫正业务培训;12月18日,在区会议中心中型会议室举办社区矫正培训班,各司法所所长、社区矫正专干、社区综治专干200余人参训。局社区矫正工作管理科被区委、区政府评为“禁毒工作先进集体”。 (王 卓 秦高辉)

【法律服务】 2014年,区司法局初审湖南超前律师事务所2名律师调入,湖南凯威律师事务所1名律师调出,湖南国风德赛律师事务所1名合伙人入伙、3名合伙人退伙(除名)等事项,并及时上报市司法局。雨花公证处全年受理公证事项5090件,办结4995件,收费75万元;参与全区重点工程、棚户区改造、行政强制征收、违章建筑拆除769人次。8月26日–29日,开展公证宣传周活动,开设社区公证讲堂,发放公证办理宣传资料,解答居民公证法律咨询。8月28日,参与长沙市公证行业“助改革、促发展、保民生”法律服务活动暨《中华人民共和国公证法》颁布9周年宣传活动,邀请行风监督员、律师事务所资深律师、公证案件当事人亲临公证处现场体验、监督办事流程,拉近市民与公证的距离。5月,为区属5个基层法律服务所、45名基层法律服务工作者进行年审注册;办理3个区属律师事务所、38名律师的年检注册初审。7月1日至10月31日,全面整顿规范全区基层法律服务工作,确保“一人一档”“一所一档”制度的落实。

(熊婷婷 徐 越 何少华)

【法律援助】 2014年,区司法局深化便民服务措施,提质改造区法律援助中心。开展“法援苍生、与你同行”活动,在湖南凯威律师事务所、湖南国风德赛律师事务所和湖南超前律师事务所挂牌成立法律援助工作站,实现法律援助阵地前移,业务下沉,服务升级。加强农民工讨薪维权,陆续承办位于黎托街道的湖南圆梦木业有限公司40余名农民工集体讨薪法律援助案件。按照“应援尽援”原则,进一步放宽经济困难标准,降低法律援助门槛,使法律援助覆盖人群逐步从低收入群体拓展至中低收入群体。对未成年犯罪嫌疑人申请法律援助的,不审查其家庭经济困难条件。建立为老、弱、病、残等当事人服务的绿色通道,为有特殊困难的受援对象提供预约上门服务。加强与公检法部门在侦查和审查起诉阶段刑事法律援助案件办理中的工作配合,着力解决刑事法律援助工作发展不平衡,申请类法律援助案件数量偏低等问题,区法律援助中心办理法律援助案件397件(民事案件273件、刑事案件124件),接待法律咨询843件,代写法律文书10件。9月,区法律援助中心开展法律援助系列宣传活动。3月20日,井湾子街道开展“情暖农民工·法律援助在行动”主题宣传活动。4月23日,侯家塘街道为社区居民送上一场法律援助知识讲座。6月3日,东山街道开展“夏日扬帆·与法同行”主题宣传活动。9月28日,圭塘街道开展大型户外“庆国庆·迎重阳·宣法援”主题宣传活动。9月30日,井湾子街道在井圭路小学组织开展一场“法援苍生·与您同行法律援助进校园”活动。10月14日,圭塘街道在万科金域华府开展“开展法律援助·构建和谐社会”大型户外普法宣传活动,12月3日,洞井街道在汽车南站开展法律援助宣传活动。12月18日,区法律援助中心组织全区各司法所所长、司法助理员、社区(筹委会)法律援助工作站站长在区中型会议室开展法律援助业务知识培训。区法律援助中心的“Darren医疗保险损失案”被评为“2014年度长沙市法律援助工作典型案例”。

(王 莎)

【雨花区国家宪法日宣传活动】 2014年12月4日,雨花区“12·4”国家宪法日宣传暨法律志愿服务进社区活动在红星农博会展中心东广场举办,区委常委、组织部部长、统战部部长冯聪龙,区委常委、政法委书记王维宁,区人大常委会副主任杨平,区人民政府副区长李国军、陈怀宇,区法院院长、党组书记王均全,区人民政府副调研员文洲等参加活动。活动分为新入职法律工作者手持宪法宣誓、法律援助中心和律师事务所代表作承诺发言、服务对象分享维权故事、政法系统先进个人接受群众献花等环节。30余名法官、检察官、律师、基层法律服务工作者现场为群众解答法律咨询，提供法律意见建议。活动期间，展出宣传展板30块，出动宣传车2台，发放宣传资料3万余份，接受咨询群众2000余人次。

（凌艳辉）

【湖南省青少年法制宣传周活动在雨花举行】 2014年9月24日，湖南省青少年法制宣传周暨“法治文艺进校园”活动启动仪式在雨花区雅礼雨花中学举行。湖南省人大常委会副主任谢勇，长沙市人大常委会副主任黄佳慧，湖南省司法厅副厅长傅丽娟，长沙市司法局党委书记、局长魏华松及省司法厅、省教育厅、省综治办、团省委、市人大常委会、市司法局、市教育局、各县（市、区）司法局相关负责人出席活动，雅礼中学2000余名师生和家长代表参加仪式。启动仪式上，与会领导向雅礼雨花中学学生赠送雨花区自主编印的中小学生生命法制教育读本《长沙市雨花区中小学生平安手册》。（凌艳辉）

【“法制宣传四季行”活动】 2014年，雨花区法制宣传“四季行”活动贯穿全年，活动分为“春意融融，送法上门”社区法制宣传季、“夏日扬帆，与法同行”专题法制宣传季、“金秋送法，携手明天”青少年法制宣传季、“情暖寒冬、文艺普法”法制文艺宣传季等4个主题。共开展“法律六进”活动120余场次，发放法制宣传环保袋5000余个，发放社区法制挂图100余套，法制宣传书籍《公民法律常识1000问》4000余本，法制宣传单8万余份。（凌艳辉）

【雨花区“五老化积案息访保平安”动员交办会】 2014年2月28日，雨花区“五老化积案息访保平安”动员交办会在区会议中心召开。由区法院、区检察院、区公安分局、区司法局、区老干局、区信访局以及各街道推荐的老政法干部、老街道干部、老社区干部、老人大代表、老政协委员34名“五老”志愿者参加会议。“五老”志愿者代表刘继超在会上表态将发挥余热，切实做好信访案件化解工作，为“五新”雨花建设作贡献。区委常委、政法委书记王维宁在会上强调要充分发挥“五老”独特优势，拓宽“五老”参与社会矛盾化解的深度和广度，力促社会和谐稳定。

（徐　越）

【矛盾纠纷排查调处工作部署会议】 2014年3月27日，雨花区2014年度矛盾纠纷排查调处工作部署会在砂子塘街道办事处召开。区“三调联动”工作领导小组成员单位负责人、各街道主管副职、各司法所所长47人参加会议。区司法局党组书记、局长梁云伟在会上就“三调联动”工作作动员部署。强调要加强“五老联调化积案”和人民调解驻公安派出所的工作，重点解决一批疑难信访案件，妥善化解一批重大矛盾纠纷。区委常委、政法委书记王维宁要求各成员单位切实把思想和行动统一到中央和省、市、区委关于加强“三调联动”工作的决策部署上来，早谋划、早行动、早见效，不断开创雨花区社会矛盾化解工作新局面。（徐　越）

【司法行政业务班】 2014年12月18日，区司法局在会议中心举办为期一天的人民调解、社区矫正、法律援助工作业务培训班。特邀湘潭大学法学院法学博士、副教授、硕士生导师胡军辉，湖南金州律师事务所合伙人律师、湖南师范大学法学院客座教授余宇等专家教授授课。局机关全体干部、各司法所所长、专职人民调解员、社区矫正专干、法律援助工作者、基层法律服务工作者、专业性调委会负责人以及各社区（筹委会）综治调解专干250余人参训。

（徐　越　秦高辉　王　莎）

【社区矫正联席会议】 2014年9月5日，雨花区社区矫正工作联席会议在雨花亭街道召开。区法院、区检察院、区公安分局、区司法局、区民政局、区人社局等单位分管领导，各街道分管政法工作工委副书记、司法所所长32人参加会议。区委常委、政法委书记王维宁在讲话中强调，各有关部门单位要加强衔接配合，更好地整合、利用各种社会资源和力量，共同

做好社区矫正工作,为深化平安、法治雨花建设奠定基础。（秦高辉）

【无纸化学法考试完成】 2014年区法治雨花建设工作领导小组办公室自5月中旬启动无纸化学法考试相关工作,安排专人负责无纸化系统的升级维护,制作发放学法笔记本和法治鼠标垫，营造浓厚的学法氛围。12月25日,雨花区2014年度国家工作人员无纸化学法考试圆满结束。全区5000余名国家工作人员顺利参考,通过初考、补考两场考试,全区参考率100%,合格率100%,优秀率99%。（凌艳辉）

【省司法局长培训班观摩洞井司法所】 2014年5月13日,全省司法局长培训班组织全省各市(州)、县(市、区)100余名司法局长到雨花区洞井司法所观摩学习司法所规范化建设等有关工作。观摩团一行在讲解员的引导下,参观洞井司法所办公大楼、便民服务公示栏和上墙制度，听取司法所在开展规范化建设方面的情况介绍，并表示希望以后加强交流学习,共同抓好司法所建设,进一步巩固和强化司法行政基层基础。（徐　越）

【律师事务所法律援助工作站建成】 2014年9月23日，区法律援助中心在湖南凯威律师事务所、湖南国风德赛律师事务所和湖南超前律师事务所挂牌成立法律援助工作站，主要负责宣传法律援助制度及相关法律法规,解答法律援助方面的咨询,指导或代理在律师事务所初审符合条件的案件当事人申请法律援助,接受法律援助中心的指派,承办法律援助案件或办理其他与法律援助相关的事务。困难群众可就近到设有法律援助工作站的律师事务所咨询、了解、申请并办理法律援助。旨在进一步完善法律援助网络,为困难群众获得法律帮助提供便利。（王　莎）

【雨花区道路交通事故矛盾纠纷调解室启动】 2014年12月26日，雨花亭街道人民调解委员会驻区交警大队人民调解工作室正式启动。调解室设在区交警大队内,由区交警大队提供2间办公室,1个调解庭,雨花亭街道负责配备档案柜、沙发、电脑、打印机、复印机、电话等硬件设施,区司法局统一制度、统一文书、统一调解程序,会同雨花亭街道招聘5名调解员常驻办公。着力构建人民调解、行政调解、司法调解衔接配合的“三调联动”“四位一体”工作机制，有效节约行政资源，提高道路交通事故纠纷调解成功率。（徐　越）

【红旗法治文化广场被确定为湖南省法治文化示范项目】 2014年年初,雨花区启动侯家塘街道红旗法治文化广场建设,在广场改造中添加和注入法治元素,采用法治雕塑、法治典故、法治名言、宣传橱窗和电子显示屏等多种形式，将法律与文化相融合,让群众在潜移默化中接受法律熏陶。12月,该法治文化广场被确定为湖南省法治文化建设示范项目。

（凌艳辉）

武　　装

人民武装

【概况】 中国人民解放军长沙市雨花区人民武装部（简称“区人武部”），正团级，隶属于中国人民解放军长沙警备区。区委书记兼任党委第一书记。区人武部设部长、政治委员、副部长，内设军事科、政工科和后勤科。区内街、乡、镇、企事业单位设立基层人武部，地方编制，编配专职部长、干事各 1 人，接受同级党委和区人武部的领导。2014 年，政治委员为区委常委，部长参加区政府常务会议。境内驻军单位有中国人民解放军国防科技大学人文与社会科学学院、总装备部武汉军事代表局驻长沙地区军事代表处、总装备部工程兵军代局驻长沙军代室、总参谋部信息化部驻长沙军代室、海军驻湖南地区军代室、96301 部队长沙办事处、广州军区联勤部长沙物资供应站、广州军区房管局长沙房管处、广州军区铁路局驻长沙南站军代处、国防科大军职以上干休所、广州军区联勤部长沙石马铺干休所、湖南省军区樟木坝干休所、长沙警备区左家塘干休所、武警长沙市消防支队雨花区大队等。

2014 年，驻区军事单位认真贯彻落实中央军委习近平主席关于军队“听党指挥、能打胜仗、作风优良”的总要求，聚焦强军目标，积极完成军事斗争准备工作任务。在做好本单位主要工作的同时，为雨花区人民武装工作和精神文明、物质文明、和谐社会建设，做出了各自贡献。区人武部获评 2014 年度长沙警备区全面建设先进单位、安全工作先进单位。东塘街道武装部获长沙警备区“民兵工作先进单位”称号。

（邓　星）

【思想政治建设】 2014 年，区人武部党委坚持以“正确决策、团结和谐、廉洁正派”为目标，以改作风、纠“四风”为抓手，认真贯彻民主集中制原则，用《党委工作条例》规范议事程序，营造依法决策、风清气正、齐心协力的良好氛围。充分发挥政治工作的生命线作用，以学习习近平主席系列讲话精神为主线，开展“牢记强军目标、献身强军实践”和“讲党性、守党规、严党纪”两项主题教育，深入宣讲十八届三中、四中全会和两级政工会议精神，以“感恩、知责、有为”为主题抓好经常性思想政治工作落实，坚持以橱窗板报、心得体会展评、参观见学、读书讨论会等配合活动提高教育效果，树立政治工作威信，干部职工的理想信念、党性原则明显增强。部党委按照“标准更高、走在前列”的要求，自觉把党的群众路线教育实践活动当作年度一项重要工作来抓，带头学习上级文件，精读规定书目，观看教育电影，撰写心得体会，参加讨论交流。通过问卷调查、广泛开展大谈心、3 次召开座谈会、开设征求意见箱、向地方党政机关和基层书面发函征求意见等活动，共查找出关于个人的 14 个问题，关于党委的 22 个问题。个人问题全部整改到位；党委 22 个问题中，14 个问题整改到位，还有“基层发展不平衡”“为干部解难题办实事不够”等 8 个问题正在抓紧整改，并取得阶段性成效。党委组织集中学习习主席在兰考的活动总结讲话，对照从严治党的“七点要求”，认真组织开展“回头看”活动。在抓好问题整改的同时更加注重治本、注重制度建设。新出台《人武部党委机关加强作风建设八条规定》《泓天招待所接待管理规定》《公寓房使用管理规定》《公务用车管理规定》和《专职人民武装干部管理规定》等 5 项规定，修改完善 2011 年制定的《雨花区人武部规章制度汇编》中16条规章制度,靠制度管长远,定期“回头看”,防止教育“一阵风”。同比全年行政消耗性开支下降26.8%,接待开支下降27.3%;清退超期占用公寓房2套,腾退超标准办公面积90平方米。精心组织民兵政治教育,在完成16课时授课任务的基础上,利用民兵整组、军事训练、执行应急维稳任务等时机,广泛开展“政治工作如何服务支援保障打胜仗”主题研讨和“争当岗位之星”评比竞赛活动,引导民兵把强军兴国梦实践在本职岗位上。融群众路线教育实践活动与“雷锋家乡学雷锋”活动为一体,组织干部职工、党员民兵骨干参加望城区光明村助民劳动和向雷锋塑像敬献花圈仪式,积极参与“高铁志愿者服务”和“清洁雨花”行动,得到驻地群众一致好评。在区青少年素质教育基地举办纪念“七·七事变”77周年大型国防演讲比赛之时,人武部投入17万元为全区65所学校购买《国防教育》丛书、在办公楼内外和主干道上新设国防教育展板。人武部结合征兵工作在每个社区制作国防教育宣传栏,全区国防教育氛围明显增强。区委宣传部副部长罗玲和区青少年素质教育基地分别被省国防教育委员会评为国防教育先进个人和单位。人武部全年在省以上各类杂志、报纸、电台上刊发21篇报道,其中《战士报》整版专题报道1篇,被解放军报社授予“全国国防后备力量建设刊授教育先进单位”。

(邓　星)

【军事斗争准备】 2014年,雨花区按照“全面抓建设、扎实打基础、反复抓落实、长期铸特色”的要求,对照省军区抓建的五个不同类型基层典型,各级累计投入30余万元,年内抓建东塘、砂子塘、黎托3个街道武装部和雨花亭街道井塘社区、圭塘街道圭塘社区两个民兵营。协调地方党委政府形成抓建合力,班子成员联点推进,着力抓好阵地建设、应急队伍建设、资料整理核实、重难点问题破解,实现由硬件建设为主向硬软件同步推进转变。突出抓好专武干部队伍建设,出台《专职人民武装干部管理规定》,完善专武干部编配、选拔、待遇和培训机制,固化每两月一次工作例会制度,有效提升专武干部能力素质,调整使用2名专武干部,4名武装部部长参加省军区轮训均取得优异成绩。第一季度结合民兵整组修订完善战备方案,细化各类应急处突预案,确保上下衔接紧密、精确适用。定期进行战备教育,依托信息指挥平台加强战备值班,各项战备制度严格落实。重点抓好民兵应急连、排建设,投入20万余元建设民兵应急连器材室,配齐125套携运行装备和处突维稳器材,针对昆明“3·1”和新疆“5·22”暴恐事件,依据军警民联防预案组织民兵反恐演练。全年完成应急维稳、铁路护路、舟桥、森林防火和机动打击等5类7期民兵分队训练,累计训练时间56天,参训若干人。组织现役干部参加两期省军区课题研究作业,一期警备区年终考核集训,提高干部基本素质和“三套本领”。6月组织民兵应急连军民联合拉动示范、7月参加“湘江-2014演习”,均圆满完成任务。以建设一支“应急应战一体、信息含量增加、便于就近就地遂行任务”的雨花基干民兵队伍为目标,改革民兵整组工作,优化民兵队伍编制。按照军民融合发展思路,以行业系统、企事业单位、高等院校为主体进行民兵整组,新增联通公司湖南总部、省保安公司、市规划勘测设计院等三个编组单位,通过深入调查研究论证、充分挖掘编组潜力,高效完成若干人的编组任务,并迎接省军区工作组交叉检查。认真开展国防动员潜力普查,加强国防动员资源信息系统管理,根据军地人员变动情况及时调整各专业办公室,理顺国防动员运行机制。

(邓　星)

【战备工作】 2014年,区人武部坚持以战斗力标准为指导,以应急应战准备为龙头,根据应付突发事件的需要,结合实际,狠抓工作落实。重大节假日期间坚持对干部、职工进行战备形势教育。严格落实战备工作各项制度,持续推进对作战值班秩序的综合治理,强化敏感特殊时期战备防护工作指导,建立战备工作检查考核量化评分制度,严格落实奖惩规定,进一步落实战备值班制度。以“一防五反”作战行动、12种支援保障行动、5种社会救援行动为重点,按照“紧贴使命任务、紧贴本地实际、紧贴实战可能、格式规范统一、上下衔接紧密”的要求,修改完善战

备方案。（邓 星）

【军事训练】 2014年，区人武部认真贯彻《军事训练与考核大纲》，着眼民兵预备役应急与应战的需要，突出重点，注重实效，严格按纲施训。首长个人参与省军区2月和7月两期军事要素和社会要素研究作业集训。7月，雨花区参加省军区组织“湘江——2014”演习，按要求和标准上报演习室内推演文书，场地正规，标准较高，得到上级充分肯定。全体现役干部分两批次参加警备区组织的军事理论、轻武器操作、基础体能、战场环境分析及想定作业系统培训，年终军事考核，取得较好成绩。

突出重点抓好民兵分队训练。1月4日至13日，组织民兵应急分队80人进行防恐装备设施建设和防恐准备行动示范演练，3月10日至14日，组织全区民兵营长及专武干部集训。4月22日至29日，9名民兵参加警备区组织的舟桥分队操舟机手骨干集训；5月25日至30日，组织全区民兵舟桥分队骨干60人，在浏阳河黎托街道潭阳洲段进行离、靠岸，水上编队，水上救生训练。组织民兵铁路护路集训。5月5日至16日，组织民兵铁路护路分队进行为期10天的强化训练。结合区农林水局参加全市森林消防比武考核，组织60名民兵进行为期7天的森林防火训练，取得较好的训练效果。结合年终军事训练绩效考评，组织街道民兵120人进行为期10天的训练。（邓 星）

【后勤保障】 2014年，区人武部坚持党委议财理财，严格按照党委统管、预算严管、群众监督的经费物资管理办法，经费开支签字“一支笔”置于党委的集体领导之下，大项开支充分论证，集体会议讨论决定，杜绝预算外开支，做到收支“两条线”，确保经费使用合理规范，无违规用钱、浪费奢侈的现象。开展“对外有偿服务项目清查”“清车清房”等专项整治活动，严格对外有偿服务项目和公寓房管理，完善油料和车辆管理制度，装备物资和固定资产的筹措、储备和管理均严格执行上级标准。10月，部长宋尊德接受省军区的财务审计，任职期间所有经费收支均符合规定要求。在上年行政消耗性开支削减15%的基础上，进一步进行压缩，切实把有限的经费用在刀刃上，用在聚焦战斗力提升上。全年用于战备训练、阵地建设、政治工作、国防教育、国防动员、兵员征集、装备管理的经费占年度总开支65%。维修改造部办公楼、宿舍楼和炮库。在党委会议室和五楼作战室安装空调系统，协调区信息中心升级可视电话会议系统，完善营院监控系统，营造拴心留人的良好工作生活环境。投入10万元，在办公楼和营区周围重要路口和场所加装红外线录像监控点16个，实现24小时监控，确保重点部位绝对安全；专项投入6万余元，购置胶装机、切纸机和覆膜机等办公设备；基本完成营房报建审批手续。营院纳入区政府大院物业管理范畴，水电、绿化、卫生维护、干部职工伙食等均实现社会化保障，使干部职工有更多的精力投入到工作上。投入8万元，重新绿化高炮阵地，建设护坡，进一步提高高炮阵地承接民兵专业分队集中训练的能力。（邓 星）

【正规化建设】 2014年，区人武部修订完善《雨花区人武部规章制度汇编》和《雨花区武装工作业务手册》，建立靠制度抓安全的长效机制。始终以如履薄冰、如临深渊的态度，像“过日子”一样，一天一天抓安全管理工作，坚持全时、全员、全域、全程管控，不留一个安全死角。

严格落实一日生活制度，坚持以贯彻落实条令条例为主线，深入抓好条令条例的学习训练，广泛开展依法从严治军教育活动。开展“条令月”活动，利用每天交班后半小时，学习法律条规。利用早操定期组织队列训练，不断增强干部职工的条令条例意识和纪律观念，培育遵章守纪、令行禁止的优良作风。进一步规范工作秩序，强化人员管理，坚持每晚9时值班室点名，重点抓好“八小时”以外管理和请销假制度落实；严格落实“三个严禁”管理规定。

贯彻预防为主方针，坚持以纪律建设为核心，开展“百日安全无事故”“消除安全隐患整治”“清零行动”和“枪支弹药和民兵武器装备仓库专项整治”等活动，加大依法管理、从严治军力度，狠抓经常性管理教育,增强安全意识,确保部队安全稳定。突出抓好司机队伍的管理,建立车辆钥匙归口管理制度,严禁公车私用。强化车辆管理,严格落实公务车辆集中派遣和“三证一令”制度,充分发挥家属的监督作用,对有私家车的干部职工多提醒、多监督,杜绝违章违规。强化枪弹管理,重点抓好双人双锁、枪弹分离和定期检查制度,严格控制室内温湿度。实弹射击先报批后实施,部领导全程亲自组织,确保射击安全,严防枪弹丢失。部党委对重点部位、重要场所随机检查,对武器库、训练基地、炮库和保密室每周检查,定期召开安全形势分析会,对存在的安全隐患明确整改时限,加强跟踪问效,动态抓好落实,形成“每月一分析、每周有讲评、每日抓落实”的自查自纠制度。加强对重大节日、季节转换及执行重大任务中安全教育和检查指导,及时发现和纠正问题,确保部队安全稳定无事故。开展消除隐患大排查活动,完善规章制度,对人、车、枪弹、密进行拉网式排查。一楼大门和二楼楼梯窗户安装铁闸门和防盗窗,改造炮库老化线路,将两台停驶封存的车辆进行报废;升级武器库预警和视频监控系统。配合警备区修理所对该部上年参加实弹射击的6门高炮进行维护保养。对民兵武器仓库和炮库安防设施进行检修,确保处于良好的运行状态。

强化涉密管理,对保密室清理,投入6万余元建设文印室,购置文印设备,划分工作区,建立集中文印室使用管理有关规章制度,严格落实集中文印制度。开展“清零”行动,清理各办公室的文电资料和涉密资料,配发办公用的保密U盘。密级文件、办公笔记本电脑、移动载体统一由保密室管理,按要求办理借阅和使用手续,每日下班前进行清查。严格遵守手机使用管理规定,禁止在办公场所使用3G手机,本部人员一律使用配发手机。 (邓 星)

【兵员征集】 2014年是实行夏秋季征兵的第二年,开展网上报名应征的第一年。一季度,雨花区开展兵役登记工作,结合兵役登记,加强符合征兵的应征人员的兵役管理,组织全区应征对象进行网上兵役登记和征兵报名工作。3月,制定下发《夏秋季征兵宣传工作方案》,以“军营大舞台,有你更精彩”为主题,全面展开宣传发动工作。4月开始,深入院校、街道进行面对面、点对点的宣传发动,举办5场优秀退役士兵报告会,组织应征青年志愿进疆服役座谈,在高铁南站播放征兵宣传短片,给全区每名适龄青年家庭发去一封公开信,给全区公务员定期发送征兵信息。基层专干进班级、进楼栋,讲政策、摆数据,发放各种宣传册、宣传海报2万余份,形成全方位、立体化的宣传态势,在全区营造各级各部门关心支持征兵工作、适龄青年积极咨询报名的良好氛围。4月16日,区人武部组织雨花区驻区院校200余名大学生参加警备区在中南林科大举行的“湖南省高校大学生预征工作启动仪式”。27日区人武部召开雨花区高校大学生征兵工作会议,区内8所高职专科院校负责人和专武干部参加会议;5月6–7日,区人武部深入各院校督查会议落实情况。5月,组织大学生体检。7月4日,雨花区分别召开征兵工作领导小组会议,研究解决征兵难的具体措施。召开雨花区征兵工作会议,正式启动全区夏秋季征兵工作和在大专院校招收士官工作。7月22日,雨花区召开征兵工作紧急会议,汇报各单位征兵工作进展情况和报名情况,讨论新情况、新问题,研究新的应对举措。直面不利形势,“再要求、再宣传、再发动、再努力”。8月4日,区征兵办组织在湖南省中医药大学第一附属医院开展征兵体检和大学生复检工作;21日,区征兵办组织开展征兵政治考核工作,对所有应征青年和家庭成员进行公安网扫描,重点突出走访调查,切实摸清应征青年政治思想、家庭背景、文化程度、个人经历、现实表现和入伍态度等情况,并认真填写应征人员政治考核结论。8月25日体检工作完成,9月4日,全区征兵政治考核工作完成。区征兵办在区政务网和各基层单位对“双合格”名单进行公示,广泛接受社会监督。9月8日,第一批新兵起运,至9月30日,若干名直招士官和所有新兵安全抵达部队参训,征集任务圆满完成。 (邓 星)

【参建参治】 2014年,雨花区全力营造党管武装氛围。人武部坚持每两月书面向区委报告工作情况。部党委第一书记邱继兴多次到人武部调研，破解兴武难题。代区长、区国动委主任张能峰履新第一天就到人武部调研，共谋发展大计。9月，区委结合议军会议，组织街道党工委书记述职，研究加强专武干部队伍建设、落实“双带双促”实施意见等议题，探索解决武装工作在基层落实的瓶颈问题。区领导坚持春节、八一走访慰问驻区部队和转退军人，妥善解决转业干部安置、随军家属就业、军人子女入学等问题，均实现单位和个人“双满意”。在各部门绩效考核分数占比普遍下调的情况下，武装工作依然保持6分，不降且相对增加。积极参与雨花全面建设。人武部以“三定三抓”活动为载体，联点冠铭生活广场、泰禹国际商务楼等重点工程，定期深入联点单位，破解建设难题。组织民兵、驻区部队官兵主动参加“文明创建”“高铁志愿者服务”“清洁雨花”等活动，驻区武警长沙支队四大队教导员刘俊峰被市文明办评为“雷锋式爱民官兵”。机关每名干部帮扶育新小学一名特困学生，联点黎托街道花桥社区群众工作，捐赠助学和慰问金2万余元，办实事30余件。结合基层典型抓建，牵头组织民政、信访、维稳等部门在黎托街道本级和东塘街道政院社区开展“退役军人之家”示范建设，协调安排全区3名退役人员到公益岗位，变“堵”为“疏”，有效缓解了退役军人上访矛盾。充分发挥民兵巩固基层政权、维护社会秩序、应急处突救援的重要职能，全年出动民兵600余人次、车辆20余台次，先后参与花卉大市场救火、同升湖救援、红星农博会安保和长沙高铁南站、汽车南站巡查等行动，提升雨花民兵形象。发挥军地桥梁作用，接待军人军属咨询服务20多次，化解涉军纠纷和案件3起，协调高桥街道妥善处理武警长沙市支队转业干部拆迁赔偿久拖未解的历史遗留问题。

（邓　星）

【区委议军会议】 2014年9月19日，雨花区委书记、区长、区人武部党委第一书记邱继兴主持召开2014年区委常委议军会议。区委全体委员，区人大、政协主要负责人，区委、区政府有关部门和各街道负责人，区人武部各科科长，各街道武装部长参加会议。会议听取左家塘、同升、黎托街道党工委书记党管武装工作述职和人武部党委的工作汇报。会议充分肯定全区党管武装工作和区人武部工作取得的成绩。会议要求各级党组织要始终坚持“抓经济不忘武装，搞建设不漏武装，谋发展不冷武装”的思想，为武装工作提供坚实保障。会议就加强基层专武干部队伍建设、关于落实“双带双促”实施意见、区人武部工作经费等具体事项作出决定。（邓　星）

【民兵预备役会议】 2014年2月28日，雨花区召开民兵预备役工作会议。区委常委、常务副区长王雄文，副区长李国军，人武部部长宋尊德上校、政委肖集林上校、副部长周新磊中校，区国动委成员单位领导，各街道、驻区院校和企事业单位的武装工作负责人，民兵营长和基干民兵代表参加会议。会议总结2013年度雨花区民兵预备役工作；依据两级军区和警备区有关民兵预备役建设决策部署，部署新年度全区民兵预备役工作；会议宣读2名专武干部的任职命令，表彰奖励一批2013年度民兵预备役工作先进单位、优秀专武干部和先进民兵。（邓　星）

武警消防

【概况】 武警长沙市雨花区消防大队（雨花区公安消防大队）下辖高桥、红星、同升三个中队。

2014年，雨花区共发生火灾722起，直接财产损失7487775元，过火面积7585.9平方米，死亡4人，受伤7人。雨花区公安消防大队共接警出动1656起，出动车辆2716辆次，出动警力18480人次。检查单位1808家，发现火灾隐患1750处，督促整改火灾隐患1703处，下发责令改正通知书1087份，下发重大火灾隐患整改通知书6份，下发行政处罚决定书111份，下发临时查封决定书29份，责令“三停”单位26家，罚款1358600元，拘留2人。

（王　媛）

【基础建设】 2014年，区政府高度重视消防工作，将政府专职队伍经费，应急救援经费，消防员高危补贴、消防员职业健康补助、保卫战工作及表彰经费等一并纳入区消防大队业务经费中；先后完成高桥中队及红星中队营房改造。针对雨花区地域大、人口多、警力不足的情况，重视消防站的建设工作；4月，国务院消防工作考核小组对同升中队进行考核验收，5月同升中队正式入驻。（王　媛）

【消防宣传】 2014年，雨花区全力推进街道消防安全网格化宣传培训，完成全区12个街道994名消防安全网格化管理员的培训工作。开展"平安度假期"宣传活动、重大火灾隐患专项宣传活动、防灾减灾日、119消防宣传日、九九消防平安行动等系列宣传活动，举办全市首届群众义务消防队比武竞赛活动，组织消防控制室操作人员、街道社区消防安全负责人、消防安全重点单位员工、学校师生等开展分行业、分系统的消防安全知识培训。制定《长沙市雨花区消防安全大培训方案》。以"安全生产月"活动为契机，利用社会单位"消防资讯平台"、户外视频、楼宇电视、大型电子屏等广泛普及消防安全常识，推动防灾减灾知识进机关、进企事业单位、进社区、进家庭。同时，联合街道、社区在各个片区开展有针对性的消防综合演练活动，每个片区每月组织开展1次消防综合演练活动。免费发放宣传资料2万余册，悬挂消防宣传横幅和标语600余条。（王　媛）

【消防整治】 2014年，雨花区进一步推进消防安全网格化管理工作，印发《关于进一步推行街道消防安全网格化管理实施方案》，建立健全消防安全组织，落实基层消防工作责任，完成全区994名消防安全网格化管理员培训工作。做好第二次"清剿火患"战役、重大火灾隐患集中整治和"六打六治"打非治违专项行动，按照"全覆盖、零容忍、严执法、重实效"的要求，结合自身实际，全面排查整治火灾隐患，对6家重大火灾隐患单位进行挂牌督办，严格启动问责机制，确保及时整改到位进行销案。集中曝光一批久拖不改的重大火灾隐患，形成强大舆论声势。印发《长沙市公安局雨花分局今冬明春第二次"清剿火患"战役派出所消防安全专项工作考核办法》，各公安派出所完成所有小单位、小场所的检查任务，共检查单位19483家，下发《责令改正通知书》18178份，发现火灾隐患和督促整改火灾隐患47793处，罚款22.73万元。针对区内召开的农博会、两会等重大活动，做到提前介入，督促指导、力争在举行前消除火灾隐患，在重大活动举行期间，做到现场保卫，现场巡查，确保万无一失。（王　媛）

人民防空

【概况】 雨花区人民防空办公室(简称"区人防办")为区人民政府直属事业单位，内设办公室和业务科。核定编制6名，其中领导职数3名；2014年，在职干部职工9人，其中人才引进1人，政府雇员2人；退休干部2名；党员9人，其中在职党员7人。办公地点设在雨花区人民政府机关大院一号楼。

2014年，区人防办加大人防工程建设与维护管理力度，加大人防法的宣传和人防知识的普及力度，全力提升人防组织指挥能力，全面加强自身建设，以抓好人防工程建设和维护管理为工作重点，快速推进人防事业的全面健康发展。结建人防工程面积占全市1/3，排全市之首。防空警报器基本覆盖全区，警报鸣响率100%。"3·31"人防建设新规宣传活动得到省市人防办充分肯定和高度赞扬。雨花区防空袭预案修订进度和效率名列全市前茅。

（朱楚红）

【人防工程】 2014年，雨花区人防工程面积若干万平方米，分布在辖区若干个单位，其中年内新增项目若干处、新建面积若干万平方米，累计总量和发展规模均列全市之首。切实贯彻执行省委省政府关于安全工作"一岗双责"制度，人防工程维护管理"3+1"模式持续完善，保障全年两次全覆盖检查，通过检查完善人防工程台账，落实人员责任，及时发现星城印象、中建桂苑、鑫都大酒店、长沙海关、生物药厂等人防工程的险情和隐患，口头警告7次，发出整改通知书8份，责令其限期整改到位。（朱楚红）

【防空警报器】 2014年，雨花区新增建设区人社局办公楼、区政府第二办公楼、砂子塘街道办事处、枫树山大桥小学四处警报器，同时完成1台警报器的迁移安装任务，雨花区实有防空警报器41台，实现城区无缝覆盖。“5·12”减灾社区公益活动、“11·1”期间，将短信媒介平台细化为区、街道、学校三套子系统全面覆盖，精选时间节点向社会各界发送防空警报同步解析信息，普及各种防空警报的辨识方法和应当采取的行动措施，“11·1”当天防空警报鸣响率100%。 （朱楚红）

【人防宣教】 2014年，区人防办以“增强人防意识、建设幸福雨花”为主题，以宣传一法一办法一规定及省市人防规定为重点，全年开展大型集中宣传4次，设立人防宣传栏65块，悬挂宣传横幅130余条，开展人防知识讲座15次，发放宣传资料5000余份，播放人防电教片《居安思危备战人防》83场次，全区33所中小学开展人防教育，占辖区学校比例的53%。接受人防教育的中小学教师生40695人次，占辖区中小学生比例的55%。各街道、社区利用道德讲堂、市民学校、文艺汇演等广泛宣传人防知识，人防宣传教育深入基层。10月27日，雨花区开展防空警报试鸣暨人防宣传周活动。11月1日开展“11·1”试鸣日宣传活动，区人防办以长沙南站为宣传阵地营造浓厚的宣传氛围，通过接受咨询、展示人防发展成果、发放宣传资料普及人防知识，发送防空警报试鸣短信，提高全区防空警报信号的知晓率，使市民群众进一步了解防空警报信号，掌握紧急状况应对常识。 （朱楚红）

【人民防空袭方案评审】 2014年3月19日，雨花区防空袭方案评审会在区政府会议室召开。市人防办防空袭方案评审组王健高、张山林、方灿，雨花区人武部部长宋尊德出席评审会。评审组对修订后的《雨花区人民防空袭方案》给予充分肯定，并就进一步完善方案提出宝贵的意见和建议。评审组认为该方案是指导雨花区战时人民防空的重要依据，同时是开展城市人民防空的行动指南，修订后的方案整体结构合理、内容充实，具有较强的理论性、针对性和可操作性，对于提高全区人民防空指挥决策效能、推动全区人防建设的深入发展，具有十分重要而深远的意义。 （朱楚红）

【“3·31”宣传活动】 《湖南省人民防空工程建设与维护管理规定》（省政府令第270号）于2014年1月22日省人民政府第21次常务会议通过，自2014年4月1日起施行。新法规对人防工程的管理维护提出规范的要求，对人防工程的使用作出明确的禁止规定。3月31日，雨花区人防办开展270号令宣传活动，将270号令和人防知识书籍发放到各街道社区；组织各街道在主要干道醒目位置摆放宣传展板、悬宣传横幅或条幅、张贴宣传标语；联合区委宣传部和区电子政务办利用雨花手机报平台向全区各级干部职工发送宣传信息，在区政府大院一、二号楼电子显示屏上滚动播放270号令。增强人们的国防观念和人防意识。“3·31”人防建设新规宣传活动得到省市人防办充分肯定和高度赞扬。 （朱楚红）

【人防宣传培训会】 2014年10月23–24日，结合2014年度“11·1”防空警报试鸣宣传活动，雨花区人防办组织各街道人防主管领导、专干及各防空警报器单位负责人，在区政府会议室举办人防业务培训会，部署防空警报器试鸣及人防宣传周工作。会上集中学习湖南省实施《人防法》办法、省政府第270号令，共同探讨如何加强人防工程、防空警报器维护管理等业务工作，部署人防宣传周活动和“11·1”警报试鸣工作。 （朱楚红）

城乡建设

建设管理

【概况】 2014年,雨花区城乡建设局(简称“区城建局”)内设机构为办公室、计财科、市场管理科、行业管理科、安全管理科、设计和工程技术管理科、房屋产权监理科、物业监督管理科;下设二级机构雨花区建筑工程质量安全监督站、雨花区城乡建设执法监察大队。在职干部职工32人,领导职数5人,其中副县级2人,人才引进1人,政府雇员11人;退休老干部21人。局党支部党员35人,其中在职党员22人。办公地点设在区人民政府机关大院3号楼。获全市建筑节能专项督查及考评内五区第一、全市第三及市人口和计划生育综合治理红旗单位。 (雷浩森)

【行业管理】 2014年,雨花区建安企业248家,新增企业29家。其中总承包企业49家(一级企业9家,二级企业17家,三级企业23家);专业承包企业共116家(其中一级2家,二级14家,三级93家,无等级7家);劳务公司83家。审批通过37家企业资质申报,其中新申报29家,申请增项(或资质升级)14家。洞井公司、红星公司、黎托公司分别被市住建委授予AAA企业;市路桥公司、方达公司、鑫盛公司、圭塘公司授予AA企业。全区建安企业完成生产总值78.8亿元,上交国家税收3.83亿元。完成建设职业技能鉴定1973人,285人参加三类人员培训。专业技术管理人员岗位资格考核652人,提高了从业人员持证上岗覆盖率。配合市住建委开展《湖南省建筑企业劳保基金拨付手册》年审企业16家。开展季度性企业“两清”工作大排查,协调和处理黎郡新宇、才子佳都等合同纠纷、拖欠农民工工资案件近10起。根据《湖南省建筑施工企业资质动态考核暂行办法》和《长沙市建筑业企业资质动态考核方案》,9家建筑业接受资质动态考核,下发限期整改通知单9份。 (雷浩森)

【建筑市场管理】 2014年,区城建局办理施工许可证19本,建筑面积58.22万平方米,造价12.63亿元,其中保障住房月雅苑、瑞景苑、桃花苑、颐景苑,以及红星村万西湾安置房、北冲尾安置房、粟塘村安置房、桃花村综合楼等建筑面积56.9万平方米,造价11.85亿元。临时建筑面积1.15万平方米,造价0.25亿元。其中装饰装修0.16万平方米,造价0.53亿元。招投标项目27个,造价1.45亿元,小型工程比选项目25个,造价790万元,市管项目招标文件公告联审17个。 (雷浩森)

【安全管理】 2014年,区城建局检查危房600余栋次、挡土墙护坡43处、下达隐患整改通知书10份,隐患消除备案26处,全年未发生任何建(构)筑物倒塌事故。检查区属建筑施工企业安全生产2次,检查建安企业35家,跟踪督办检查中发现的问题,全部限期整改到位。受理三类人员安全任职资格审批业务393起,审批通过1396人次,办理安全生产许可证新办、变更、延期事项48起。紧急处险7次,组织召开协调会27次,消除边坡、挡墙、基坑等重大构筑物隐患6处。受理装饰装修投诉来访来函116起,全部在第一时间进行现场查勘,并对其中确有破坏房屋结构、影响房屋正常使用及其他违规行为的12起装饰装修问题下达整改通知书。鉴定危旧房屋6栋,特种行业经营性用房2处。制定《雨花区城乡建设局开展2014年“安全生产月”活动实施方案》,6月12日会同区安监局、区消防大队等部门在红星美凯龙广场开展“社区安全文化节”启动仪式,制作宣传板报,发放宣传资料,接受群众咨询。4月、8月和10月积极参与雨花区在建项目的文明指数测评工作,整个测评过程中共检查督促在建工地150余个,确保了全区在建工地的文明指数测评工作的顺利进行。开展企业质量安全标准化认证和企业安全生产标准化创建工作。通过组织企业检查、人员培训、观摩学习,加强对公司督促和指导,6家企业通过质量安全标准化认证。 (雷浩森)

【质量监管】 2014年,雨花区受监项目28个,建筑面积190.96万平方米,工程造价364560万元,受监率100%,未发生质量安全生产责任事故。开展质量安全大检查3次,专项检查审查8次(低温雨雪安全、春节前建筑工地消防安全、春节后复工安全生产、汛期、“五一”期间施工安全、保障性住房质量安全、砼质量、“国庆”期间施工安全)发出质量安全整改通知55份,停工通知12份,不良行为记录2份,机械设备限制使用通知7份,有效的排除了施工现场的质量安全隐患,规范了各责任主体的质量安全行为。 (雷浩森)

【设计和节能管理】 2014年,雨花区完成红星村安置房基坑支护工程、市三十七中南校门临时道路工程边坡支护工程挡土墙、边坡设计审查备案项目2个;完成区城乡结合部环境综合整治工程1-8标段、长沙绿地高铁新城项目售楼部、桔园社区办公用房、沙湾路花桥周边环境提质工程、雨花巷菜市场、五矿·万境易谷45栋、58栋、雨花巷仿古一条街临街街面装饰、博长山水香颐售楼部、金井社区服务中心及物管用房、市三十七中南校门、自然村村委会综合楼、长沙绿地新都会等项目施工图审查备案27个。完成131栋建筑的能耗统计和节能信息,其中国家机关办公楼22栋,建筑面积41.85万平方米,大型公建32栋,建筑面积187.74万平方米,居住建筑77栋,建筑面积20万平方米。完成节能竣工验收项目4个:洞井村民安置小户型公寓居住8863平方米、公建2216平方米,板塘生产安置大楼公建36258平方米,黎雅苑保障性住房居住191876.78平方米、公建12336.0平方米,中南家园25#、26#栋居住5416.40平方米,合计完成公建50810平方米、居住206156.18平方米,节约标准煤4680吨。 (雷浩森)

【房屋租赁管理】 2014年,区城建局完成房屋租赁登记备案80套,租赁面积35万平方米。其中商铺55套,写字楼15套,住宅10套。审查15家房地产中介服务机构及专业人员的申报资料,对249家区注册房地产开发企业进行落地盖章、登记。 (雷浩森)

【物业行业监管】 2014年,区城建局年度审验雨花区注册物业企业189家和有服务项目的物业企业505个,勘查、初审三级(评定、续期)物业企业27个。指导37个小区筹备业主大会,备案业主委员会30个。加强维修资金管理,外勘维修项目165个,其中不符合条件的5个,确定为一般物业维修的63个、应急维修97个,拨付维修资金300万余元,享受到应急维修便利的直接受益业主8000余户。处理各项物管投诉300余起,接待来访千余人,组织、召开和参与27次现场协调会,妥善解决龙吉湾小区、弘欣公寓、天赐良园、香颂国际、中城丽景香山等多起物业矛盾纠纷。 (雷浩森)

【执法监察】 2014年,区城建局通过日常巡查重点查处区内商业临时建筑和装修项目,查出违法违章工程8个,签发项目调查通知书8份,停工令8份,完成案件查勘笔录8份,下达行政处罚意见告知书和决定书10份,均已处罚到位。集中清理整治区管保障性住房项目和“两安”安置项目,检查施工许可证未到位项目18个,其中:区保障性住房项目7个,区“两安”建设项目4个、城中村及危房改造项目4个,临时建筑3个,棚户区改造项目1个,建筑面积达到120万平方米,涉及28个施工企业、21个监理

公司。发出整改通知 18 份,停工通知 2 份,不良行为记录 3 份。(雷浩森)

【市内六区唯一授权】 为解决多年的老大难问题农村拆迁保障住房工程报建率低，产权证数十年无法办理下来的顽疾,2014 年 1 月 21 号,雨花区争取到长沙市六区的试点，长沙市唯一授权雨花区政府行使 100 平方米以下农村拆迁保障住房工程建设项目的施工许可、质量安全监督以及竣工验收等行政审批和监督权。2014 年,雨花区办理月雅苑、瑞景苑、桃花苑、颐景苑,莲景苑、黎锦苑,万西湾安置房、北冲尾安置房、粟塘村安置房等保障住房项目报建 94.95 万平方米,造价 18.61 亿元。11 月,争取到与湘江枢纽工程王家咀泵站上游低排涵配套的市政道路楠竹路、大桥路单独授权,从而方便工程建设管理,有效节约政府投资,实现同步建设,加快重点工程建设进度。(雷浩森)

【物业管理获评优秀】 2014 年 3 月 22 日，在长沙市住房和城乡建设委员会组织的 2014 年全市物业行业工作会议上,雨花区中隆国际御玺、上海城、桃阳苑、双水湾嘉园等十个物业项目获评长沙市“优秀物业管理项目”,湖南华冠物业服务有限公司获评长沙市“优秀物业服务企业。(雷浩森)

【中铁五局长岭宿舍应急抢险】 2014 年 5 月 14 日，对中铁五局长岭宿舍区 1 栋 1 单元加建房屋部分与原始墙体分离开裂部分进行应急抢修整治。党委书记、局长张学军带领副局长彭晖、安全科科长罗雪辉等人赶到现场进行踏勘,向住户详细了解险情,并请长沙市规划设计院教授唐明雄现场指导处置险情。立即紧急疏散居住人员,迅速安排人员过渡;委请专门机构进行监测分析,查明险情原因,确定处置方案;安排外围警示巡护,确保行人车辆安全。(雷浩森)

【范焱斌调研雨花区物业管理工作】 2014 年 6 月 13 日,长沙市住建委党委书记、主任范焱斌一行到雨花区绿城桂花城小区和中天枫景小区调研。雨花区城乡建设局、相关街道的物业管理分管领导、社区主任、物业企业负责人、业主代表等进行座谈。座谈会从多个角度讨论当前长沙市物业管理行业生存难、物业矛盾纠纷协调难、业主委员会成立和运行难、物业维修资金使用难等突出困难和问题。范焱斌指出物业管理是最基层、最基础的管理,应当引起政府的足够重视，开发建设应与后期物业管理相结合,让一些问题消除在萌芽状态;业主委员会与物业企业应着重引导相互关系和谐共融、相辅相成;社区管理与物业企业管理应有机结合；物业企业的市场竞争应与市场培优相结合;要着力于创新思维,开拓创新。(雷浩森)

【全区房屋安全管理知识培训开展】 2014 年 8 月 15 日,区城乡建设局组织全区房屋安全管理知识培训，各街道安全专干和全局干部职工等 89 人参训。长沙市住建委安全处副处长易穗颖，长沙市建筑装饰装修行业协会副会长兼秘书长、高级工程师陈子力，雨花亭街道办事处副主任罗闽结合自己多年的工作经验，就基层房屋安全管理人员如何做好房屋安全管理工作进行深入浅出的讲解。(雷浩森)

【《雨花房产快讯》编印】 2014 年 9 月,《雨花房产市场月讯》出刊,刊物内容包含全区新建商品房销售数据、行情分析、楼市分析和相关政策解读等,给雨花区房地产的现实情况及未来走势提供准确数据，让区委区政府更好地了解掌握本区域的房地产市场动态，为区委区政府对房地产市场的决策提供一定的科学根据。(雷浩森)

【冯先强考评雨花区安康杯竞赛项目】 根据长沙市住房和城乡建设委员会关于 2014 年全市建筑行业开展“安康杯”竞赛活动安排部署。2014 年 12 月 19 日,长沙市住建委副主任、工会主席冯先强率考评组通过听汇报、查资料、看现场等方式对雨花区申报的星城新宇·月雅苑和红星·紫金国际项目进行考评。考评组对雨花区“安康杯”竞赛活动的组织给予充分肯定，对进入考评的星城新宇·月雅苑和红星·紫金

国际项目在安全生产、职工保护、管理水平上给予高度评价。（雷浩淼）

重点工程

【概况】 雨花区工务局承担区政府投资项目的建设（或代建）实施和监督管理职责。内设办公室、总工室、工程计划科、工程报建科、市政工程管理科、房建工程管理科、财务管理科7个职能科室。工作人员41人，其中在编在岗人员18人，区人才引进7人，重点工程雇员16人。党员18人。办公地点设雨花区人民政府机关大院2号楼。

2014年，区工务局紧扣“努力打造中部现代服务业中心”，扎实推进53个重点项目建设工作。实现嘉雨路、万侯路等9条道路建成通车，木莲冲路、石坝路、川河路等10余条道路强力推进。民生项目公卫大楼竣工，麻园湾小学主体封顶。井圭路小学、黎托派出所开工建设。洞井路、万家丽路快改工程等重大配合项目进展顺利。基础工作有力夯实，业务流程有序规范，项目服务有效提质，全面完成年度目标任务。（彭　千）

【重点工程建设】 2014年，雨花区计划实施重点工程建设项目143个，其中新建项目58个，续建项目23个，预备项目62个。年度计划投资总额23.79亿元，其中区财政投资12.9亿元（工程费10.33亿元，拆迁费2.57亿元），经开区、城建投、区棚改合计投资10.89亿元。城建重点工程建设及征拆项目96个，区级年度计划投资31.98亿元（征拆费4.82亿元，工程费27.16亿元）。区工务局负责实施及配合市级实施的项目53个，其中市考核项目8个，区考核项目42个，配合长沙市市政建设局实施的项目3个。市政府新增任务万家丽路外围交通疏导项目嘉雨路、马王堆路（长重段）按要求在5月份实现通车，有效缓解了万家丽路交通压力。（彭　千）

【市重大项目】 2014年，雨花区主动对接、全力配合由市市政建设局实施的洞井路等3个项目，完成用地手续、征拆协调工作，投入征拆和建设资金1.43亿元，确保项目顺利实施。洞井路（香樟路—雅塘冲路）投入资金7000万元，快速完成征拆工作，全力优化施工环境，为省大运会顺利召开打下坚实基础。万家丽路快改工程按市市政局要求完成用地手续办理，红线内征拆工作全面扫尾，红线外用地根据需要及时协调到位，投入征拆资金3611万元，保障项目顺利推进。时代阳光大道东延线完成正式红线办理，投入征拆资金3700万元，国有土地完成调查，集体用地完成农房、企业调查等工作，可根据需要提供施工场地。支路一为一条东西向道路，西起新河路，东至万家丽路，道路长256米，路幅宽12米。1月27日，该道路主路幅建成通车，有效解决了省环保厅及周边居民的出入难题。（彭　千）

【万侯路（湘府路—双塘路）铺油】 万侯路位于雨花区湘府东路两厢片区内，呈南北走向，长度为530米，宽度为20米，属城市次干道。项目于2014年7月开工建设，12月完成道路油面摊铺工作。道路投入使用后，将为湘府路两厢开发建设提供更有利的基础条件，同时将有效解决省水库移民局及板塘安置小区等多家单位的出行难题，为区域发展和群众出行带来更大优势。（彭　千）

【楠竹路预验收】 楠竹路位于雨花区黎托街道大桥社区筹委会内，呈南北走向，长515.733米，宽度为16米，属于城市支路。项目第一标段于2013年10月开工建设，主要施工内容包括道路、排水、交通、绿化、亮化等。道路路面结构为11厘米沥青砼面层+40厘米水稳基层。人行道为透水砖人行道板。排水工程包括王家咀原有泵站进水池的改造、箱涵和雨污排水管道施工。2014年2月完工，9月底完成沥青层施工，10月完成绿化、交安、人行道等附属工程建设。11月5日召开预验收会，会上提出的整改意见整改到位，各相关部门现场验收整改项目进行，并签字认可。（彭　千）

【嘉雨路建成通车】 嘉雨路位于雨花区高桥片区内，呈南北走向，长1059.16米，其中预备役师至朝晖路段为城市次干道，宽度36米；朝晖路至沿河路段为城市支路,宽度20米。建设内容包括道路工程、排水工程、亮化工程、绿化景观工程、交通设施及相应的配套设施等。该道路于2014年7月建成通车,打通"断头"节点,成为万家丽路东侧最近的一条南北向重要分流道路。（彭　千）

【马王堆路长重段完成油面摊铺】 马王堆路长重段位于雨花区高桥片区内,呈南北走向,长240米,宽度36米,属于城市次干道。2014年前,马王堆路景园路口以北段及光明路口以南段原已建成通车,中间长重机械厂段尚未修建。2014年4月,长沙市全面启动万家丽路快速化改造工程。为了尽量减少施工期间对沿线单位和居民的交通出行影响,市政府决定通过采取疏导外围道路来分流和缓解万家丽路的交通压力。外围交通疏导工程主要采取拉通断头路、整治市场占道停车行为、进行多级交通分流诱导等措施。市政府要求,马王堆路长重段该段道路必须在5月31日前通车,有效分流万家丽路交通。高桥片区指挥部专题会议研究确定,该路段按临时道路标准建设,根据现场情况进行相应应急调整。5月28日完成油面摊铺工程。（彭　千）

【公卫大楼通过预验收】 由雨花区工务局代建的雨花区公共卫生大楼是雨花区重大民生工程项目,项目位于长沙市雨花区汽车南站西侧,共12层,高度为49米,结构形式为框架结构,占地面积8205.2平方米,总建筑面积20139平方米。其中计容建筑面积12372平方米(其中妇幼保健所4947.5平方米,卫生监督所2236平方米,疾控中心5188.5平方米);地下室总建筑面积7767平方米,附属设施300平方米,地上停车量20辆,地下停车量137辆,工程投资为9960.78万元。2013年区人大立案,2013年8月开工建设。2014年12月23日通过预验收。（彭　千）

【麻园湾小学主体封顶】 麻园湾小学扩建项目是雨花区2014年市重点考核项目,项目位于雨花区麻园巷内,包含1幢5层的教学综合楼及室外附属工程,教学综合楼高度20.1米,结构形式为框架结构,占地面积5387.77平方米,建筑面积2256.4平方米。室外附属工程为园林绿化、篮球场、道路、围墙、广场等配套工程。项目新建规模为6个班,扩建后规模18个班,总投资为647.36万元。2014年10月中旬开工建设,因项目地处城市繁华中心芙蓉路与城南路交界处,车流、人流密集,人车共用一条狭长的出入口,每次进行砼浇筑作业前,必须提前一天疏散周边停车,配备专门人员执勤站岗指挥,并撑起巷子上方的各类管线,方可通行。施工环境复杂、作业面窄,施工条件非常困难。区工务局与学校街道社区密切配合,积极与周边居民进行沟通协调,科学调度施工单位,克服重重困难,于12月30日凌晨3点完成屋面层砼浇筑,提前完成考核任务。（彭　千）

【雅塘村小学主体封顶】 雅塘村小学扩建工程位于雨花区南二环线石马村路段雅塘村社区内,办学规模为36个班,总建筑面积4274.13平方米,其中教学楼为一层架空加地上五层,建筑面积4253.33平方米,框架结构;传达室一层,建设面积20.8平方米,砖混结构。雅塘村小学扩建工程包含主楼、室外工程及附属工程等。教学楼南向为12米高边坡,边坡下为雅塘村路,教学楼东南角离雅塘村路只有约3.8米,因此在东南角设计62米长桩锚结构边坡支护工程来保证教学楼施工安全和使用。2014年12月20日完成教学楼主体工程。（彭　千）

征　地

【概况】 雨花区征地办公室为正科级全额拨款事业单位,主要职责是负责区内被征地农民补偿安置工作的组织、实施、协调、监督和管理的事业单位。核定编制数8名,实有9人;领导职数4名,其中主任1名,党组书记兼副主任1名,副主任2名;另有党组成员(副科级)、正科级干部1名。

2014年,雨花区发布项目征地公告22个,涉及征地面积128公顷。全年在拆项目45个(103号令40个,60号令5个),共计腾地238公顷,拆除合法建筑675栋(103号令645栋,60号令30栋),涉及

3285人,拆除合法面积137716平方米,拆除违章面积902899平方米。（梁 坤）

【保障住房建设及住房申购资格审查】 全区安置保障住房项目15个,建筑面积约348万平方米,预计可安置30730人。2014年建成黎雅苑、太和苑、洪塘佳苑、黎景苑一期、颐景园一期,共计建筑面积99.78万平方米,已安置9539人。在拆项目2个(星城新宇·中城苑、川河苑),计划建筑面积69.53万平方米。审核被拆迁对象保障住房申购资格3398人。完成"半边户"保障住房申购资格确认144人,"世居非农"46人。审核发放货币补贴5人,发放货币补贴资金76.4万元。审核发放延期过渡费116个项目2791户,共发放延期过渡费3759万元。（梁 坤）

【转户及纳入两保工作】 全区应转户23216人,2014年转户3332人,累计已转户22851人。审核下达社保纳入指标1287人,审批社保纳入844人;收缴追缴社保资金7.5亿元,全区应纳入两保体系23216人,已纳入23060人。（梁 坤）

【"两安"留地收回及用地手续办理】 全区各村"两安"留地收回工作基本完成,仅剩下和平、桃花、洞井、月塘、井塘5个村的交地手续尚在办理中。（梁 坤）

【涉农户口审批】 审批涉农户口417本,审批通过360本,退回24本,组织召开联席会议9次,特殊情况提交联席会议集体研究个案95本。（梁 坤）

征 收

【概况】 长沙市雨花区城市房屋征收和补偿管理办公室(简称"区征收办")负责组织实施雨花区范围内城市房屋征收和补偿及拆迁拆除工作。归口长沙市雨花区城乡建设局管理,全额拨款正科级事业单位机构,核定编制16名,其中内设综合科、征收科、补偿科。2014年在职干部、职工共22人,其中人才引进人员1人,雇员4人,项目聘用人员3人,社区借用人员1人。3月,成立征收办党组及纪检组,共有在职党员12人。办公地点设香樟路592号区政府二办一号楼四楼。

2014年,雨花区开展国有土地上房屋征收项目34个,需征收土地面积100.69公顷,其中需征收房屋4684户、532890.2平方米。依法依规发布征收公告85个,征收决定5个,全面完成马王堆路、石坝路、洞井路、磁悬浮铁路、城际铁路、川河南路、支路42、劳动路跨京广铁路桥等12个项目的征收任务。腾地54.86公顷,签订协议1110户,拆除房屋451栋184221.26平方米。在市内五区国有土地上房屋征收工作的考核评分中,第一、第二季度分列第二、第三名,第三季度位列第一名。（陈 静）

【项目扫尾】 2014年,雨花区完成《长沙市国有土地上在征拆扫尾项目解决突出问题交办表》3个扫尾项目:历时5年久拖未拆的川河南路项目,征收土地面积1.8公顷,其中房屋面积22446.97平方米63户,为打通武广片区内排水主通道安全度汛提供有力的保障;长株潭城际铁路(雨花区路段)项目征收土地面积14.95公顷,其中房屋面积39687.32平方米123户;支路42(韶山路—曹家坡小学)道路工程项目,征收土地面积0.284公顷,其中房屋面积4587.87平方米52户。部分完成木莲冲路(洞井路—韶山路)、万家丽路快速化改造项目土地征拆任务。（陈 静）

【万家丽路快速化改造项目加速推进】 2014年4月,万家丽路快速化改造工程启动,路线总长约17千米,其中近一半线路在雨花区,总腾地面积63.34公顷,沿途涉及高桥、圭塘两个街道,需征收44家单位房屋10733.62平方米。涉及单位较多,情况较复杂,征收工作难度较大。雨花区按照"统一调度,分街实施"的模式,组建以区委常委挂帅的指挥体系,街道为主体承担具体的征收实施工作,配置相应的办公场地。按照"一脱钩、两挂钩"的考核模式,从区直相关部门抽调专业人员,组建"懂政策法规、会做群众工作”的征收队伍,确保工作的有序推进。建立和完善房屋评估机构数据库、房屋拆除公司数据库、房源信息数据库和征收网络信息平台“三库一平台”建设,对房屋评估机构实行季评考核,对房屋拆除公司实行“工作责任心强、业务素质优、工作业绩佳”的准入标准及黑名单淘汰制度,根据项目被征收人的要求及时公布房源数据库信息,建立征收项目数据统计表、项目日(周)累计进度情况统计表,每天更新项目进度。各个环节依法依规、阳光操作、公开透明,得到被征收单位的信任。严格审核制度,对签订的每份补偿协议均按初审和复审程序,严格审查,及时报市征收办备案。征收补偿资金严格按照有关规定设立专户,实施双控。资金审批支付实行“五把关”,按照征收进度及时拨付给征收实施单位,确保资金管控到位,运行高效。支付补偿资金约550万元,为项目征收顺利推进提供了坚实的资金保障。多渠道向社会公布有关房屋补偿法规政策,在项目征收范围内公布房屋调查结果、房屋征收决定、房屋征收补偿方案、被征收房屋分户初评结果、被征收房屋分户补偿情况;将项目的发展前景、政策依据、工作流程等资料制作成宣传资料,广泛宣传发动,尽量争取被征收群众的支持和配合。2014年,签补偿协议32份,涉及单位近40家,全部上报备案,完成率87%。7家单位因道路设计更改原因需重拟补偿协议已腾地,未签约。为加快万家丽路基础设施建设,完善区域综合交通体系奠定了坚实的基础。 (陈　静)

【劳动路跨京广铁路桥改造项目】 市重点工程劳动路跨京广铁路桥改造项目于2014年5月13日正式启动。该项目需征收单位5家(中国外运湖南公司、广铁集团、环境卫生管理局、长沙市土地储备中心、圭塘街道办事处),私有住宅24户。征收腾地28874.14平方米,征收房屋20栋,征收房屋建筑总面积24455.98平方米;其中合法建筑7栋,面积18847.71平方米(其中:中国外运湖南公司14909.45平方米,圭塘街道3223.98平方米,环卫站厕63.06平方米,私房一栋24户651.22平方米);临建及违章建筑13栋,总建筑面积5608.27平方米(其中:中国外运湖南公司5169.96平方米、圭塘街道428.80平方米、环卫厕所9.51平方米)。雨花区多措并举,有力推进该项目的征收实施工作。

成立长沙市雨花区劳动路跨京广铁路桥改造项目临时指挥部,区委常委、组织部部长、统战部部长冯聪龙和区委常委、副区长罗予武任指挥长;区政府副调研员刘广平任常务副指挥长,全面负责该项目的征收腾地工作。指挥部制定详尽细致、操作性强的工作方案。在指挥部统一调度下,实行属地管理原则,具体征拆工作由涉及砂子塘街道、圭塘街道和左家塘街道负责。指挥部每周召开一次调度会,各成员单位对工作中出现的问题在调度会上进行汇报,指挥部统一梳理协调,解决工作问题。前期调查落实征收范围内有私房24户、公房23户,其住房面积、房屋信息、身份信息等基本情况都造册存档;被征收单位的建筑物信息全部造册、分类存档;协调好业主方长沙城投对征收范围的测量、征收补偿款的拨付等相关前期工作。圭塘街道完成24户私房和23户公房调查摸底工作,完成征收腾地范围内违建及临建调查及相关司法程序,召开被征收私房户主诉求听取会议和门面租赁户清租会议,制定并逐步实施清租及腾空公房方案。砂子塘街道多次与中国外运湖南公司接洽,达成征收补偿的初步意向。区征收办发布一至五公告,确定房屋评估单位,完成征收腾地房屋内未登记建筑调查认定处理、征收范围内的所有测量测绘、初部评估和业主单位的见面协商认定工作,协调到位投资方第一笔征收补偿资金至市征收办监控账号。区征收办完成全部征收签约。 (陈　静)

【棚户区改造推进】 2014年,省、市下达雨花区棚改考核任务800户(套),分别为雅塘片区综合改造项目270套(城中村项目)、轻安公司危房改造项目30套(危房改造)、侯家塘老旧社区综合整治项目357套(提质改造项目)、赤岗社区综合整治项目143套(提质改造项目)。雨花区贯彻落实全市棚户区改造和征地拆迁工作会议,多次召开联席会议,制定详细的工作方案,合理铺排项目,全面完成雅塘片区、长城信息等13个拟启动棚改项目的三轮摸底调查。摸底调查应入户总数4793户，实际入户4539户，入户率94%，支持率88%，摸底总面积259064.28平方米。根据摸底调查的情况，10月底正式启动梨子山长电宿舍及省苎麻、长城信息、华狮棚改二期、长钢社区新老11栋4个棚改项目的征收工作。发布梨子山长电宿舍及省苎麻中心棚户区改造项目一、二、三公告，长钢社区新老11栋项目一、二公告，均选定评估机构；发布长城信息、华狮棚改二期项目一公告，公示投票选定评估机构。办理省话剧团老旧宿舍区、华云机器厂宿舍、小林子冲、长沙橡胶厂等4个项目各项手续。（陈　静）

【长重棚改项目（二期）集中签约选房】 长沙重型机器厂棚改项目是市委、市政府为解决原长重厂职工住房困难问题而实施的重要民生工程项目，项目共有被征收户1137户，前期已完成B、C地块征收签约工作。2014年启动二期项目，A、D、E、F地块，总计需征收房屋20栋，面积33280平方米，经营或生产性用房面积138平方米；需征收私房933户，面积33142平方米。雨花区严格按照国有土地上房屋征收政策推进项目，采取项目负责人全程跟进的项目负责制。在补偿方案的制定、修订过程中广泛征求居民的意见和建议，并充分考虑被征收人的实际情况，为居民量身定制合理的补偿方案和奖励办法，让居民能最大限度得到实惠。第一批仅用4天时间就完成206户的签约工作，8月11日，长重厂棚改项目（二期）顺利启动第一批集中签约选房工作。住户有序地步入签约排队区，通过核验身份、发放签约顺序号、预选区选房、选房区选定房号、签约区签订协议等程序，选定自己心仪的房子。第一个签约户刘孝先，原居住房屋面积为41.54平方米，选定了B1栋2004房74.81平方米新建产权调换房，按照征收补偿方案核算找补偿差价后，率先实现“新房梦”。8月15日、18日分别进行第二、第三批集中签约工作，三批共签约876户，签约率达94%。已腾房844户，为改善原长沙市重型机械厂及周边居民的生活水平，创造更美好的居住环境打下了坚实的基础。（陈　静）

【川河南路房屋征拆工作全面完成】 2009年启动的两河（圭塘河、浏阳河）截污工程川河南路项目是市防汛重点涉水工程，担负着片区内排水主通道的重要任务，为武广片区安全度汛提供保障。川河路南起湘府路，北至人民路，长约8.6千米，宽26米，包括南段和北段，共计需征收土地面积1.8公顷，私房60栋，房屋面积11300平方米。因个别被征收户对征拆工作十分抵触，一直未签未拆，导致5年来项目征拆工作久拖未决。系市委、市政府交办的2014年国有土地上房屋征收扫尾项目突出问题之一。

2014年，雨花区全面启动川河南路项目征拆扫尾攻坚战，雨花区委书记邱继兴，区委常委、区委办主任、东山分指挥部指挥长黄文先，区委常委、副区长罗予武等区领导靠前指挥，多次亲临现场、亲自调度，组织相关部门和街道研究部署、精心安排、集中力量，锁定时间节点，明确任务要求。相关部门及街道多次组织召开专题会议，营造攻坚氛围，不断创新思路，反复研究可行性方案。多次组织征收工作政策业务培训，严格按照征收程序，进一步规范征收行为，为推动项目扫尾，着力破解征拆难点。部门和街道紧密配合，全体工作人员坚持“五加二、白加黑、晴加雨”，进村入户，下发征收告知书，面对面谈心交流，收集困难和问题，耐心细致地为被征收户讲政策、摆道理、算细账。通过不断走访、协调，持续与被征收人真心沟通协商，征拆工作取得突破。原本不配合的被征收户回心转意，逐步支持征拆、主动配合征拆，促进项目攻坚任务按时间节点的要求如期完成。11月9日最后一栋房屋拆除倒地，历时5年的两河截污工程川河南路项目国有土地上房屋征拆工作完成，并正式启动道路建设。该项目的顺利实施将使武广片区内低洼地段免受积水内涝之苦，对圭塘河及浏阳河汛期防洪物资快捷运输意义重大。（陈　静）

棚户区改造

【概况】 长沙润雨棚户区改造投资有限公司（简称“区棚改公司”），由雨花区人民政府于2009年1月全额投资成立，主要职能是负责全区棚户区及旧城区改造工作。长沙市雨花区棚户区改造工作办公室(简称“区棚改办”)于2012年9月设立,为区政府办公室全额拨款二级事业单位,核定事业编制5名,领导职数3人,其中主任1名,副主任2名。2014年6月,成立长沙市雨花棚改投资有限责任公司(简称雨花棚改公司),作为雨花区纳入统贷平台棚改项目的实施主体。

2014年,区棚改办围绕区委、区政府年初确定的棚改工作任务,启动华狮棚改项目、小林子冲棚改项目、省轻安公司5号栋危房等改造,实现一汽棚改项目主体封顶,努力推动全区棚户区改造工作。获评区绩效考核一等单位、区重点工程建设协调服务工作一等单位、区征拆协调服务工作一等单位、区“三定三抓”活动二等单位。（陆红连）

【棚改调查】 2014年4月,区政府召开全区棚户区改造项目摸底调查调度会议。区棚改办会同雨花城投、区征收办、区规划分局以及街道,对全区棚户区进行摸底调查,统计出辖区内棚户区总量为142.3万平方米,22007户,各类棚户区(危旧房)45处,预计总投资145.72亿元。项目分街道登记造册,建立台账,为区级统筹安排2014—2017年棚户区改造项目计划提供详细的基础资料。7月,召开雨花区2014—2017年棚改项目调查摸底及拟定初步安置方案工作调度会。区棚改办牵头对2014—2015年拟启动的棚改项目进行摸底调查,全面准确地摸清并掌握全区范围内棚改项目的房屋状况、居住人口及住户改造意向等,并拟定初步改造安置方案,为区委、区政府加快推进全区棚改工作提供决策依据。（陆红连）

【资金统贷】 2014年,中央、国务院对棚户区改造作出明确要求和部署,出台有关有力支持的政策,长沙市获准搭建专门的棚户区改造统贷平台,成立长沙市棚改投资有限公司作为全市棚户区改造项目承接国家开发银行贷款的统贷平台,全市确定国开行贷款项目51个,确定雨花区小林子冲、梨子山长电宿舍及省苎麻、长城信息及周边地块、长钢新老11栋、省话剧团老旧宿舍及周边地块等13个统贷平台棚改项目。通过此方式,为解决新启动项目的融资难题提供了有力保障。（陆红连）

【轻安公司5号栋危房隐患排除】 左家塘街道内省轻安公司5号栋职工宿舍,2006年经有关部门鉴定为D类危房,存在重大安全隐患。2014年区棚改办通过棚改政策,采取住户出一部分、房屋单位支持一部分、政策资金补助一部分的方式筹集改造资金,按照“四原”(原址、原高、原面积、原使用性质)原则拆除后就地重建住房。5月21日,危房改造工作启动,由区棚改办牵头,左家塘街道全力配合,先与30户住户签订搬迁协议,迁往区政府统一安排的廉租房进行过渡,房屋建设完工后住户再进行回迁。6月完成搬迁、房屋拆除工作,轻安公司D类危房隐患彻底排除。（陆红连）

【一汽项目主体封顶】 长沙一汽棚改项目系雨花区首批棚改项目,2009年经长沙市安居棚改领导小组和长沙市发改委批准实施。项目总占地2.2公顷,含原长沙一汽修理厂宿舍区约1.3公顷,雨花区房产局约0.2公顷,湖南长沙高兴房地产开发有限公司约0.67公顷。2009年启动征收,共征收房屋9栋面积14898.61平方米,居民288户,2010年完成征收拆迁,其中就地安置272户,货币安置16户,产权调换安置共需房屋23615.22平方米。征收拆迁后共腾地约1.25公顷,其中约0.65公顷用于建设安置房,剩余约0.6公顷。项目建设1栋30层共316套安置房,总建筑面积42765.48平方米,其中安置房面积26809平方米,其他为商业等配套房屋。2012年4月底启动基坑及边坡支护工程建设,2013年12月启动主体工程建设,2014年年底项目主体工程建设实现封顶。（陆红连）

城市建设投融资开发

【概况】 长沙市雨花区物业管理中心(简称“区物管中心”)、雨花城市建设投资集团有限公司(简称“雨花城投”)实行“两块牌子、一套人马”的管理模式。内设办公室、人力资源部、党群纪检部、战略发展部、财务部、报建部、招标合约部、技术部、工程部、预结算部、综合协调部、物业管理部、分房办、资产运营部14个职能部门，下辖长沙市雨花农业综合开发有限责任公司、长沙市雨博文化传播有限公司、长沙市三力置业有限责任公司、长沙市三力物业管理有限公司、长沙市雅塘新城建设投资有限公司、长沙市黎托新城建设开发有限责任公司、长沙市雨花城投报建咨询公司7个子公司。有湖南绿地城花发展有限公司1个合资公司。共有工作人员112人，其中在编干部职工20人、政府雇员6人，引进专业技术人才2人，招聘公司雇员84人。办公地点设在长沙市雨花区木莲东路81号。

2014年，雨花城投全年实现多渠道筹资40亿元，其中完成企业债券融资18亿元；33.67万平方米保障住房顺利封顶，完成年初任务的168.33%；完成黎雅苑一期，颐景苑一期交房、分房工作，安置拆迁约6000人；完善土地手续63.84公顷，完成年初任务243.88%；完成履约清欠收入1.32亿元，完成年初任务的220%；实现物业收入1245万元，完成年初任务的124.5%；三力国际商业地产竣工销售，完成三力公寓回迁户安置工作，推进三力公寓交房及裙楼招商工作；启动圭塘河生态景观区二期1标段（长塘路—木莲路）工程建设；加快湘府东路“万家丽路—京港澳高速”2800米的城市绿道开工建设。（伍　君）

【工程管理】 2014年，雨花城投除对雨花大厦及院外物业进行资产和物业监管外，接管圭塘河公园、黄兴医院、三力公寓等物业服务项目，区治二办项目续增东片区的管理工作；紧扣“安全第一、确保质量、节约成本”工作要求，对瑞景苑、莲景苑、月雅苑进行节能优化、对各项目水电、建筑结构等设计变更、对川河苑方案优化等，全年完成优化逾百次；建立全面监管的安全生产体系，由高级技术人才专门负责安全生产管理，通过项目部日常巡查及专门安全检查，对各施工环节全覆盖管理，全年所有项目均无重大安全质量事故发生；为有效防范合同风险，引进合同管理信息系统，发布雨花城投集团合同管理办法（试行）；以“促拆迁、保环境、防渣土”为工作主线，完成黎锦苑西片区、城投10号、18号等地块的拆迁扫尾工作，加快了项目建设、土地出让进程；完善巡防制度，制定防范措施，渣土防治和管理工作取得显著成效。（伍　君）

【融资工作】 2014年，雨花城投全年实现多渠道筹集资金约40亿元，其中18亿元企业债券资金募集到位，完成土地出让收益返款15.41亿元；获得银行授信6亿元，已申请提款2亿元；使用社保贷款资金83355万元，其中年内新增使用贷款资金20440万元；实现履约清欠13200万元；完成预收房款33000万元；完成三力国际销售额9954万元，商铺销售回款1562万余元。（伍　君）

【物业经营】 2014年，雨花城投公司实现物业收入1948.7万元，其中物业部完成物业租赁管理收入1245万元，完成年初任务的124.5%；三力物业公司完成经营收入311.7万元；三力公寓商铺租金总收入392万余元。（伍　君）

【安居工程】 2014年，瑞景苑完成封顶74092.58平方米；月雅苑完成封顶68398.56平方米；桃花苑完成一期1—5#栋封顶82860.73平方米；莲景苑项目除9#栋外已全部封顶，9#栋施工至18层，封顶111315.44平方米。月雅苑、桃花苑、瑞景苑内外装饰工程，主体外架全部拆除；黎锦苑西片区基础施工，自然苑项目4#栋施工至第21层。中城苑、川河苑项目拆迁工作启动；黎雅苑项目竣工验收，完成交房1363套；黎锦苑一期（东片区）完成竣工验收；颐景苑一期2、3#栋竣工验收，完成交房321套。圭塘河项目设计、监理招标工作完成，二期规划调整上报市政府；完成一期西岸300米范围内的土方、预埋和主要植物栽植及园路基层施工，东岸土方工程基本完工，进行微地形整理；一期园林地下主要给排水预埋施工完成；完成道路基层施工约200米；配套商业建筑完成基坑开挖和支护，进行桩基施工。三力国际项目实现竣工验收并收房，完成商铺招商和装修工作，部分实现营业。雅塘新城项目纳入区国民经济与社会发展计划,通过市棚改立项审批,按城市设计成果编制片区控规,完成98.54公顷国有土地的摸底调查,启动14.74公顷安置房建设用地拆迁。完成城市绿道建设总体规划,其中圭塘河一期实现开园,拥有长沙首条城市绿道,劳动路——香樟路段完成绿道施工图,完成湘府东路段绿道设计,并与轨道公司达成实施方案,正编制工程量清单。公司成立圭塘河流域治理工作小组,负责项目前期准备工作,完成项目立项、河道分段情况细化、地块地籍初步调查、流域图汇总等工作,着手前期流域规划研究。

(伍 君)

【18亿企业债券资金募集到位】 2014年4月14日,雨花城投债以年利率7.17%在上交所成功发行并募集18亿元资金,债券存续期7年。自2013年年末取得国家发改委发行批复后,经多次与承销商沟通,该只债券最终以同时段最低利率成功发行,有效降低了发行成本,为项目建设提供资金保障。

(伍 君)

【住房指标回购试点】 2014年8月,雨花城投启动试行在星城新宇·黎锦苑(东片区)、黎雅苑项目和黎郡新宇·太和园项目回购保障住房指标工作,回购数量约950人,回购面积约97700平方米,一次性支付现金3.5亿元。指标回购是雨花区在安置拆迁农民过程中的一次积极尝试,可部分解决项目建设任务繁重、社保融资用地指标紧张及安置过渡资金压力较大等问题,对维护社会稳定减轻财政负担具有促进作用。

(伍 君)

【合资公司有序运行】 2014年,雨花区成功引进绿地集团、湖南省建工集团等极具实力且有大型项目操盘经验的社会优质资本。2014年10月与湖南省建工集团合作开发并成立项目公司——湖南绿地城花发展有限公司,投资建设圭塘河二期进行,开创项目开发建设新模式,有效缓解建设资金压力,为项目后续发展、增加盈利创立良好条件。

(伍 君)

【报建公司正式运作】 2014年5月,“长沙市雨花城投报建咨询有限公司”注册成立,由11名具有丰富经验及突出成绩的专业报建员任公司员工。全年共办回“两保”土地65公顷,完成年初目标的244%,其中新增办理土地8.2公顷,办理权证土地55.67公顷,出让土地1.14公顷。公司致力服务全区重点项目,已承接区内四所学校、圭塘河二期等项目的报建工作,有效解决区内报建较为分散,报建成本高等问题。

(伍 君)

规划管理

【概况】 长沙市城乡规划局雨花区分局(简称“区规划分局”)为市局派驻雨花区的行政管理机构(正科级),编制13人,下辖规划监察执法大队,内设办公室、规划审批室、规划监察室。2014年在职职工12人,其中中共党员11人,主任科员2人,副主任科员1人。硕士3人,大学本科5人,大学专科2人,中专1人。国家注册房地产估价师1名。聘用6人。

规划分局按照市局的统一部署,完成党的群众路线教育实践活动,认真学习贯彻市委市政府关于廉政建设、关于严肃整治“会所中的歪风”和关于对领导干部和机关工作人员“有错无为”“不在状态”实施问责的暂行办法的文件精神。完成2014年度提案、议案的答复工作,其中区政协委员提案2件,区人大代表建议1件。被评为2013年度雨花区“三定三抓”活动红旗单位、2013年度雨花区党风廉政建设工作先进单位、区绩效考核垂管部门一等单位。

(石 懿)

【规划编制】 2014年,规划分局配合区政府完成专家审查工作,红星商圈城市设计方案获专家评审通过。参加雅塘村城市设计成果审查会,原则同意并要求修改完善。开展辖区内46个汽车4S店摸底调查,全面掌握项目用地规模、建设规模、审批情况等基本信息,并及时上报市规划局。配合区政府开展2014年启动建设的社会停车场前期工作,牵头核实项目可实施性,协调街道推进具体建设,继续核实

2015 年拟启动建设的 19 个社会停车场建设条件。开展地下管网调查前期研究，主动上门对接长沙市勘测规划设计研究院，了解芙蓉区开展的地下排水管网信息系统的基本内容和功能、系统界面，讨论雨花区地下管网工作思路，并要求长沙市勘测规划设计研究院分别提出费用预算。同时组织设计院加班加点从编制文本图集和建设管网信息系统两个思路向区政府分管领导专题汇报，供区政府决策。按时向雨花区政协长沙高铁新城产业项目专题调研工作会议提交武广新城规划目标、功能定位和规划策略。开展农民安置房用地规划及建设情况调研，召集黎托、东山等 8 个涉农街道的街道负责人和专干进行实地核实，建立台账。并将存在的问题反馈给街道，做好街道和设计单位沟通的桥梁，跟踪督促街道及时提交数据，衔接街道与设计单位进一步确认修改后的统计数据，其中应安置人口 80871 人，已安置 47476 人，未安置 33395 人，其中含 19780 人按 103 号令安置。安置总用地指标 814.5 公顷，已建生活安置用地 368 公顷，已建生产安置用地 112 公顷，剩余生活安置用地 43.453 公顷，剩余审查安置用地 25.77 公顷，已出让生活安置用地 25.77 公顷，已出让生产安置用地 70.5 公顷。总建筑面积 818.9 万平方米。统计原始表格和汇总表格提交雨花区政府审定。（*石　懿*）

【规划审批】 2014 年，规划分局窗口受理临时建筑申报工作 46 处，核发临时建筑建设工程规划许可证 25 本，审批面积 186674.86 平方米。（*石　懿*）

【批后管理】 2014 年，规划分局协助区政府出台《雨花区临时建筑管理实施细则》。完成第四期 142 个卫星图斑的核实上报工作。按照市局要求，对 40 个项目的垃圾站、公厕、广场、代建公共绿地、停车场进行“四增两减”核查。配合市规划局开展辖区内老旧小区停车综合整治，现场踏勘多个项目，选定红花坡社区闲置空地、左家塘社区雅礼左家塘小区运动场下停车场作为老旧试点小区停车场改造项目。开展巡查 31 次，放线 31 次，公示 56 次，主体封顶检查 4 次，正负零检查 5 次，色彩检查 1 次，竣工检查 39 次，下达行政处罚决定书 5 份，下达停工通知书 35 份，移送城管 18 件。（*石　懿*）

【规划服务】 2014 年，规划分局邀请建设部驻长督察员王智光到雨花区侯照村现场查勘临时仓储项目情况。配合雨花区政府组织国土规划领导小组会议，会上就湖南美联置业有限公司申请锦湘国际新城项目调规问题、雨花亭街道井塘社区筹委会井塘村安置项目（C-16-2）申请提前审定总图及方案问题、火焰村农民安置房问题、桔园社区办公用房临时建设问题等 13 个议题进行讨论，并提出相关的处理意见。对区政府交办的天下一家、美联四期、运达中央广场等 15 个“三定三抓”项目进行规划协调服务工作。按市政府关于三大市场搬迁及高桥市场提质改造工作方案的要求，积极开展红星市场、杨家山家禽市场的搬迁选址的协调服务工作。按照区政府的要求，配合有关部门开展无底塘变电站的宣传解释工作，确保无底塘变电站项目的顺利开工。（*石　懿*）

国土资源

【概况】 长沙市国土资源局雨花区分局（简称“区国土分局”）内设办公室、用地科、地籍科、拆迁科、财务科、信访科、监察室、执法大队、后勤服务中心 9 个科室，下设拆迁事务所和中心、南片、东片三个基层管理所。全体干职工 38 人，退休人员 10 人。局党支部，党员 46 人，其中在职党员 37 人。办公地点在雨花区香莲路 69 号。

2014 年，区国土分局积极参与区“六个走在前列”竞赛活动，为区域经济社会作出很好地贡献。先后获市国土局群众工作先进单位、信访先进单位、执法监察先进单位和长沙市文明单位等荣誉。

（*周永平*）

【征地拆迁】 2014 年，雨花区在拆项目 48 个，涉及应腾地面积 794 公顷，其中：执行 103 号令的项目 43 个，应腾地面积 707.8 公顷，执行 60 号令的项目 5 个，应腾地面积 86.2 公顷。应拆房屋 2173 栋（合

法),建筑面积25万平方米(含违章)。实际拆迁合法房屋695栋,建筑面积15万平方米,实现腾地近267公顷。(周永平)

【用地报批】 2014年,雨花区积极与用地单位进行对接,掌握项目实情,积极协调市、区各单位,切实帮助用地单位解决一些实际的困难和问题,做好用地报批和土地供应工作。全区上报国务院批准城市建设用地项目42个,总面积179.7652公顷,其中农用地转用面积131.485公顷,有效地保障了各类建设项目的用地计划指标。(周永平)

【土地执法】 2014年,雨花区出台《雨花区国土资源动态巡查实施方案》,确保及时发现、制止和查处国土资源违法行为,及时制止各类土地违法活动,将土地违法行为遏制在萌芽状态。发停止国土资源违法行为通知书79份,违法用地涉及土地面积约12.769公顷(191.53亩)立案查处土地违法案件13宗,面积约6.865公顷(102.98亩),其中耕地面积1.926公顷(28.89亩)。结案9宗,收缴土地罚没收入96.4398万元。严格执行土地利用总体规划和土地利用年度计划,非农建设中实际新增建设用地、占用农用地和耕地不得突破市下达的年度计划指标,并确保耕地占补平衡。雨花区占用耕地的建设项目19个,占用耕地面积30.3544公顷,所占用的耕地由项目用地方缴纳耕地开垦费后进行异地补充,全部做到先补后占,确保耕地占补平衡率达到100%。

全区疑似违法用地图斑67个,总面积约33.483公顷(502.24亩),其中耕地面积9.25公顷(46.25亩);PJ图斑15个,总面积约20.623公顷(309.34亩),其中耕地面积1.454公顷(21.81亩)。经合法性审查,合法图斑18个(9宗地),面积约5.53公顷(82.93亩)、其中耕地1.372公顷(20.58亩);2010年以前历史批文用地图斑29个(18宗地),面积约15.263公顷(228.94亩)、其中耕地0亩(已按要求举证);20个图斑(17宗地)无相关批准文件,为违法图斑,面积约12.691公顷(190.37亩)、其中耕地约1.711公顷(25.67亩)。立案查处13宗,面积约11.003公顷(165.05亩),其中耕地面积约0.335公顷(5.02亩)。对符合土地利用总体规划的,移送区财政进行没收;不符合规划的,移送区城管部门依法拆除。非立案处理4宗,面积约1.744公顷(26.32亩),其中耕地面积约1.377公顷(20.65亩),已按上级要求进行举证和说明。卫片执法检查工作顺利通过上级部门数据审核和验收检查。年度雨花区违法用地占用耕地面积占新增建设用地占用耕地面积比例为3.94%,控制在5%以内,实现无扣分、无问责的工作目标。(周永平)

【节约集约用地】 2014年,雨花区节约集约模范区创建工作通过省国土资源厅验收。经市节地办综合考评,2013年度节约集约用地考核综合得分92分,考核等次为优秀。黎托片城市综合开发节约集约用地试点区的开发建设,将各项节地措施落实到每个地块,并在原六种节地模式的基础上,进一步总结、提炼,深化提出七种节地模式。京港澳高速公路黎托段下沉改造项目采用立体化混合布局模式,将高速公路与市政道路融为一体,主体结构创造性地同时使用全封闭、半敞开、全敞开三种结构形式,将地上地下空间最大限度地加以利用。该节地模式在项目开发建设中正逐步实施。全面铺开城镇低效用地再开发工作,印发《雨花区城镇低效用地再开发工作实施方案》,召开工作部署会议,选定技术承担单位,各项工作顺利推进。对全区范围内涉嫌闲置土地进行清查和摸底,清理涉嫌闲置土地76宗。对涉嫌闲置的用地单位进行走访督促。督促已动工建设58宗,对未动工建设的18宗地,分别了解闲置缘由,并采取有效措施,督促各单位加快开发建设的进度。(周永平)

【农民"两安"协调】 2014年,雨花区全面清查"60号令"两安留地使用情况,全区39个社区,核定的总指标为1250.24公顷(18753.67亩),办理建设用地手续的约834.681公顷(12520.22亩),未开发建设的有169.3公顷(2539.5亩),多个社区的安置地手续不完备。区国土分局主动与各社区对接,积极与市局相关处室沟通协调，督促各社区尽快办理相关用地手续。积极引导、协助各社区筹委会盘活存量闲置的安置地。开展“走进社区”的调研活动，积极帮助解决征地拆迁和安置等问题，提出合作开发的新思路，指导盘活集体土地，得到了很多社区筹委会的高度肯定，5个社区的约26.667公顷(400余亩)安置地已引进合作开发单位，着手办理安置地统征出让手续。（周永平）

住房保障

【概况】 雨花区住房保障局为区人民政府直属事业单位，内设办公室、计财科、安居办、登记审批科、住房管理科。核定编制17名，2014年，在职干部职工26人，其中雇员7人。局党委辖2个支部，共有党员24人，其中在职党员17人。办公地点设在雨花区人民政府机关大院3号楼四层。（廖继波）

【保障性住房项目建设】 2014年，长沙市下达雨花区新增廉租住房目标任务487套，公租房目标任务185套，雨花区粟塘小区结转廉租住房1174套，实际在粟塘小区新建廉租住房487套，其中建成60套，主体竣工364套。结转长沙铁路建筑段长东工区公租房364套，实际开工建设公租房185套，其中在唐智科技湖南发展有限公司新建员工宿舍85套，在湖南红星盛业食品股份有限公司新建员工宿舍100套。（廖继波）

【住房保障审批】 雨花区符合廉租住房保障的低保无房户和住房困难户，根据“应保尽保”的原则纳入保障范畴。2014年，已入住廉租住房实物配租896户，新增364户；已保障廉租住房租赁补贴500户，新增23户；新增经济适用住房货币补贴凭证发放138户；新增经适房实物审批9户；新增棚改安置审批5户。（廖继波）

【保障性住房管理】 2014年，雨花区整治凤凰佳园小区管理混乱，健全门岗，控制进出车辆；要求建立垃圾堆放场，增加数名保洁员每天及时清理垃圾；为凤凰佳园小区扩建围墙100米；在小区设置车位，规范停车，杜绝乱停乱摆现象，消除了小区消防安全隐患；对凤凰苑和凤凰佳园实施信息化管理，更换智能门锁，杜绝非安置住户入内和转租转借行为。根据国家审计局的工作要求，积极整改廉租房租金未及时上缴财政实行收支两条线管理、廉租户小区空置物业费问题；对项目安全生产责任制执行情况、火灾隐患、消防违法、施工安全隐患等实施密集督查，实行“全覆盖、零容忍、严执法、重实效”，杜绝安全责任事故。按照《长沙市本级廉租住房违规行为整改指导意见》，开展廉租住房专项整治行动，排查出转租或变相转租12起、转借2起、破坏结构擅自装修11起、半年以上未交租金或空置半年以上57户，全部整改到位；对取消资格但仍在居住的27户下达整改通知，部分已清退。（廖继波）

【房源筹集】 2014年，雨花区筹集保障性房源430余套，服务区内危房改造和市区重点工程、棚改项目，有效发挥了住房保障利民生、促征拆的重要作用，其中为左家塘街道官塘冲社区轻安五栋危房住户在凤凰佳园廉租房小区免费安置30套过渡房源；为劳动路跨京广铁路桥危桥改造项目征拆户在天凯东苑廉租房小区安置50套房源；为湖南龙骧巴士有限责任公司住房困难职工提供357套公共租赁住房，其中联盟佳苑120套，粟塘小区237套，并在租金、房屋装修等方面争取支持；为原长沙重型机器厂棚户区改造项目、木莲冲路、洞井路等重点工程建设和棚改项目提供经济适应住房房源。（廖继波）

【慰问困难住户】 2014年1月28日，区委常委、副区长罗予武带领区住房保障局党委班子成员深入凤凰佳园廉租住房小区，走访慰问廉租住房困难户，给困难户们送上温馨的新春祝福，给125户困难廉租房家庭送上每户400元的慰问金，让慰问对象在寒冷的冬天里感受到党和政府送来的浓浓的暖意。

（廖继波）

城 市 管 理

行政管理

【概况】 2014 年 8 月,长沙市雨花区城市管理局更名为长沙市雨花区城市管理和行政执法局(简称“区城管执法局”),成建制承接长沙市城市管理和行政执法局所属长沙市雨花区城市管理执法大队,并更名为长沙市雨花区城市管理综合执法大队,为长沙市雨花区城市管理和行政执法局所属事业单位。内设办公室、计财科、基础设施科、督查科、指导科、政工科、行政审批科、三定三抓办、控违拆违办 9 个职能科室,下有全额拨款二级事业单位长沙市雨花区数字化城市管理指挥协调中心和雨花区城市管理综合执法大队。核定行政编制 15 名,其中领导职数 4 名,事业编制 12 名。实际在职 25 人,其中领导职数 8 人(含副县级领导 1 人),引进人才 2 人,雇员 6 人;退休 10 人。局党支部党员 30 人,其中在职党员 25 人。办公地点设在雨花区人民政府二办。

2014 年,区城管执法局按照建设品质城市和更高水准文明城市的目标和实行最严城管的要求,开展“清洁城市、品质雨花”行动,实施十大专项整治,加大道路清扫保洁和冲洗降尘力度,强化门前三包的落实,坚持严管重罚的原则强力整治夜宵摊担、渣土扬尘、违章建筑等违法乱象。被评为“三定三抓”活动红旗单位。 (谢 琴)

【控违拆违】 2014 年,雨花区继续开展百万拆违,由街道牵头负责拆违行动的组织实施,坚持“1+4”拆违模式,城管、建设、国土、规划四部门现场参与,工商、消防、食安、安监等部门积极配合,齐抓共管。全区拆除违法建筑 1897 处 124.93 万平方米,完成长沙市委、市政府下达总任务的 102.58%,控制拆除新建、在建违章建筑 381 处 6.23 万平方米,基本实现新建违章建筑零增长和历史违章建筑逐步消除的目标。核查比对第七期(2013 年 11 至 2014 年 5 月)图斑,异常图斑 74 处,现场核查核减 61 处,未核减 13 处,至 11 月底,拆除 11 处,完善手续 1 处,规划认定为工棚核减 1 处。核查比对第八期(2014 年 5 至 2014 年 8 月)图斑,异常图斑 50 处,现场核查核减 36 处,未核减 14 处。拆除违章户外广告招牌 5087 处 5.24 万平方米。 (谢 琴)

【爱国卫生】 2014 年,雨花区开展除四害工作、乡村环境整洁行动、第 26 个爱卫月(世界卫生日)活动、世界无烟日活动、全面启动创建国家卫生城市,打造示范社区、创建工作一系列等活动,对雨花区 12 个街道的公共区域范围进行全年除四害维护。全年开展大型集中整治活动 45 次,小型环境整治 500 余次,清理垃圾 2343.5 吨,组织人员 38500 人,投入机械 3708 台次,整治安置小区 46 处,居民社区 120 处,投入经费 450 万元。在无烟日活动当天发放宣传资料 2 万余份,制作宣传板报 108 块,横幅 89 条,无烟咨询 1450 人次,义诊 3456 人次,控烟知识答卷 850 份,无烟宣传栏 81 期,电子屏滚动播放控烟口号 26000 余次。创建无烟单位 3 个、无烟家庭 11 家,市级文明卫生单位 4 个、市级文明卫生社区 3 个。 (谢 琴)

【项目建设】 2014 年,雨花区开展城乡结合部环境综合整治、排水堵点改造、道路绿化提质改造、社区环境综合提质、道路两厢整治(含景观街)、社区公园(含街头小游园)建设、开放式规范管理物业精品社区建设、环卫工班房建设及地下通道维护。改造侯家塘社区楼栋11栋。完成绿道建设2.6千米,建设社区公园2个、小游园4个,建成54个车位的林荫停车场,总改造面积25000平方米。更换泄水井盖20座,疏通排水管1700米。建设环卫工班房10座、维修改造地下通道6条,对花岗岩前面翻新打蜡人工打磨抛光3200余平方米,地面花岗岩翻新酸洗打蜡2600余平方米,更换花岗岩400余平方米,更换照明灯具220套,更换玻璃88平方米,刮仿瓷涂料墙面防水处理真石漆饰面1300余平方米,拆除更换水泵6台,电力、电缆拆除220余米。成功创建5个"精品社区",16个"样板社区"和10个"示范社区",累计投入专项经费1.32亿元。 (谢 琴)

【"最严城管"】 2014年3月开始,雨花区持续开展最严城市管理宣传工作,严查十大类违反城市管理规定的行为,以主次干道、车站、广场、地下通道为重点,由区城管执法局牵头,组织区城管执法大队及各街道持续开展集中整治行动。以门前三包、夜宵摊担、渣土扬尘、违法建设为重点,全面清理市容乱象,改善城区整体环境。发放市容秩序整治通告10万余份,教育劝导流动摊贩3.3万余处,规范店外经营2.2万余起,违章占道停车抄牌8000余台次,查处违章渣土运输车辆280余台次,罚款100万余元。 (谢 琴)

【清洁城市行动】 2014年,雨花区认真落实长沙市委、市政府开展"清洁城市"行动的要求,全面开展品质雨花大行动,实行县级领导和区直部门联点街道制度、每周五开展集中大扫除制度和每月25日为全区集中清理裸露垃圾日制度,并由环卫、园林、市政部门对全区43条主次干道轮番进行清洗清扫,确保路面见本色,着力健全清洁城市常态、长效机制。以社区为平台,由街道牵头广泛开展宣传动员,充分发动驻区企事业单位、社区居民、门店业主、公益组织等社会各界力量参与到清洁城市行动中来,有效提高群众参与度,形成全社会共同参与的浓厚氛围。严格落实24小时、18小时、12小时分时段清扫保洁要求,根据实际需要增加保洁力量,并投入1100万元新购置7台机扫车、22台洒水车、26台垃圾车,不断提高机械作业率,确保了专业维护水平不断提高。全区共出动人员200万余人次,出动作业机械1800余台次,清洗路面14000万余平方米,清理垃圾3万余吨,清除牛皮癣28万余处,擦洗沿街门店20万余家,擦洗墙体10000万余平方米。 (谢 琴)

【服务民生】 2014年,雨花区投入2亿元实施"确保一面、提质一片、打造一线",全面提升城区整体环境。深入落实"三进"要求,年初确定侯家塘社区实施提质改造、对香樟路实施景观街建设和改造3万户自来水户表的任务,8月确定实施 "4+5+1"工程,着力提质街巷社区环境,改善民生。雨花路雨花巷段提质改造基本完工,侯家塘社区提质改造已完成80%,香樟路景观街已完成50%,自来水户表改造工程完成70%。提质改造4个老旧社区(赤岗、活力、牛婆塘、茶园坡)和5个背街小巷(王公塘路、桂花树路、长塘里路、雨花路、王家冲路),建设1条景观街(朝晖路)的"4+5+1"工程10月15日完成招投标陆续进场施工。 (谢 琴)

行政执法

【概况】 长沙市城市管理和行政执法局雨花区执法大队成立于2000年5月,2014年4月,根据市委办公厅、市政府办公厅《关于进一步理顺城市管理体制机制的实施方案》,成建制由长沙市城市管理和行政执法局下放至长沙市雨花区人民政府管理,8月,正式更名为长沙市雨花区城市管理综合执法大队(简称"区城管执法大队"),正科级,参照公务员法管理的全额拨款事业单位。内设办公室、法制科、政工科、督查科4个职能科(室),下设18个执法中队。核定事业编制234名,领导职数7名,在职干部234人,党员人数217名。

2014年,区城管执法大队以“提升城管执法水平,深化清洁城市行动”为工作目标,根据“最严城管”“清洁雨花”大行动要求,大力开展环境综合整治、控违拆违、违法广告招牌整治、扬尘污染整治、餐厨垃圾非法收运治理、夜间执法等工作,加强数字化城管平台案件处置和城管110接处警,进一步巩固文明创建成果。全年共查处违法行为35800起,办理行政处罚案件5205起,罚款2009125元,接受11件行政诉讼案、23件行政复议案,同时依法办理司法强制执行案件96起,追缴罚没款本金和加处罚款64950元;拆除违章户外广告、招牌429处、48427平方米;开展渣土砂石运输及道路污染、扬尘污染整治行动110次;规范餐饮单位收运,全区每日收运餐厨垃圾达50吨左右;全区市容秩序得以提升,环境综合整治成效显著,群众关心的热点、焦点问题得到逐步解决和改善。在2014年度科级党政领导班子和领导干部绩效考核暨市垂直管理单位绩效评估中被评为区直部门一等单位,并被评为雨花区2014年度拆违控违工作突出贡献单位;雨花区2014年度征拆协调服务工作、环境保护工作、城市管理工作、重点工程建设协调服务工作一等单位。（刘新飞）

【控违拆违】 2014年,区城管执法大队将违法建筑的控制与拆除列为工作的重点,强力推进“百万拆违”,成立专门的拆违工作领导小组,制定“防违、控违、拆违”工作方案,设立防控监管、应急维稳、巡查督查等工作小组,建立各辖区中队、园区、各街道办事处与大队、拆控违中队信息互通、联动处置机制,科学安排调度,联合建设、国土、规划、公安、消防、工商、安监等部门,形成综合执法保障机制和高压态势,确保控拆有力、处置及时。拆控违工作严格执行“铁腕控违、铁腕拆违、铁腕追责”,严格依法依程序执法,加强与违法当事人沟通,做足思想稳定和安全保障工作,确保重点项目工程进度,实现拆违无伤亡事故,无因拆违及行政强拆引发的行政复议、诉讼案件败诉,确保了全区拆违工作稳妥、有序推进。2014年,区城管执法大队共收到427户拆违申请报告,其中当事人自拆200户,拆除违法违章建筑（含城乡结合部)1897处、124.93万平方米,完成市下达任务的104%,控制、拆除新建违法建筑381处、6.23万平方米。（刘新飞）

【环境综合整治】 2014年4月开始,区城管执法大队以治理城市“脏乱差”现象、打造清洁城市环境为目标,对全区市容环境进行综合整治。环境综合整治范围由主城区向城乡结合部延伸,由主次干道、公共广场周边等重点区域向背街小巷、老旧社区延伸,实现执法、整治范围全区覆盖,不留死角。加强中午、白晚班交接空档市容巡逻,实行全天24小时值班制,加强夜间执法。整治内容涵盖店外经营、违章占道、占绿毁绿、乱摆乱卖、乱搭乱建、乱堆乱放、乱牵乱挂、乱扔乱吐、乱洒乱倒等影响市容市貌的违章行为,进一步规范临街门店招牌、广告设置和施工围挡。全方位治理市容秩序,办理违章占道停放机动车案件2212起,锁车470台次,罚款221200元;占道破路类案件66起,罚款27350元;占绿损绿毁绿类案件31起,罚款14825元;工地围挡不规范类案件89起,罚款30800元,拆除围挡3200平方米;其他市容环卫类案件39起,罚款14050元。（刘新飞）

【“最严城管”执法】 2014年9月1日,全市启动“最严格、最精细、最到位”“最严城管”整治执法工作,区城管执法大队严格查处各类破坏城市市容和环境卫生行为,强力实施专项整治。在主要街道和重点敏感区域,安排专项整治人员,对随地吐痰、吐槟榔渣、口香糖、乱扔垃圾、乱倒污水、乱扔果皮、烟头、纸屑等行为,进行劝导纠章和现场处罚;对沿街门店乱丢垃圾、违反市容环境卫生责任制区制度的行为,进行劝导纠章和从严处罚;以街道为单位,辖区中队为执法主力,对店外经营、作业行为进行查处;依托网格化管理和高密度的执法巡查,对擅自设摊设点(含早夜市摊点)经营的,发现一起,取缔一起,并从严处罚;严格查处和联动处罚渣土运输中各类违法行为。办理乱吐乱扔乱倒类案件541起,罚款27050

元;“门前三包”及店外经营类案件979起，罚款205700元；设摊经营类案件888起，罚款195500元;整治渣土工地违法行为260起,查处违章渣土运输车辆265台,罚款119.4万元。“最严城管”执法工作任务得以圆满完成,处于全市领先地位。并形成最严城市管理执法的常态机制。（刘新飞）

【城乡结合部环境综合整治】 2014年，按照市、区两级政府的要求，大力开展城乡结合部环境综合整治工作,特别是实施“最严城管”执法行动以来,区城管执法大队专门安排40人负责拆控违工作,坚持执法办案和思想沟通工作相结合，组织拆违行动151次，拆除城乡结合部违法建筑1516处、1187003平方米,各类违规招牌、户外广告324处、39049平方米。积极参与全区两河流域(浏阳河、圭塘河)治理、砂场整治、垃圾清理、食品安全、餐厨垃圾等整治行动，全面完成城乡结合部环境综合整治工作任务。（刘新飞）

【夜间执法】 2014年,夜间执法主要工作内容是夜间城市管理各种违法违规行为的处置,维护夜间市容市貌及城市管理正常秩序;夜间饮食摊挡的规范管理与执法,对夜宵排档店外经营、流动摊贩占道经营等乱象进行纠正,严重影响市民正常生活且屡教不改的情形,依法从严处罚或依法取缔;夜间施工工地监管,查处不按规定时间施工、噪音扰民、扬尘污染等违章行为；夜间渣土运输管理与执法,规范渣土运输,对非法运输、不按规定时间运输、不按规定路线运输、超载、沿途洒漏、污染城市道路及大气等违法行为进行查处;夜间环境卫生监管,对夜间严重乱丢乱倒垃圾的违法违规行为进行教育和处罚;夜间城管110接处警平台案件受理、处置与回复。为保证夜间执法力量,确保夜间执法效果,区城管执法大队进一步明确晚班中队工作职责,负责夜间(11时至次日8时)市容巡查,查处市容环境管理方面各类违法违规行为;加强施工工地和渣土运输规范管理,由渣土中队负责查处渣土运输过程中的违法违规行为；辖区中队合理安排晚班人员,负责辖区内市容控制，并严格实行夜间值班备勤制，备勤人员负责辖区内夜间投诉类案件的处置与回复。全年处理夜间噪音扰民案件2起、罚款10000元,开展夜市整治行动105次,有效维护夜间市容秩序。（刘新飞）

【大气污染防治】 2014年,雨花区将大气污染防治工作纳入年度计划,大气污染整治力度加大。规范渣土工地施工,对扬尘污染实施源头治理,开展渣土管理执法行动110次,整治渣土工地违法行为260起。查处违章渣土运输车辆265台，罚款118.38万元，防治渣土运输过程中撒漏、飘扬等现象。在施工过程中,坚持利用消防车降尘,降低和防止扬尘污染。与园区、各街道、区环保局紧密配合,开展油烟整治、清洁燃料改烧和取缔小锅炉整治行动5次，拆除小锅炉和煤炉20个,接到群众投诉和举报46起,责令整改35起。（刘新飞）

【广告招牌整治执法】 2014年,严格按照《长沙市城市管理条例》《长沙市户外广告设置管理办法》的规定，区城管执法大队全面排查对全区范围内的广告、招牌,对违规设置的户外广告、招牌,依法责令整改和强制拆除,重点查处东塘商圈、火车南站、汽车南站周边大型违法户外广告牌。全年组织强制拆除广告大型行动30次,拆除各类违法户外广告、招牌428处,共计4.8万平方米,进一步规范了户外广告、招牌设置。（刘新飞）

【违法占道执法行动开展】 2014年8月20日至12月31日,根据长沙市委、市政府“清洁城市”行动工作部署,区城管执法大队与区城管局、园区、各街道办事处紧密衔接，大力开展违法占道执法行动。督促、配合街道全面设置停车隔离设施，防止车辆进入,规范设置停车标志标牌;主动与区交警大队就调档事宜、与区法院就强制执行事宜进行合作,通过向违章车主发送短信提醒、电话通知、申请法院强制执行等手段,提高行政处罚的威慑力,巩固城管执法权威。全年抄牌12109起,自动接受处罚2212台次,司法强制执行到位94起。对各类占道亭棚进行排查,吊离违法占道亭棚13处。全年办理占道破路类案件66起,罚款27350元;工地围挡不规范类案件89起,罚款30800元;拆除占道围挡3200平方米。对全区主次干道、重要街巷、农贸市场周边、地下通道、城市广场、车站码头等公共场所早市、流动摊贩、夜市占道经营行为进行专项整治,办理占道经营类案件888起,罚款195500元。(刘新飞)

【餐厨垃圾专项执法】 2014年,区城管执法大队开展餐厨垃圾专项执法检查,规范餐厨垃圾收运与处置。由餐厨中队组织,其他中队配合,联合正规餐厨垃圾收运处理公司,对473家餐饮单位进行走访,签订餐厨垃圾收运合同473份。大力开展专项执法检查,全年检查台账1584次,对台账登记不完善、收运不规范的单位,下发责令整改通知书共69份,暂扣和留置非法收运车辆95台次,办理100起案件,罚款50700元,捣毁处理地沟油窝点5处,处理投诉和交办案件8起,上报区食安办4起。(刘新飞)

【数字化案件处置】 2014年,区城管执法大队数字化工作通过规范工作职责要求、加强协调减负、完善处置流程、台账和考核项目,较好地发挥了数字化平台的服务、考核和督促功能。受理各种执法类案件57422起,处置存档52793起,作废、挂案3939起,解决一大批影响市容秩序的违章问题。受理群众来信来电6142起,市、区两级信访件46起,督办件批办件25起,办理人大代表建议、政协委员提案件8起,回复率100%,满意率99%。(刘新飞)

【东塘地下通道专项整治】 2014年4月,区城管执法大队开展东塘地下通道二手机摊贩问题专项整治行动,足额配备广场中队特勤队员27名,对地下通道实施8时至23时无间断守点巡逻,禁止二手机摊贩及其他摊贩在通道内占道设摊经营,左家塘、侯家塘、东塘、砂子塘四个中队对东塘四角进行严防死守,防止地下通道摊贩向东塘四角范围转移、蔓延。通过几个月的扎实工作,东塘地下通道及四角摊贩占道经营现象得到有效控制。8月29日长沙晚报A1版对东塘地下通道整治情况进行专题报道,9月4日市委书记易炼红专门到现场视察工作并召开座谈会。(刘新飞)

市容管理

【概况】 雨花区市容环境卫生管理局(简称“区环卫局”)为区政府直属事业单位,有78台垃圾运输车、23台机扫(机洗)车、39台大洒水车、27台小洒水车、1800台保洁车。负责全区852万平方米的主次干道(含36万平方米环线路桥)、693万平方米的社区、133座垃圾站、69座公厕、36座人行地下通道、48个渣土工地、9990个果皮筒及圭塘河沿线的清扫保洁和维护工作。内设党政办、环卫科、基建科、计财科、安委办、物业科和水车队7个职能科室,2014年辖渣土管理所和左家塘、侯家塘、砂子塘、东塘、圭塘、雨花亭、井湾子、洞井、高桥、东山、同升、黎托12个环卫所,正式职工278人(其中退休120人),临聘人员2603名。局党委设6个支部,共有党员97人,其中在职党员82人。

2014年,区环卫局落实党委书记、支部书记党建工作责任制,完善层层有责任、一级抓一级的党建工作机制,有重点、有步骤地全面推进基层党组织建设,着力健全党员责任机制,培养、强化党员的责任感,发挥党员的示范引领作用。根据示范岗辐射范围内责任路段党员不同的工作岗位、个人能力和活动范围,以全局90位党员为中心,划分管理区域,明确党员责任范围和职能职责,使支部建设“在路上”,提升了党员、支部的服务水平和党建工作效率。建立环卫“示范”路,确保示范路长效常态。坚持中层骨干一年一聘和管理人员双向选择,增强部门责任意识和岗位危机意识。为符合条件的一线职工参保并增加工资。部门协作配合,实行包区域、包路段,定岗位、定职责,定标准、定奖惩的管理方法,不断健全长效管理机制。开展各项业务竞赛活动,继续加大廉政宣传教育力度,开展第九届“4·20”廉政文化节系列活动,形成了环卫工作长效常态、党建工作科学发展、

管理工作规范有序、廉政更进步、群众更满意的良好局面。（于再海）

【环卫作业】 2014年，区环卫局完善基础设施，新增水车6台、洗扫车6台、数字化小水车16台，各种车辆共有176台；充实作业力量，招聘、培训驾驶员，成立120人的专业清洗队伍。成立黎托环卫所，增加清扫员近200名，一线环卫工人共有2560人。改造完成站厕3套，新建环卫工班房10座。日常维修和更换主次干道果皮桶1100余个，改造地下通道6座。严把作业维护关，提升作业维护标准、改进清洗作业方式、细化作业流程、解决交接班空档、加大裸露垃圾清除力度，全年清理城郊结合部、棚户区、老旧企业社区垃圾围子20余个，清除裸露垃圾400余吨。突出重点时段、路段、重点区域的洗扫保洁，加强立交桥梁清扫保洁，增加每日的机洗作业次数，注重人工清洗和水车机洗的配合，减轻环卫工人劳动强度、提升了作业效果。通过班子成员联点整治、轮值晚班、制定详细的考核指标、机关科室轮流上路督查等方式，对环卫作业监督到点、指挥到面，着力保证作业效果的质量和持久度，有效地促进了作业效果的不断提升和洁净环境的常态化。狠抓数字化问题处置的速度和质量，处置各类数字化案卷10193条，结案率和按期结案率均为100%。（于再海）

【渣土管理】 2014年，区环卫局遵循分片区管理原则，严格执行渣土管理规定、明确渣土执法规定，通过加强现场监管、设定流动巡查等方式，确保渣土的运输和消纳流程的规范性，加强源头管理，促进渣土运输的规范化、制度化、长效化，切实减少了扬尘污染。每周联合城管、公安、交通、交警等部门开展两次联合执法行动，重点对洗车不净、车轮带泥、不密闭运输、不按路线行驶、不按规定时间开（停）工，乱倒渣土等违规行为进行打击整治。办理渣土类案件254件，暂扣车辆222台，停工整改工地90余次，累计罚款102万元。按照查处与整改相结合、加大对渣土运输车辆特别是过境车辆的监控、优化渣土运输线路、推行新型环保车等方式，开展“渣土整治月”专项行动，规范渣土各类行为，逐步形成源头控制有力、运输监管严密、消纳处置有序的渣土管理长效机制，切实减少了扬尘污染。（于再海）

【服务群众】 2014年，区环卫局调整洒水时间、提早结束普扫，更方便群众出行；调整商铺门店垃圾收集清运时间，加大市场周边的垃圾清理，营造优美清洁的购物环境。联点冯家冲社区，走访社区居民1500余户，收集问题300余条，及时慰问住院居民21次。联点帮扶黎托街道“高铁新城”项目，在做好项目周边的环境卫生、完善防污措施、严控扬尘污染等方面有效推进项目建设。对“地铁1号、2号线”“万家丽路改造”“旭辉澜悦湾”“旭辉国际广场”“绿地之窗”等重点工程和重点开发项目提供积极帮助。（于再海）

市政建设

【概况】 长沙市雨花区市政工程管理局（简称“区市政局”）全面承担雨花区514.53万平方米道路、364万米排水管网、187.27万平方米人行道、盲道，以及84个居民社区的管理维护任务；负责雨花经开区范围85.75万平方米道路、88.68千米排水管网和武广片区117.54万平方米道路、5.53千米排水管网的管理维护任务。内设办公室、财务科、设备管理科、物资供应科、工程技术科、工程建设科、路政管理科、维护管理一科、维护管理二科9个职能科室。核定编制119名，全局在职干部职工69人，退休职工58人，党员59人。办公地点设在香樟路857号。

2014年，区市政局全面推行精细化维护管理，组织实施主次干道提质改造工程，优质高效完成杨子路和南屏锦源小学改造工程；实施井圭路、同升湖路、花卉路提质改造、整体罩面工程，以及万家丽路、劳动路、湘府路等破损路段路基处理罩面工程，完成花侯路、香樟路两厢整治工程，专项实施汇金路、振华路、环保大道等40余条人行道整治修复工作。积极推进圭塘河水系治理工程，对圭塘河（劳动路——圭白路）两岸排污口整治和查处，实施截污干管改造,督促违规排放单位完成整改,杜绝圭塘河沿岸直排污水现象。通过截污改造、提标提质、扩容新建、淘汰关闭等措施,将截污口的日常管理纳入常规服务体系,形成长效常态的管理机制。斥资32万添置排水管网清掏设备,扩充排水维护班组,补全机械化维护在排水管网清淤上的空缺;汛期前夕开展重点路段管道冲洗、清淤,防止内城区管网倒溢;逐步将主次干道井盖更换为防响、防弹跳井盖,减少扰民噪音,保障城区排水系统高效运转与汛期正常排涝。深入推进“市政进社区”活动,拓展社区维护覆盖面,进驻高桥街道永定、永祥、友谊社区开展计划性维护和集中整治;对武广新城片区、雨花经开区、洞井街道城郊结合部的社区实施摸底,有步骤、有计划地进行整体维护;在左家塘街道赤岗冲社区农贸市场实施排水疏浚,新建农贸市场道路,方便群众出行;针对城区老旧、困难企业社区,增加资金投入,提升维护频率,扩大维护、改造面;对自然岭路、井圭路新星小区段、同升湖路、京珠高速横跨桥以及长沙大道花侯路匝道、人民路立交桥匝道实施整修。获2013年度全区城市管理工作考核一等单位、全区环境保护工作考核一等单位。（易　佳）

【基础工作】 2014年,区市政局坚持数字化案卷联席处置机制,制定、落实《城管数字化工作考核管理办法》《城管投诉电话处置方案》等规章制度,全年接、处城管110来电310余件、居民来电来访1000余起,妥善处理“12345”派工单95件,优质、高效办理行政审批手续298件,有效保障了数字化案卷处置率走在全市前列。开展“清洁城市”活动,定期组织40余名机关干部职工对树木岭路人行道及附属设施实施全方位立体清洗,确保人行道见“底色”。（易　佳）

【维护管理】 2014年,雨花区全面推行精细化维护管理,确立“培树精品、打造亮点”的维护工作理念,重点突出精细作业,以加快城市道路市政设施建设维护、加强城区道路路面通行能力、加大地下排水管网疏浚为工作重点,推动城管工作重心由主次干道向背街小巷延伸,由公共区域向社区单位延伸,由重点时段向全天候监控延伸,推动网格化管理,建立健全长效管理机制,着力营造路平沟通、功能齐备的市政设施环境。完成各类路面修复8万余平方米,调修侧平石1.69万米,修复隔离墩254个,修复盲道、人行道5.3万平方米,组织实施违章踏步清理、施工围挡大整治和市政排水接入清查等专项活动,查处非法挖掘90余处、不规范排水接入32处。（易　佳）

【城区防汛】 2014年,雨花区疏通改造排水管网3500米,查处不规范排水接入设施32处。开展主次干道排水管网清淤,辅以人工补助性疏浚,对东塘商圈、韶山中路、韶山北路、汽车南站周边进行管道冲洗、清淤,有效防止内城区管网倒溢;逐步更换主次干道井盖,安装“防盗、防响、防弹跳”雨污水检查井座271套,减少扰民噪音;全年清掏各类窨井4.1万座次、化粪池760座次,更换及调整各类型井座、井盖290套,清运淤泥8200吨,有力保障城区排水系统高效运转与汛期正常排涝,汛期共出动人员600余人次,各类机械设备、车辆200余台次。（易　佳）

【服务群众】 2014年,区市政局以密切联系服务群众,打通“最后一公里”开展“一推行四公开”和“在职党员进社区”等活动,局党委带领群众工作组、支部党员多次深入窑岭、茶园坡社区,走访群众达240户,为困难群众、老上访对象、低保对象筹集慰问金及物资1.4万元。投入资金50万元,组织力量,修缮王家冲路750平方米,改造茶园坡社区1片21栋下水管,清理王家冲路238号屋顶下水道。积极开展联点助学帮教活动,为潭阳小学注入帮扶资金1万元;帮助三定三抓项目运达中央广场解决长沙大道开设出入口及修复路面260平方米等实际问题;及时办结区领导批示件、督办件8件,认真办理人大、政协建议提案9件,代表委员见面率、满意率均为100%。（易　佳）

【两河流域污染治理】 2014年4月1日至6月30日，区市政局对圭塘河沿线22处排污口进行截污改造，圭塘河左岸7处，分别为恒大城、万家丽路与时代阳光大道交叉口西南角、竹山塘安置房A1栋、植物园西门北5米处、植物园西门北30米处、麦香实业对面、建设路箱涵；圭塘河右岸15处，分别为洞井街道、时代阳光大道湘水浓情、云客轩、肖家湾组4处、建通物流南门北侧、建通物流南门南侧、好好恰饭店、植物园西门南20米处、小小家庭土菜馆、航空学院、城际铁路明挖段、雨花区政府西门箱涵，铺设圭塘河截污干管320米，工程总造价约400万元，杜绝了污水排入圭塘河。（邹学镜）

【同升湖路提质改造工程】 2014年3月中旬至4月25日，区市政局对同升湖路进行全封闭式施工改造，施工范围西起时代阳光大道与高速匝道入口，东至铁路高架桥下，全线长约1千米，提质改造面积7000平方米。区市政局调集多功能沥青摊铺机、大型压路机、沥青料运输车等40余台机械设备及车辆，出动10余个施工作业班组，110余名专业技术、施工人员，有效解决了同升湖路周边群众出行难的问题。（邹学镜）

【杨子路应急改造工程】 2014年4月5日至4月28日，区市政局对杨子路（湘府路至明阳山陵园段）3.5千米范围进行抢修，沥青罩面面积27119.39平方米，投入资金490万元。（刘　鉴）

【南屏锦源小学道路应急改造工程】 2014年7月25日至10月10日，区市政局对枫树山南屏锦源小学前道路及人行道进行应急改造，改造内容为摊铺沥青混凝土道路面层1800平方米、重做道路水泥稳定砂基层800平方米、安装D300排水管道、新建混凝土压膜人行道、新建不锈钢栏杆、新建砖砌挡土墙及草皮护坡、安砌侧石、增设交通设施和照明设施等，保障了南屏锦源小学师生出行安全。（邹学镜）

【武广落客平台改造工程】 2014年9月25日至9月30日，区市政局对武广落客平台进行提质改造，沥青罩面5700平方米，安装麻石球160个。（刘　鉴）

【红星会展中心“白改黑”工程】 2014年5月28日至10月30日，为迎接2014年11月红星农博会，区市政局对红星会展中心场馆周边道路进行“白改黑”（混凝土罩沥青面层）提质改造工程，完成沥青罩面15000平方米。（刘　鉴）

【马王堆路、石坝路改造工程】 2014年11月18日至12月31日，区市政局对马王堆路、石坝路破损的人行道、侧平石进行修复，马王堆路道路改造700平方米，人行道改造1500平方米，修复侧平石700米，增设人行道障碍桩3000个，增设港湾式公交站台1个，增设马王堆路与长沙大道交叉口东侧右转车道；石坝路道路改造300平方米，人行道改造1100平方米，修复侧平石500米，增设人行道障碍桩1400个，加宽沙湾路与长沙大道交叉口东侧掉头车道，优化处理沙湾路与人民路交叉口，有效解决马王堆路人行道货物无序堆放，车辆进出无序的问题，缓解了马王堆路、沙湾路与人民路交叉口交通拥堵的问题。（邹学镜）

园林绿化

【概况】 长沙市雨花区园林管理局（简称“区园林局”）负责辖区内350万平方米公共绿地管理与维护，办理树木砍伐、移栽、绿地占用手续，承接园林绿化工程，负责区绿委办的工作。内设办公室，维护管理北、中、南所，督查室，查勘科，工程技术科、财务科和后勤保障科。干部职工100人，科级领导干部7人，其中在职人员61人（含人才引进1人），退休人员39人。设立5个党支部（局机关党支部、3个维护所党支部和退休党支部），共有党员42人，办公地点设雨花区曲塘路19号。

2014年，区园林局紧密结合年初确定的园林工作思路,以“三年造绿”为主线,以养护提档为中心,以环境整治为重点,狠抓绿化维护、工程业务、查勘审批三大业务,深入推进园林绿化各项工作获长沙市绿化工作先进单位、2014年度全区绩效考核一等奖。

存在的突出问题:体制不顺畅,存在多头管理、重复考核现象;责权不对等,出现职责交叉、监管缺失现象;经费缺口大,影响职工积极性和工作开展高效化;队伍老年化,造成人才、资源配置失衡化。

(赵秀梅)

【绿化维护】 2014年,雨花区投入600万余元进行绿化维护提档,通过降土、铺砂、更换树围石、铺装玻璃钢盖板等整治工作,整体提升公共绿化品质。对辖区9个街道41个社区4万平方米范围进行补栽补损。完成对韶山路(南二环—汽车南站)、芙蓉路(人民路—南二环)、车站路(人民路—劳动路)、湘府路(五凌路—万家丽路)四条主干道的1761个行道树穴进行提质改造,总长度19千米。开展“清洁城市”大行动,每月第二、第四个星期五下午对辖区内的主次干道和社区公园进行洗尘护绿,全年组织7800余人次、出动水车1020台次,清洗护栏及花坛边51.2万米,叶面洗尘2357.6万平方米。根据季节性地病虫害爆发特点,有针对性地采取措施,加强对主次干道、社区公园以及各居民社区的行道树和花灌木进行药物喷洒,巩固绿化成果。(彭炬勋)

【三年造绿大行动】 2014年,雨花区正式启动三年造绿大行动,由区园林局牵头组织。全年计划在全区新增绿地60公顷,新建(改建)2个社区公园、4个小游园,“三边”(城郊边、江河边、公路边)、“三旁”(路旁、水旁、宅旁)新增林地133.33公顷(2000亩),创建绿色示范社区5个、绿色示范庭院50户,新增立体绿化10000平方米。到2016年年末,全区实现林地面积净增400公顷以上,创建绿色示范社区15个、绿色示范庭院150个,建成区绿化覆盖率达到50%(含湿地),全面提升城乡绿化水平。雨花区投入3400万余元,实施花侯路——香樟路提质改造、李家塘互通周边绿化整治工程,通过拆违还绿、清脏播绿、平土覆绿,新增绿地12万平方米,营造出错落有致、立体丰富的绿色景观效果;投入4000万余元,全面展开人民路(芙蓉路—沙湾路)、韶山路(人民路—桔园立交桥)、扬子路(湘府东路—殡仪馆)、圭塘河(湘府路—时代阳光大道)环境综合整治、东南二环线提质改造和花侯路沿线及花侯路上机场高速匝道周边的道路绿化提质改造工程,提升了整个城区绿化品质。率先打造立交桥绿化,投入1400万将韶山路建成城市生活形象大道,以东塘立交桥为核心,向韶山路南北沿线辐射,南到桔园立交桥,北到人民路,以及韶山路沿线墙面、裙楼楼顶、阳台及护栏实施立体绿化,切实提高城市绿化覆盖率和“三维绿量”。东塘立交桥立体绿化新增绿化面积7500平方米。吸引社会企业资源参与公园建设,成功打造双水湾体育公园项目。该项目由长沙市江河水利置业投资发展有限公司负责投资建设,区园林局负责监管。韶山路(新中路立交桥—人民路)于2003年建设完成,后由于疏导工程及其他工程建设,造成韶山路全线绿量严重不足,植物搭配混乱品质过低,绿化覆盖率过低。年初,启动对该路段尤其是韶山中路的提质改造,增加乔木银杏、桂花、栾树等300余株,成片成段成林种植,营造将森林搬进城市的效果。

(彭炬勋　刘应强)

【工程业务】 2014年,雨花区对三年造绿大行动涉及的绿化项目,对外实行公开、公正遴选招标。完成绿化提质改造项目14个,对2个社区公园(新塘垅、曙光南路社区公园)、4个小游园(茶园坡、梓园路、曲塘路、长塘里)进行改造和新建,建设面积为1.48公顷。(刘应强)

【查勘审批】 2014年,雨花区严把行政审批关,及时制止查处擅自砍伐、迁移树木及侵占、毁坏绿地的违法行为。办理行政审批事项37件,查处占毁事项47起,办理交通事故理赔案18起。处理毁绿占绿数字化城管案卷75条,处理死危树97株,做到件件有回音。

(周立新)

【抗击雨雪冰冻灾害】 2014年1月20日，受一股寒流天气影响，雨花区城区不少树木不堪冰凌重负发生断枝，影响市民安全。区园林局立即组织人员清除辖区内各主、次干道行道树的冰雪，及时清理被积雪、冰凌压断的树枝，保证行人、车辆安全。从北、中、南维护所和工程业务科抽调人员成立100人的应急预备队，坚持领导带班制度，24小时待命，随时处理突发事件。（王　鑫）

【李家塘互通建成"绿色景观长廊"】 李家塘互通周边绿化工程于2014年2月18日启动，总投资360万元，改造绿化总面积约3公顷，配合待建的时代阳光大道东沿线，对李家塘互通周边环境进行整治，在待建道路红线范围外的规划绿地进行拆违还绿、清脏播绿、平土覆绿，彻底改变昔日脏乱差的面貌，变成一条花园式城市道路景观长廊，全面刷新长沙南门窗口形象。（彭炬勋）

【建议办理】 汪玉奇等人大代表提出《关于优化高桥地区公共服务产品配套方面的建议》，要求将五一社区纳入"三局"维护管理范围。2014年3月，区园林局全面铺开社区补栽补损工作，对辖区41个社区4万平方米范围进行补栽补损，同时把维护服务延伸至"最后一公里"，着力为群众办好事办实事。5月27日上午，区人大常委会主任龚景顺率区人大代表一行十余人，现场察看高桥街道五一社区人大建议的办理情况。（彭炬勋）

【技艺比拼】 2014年6月4日，雨花区园林局在万家丽路与环保东路交汇东南角组织夏季园林绿化维护作业技能比武大赛。局三个维护所及工程技术科选派32位选手参加比武活动。（彭炬勋）

【2014下半年造绿项目交底会】 2014年10月11日，雨花区2014年下半年"三年造绿"大行动建设项目开工动员暨技术交底会在区园林局召开。2014年雨花区下半年承担高桥街道新塘垅社区公园、井湾子街道井湾路社区公园、侯家塘街道活力社区长塘小游园、梓园路小游园、砂子塘街道茶园坡小游园、左家塘街道曙光南路小游园、黎托街道曲塘路街角游园、长沙大道绿化提质工程、劳动东路林荫大道建设、花侯路武广桥立体绿化等共计11处建设任务，总建设面积55800平方米，投资概算1912.91万元，建设工期为3个月。（刘应强）

【绿委办工作】 2014年3月14日，副区长邹犇淼，区园林局局长宋电、副局长李朝晖陪同市园林局、市城管局督查绿色城市建设。8月25日，区绿委办组织对全区71株古树名木生长状况进行全面普查。10月22日，区绿委办在四楼会议室组织长钢、景程、广益、同升湖、黎郡5个社区申报绿色示范社区创建单位指导培训。11月24—25日，市园林局新增绿地考核组进行为期两天的新增绿地情况考核验收，抽样实测雨花区6个项目申报面积11.5公顷，实际完成12.6271公顷，抽样实测合格率为100%。

3月5日，由区园林局组织的2014春季义务植树暨雨花区三年造绿大行动启动式在绕城高速与金海路交界处举行。区委副书记、区长邱继兴率四大家主要领导、各街道和区直相关部门负责及干部群众一道参加义务植树活动。3月11日，以"推进绿色城市建设生态雨花"为主题的社会植树活动在金井路与绕城高速交汇处西南角防护林带举行。湖南师大化工院、思齐培训学校、华润万家超市高桥店、湘府店等16个志愿单位（家庭团体）共560名志愿者参加植树活动，新增绿地面积0.8公顷。（周立新）

【桂花公园八景】 桂花公园配合长沙市"绿色城市"建设，为广大市民和游客提供高文化品质的休闲场所，公园从文化入园、特色定位、突出主题等方面打造服务理念，全新推出独具特色的"桂花公园八景"。2014年6月25日，通过《长沙晚报》《潇湘晨报》《三湘都市报》和园林在线等媒体正式向社会公布。"桂花公园八景"即丹桂传情、吟诗咏桂、古亭寻芳、朝霞桂影、曲廊探幽、登桥闻香、甘泽遗存、金桂满庭。（柯　戈）

【桂花公园水塘水质提质研讨会】 2014年6月1日,桂花公园召开水塘水质治理研讨会。来自四川的水质专家根据对公园水塘结构、水质成分、污染原因等因素的综合分析,提出初步方案,以生物操控技术,配合水系景观生态系统为主要方法,将水塘底构建成一个人工环境与自然环境和谐共存可持续发展水下生态群,从而根治公园水塘蓝藻问题。该方案经市局论证、审定通过后,由湖南碧清水环境工程有限公司对公园水塘水质进行公益提质改造。(柯　戈)

交通运输

【概况】 雨花区交通运输管理局内设办公室、财务科、运输管理科、运输稽查科、公路管理科、政策法规科6个职能科室。核定编制27名,全体在职干部职工数50人,其中正式干部职工27人,无编聘用1人,引进人才1人,政府雇员20人,局雇用1人;退休10人。局党支部党员29人,其中在职党员23人,退休党员6人。办公地点设在雨花区人民政府机关大院后勤服务中心A栋一层、二层。

2014年,区交通运输局坚持"综合治理、严管重罚",深化打击非法营运专项整治行动;以洞株公路建设为重点,以转变工作作风为保障,扎实做好交通运输市场管理、建设养护农村公路等工作。雨花区人民政府被长沙市人民政府办公厅评为2013年度全市交通运输发展目标管理考核一等奖。区交通运输局被长沙市交通运输局评为"行政执法工作先进单位""安全生产工作先进单位"。(颜　丹)

【公路建设】 洞株公路雨花区段是连接洞井与株洲之间的一条干线公路,长沙市段由雨花区段和长沙县段组成。雨花区段与既有的环保大道对接,向东沿环保大道至振东路,向南到比亚迪支路四交汇,再向东对接洞株路长沙县段,调整后的洞株路雨花区段全长1497.7米。2014年5月初,由市交通运输局组织,顺利完成招投标工作。由雨花经开区负责土地、杆线的拆迁工作和前期手续办理工作。7月12日进场施工,年底完成清表、土方等工作。(颜　丹)

【农村公路养护】 2014年,雨花区全面完成为民办实事工程农村公路养护2千米。邀请市农村公路局专家对区农村公路进行大检查,特别是对校车必经的临水、临崖的农村公路进行摸排,对安全设施缺乏的进行修补,全区农村公路设立波形护栏1260米,标志标牌37块,减速带260米,修复破损路面20余处,约1000米,安保设施完好率100%,优良路率87%。(颜　丹)

【运政管理】 突出做好营运车辆准入关和审验关,全区道路运输业户11996家、运输车辆9739台,完成年审换证8472台,审验率87%。2014年新增普货车辆1305台,货运站场经营业户53家,三类汽车维修业户9户。组织区交警大队、区城管局、相关街道开展路面联合治超执法行动10余次。检查货运站场80余家次,查处超载货运站场10余家,卸载货物16吨。与危货运输企业、信息配载、三类维修单位签订安全生产工作目标管理责任书350份,突出"两节两会"、春运、清明、"五一"、端午、中秋、国庆等节假日的运输安全管理,加强节假日期间的值班值守,做到领导带班值守督查,值班落实到人,并落实到岗到位;在车站、市场周边对车辆进行安全检查,出动执法检查组260余次,执法人员2300余人次,查处违法违规车辆和存在安全隐患的车辆500余台次;加强危货运输企业的运输管理,每月对危货运输企业、渡口进行一次安全检查,2家危货运输企业的37台危货车辆,审验合格率100%,运输安全评估率100%,运输车辆技术等级评定率100%,运输车辆承运人责任险投保率100%,安全生产零事故,零伤亡,杜绝了各类重特大事故的发生。(颜　丹)

【非法营运治理】 2014年,雨花区以汽车南站、长沙火车南站为重点,集中开展"百日整治行动""夜间整治行动""校园周边专项整治行动""道路旅客运输市场秩序整治行动"等多次集中整治行动,开展执法行动291次,出动执法人员5883人次,查扣非法营运车辆740台,处理461台,处罚率62.3%。行政复议案件10起、行政诉讼案件2起,没有出现主体不

合法、程序不合法或适用法律法规错误的案件,也没有被撤销的案件。（颜　丹）

【2014年“交通安全宣传周”活动】 2014年,为在全社会共同营造“打击氛围浓、黑车不敢行,客运服务优、市民反映好”的良好氛围,区打非办通过收集各地非法营运事故案例,全国交通运输法律法规等资料,发放到各街道,各街道制作以相关法律法规、典型案例、2013年打击非法营运成果、2014年打击非法营运重大举措为内容的宣传板报。5月7日,在省植物园开展一次大规模的宣传咨询活动,区交通运输局、区交警大队安排人员在现场接受群众咨询。发放宣传资料1000余份,摆放宣传展板6块。5月8—11日,在重要站场、重点区域制作打击非法营运宣传标语,呼吁市民拒绝乘坐非法营运车辆,交通安全宣传周期间,共悬挂横幅159条,制作宣传栏70处,宣传板报83块,利用单位电子显示屏进行宣传共18处,发放宣传资料400份,现场接受咨询1000余人次。（颜　丹）

【胡衡华督查春运工作】 2014年1月26日,长沙市委副书记、市长胡衡华,副市长何寄华,市政协副主席、市交通运输局局长刘明理率市公安局、市安监局等部门联合督查雨花区春运工作。区委书记周杏武、区委副书记、区长邱继兴,副区长邹犇淼陪同检查。督查组一行首先检查汽车南站站内秩序、三品检查、车辆安全,随后到黎托高速汽车站、长沙火车南站,听取两站负责人关于站内基本情况的介绍,并对相关部位进行检查。对3个客运站春运工作的准备表示充分的肯定,对站内工作人员的努力表示感谢,要求3个客运站主要负责人督促员工认真履行工作职责,做好应急预案,确保旅客平安返乡。（颜　丹）

【服务春运】 2014年春运期间,雨花区春运管理做到监督、检查、治理三落实,及时发现并解决问题。实行市区两级领导带班,市、区交通行政执法部门联合值班制度,检查汽车南站、长沙火车南站、黎托高速汽车站10余次;对危货企业、浏阳河渡口和高桥物流市场进行安全督查、检查,检查物流企业70余家次,出动执法人员240余人次;对3家危货运输企业,联合进行多次安全大检查,督促7台未年检、违法未清零的危爆车整改到位。全区无重特大交通运输安全事故。（颜　丹）

【开展交通运输行业安全大检查】 2014年国庆前夕,副区长李国军带队对区内交通运输企业开展节前安全生产督查。督查组按照“四不两直”的检查要求,对莲湖医用氧厂和黎托高速汽车站进行安全检查。在莲湖医用氧厂检查了企业装载现场、运输车辆及从业人员的资格。在黎托高速汽车站对站内的安检措施落实情况进行检查。在检查中,李国军强调,要抓好国庆节期间的值班工作,要加强人员的培训,要加强人员的管理,防范事故的发生,确保国庆期间的安全。（颜　丹）

火车南站地区综合管理

【概况】 2014年,长沙火车南站地区综合管理办公室(以下简称“综管办”)为区人民政府承担行政职能的全额拨款事业单位,主要负责火车南站地区的交通秩序管理、市容秩序管理(不含环卫、市政、园林管理和维护作业)、治安秩序管理、经营秩序管理及其综合服务工作;负责做好火车南站等铁路部门、政府有关职能部门、企事业单位的综合协调工作;牵头做好火车南站地区公共配套设施管理和维护的协调工作。管理北至曲塘路,南至香樟路,西至黎托路,东至沿河路的区域;与火车南站“滴水为界”。核定事业编制20名,配主任1名,由副县级干部兼任,副主任2名(乡科级正职)。内设综合管理部、执法协调部、社会事务部,各部均配正、副部长各1名。2014年在岗干部职工人数22名,其中事业编18名(其中领导职数10名,包括副县级领导1名),工勤编1名,雇员3名。协管员编制120名。市客管局、市交通行政执法局、区公安分局、区交警大队、区巡警大队、区城管综合执法大队、区交通运输局等6家执法部门向站区派驻常驻执法人员40名。其中成建制的有:城管长沙火车南站中队,区交通局武广科,交警长沙火车南站中队。党支部有党员13名。12月16日由雨花区机关大院迁至长沙火车南站黎托综合客运枢纽四楼办公。

2014年是火车南站攻坚克难,探索完善的重要一年。长沙火车南站地区综管办领导班子紧紧围绕“扮靓湖南窗口,打造全国标杆”的总体目标,以“转作风优环境”及“百日整治”行动为抓手,强化举措抓重点,集中精力攻难点,精心谋划造亮点,扎实开展站区交通、市容、治安和经营整治,努力打造“平安、品质、美丽、和谐”南站,取得令人满意的成绩,得到市委、市政府的高度肯定和广大旅客市民的普遍认可。12月26日,省委常委、市委书记易炼红在高铁新城调研时指出,高铁站周边环境治理和形象打造,取得令人满意的成绩,尤其是环境有了很大改善。管理进一步规范,交通疏导等有了改观。 (袁 首)

【站区管理】 2014年,雨花区整合治安、运政、交警、城管力量,开展火车南站专项整治行动70次,打击“黑车”、摩(电)的非法营运、整治喊客拉客,清理流浪乞讨人员。查扣摩(电)的437台、黑车252台;查处喊客拉客人员549人,其中治安拘留33人;救助流浪乞讨人员42人。治安案件发案34起,比上年下降9%,刑事案件发案11起,比上年下降15%。建立站场视频监控中心,公交坪区域、黎托综合客运枢纽、西广场增设175个监控点,确保站区监控覆盖全视觉、全方位。进一步完善细化南站现有各类应急预案,针对站区可能出现的突发事件,分级进行交通、消防、反恐等方面的演练,完成全市反恐演习、地铁2号线开通、总理李克强视察沪昆高铁施工现场、春运、国庆长假、十八届四中全会特护期等安全保卫任务。规范广告位置、内容、品质,拆除违规户外广告14处,增添文明创建公益广告12块。对落客平台进行沥青坡度改造,解决平台长期积水“老大难”,增设700余米分道低栅栏和交通标线,更换标示标牌,引导司机分道行驶,遵守交通规则;用200个大理石球替换原破损的防暴防恐水码,打通负一楼出站层大厅南向通道,修缮和补损标志标牌220块。开展“五清两补”(清垃圾、清死角、清沟渠、清花坛、清油污,补绿化、补设施)行动,拆除违章亭棚8个,清理堆物360处,修补排水泵、沟盖板、卫生间等设施170处,“门前三包”环境整治清污78处,清除杂草18000平方米,清理沟渠2000余米。在落客平台南北两端,出站层西端露天广场摆放景观花草,制作150余米巨幅喷绘并根据需要及时更换,成为站区一景。在落客平台和出站口大厅两个核心区域,统一更换美观、耐用的垃圾桶和岗亭,绿化提质花侯路两厢、香樟路东段,绿化面积9万平方米。全面落实长沙史上最严城市管理要求,“严”字当头,对旅客的乱吐乱扔、机动车辆乱停乱行等不文明行为予以严管重罚,让旅客为自己不文明的行为买单,查处人行道违停车辆8502台,教育处罚“四乱”行为70起。12月1日,在劝阻无效后,对旅客乱扔烟蒂等违规行为开出了第一批罚单,反响效果良好,各大媒体进行深入报道。主动参与黎托路、机场磁悬浮专线等在建工程项目督促进度。对红旗路、东广场等规划待建工程项目主动建议力求完善。加快推动公交场、社会停车场、出租车场、长途客运停车场改造提质。协调建设应急停车场与督促已建支二、支三路等完工移交。

(袁 首)

【站区服务】 2014年,火车南站综合办严格执行7×24小时值班制度,组织公安、交警、交通、城管近30人在站区值班巡查,及时为旅客排忧解难。升级印制《旅客出行指南》2万份,在客流高峰时段及节假日为旅客提供咨询引导、教育劝阻、帮困解困、扶弱助残、宣传介绍、资料赠送等6个服务项目,方便旅客出行。整合全区志愿者力量,开展“千名志愿者服务高铁春运”活动,在花侯路和火车南站南匝道引桥等外围进行文明交通的劝导,确保火车南站外围环境和进站路口交通顺畅;在拥挤通道疏导客流,维持秩序,开展旅客咨询引导服务;向旅客宣传乘车常识和铁路春运便民利民服务措施;配合车站做好旅客滞留等应急服务;参与火车南站周边及站内的环境卫生保洁工作。 (袁 首)

【匝道全线禁停】 2014年1月13日起，新花侯路、火车南站进出匝道严格实施全线禁停，所有进入火车南站的客运车、的士及社会车辆均停至停车场。落客平台只送不接、即停即走，严禁空载和接客车辆驶入，违者将依照《道路交通安全法》处罚，罚款100元、记3分。火车南站出站通道外侧车道严禁左转，只能右转；内侧车道严禁右转，只能左转。旅客可从总出站口进地下停车场乘车。位于火车南站西广场的地下停车场全面开放，有1800余个停车位，免费停车时间由原来的15分钟延长至1小时。前来接客的车辆可以从新花侯路两个入口进入地下停车场，被接旅客可从总出站口直接进入地下停车场乘车。

（袁 首）

【春运工作】 2014年春运自2014年1月16日起至2月24日止，为期40天。其间，长沙火车南站共接送旅客245.7万人次，日均6.1万人次，较上年增长24.3%，其中发送旅客127.7万人次，到达旅客118万人次。整个春运期间，长沙火车南站及周边区域治安形势、交通组织、城市管理等情况良好，未发生大小安全事故和重大治安、刑事案件，旅客疏散及时有序，志愿服务优质高效，顺利实现春运期间“人民群众满意，春运氛围和谐，站区平安有序”的总体目标。（袁 首）

【“改作风优环境”专项整治】 根据“改作风优环境”火车南站地区专项整治行动和“清洁城市、品质雨花”实施高铁片区提质专项行动的文件要求，2014年5月开始，雨花区对站区工作作风、基础设施、地区环境和交通秩序等方面开展综合整治，全面优化站区环境，展现良好的窗口形象。5月22日，领导小组组织17个责任单位召开专门会议，进一步统一思想，强调责任，对突出重点问题进行研究讨论，商议解决对策。7月15日、7月30日、9月3日，区委、区政府召开火车南站地区“改作风优环境”专项整治工作调度会，8月6日，副市长何寄华在黎托高速汽车站会议室召开会议，专题研究长沙火车南站综合整治工作有关问题。综管办根据专项整治行动的要求和市区相关会议精神制定责任分工表，将工作任务和整改具体事项对应落实到各个责任单位并明确整治的时间要求，加强跟进和督促，确保问题交办到位，落实到位。黎托高速汽车站、长沙轨道物业等责任单位调整和更换出站层、地下停车场、西广场的现有的标牌，更换指示指引喷绘布、灯箱布1、标牌、广告牌，拆除重复多余的标识1；长沙南站在负一层站出站层增设反恐防暴的装置；由公交投资公司负责，引进锦峰物业负责北公交坪的卫生保洁，北匝道公交车出入口的管理移交给公交投资公司；建立流浪乞讨人员的救助机制；全面启用站区自动扶梯；加大站区正面宣传报道，为专项整治营造良好的氛围。以花侯路沿线、西广场、落客平台、北公交坪及出站层为重点，组织治安、交警、交通、城管等执法力量，联动联合，对喊客拉客、非法营运、车辆乱停乱放、乱扔乱吐等违法违规现象进行集中整治行动，铁拳出击、重典治乱，喊客拉客人员、非法营运的黑车较上年减少60%，落客平台车辆拥堵、花候路车辆乱停乱放、摩的违规闯禁、乘客打的难等现象都得到有效缓解。重新确定火车南站物业、市轨道交通物业、市公共交通投资管理有限公司、区环卫东山所、黎托高速汽车站等相关保洁部门的责任区域，统一保洁时间和保洁标准，确保做到保洁无盲区，交接班无空挡，站区日常保洁基本到位，出站层沟渠做到定期清洗。对相关责任单位责任落实有困难，责任落实不应点的工作，在征求意见、获得同意的前提下，及时补位。

（袁 首）

【违章广告被依法拆除】 2014年9月25日，长沙火车南站地区违法户外广告强制拆除工作指挥部，联合区城管执法大队、区城管警察大队、区公安分局等数十个部门对南站落客平台开展违章广告整治行动。行动从下午3点一直持续到27日早上6点结束，共拆除火车南站落客平台地区两侧屋檐外停车坪绿化带中独立支撑式广告2块、电梯口立式液晶广告2块、汽车主通道立柱户外广告2块共计6块大型违章广告。从根本上清除司乘人员视觉障碍，拓宽站区视觉环境。（袁 首）

【“百日整治”行动】 2014年11月1日开始,长沙火车南站综合管理办公室协调领导小组紧密围绕“扮靓城市窗口、打造全国标杆”的总要求,决定在长沙火车南站地区开展综合管理“百日整治”行动。此次“百日整治”行动由“清洁站场”行动和“打非治违”专项行动两个行动组成。10月31日,长沙火车南站综合管理“百日整治”动员大会在长沙黎托汽车站三楼大会议室召开。市委副秘书长王伟胜,区委副书记汪娟,区委常委、组织部部长、统战部部长冯聪龙,区政府副区长李国军,副调研员段仁华,区城管执法局局长、执法大队队长刘文舫等出席。长沙火车南站、市客运管理局、区公安分局、区交警大队、区城管综合大队等执法单位及驻站部分单位代表、长沙火车南站地区综合管理办公室全体干部职工近百人参加会议。冯聪龙主持会议。全体参会人员观看《长沙火车南站存在脏、乱、差、缺等突出问题》的影视资料,长沙火车南站综管办主任吴平辉宣读“清洁站场”“打非治违”两个行动方案。12月2日,长沙火车南站地区综合管理办公室组织召开“百日整治”行动阶段性成果新闻通气会,通报前段“百日整治”行动所取得的成绩及下一阶段清洁站场与打非治违的部署与安排。《湖南日报》《潇湘晨报》《三湘都市报》《长沙晚报》、长沙政法频道、湖南交通频道、音乐频道、中央电台、湖南经视、红网、人民网、中国广播网、方可传媒公司等多家新闻媒体应邀参加会议。区委宣传部常务副部长罗玲到会指导,驻站科所队负责人及综管办全体干部参加会议。 (袁　首)

【史上最严城市管理】 按照市委、市政府11月26日站场办公会议精神,火车南站地区综管办再发力、再提升、再攻坚,全力打造长沙火车南站地区管理升级版。从12月1日起,长沙火车南站地区全面落实长沙史上最严城市管理要求,“严”字当头,对旅客乱吐乱扔、乱搭乱设广告、单位乱搭乱建、机动车乱停乱行等违反城市市容和环境卫生管理、交通管理有关规定的不文明行为予以严管重罚,让违法违规者为自己不文明的行为买单。最严城市管理除最严市容环境管理外,还包括最严的黑车(的)整治、最严的交通秩序管理。把人的文明摆在首位,把严的管理变为常态,把高的品质充分展示。 (袁　首)

【沪昆高铁湖南段贯通】 2014年9月16日,沪昆高铁长沙至怀化段开通运营。省委书记徐守盛,省委副书记、省长杜家毫,省委常委、市委书记易炼红等省市领导到长沙南站参加沪昆高铁长沙至怀化段开通运营仪式,标志着沪昆高铁湖南段正式全线贯通。至此,湖南境内高铁覆盖率达到70%以上,高铁里程超过1000千米。京广和沪昆这两条国内南北和东西向最长的高铁“大动脉”在长沙交汇,长沙也由此一跃成为中部最重要的高铁黄金枢纽城市。湖南作为东部沿海地区和中西部地区过渡带、长江开放经济带和沿海开放经济带结合部的区位优势进一步凸显。 (袁　首)

【易炼红调研高铁新城】 2014年11月26日,省委常委、市委书记易炼红,市委副书记、市长胡衡华一行专题调研高铁新城规划建设管理工作,就片区开发、项目推进等进行现场办公。市领导陈献春、姚英杰、刘明理参加调研。易炼红强调,要瞄准打造长沙次中心、靓丽风景线和城市新名片的目标,推动高铁新城规划建设管理再发力、再提升、再攻坚。调研中,易炼红提出四点工作要求:一是整体规划布局要加快定型。做到片区规划精准到位,按照以人为本、两型引领、合理分区、适度超前的理念,打造长沙新门户、产业新高地、城市新地标;要做到产业布局精准到位,大力发展高端服务业、现代服务业;要做到城市设计精准到位,坚持先规划后建设,做到动土必有规划、出土必有设计、覆土必有绿化。二是项目建设推进要全力以赴。要加速度实施项目,列出时间表、定好责任制,一个一个项目地攻坚推进。要大规模引进项目,以钉钉子精神抓项目的跟踪、落地、建设、竣工。要高质量建成项目,确保一个项目就是一处景观、一张名片、一个经典之作。三是管理服务水准要大幅提升。环境整治要常态化,保持打击“黑车”“黑的”的高压态势,疏堵结合有效改善车站周边交通秩序。精细管理要全覆盖,继续推动史上最严城市管理，把清洁城市、畅通城市、绿色城市、靓丽城市和更高水准的文明城市，不折不扣地落实到高铁新城。公共服务要大提升，充分注重公共服务标准化、均衡化、优质化。四是组织保障措施要更加有力。要强化责任担当，各负其责、守土有责，切实把规划建设、项目推进、环境维护等责任担起来。要强化协同配合，在手续办理、项目建设、公共服务等方面开通“绿色通道”，给予项目建设全力支持；要强化改革创新，在开发模式、两型探索、投融资体制上加大创新力度，学习先进地区经验，形成具有示范意义的“高铁新城模式”。胡衡华指出，高铁站是长沙的城市窗口门户，是发展开放型经济的重要节点，要高标准打造高铁站形象，做好相关单位的协调工作，持续推进周边环境整治。高铁新城建设要坚持基础设施先行，进一步明确功能定位，加大项目引进力度，加快片区开发进程。要树立“招大商、抓示范”的理念，加大资源整合力度、强力推进征拆工作、拓展渠道筹措资金，抓好各项工作落实。

12 月 27 日下午，易炼红、胡衡华一行现场督查火车南站，就站场管理工作进行调研。易炼红强调，要进一步加强进出疏导，提升服务水准，推进站场管理全面提标提质，全力为旅客营造安全、便捷、舒适的出行环境。（袁　首）

【市法制办立法工作调研】 2014 年 1 月 14 日，长沙市法制办主任陈剑文、副主任杨建辉带领市法制办法规处一行 5 人到雨花区调研《长沙火车南站地区管理规定》立法工作情况。区委副书记、区长邱继兴，副区长邹犇森、火车南站综管办主任廖铁辉及区法制办相关人员陪同调研。市法制办随后多次对此项工作调研，并将《长沙市火车南站地区综合管理规定》纳入 2014 年起草计划。（袁　首）

环境保护

【概况】 雨花区环境保护局（简称“区环保局”）内设办公室、污染监督管理科、污染总量控制办、宣教法规科 4 个职能科室；核定编制 8 名，年末在职干部职工数 18 人，其中在职在编干部 9 人，引进人才 1 人，雇员 8 人；退休 4 人。下设区环境监察大队（加挂环境应急办公室牌子）、区环境保护监测站两个二级机构。区环境监察大队为副科级参公事业编，核定编制 12 名，年末在职干部职工 8 人，其中大队长 1 名；核定区环境保护监测站事业编制 9 名，年末在职干部职工 7 人。局党支部党员 26 人，其中在职党员 24 人。办公地点设在区政府大院 2 号办公楼 5 楼。

2014 年，区环保局着力推进市、区环保三年行动计划和污染减排，重点开展“清霾”“碧水”“静音”三大行动和“污染隐患”排查整治，圆满完成各项目标任务，获评省环保系统一等单位、市环保系统一等单位、区绩效考核一等单位。获评全国环保科普创意大赛优秀组织单位。被省委法制湖南建设领导小组授予“2013—2015 年全省依法办事示范窗口单位”荣誉称号，彭跃辉被授予“全省依法办事示范窗口单位创建活动组织工作先进个人”。（李　欣）

【环境管理】 全面清理、规范、精简环境行政职权 122 项，建立环境行政权力清单。创新许可模式，提升效率。率先将环保“三同时”验收和排污许可证发放两项工作合二为一，率先实行建设项目环境影响评价许可“网上受理—网上下载—网上填报”，时限提速 50%以上，全年审批建设项目 99 个，发放或换发排污许可证 89 张。建立“环保服务进企业”走访调研长效机制，采取“三进”（进企业了解生产经营情况、进企业了解环保诉求、进企业了解排污状况）、“三送”（送政策法律、送服务承诺、送办事指南）、“三帮”（帮企业健全环保制度、帮企业落实环保政策、帮企业争取项目资金）措施，实现服务企业“零距离”。搭建银政企合作平台，牵头组织省内 30 余家规模化环保产业汇集全国首家环保银行——长沙银行环保支行召开银政企对接洽谈会，解决环保产业融资难题。11 月 29 日，区环保局邀请 3 位环评专家对 6 个建设项目环境影响报告表进行评审，对 4 个环评编制质量较差的环境影响报告表予以退回，较好地发挥“控制闸”作用。（李　欣）

【污染减排工作】 2014年,雨花区按照省政府"一号重点工程"和市、区环保三年行动计划要求,"堵源头、除风险",全面推进污染减排,提前完成"十二五"节能减排目标。启动花桥污水处理厂二期、雨花污水处理厂一期建设,截污圭塘河沿线排污口43处,建设及疏通截污管道9460米,完成截污项目17个;完成长沙振雄川河泡沫塑料有限公司锅炉脱硫除尘项目;关停、搬迁"五小"企业46家;拆除高污染燃烧设施15台、改烧燃煤设施31台共27蒸吨;实施"三年造绿"大行动,新增绿地67.3公顷。

(李　欣)

【环境治理】 2014年,雨花区科学制订雨花区大气污染防治行动计划实施方案,将大气污染防治作为区中心工作纳入对成员单位的绩效考核,"雾霾治理"列入政协一号课题重点调研,聘请15名政协委员为大气污染防治特约监督员,开展大气中细颗粒物PM2.5污染特征与控制对策课题研究,大力整治扬尘、机动车尾气、高污染燃料燃用设施、垃圾和秸秆焚烧、工业废气和餐饮油烟污染,完成市区大气污染防治项目37个,道路机扫率85%以上,取缔80家小塑料加工企业、30家餐饮油烟污染企业,治理8家重点工业废气。发放机动车标志3292个,其中绿标3290个、黄标2个,全市排名第一。按新标准空气质量优良率63.0%,内五区排名第一;PM10均值比上年同比下降13.3%。积极配合湘江枢纽综合整治工程建设,体育新城高排渠清淤疏浚工程全部完成。王家嘴泵站上游低排涵建设项目箱涵工程完成96%,道路工程完成86%。全面开展圭塘河湘府路至时代阳光大道段环境综合整治项目,清淤、护坡、拆违、绿化工程全部竣工,沿线植树绿化全面完成,东岸全部贯通并建设游道700米,景观效应明显提升。严格夜间施工审批、开展社会生活噪声整治、禁止经营场所使用高音喇叭、限定卡拉OK等娱乐场所营业时段、组织"三考"静音联合执法行动4次,完成7个"静音"整治项目,在东塘政院社区开展噪声达标示范区建设,实现环境噪声"零投诉"。(李　欣)

【环境执法】 2014年,雨花区全面开展环境污染隐患排查整治,全年排查污染源325家、监测110家、责令整改114家、集体约谈涉危企业71家,组织联合执法行动10次,及时发现并消除较大环境污染隐患25处,规范整治涉重金属的小加工厂66家,取缔电解槽11处、非法小电镀厂3家、非法生产磷化液企业1家,规范处置危险废液200余吨。探索建立环境计划执法制度。将全区所有排污单位的监管职责进行合理分工,明确执法检查责任、执法检查频次及程序,对全区所有排污单位实行"有计划、全覆盖、规范化"的环境执法检查,进一步规范环保部门监管执法行为,强化日常监管,依法查处环境违法案件7件,罚款23.9万元,移送公安部门行政拘留1人。积极处理环境信访纠纷。开通"12369""12345""85880203""85880205"等多条环境投诉热线,主动在《长沙晚报》上公开环保举措;对环保信访投诉实行首问承诺制、分片片长负责制和24小时回复制,受理环境信访投诉1079起,处理率和回复率均达100%,群众满意度不断提升。(李　欣)

【环境宣教】 2014年,区环保局组织中小学生、社区群众参加2014年"心环保,新生活"全国环保科普创意大赛,获全国优秀组织单位奖;组织"6·5"世界环境日大型现场主题活动,通过环保知识抢答、垃圾分类、节能妙招分享等精彩互动,得到社会各界广泛关注;组织15个社区创建节能环保社区,5所学校创建绿色学校;组织公民环境素质教育宣讲8次,加强舆论引导,在国家、省、市、区各级媒体宣传报道100余篇次;组织近2000人次开展新《环境保护法》及相关法律法规的学习,发放环保法律宣传资料约5万份。深入开展以"推进重点行业企业、区域流域环境污染整治,建设美丽'五新雨花'"的主题环保世纪行活动,区人大与区直有关部门紧密联动,以大爱保护环境,以铁腕治理污染,公民和企业的环境责任意识进一步增强。(李　欣)

【省政府"一号重点工程"宣传报道组采访】 2014年4月17日,省政府组织的湘江流域保护与治理

“一号重点工程”进展情况集中报道活动到雨花区现场采访，中新社、新浪网、《湖南日报》、湖南卫视、《潇湘晨报》《长沙晚报》、长沙新闻频道等12家媒体参加。区政府副调研员文洲、区“两河”办、区环保局、区市政局、圭塘街道相关人员出席采访活动。宣传报道组查看圭塘河劳动路北侧箱涵排口的截污现状，听取相关单位的情况介绍，区环保局局长、区“两河”办副主任彭跃辉作为截污治理工作的基层代表接受各家媒体的专访。（李　欣）

【街道环保专业雇员招聘】 2014年6月26日，雨花区街道环保专业雇员公开招聘面试在雨花区政府会议中心举行。雨花亭、东塘、侯家塘、砂子塘、高桥和东山等6个街道，共需7名环保专业人员。来自湖南大学、湖南农业大学、湖南师范大学、吉首大学及长沙环保学院的18名应、往届毕业生参加角逐。招聘工作从拟订方案、发布公告、宣传发动、考生报名、资格审查到公开面试，历时1个多月，报名人数共30人，其中不乏研究生和中级职称的人员。该次招聘是雨花区率先在全市各区(县)设立街道环境监督管理站，完成更名挂牌和在编人员到位之后的又一重要举措，进一步充实完善环保工作队伍，为雨花区环保工作打下了坚实的基础。（李　欣）

【企业约谈】 2014年2月27日，区环保局集体约谈涉嫌环境违法的9家不锈钢门花加工厂负责人，下达责令改正违法行为决定书。5月15日，组织区内36家燃用高污染燃料的企业召开清洁能源改烧会议。听取企业对改烧工作的意见和建议，对企业提出改烧生物质成型颗粒的诉求进行答复，并对改烧工作提出具体的措施和要求。9月5日，区政府办、区环保局、区城管局、区安监局、区公安分局、区工商分局以及黎托街道、东山街道8个单位联合召开环境违法企业集体约谈会，位于黎托、东山街道的53家喷塑加工厂因涉重金属污染隐患、未办理环保手续等环境违法行为被集体约谈。（李　欣）

【专家为企业治污支招】 为进一步规范豆制品加工小作坊生产经营行为，按照市人民政府要求，雨花区率先在侯照建设豆制品集中生产加工基地，引导分散的豆制品加工小作坊进入基地实行集中生产、集中治污、集中管理，对环境改善起到了重要的作用。但由于豆制品废水浓度较高，治理难度较大，加之企业存在治污力量不足、治污技术薄弱和前期投入成本大等问题和困难，区环保局积极主动邀请多位资深专家成立专家评估小组深入到现场，为企业治污方案把脉问诊。2014年11月29日，区环保局组织环保专家现场在侯照食品加工基地为企业治污出谋划策。（李　欣）

【队伍建设】 2014年雨花经开区设立环保局，各街道设立环境监督管理站，配备人员力量。组织400余名环保工作人员进行环保知识培训4次；分两批派出12名环保局干部参加全国新环保法学习培训，有效提升区环保系统的工作水平。（李　欣）

【两河治理工作调度会】 2月23日，区长邱继兴召开两河治理工作调度会，强力推进项目进程。区委常委、常务副区长王雄文，区委常委、政法委书记王维宁，区委常委、副区长罗予武，副区长邹犇淼、李国军，雨花经开区管委会主任郭四军，区政协副主席罗艳辉，区法院院长王均全，区政府副调研员文洲出席会议，市轨道集团、区政府办、雨花经开区、区政法委、区法院、区监察局、区环保局、区农林水局、区城管局、区工务局、区征地办、区征收办、区市政局、区国土分局、黎托街道、洞井街道、圭塘街道、雨花亭街道、高桥街道、东山街道、井湾子街道和同升街道等相关单位主要负责人参加会议。区两河流域污染治理领导小组办公室主任、区环保局局长彭跃辉汇报两河流域治理项目的相关情况，各相关部门和街道分别就各自的工作进展和下一步的重点进行补充汇报。邱继兴指出，两河污染治理工作是省、市政府一号工程的重要组成部分，不仅关系到省对市、市对区的绩效考核，更关系到湘江枢纽工程的库区水环境安全和广大人民群众的身体健康。尽管工作虽然任务重、难度大，存在各种各样的客观困难，但是必须不折不扣的按时完成目标任务。各相关单位要加大重视力度，进一步细化项目责任计划表、明确时间节点；调整完善调度机制，将区两河治理办公室调整到区政府办，由区政府办主任张小军兼办公室主任，区政府办副主任周红、区环保局局长彭跃辉任副主任，从区政府办、区环保局、区工务局、区市政局抽调专人集中办公，确保项目按计划推进，保证信息及时通畅。考虑到黎托街道拆迁任务非常重，成立两河污染治理拆迁工作指挥部，由区委常委、副区长罗予武任指挥长，区副县级领导喻新义任常务副指挥长，从全区抽调人员，集中攻坚，争取在较短时间内有大的突破；所有资源向两河治理工作倾斜。区本级资金全力保障项目实施，截污项目均按应急工程进行处理，所有程序要一路绿灯；责任主体实行工作机制倒推。所有项目由最后一个环节的实施单位负主要责任。两河治理工作近期内一定要取得显著的工作成效，从而向上级交上一份满意的答卷。 （李　欣）

【雨花区启动圭塘河环境综合整治】 根据长沙三年造绿大行动总体规划要求，全面提质两河流域的绿化品质，雨花区从2014年4月初起启动圭塘河（时代阳光大道至湘府路）环境综合整治工程，通过增绿提质，营造一条生态自然的圭塘河绿带林。圭塘河（时代阳光大道至湘府路），全长1.9千米，绿化面积约2.6万平方米，将种植乔灌木2000余株，品种为水杉、柳树、红叶李等适合驳岸生长的耐水植物，河堤两边配套播种草籽。 （李　欣）

【环境保护工作大会】 2014年3月21日，雨花区召开2014年建设、城管、环保、拆迁工作大会，聚焦全区环境保护与综合治理。区委常委、常务副区长王雄文主持会议，区委副书记、区长邱继兴，区人大常委会主任龚景顺出席会议并讲话。会议总结2013年雨花区环境保护工作。2013年，雨花区狠抓市、区环保三年行动计划实施，完成三年行动计划任务96项；狠抓污染减排工程，削减化学需氧量、氨氮、二氧化硫、氮氧化物分别为6.52%、7.22%、5.04%、2.08%；推进“两河”流域污染治理，完成圭塘河排口截污改造24处，关停涉水排污企业12家；试行大气污染联防联控，拆除改烧燃煤设施75台，制止垃圾焚烧行为200余起，关停“五小”企业25家、洗沙场5个；率先启动环保网格化管理试点，实行区、街、社区、网格四级联动；实施火车南站周边环境整治及绿化美化工程、完成圭塘河生态景观区一期景观工程；开启全市排污权回购交易第一单，成立国内首家环保银行（长沙银行环保支行），为节能环保产业提供贷款支持12.7亿元，全区环保产业产值达25亿元，位居长沙城区第一；开展世界环境日、环保科普竞赛及环保知识讲座19场（次），在社区播放环保电影23场；组织全省7000余名中小学生代表湖南参加联合国环境规划署主办的中国儿童环保绘画大赛并取得优异成绩；在10所学校开设环保校本课程，受教学生达6000人；打造全省第一所“长江水学校”（井圭路小学）；创建节能环保社区14个、绿色学校11所，雨花环保素质教育基地被授牌为“全国中小学环境教育社会实践基地”和“中日技术合作环境教育基地”试点单位。副区长邹犇淼部署2014年工作：改革环保体制机制、抓好能力建设；深入推进污染减排工程、生态示范工程和园区共建工程，促进经济社会的可持续发展；切实开展“清霾”“碧水”“静音”和“污染隐患”排查整治行动，全力提升区域环境质量；以堵住源头、整合力量、严格执法、宣传教育、环保产业为五大抓手，全方位打造“大环保”格局。邱继兴强调，环境问题已成为“最大的民生问题”，全区各级各部门要统一思想、统一行动、认真履职、密切配合，联防联控抓好环境保护与生态文明建设工作。要坚守“环保底线”和“生态红线”两条底线，创新思路破解环保工作难题，将优化产业结构与推进污染减排结合起来、企业增效与节能环保结合起来、促进经济转型升级与发展环保产业结合起来；建立最严格的制度、实行最严厉的法治，坚决打击环境违法违规行为，维护人民群众的合法环境权益和正常的环境管理秩序，为建设美丽“五新雨花”和中部现代服务业中心做出新的更大的贡献。 （李　欣）

【环境监管工作研讨会】 2014年4月2日，雨花区召开环境监管工作研讨会，听取雨花经开区、各街道执行区长办公会议纪要情况汇报，研究基层环保部门的监管职责，深入探讨加强环境监管执法、建立区街联动的工作机制等问题。会议由区政府办副主任李勇主持，区委编办、区环保局、雨花经开区和各街道分管环保负责人、环境监督管理站站长参加会议。会议就《雨花区加强环境监督管理工作的意见(征求意见稿)》征求意见。（李　欣）

【首次生态文明体制改革专项小组工作调度会】 2014年7月11日，区委常委、副区长罗予武组织区生态文明体制改革专项小组各位副组长及相关责任单位召开首次工作调度会。区委常委会明确区环保局、区两型办为生态文明体制改革工作牵头单位，区环保局就区生态文明制度建设2014年工作要点及责任分工进行初步研究和规划。会上，区环保局局长彭跃辉介绍生态文明体制改革的基本情况，各成员单位负责人就生态文明和“两型社会”建设工作各抒己见，提出许多创新项目和好的建议。区政协副主席罗艳辉提出要建设生态文明的宣传教育机制，区人大常委会副主任谢爱龙提出要从根本上抓好督查落实。副区长罗予武要求：要与中央、省、市保持高度一致。将生态文明体制改革工作摆在工作的重点任务上，依靠创新和切实有效的工作为雨花区发展提供机会；雨花区作为三湘第一区，生态环保必须提质，发展结构必须转型。要从完善体制机制的任务着手，做细、做小、做实各项工作。要建好相关工作的联动机制，各部门要加强配合、服从调度，开动脑筋、主动作为。（俞　雯）

【查处非法生产企业】 2014年7月30日，长沙市雨花区环保局、安监局、圭塘街道、圭塘派出所联合查处一家非法生产磷化液的企业。经调查，长沙祁胜新材料科技有限公司，生产基地位于圭塘街道体院路社区，未办理环评手续，未建设任何污染防治设施，生产的废水直接外排。经现场监测，该企业生产的磷化液pH值为1—2，呈强酸性，属于危险化学品。为彻底消除环境安全隐患，区环保局对该企业涉嫌环境违法行为进行调查取证，下达责令改正违法行为通知书。区安监局依法将该企业存放的所有危险化学品转存至长沙化工原料总公司651仓库。在执法过程中，该企业现场负责人不配合执法并阻碍执法，公安执法人员对阻碍执法的当事人依法查处。（李　欣）

园区建设

雨花经开区

【概况】 长沙雨花经济开发区（简称“雨花经开区”）为省级开发区，正县级机构，委托雨花区委、区政府管理。内设办公室、招商合作局、经济发展局、规划建设局、工务局、社会事务局6个职能科室。核定编制35名，全体在职干部职工数29人，其中正县级领导2人，副县级领导4人，正科职8人，引进人才1人。园区内设立2个党支部，共有党员59人，其中在职党员59人。办公地点设在雨花区万家丽南路二段18号。

2014年，雨花经开区围绕“3·2·1”的奋斗目标，重点抓好工业机器人招商和龙头企业提质放量，全面推进产城一体化，各项中心工作持续向好。完成规模工业总产值310亿元，增速29%；完成规模工业增加值80.03亿元，增速18.3%；完成固定资产投资（不含房地产）86.59亿元，同比增长55.23%；完成高新技术产业产值159.57亿元，同比增长73%，以上指标均排名全市8个省级园区第一。完成财政总收入14.25亿元，其中税收总收入7.36亿元。引进各类产业项目115个，其中投资1亿—5亿元项目6个，10亿元以上2个。完成实际到位外资1.22亿美元。省经信委、省加速推进新型工业化工作领导小组批准园区为全省首家“湖南（长沙）工业机器人产业示范园”，并纳入全省“135”创新产业示范园区序列；在省经信委“中小企业公共服务体系建设平台建设项目”中排名第一；被评为全省综合评价一类园区；获2014年度“长沙市推进新型工业化工作优秀单位”；在长沙市2013年度建设用地节约集约利用考核中获得优秀。比亚迪产值突破100亿元，成为全市产值最高的汽车企业。（刘超超）

【基础设施建设】 2014年，雨花经开区完成工程建设投资约1.4亿元，其中建设比亚迪路（环保大道—长沙县界）、振洪路（荷新路—比亚迪路）、花卉路、振兴路（环保大道—职教城路）4条市政道路6.15千米；土方平整15.87公顷，办公楼加层及附属工程改造，10千伏高压杆线迁移约3千米，排水渠道改造0.55千米。完成白秋路、荷新路、振东路标高调规论证报告编制，减少土方约448立方米，节约投资8000万元。优化调整部分地块功能设置，原建材厂用地15.65公顷，因过度采矿，造成大面积采空区，不宜按原规划建污水处理厂。经专家论证，按因地制宜、各类地块总量平衡的原则，将原规划污水处理厂地块调为体育用地，而原规划为体育用地的地块调成工业用地。完成博瑞医药、洞株路、唐智科技三家企业用地范围内10千伏高压杆线的迁改工作；完成洞株路路幅内移动、电信、联通、有线电视光缆的迁改工作；完成九泰和唐智科技23号地临时排水渠道的改造施工；完成56号地、31号地及白田村生产安置用地土方平整及移交工作。洪塘家苑实现分房交房；白田家苑完成联合验收和竣工验收；联盟家苑完成联合验收；Soho项目实现封顶。（刘超超）

【招商引资】 2014年，雨花经开区派出招商引资小分队，分别由5名县级领导带队，围绕德国库卡等机器人本体制造商及其上下游集成商，奔赴德国慕尼黑、国内长三角、珠三角地区开展点对点上门招商，拜访企业50余家。9月19日，协助举办长沙市工业机器人应用推介会暨《长沙市工业机器人发展三年行动计划(2015—2017 年)》发布会,全市 300 余家企业参会。10 月 14 日,在长沙市(深圳)招商会上成功签约德国库卡、佛山精一、拓野、大捷、艾博特、长泰等 6 家机器人企业,总投资预计 15 亿元;签约株洲天马、湖南天辰、深圳繁星项目,累计入园机器人项目 9 家。园区正式加入中国机器人产业联盟。完成机器人产业示范园的整体规划设计;积极对接市相关职能部门,争取机器人产业示范园报批报建的系列绿色通道,按"四个月办证、六个月动工、十个月建成"的目标倒排时间表、任务书;一期用地场地平整完成 50%,库卡、佛山精一、湖南大捷、长泰项目用地完成用地蓝线,其中佛山精一用地已挂牌进入公示阶段,湖南大捷、长泰等另外 5 宗用地均启动挂牌程序。 (刘超超)

【拆迁安置】 2014 年,雨花经开区稳妥处理拆迁遗留问题,多次专题研究新增人口问题解决方案,有关方案(建议稿)上报市区相关领导和部门,在获得明确回复后,又直面村民,做好解释疏导工作。落实解决洪塘村湾塘组 0.34 公顷土地征收人口进社保的问题以及其他 6 个村民小组的拆迁遗留问题;雨花建材厂拆迁基本结束。全力保障拆迁安置资金,调度 3.3 亿元资金,全款缴足被征地农民的社保资金;完成与各村的拆迁资金结算,将欠付资金全部支付到位,及时向村上支付借款利息。优先保障农民安置保障房的建设,累计建成保障房 61 万平方米,交房 33 万平方米,12 月 25 日,洪塘保障房分房 1695 套,28 万平方米;基本完成白田、联盟两个保障房项目建设资金的结算。 (刘超超)

【环境整治】 2014 年,雨花经开区加强渣土管理,城管中队纳入园区纪工委重点管理单位,选聘 6 名协管员加强力量,采取机动巡逻与守点维护两组日夜整治的办法,实行全辖区 24 小时现场监控与管理,全年教育违规车辆 18 台,查处暂扣违规渣土车 57 台。整治园区环境,完成管委会四楼加层建设工作,新增办公面积 600 余平方米;完成前坪停车位和篮球场停车位改造,新增车位 50 余个,加强车辆停放管理,杜绝车辆无序停放现象;完成中心花园景观提质改造,补种花卉苗木 3000 余株,草皮 1000 余平方米,新设健身器材 4 种;重新招标采购管委会大院电动移门并设立自动门禁系统;更新维护整套安全监控系统,更新摄像头 21 个,院内视频监控基本无死角。 (刘超超)

【服务企业】 2014 年,雨花经开区组织举办 12 期"企业家交流沙龙活动",参与企业家 150 人次,创新活动开展方式,融入专家参与的环节、建立联动处理问题的工作机制,收集、处理、回访各类问题 40 余个(次);为企业争取各类项目资金 2300 万余元;为企业融资 10.2 亿元,其中:"助保贷"授信 3710 万元,发放贷款 1510 万元,授信余额 2200 万元;互助担保基金累计授信 10450 万元,累计发放贷款 7750 万元,在保余额 3950 万元;5 月,分别在跳马和白田佳苑举办两次以"送政策、送岗位、送服务"为主题的专场招聘会,到龙山县为比亚迪举办专场招聘会,招聘一线员工 1100 人;组织以"爱的火车票"为主题的爱心活动,50 余家企业为 20 位品学兼优但家境贫寒的大学新生,提供 4 年往返梦想学府的费用;与绿地新都会联合主办以"爱在绿地,向幸福出发"为主题的大型相亲活动。新建九泰置业总部基地企业服务中心。 (刘超超)

【园区开发】 2014 年,园区开发公司拟定《开发公司 2014—2018 年发展战略规划》初稿,积极筹备组建小额贷款公司及对科达公司的股权投资;就开发项目融资与多家银行积极接洽贷款工作并达成初步意向。项目建设有力推进,南庭城果项目主体全部封顶;完成幕墙、亮化、绿化、太阳能等专项设计;康庭园项目一期封顶;东湖和庭项目二期全面铺开建设。市场运作初见成效,南庭城果项目累计销售房屋 123 套,销售房屋面积 11513.31 平方米,销售额约 5300 万元,4 月签订与国中九华的定制协议,定制总面积约 3.3 万平方米,回款 2471 万元。 (刘超超)

【易炼红园区调研】 2014年4月1日，省委常委、市委书记易炼红在雨花经济开发区调研，市领导文树勋、何寄华参加调研。易炼红一行深入企业生产车间、产品展示区，详细了解企业的生产经营情况和发展中遇到的困难。他说，推进转型创新发展，园区要作为主阵地、担当主力军、打好主动仗，按照强力实施“三倍”、提升“三量”的目标，推动园区、产业、企业全面升级，加快打造长沙经济升级版。易炼红表示，雨花经开区地处长株潭三市的“绿心”地带，既是产业园区，也应该是现代化城区。一方面，要通过调结构、转方式、抓创新来实现产业质量和效益的倍增；另一方面，要大力推进产城融合，提升园区宜居宜业指数，改变传统老旧工业园区处处冒烟的“老面孔”。要坚定不移地走低碳、低耗、低排的两型发展之路，加快园区两型化管理提标提档，实现产城高度融合，在加快转型创新发展中努力建成千亿产业园区。要以转型创新支撑产业发展，以新型工业化为主动力，统筹推进新型城镇化、信息化和农业现代化，引进落地更多大项目、新项目、好项目；要高水平做好产业新城的规划，进一步优化空间布局、产业布局，进一步完善各项配套和服务，做到园区规划到哪里，高水准的基础设施配套和公共服务就覆盖到哪里，着力建设现代城市工业经济综合体。 (刘超超)

【胡衡华调研雨花经开区】 2014年4月15日，市委副书记、市长胡衡华，副市长何寄华、夏建平，市政协副主席、市交通局局长刘明理，市政府秘书长凌勤杰，副秘书长严凤枝、蒋集政，及市发改委、市工信委、市科技局、市财政局、市物价局、市电业局等部门主要负责人赴长沙雨花经开区进行调研，雨花区委副书记、区长邱继兴，区委常委、雨花经开区党工委书记杜旭辉、雨花经开区党工委副书记、管委会主任郭四军、副区长余宏卿等全程陪同。胡衡华一行先后到长泰机器人、晓光模具、长沙比亚迪汽车等企业的一线生产车间，深入了解了各企业的生产经营情况。胡衡华强调园区要按“三市三倍”的目标，加强服务，加快产业升级的步伐。随后，在长沙比亚迪公司召开会议，会议听取比亚迪公司总裁王传福关于长沙比亚迪公司的情况汇报，与会领导、各部门分别就比亚迪公司提出的困难与请求作了发言。对长沙比亚迪公司提出的具体问题，胡衡华逐一进行部署和明确。他表示长沙市要带头做好纯电动大巴的推广工作，市各有关部门要千方百计为新能源汽车推广创造条件，今后公交车不再增加纯燃油汽车，确保长沙市在2015年之前新能源大巴投放达到1000台。

7月25日，胡衡华率市委常委、统战部部长文树勋，市人民政府秘书长凌勤杰，副秘书长严凤姿、蒋集政等再赴长沙雨花经济开发区调研。雨花区委书记、区长邱继兴，雨花经开区管委会主任郭四军，区工信局及经开区各局办主要负责人全程陪同。胡衡华一行先后考察园区东湖高新国际企业中心的LED光电领头企业绿达电子普斯赛特公司；观摩面制品行业巨头克明面业生产线，调研园区创业中心的石油钻探高新技术企业唯科拓石油技术公司、比亚迪汽车城二期用地开发项目。现场调研结束后，在管委会召开座谈会。会上，邱继兴、郭四军就园区发展思路、产业集群项目、现存困难作详细汇报。文树勋肯定园区的发展势头，对工业地产、老双高企业、园区考核、比亚迪汽车城及工业机器人等龙头企业的几个问题提出指导性意见。胡衡华表示，密切园区企业交流，增强信心，找准园区定位、企业定位，实现转型发展，做出新产业；都市园区发展过程中土地有限，要走发展楼宇经济、企业轻资产化的路子。要求区、园区领导将就业、税收两大关键问题放入脑海，按照经济规律并重企业的经济发展效益、科学研发效益，一定要加大主导产业在经济发展中的权重。 (刘超超)

【何寄华调研工业机器人产业示范园项目】 为推进长沙市工业机器人产业发展，力促雨花经开区工业机器人产业示范园项目建设，2014年12月17日，副市长何寄华率市发改委、市工信委、市科技局等12个市直部门到雨花经开区调研工业机器人产业示范园建设项目。区委副书记、代区长张能峰，区委常委、雨花经开区工委书记杜旭辉，雨花经开区管委会主任郭四军，区人民政府副区长余宏卿，副县级领导、区发改局局长贺芳及区政府办、区财政局、区工信局等部门主要负责人陪同调研。何寄华一行先后到长泰机器人生产基地、科大建设机械有限公司、89# 地（机器人产业示范园项目建设用地）现场调研，并在雨花经开区管委会会议室召开工业机器人产业示范园项目调度会。雨花经开区就工业机器人产业示范园项目建设前段开展的工作、面临的困难与问题进行汇报，市直部门相关负责人结合本单位工作职能，对工业机器人产业发展面临的困难与问题提出相关意见和建议。何寄华表示，一要聚焦工业机器人产业发展，二要加快重点项目推进，三要加大招商引资力度，四要优化项目服务流程。并就人员配备、临时建筑建设、项目报建、渣土与施工管理、用电需求、政策优惠、人才引进、国家机器人检测评价中心申报等方面作出具体指示。（刘超超）

【张能峰调研园区】 为加快产业转型提质，助推园区经济发展，2014 年 11 月 5 日，区委副书记、代区长张能峰率区政府办、区政府研究室、区财政局、区环保局等 12 个区直部门和同升街道主要负责人到雨花经开区调研比亚迪电动大巴生产基地、东湖高新国际企业中心、绿达电子、克明面业、晓光汽车模具、洪塘保障住房、机器人产业基地、职教城基地、比亚迪轿车生产基地。区委常委、雨花经开区党工委书记杜旭辉，区委常委、常务副区长王雄文，雨花经开区党工委副书记、管委会主任郭四军，区人大常委会副主任刘海秋，副区长余宏卿，区政协副主席陈国强，副县级领导、区城管局局长刘文舫等有关领导陪同调研。随后，在雨花经开区管委会办公楼召开座谈会。会议由王雄文主持，郭四军、杜旭辉汇报园区基本情况及存在的困难。区直各部门及同升街道主要负责人就如何解决园区存在的困难与问题作出表态发言。陈国强呼吁给予园区更多的关注，要以“特区”的形式给予园区特殊的政策支持。余宏卿表示加大对工业园区的支持，从区级、部门、个人三个层面全力支持园区发展。刘海秋建议全力支持园区提高效益，在契合园区调度上多做文章。张能峰表示，长沙雨花经济开发区是自己到雨花区任职后真正意义上的调研第一站。雨花经开区是雨花区经济发展最前沿、最核心的部门，要把发展看作第一位。做好三件事：第一件事，举全区之力发展工业机器人，争取举全市之力甚至全省之力发展工业机器人；第二件事，要特殊对待园区。参照别的工业园区，别人搞得好的经验做法，我们也可以搞；第三件事，园区班子成员要自我加压，切实增强危机感、紧迫感，引进先进观念、先进做法、优秀人才。并分别从规划、工业地产、招商引资、环境保护、审批流程、财政支持、税收分成、薪酬体系、园区管理等方面作出具体指示；强调，中国将成为全球最大的工业机器人市场。未来两至三年间，是工业机器人产业发展的黄金时间。要发展长泰机器人、科达等现有企业，引进工业机器人主力龙头企业，带动中下游工业机器人产业发展。王雄文作总结讲话。园区全体班子成员及内设机构负责人参加座谈。（刘超超）

【加勒比及拉美 7 国大使团参观园区】 2014 年 4 月 24 日，拉丁美洲及加勒比海地区玻利维亚、特立尼达和多巴哥、苏里南、哥斯达黎加、格林纳达、乌拉圭、巴哈马 7 个国家 16 名驻华使节组团一行到园区参观考察长沙比亚迪汽车有限公司。省商务厅厅长徐湘平，省商务厅副巡视员李心球，雨花经开区党工委副书记、管委会主任郭四军，管委会副主任朱江陪同考察。大使团一行先后参观考察比亚迪客车生产基地、汽车展厅和轿车生产四大工艺环节，了解比亚迪汽车先进的电动科技和优良的生产工艺，通过试乘试驾比亚迪电动大巴和轿车，体验比亚迪汽车优秀的舒适性和精良的操控性。徐湘平在现场试驾后对比亚迪轿车给予肯定，并表示目前比亚迪汽车的技术和性能已经和国外很多知名汽车品牌处于同一档次，在国产车中更是处于领先地位，同时拥有不错的性价比，市场发展前景广阔。大使团成员通过现场亲身体验，对在长沙生产的思锐、M6 和 F0 产生浓厚的兴趣，与在场的比亚迪负责人进行细致的交流并索取相关的宣传资料，同时表示返程之后将会尽快将比亚迪汽车的相关信息

在自己的国家进行宣传,使比亚迪汽车能尽早地进入自己国家的汽车市场。 (刘超超)

【两大机器人公司访问园区】 2014年6月16日,中科新松机器人有限公司副总裁杨跞,深圳市拓野精密科技有限公司总经理凌琳一行访问园区。园区党工委书记杜旭辉,管委会副主任朱江和招商局局长莫伟参与接待。

杨跞一行参观比亚迪轿车基地、湖南晓光模具有限公司,实地考察园区工业机器人产业规划地块——89#地后,双方在管委会三楼会议室进行深入交谈,双方就工业机器人发展现状及前景,以及园区如何发展壮大机器人产业等方面展开讨论,客人对园区发展工业机器人产业的战略部署表示极大兴趣和肯定。 (刘超超)

【白田家园安置小区工程竣工验收】 2014年6月19日,湖南环保科技产业园开发建设投资有限责任公司在雨花经开区创业中心组织召开白田家园安置小区(白田佳苑)工程竣工验收会议。市质检站,安监站,档案馆,项目建设、地勘、设计、监理、施工等相关单位责任人参加会议。白田佳苑项目系比亚迪汽车城重要配套项目,位于环保大道以南、京珠高速以西,圭塘河以东;占地4.4公顷,总建筑面积140133平方米,由6栋高层和1栋6班制幼儿园组成,总套数1046套,总投资3.8亿元,可安置约1100人。白田佳苑是全市第一个执行103号令超过30层的高层农民保障房项目,也是全市首个手续最完善的农民保障房项目。项目在建设过程中,作为全市高层农民保障住房的代表,曾接受过建设部、省建设厅、市住建委的检查,在检查过程中一致得到高度认可。验收小组全体成员会议同意白田佳苑项目5#~9#栋通过竣工验收的意见,标志着项目进入备案及产权办理阶段。 (刘超超)

【联盟佳苑竣工验收】 2014年8月21日,长沙市住建委在雨花经开区创业中心主持召开联盟社区(筹)农民保障住房项目(联盟佳苑)竣工联合验收会议。联盟佳苑项目系比亚迪汽车城重要配套项目,位于南三环以北,圭白路以西,时代阳光大道以南,紧邻比亚迪汽车厂;占地约4.07公顷,总建筑面积18.8万平方米,总投资4.5亿元,共6栋高层,可安置约1800人,总套数1453套。验收会议先由建设方进行验收工作汇报、对各验收单位提出的问题进行答疑,各验收单位在协助验收人员的带领下进行现场查勘。会议一致同意联盟佳苑项目通过竣工联合验收。 (刘超超)

【勘界认定工作完成】 2014年,雨花经开区牵头协调长沙县国土局、暮云镇、高云村和雨花区同升街道等相关部门单位,本着尊重历史和现实的负责态度,集中组织资料查询、村组走访、图上指界和实地踏勘,为推动界线认定做了大量的基础性的准备工作。7月24日,由长沙市国土局相关领导主持会议,雨花区同升街道金井社区(筹)、桃阳社区(筹)与长沙县暮云镇高云村在雨花经开区完成签字盖章手续,标志着县界界线(万家丽路以东至雨花经开区规划绿化用地止,起点坐标84893.833、52771.407,终点坐标83776.308、53549.530)认定工作完成。界线认定工作的结束为雨花经开区南片区的开发建设顺利推进打下坚实基础。 (刘超超)

【雨花污水处理厂启动建设】 雨花污水处理厂是市"十二五"城市污水处理设施建设项目,也是省政府十大环保工程之一,雨花经开区经济的持续发展、生态环境的保护很大程度上将依赖该项目的建成运行。雨花污水处理厂原选址雨花经开区90#、91#地,由于该地块地质条件的原因,导致污水处理厂需要重新选址。园区从有限的土地资源中,统筹安排该厂的建设用地。项目新址位于园区54#地块,振华路以北、比亚迪支路四以南、武广高铁以东、沪昆高铁以西,占地面积约10.98公顷,总投资6.3亿元。2014年,项目用地的土地统征和规划调规完成,正式启动土方平整。项目建成后能日处理污水18万立方米,可满足园区及周边单位生产、生活污水排放和处理要求,提高城市污水收集处理能力和标准,为园区经济

发展、环境保护以及雨花区两河流域治理的成功完成提供重要保障。（刘超超）

【雨花污水处理厂一期总工程量过半】 根据长沙市“十二五”城市污水处理设施建设规划要求，2014年4月，由长沙水业集团有限公司启动雨花污水处理厂建设。项目位于园区东片54号地南侧，西临武广高铁客运专线，东面沪昆高铁客运专线，南朝振华路，北接比亚迪支路四，占地面积约11公顷，全面建成后计划日污水处理量18万立方米，总投资约6.3亿元，其中工程建设费用约4.96亿元，分三期实施。一期污水处理规模6万立方米/日，土建于7月份动工建设，完成一期总工程量的50%，完成总投资约9000万元。雨花污水处理厂的建设，是一项重要的区域性基础设施建设项目，是水务一体化治理的必然要求，也是从根本上整治圭塘河的必然途径。项目建成后，在有效利用水资源的同时，能改善园区及周边城市人居环境，提高人民生活质量和生活水平，促进城市建设和经济发展。（刘超超）

【工业机器人研究院筹建】 2014年8月14日，市长胡衡华在听取雨花经开区关于工业机器人产业园建设汇报后，明确提出园区要建设自己的工业机器人研究院。雨花经开区迅速行动，积极谋划建立园区工业机器人研究院的相关事宜。8月18日，雨花经开区邀请有关部门领导、行业专家和企业代表，召开工业机器人研究院筹建研讨会。中南大学电气与信息工程学院院长王耀南，中南大学科研部部长吴厚平，长沙理工大学电气学院副院长樊绍胜，湖南信息职业技术学院主任谭立新，市科技局、市工信委、区科技局等相关领导，长沙长泰机器人有限公司、长沙科达建设机械有限公司的企业代表应邀参加研讨会。会议由党工委书记杜旭辉主持。专家们分析当前的机器人市场需求，肯定园区发展工业机器人已具备一定的市场基础和产业基础，赞同“政府、院校、企业”三方合作的思路，同时提出走差异化、特色化发展之路的建议。（刘超超）

【“湖南省工业机器人产业示范园区”授牌】 2014年10月28日，2014年湖南省智能制造装备产业合作对接会在长沙举行，为“省工业机器人产业示范园区”和“省增材制造（3D打印）产业示范基地”授牌。副省长黄兰香、老同志龙国键出席会议并见证签约。（刘超超）

【比亚迪电动轿车、工业机器人项目签约】 2014年10月14日，2014湖南（长沙）·深圳招商推介活动在深圳举行。长沙围绕湘江新区、东部开放型经济走廊等重点片区，以及汽车制造、生物医药、食品加工、节能环保、移动互联网、工业机器人等重点产业“搭台招亲”。在长沙（深圳）重大片区重点产业推介暨签约仪式上，园区比亚迪电动轿车及工业机器人两大重点项目，在会上成功签约。包括德国库卡、中轻集团、深圳拓野等在内的6家工业机器人企业签约。

（刘超超）

【“新三板”上市交流沙龙】 2014年11月4日，以“新三板”上市为主题的2014年第10期企业家交流沙龙在雨花经济开发区管委会会议室举行。区委常委、雨花经开区党工委书记杜旭辉，雨花经开区党工委副书记、管委会主任郭四军，经济发展局局长余忠及园区内12家企业参加活动，特别邀请湖南股权交易所相关负责人参加。交流沙龙由余忠主持。各参会企业逐一介绍关于“新三板”上市的基本情况及打算，同时就新三板上市过程中的实际问题与湖南股权交易所的专家们进行深入交流。郭四军介绍湖南股权交易所的相关情况，并站在企业的角度从“不会、不愿、不想、不敢”几个方面与企业就“新三板”上市的想法进行交流，同时表示园区将会按省市相关标准，给予“新三板”上市成功的企业一定的支持。杜旭辉强调“新三板”上市是为中小企业拓宽投融资新渠道、打开进入资本市场“绿色通道”的有效手段，是为中小企业提供原动力、解决企业发展瓶颈的有效手段，希望企业打消顾虑、抢占先机，为企业做大做强奠定基础。（刘超超）

【园区东片规划实地踏勘】 2014年12月5日,区委常委、雨花经开区党工委书记杜旭辉,党工委委员、工会联合会主席傅建辉,党工委委员、规划建设局局长刘庄与各内设局(办)、派驻机构负责人一同对园区东片规划区域进行实地踏勘。踏勘组一行全程步行对洪塘保障房、比亚迪路一标段、洪塘村原雨花建材厂矿洞、圭塘河跳马边界、89号地、88号地、振东路沿线、84号地、同升湖周边、花卉路三标段等地进行实地踏勘,并就园区东片规划、项目推进等进行现场讨论。杜旭辉现场作出具体安排和部署:洪塘保障房建设要紧密结合民意,紧抓急赶,早日通水通电通路,确保如期交房;加快比亚迪路一标段征拆进度,力争与二、三标段同期拉通;要实地清查安全生产隐患,未雨绸缪,务必增设原雨花建材厂矿洞周边安全围挡;机器人产业示范园(89号地)建设要依据跳马已有标高调整挡土墙及高压线迁移规划,同时将示范园二期(88号地)规划早日提上议程;振华路贯通关系整个同升湖片区发展,要密切协调路幅周边征拆工作,稳步推进道路建设。 (刘超超)

【人大代表视察】 2014年12月23日,驻雨花区60余位省、市人大代表对园区九泰置业—长沙总部基地项目现场视察。区人大常委会党组书记、主任龚景顺,雨花经开区党工委副书记、管委会主任郭四军,区人大常委会副主任杨平,区政府办主任张小军、区政府办副主任钟波等全程陪同。多位代表就项目定位、厂房销售、项目优势等进行深入了解,当场表达对新型工业地产的浓厚兴趣。 (刘超超)

【400台比亚迪纯电动公交车订单】 2014年12月25日,比亚迪K8纯电动公交车采购签约仪式举行。市委副书记、市长胡衡华,副市长何寄华,市政协副主席、市交通运输局局长刘明理,雨花经开区党工委副书记、管委会主任郭四军及各相关部门负责人,比亚迪公司董事长兼总裁王传福参加签约仪式。王传福和副市长何寄华先后发表致辞,湖南巴士公共交通有限公司、龙骧巴士有限责任公司和长沙宝俊巴士有限责任公司与比亚迪公司签署400辆比亚迪K8纯电动公交车采购订单,计划在2016年上半年投放运营。采购的400台比亚迪K8纯电动公交车均由园区内长沙比亚迪公司制造,整车长10.5米,单次充电续航里程可达200千米,整车采用两级踏步设计,动力电池置于车厢地板下,并将乘客座椅数量由10余个增加到38个。长沙比亚迪公司作为雨花经开区龙头企业之一,生产的纯电动公交车在长沙市再次批量投放,对全市汽车产业发展、产业转型提质、节能减排具有重要意义。 (刘超超)

雨花现代电子商务产业园

【概况】 长沙市雨花现代电子商务产业园是由区人民政府投资兴建的园区,规划面积约11.73平方千米。长沙市雨花现代电子商务物流管理委员会(以下简称“管委会”)为区政府管理的全额拨款事业单位,机构级别为正科级,主要职责是负责编制园区中长期发展规划和年度工作计划,制定园区产业规划和组织实施、负责项目引进、招商引资、对外贸易、对外经济技术合作交流及相关服务工作,协助企业申报争取上级优惠政策、办理项目规划、国土、立项、环境测评、能源测评等手续,协助处理土地统一开发、利用和管理、协调基础设施建设、拆除违章建筑、拆迁安置及矛盾调处工作等管理工作。内设办公室、规划报建部、综合协调部、融资财务部、招商合作部5个职能科室。核定事业编制15名,其中领导职数4名;全体在职干部职工数30人,其中正科职领导2人,副科职领导2人,借调1人,其他在编干部5人,聘用人员20人;党员13人。办公地点设在雨花区东山街道侯照村部。

2014年,园区以“攻坚克难打基础,凝心聚力谋发展”为工作主题,建立健全管理体系,科学编制规划、计划,加快配套基础设施建设,加大宣传推介和招商引资力度,为跨越式发展夯实基础。制订园区产业发展规划及园区五年工作计划,明确园区的定位、发展方向及开发建设步骤。推进基础设施建设,高效办理川河路、侯照路项目报批手续,完成川河路、侯照路竖向标高优化调整、川河路线位调整,启动杨子路、牛角冲路、侯照路南段、侯家冲路的前期用地手续办理，完成川河路招投标，实现了川河路年内启动建设的目标。完成仓储 1 号地块报建手续办理、协调推进征地拆迁、全面开展招商引资。严格控违控渣管理，保证项目开发建设顺利进行。

（周　慧）

【园区区位】 现代电子商务产业园选址在黎托南片区，即湘府东路以南、京港澳高速公路以东、浏阳河以西、绕城高速以北的区域，面积约 11.73 平方千米。涵盖东山街道边山社区、侯照社区的大部分，同升街道牛头社区、新兴社区以及长沙县跳马镇白竹村的小部分（雨花区内面积 6.75 平方千米，长沙县面积 4.98 平方千米）。该片区规划建设“三横四纵”的交通系统，东西向有湘府路、时代阳光大道及南绕城线；南北向有红旗路、侯照路、川河路、杨子路。园区距离武广高铁、沪昆高铁站台 5 分钟车程，距离黄花机场 25 分钟车程，距离高桥市场、红星市场 20 分钟车程。拥有雨花航空、高铁、地铁、城际轻轨、高速公路“五位一体”的交通优势。（王慧娟）

【园区定位】 现代电子商务产业园定位以物流、仓储为基础，以电子商务企业供应链需求为目标，实现电子商务企业的聚集发展。拟采取分期建设、滚动开发的方式逐步推进。第一期拟建设分拣仓储、物流配送、电子商务及后勤配套四大区域中心，融“批发、流通加工、配送、分拣、仓储、展示、商务、信息交易、生活配套、电子交易结算”等十大功能于一体，打造湖南省乃至中南地区规模最大的电子商务总部基地。

（李　铮）

【园区规划】 2014 年 4 月，现代电子商务产业园在大量调研和科学考量的基础上，园区明确以打造协同发展的电子商务产业需求综合型服务平台为抓手，建设线上与线下互相结合可持续发展电商新城的产业发展模式，8 月 8 日，邀请省内电子商务知名专家、大型电商企业负责人召开研讨会，进一步完善产业发展规划，明晰园区发展的综合目标体系和发展战略。制订《长沙市雨花现代电子商务产业园五年工作计划（2015—2019 年）》，为推进长沙市雨花现代电子商务产业园可持续健康发展奠定基础。

（周　慧）

【基础设施】 2013 年 10 月开始办理仓储 1 号地统征手续，2014 年 4 月 28 日完成省政府审批并取得统征红线和审批单。为配合拆迁工作，及时办理 1 号地范围内的林木采伐手续。为保障园区后续用地的连续性，管委会启动侯照统征地二号、三号、四号、五号项目的统征手续的办理工作，2014 年底完成省国土厅审批。2014 年年初启动侯照路手续办理工作，11 月底取得省国土厅审批单及统征红线，工程设计完成可行性研究、初步设计、初步设计概算审查工作。7 月开始办理川河路用地手续，11 月 4 日获得省国土厅统征红线及审批单，成为湖南省 2014 年度首个报国土部的项目，12 月 15 日开标，确定施工单位及监理单位，实现了年内动工目标。与设计单位对川河路、侯照路进行竖向标高优化调整；川河路线位东移动 14–25 米，以避让 220 千伏高压电塔。积极配合区工务局启动杨子路、牛角冲路、侯照路南段、侯家冲路的前期用地手续，协调相关部门办理道路建设工程立项。

（周　慧）

【征地拆迁】 2014 年，现代电子商务产业园完成园区仓储 1 号地 14.244 公顷（213.66 亩）土地的征地拆迁工作，拆除合法建筑 21 栋，违章建筑 39400 平方米，为项目招商引资、启动建设奠定了基础。

（周　慧）

【控违控渣】 2014 年，成立园区控违控渣工作领导小组，管委会、城管局、东山街道三方联动，24 小时监督管理园区范围内的控违控渣工作，管委会制定控违控渣工作办法和控违控渣人员管理办法，8 名人员到位，设立巡查点 3 处，有效控制违章建筑的建设，协调关停渣土卸场 2 处，发现制止违章渣土 100 余车，控渣工作效果明显，保证了园区开发建设的顺利进行。

（周　慧）

【项目招商】 2014年,管委会建立健全招商工作机制,制定招商管理相关制度,有序开展招商引资工作。实行项目跟踪管理,建立现代物流、电子商务项目库,定期与市电子商务处对接,实行台账式动态化管理。分析市场动向和发展趋势,每月汇编外部行业信息。精心制作园区招商手册、宣传片,通过学习交流、产业论坛等渠道宣传园区。8月8日,管委会与市商务局、市电商行业协会协调,专门召开长沙市电子商务产业发展趋势暨雨花电子商务产业园产业规划研讨会,与湖南省电子商务十强企业进行深入沟通,既听取电商行业专业意见,又全面地推介园区。全面开展招商引资工作,对招商项目进行科学预审评估。12月26日,龙骧洪鑫物流有限公司摘牌仓储1号地,园区首个项目落地。 (周 慧)

【资金运行】 面对严峻的资金形势,园区突破融资瓶颈,拓宽融资渠道全面开展融资工作,保障园区开发建设的资金需求。争取区政府、职能部门支持,为园区筹资提供担保,向雨花经开区借款500万元,雨花城投借款5000万元,区教育基金会借款1500万元。加强与金融机构对接,争取华融湘江银行长沙分行信贷资金1.1亿元,缓解资金压力,确保园区征地拆迁、开发建设的资金需求。完成市现代服务业综合试点电子商务基地中央补助资金项目申报。 (周 慧)

【安全生产】 2014年8月28日,园区成立安全委员会和安监站,并配备专职安监人员。结合园区特点和工作实际,建立健全安全生产规章制度、应急救援预案,加大安全宣传教育及培训力度,落实安全生产责任制,严格例行安全检查,消除安全隐患,帮助企业解决安全生产中存在的问题,园区开发建设过程中无一例安全事故发生。 (周 慧)

经济监督管理

宏观经济管理

【概况】 雨花区发展和改革局(简称“区发改局”)为区人民政府工作机构,正科级,内设办公室、发展规划科、投资管理科、价格管理科,区产业办、区能源局为局二级事业单位,区物价检查所为局派出机构,并归口管理区“两型社会”建设配套改革办公室和区公共资源交易中心。核定编制31名,其中局机关行政编制8名、工勤编1名,两型办行政编1名、物价检查所行政编8名、产业办事业编4名、能源局参公事业编5名,交易中心事业编制4名。2014年,干部职工38人,其中人才引进1人,政府雇员13人;退休干部13人。局党支部党员33人,其中在职党员22人,人才引进1名,雇员1名。办公地点设雨花区政府2号楼。

2014年,以加快打造中部现代服务业中心为目标,区发改局充分发挥各项职能,突出规划引领、服务产业项目、深化投资管理、创新“两型社会”、夯实节能基础、强化价格监管、规范公共资源交易,各项工作取得较好成绩。全年完成固定资产投资512.86亿元,同比增长18.2%;完成生产性服务业投资184.63亿元,占固定资产投资的36%;完成第三产业增加值551.39亿元,同比增长10.1%。(李灵芝)

【宏观经济研究】 2014年,雨花区立足于“早谋划、早主动、早突破”的思路,着手开展“十三五”规划编制前期工作,8月,组织召开动员会,下发雨花区“十三五”规划编制方案,确立“1个规划纲要、6大专项规划、34个调研课题”的工作思路,明确责任分工,推进各项工作。落实区委、区政府打造“中部现代服务业中心”的战略构想,编制《雨花区专业服务业集聚区建设发展研究》,在充分对接省、市、区相关规划的基础上,创新区域产业发展模式,提出“两核两带两片多点”的产业空间布局思路,提出促推专业服务业集聚区发展的针对性战略措施。修订2014年产业政策工作,突出培育扶植现代服务业,改变过去单一产业政策模式,形成“1+4”产业扶植奖励政策体系,力促财政资金重点向现代服务业及现代服务业中的重点产业倾斜,最大限度地发挥产业政策的引导和调控作用。积极创新,充分发挥产业政策的引导、激励和孵化作用,在标准设定、认定方式及奖励兑现等方面进行深入研究,大力推进现代服务业示范楼宇(综合体)创建工作,致力于打造一批产业集聚度高、税收贡献大的现代服务业示范楼宇,促推现代服务业中心建设。挂牌认定顺天国际金融中心为金融业示范楼宇,双塔国际广场北塔、新芙蓉之都商务楼为专业服务业示范楼宇,长房天翼未来城为电子商务业和信息服务示范楼宇。(李灵芝)

【产业项目服务】 2014年,在发展环境整体趋紧,经济下行压力加大的背景下,区发改局继续推进以项目帮扶为主要内容的“三定三抓”活动,全力以赴地确保新引进项目早落地、落地项目早开工、开工项目早投产、投产项目促升级。全区65名县级领导、77个部门单位的180名干部,按照“一个项目、一名领导、一套班子、一个方案”的要求,“一对一”上门帮扶84个重点产业项目。通过项目调度、现场交办、市区会商、政企对接、高位协调等方式,重点解决政策指导、手续办理、拆迁腾地、基础配套、信贷融资、环境优化、招商引资等方面的突出问题,以“十大长效机制”(项目联点制、工作例会制、联点责任制、信息反馈制、问题台账制、片区管理制、专项调度制、问题交办制、办结销号制、讲评考核制)为抓手,通过月调度、季小结、半年讲评,为项目建设排除一切干扰和阻力。开展以“三定三抓”帮扶项目为主要内容的社会宣传和新闻宣传,进一步浓厚全区产业建设氛围。制作“三定三抓”活动灯箱、宣传展板;编印《项目建设服务指南手册》《“三定三抓”活动简讯》,编发手机快讯1500余条,及时反映帮扶动态。积极对接省市媒体,开展“三定三抓”专题新闻宣传,及时反映帮扶效果。全区下到项目一线实地调研解难逾9000人次,召开项目调度会120余次,242个重大项目交办问题全部办结,其中以政企对接会形式,解决(答复)国土用地问题14个、规划审批问题11个、征拆腾地问题23个、教育配套问题13个、施工报建问题2个、基础设施问题41个。实现征拆腾地371.34公顷,其中集体土地上拆除合法建筑675栋,违章建筑120万平方米,国有土地上征收私房户972户。18个新建项目实现开工,7个预备项目提前开工。新增开盘楼宇20家,顺天国际金融中心等4个区级现代服务业示范楼宇内重点企业云集而至;国际企业城、国际创新城、九泰长沙总部基地等一批工业地产项目竣工投入使用;超五星级的凯宾斯基酒店开业,德思勤四季汇购物中心年底开业运营。 (李灵芝)

【协调服务】 2014年,区发改局主动积极协调,充分依靠政策,指导会同6家单位策划包装项目,争取各类专项资金3110万元。其中:圭塘河重金属污染治理与水体修复工程争取国家节能减排财政政策专项资金2000万元;圭塘河堤岸整治工程争取中央资金800万元;砂子塘街道社区卫生服务中心申请中央资金175万元;湖南省艺尚源文化艺术公司争取国家服务业发展引导资金90万元;2014年排涝设施建设以工代赈争取资金25万元;湖南飞瑞复合材料股份有限公司争取省2014年产业研发项目补助经费20万元。 (李灵芝)

【项目管理】 2014年,雨花区纳入市级重大项目计划库的大项目23个,年度计划总投资额91.01亿元,全年完成投资110.08亿元,占年度计划的121.08%。其中,政府投资类项目年度计划投资18.47亿元,全年完成投资22.38亿元,占年度计划的123%;社会投资类项目年度计划72.45亿元,全年完成投资87.69亿元,占年度计划的121.04%。9个新建项目全部开工。出台《关于简化和优化投资项目审批流程有关事项的通知》,简化和优化流程,为全区的建设项目立项、备案做好协调服务工作。全年办理企业项目备案59件,投资总额160.5亿元;项目审批125件,投资总额52亿元。组织区相关部门对2015年度政府投资项目进行集中申报,完成2015年重大项目投资计划草案编报,其中政府投资类项目89个,总投资118.72亿元,2015年计划投资32.76亿元;社会投资类项目19项,总投资235.04亿元,2015年计划投资63亿元。 (李灵芝)

【项目招标】 2014年,雨花区深化“一委一办一中心”(公共资源交易监督管理委员会、公共资源交易监督管理委员会办公室、公共资源交易中心)平台建设,通过“科技+平台”创新模式、“明责+联动”阳光行动、“制度+监控”规范行为、“督评+查处”强化保障,实现公共资源交易监管全覆盖。雨花公共资源交易中心出台《雨花区小型工程建设项目实行简易发包程序管理暂行办法》,招标实行无缝对接,在原有制度的基础上,全面规范雨花区所有工程建设项目的承发包程序。完善流程设计,严控投标保证金的“进出关”,落实“5+X”联合会审制度,严格按有关法律、法规和规章的规定进场交易,流程更简洁,操作更规范,有效保证了公共资源交易的公平、公正。全年成功交易项目179个,成交金额5.96亿元,节约资金3424万元,有效整合资源,预防和堵塞腐败漏洞,效益进一步彰显。 (李灵芝)

【产业政策修订】 为加快区产业转型发展,区发改局牵头开展2014年产业政策修订工作,在对比分析长沙市其他区县现有产业政策的基础上,强化创新研究，突出扶植和培育现代服务业，改变过去单一产业政策模式，成功构建“1+4”产业政策体系，“1”即《长沙市雨花区促进区域产业发展扶植奖励办法（修订稿）》，“4”即《长沙市雨花区促进专业服务业产业发展办法（试行）》《长沙市雨花区促进金融业产业发展办法（试行）》《长沙市雨花区促进文化创意业产业发展办法（试行）》《长沙市雨花区促进电子商务业和信息服务业示范园区、示范楼宇扶植奖励办法（试行）》，形成“基本政策 + 强化政策”的组合模式，实现“面上保平衡，点上保重点”的格局，确保产业政策在长沙乃至中部地区的优势地位，为招引和培育高端现代服务业奠定坚实基础。会同区直有关部门，以签订合作协议和挂牌认定的方式，开展顺天国际金融中心、双塔国际广场北塔、新芙蓉之都商务楼、长房天翼未来城等现代服务业示范楼宇的试点工作，促推金融业、文化产业、专业服务业、电子商务业、信息服务业等高端现代服务业在示范楼宇内的优先发展和集聚发展。顺天国际金融中心在短短两个月时间内签约或意向签约入驻金融类企业30余家，新芙蓉之都商务楼签约入驻10余家专业服务业企业，政策放大效应明显。（李灵芝）

【“两型”建设】 2014年，雨花区制定《2014年度长沙市雨花区“两型社会”示范创建工作方案》，在全区开展“两型”企业、学校、街道、社区、门店（市场）、园林、家庭7个领域的示范创建活动，进一步优化创建评分标准，明确创建内容、步骤、要求，增加奖励扶持专项资金。多次召开全区“两型社会”建设联席会议，形成全区两型社会管理的良好运行机制。以生态绿心保护为重点，下发《关于对〈长沙市人民政府2014年生态绿心保护工作责任状〉各项目标任务分解管理的通知》，明确绿心保护的目标任务和责任单位、责任人，并列入绩效考核。设立生态绿心保护标识24个，建立生态绿心巡查机制，开展生态绿心区域违法违规采砂、乱倒建筑垃圾、烧山毁林现象集中整治行动，加大同升片区等重点地区的生态资源和生态环境的保护力度。积极推进“两型”改革试点项目建设，培育出洞井街道被征地农民“生活安置集约化、生产安置资产化、保障福利市民化”的安置模式基层改革试点项目。16家单位申创市级“两型”示范单位。浦沅、高升、政院、曲塘社区获评省级“两型”创建示范单位，高升社区同时获评市级“两型”标杆单位。（李灵芝）

【协调推进“两型”建设】 2014年，根据区委、区政府“加快两型社会建设”走在前列的工作要求，区发改局协调推进“两型”建设各项工作。坚持以“两型”示范创建为抓手，以点带面、由点及面逐步推进“两型”样板城区建设。创新开展7个领域的示范创建活动，4家单位成功创建省级“两型”示范单位。以洞井街道“农民转市民”机制创新项目为重点，争取省市“两型”资金100万余元，高升社区打造为市级“两型”标杆社区。建立完善区生态绿心保护管理机制，探索启动绿心区域生态补偿试点，采取日常巡查与不定期邀请区人大、区政府领导现场督查等方式，组织违法违规行为集中整治10次，整治各类违法违规行为8起，强制要求复绿面积近5公顷。积极推广清洁低碳技术，省市60余家媒集中采访报道体区清洁低碳技术推广工作。（李灵芝）

【物价管理】 2014年，区发改局年度审验行政事业单位18家。开展春节等节假日市场价格巡查，向市价格监测中心报送监测数据3万余条。制定教育收费专项检查方案，开展教育收费专项检查，严查乱收费。清理辖区内无证办学乱收费情况。开展“发展环境优化年”收费专项检查，全面检查区人社局、司法局、卫生局、交通局等12家单位，收缴违规收费46.6万元。受理办结涉案鉴证、证明418例，标的价值1000万余元。500家单位建立价格诚信档案。“12358”价格举报投诉服务平台受理各类价格举报投诉177起，办结160起，办结率90%。有效处理华银园电力价格投诉、平和堂价格投诉等难点问题。（李灵芝）

【能源管理】 2014年，雨花区建立重点用能单位能源利用状况定期报告、能源消费分析监控制度,配合市完成能耗“晴雨表”分析工作,密切掌握区域能耗状况。按照《雨花区固定资产投资项目节能评估和审查暂行办法》(雨政办发〔2013〕34号),进一步规范项目的准入制度,完成节能评估评审项目9个,其中4个项目为节能报告书评审。制定年度《节能工作指标及考核奖惩意见》,节能考核纳入区绩效考核,实行一把手负责制和一票否决制。圆满完成市对区2013节能目标责任考核目标任务。2013年全区单位GDP能耗降低率为4.87%(该项指标是错年考核),超过预期目标1.44%,完成“十二五”节能目标进度的85.67%,超过目标进度10.67%(按“十二五”提前一年完成进度目标核算)。对原有25家重点用能单位进行数据更新,申报并确定23家重点用能单位,其中“万家企业”8家,市重点用能工业企业9家,市重点用能非工业企业14家。对列入国家“万家企业”的3家重点能耗单位开展能源审计和专家评审,累计完成7家万家企业的能源审计工作;区能源局工作人员与区能源科技特派员组成企业能耗调查组,对纳入市重点用能单位名录的15家企业(非万家企业)进行能耗调查、能效对标走访调研,核查相关企业的能耗统计情况与管理岗位设置情况,指导企业节能工作,向区政府提交《2014年雨花区重点用能单位能耗调查情况汇报》;围绕节能减排财政政策、综合示范政策,分组、分类深入一线进行全方位调研摸底,与市直各部门进行有效对接,申报2014年市级节能专项资金项目1个,获得扶持资金12万元。评定区级节能环保社区7个,扶持资金7万元。开展节能文化“五进”活动(进家庭、进学校、进社区、进企业、进机关),落实宣传“五个一”工程,发放节能宣传资料5万余份,推广节能灯10.5万只,超额完成市对区下达的高效节能产品推广工作。举办学校、社区、企业、机关“地球一小时”大型宣传活动。动员多家节能企业参加省第六届节博会,动员全区各街道、社区积极开展节能宣传周主题活动,搭建区节能服务公司、用能企业、金融机构、政府职能部门的“四位一体”的节能工作推进平台。 (李灵芝)

统 计

【概况】 雨花区统计局主管区域内国民经济与社会发展统计工作,监测经济运行,编制7名,其中领导职数3名;区统计普查中心,事业编制5名,其中领导职数1名;区统计调查队,事业编制4名,与统计普查中心合署办公。全局在职干部职工26人,其中正科级2人,引进人才2人,雇员7人;退休8人。局党支部党员22人,其中在职党员18人。办公地点设区政府机关大院二号办公楼5楼。

2014年,雨花区全面小康社会的总体实现程度达92.9%,连续两年在全省一类地区考评中名列第一,率先基本实现全面小康。区统计局以加快建设服务型统计为核心,进一步增强统计法制观念,拓宽统计法制思路,加强组织领导,加强依法治统,及时准确地公布全区主要经济指标,撰写统计分析,发挥参谋服务作用;切实做好为民办实事、新型工业化、妇儿两纲等数据评估认定工作,提供优质统计服务,科学、有效地组织实施统计工作。雨花区获市级城乡住户调查一等奖。区第三次全国经济普查领导小组被评为省级先进集体单位。2014年度规下工业抽样获市调查队一等奖,2014年度规下服务业抽样获市调查队特等奖,2014年度贸易限额以下行业抽样调查获市调查队一等奖,2014年度采购经理调查获市调查队一等奖。 (张 妙)

【数据统计】 2014年,雨花区实现地区生产总值(GDP)918.49亿元,同比增长9.4%。第一产业实现增加值0.80亿元,同比下降44.7%;第二产业实现增加值366.30亿元,同比增长8.6%,其中工业实现增加值271.55亿元,同比增长7.8%;第三产业实现增加值551.39亿元,同比增长10.1%。第一、二、三次产业分别拉动地区生产总值(GDP)增长-0.1、3.5、6.0个百分点,三次产业对GDP增长的贡献率分别为-0.8%、36.8%、64.0%。按常住人口计算,人均GDP达122205元。三次产业结构为0.1∶39.9∶60.0。按含中烟湖南省工业公司部分口径核算,全年实现地区生产总值(GDP)1429.74 亿元,同比增长 9.6%。第二产业实现增加值 877.55 亿元,同比增长 9.3%,其中工业实现增加值 782.80 亿元, 同比增长 9.1%,占 GDP 的 54.8%。规模以上工业实现增加值 770.82 亿元,同比增长 9.4%。三次产业结构比为 0.1 :61.4 :38.5。全年实现财政总收入 1186561 万元,同口径增长 9.2%。公共财政预算收入 526433 万元,同口径增长 19.1%。公共财政预算支出 618961 万元,同比增长 13.1%。 (张 妙)

【统计信息化建设】 2014 年,雨花区以设备保障为基础,网络建设为重点,将统计服务与信息化建设相结合,大力推进全区统计信息化建设。致力统计专网的延伸,实现区—街道—统计站的信息化全面覆盖。在雨花区统计信息网开辟专栏,将相关文件、操作手册等资料在网上公布;建立覆盖移动、联通、电信网络的短信平台,通过 QQ 群加强联络和在线答疑;以联网直报系统为基础,区统计局在全省率先创立联网直报电子台账查询系统,实现多部门多层次的数据查询电子化网络化。不断健全制度,建立 FTP 使用说明、联网直报系统权限管理说明、联网直报电子查询系统操作指南等一系列管理使用制度,明确管理员和使用者的相关职责权利,确保信息化工作有序进行。 (张 妙)

【统计基础建设】 2014 年,雨花区进一步巩固拓展统计“四大工程”(基本单位名录库、企业一套表制度、数据采集处理软件系统和联网直报系统)建设成果,组织开展业务培训和技术指导,定期与工商、税务、编办、民政等部门进行数据比对更新,按在地统计原则,维护更新基本单位名录库,不断充实信息。严守联网直报“四条红线”,开展企业“一套表”联网直报“三查”工作。通过第三次全国经济普查工作,将普查单位数据进行逐一核查比对、更新修正,截至 2014 年 12 月底,联网直报单位新增 98 家、变更 14 家、出框 86 家,全区实际存在法人单位 12031 个,产业活动单位数 1385 个。“一套表”联网直报率达到 100%。 (张 妙)

【统计业务培训】 2014 年,雨花区制定 2014 年统计培训方案,培训内容包括 2014 年统计继续教育、从业资格、职称考试认证、岗位知识、定期报表、制度讲解、统计台账、纸介质报表管理等,统计基础建设、统计法制宣传等。针对各专业统计工作和各专项调查,认真做好日常性的统计业务培训。采取直通车、广覆盖、分批次、点对点的方式,举办各类专业培训 20 余场次,培训基层统计人员 1500 余人,顺利完成年报培训任务,企业培训率 95%以上。 (张 妙)

【《统计法》宣传】 2014 年年初,雨花区制定《2014 年统计法制工作要点》,成立依法制统领导小组,明确工作职责;组织开展多种形式的统计法宣传,分别对全区房地产、建筑业、劳动工资、服务业等报表单位进行授课 8 次,发放《统计法》宣传手册,讲解新《统计法》和《统计违法违纪行为处分规定》,通告长沙市统计违法案例;加强对街道统计工作的管理、协调、监督和检查,对黎托和东山街道统计站开展统计巡查工作。开展统计执法检查,检查 37 个单位,案卷资料做到程序合法,手续齐全,无违规操作。局机关、圭塘街道、东塘街道、侯家塘街道以及雨花经开区加入市统计学会,开展学术研讨。落实法治雨花建设要求,组织干部职工学法、用法,参加法学考试。9 月 16 日,开展“统计人统计情统计梦”“中国统计开放日”主题宣传活动,宣传统计法律法规。12 月 16 日,组织开展“学法、懂法、用法”宣传活动,纪念“全国法制宣传日”。 (张 妙)

【统计服务】 2014 年,区统计局提供优质高效的统计服务,制作发行《长沙市雨花区 2013 年统计年鉴》,是长沙市内五区唯一推行制作年鉴的区县。全年共撰写统计分析 15 篇,以《雨花统计》形式出刊 7 篇;其中 3 篇为雨花内参。坚持开展与中西部重点城区的数据交流工作,实现与武汉、太原、南昌、合肥、郑州等 40 个主要城区的数据交换和机制共享工作。做好中部省会城区的数据收集工作,将中部 40 个主要城区的经济指标纳入年鉴统计范围。配合

区现代服务办做好课题分析工作,为打造中部现代服务业中心提供雨花现代服务业现状分析及建议。(张 妙)

【城乡一体化住户调查】 2014 年,雨花区全面系统地推进城乡一体化住户调查工作,全年参与调查户 75 户,包含 6 个街道 8 个调查点,各调查点配备辅助调查员,统计网络纵向到底,横向到边,三级联动。加强数据的审核评估,对高桥、黎托、洞井街道的租赁户的租金收入等高收入家庭的收入、奖金,采取每季度审核的办法,争取记准,记全收入账,确保源头数据质量。增加记账户补贴标准、组织辅助调查员上岗培训。2014 年雨花区获市级城乡一体化住户调查一等奖。(张 妙)

【全国第三次经济普查】 2014 年 1 月 6 日,雨花区第三次全国经济普查工作领导小组成立,由区政府副区长余宏卿任组长,相关责任单位及 12 个街道、1 个园区负责人为小组成员。安排预算经费 415 万元,为经济普查顺利开展提供强有力的组织保证。制定工作细则和《长沙市雨花区第三次经济普查单位核查实施方案》,区第三次经济普查领导小组各成员单位按照职责分工,向普查办第一时间提供各部门名录,各司其职、各负其责、通力协作、密切配合。采取"四查四核对"的方法对核查单位进行逐一的核对,确保全国第三次经济普查工作全面落实到位。12 月 12 日,雨花区第三次全国经济普查领导小组被评为省级先进集体单位。(张 妙)

审 计

【概况】 长沙市雨花区审计局内设办公室(综合计划科)、查证科、审理科、执行科、投资审计科、经济责任审计科(领导干部经济责任审计室)。下属二级机构政府投资审计中心。编制 20 名,其中行政编 11 名,政府投资审计中心事业编 9 名。领导职数 6 名。2014 年底在职在编干部 17 人、青年引进人才 1 人、退休干部 5 人。党支部党员 22 人,其中在职党员 18 人。

审计局深入开展预算执行、经济责任、政府投资和交办任务审计,审计部门"防火墙""检测仪"、反腐利剑作用得到充分发挥。2014 年区政府批复的审计项目计划 88 个,完成项目 104 个。其中,完成常规项目 15 个,查处管理不规范金额 57087.34 万元,违规金额 389.07 万元,收缴和归还原渠道资金 389.07 万元,查出非金额计量问题 23 个,提出审计建议 16 条,向有关部门移送案件线索 1 起。(刘 庆)

【制度建设】 2014 年,雨花区规范权力运行、审计监督全覆盖,推动区委、区政府出台《雨花区审计结果运用办法(试行)》《雨花区领导干部离任经济事项交接办法》。进一步健全审计质量控制体系,完善《审计项目时限管理规定》《优秀审计项目评选办法》《复核审理制度》《重大事项集体审定制度》《审计执法过错责任追究制度》等业务管理制度。加强"廉审工程"制度建设,重新修订廉政纪律告知、廉政监督员、审计回访、廉政警醒、责任追究等制度,局纪检组不定期督查制度执行情况,廉洁从审机制进一步完善。建立《公务接待审批制度》,健全完善公车管理、财务管理、会议管理等内控制度,贯彻落实中央、省、市、区作风建设规定。以区政府办名义印发《关于加强三公经费审计监督的通知》,进一步加大对"三公"经费的审计监督力度。修改完善 2010 年以后建立的管理制度 14 个,贯彻落实中央"八项规定"及《党政机关厉行节约反对浪费条例》等规定,健全完善《公务接待审批制度》《公车管理制度》《财务管理制度》《会议管理制度》4 个制度。健全完善《审计项目时限管理规定》《优秀审计项目评选办法》《复核审理制度》《重大事项集体审定制度》《审计执法过错责任追究制度》等业务制度,加大审理工作力度,提升审计质量。(刘 庆)

【财政审计】 2014 年,雨花区审计 2013 年度区本级预算执行和其他财政收支情况,总体把握政府全口径预算执行情况和区级财政工作成效,着力揭示预算编制执行、资金分配使用、政策实施效果等方面存在的突出问题。责令区财政局严格按照国家规定完整编报政府预算,对社会保险基金、国有资本经营进行全口径预算。针对部分财政信息系统功能不完善、管理欠规范的问题,提出针对性的意见和建议。区财政局采取措施积极整改。审计2013年度区教育经费预算执行情况,针对学前教育投入未达规定比例的问题,审计要求区财政、教育部门切实加强学前教育投入,逐步形成布局合理的学前教育公共服务体系。针对延伸审计幼儿园、学校发现的财务管理方面存在的问题,审计依法收缴违规资金,将某学校校长移送区教育局纪委进一步处理,并向区教育局提出加强财务管理的建议。区委副书记、代区长张能峰作出批示要求相关部门严格落实审计建议。 (刘　庆)

【政府投资审计】 2014年,雨花区健全完善政府投资审计工作流程,建立考核制度,促进提高审计质量和效率;制定和实施《结算审计立项暂行办法》,加大对重点项目、重点资金的审计力度。完成招标控制价审核项目64个,区财评送审总金额1013,40.1万元,审计审定金额98662.3万元,调增708.8万元,调减3386.6万元,净核减2677.8万元。抽查审计区财评评审项目25个,抽审金额38482.23万元,区财评结算金额99786.45万元,抽审率39%。 (刘　庆)

【经济责任审计】 2014年,雨花区加强经济责任审计工作领导小组成员单位的协调配合,召开成员单位会议研究经济责任审计有关事项3次。各成员单位进一步加强协调与配合,发挥各自的职能和作用,优势互补、齐抓共管。不断加大对领导干部权力的监督,着力强化经济责任审计。坚持以财政财务收支的真实性、合法性入手,以权力运行和责任落实为重点,采用离任审计与任中审计相结合,全面加强对领导干部的经济责任审计,重点关注领导干部经济决策、执行、管理、监督和廉政建设情况,完成经济责任审计项目11个,递交结果报告11份,审计领导干部12人。为区委、组织部门考察任用干部提供重要依据。查处单位违纪违规和管理不规范金额296.25万元,查出非金额计量问题20个并提出处理意见,提出财务管理和内部控制审计建议16条。出台《审计结果运用办法(试行)》,对纪检、组织、财政等部门运用审计结果提出明确要求,加强审计成果转化。及时归纳、分析典型性、普遍性问题,及时汇总经济责任审计结果,提交经济责任工作领导小组研究、决策。 (刘　庆)

【内部审计】 2014年,雨花区以会代训召开区内审工作座谈会两次。内审机构开展项目90个,指导开展6个。选送部分项目参加省、市优秀内审项目评选,砂子塘街道各社区物业收入情况审计等内审项目获省优秀内审项目一等奖。侯家塘街道内审站等单位被评为省、市内审工作先进集体,圭塘街道全市作内审工作典型发言。 (刘　庆)

【交办事项审计】 2014年,雨花区审计局针对本级财政预算收入不实、个别单位工作人员获取不当利益的问题,及时向区政府报送《审计要情》,为区领导决策提供重要参考。规范保障性安居工程管理、规范土地出让行为、维护被征地农民利益,配合完成市对区保障性安居工程审计、土地出让收支和耕地保护情况审计,及时向区政府汇报重要审计事项和相关建议。牵头专项督查13宗“两安用地”招拍挂加挂条件落实及政策返还土地出让金使用情况,积极督促有关单位对查出的问题进行整改落实,并向区政府提交专题报告。全年区委、区政府主要领导对审计事项作出重要批示4次。 (刘　庆)

【“三公经费”审计监督】 2014年,雨花区贯彻落实《党政机关厉行节约反对浪费条例》和各级作风建设有关规定,将“三公”经费作为审计重点,规范化管理“三公”经费。关注“三公”经费预算编制情况,年度审计项目实施过程中注重审查“三公”经费支预算编制标准是否合理、调整变动的审批程序是否规范。关注“三公”经费实际支出情况,注重与同期、同系统行业进行纵向和横向比较,查看是否存在超出标准和定额列支“三公”经费的问题。关注“三公”经费内控制度建立及执行情况，重点查看预算单位是否建立健全“三公”经费管理方面的内控制度并严格执行，通过深入剖析“三公”经费管理使用中存在的突出问题，从体制机制制度层面，从优化财政支出结构、预防腐败等角度，提出有针对性的审计建议，促进完善相关制度和监督机制。关注“三公”经费支出的合规性，审查接待费用办理公务接待清单、接待事由、审批程序，是否存在超标准超预算列支接待费用情况；审查公车配置的数量、规格和价格是否超标，购置公车是否符合国家规定；审查公车维修费用支出是否合理；审查是否存在无事由出车、公车私用问题等。

（刘　庆）

【审计整改】 2014 年，雨花区审计局制定《雨花区审计局审计结果公布办法》，落实《雨花区审计结果运用办法(试行)》，建立审计指导、政府督查、纪检追责、绩效考核、人大监督五位一体、环环相扣的审计整改联合督查机制。审计结论性文书送达后，审计执行人员主动上门服务，指导被审计单位整改问题、执行审计决定、落实审计意见和建议，并督促健全完善相关内部控制制度，降低廉政风险。对审计发现的重大问题、涉及多个部门的复杂问题、单位整改不到位的问题，审计部门及时提交政府常务会议研究后，配合政府督查室专项督查。对历年整改不到位的问题、屡审屡犯的问题，及时报纪检部门重点督查、实施责任追究，并将督查结果在适当范围内通报。审计整改情况纳入绩效考核范围。代表政府向区人大常委会报告预算执行和其他财政收支审计情况，相关被审计单位主要负责人同时报告本单位整改情况，接受人大常委会监督。11 月，在区政府门户网站公布 2013 年度区本级预算执行和其他财政收支审计结果、湖橡棚改保障性住房项目工程结算审计结果，在扩大审计影响、促进提高审计质量、监督审计等方面取得新的突破。（刘　庆）

【专项审计】 2014 年，雨花区审计局运用专项审计和审计调查职能，对领导关注、群众关心的热点、难点、焦点问题实施审计，注重从体制、机制、制度层面发挥审计建设性作用。完成广州服饰城案审计报告和评估报告，维护社会大局稳定。专项审计调查 2011 年度建设用地节约集约利用水平，结果表明，雨花区采用黎托武广新城城市建设节地模式、武汉东湖高心集团标准厂房节地模式和高层多层住宅安置节地模式，提高建设用地节约集约水平，但也存在项目用地重报批轻监管等问题。审计某企业资产负债情况，及时将领导人员拖欠企业资金、违规担保等问题以要情的形式向区政府汇报，区政府主要领导批示“先解决审计指出的问题，再稳步推进改制”。根据审计指出的问题，区政府暂停该企业改制工作。

（刘　庆）

【“项目点评”】 2014 年，雨花区积极开展“项目点评”。重大项目启动前，区审计局组织审计人员对审计方案编制的审计目标、审计范围、审计内容、审计重点、审计措施、审计步骤和方法等进行点评，着力解决“为什么审、审什么、怎么审”的问题，确保审计方案编制科学合理、切实可行。项目实施过程中，依照《审计项目时限管理规定》，每周点评项目各个环节落实时限情况，点评结果作为年度项目评优、个人评先的重要依据，确保现场审计、三级复核、征求意见、出具审计报告等环节在规定时限内完成，提高工作效率；项目完成后，对审计发现问题的定性及处理处罚、审计意见和建议的提出、审计整改情况、审计成效和影响等方面进行点评，总结经验和不足，提出改进措施。年终综合点评，按照审计职能“四分离”业务管理模式要求，区审计局审理科汇总全年项目方案、时限、定性及处理处罚、审计结果的点评情况，经班子成员碰头会研究后，召开专题会议进行通报，并对综合排名靠前的项目予以表彰，形成创优争先良好氛围。

（刘　庆）

【推动国有资产规范管理】 2014 年，雨花区审计局持续关注固定资产管理、使用、处置情况，发现部分街道土地资源管理不够到位，家底不清，土地界址产权归属不明；固定资产收益管理不够完善，存在部分收益流失，部分资产闲置浪费的现象；固定资产购置、登记、处置管理不够规范,导致部分固定资产账实不符,存在长期不盘查清点或违规处置的情况。针对上述问题,雨花区审计局利用专题汇报、审计要情等形式向区政府提出改进建议,得到区政府的支持。雨花区政府采纳审计建议,出台《关于进一步规范国有资产管理的意见》,提升国有资产管理水平,确保国有资产安全完整,提高资产使用效益。（刘 庆）

【"12345"工程】 2014年,为贯彻落实全国、省、市审计工作会议精神,更好履行审计监督职责,助推区域经济社会发展,区审计局全面启动"12345"工程。突出一个核心(提升审计质量,打造优秀项目);发挥两个作用(领导班子的领头雁、率先垂范作用,中层干部的排头兵、业务骨干作用);树立三种形象(依法审计形象、廉洁从审形象、钢筋铁骨形象);提升四种能力(现场管理能力、发现问题能力、计算机审计能力、审计文书撰写能力);强化五种意识(审计核心价值观意识、创新审计方式方法意识、审计项目时效意识、审计知识更新意识、服务审计对象意识)。（刘 庆）

安全监督

【概况】 长沙市雨花区安全生产监督管理局（简称"区安监局")内设办公室(宣教科)、直管行业安全监督管理科、综合协调职业健康监督管理科、执法大队4个职能科室。核定编制14名,2014年在职干部职工20人,其中在编14人,引进人才3人(其中辞职1人),雇员3人;退休1人;离岗1人。局党支部党员20人,其中在职党员14人,人才引进党员3人,雇员党员1人,退休党员1人,离岗党员1人。办公地点设在雨花区人民政府机关大院1号楼B栋五楼。

2014年,雨花区继续以巩固"省级安全生产示范区"为目标,不断强化红线意识、建立健全责任体系、落实企业主体责任、创新安全监管方式、深化安全生产专项行动,完成全年的各项工作任务,确保了全区安全生产形势总体平稳,被长沙市推选为全省"安全生产先进区(县)"。全区发生各类生产经营事故24起(其中交通领域21起、建筑领域1起、铁路领域1起、工矿商贸1起),死亡5人(其中,交通领域事故2人,建筑领域事故1人、铁路路外事故1人,工矿商贸事故1人),受伤51人,直接经济损失218.01万元。事故起数下降27.28%、死亡人数持平、受伤人数下降8.93%、直接经济损失下降96.2%。（易 燕）

【基础工作】 2014年,区委、区政府印发《关于建立领导干部带队检查安全生产工作制度的通知》,将区委、政府及其工作部门领导班子成员,雨花经开区、火车南站地区综管办、各街道党政领导班子成员,区安全生产委员会各成员单位领导班子成员均纳入领导干部范围,明确各级领导干部带队检查安全生产工作的频次和内容。制定《长沙市雨花区安全生产工作考核办法》和《长沙市雨花区安全生产奖惩暂行办法》,区安委会45个成员单位均纳入考核对象,加大奖惩力度,加大安全生产在领导干部工作考核中的比重,督促街道落实属地管理责任、相关部门落实行业监管责任、企业落实安全生产主体责任。制定《长沙市雨花区节假日安全生产事故灾难应急救援预案》,明确节假日事故应急救援指挥体系及职责、应急救援队伍、预警预防机制、应急响应、后期处置和保障措施,进一步减少和预防安全事故。在高桥办事处正式成立长沙市蓝天救援服务中心首个分部,坚持以安全培训、防灾演练、应急救援等公益服务为方向,以针对不同行业不同群体,有计划安排应急救援演练进社区、进车间等方式为手段,不断提高民众的应急能力。（易 燕）

【安全监管】 2014年,雨花区制定《雨花区"整治重大隐患、防范安全事故"三年安全生产重大隐患排查治理专项实施方案》和《长沙市雨花区安全生产专家排查治理隐患工作制度》,劳动东路小学危险围墙、中铁五局宿舍楼开裂、华云社区招待所围墙、湖南税务专科学校护坡、省建六机械化施工公司护坡等重大安全隐患整治到位,并销号备案。井巷护坡、野坡恒宇石油护坡、原白云电器厂宿舍、小林子冲棚户区、“高士居” 护坡等18处重大隐患列入整治重点。全区危险学品生产经营单位214家，其中生产单位1家,加油站34家,经营单位179家;烟花爆竹经营门店99家。全年检查生产经营单位509家次,组织检查组1540个,出动检查人员7760人次,开展执法行动10246次,检查单位20280家次,整改安全隐患959处,查处违规车辆1100余台次,责令停产停业6家,取缔违规生产经营建设单位6家,罚款912.6万元,拘留4人。下达整改指令37份,查处非法经营储存危险化学品16起、烟花爆竹9起,转存扣押危险化学品120.76吨,压缩气体347瓶,转存扣押烟花爆竹1157件,盘鞭130个,罚款6万元。签订消防安全责任状6740余份，整改“三合一”场所1500多处。（陈亮友）

【安全宣传】 2014年,区安监局制定《开展安全生产“强意识、强责任、强技能”宣教培训活动实施方案》,推出“案学案”安全知识普及活动,利用动漫模拟交通、建筑领域的安全知识,收集近年安全生产事故,制作《守住红线——雨花区安全生产警示教育片》1000册,组织企业和社区居民观看,通过血淋淋的事故教训学习安全知识。安全生产知识纳入社区筹委会干部培训课程。免费发放新《安全生产法》单行本和释义3000余册，开展专题培训班10场，培训2300余人。全区组织安全教育培训50余期，发送警示短信1万余条，发放各类安全宣传资料23.86万份,各类媒体发布宣传报道50余篇次。组织街道、社区安监员持证培训47名，复审人员27名;开展企业安全员持证培训200余人,培训规模以上企业安全生产标准化自评人员300余名;培训街道、企业关于烟花爆竹、危险化学品自查自报自改系统人员350余名。组织中小学生、企事业单位人员、建筑工地从业人员以及社区居民进行火灾逃生、触电事故、地震避险、交通事故、突发环境事件、公共卫生事件等应急演练50余次，参与单位170余家,参与演练6000余人次,群众自救互救能力不断提升。开展全国第十三个“安全生产月”活动,开展以“强化红线意识、促进安全发展”的“安全生产月”宣传咨询日活动,在全市率先开通“长沙雨花安监”微信平台,利用微信平台和移动短信平台,发送安全知识、警示信息和工作动态,服务广大群众,发送工作动态40余条。咨询日当天,活动现场共设置文艺表演区、现场咨询区、展板展示区、视频播放区、游戏互动区五大区域,以多元化的形式宣传安全知识和文化,提醒广大群众注意安全问题,提高安全技能；各街道共设置宣传咨询台120余个,制作展板260块，印发宣传资料11万册，悬挂横幅700余条,现场咨询群众14000余人。组织展板评比和“弘扬安监精神,共筑平安雨花”书法摄影比赛。（刘丽香）

工商行政管理

【概况】 长沙市工商行政管理局雨花分局(简称“工商分局”)负责雨花区内工商行政管理工作。内设办公室、信息中心、工会、人事教育科、纪检监察室、财务基建科、政策法规科、市场监管科、商标广告科、企业和个体私营经济监管科、注册登记科、食品安全科、公平交易科、消保科、12315指挥中心、网络交易监管科,下设11个工商所(办)。长沙市雨花区消费者委员会、长沙市雨花区个体劳动者私营企业协会挂靠工商分局。核定编制数186名,2014年,在职干部192人,退休干部29人。分局党委党员180人,其中在职160人,退休20人。

2014年，工商分局以商事制度改革统领全局,围绕“营造宽松平等的准入环境、公平竞争的市场环境、安全放心的消费环境、和谐稳定的干事环境”,新发展市场主体19119户,占全市17.4%;调处消费投诉举报4717件,占全市的23.2%;新增网络商品交易户3.2万户,占全市的22.9%;各项主要工作指标位居全市系统第一,获市工商局2014年度绩效考核一等奖。（陈　婷）

【商事主体登记注册】 2014年1月1日起,雨花区施行商事制度登记改革，实行注册资本认缴登记制度、商事主体年报备案制度、工商登记注册与经营项目审批相分离登记制度、商事主体经营异常名录制度，放宽住所、企业名称登记条件，构建统一的商事登记管理信息平台和商事主体信息公示平台，逐步推行网上登记服务。10 月 1 日起，实行商事主体年报备案制度。全年新设立商事主体 18764 户，同比增长 46.1%，其中企业 7300 户，同比增长 73.8%；个体工商户 11678 户，同比增长 33.2%，2014 年年底，雨花区各类商事主体 80261 户，增量与存量均居全市之首。（陈　婷）

【商事主体监管】 2014 年，雨花区落实《工商行政管理行政处罚信息公示暂行规定》，公开行政处罚信息 478 条，将失信记录计入企业档案。发挥网络监管平台的作用，建立“以网管网”机制，新发展网络经济主体 3.2 万户，同比增加 2.5 万户，对 3.9 万条网络经济户口进行数据比对和新增网络经济户口的录入，同比增长 400%，完成单位电子链接标识申请和审批 96 家，设置网络商品交易监管科监管网络商品交易，查处网络经济违法案件 8 件。开展市场文明创建工作，加强农贸市场秩序监督检查，开展 H7N9 禽流感、小反刍兽疫（羊瘟）、卫生秩序等专项整治行动，开展肉及肉制品安全专项大检查，全面排查肉品冷库、集贸市场、批发市场、超市、肉食店等重点场所，严厉查处、取缔肉品无证无照经营，重点治理销售私宰肉、注水肉、病害畜禽以及假冒伪劣肉品等行为，收缴白板肉近 2300 千克，并对销售白板肉情节严重的经营户予以取消经营资格清退出市场。规范各种行业格式合同文本 12 种，检查各类合同 30 余份，查办合同案件 22 起。办理动产抵押登记 42 起，帮助市场主体融资 72619 万元。24 户企业参加“守合同重信用”的评比。帮助企业注册商标 2344 件，成功注册马德里国际商标 1 件，注册商标总数 18757 件，区马德里国际商标达 2 件。以开展打击假冒伪劣、打击传销、整治虚假广告三大专项行动为重点，查处假冒伪劣案件 180 件，捣毁售假窝点 5 个，收缴各类不合格和假冒伪劣商品 11.9 万件；捣毁传销窝点 77 个，教育遣散涉传人员 298 人，交公安刑拘 19 人，查处传销案件 2 件；立案查处虚假违法广告案件 14 件。（陈　婷）

【新版营业执照启用】 2014 年 3 月 1 日起，雨花区启用竖版的营业执照，将各类市场主体原有的 15 种营业执照统一为 8 种，版式统一为 1 种，由横版改为竖版。公司营业执照记载事项取消实收资本、年度检验项目。执照上载有名称、类型、住所、法定代表人、注册资本、成立日期、营业期限、经营范围、企业信用信息公示网址及可显示市场主体基本信息的二维码。（陈　婷）

【食品流通监督管理】 2014 年，雨花区领取“食品流通许可证”的经营者累计 13522 户，新增 2452 户。抽检样品 160 个批次，合格 142 批次，不合格 18 个批次，合格率 88.8%，不合格食品均下架并立案调查。快速检测 2950 批次，合格率 100%。食品安全案件结案 94 起，移送司法部门 4 起。（陈　婷）

【消费者权益保护】 2014 年，全区新设立消费维权服务站 14 个，总数达到 85 个，受理消费者投诉 3662 件，比上年增加 100.11%；受理举报 1055 件，比上年增加 110.6%。把“诉转案”作为提升维权效能的重要手段，对符合立案标准的消费投诉立案查处，促使经营者认识到违法行为带来的严重后果，有效弥补行政调解手段的不足。对投诉量较多、社会影响大的通讯、汽车 4S 店、民营医院开展行政约谈，帮助企业实现将问题由“事后处理型”向“事前预防型、服务型”转变。（陈　婷）

【销售假冒“宝洁”系列注册商标专用权商品案】 2014 年 5 月，工商分局接到注册商标所有权人举报，反映当事人长沙市某日用品有限公司有销售侵犯其注册商标专用权商品的行为。经查，当事人于 2014 年 4 月购进假冒“舒肤佳”商标香皂 260 件、“舒肤佳”沐浴露 14 件、“飘柔”洗发露 86 件、“潘婷”洗发露 40 件，“海飞丝”85 件，进货金额 16975 元。根据《中华人民共和国商标法》第五十七条规定，当事人属于销售侵犯注册商标专用权的商品的行为，依据《中华人民共和国商标法》第六十条第二款规定，工商分局决定：责令立即停止侵权行为，没收侵权商品，并处罚

款 48000 元。 (陈 婷)

【张迎春调研商事登记改革】 2014 年 7 月 4 日，市委常委、副市长张迎春率队到雨花区调研商事登记制度改革工作。张迎春随机与 5 名前来雨花工商分局办事大厅办理业务的市民交谈，了解商改后的登记流程、服务效率等情况。张迎春表示，工商登记制度改革中的一个主要目的就是要让市民办理业务时少跑部门，少盖章，提高为群众、企业办事服务的效率。随后，她嘱咐工商部门说:“不要让市民跑两趟，要一次性告知，要优化名称核准登记这一环节的流程。”张迎春在调研中强调全市要进一步加大平台建设，市场主体监管信息平台要尽快投入使用。市工商局党组书记、局长卓精华，雨花区委书记、区长邱继兴，副区长邹犇森参加调研。 (陈 婷)

质量技术监督

【概况】 长沙市质量技术监督局雨花分局(简称“质监分局”)下设办公室、综合监管科、食品生产监管科、特种设备安全监察科。单位编制数 8 名，领导职数 3 名，全局共有干部职工 8 名，中共党员人数 6 名。办公地点在香樟路 592 号。

2014 年，质监分局全面落实全市质量技术监督工作会议精神，全力以赴抓质量、保安全、促发展、强质检，制定措施，狠抓落实，获评区安全生产工作先进单位等称号。 (蔡丽琴)

【质量监督管理】 2014 年，雨花区落实《质量发展纲要》，按照“加强品牌建设，提升品牌价值和效应”的总要求，积极开展质量兴区工作。积极开展湖南名牌、长沙名牌的名牌产品申报和培育工作，培育和申报湖南名牌产品 5 个，长沙名牌产品 3 个。继续巩固和强化证后监管，督促获证企业持续稳定地符合取证时的条件和能力。对获证企业实施监管，发现违法违规行为及时督促整改，企业年度自查报告备案率 100%，巡查率 100%，整改到位率 100%。 (蔡丽琴)

【特种设备安全监管】 2014 年，质监分局全年单独或联合组织出动特种设备安全监察人员 330 余人次，检查特种设备生产、使用单位 140 余家次，设备 2300 余台次（不含气站气瓶），出具现场检查记录 140 余份，下达特种设备安全监察指令书 33 份，整改意见 500 余条，行政立案处罚 3 起。不断完善重点单位的动态档案，加强对各大商场、小区、酒店、武广南站及省植物园等人员聚集场所及气站特种设备的日常巡查监管。签订责任书 20 份，配合市局开展 96366 电梯应急救援平台测试 12 次。开展住宅电梯、大型游乐设施、压力容器及锅炉等专项整治及元旦、春节、“五一”、端午、中秋、国庆等节前专项检查 8 次。重点督查辖区内气瓶充装、电梯维保等特种设备生产单位及火车南站、喜盈门范城等人流量较大的电梯使用单位。接各类特种设备安全方面投诉 130 余起，电话咨询 180 余起，其中电梯投诉占比 95%以上，分局对所有投诉都单独或联合市局、省特检院及时予以处理，回复率 100%。分局与省特检院联合完成作业人员培训 300 余名；印制特种设备安全宣传资料 4 万余份，组织各类特种设备安全宣传和 96366 电梯应急网格救援实训演练活动 5 次。全力开展特种设备领域打非治违及“六打六治”专项整治，较好完成科交会、农博会及节假日特种设备安全整治和值守工作；积极开展“大检查、大整治、大督查”专项行动、安全生产领域四风问题专项整治等。 (蔡丽琴)

【食品安全监管】 2014 年，质监分局严格按法律法规及市政府文件要求，严格控制食品生产许可准入条件，规范工作程序；组织对获证食品生产企业落实质量安全主体责任情况监督、检查等证后监管工作。全区食品生产企业 135 家，完成全区 100%的获证企业的日常巡查，出动检查人员 471 人次，下达责令改正通知书 144 份，责令停产整顿 26 家，及时发现排查风险问题 1 例，约谈企业 10 家。配合市质监局对获证企业和制售分离的小作坊监督抽查，完成区级食品生产企业监督抽查 400 批次，按季度向市局报送食品质量安全分析报告。对抽查发现的问题依照程序全部进行后处理工作，共立案35件，其中区级监督抽查不合格17个，处置抽检监测不合格17个。开展两节两会、桶装饮用水、地沟油和散装食用油、校园及周边食品、农村食品安全监管、食用明胶和使用明胶生产加工食品、损害群众利益行为、农产品质量安全、肉及肉制品、农村食品市场“四打击四规范”等专项整治10余次，依法取缔食品黑作坊19家，收缴各类假冒伪劣食品近150吨；组织销毁活动一次，销毁收缴的假冒伪劣食品80吨。（蔡丽琴）

【计量监督】 2014年，雨花区加强对辖区内医疗机构、眼镜店、农贸市场、超市、餐饮酒店等行业使用的计量器具监管，确保使用器具受检率95%以上。及时处理和回复对计量器具的投诉。狠抓计量基础工作，提高企业计量管理水平开展农贸市场计量器具、液化气充装站计量器具的专项行动，配合省质监局做好定量包装的检测工作及食品企业实验室计量器具的检定工作。春节期间，区质监分局联合市质监局及省计量院专项整治火车南站、汽车南站周边的出租车计价器和红星市场的电子秤，核查出租车206台，现场查扣作弊出租车8台，检查农贸市场电子秤102台，当场销毁作弊电子秤4台。（蔡丽琴）

【标准化工作】 2014年，质监分局协助市质监局标准化处开展中小微企业标准化申报工作，协助辖区内企业申报备案企业标准，辖区内4家企业申报“长沙市中小微企业标准化战略推进工程”第三批试点企业，主动对辖区内试点企业进行跟踪服务。（蔡丽琴）

【机构代码工作】 2014年，雨花区新办机构代码证6296个，年检机构代码证25000个，换发机构代码证4118个。提供区综合治税平台数据3万余个。（蔡丽琴）

【行政执法】 2014年，质监分局对辖区内规模企业实行产品质量巡查制；实行重要工业产品分类分级监管，对省、市局确定的行业产品实行分级分类监管，分级分类82家企业，均已巡查；建立质量抽查“黑名单”制度，配合市局定期向社会公告；定检计划完成率达到100%；所有不合格产品后处理100%到位，按要求做好不合产品后处理。（蔡丽琴）

【锅炉专项整治】 2014年7月下旬，质监分局、区环保局联合整治黎托片区多年未纳入检测和监管的锅炉，培训司炉工40名，改造和纳入检测的锅炉40余台，取缔存在严重安全隐患的锅炉5台，专项组出动执法人员200余人次，对每一家单位，每一台锅炉均收集信息建立台账。（蔡丽琴）

【鉴真辨假宣传活动开展】 2014年4月25日，雨花区打击侵权假冒鉴真辨假宣传活动暨启动仪式在东塘步步高广场隆重举行。为积极推动辖区内产商品商标侵权假冒产品知识宣传，质监分局设立咨询服务台，向群众普及商标侵权和鉴真辨假安全常识进行现场解答。发放宣传资料和相关书籍300余册，现场答疑500余人次。（蔡丽琴）

【电梯安全宣传活动开展】 2014年，雨花区通过开展电梯安全知识进校园、进企业、进社区活动，开展商场、车站等公共场所电梯专项检查等方式宣传安全乘梯常识，营造文明乘梯氛围，保障电梯使用安全。为贯彻落实国家质检总局关于“质量月”和“电梯安全宣传周”活动的工作要求，9月18日，雨花区文明办、区质监分局、区安监局共同在黎托街道茂华国际湘小区组织开展“文明乘梯安全乘梯”电梯安全知识宣传活动，活动得到市文明办和市质监局的指导和支持。发放各类电梯安全宣传资料1万余份，接受答疑500余人次。（蔡丽琴）

食品药品监管

【概况】 雨花区食品安全管理办公室（简称“区食安办”）加挂长沙市雨花区食品药品监督管理局（简称“区食药监局”）。内设办公室、食品监管科、药品监管科、医疗器械监督科、保健品与化妆品监管科5个职能科室。核定行政编制 8 名、事业编制 8 名,全体在职干部职工数 20 人,其中引进人才 1 人,雇员 3 人。办党支部党员 14 人。办公地点设在雨花区人民政府机关大院三号楼三楼。

2014 年,区食安办紧紧围绕食品安全机构建设、宣传培训、日常监管、专项整治、检验检测等工作内容,整体部署,重点调度,不断改进方法,积极创新模式,狠抓制度建设,全区的食品安全监管效能和水平得到较大提高。（邓　辉）

【基础工作】 2014 年,雨花区健全食品安全联席会议制度和定期汇报制度,定期召开全区性食品安全调度会议,专题分析和部署工作进展情况和重点问题,及时解决工作难题。进一步完善区、街道、社区三级监管网络,加强职能部门、街道和社区力量的整合,完善突发事故应急处理机制,加强指导各成员单位制定和完善本系统的食品安全事故应急预案,切实提高食品安全突发事故处置能力,形成“组织严密、应对有序、处置迅速”的工作机制。严格执行应急值班制度,实行 365 日昼夜值班,确保食品安全应急不留空档;落实带班领导和工作人员 24 小时通信值班,确保食品安全应急反应迅速,保证本年度未发生食品安全事故。（邓　辉）

【宣传培训】 2014 年,雨花区针对食品药品安全工作点多面广、管理复杂的情况,有计划地对街道、社区专干、协管员、信息员以及相关食品药品安全单位法人代表、企业负责人和从业人员分类、分批进行培训,培训食品行业从业人员 1948 人,培训食品安全监管人员 243 人。4 月、9 月,邀请市食药监局相关业务处室的专家授课,分别对全区 200 余名区、街、社区食品药品工作人员进行食品药品业务培训,对考试合格的参训人员发放“食品药品安全巡查工作证”。广泛利用发布政府网站信息、手机信息、QQ 群、宣传橱窗、食安大讲堂等形式,并结合春节、元宵节、“3·15”“全国安全用药月”等重大时节,进行多方位的宣传报道,推动食品安全知识“五进”活动全面开展。开展食品药品知识网络竞赛,开展食品安全宣传咨询活动 48 次,在媒体播发宣传报道 9 篇。上报工作信息 60 条,市食品药品监管局采用 30 条,省食品药品监管局采用 7 条。（邓　辉）

【日常管理】 2014 年,区食安办坚持《日常巡查细则》的要求,各科室分片包干进行日常巡查;把食品药品安全的日常巡查责任明确到街道和社区,督查街道、部门开展巡查的工作情况,强化食品药品安全网格化管理的效率。完成单体药店(115 家)和区级以下医疗机构(317 家)市对区任务,检查覆盖率 100%,检查保健食品门店 237 家。对日巡查、月督查发现的问题,通过以《督查通报》形式反馈、整改。下发 19 期《督查通报》,对存在问题的 361 家单位进行整改。积极开展食品药品安全检验检测。食品检验检测任务共 6500 批次,其中定量 1500 批次。实际完成食品检验检测任务 7121 批次,合格 6954 批次,合格率 97.66%。其中定量 1633 批次,合格率 90.74%;定性 5488 批次,合格率 99.8%。每月在网站发布 50 个以上批次的检测结果。接到投诉举报 71 起,省市交办件 28 起,均核实处理,兑现奖励 18400 元,并协同相关街道、职能部门对违法商家采取相应处罚,并督促相关单位进行回访复查,确保执法效果常态化。及时分解下达食品安全案件指标任务,督促部门、街道积极发现案件线索,加强与公安系统的衔接,定期与检察院、公安和执法部门召开办案联席会议,形成顶格处罚的高压态势。完成一般行政违法案件 180 起,本级公安机关办结食品刑事案件 3 起。9 月,在同升街道日常巡查时,查获一批价值逾千万的假劣药品、保健食品、化妆品等,获市食药监局通报表彰。（邓　辉）

【专项整治】 2014 年,区食安办积极开展重点领域的专项治理,全年开展两节两会、魔爽烟、地沟油和散装食用油、校园周边、毒豆芽、餐饮门店环境卫生、饮用水、大米、肉制品、农产品、保健食品、医疗器械“五整治”“四打击四规范”等 30 项专项整治。3 月下旬,牵头组织区工商、质监、公安、城管、商务、农水、卫生及各街道开展地沟油和散装食用油专项整治行动。通过9次联合执法，收缴地沟油2000千克，检查食用油经营单位142家、餐饮单位1220家、畜禽养殖场108家，查处行政违法案件29起，罚款13700元。对辖区内16所高校，193所区直属中小学、中专、189所幼儿园食堂及学校周边食品安全环境开展两轮次专项整治行动。联合区卫监所、卫生局、教育局对14家存在较大食品安全隐患的学校法人进行约谈。对于约谈后仍不改正的单位进行立案处罚，切实实现学校食品安全隐患的“零容忍”。市、区、街、社区四级食药监管力量对全区3391家餐饮门店进行摸底、张贴通告，并按照“每周开展，每街到位”的形式，逐街开展专项整治行动。检查餐饮门店3460家次，其中责令整改135家，停业整顿66家。对辖区单体药店、区级以下医疗机构、医疗器械经营公司等单位开展日常及专项检查。对全区的单体药店、区级以下医疗机构开展食品药品安全方面损害群众利益行为及中药材中药饮片专项整治工作，下达责令限期整改通知书64份。落实《2014年全省医疗器械“五整治”工作方案》，制定《关于“角膜接触镜”和“助听器”等验配类产品经营（零售）门店的专项检查实施方案》，召开工作布置会，讲解相关检查要点，出动执法人员210人次，检查单位102家，对存在问题的27家单位下达责令整改通知书。并对辖区内医疗器械批发公司进行专项检查。不断加大药械不良反应（事件）监测工作力度，上报药品不良反应290例，其中严重32例；上报医疗器械不良事件71例，严重20例，明显高于上年。对全区237家保健食品经营企业或门店开展突击专项检查，建立起涉及性保健用品经营基础台账；对高桥保健食品市场抽检20批次，督促全体经营户办理“保健食品经营备案登记证”；严厉打击销售假冒、不符合食品安全标准等保健食品的违法行为；严厉查处非法添加和以食品、保健食品、保健用品等非药品冒充药品销售的违法行为，协同市食药监局查处曹某某性保健品店假货仓库，现场查获7种假冒伪劣产品。结合日常巡查工作开展专卖专营单体化妆品零售门店检查，专项整治化妆品店和美容美发店，积极结合安全用药宣传月，组织开展化妆品安全知识集中宣传活动，宣传食品药品监管部门的相关职责及化妆品选购常识。在黎托街道开展以豆制品小作坊为主的专项整治工作。

（邓　辉）

【豆制品基地建设】 2014年，区食安办牵头组织一系列豆制品作坊摸底调查及基地建设选址定队的前期工作，区委书记邱继兴5次与分管副区长王清华进行重点研究部署，区食安办11次到相关单位收集意见，进行实地勘察选址。最终选址东山街道侯照社区建设豆制品基地，由投资方鸿远公司组织入场施工改造。

（邓　辉）

【食品药品安全知识竞赛】 2014年5月，在《食品安全法》颁布实施5周年宣传周之际，区食安办在区政府网站上面向全社会组织开展为期一个月的“食品药品安全知识竞赛”。竞赛内容主要为食品药品安全相关的法律法规、基本常识等，旨在提高广大市民的食品药品安全意识、法律意识，形成人人重视食品安全、认知食品安全、确保食品安全的社会共识。

（邓　辉）

工　业

【概况】 雨花区工业和信息化局(简称“区工信局”)主管全区工业经济以及信息化工作，管理工业企业。内设办公室、经济运行科、企业服务科、工业节能科、区改制分离办，二级机构为中小企业服务中心(含区改革改制事业单位退休人员管理办公室)。事业编制13名，实有11人，人才引进1名，雇员5名，其中中小企业服务中心编制4名，实有2人，领导职数5名。退休人员12人。局党委下辖8个支部，党员81人。办公地点设在区人民政府机关大院2号楼B座2层。

2014年，区工信局紧紧围绕区委、区政府“打造中部现代服务业中心”和“五新雨花”建设的战略目标，加强工业经济运行调控、提升企业服务水平、推进企业信息化建设，不断推动工业和信息化工作发展。全面完成市对区考核指标，获2014年度“长沙市加速推进新型工业化工作优秀单位”称号，湖南中烟工业有限责任公司、长沙比亚迪汽车有限公司进入长沙工业三十强，全市6家2014年度企业技术中心(省级)雨花区占据2席，2家企业被评为2014年度长沙市加速推进新型工业化技术创新示范企业。

(赵　佩)

【工业运行】 2014年，区工信局一季度将任务科学分解，将园区和各个街道指标具体安排建议列表，明确目标。6月，做半年度任务冲刺动员。每月实行月目标任务通报，及时监测，及时反馈。每季度召开运行工作调度会，狠抓生产，加强调度。及时了解重点企业生产经营情况；综合分析工业系统经济运行和产业发展重大问题，研究经济运行调控目标、政策和实施意见，规模工业产值、增加值完成情况每月上报市工信委运行处；农产品加工企业、乡镇企业情况每月上报市农业局；每月及每旬督促辖区内的长沙市百户重点监测企业(长沙卷烟厂、比亚迪汽车、晓光模具、华宽通、正大轻科机械)，产值及企业生产经营情况报送市工信委，报表及时，报送情况准确。落实产业政策，根据各级要求，2014年组织、协助企业申报2014年度红旗乡镇项目、2014年湖南省首台(套)重大技术装备认定及奖励项目、2014年度汽车、工程机械省内配套奖励项目、2014年省培育发展战略性新兴产业和推进新型工业化专项引导资金等项目，为企业解决实际问题。项目建设顺利推进，待建项目储备充足。每月5日及时汇总“三定三抓”项目情况，与井塘村、雨花亭街道、万坤图房地产项目负责人以及相关部门保持每月联系，多次与街道、城管在联点领导的带领下现场办公。 (赵　佩)

【服务企业】 2014年，区工信局组织企业参加在长沙经开区举行的“长沙市中小企业转型升级系列服务产品区县园区巡回推介”活动，全面推进中小企业参与转型升级服务产品选购工作。组织专业服务队伍，引入中介机构力量，发挥雨花经开区经发局、街道经贸办作用，做好拓实业等企业申报长沙市企业知识产权战略和标准化战略推进工程第三批试点企业。推荐湖南正大轻科机械有限公司、湖南泵阀制造有限公司等4家申报2014年度长沙市技术创新示范企业。组织湖南晓光汽车模具有限公司、湖南海福来科技有限公司等13家企业的17个项目申报2014年度长沙市中小企业技术创新项目。组织开展“专精特新”示范企业、湖南省“两型产品”、市区“两型企业”“市技术创新示范企业”“长沙市本地优质产品”推荐目录的认定工作，培养中小企业。探索建立雨花中小企业网站、QQ、微信等多级信息服务平台，以信息化推动中小企业对政策的普晓、普知、普惠；配合现代电子物流园、机器人产业园开展专业化招商。鼓励企业入驻“湘赢”“E企来”电子商务平台，组织召开第三场雨花区工业企业电子商务平台推广会和建议经验交流会，20家中小企业加入第三方电子商务B2B平台、B2C2C平台。推荐长沙钢为网络科技有限公司、长沙市凯纳网络技术有限公司等4家企业申报省信息化产业发展专项资金项目；组织长沙贝尔环保节能设备有限公司、湖南晓光汽车模具有限公司等3家企业申报省信息化专项引导资金项目；组织湖南卡卡移动互联网有限公司、湖南龙骧洪鑫物流有限责任公司等13家企业申报省移动互联网项目资金。更新“雨花区中小企业在线”网站内容，完善“湖南中小企业金融超市雨花区服务站”功能。

（赵 佩）

【改制分离】 2014年，雨花区完成长沙湘岳制帽服装厂改制，在职职工身份置换、职工养老保险、医疗保险、失业保险的购买、职工生活补助的发放、职工住院医疗费的补助均已到位。启动对区属企业湘岳制帽服装厂危房改造的摸底工作。对华中印刷厂进行企业改制的调研工作，并积极做好改制的前期准备工作。制定《关于推进中央在区企业分离移交“三供一业”和区域省属、市属企业办社会职能分离移交工作实施方案（讨论稿）》，将征求各方意见报区政府研究后出台。积极协调浦沅社区社会职能分离移交工作。

（赵 佩）

【安全生产】 2014年，区工信局成立局安全生产工作领导小组；与区属企业和区域规模工业企业签订安全生产责任书；帮助指导10家企业完成安全生产标准化建设。企业平均每个月下企业调研走访安全生产工作1次，组织安全生产大检查10余次。

（赵 佩）

【退休人员管理】 2014年，区工信局认真落实老同志政治待遇，按政策给县级退休干部陈巧云订阅《长沙晚报》和《老年人》，其余退休干部订阅了《老年人》，计100份；坚持春节集中走访慰问制度，春节期间由局长、书记、副局长带队，分成6组对下属2个改制企业、对口帮扶联点单位、8个支部中的特困党员、事退办长病家庭困难人员及局退休人员进行走访慰问，慰问174人次，发放慰问物资及慰问金支出近13万元；老干部生病、住院、过世及时看望慰问，慰问金及物资20000余元；鼓励离退休党员干部上老年大学，报销学费4000余元；指导并支持离退休支部开展活动，克服活动场地不足，经费有限、成员年龄较大、行动不便等限制，离退休支部定时定期学习党建知识，积极开展各项活动的良好风气。

（赵 佩）

【工业经济发展座谈会】 2014年2月18日，区工信局组织召开2014年工业经济发展座谈会。区工信局班子成员、雨花经开区产业发展局局长、各街道分管经济副职及经贸办主任参加会议，会议由区工信局副局长郭勇主持。雨花经开区产业局局长、各街道分管经济工作负责人分析2013年完成任务情况及存在的问题，并结合各自实际情况对2014年工业经济工作提出建议、设想、工作目标及措施。郭勇安排企业调研工作，副局长吴海平传达区安委会关于年后企业复工复产安全生产工作的要求，并作相关部署，副局长黎华部署2014年信息化工作和企业服务工作，区工信局局长黄生文勉励大家2014年以更高的热情投身到工业经济的发展中，勤下企业，多做调研，大力推进招商引资，确保2014年工作任务高质量、高效率地完成。

（赵 佩）

【全区工业经济运行调度会】 2014年11月18日，区工信局组织召开全区工业经济运行暨园区工业地产招商推介活动调度会，区人民政府副区长余宏卿、区政府副调研员朱志培、雨花区经开区管委会副主任邓波出席会议，会议由区工信局局长粟芳主持，雨花经开区经发局局长余忠、区工信局其他班子成员、各街道分管领导和经贸办主任参加会议。区工信局副局长喻向东通报全区1—10月工业经济运行情况,分析各单位完成全年任务存在的困难和问题,向各单位下达第四季度的目标任务,并明确2014年工业经济主要指标在内五区排名要实现保二争一的目标。区工信局副局长吴海平、黎华分别安排部署工业企业安全生产工作和工业企业服务及信息化建设工作。邓波就工业地产招商推介活动进行调度。余宏卿强调要抓实工业经济工作,要在服务上为企业鼓劲加油。同时,要招商引资扩增量,引进新项目,街道可以从总部工业的引进和新型创意设计研发产业的引进来抓,不能简单地认为工业仅仅等于生产。要把工业企业的安全生产抓到位,时刻谨记管行业必须管安全。要注重工业人才的培养和工业的科学统计。（赵 佩）

【10家新入规模工业企业获表彰】 2014年,雨花区被省委、省人民政府授予2013年度"全省加速推进新型工业化工作二等奖"(县市区)称号、被市人民政府授予2013年度"长沙市加速推进新型工业化工作优胜单位"称号。全区有10家工业企业主营业务收入首次突破2000万元,成为2014年新上规模工业企业,为工业经济注入新的活力。7月15日,雨花区工业企业中层经理通用管理技能训练班暨运行监测工作考核情况通报会对2014年10家新入规模工业企业进行表彰。（赵 佩）

【"金融服务"进企业】 2014年3月20日、21日,区工信局邀请长沙市中小企业金融服务中心主任戎涛带领金融专业人员一行7人,分成两组调研走访唯科拓、海福来、奇思环保等20余家工业企业,实地了解中小微企业"融资难、融资贵"等共性问题,深入开展市金融服务平台推广及金融服务交流活动。市金融服务中心对全市中小微企业提供的多层次金融服务情况向企业进行全面宣讲:全市将围绕企业转变产业发展思路向企业资本经营思路,加强战略管理,系统地开展培训、讲座、沙龙活动;发挥资本市场作用,做好核心企业金融服务与指导。针对企业金融需求,开发对称产品、不对称产品,发挥金融中心集约作用进行整体打包、优势谈价,做好企业与金融机构的对接与推送;对接资本市场上的主板、中小板、创业板、新三板相关金融机构,引入股投、风投机构,做好上市辅导与转板服务;做贴身的资本顾问服务,对具有良好发展前景的中小企业,以内强素质、外树品牌为目的,转型升级五个系列服务产品。对成长性好的、企业家意愿较强烈的企业,在技术、团队、管理等方面做好全程保姆式资本经营指导;立足金融资本知识普及,应急互助资金对接,创新企业股权投资,不断强化企业融资能力管理。（赵 佩）

【工业企业中层经理通用管理技能训练班】 2014年7月14日—15日,2014年雨花区工业企业中层经理通用管理技能训练班在长沙比亚迪汽车有限公司开班。副区长余宏卿进行学习动员。区工信局邀请资深管理专家、管理培训专家、客户服务咨询与培训专家田胜波老师进行授课,雨花经开区、各街道经济部门工作人员、全区工业企业中层管理人员近200人参加培训。（赵 佩）

【市工信委调研雨花区工业】 2014年10月23日,长沙市工信委纪委书记李贤兴率第四帮扶服务企业小组一行4人到雨花区工业企业实地走访。区工信局局长粟芳向帮扶小组详细汇报湖南泵阀制造有限公司、长沙环康科技有限公司、九九矿安装备有限公司及康胜医药有限公司4家小微企业存在的融资成本高、产业政策渠道不畅通、专利发明需要保护等困难和需求,争取帮扶服务企业小组对工业企业给予针对性的帮扶措施。李贤兴高度肯定雨花区在较为复杂严峻的经济形式下为企业排忧解难、全力冲刺全年目标任务所采取的相关措施和办法,将把此次在企业掌握的具体情况带回市工信委,针对企业提出的困难和需求进行扎扎实实、卓有成效的帮扶服务。12月5日,长沙市工信委党委书记、主任赵跃驷,副书记、副主任刘志辉、周双恺和办公室主任傅婵一行4人到雨花区调研工业经济工作,区委书记邱继兴、代区长张能峰、雨花经开区党工委书记杜旭辉、副区长余宏卿及雨花经开区、区工信局班子成员出席活动。区工信局局长粟芳汇报雨花区工信工作的特色、亮点及下年工作主要思路,余宏卿补充介绍雨花区工业经济发展情况。周双恺建议雨花区加强市区联动、区与园区联动,争取省市服务成果落地雨花,做好服务平台统筹规划与建设,加强服务产品融合与对接,整合服务资源和政策资源,为企业及企业家提供切实可行的帮助。刘志辉建议雨花区结合实际,做好产业布局,支持与发展好汽车产业、工业机器人产业,以雨花工业地产培育出与提升好产业,形成特色。做好跳马作为雨花工业发展的空间拓展规划。赵跃驷指出,内五区中真正有条件搞工业的只有雨花区,雨花经开区是长沙“十二五”产业布局中的南部产业集聚区的核心区,具备长沙产业“三足鼎立”的重要支柱,雨花有基础,在雨花搞工业真正能有所作为。市工信委会在雨花区中小企业服务平台和体系建设、机器人产业项目建设等方面给予支持,也希望雨花工业人能继续坚守,耐得住寂寞,挑得起使命。 (赵 佩)

【市统计局调研雨花工业企业】 2014 年 11 月 4 日,长沙市统计局党组书记、局长刘金文,副局长韦薇、工交处处长胡睿懿一行 3 人调研雨花工业经济运行态势,听取雨花区工业经济运行情况汇报,考察长沙比亚迪汽车有限公司、克明面业、九泰长沙总部基地生产现场、生产经营情况及发展过程中遇到的困难。对比亚迪和克明面业自动化生产线所带来的经济效益和环保效益高度赞赏,对九泰长沙总部基地将引领城市群商务变革表示期待,鼓励企业进一步加强科研开发,为长沙工业的进一步发展做出新的贡献。雨花经开区管委会副主任邓波以及区工信局、园区经发局主要负责人陪同调研。 (赵 佩)

【国家稀土专项整治检查组检查】 为贯彻落实国家八部门联合《关于组织开展打击稀土违法违规行为专项行动的函》工信部联原函〔2014〕443 号的精神,2014 年 12 月 15 日,国家稀土专项整治检查组到雨花区检查稀土企业管理与专项整治工作,省经信委陪同检查。市工信委与区工信局分别汇报市、区专项核查期间的稀土专项整治工作开展情况,并就专项整治工作的有关问题向检查组进行咨询。会后,检查组深入三家稀土贸易企业,实地了解了企业情况,并查看相关资料。 (赵 佩)

【雨花电商物流园 IDC 数据中心合建项目研讨会召开】 为进一步加快雨花区电子商务产业园的建设,做好园区产业发展前瞻性规划,探讨园区 IDC 数据中心合建模式,2014 年 12 月 12 日,区工信局协同雨花电商园邀请市信息和通信局局长肖逸,省联通公司、市联通公司、市电信公司、市移动公司的信息专家探讨和交流雨花电商园 IDC 数据中心合建模式,为园区的宏观定位和提前布局提供有效的参考建议,各方均表态积极为园区的建设发展提供有效保障。 (赵 佩)

农业·林业·水利

综　述

【概况】 雨花区农业林业水利局(简称“区农林水局”)内设办公室、农林科、水利科、畜牧水产科、经管科、计财科6个职能科室和水建科(试运行),辖长善垸雨花区堤委会、雨花区合丰堤委会、雨花区动物卫生监督所、雨花区农机监理站、雨花区河道堤防管理站5个二级机机构。核定编制66名,全体在职干部职工数38人,其中正科级实职领导2人,引进人才3人,雇员5人,退休19人。局内设立4个党支部,共有党员36人,其中在职党员29人。办公地点设在雨花区人民政府机关大院2号办公楼B座4楼。

2014年,区农林水局坚持民生为重、服务为先,积极推行农业标准化生产,加强农产品质量安全监管和动物防疫;开展三年造绿行动,积极备战防汛抗旱。继续创新“三资”网络监管平台,实现与三农网的有效整合,三资监管更加规范化。获评全省农经统计工作先进单位,2014年度全市农村集体产权制度改革工作先进单位。（肖梦佳）

【“三资”公开平台开通试运行】 2014年12月12日,雨花区“三资”公开平台开通试运行。公开各类财务报表7000余份。雨花区三资公开平台直接从三资监管软件中自动取数,解决了三资数据不愿意公开、公开不完整、公开不及时的问题。通过雨花区三资公开平台,群众可查询到雨花区12个街道141个社区(筹委会)的资产概况、收入情况、支出情况、合同执行情况等内容,实现社区(筹委会)“三资”在网上公开、网上运行、网上监督。（肖梦佳）

农　业

【种植业】 2014年,雨花区粮食种植面积进一步减少,全区仅栽植一季稻9.27公顷(139亩)。蔬菜生产基地面积10公顷。（肖梦佳）

【养殖业】 2014年,雨花区出栏生猪0.9万头;家禽出笼2.1万只;禽蛋产品74吨。养殖水面97公顷,水产上市1014吨。组织各涉农街道农办开展养殖业投入品专项整治3次,出动工作人员45人次,督查畜禽养殖户49个、水产苗种养殖企业1个,全区所有养殖场（户）建立健全养殖档案和动物防(检)疫档案,从源头上确保动物及动物产品质量安全。开展动物卫生监督执法,办理涉嫌经营未经检疫动物的违法行为7件,并以涉嫌生产、销售不符合安全标准的食品罪移送公安机关立案查处。严肃查处水产苗种生产质量安全,督促养殖者建立生产记录,用药记录、产销记录。配合市水产品质量检测中心检查苗种生产场1个,水产养殖大户6户,未检出氯霉素、孔雀石绿等违禁药物,违禁药物检出率为零。（肖梦佳）

【农业标准化生产】 2014年,雨花区有国家级农业龙头企业1家,省级农业龙头企业2家,市级农业龙头企业8家。国家级农业产业化龙头企业克明面业挂面生产线项目、湖南宏坤生态农业有限公司“菜鲜堂”连锁超市项目纳入市重大现代农业项目帮扶项目。克明面业到位资金1200万元;全市建成“菜鲜堂”连锁直销店35家。（肖梦佳）

【农产品质量安全】 2014年,雨花区进一步健全农产品质量安全检验检测体系,不断强化日常监管和检查,加大对农产品质量安全违法案件的打击力度。市农产品检测中心两次定量分析检测区蔬菜基地,合格率100%;自检蔬菜农药残留1050批次,合格率100%;抽检畜禽水产品828批次,“瘦肉精”阳性、畜禽水产品药残检出率均为零,合格率100%。全区完成20万头生猪同步屠宰检疫,免费注射猪瘟、生猪5号病、猪蓝耳病疫苗1.3万头、禽流感疫苗9.54万只,生猪5号病、猪蓝耳病、禽流感、猪瘟等强制免疫病种畜禽群体常年免疫密度100%。年内,全区未发生一起重大动物疫情和动物产品质量安全事故。 (肖梦佳)

【动物防疫】 2014年,雨花区建立健全疫情巡查包干责任制,巡查责任明确到街道主管领导、农办负责人和防疫巡查、监督责任人,并将相关责任和联系电话公示在相关监管点。强化日常巡查和应急处置,确保动物疫情和质量安全隐患早发现早报告早处置。加强交易市场监管,严格落实凭检疫证明入场、检疫证明公示、定期消毒、限量调入等制度。强化春(秋)两季集中免疫,保证常年免疫,春(秋)免疫结束后,对每个防疫员的责任区内已免畜禽抽样,进行免疫抗体检测,随机抽取畜禽血样160份,免疫抗体水平全部达合格。每月对畜禽存栏(笼)及疫情动态进行摸排登记,掌握养殖动态,全面完成动物防疫目标任务。多举措应对H7N9,按照“畜牧部门负责家禽养殖场(户)及市场活禽样品采集和检测、卫生部门负责市场环境样品采集和监测、工商部门负责市场休市、消毒等工作”的分工原则,加强对全区范围内动物疫情的检测,全面完成集中监测,确保不发生重大疫情。加强病死动物无害化处理监管。印制《病死畜禽无害化处理告知书》2000余份,与农贸市场签订《动物及动物产品质量安全承诺书》100余份。定期检查生猪养殖户和农贸市场,全面了解病死动物无害化处理处置和记录情况,重点巡查流经雨花区的浏阳河、圭塘河流域。红星盛业公司建成高温生物发酵化病死动物无害化处理车间,病死动物收集好后全部拖至无害化处理车间进行处理,改变过去随意处置掩埋的状况。 (肖梦佳)

【H7N9禽流感防控督导】 雨花区石马家禽批发市场先天条件不足,周边环境及场内卫生条件不高,畜禽及其产品货源广复杂,交易活跃,疫情风险大。2014年12月25日,国家卫计委和农业部及食品药品监管总局有关专家,省、市动物卫生监督部门相关人员莅临市场,督导H7N9禽流感防控工作。督导组对业务部门防控监管措施到位,市场未曾发生过H7N9禽流感给予表扬。 (肖梦佳)

林 业

【三年造绿】 根据市委、市政府“三年造绿大行动”的要求,雨花区对全区范围内的出城通道、高速公路、高速铁路、绕城线等两旁的裸露地、取土区、卸土区进行摸底,制定《雨花区造林绿化设计方案》,对各相关街道进行任务分解。2014年,完成三边造绿165.67公顷,其中洞井29.54公顷,同升26.60公顷,东山23.07公顷,黎托19.20公顷,圭塘34.53公顷,雨花亭22.33公顷,井湾子5.00公顷,高桥5.40公顷。已完成的造绿面积数据包括武广片区绿化、圭塘河绿化改造等区三年造绿绿化工程,湘府东路等新修道路两旁绿化,潭阳垸大堤等水利工程,农民安置小区和新建房地产项目小区绿化。完成绿色庭院106个,其中同升50个,洞井20个,东山21个,圭塘10个,黎托5个。开展森林病害监测和防治工作,清理枯死树木和一枝花27公顷,全区有害生物防治率100%。 (肖梦佳)

【森林防火】 2014年,雨花区加强领导,全面落实森林防火责任制。区政府与有关街道的党政领导、驻区单位签订森林防火责任状,森林防火工作纳入对各街道农业工作考核内容。区防火办因地制宜,从实际出发,把工作重心放在“防”上,牢固树立起森林防火,重在预防的指导思想,全面提升防火意识。制定完善森林防火预案,落实森林火灾处置的人员调配和后勤保障工作。规范野外用火管理,组建一支25人常年护林防火队伍,对火灾多发区、敏感区重点看护。严格执行森林防火值班制度,实行领导带班制度,各有关街道主要领导、主管领导、农办主任手机24小时处于待机状态;建设雨花区森林防火应急组织体系网,区武装部成立一支以民兵为基础的50人应急救火义务消防队,区城管大队、消防大队纳入到森林防火应急消防队;各街道组建一支30—40人的应急队伍,区农林水局为重点街道配备先进的灭火装备;投资12万元采购森林防火远程消防水泵两组,投资7万元在清泉寺旁修建一条防火隔离带。实现区森林防火无人员伤亡,无重大经济损失,无重大森林火灾事故,全年仅同升街道发生森林火警1起,由于扑灭及时,未造成人员和重大财产损失。 (肖梦佳)

水 利

【水利建设】 2014年,雨花区以“八保”(大堤保安、通道保畅、机电保转、河道保洁、物资保有、值守保长、巡查保点、队伍保稳)为目标,切实做到“三防三保”,即防山洪地质灾害、防城区内涝内渍、防流域性洪水,保山塘水库安全、保堤垸安全、保湘江枢纽工程安全。后河雨污合建泵站,项目完成所有防渗工作;基坑开挖约2.8万立方米,堤身破堤开挖土方约3.7万立方米。围堰工程约2.4万立方米,边坡支护1600立方米,基础混填1600立方米。同升湖水库除险加固工程纳入新一轮除险加固工程范围。冬修水利,建设工程70处,移动土石方15万立方米,投入劳动工日10万个,投入资金6000万元。 (肖梦佳)

【防汛抗旱】 2014年,雨花区进一步落实以行政首长负责制为核心,突出“分级负责、技术负责、防汛岗位负责”为支撑的防汛责任制体系。落实以行政首长负责制为核心的各种防汛工作责任制,与各街道及涉水工程签订防汛责任书,确保组织领导到位、责任落实到位。完成在建涉水工程沙湾路跨圭塘河钢便桥工程、红旗路浏阳河大桥建设、湘府东路3标、圭塘河欧亚达跨圭塘河人行桥桥梁工程以及圭塘河环境综合整治工程。落实长防〔2014〕6号《关于扎实做好2014年城区防汛工作的通知》文件精神,制定应急预案,迅速疏浚城区堵头堵点。及时补充备足防汛抢险物资,购买钢架管5吨、砂卵石1000吨、编织袋3万个、钢筋20吨、彩条布5000平方米、木材20立方米以及雨具、电工及机手操作工具、照明工具等防汛物资储备,确保度汛安全。加强调度和值班制度落实。严格执行领导带班、技术人员跟班、值班员值班的汛期24小时值班制度。组织力量对堤防、各类水库、泵站、山塘、地质灾害隐患点进行地毯式汛前安全检查,隐患整改到位。 (肖梦佳)

【病险水库检查核实】 2014年6月11日,省水利厅规建处专家组一行在市水务局建管处处长刘振君陪同下到雨花区同升水库现场,对雨花区农水局上报的《同升水库大坝安全评价报告》进行实地调查核实。专家组一行详细察看大坝内、外坡,泄水建筑物,输水建筑物,排水棱体。发现坝体散渗、溢洪道破坏、输水闸室沉降、地梁开裂、大坝缺少安全观测设施等问题。经过认真研究讨论,专家组一致认定同升水库为新出险小(1)型水库,纳入省病险水库治理范围。区农林水局组织相关技术人员召开会议,安排落实设计、招投标等前期工作。 (肖梦佳)

【后河雨污合建泵站项目拆迁腾地完成】 后河雨污合建泵站工程包含排渍泵站和污水提升泵站的建设,占地约8500平方米,投资估算约9100万元。由长沙市规划设计院设计,长沙水业集团、长沙市轨道集团公司承担相关费用,区农林水局代建。2014年3月5日,区政府发布征收土地方案公告,区政府、黎托街道、潭阳社区迅速组织成员拆迁腾地,采用明确任务、分片包干,入户调查、分户对接,加强调度、增进沟通,在政策规定范围内特事特办。加大宣传,扩大影响,让政策深入化、公开化,明朗化,保证群众明明白白拆迁,安安心心搬家。7月10日,后河雨污合建泵站拆迁工作顺利完成,施工单位入场清表施工。 (肖梦佳)

商务·服务业

综　述

【概况】 区商务和旅游局(简称“区商旅局”)内设办公室、商业贸易科、外经外贸科、招商科、重点招商项目服务科5个职能科室,下设二级机构商业旅游办。核定编制16名,全体在职干部职工数22人,其中领导职数4人,引进人才1人,雇员9人;退休2人,局党支部党员12人,其中在职党员10人。办公地点设在雨花区人民政府机关大院1号楼3楼B座。

2014年,区商旅局紧紧围绕“加速领跑、加快转型,努力打造中部现代服务业中心”的发展战略,创新工作理念,强化工作举措,积极应对国内外严峻的宏观经济形势,着力强化招商引资,推进项目建设,规范市场秩序,打造消费品牌,助推外经贸发展,全区商务工作呈现出良好发展态势。2014年,全区完成实际到位外资5.49亿美元,占全年任务的104.8%,同比增长15%,内五区排名第二。全区完成市外境内资金形成固定资产198.35亿元,同比增长19.78%,占年任务的101.2%,内五区排名第二。全区完成进出口总额11.94亿美元,占年任务的140%,同比增长60%,内五区排名第一。全区完成社会消费品零售总额576.21亿元,同比增长10%,占全年任务的97%。（黎　玲）

【完善奖励政策】 2014年,雨花区修订和完善区域产业发展扶植奖励办法,新增促进专业服务业、促进金融业产业、促进文化创意业产业等一系列行业或专项优惠政策,形成“1+4”产业扶植奖励政策体系。加大支持鼓励引进企业总部、品牌企业、重大投资项目奖励力度。对招商引资中介人的个人奖励根据企业的投资额度提升奖励幅度,一次性奖励到位;对投产达效的企业根据不同的税收贡献设置相应的奖励金额,当年度奖励到位;对重大企业(项目、楼宇)及具体特殊税源性的项目,采取一事一议制度。进一步突出扶植奖励重点,扶植领域向现代服务业倾斜,最大限度地发挥产业政策的引导和调控作用,助推现代服务业中心建设,提升区域产业竞争力。（黎　玲）

【项目建设】 2014年,雨花区对全区27个在重大招商活动中签约的项目实施动态管理,指定专人负责跟踪服务,及时将签约项目的进展情况、资金到位情况及项目实施过程中遇到的问题进行汇总后每月由分管副区长进行集中调度,协调解决问题,全力推进项目建设。筛选年度计划总投资256.18亿元的重大产业项目80个作为“三定三抓”项目,明确由60名在职县级领导联系,抽调140名机关干部,组成65个工作组进行项目帮扶。协调解决天龙大酒店东北向城市规划支路红线范围内的地上建筑物征收费用及加速项目规划审批办理,雨花现代电子商务物流中心项目侯照社区范围内约5.91公顷(88.6亩)市级重点生态公益林性质调整,旭辉澜悦湾项目施工许可证办理、项目施工临时开口及设置围挡广告等项目难题。（黎　玲）

【市场迁建提质】 2014年4月,长沙市委、市政府决定杨家山家禽市场和红星农副产品市场迁建和高桥市场片区提质改造,区委、区政府主动对接成立领导小组,召开会议研究讨论,实地调研,开展可行性论证,科学制定《红星农副产品大市场、家禽市场迁建和高桥市场片区提质改造三年工作方案(2014—2016年)》,明确各市场三年的工作任务、推进时间、责任单位和具体责任人,各项工作均按时间节点有序推进。杨家山家禽批发市场于5月底全面关闭;按照选址方案的四个基本原则(项目用地要符合"两规"、符合市场新一轮布局、有利于交通物流组织,有利于市场经营),由市规划设计院反复进行研究论证,初步确定雨花经开区、长沙县跳马镇白竹村、岳麓区莲花镇、黄兴镇打卦岭四个地点作为红星农副产品大市场外迁选址预选方案。高桥市场片区提质改造工作取得实质性进展,9月1日,挂牌成立高桥街道市场管理办公室,办公室下辖城市管理、道路交通两个行政管理分队,完成酒水食品城、酒店用品城、火焰大市场、农副产品城、高桥商贸城、医药物流园等6个市场提质改造;打通片区周边路网的和加强停车管理,彻底改善市场以往乱停乱放、道路交通拥挤,各种车辆拥堵混乱不堪的局面,优化市场及周边的交通环境,提升市场品质和形象。(黎　玲)

商　务

【招商引资】 2014年,雨花区以高铁片区、现代服务业为主线,通过对全区招商资源的摸底,策划包装招商项目82个,编制《2014年雨花区项目招商推介手册》。从中挑选15个重大项目进行精细化包装,高铁新城中央商务区项目、红星大市场迁建提质项目、高桥大市场提质改造项目、雨花现代电子商务物流中心4个项目列入省级精包装项目,德思勤城市广场、东塘国际财富中心项目、雅塘片区综合改造项目等8个项目列入市级精包装项目。全面摸底全区可供开发土地,按照土地权属关系,分门别类进行整理,建立土地资源库。整理可供开发用地121宗,土地面积906.284公顷(13594.26亩)。摸底全区招商资源,建立招商项目库,列入土地招商项目15个,二次招商项目12个,工业招商项目4个。利用专业的名片管理软件建立雨花区重点客户库,收集整理客户1300余名,按地区分类,做到查询便捷、资源共享。编印《雨花区商务地图》《雨花区土地资源分布图》以及《雨花区楼宇资源分布图》。积极与长三角、珠三角地区知名企业、集团公司对接,洽谈项目,邀请重点客商到区考察。美国大运集团、中航集团、上海月星集团、上海农工商地产、江上海欧尚集团、苏新城控股、深圳市丽景嘉诚公司、香港贸促会、登喜路集团、和立东升集团等知名企业、公司对高铁新城片区投资意向强烈。组团参加省政府举办的"沪洽周"、成功签约中国海洋石油总公司湖南销售总部项目和绿地智慧产业综合体项目,签约金额65亿元。参加市政府举办的"深洽会",成功签约昆仑能源、比亚迪电动轿车生产线、德国库卡、日本拓野工业机器人等8项目,签约金额约100亿元。参加市政府"国资项目洽谈周",成功签约中铁五局总部入驻项目,签约金额18亿元。6月,在湖南(上海)投资贸易洽谈周中,雨花区协助湖南油富投资控股有限公司举办"中部跨国公司总部经济园项目推进会",现场签约6家公司,签约金额60亿元。10月,在深圳举办的湖南(长沙)·深圳招商会上,举办"长沙高铁新城文化金融商务客厅"工作协调会,项目取得突破性进展。(黎　玲)

【外经外贸】 2014年,雨花区全年累计备案登记进出口企业604家,新增备案企业103家,同比增长22%。其中有进出口实绩的企业140家(国有企业10家,私营企业123家,三资企业7家);累计外经企业14家,其中"中"字头的下属公司6家,省、市国有公司6家,民营企业2家。招引一批优质外贸企业落户雨花区,并构建以长沙科兆进出口贸易有限公司为龙头的外贸综合服务平台,同时积极组织企业参加"2014中国(湖南)—韩日产业对接会",亚韩美容机构与韩国医学美容机构签订合作备忘录。深入调研走访外贸企业生产一线,发放"2014年外贸形势调查问卷""2014境内外参展计划表""重点外贸企业进出口情况调查表""外贸企业税收情况调研"等600余份调查问卷,并形成《关于加快雨花区开放型经济发展的调查与思考》调研报告。该报告获评长沙市商务局、长沙市商业经济学会调研征文一等奖，“第八届中部商业经济论坛优秀奖”。2014年，全区实现进出口总额12.45亿美元，对外劳务合作和承包工程完成营业额1.42亿美元，外派劳务人数1681人。（黎 玲）

【项目引进】 2014年，雨花区全区已建各类楼宇74座，总建筑面积551.9万平方米；在建楼宇项目17个，总投资额208.4亿元，总建筑面积405.1万平方米；待建楼宇23座，规划建筑总面积433.7万平方米，预计总投资额226.7亿元。以德思勤城市广场、顺天国际金融中心、运达中央广场、六都国际、华晨世纪广场等大型城市商业综合体、高档写字楼为重点，出台文化创意、专业服务业、金融业扶持政策，引进跨国集团企业总部、营销总部、文化创意、电子商务、银行、证券、保险、律师事务所等现代服务业企业，全力打造文化创意、金融、专业服务等示范楼宇，推进全区楼宇经济快速发展。中石油昆仑能源公司、韩国CJ集团、中铁五局、北京龙源传媒公司、腾讯大湘网、湖南演艺集团、天闻数媒、湖南思齐教育等知名企业总部落户雨花区。新引进湖南云企网络科技有限公司、三正电子商务有限公司、汇视传媒有限责任公司、湖南联盛网络科技有限公司、美团网、美中电视网络购物股份有限公司、瑞庭网络技术（上海）有限公司长沙分公司等多家电子商务企业。新增入网的服务外包企业有9家，包括长沙沙联信息科技有限公司、国药控股湖南大产业有限公司、湖南月儿太阳能科技有限公司等企业。（黎 玲）

【2014中国中部（湖南）国际农博会】 2014年11月17—24日，2014中国中部（湖南）国际农博会在长沙红星国际会展中心举行。该届农博会以“绿色与品牌，交流与合作”为主题，以“中部新跨越掘金云农博”为主线，深挖互联网时代云农业的新内容、新元素、新产品，打造全新农博金字招牌。包含开幕式暨文艺表演、企业主题宣传活动日、系列评奖、新闻评奖、总结表彰大会等常规活动，并着重打造“农超对接、农校对接”等特色活动，首次推出超级APP应用“小辣椒”和农博会二维码，实现农博会从线下交易的单一形式向“线上+线下”立体交易的转型。本届农博会吸引境内外1000余家企业参展，其中国家级、省级龙头企业300余家，西班牙、越南等国外企业参展，美国、阿尔巴尼亚、波黑、波兰、智利等欧美农业发达国家的外交使节出席开幕式。“农超对接、农校对接”洽谈会暨签约仪式，吸引家润多、步步高等大型连锁超市、知名采购商和省内高等院校达成合作意向，组织10对高品质企业在农博会现场进行集中签约。（黎 玲）

【“福满星城·乐购雨花”——2014年雨花区第七届购物消费节】 2014年11月23日，雨花区第七届购物消费节拉开帷幕。15家汽车企业、1家酒店、1家电商、3家超市、1家摄影企业派发福袋，以最低的价格、最优质的服务为广大消费者带来一场购物盛宴。70家商贸类企业推出各项促销活动，“购物来雨花，购车来雨花”成为消费者常识，将节会活动推向高潮。16家汽车经销商在大型卖场内设置小型精品展销平台。消费者通过报名券到指定的汽车4S店参加“一元游雨花”活动，参观雨花区工业旅游路线，进行趣味盎然的亲子互动游戏只需要一元钱，从创新社会管理的层面上重新定位“政府搭台、企业唱戏”，用较少的行政成本投入获得较大的经济效益与社会效益。（黎 玲）

【“宜居宜业乐购雨花”——2014年雨花区房产嘉年华活动】 2014年8月8日，雨花区房产嘉年华活动在圭塘河生态景观区中心广场开展。开展“惊喜周末，引爆雨花”——2014年雨花房产嘉年华大抽奖活动，“好房惠购，安家雨花”超值底价嘉年华，“财富宝地，投资雨花”百万巨惠嘉年华，“雨花梦，宜居梦”雨花区房地产展示交易会，“百盘飓惠，狂购雨花”线上购房嘉年华等系列活动，刺激节日消费，使节日消费成为雨花区消费品市场发展的新亮点。（黎 玲）

旅　游

【概况】 雨花区有AAAA级旅游景区湖南省森林植物园、省级工业旅游示范点长沙比亚迪工业园、克明面业，省级旅游购物示范点神农茶都，市级工业旅游示范街道同升街道，同升湖、圭塘河、浏阳河、清泉寺以及以天际岭隧道口农家乐群、天赐园、辰午山庄等高、中、低端农家休闲游为主题的农家游版块。2014年，举办“第六届湖南世界名花生态文化旅游节”“第三届百万花蝴蝶文化节”“一元游雨花”等大型旅游活动，全区累计接待游客1375.4万人，同长增长15%。 （黎　玲）

现代服务业

【概况】 雨花区现代服务业发展办公室是区人民政府主管的正科级事业单位。主要职责负责雨花区打造中国中部现代服务业中心和国家级示范基地培育各项工作，具体包括现代服务业规划编制、服务平台打造、政策制定、举办各类现代服务业推介会、负责引进和培育以现代物流业、电子商务业、金融服务业、专业服务业、会展服务业、服务外包业等为代表的现代服务业企业。核定编制5名，领导职数2名。党员人数4人。办公地点设在雨花区人民政府机关大院1号楼。

2014年，区现代服务业发展办公室依托长沙市“一带一部”的区位优势，按照“六个走在前列”要求，贯彻“稳中求进，改革创新，加快打造中部现代服务业中心”总体部署，攻坚克难、真抓实干，推动了现代服务业工作走在全市乃至全省前列。

（骆　毅　黄　娜）

【规划编制】 2014年6月7日，雨花区与商务部国际贸易经济合作研究院合作，量身订制的《雨花区现代服务业战略规划及核心片区规划(2014—2020年)》公布并接受专家点评。根据该规划，雨花区将立足“现代金融、商贸物流、商务智慧、健康养老、文化休闲”五大产业支点，依托“一核”(指以红星商圈、高铁新城以及湘府路“两点一线”组合的现代服务业黄金走廊核心区域)“两带”(指圭塘河生态经济带和浏阳河生态经济带)、“四组团”(指高桥组团、东塘组团、雅塘片区组团和雨花经济开发区组团)，大力发展现代物流和现代商贸两大主导产业，重点推进金融、商务、科技、文化创意产业，积极引导健康养老、休闲旅游产业。到2020年，雨花区建成中部现代服务业中心，实现现代服务业规模位居中部地区首位，基本形成“2+4”现代服务业体系，“一核两带四组团”布局更加清晰。计划建成1个主导产业突出的省级现代服务业产业园，现代商贸服务业、现代物流业2个产业集群，金融、商务、科技、文化创意4个现代服务业聚集区。争取做到现代服务业总部聚集程度较高，吸引国际知名品牌30个，全国知名品牌100个；楼宇经济占现代服务业增加值比重达到50%；培育出一批有核心竞争力的本地现代服务业企业，年营业收入过百亿元的企业达到2家。雨花区现代服务业核心片区主要涵盖井湾子、圭塘、东山和黎托四个街道，其中包括红星商圈、湘府路两厢及高铁新城构成的“哑铃形”区域。 （骆　毅）

【综合试点】 雨花区抢抓长沙市获批为全国第二批现代服务业综合试点城市的契机，在9个项目成功申报为第一、二批国家级现代服务业综合试点项目的基础上，2014年组织高桥大市场提质改造和红星冷冻四期、养天和大药房等6个项目参与申报第三批、第四批国家级现代服务业综合试点。针对雨花区全区现代服务业试点项目，组织联合督查组开展专项工作督查，并按市试点工作要求，所有现代服务业综合试点项目均与其所在辖区签订试点项目责任书，进一步明确街道、试点项目方的责任和义务，为雨花区传统服务业依托国家扶植资金加速产业提质做好服务工作。 （黄　娜）

【提案议案办理】 2014年，区现代服务业发展办公室承办区四届人大二次会议建议3件，承办区政协四届二次会议提案5件，8个提案议案中，第14号提案《关于提质红星商圈打造现代服务业中心城市规划设计建设的建议》和第 24 号提案《关于加快我区电子商务发展的建议》得到区委书记邱继兴关注和认可，区政协副主席陈国强专门就此事进行调研。另外还对省十二届人大一次会议第 1833 号建议进行跟踪办理答复，得到三位代表的认可。区现代服务业发展办全年所有提案议案已完成答复，确保见面率 100%、答复率 100%和满意率 100%。

（杨　婷）

【主题活动】 2014 年 6 月 9 日，商务部研究院主任赵萍在区委中心组学习会上，讲解现代服务业发展战略规划和核心片区规划，为区域经济社会更好更快发展打下坚实的理论和思想基础。6 月 10 日召开 2014 年度现代服务业工作推进会，邀请商务部、省市有关部门的领导出席会议。区全体在职县级领导及各部门、街道、社区（筹委会）负责人和全区范围内的重点现代服务业企业代表等 800 多人参加。7 月 8 日，湖南德思勤投资有限公司与第一财经《中国房地产金融》在融程花园酒店联合承办第三届“中国中部金融中心论坛”。活动集结政府领导、金融、国内外文化以及设计领域的领军人物和企业代表、媒体记者近 400 人。金融论坛以探讨全球金融、商务、旅游如何融合为目的，对长沙文化产业的升级有着重要的撬动作用。与区委组织部、区委宣传部和区委党校多方联动，于 9 月中旬，组织 62 名分管经济的领导赴深圳市委党校举办为期 7 天的现代服务业（文化产业）研修班。研修内容包括专题讲座及深圳文化创意产业园、前海现代服务业合作区、高新技术产业典型企业等现场教学，为雨花区加快现代服务业的发展提供了前沿思潮和观念。（杨　婷　骆　毅）

【现代服务业发展规划征求意见会】 2014 年 6 月 7 日，由商务部国际经济贸易研究院主办，雨花区委、区政府承办的雨花区现代服务业发展战略及核心片区规划征求意见会在区会议中心召开。国家有关部委领导、商务部研究院专家团队、省发改委、省商务厅、市政府办公厅、市委政研室、市政府政研室、市发改委、市商务局、市轨道交通集团等部门出席会议。区委、区人大、区政府、区政协、雨花经开区主要领导和分管领导，区直有关部门、各街道办事处党政负责人参加会议。会议特邀区专家顾问团部分专家参加。区委副书记汪娟主持会议。区委书记、区长邱继兴致辞。商务部国际经济贸易研究院主任赵萍研究员从规划编制的背景、思路到产业重点、布局等七个方面进行说明。与会领导和专家就如何进一步加强对接，提升雨花特色，引领提质发展发表意见和建议。该次规划编制工作意义重大、责任重大，对今后雨花区现代服务业的发展至关重要。整个编制工作历时近一年，经过实地调研、现状分析、客观评估，商务部研究院团队立足雨花实际，围绕“一核两带四组团”和“五大产业支点”深入研究，力求通过科学、合理的规划，实现雨花打造中部现代服务业中心这一目标。前期，受商务部研究院的委托，区现代服务业发展领导小组办公室在区内对有关部门和各街道进行书面征求意见，该次征求意见座谈会的目的就是为进一步修改和完善规划的编制，助推全区现代服务业发展奠定坚实基础。（仇　莹）

【全面建成小康社会暨现代服务业工作推进会】 6 月 10 日，雨花区召开全面建成小康社会暨现代服务业工作推进会。商务部国际经济贸易研究院主任赵萍介绍雨花区现代服务业规划编制，科学规划雨花区现代服务业发展的详细布局结构和战略规划。区委副书记汪娟作全面小康工作报告，总结全面建成小康社会工作成绩。副区长余宏卿作现代服务业工作报告，展示雨花区现代服务业取得的成果。省委政策研究室副主任张伟达讲授现代服务业发展在产业优化升级中的突出地位和重要作用。区委书记、区长邱继兴指出雨花区建成全面小康的根本路径就是“打造中部现代服务业中心”，并就全面建成小康社会和打造中部现代服务业中心强调鼓劲、聚力、加压的意见。26 个全面建成小康社会责任部门和 6 个现代服务业综合试点项目所在街道向区人民政府递交责任书。

（杨　婷）

【“十大机制”细化与完善】 根据《中共长沙市雨花区委全面深化改革领导小组2014年工作要点及责任分工》(雨办发〔2014〕31号),雨花区现代服务业发展办公室在经济体制改革十个专项小组中,承担“以文化产业、生产性服务业为重点,打造万亿级中部现代服务业中心。允许多元投资人、多主体参与,加快建设湘府路现代服务业黄金走廊和高铁新城现代服务业集聚区。”的改革事项任务。2014年9月2日牵头召开该项改革的会商会,并在主管区领导的指导下拟定规划设计、招商引资等全面深化改革的十大机制。通过全面分析研究、多次商讨论证,十大机制逐步细化与完善,积极与区委改革办对接落实。 (杨 婷)

【“1+X”产业扶植政策体系构建】 2014年,雨花区政府提出围绕“打造中部现代服务业中心”战略目标,构建“1+X”产业扶植政策体系,“1”即《长沙市雨花区促进区域产业发展扶植奖励办法(修订稿)》,是进一步完善区域投资政策体系、优化发展环境的纲领性文件;“X”即制定和出台的一系列行业或专项优惠政策。《长沙市雨花区促进区域产业发展扶植奖励办法(修订稿)》(雨政发〔2014〕65号)主体政策和涉及现代金融、文化创意、专业服务业、电子商务和信息服务业发展的四个专项政策已印发,形成较为完备的“1+4”产业政策扶植体系。区政府在出台这些专项政策的同时,还对区内德思勤城市广场、顺天国际财富中心等楼宇挂牌授予示范楼宇,给予特殊的优惠扶植政策,引导和促进现代金融、文化创意、专业服务、电子商务和信息服务业集聚发展。

(骆 毅 黄 娜)

【“小辣椒逛农博”活动策划与实施】 2014年11月17日,2014年中国中部(湖南)国际农博会在红星国际会展中心开幕。该届农博会由国家农业部和省政府共同主办,以“中部新跨越,掘金云农博”为主线,实现了实体展会、B2B网上展销以及O2O手机APP电商三大平台结合,线上线下同步开展,打造永不落幕的“云农博”。组委会首次推出超级APP应用“小辣椒”,以手机扫描农博会二维码成为APP用户,参加“逛农博—抢红包”活动。并与惠农公司联手搭建电子商务平台,运用新的信息技术,打造新的营销形式,借助完善的物流平台,实现“异地购物、坐等收货”。区现代服务业发展办独立承担新开辟的“小辣椒逛农博”项目组全部工作。 (黄 娜)

财政·税收·金融

财　政

【概况】 雨花区财政局设办公室、综合科(税政法规科、津补贴工作办公室)、预算科、财源建设管理办公室、财政监督检查局(绩效评价科)、行政政法科(农业科、外经济贸易科)、教科文科、社会保障科、经济建设科、信息科(金融与债务科)、政府采购监督管理科(资产管理和控制社会集团购买力办公室)、街道财政管理科、会计科 10 个职能科室和财政投资评审中心、国库管理局、非税收入管理局 3 个二级机构,以及财政局雨花经开区分局 1 个派出机构,下辖 12 个街道财政所。总编制 52 名,其中行政编制 20 名,事业编制 31 名,工勤编制 1 名,全系统在职在编干部职工 46 人,人才引进 3 人,退休干部 3 人,党员 41 人。在区政府机关大院一号楼 B 座办公。

2014 年,区财政局紧紧围绕"加速领跑、加快转型,努力打造中部现代服务业中心"工作主题,狠抓财税收入征管,全力保障各项重点支出需要,较好地完成各项财政工作任务。先后获得长沙市财政信息化建设工作一等奖、长沙市资产信息系统先进单位、区征拆协调服务工作一等单位、区重点工程建设协调服务工作一等单位、社区建设工作先进单位、区创业服务考评一等单位、区环境保护一等单位、"三定三抓" 活动二等单位、区党风廉政建设工作优秀单位、区信访工作先进单位、区深化改革优秀单位、区人口和计划生育综合治理优秀单位、创业先进单位等荣誉 13 项。 (陈　清　唐莹芳)

【财源建设】 2014 年,雨花区财政总收入在全省 122 个区县中排名第二,城区排名第一。及早制定财政收入目标任务,将财政收入目标任务逐月细化、分解和落实到相关单位。落实《雨花区财源建设工作考核奖惩办法》,制定暂行细则,确保奖优罚劣,调动各级各部门培植财源、发展经济、做强财政的积极性。完善财源建设的培育机制,加快财源建设步伐,积极培植长效税源。加强对房地产、建安企业的所得税汇算清缴,向评估要收入、向清算要收入、向服务要收入。街道努力挖掘潜在重点税源(年税收总额 500 万元以上),创造良好的经济发展环境,积极促成税证关系落地,稳定长效税源,防止既有重大税源外迁,引进外地重大税源,注入经济发展活力。配合税务部门,开展"综合治税百日行动",摸清企业情况,及时跟踪入库动态、及时跟进重大税源、及时调动各方力量,做到挖掘税源抓大不放小。充实财税工作人才队伍,强化协税护税人员配备,依托企业管理平台及电子地图指导街道的税源引进、异地纳税、重点税源协调等工作,通过日日摸排,周周敦促,月月调度,敦促勤征细管,确保税收入库。 (陈　清　谭文姣)

【财政收支】 2014 年,雨花区完成财政总收入 118.66 亿元,为市调整目标任务的 100.89%,比上年增加 9.99 亿元,增长 9.19%。其中:完成公共财政预算收入 52.64 亿元,为调整预算的 105.67%,比上年同期增加 8.46 亿元,增长 19.15%;上划中央"两税"收入 10.70 亿元,比上年同期增加 1053 万元,增长 0.99%。以"三定三抓"活动为抓手,着力在推项目、培财源上下功夫,强力推进圭塘河生态景观区、社区整治、三年造绿等重点项目建设。安排基本建设资金 9.01 亿元，重点支持道路、水利和保障性安居工程等重大基础设施和民生工程建设，拉动经济增长。投入科技专项资金 0.62 亿元，支持重大科技项目研发、成果转化、产业升级和创新体系建设；安排节能环保减排资金 1.18 亿元，支持新能源、新材料、节能环保和软件等新兴产业的发展。配合修订和完善产业高端化扶植奖励政策，投入企业扶持资金 3979 万元，扶植引导现代服务业、战略性新兴产业、新型工业等高端产业集聚、集成、集约发展。

（陈　清　谭文姣）

【财政保障】 2014 年，雨花区科学调度资金，严控“三公”经费，并将新增财力的 80%以上用于保障和改善民生，重点保障教育文化、医疗卫生、社会保障、就业创业、保障住房等民生支出，确保每一分钱都用在“刀刃”上。优先发展教育事业，安排教育支出 7.51 亿元。投入 1.42 亿元，实施合格学校建设、校舍安全和提质改造工程，改善各类学校的办学条件。落实各项助学政策，发放困难家庭寄宿生活补助及各类助学金 1320 万元。安排文化体育与传媒支出 2896 万元。重点支持公共文化服务体系建设、文化产业发展、农家书屋和绿色网吧等文体惠民工程建设。加快健全以社会保障、社会福利和社保救助为主体的覆盖城乡的社会保障体系，进一步完善城乡基本养老保险制度，养老保险待遇标准大幅提高；落实下岗失业人员、城乡低保人员、残疾人和退伍军人等各项福利政策，全年安排社会保障和就业支出 2.80 亿元。安排医疗卫生支出 2.17 亿元，保证城镇医疗保险补助、重大疾病和基层医疗服务中心建设等各项支出，进一步深化医药卫生体制改革，提升公共卫生服务水平。

（陈　清　谭文姣）

【财政管理】 2014 年，雨花区做好全口径预算编制工作，预算编制涵盖公共财政预算、政府性基金预算、国有资本经营预算、社会保障基金预算，并编制政府性债务收支计划。在门户网站公开部门“三公经费”预算，接受社会监督，贯彻执行“三公经费”管理要求，严格按计划、进度审批支出计划，严格控制和压缩会议费、招待费、出国费、培训费等一般性支出。采取实地查看、核对票据等方式，开展财政性专项资金检查。加强资金集中支付监管，办理财政集中支付业务 67352 笔，金额 26.46 亿元，163 个预算单位实行公务卡试点改革。完成政府采购 1708 次，预算金额 8.26 亿元，实际采购金额 7.90 亿元，节减率 4.38%。投资评审项目 335 个，核减 5.22 亿元，核减率 29.1%。

（陈　清　谭文姣）

【政府采购】 2014 年，雨花区推出政府采购协议供货网上竞价系统平台，通过公开征集网上竞价供应商，降低准入门槛，最大限度地增加参与网上竞价的供应商数量，保障采购人与供应商之间的有效隔离，有效提升供应商之间的竞争性，简化采购人的操作及审批手续，使采购过程、采购结果更加公开透明。背靠背采购解决商品价格“贵”的问题，电脑智能化操作提高效率，解决“慢”的问题，封闭式运作预防腐败，解决“乱”的问题，资金节减率 15.73%。

（陈　清　谭文姣）

【资产管理】 2014 年，雨花区探索行政事业单位资产处置新途径，由单一的报废转变为调配、划拨、重新装配利用等，公开拍卖单位公车 156 辆。进行全区性的资产实物清查工作，将清查的固定资产全部录入资产管理系统，做到账实相符。全面运用网上资产处置审批和报表审核汇总功能，对资产进行动态实时监管。启动固定资产电子条码化管理，提高清查盘点效率。严格政府投资项目评审管理，健全各项制度，加快遗留项目审结速度，每周调度，每月考核，每月讲评，提高评审效率，全年完成 344 个项目结算评审工作，审定金额 12.96 亿元，核减金额 5.54 亿元，核减率 29.95%，编制审核工程预算（上限值）414 个，审定上限值 12.04 亿元。

（陈　清　谭文姣）

【央企座谈会】 2014 年 5 月 23 日，雨花区财政局联合国税局、地税局、发改局、商务局、现代服务办等多方力量，组织驻雨花 32 家央企负责人召开座谈会。各央企代表对雨花区政务服务、产业扶持政策以及高铁立体交通枢纽的区位优势给予充分肯定，并将企业情况和经营项目作详细推荐和交流，表达发展的决心和合作的愿望。区委书记、区长邱继兴肯定驻区央企对雨花区经济社会发展所做的贡献，明确表达携手发展的愿望，要求各级各部门尽最大努力为央企发展营造良好的环境，搭建好央企交流平台，通过不断开拓创新，寻找合作战略机遇，打造合作共赢的升级版。（陈　清　谭文姣）

【陈泽珲调研雨花区财税工作】 2014 年 9 月 11 日，市委常委、常务副市长陈泽珲一行到雨花区调研指导工作，市财政局党组书记、局长张敏，市地税局局长方志平，市国税局副局长谭元奎，市财政局党组成员、总会计师肖文让，市政府办公厅综合发展处和市财政局预算处、税政处的负责人陪同调研。区委书记、区长邱继兴，区委常委、常务副区长王雄文，区政府办主任张小军，区财政局党组书记、局长周宏，区国税局党组书记、局长吕雅君，区地税局党组书记、局长李宇奇，以及区委政研室、区政府研究室的负责人和区财政局班子成员，区国税、地税部门相关负责人参加调研座谈。座谈会由市政府副秘书长黄雄姿主持。王雄文汇报全区 1—8 月份财税工作情况、下阶段收入形势研判以及应对财税改革的基本思路和措施；区财政、地税、国税局局长分别就当前财税工作中的困难问题、原因分析、建议举措发言；邱继兴作补充讲话，并就财税工作提出请求和建议；市财政局、国税局、地税局等部门领导就促进和推动雨花区财税工作发表意见和建议。陈泽珲认为，雨花区抓财税工作既有思路、又有套路，能力强、实力足，工作推进有序，组织收入有力，尤其是推进项目建设、强化收入调度、挖掘征管潜力、加强综合治税等系列财税工作举措切实可行，效果良好。面对新增税源项目减少、刚性支出加大、税收工作形势严峻的压力，区委、区政府要充分认清形势，保持清醒头脑，看到自己的后发优势，紧扣雨花的发展定位，抢抓机遇，争创佳绩，确保财税工作继续走在全市前列；要挖掘增收潜力，重点是清理基础税源、加大稽查力度、及时清欠催收和零散税收堵漏；要着力培植财源，抓项目、强产业、引税源、留企业；要夯实基础工作，按照专业化、信息化、社会化、常态化的“四化”要求抓好落实，使财税工作进入良性运行、良性发展；要确保收支平衡，要强化支出管理，确保预算刚性，优化财政资金使用，发挥财政资金的最大效果，支持经济发展；规范税收秩序，不搞预缴、不搞空转、不收过头税、不用非税冲，要咬定目标不放松，力争完成市委、市政府下达的全年目标任务。（陈　清　谭文姣）

税　务

· 国家税务 ·

【概况】 雨花区国税局承担雨花区范围内的国税征管，设办公室、财务管理科、监察室、人教科、党办、工会、信息中心、车购税管理科、征管档案科、征收管理科、税政法规科、纳税服务科、收入核算科、税源管理一科、税源管理二科、税源管理三科、税源管理四科 17 个科室、1 个中烟组，下辖井湾子、高桥、东塘、左家塘 4 个税务分局。全局干部职工 303 人，其中在职干部职工 276 人，党员 187 人。

2014 年，区国税局开展“讲述身边的故事—寻找最美国税人”的选树活动，开展大型培训 14 次，2 名干部新获得全国注册税务师资格证书，4 名干部获得单科合格证书，4 名干部成为中南财经大学在职研究生。按照客观、公正、公开的原则，严格遵守组织程序，提拔 7 名干部任中层副职，1 名干部任中层正职。严格执行公务接待审批制度和公务卡消费结算制度，公务接待一律在区国税局食堂设工作餐。统一清理腾退办公用房 756 平方米，严格按照上级要求管理和使用公车。“三公”经费支出比上年同期减少 79.53%。强化了内控机制建设和廉政风险防范，实现全年党风廉政建设“零发案”。班子成员和科室负责人对辖区内 5969 户纳税人进行走访。办文办会、采购接待、人事劳资、规范津补贴等工作有序进行。税收宣传成效显著，绩效管理扎实推进，财务制度规范执行,后勤保障措施得力,食堂管理、综合治理进一步完善,保障了全局平安稳定。顺利通过2014年“省级文明标兵单位”的验收。（赵　芳）

【税收收入】 2014年,雨花区由国税征管的纳税人34230户,其中企业19298户（增值税一般纳税人7747户,小规模纳税人10768户,纯所得税纳税人783户),个体工商户14932户。税收收入的主要支柱产业为卷烟、电力、商业、金融保险业、房地产业等,其中卷烟占全区国税收入总量的90%以上。区国税局坚持组织收入原则,坚决制止收过头税等虚增收入的行为,向税源监控分析要收入、向税收征管质量要收入,真正实现没有水分的收入增长。针对风险应对名单开展专项评估,逐项清理疑点,严把评估质量,加强风险应对的后续管理,提高征管质效。2014年组织税收收入629亿元,同比增加81亿元,增长14.78%;其中中烟公司入库税收584亿元,同比增长14.96%;车购税完成5亿元,同比增长32.76%;剔除卷烟、车购税入库40亿元,同比增长10.42%。（赵　芳）

【税收征管】 2014年,雨花区建立业务工作联席会议制度,联合征管、税政、纳服和税源管理部门,定期对业务流程进行清理,加强专业化改革后的工作衔接,优化流程,明晰职责,实现各项业务工作的高效运行。在全省率先试点开展征管档案专业化管理,组建征管档案专门机构,引进征管档案管理软件,实现征管档案全程电子化管理、实时跟踪查阅,成为税源管理专业化改革的有力补充。全年利用征管电子档案为核查虚开虚抵提供查询52次,为完成市国税局各类检查提供查询80余次。（赵　芳）

【依法治税】 2014年,雨花区国税局坚决贯彻“不执行税收优惠政策也是收过头税”的理念,不折不扣地落实各项税收优惠政策,加大宣传力度,加强督促检查。认真落实小微企业税收优惠政策,通过QQ群、微信、纳税服务平台等途径加强宣传,建立小微企业税收优惠政策落实跟踪制度,对已申报纳税人申报情况进行实时监控、统计分析,对应享受未享受优惠政策的企业进行回访、纳税辅导,确保提高政策知晓度,让企业用足政策。发放宣传资料12000余份,在实际享受优惠政策的2357户企业中,通过宣传自行享受1322户,优惠税款543万元,通过后续管理发现提示后享受的83户,优惠税款68万元。（赵　芳）

【办税服务】 2014年,雨花区国税局严格落实“首问责任制”“一窗式”办税和“延时服务”,对部分重要涉税业务所需资料实行一次性书面告知,为中午12点以后仍在大厅办税的纳税人提供“免费午餐”,体现人性化关怀。增加窗口办税人员,增加自助服务设备,增开咨询辅导窗口,开辟纳税人专用停车场,方便纳税人停放车辆。优化部分办税流程,纳税服务科建立税企QQ群并设立专用电子邮箱,由专人负责进行信息采集,通过网络告知企业海关进口增值税专用缴款书稽核比对结果,为企业提供方便。委派业务骨干前往长铁车辆段等企业开办增值税知识讲座,进行政策解读、案例分析、现场答疑和风险提示。积极推广应用电子远程办税方式,为纳税人提供不受时间和空间限制的服务,通过网上远程抄报税企业比例95%以上,实现通过网上认证方式认证专用发票97%。10月,全国推广《县级办税服务规范》,区国税局积极开展全员培训,召开业务科室联席会议,对相关业务流程中6类22项51个服务事项进行优化调整,实现办税“再提速”。在市局组织的纳税服务劳动竞赛中,纳税服务科获得团体总分第一名,熊晓菲获得岗位能手竞赛个人第一名。（赵　芳）

【开展“百日千人大走访”活动】 根据税务总局“便民办税春风行动”,雨花区国税局开展“百日千人进税户”活动,深入了解纳税人所思所想,以实际行动为纳税人排忧解难。实地走访企业3198户、个体工商户2771户,电话询问和发放问卷调查23877户。根据企业规模和地址,将走访对象名单进行整理清分,明确50万元以上企业由局领导带队走访,其他纳税人由科长、分局长带队走访,走访任务覆盖区国税局所有部门。公开走访小组组长姓名和联系方式，建立长期联系，对纳税人提出的诉求做到能当场解决的当场解决，不能当场解决的，在规定时限内予以答复。为了强化服务意识节省纳税人时间，活动与当前布置的税收业务工作一起展开，做到厉行节俭和轻车简从，不给纳税人负担也不扰民。加强督查督办，要求各走访小组每周反馈走访完成情况，随时掌握走访动态和进展，确保活动落到实处、按质按量地完成。（赵　芳）

【营改增试点推进】 2014年，雨花区国税局加强与财政、地税等部门的沟通衔接，做好对营改增企业的宣传辅导，增开办税服务厅窗口，采取预约服务、延时服务等举措，通过QQ等方式向纳税人提供“一对一”服务，辅导纳税人进行网上申报等业务，实现高效平稳过渡。1月，接收邮政和铁路运输业营改增18户；5月，接收电信业营改增纳税人15户。全年营改增纳税人入库税款5.38亿元。（赵　芳）

【率先全省试点征管档案专业化管理】 2014年，雨花区国税局以“保存税收执法依据、简并归档资料种类、提高征管档案利用效率”为基本思路，开展机关科室征管档案专业化试点工作。成立税收征管档案专业化管理试点领导小组，负责工作部署、部门协调、力量调配等工作，4月1日，抽调业务骨干成立档案管理科，配备专门人员实行专业管理。多次前往雨花区档案局参观学习，参加市、区两级档案专业培训，迅速提高档案管理人员专业素质；引进专业档案管理系统、修改。2014年需归档资料的文件目录录入系统，实现档案实物库房管理与信息系统管理成功对接，新产生的征管档案资料，能够通过“税务档案管理办公信息系统”准确、方便、快捷地查阅和利用，试点工作达到预期目标，征管档案专业化、信息化试点的成功，为该项工作在全市乃至全省的全面推广打下良好的基础。（赵　芳）

【创新绩效考核模式】 2014年，区国税局制定《雨花区局绩效考核(试行)办法》。该办法遵循激励引导与惩戒约束、全面考核与突出重点、计算机考核与人工考核相结合的原则，对考核流程进行简化，考核措施更加务实、更具可操作性。严把考核标准，由各牵头科室负责对各部门进行考核，对绩效考核得分排最后一名且不满95分的单位，区国税局对主要负责人进行提醒谈话；连续两年最后一名的，对负责人进行诫勉谈话或调整工作岗位。各部门季度末对本部门干部工作政治、工作、学习等表现进行考核评比，根据评比结果按一等1.1、二等1、三等0.9的比例计算干部职工下一季度的奖金基数。彻底打破以往个人考核大锅饭现象，充分体现多劳多得的原则。（赵　芳）

【“最美国税人”选树活动】 2014年，雨花区国税局为进一步深化“清和”文化建设，开展“讲述身边的故事——寻找最美国税人”的选树活动，立足工作，面向基层，发掘身边国税人的感人故事，实事求是地选出真实可信、群众认可的雨花最美国税人。以科室、税务分局为单位，组织小型故事会，人人讲述自己或身边人的故事，各单位推荐1到2名候选人参加区局评选。5月6日召开全局干部大会，25名宣讲人用朴实的语言和真挚的情感，讲述25名干部“为民、务实、清廉”的“微故事”，展示雨花最美国税人在平凡的岗位的不平凡的事迹；全局干部投票，评出10位雨花“最美国税人”。召开表彰会，并选出3名最优秀的候选人参加市国税局评选。通过专题报告会、座谈会，观看专题片等形式，号召全局干部向“最美国税人”学习，在全局营造比、学、赶、帮氛围。（赵　芳）

【“局长值班岗”】 2014年，为进一步优化纳税服务，提升办税质量和服务效能，强化办税服务厅窗口管理，雨花区国税局推出“办税服务厅局长值班制度”，将办税服务厅1号窗口设为“局长值班岗”，局党组成员全部参与，轮流在大厅窗口值班，与窗口人员一起接受纳税人的咨询。值班期间，局领导负责协调处理各项办税事宜，督促大厅窗口人员执行各项规章制度和纪律；处理征纳双方的问题或矛盾，及时采取措施控制或处理突发事件；解答和宣传税收政

策,倾听纳税人的意见和建议。公开值班局长姓名、电话等信息,随时接受纳税人的监督。（赵　芳）

· 地方税务 ·

【概况】 雨花区地方税务局(简称“区地税局”)内设7个行政科室,2个税源管理科,3个税源风险评估科,3个直属机构(其中2个直属行政机构,1个直属事业机构),外派7个税务分局。全体在职干部职工数246人,退休27人。局党总支部,设21个党支部,共有党员205人,其中在职党员193人。办公地点设湘府中路108号。

2014年,区地税局围绕“一调两转三确保”建设“三个地税”“立足三基四化、全力转型创新”的总体要求,坚持“依法征税、用心带队、规范管理、文化治局”,狠抓组织收入、征管改革、纳税服务、群教活动四大重点。积极落实党风廉政“两个责任”和班子成员严格落实“一岗双责”,开展“千名税干走访万户纳税人”活动走访纳税人1500人次,收集到意见建议149条。印发《雨花地税心·公约》,推出“强作风,促进形象提升;强征管,促进任务过半”的“两强两促”活动,把作风建设推向深入。开展敬老、扶贫、帮困、植树、文明等志愿者活动10余次,新成立文学、英语、声乐、书法等社团5个,推行“一周一学、一月一案、一季一考”的“三个一”学习模式,雨花地税“心·课堂”开课10余期,胡蝶获“全省地税系统十佳文秘”。区地税局被评为“2013—2015年度全省依法办事示范窗口单位”“2014年度雨花区政府创业服务先进单位”。（胡　蝶）

【组织收入】 2014年,雨花区地税局积极应对经济下行、房地产持续低迷、“营改增”扩围的“多难”局面,对内突出挖潜增长,对外强化综合治税,力保收入总量、质量。入库各项收入59.27亿元,其中税收收入56.40亿元,其他收入2.87亿元,“六税”收入47.31亿元,完成市局、区政府下达的调整计划。切实加大欠税清理力度,逐户约谈欠税单位,采取“区别对待、责任到人、局长约谈”的收欠措施,清缴欠税4亿余元,加收滞纳金1055万元;对低零申报、税负低于平均税负的企业,重点税源大户,集中业务骨干进行汇算清缴,入库税收3.52亿元;清算项目27个,清缴土地增值税9350万元;加强限售股转让、股权转让、股息红利税收清理,入库9158万元;专项稽查教育培训行业、医疗机构、行政事业单位和建安、房地产等行业,全年完成各类检查43户,查补税款及罚款、滞纳金1.28亿元。（胡　蝶）

【税收征管】 2014年,雨花区地税局运行新的征管系统,成功搭建“征、管、评、查”四分离的征管模式,为全市系统推广积累经验。作为全市系统第二批征管改革试点单位,雨花区地税局将以税源专业化管理为核心的税收征管改革作为2014年工作的重中之重,提出“统一思想,鼓足勇气,充满信心,扎实推进”的十六字工作思路。7月28日,征管改革新系统正式上线,“征收、评估、管理、稽查”四分离的征管新模式全面运行,着力实现税款征收集约化、税源管理精细化、纳税评估专业化、管理手段信息化、内部管理科学化。征管改革实现税收征管从“经验管理”向“风险管理”的转变、从“属地管理”向“分类管理”、从“管户制”向“管事制”的转变、从“单兵作战”向“团队协作”的转变、从“单一服务”向“全方位服务”的转变。雨花区以改革为契机,将基础数据准确率作为各科、分局的主要考核指标,建立数据质量税管员、部门负责人、相关职能部门的三级审核制度,每月组织一次数据清理、每季进行一次考核,有效提高数据管理的质量。专门成立风险管理科负责风险比对和任务推送,对难以识别和难以应对的中、高风险点,由3个风险评估科与稽查局实施风险团队化应对,集中兵力打攻坚战。8—12月风险管理科累计推送风险任务283户,办结209户,累计评估税款3.65亿元。以《税收保障办法》为抓手,强化“零散税收综治管”,委托代征实现“以点带面”,先后在八大专业市场进行推广,年代征税款突破2000万元;私房税收实现“常态化”管理,进入“地税主导、街道牵头、社区配合”模式。（胡　蝶）

【纳税服务】 2014年，雨花区地税局把握“亲民、便民、利民、惠民”的总原则，以简流程、提效率为总目标，全面实施《全国县级税务机关纳税服务规范》，进一步完善办税服务制度和人员工作规范，实现仪容举止、业务用语、廉政纪律、冲突处理、服务言行、服务标识的规范统一；推行360服务模式，实行“大一窗”服务，推出“点单”个性化业务，运行网上办税服务厅，进一步提升办税效率；“纳税人学校”全年开课21期，受训3263人次；严格按程序、按标准落实国家关于扶持小微企业、服务创业富业、促进节能减排等税收优惠政策，全年受理税收优惠申请1666户，减免税金9715元。（胡　蝶）

【营业税“清零行动”开展】 2014年11月，雨花区地税局启动营业税“清零行动”，组织全局力量对11000户单位纳税人和个体户、9044个建安项目、655个不动产项目进行核对和清理。重点将168个房地产项目的清理任务派送到稽查局、3个风险评估科、税源管理二科，核查营业税、土地增值税1.79亿元，核查建安项目未开票金额54.25亿元，税款估算1.98亿元。（胡　蝶）

【税收征管电子地图手机版上线】 升级雨花区综合治税平台，开发应用税收征管电子地图，利用电子地图中精确定位功能，查找漏征漏管户（包括私房税源）和异地税源，开展税源分析和预测。5月1日起，将电子地图应用于个人手机终端，实现移动办公，充分利用其税源定位、实时查询、信息比对、自动派单、综合分析等功能，变信息为数据，化数据为税源，建立起雨花区局税收征管的“导航仪”。（胡　蝶）

【“税务礼仪操”】 4月18日，区地税局自编自创一套形式新颖、内涵丰富的“税务礼仪操”，并用“快闪”的形式在机关办税服务厅和各基层办税服务室亮相。整套礼仪操融入日常工作的礼仪动作，被赋予“与文明牵手，与礼仪同行”的文化内涵。整理着装、微笑服务、握手欢迎、接听电话等日常礼仪通过舞蹈形式表现出来，让人觉得既亲切又生动。“税务礼仪操”在网络上推出，网络点击量累计达到5万余次，广大纳税人及省市局领导纷纷“点赞”，并在全市地税系统予以推广。9月23日，国家税务总局纳税服务司司长饶立新一行到雨花区地税局调研时，称赞“税务礼仪操”是“亲民近民的好举措”。（胡　蝶）

【长沙地税360服务模式发布会】 2014年4月1日，长沙地税360服务模式发布会在区地税局举行。省地税局副局长周巧艺、办公室副主任许辉，市地税局党组书记、局长方志平，副局长夏媛媛、陶佼如等参加。长沙市地税系统各区县（市）局、市局直属局、稽查局局长、办公室主任，各区县（市）局、市局直属局办税服务厅主任及50余家纳税人代表共160余人现场见证360服务模式的发布。《湖南日报》、湖南经视、湖南都市频道、红网等8家新闻媒体对发布会进行现场报道，并采访区局办税服务厅，报道360服务模式通过简并办税程序，缩短办税时间给纳税人带来的便利。（胡　蝶）

【“雨花同心·与税同行”系列税收宣传活动】 2014年4月1日，雨花区地税局落实“便民办税春风行动”，开展“雨花同心·与税同行”活动主题，精心策划和推出“亲民时尚秀、近民体验记、惠民万家情、便民春风行”四大板块活动，利用电视、广播、《雨花地税报》、雨花地税网站进行全方位、立体化宣传。（胡　蝶）

金　融

【概况】 长沙雨花农村合作银行（简称“农合行”）是由46家法人企业、1919名自然人入股的股份合作制地方金融机构。2014年设12个支行、8个直管分理处、26个分理处、1个营业部，共47个网点；总部设在雨花区政府大院内，内设13个职能部室。全行在职员工407名，其中职员256名，统招业务员98名，留用工53名；研究生学历14名，本科学历267名；退休员工65名。党员204名。

2014年，农合行继续坚持服务“三农”、服务社区、服务中小企业的市场定位，围绕“打造五好银行”，努力进行市场拓展，大力发展电子银行业务，持续完善绩效考核，不断规范内部管理，作风建设、市场拓展、风险控制、绩效考核等均取得明显进步。

（余素梅）

【机构管理】 2014年2月28日，雨花农合行人民路分理处完成装修改造工程，通过升级改造，由原来的记账复核双人临柜升级为综合柜员单人临柜，划分现金业务区、对公服务区和网银服务区，新增排队叫号设备，为广大客户提供更多、更便捷的服务。调优网点布局，红星分理处迁址并更名为同升分理处，设置雨花家园、广益社区、宏轩花苑、东屯渡、景塘家园5个离行式自助银行。年检农合行机构代码证和1个法人机构、12个支行、34个分理处的工商营业执照。

（余素梅）

【经营管理】 2014年，雨花农合行充分应用内部资金转移定价系统（FTP）考核各支行、直管分理处的各项业务指标，建立基于收益而非规模的绩效考评体系和配套激励机制。实施薪酬制度改革，修改员工薪酬分配实施办法，实行千分制考核；制定《2014年劳务派遣工薪酬分配办法》，规范全行劳务派遣工薪酬管理，充分发挥绩效对员工工作积极性的调动作用。规范全行费用开支，重新修订和完善费用管理实施细则补充规定，对会议费、业务宣传费、业务发展费用按统一的标准计算。严格执行“三保”政策，保老客户、好客户、小客户，稳健营销信贷资金，着力调整信贷结构，加大对小微客户、农户、商户的信贷支持力度。

（余素梅）

【业务发展】 2014年，雨花农合行坚持责任到位、任务到人，采取有效措施，加大存款资金组织力度。组织“首季开门红”、二季度“抓存款、拓客户、增收入”竞赛、“揽定期、促发展”“百千万金融扫街”活动，强化揽储考核，优化金融服务，全行各项存款实现逆势增长，达到149.56亿元，净增23.23亿元，人均存款3400万元，人均月存款2977.64万元，较上年增加427.18万元。贷款营销坚持“三保”原则，支持地方经济发展，推动区域经济结构调整和产业升级。各项贷款余额78.29亿元，同比增长13.85%；涉农贷款增长1163万元，增速16.14%，超过全部贷款增速3.07%；小微企业贷款增长3.92亿元，增速41.67%，超过全部贷款增速28.6%，达到“两个不低于”的监管要求。加强信贷管理，用活信贷规模，确保效益来源。做活做优做实资金市场，积极拓宽银行间市场客户群，发展中间业务，拓宽增收渠道，全年实现总收入9.75亿元，同比增长1.71亿元，增幅21.33%，实现经营利润4.69亿元，同比增长5398万元，人均利润105.78万元。

（余素梅）

【风险防控】 2014年，雨花农合行切实加强信贷管理，严格贷前审查，把好贷款源头关，确保新放贷款质量。开展诉讼贷款清收，启动诉讼程序34件，涉案金额4028.57万元。通过诉讼、庭外和解、依法执行等方式，全行收回21笔金额5110.12万元不良贷款本息。以确保账销、案存、权在为前提，核销不良贷款4069.41万元。开展不良贷款认定和责任追究工作，完成所有表内不良贷款的清理和责任初步认定划分工作。加强全行出纳业务库管理，规范查库手续，开展现金突击检查，确保库款安全。规范授权管理，明确网点主管与中心授权人员职责分工，建设技术先进、风险可控、稳健高效的授权管理模式。全年开展序时稽核141次，专项稽核7次；各类离任稽核审计、员工轮岗审计、员工出国出境履职审计40人次；发出整改通知书102份，提出稽核整改建议45条。全员签订《案件防控治理联保责任书》，层层签订案件防控责任状。开展以“四双”等基本制度落实、“九种人”管理、现金头寸管理、视频监控与值班值勤管理、金库门密码与指纹锁管理等6项内容为重点的全面风险排查，有效规范操作行为，将案件风险隐患消除在萌芽状态。落实干部交流、员工轮岗、休假与离岗审计、近亲属回避制度，轮岗员工27人次。加强社会金融风险防范，开展非法集资行为专项排查，排查率100%，在全行确立非法集资风险监控机制。召开专题会议，组织相关业务知识培训，增强全行反洗钱工作能力。声誉风险管理纳入全面风险管理体系，加强舆情监测和宣传引导，提高声誉事件和客户投诉的响应处理效率，全年96518热线电话受理并处理信访等各类投诉27起，处理回复率100%，最大限度减少负面影响。全面推行安全工作领导负责制和防案控案工作连带责任担保制，建立安全工作考核机制，形成上下互动、齐抓共管的工作格局。做实“人防工程”，充分发挥物防、技防作用，组织节假日和重大活动防护期全面性的安全工作大检查7次，对运钞车跟踪检查40车次，通过电视监控进行非现场检查每周保持在2个工作日以上，通过检查排查整改隐患7处，及时纠正违章行为4例，并对5名不称职的保安人员及时函告保安公司作出相关处理，全年投入1000余万元用于物技设施建设维护方面的费用及聘请保安服务等费用，整体防范能力得到进一步提升。（余素梅）

【队伍建设】 2014年，雨花农合行按照组织程序，新招业务员8人，劳务派遣工5人，调整中层干部1人，轮岗交流员工39名，优化队伍结构。投入200万余元，组织骨干通讯员、新招业务员、中高层管理人员、厅堂规范化服务和晨会演练等各类培训20次，培训员工2400人次，队伍素质得到进一步提升。组织“三八”节女职工登山比赛、“中国梦劳动美我与改革创新”专题演讲比赛等活动，举办第七届技术比武，增强全体员工的集体荣誉感和凝聚力。机关工会小组慰问员工10余次，慰问金1.7万余元；为12名员工子弟发放升学奖励6.6万元；为住院员工提交医疗（住院）互助资金申请19人次，报销住院自费部分金额2.7万元。为34名退休人员领取独生子女奖励资金做好前期资料输入准备工作。两次召开青年员工座谈会，征求员工意见，了解思想诉求，将矛盾和问题化解于无形；推进退休、辞职、调岗、思想波动员工的“五必谈”工作，全年谈话60余人次。在网点LED电子显示屏、地铁站、公交车身、高铁站台、员工私家车尾投放广告，宣传便民卡、电子银行产品及“湖南省农村信用社各项存款突破5000亿元”发动新进员工力量，成立“微力量”青年志愿服务队，搭建雨花农合行微信公众号yh-hh96518，在微信平台上专题介绍网上银行、电话银行、手机银行等产品，并提供网点介绍、网点查询、公交查询等便民服务，提升知名度。编印简报36期，宣传板报9期，在《湖南农信》、省联社网站、市联社简报和外部刊物上发表文章17篇，传递信息、引导舆论、教育员工。（余素梅）

【董、监事会议】 2014年1月21日，雨花农合行召开第二届董事会第十五次会议和第二届监事会第六次会议。董事长邓来发主持董事会会议，银监局非现场管理处副处长张韶芬和科长沈玮到会指导。会议听取行长张中豪代表经营班子所作的2013年度工作汇报，审议通过《二〇一三年度经营工作报告》《二〇一四年度经营工作计划》《二〇一三年度财务预算执行情况报告》《二〇一四年度财务预算报告》《二〇一三年度利润分配及股金红利分配方案》等多项议案。监事长李志伟在监事会上通报监事会二〇一三年度工作情况及二〇一四年工作计划，征求各位监事对提交股东代表大会审议的监事会工作报告的意见。（余素梅）

【员工培训】 2014年1月21日，雨花农合行举办智信评估系统操作培训班，邀请长沙智信评估房地产评估有限责任公司专职评估师讲授系统的操作技巧，总部信贷三部室、各支行客户经理和信贷内勤30余人参加培训。3月20日，举办2014年通讯员培训班，《湖南日报》高级编辑刘爱民分别以“事实为王——关于新闻事实的选择和把握”和“个案研究——关于金融领域新闻报道的实证探讨”为主题，结合大量的实例，对如何选择和把握新闻事实、如何进行新闻报道的写作进行生动风趣的讲解。4月15日至6月14日，采取内训师和聘请专业培训师的方式，对全行员工特别是2009年起新进员工进行为期两个月的培训，培训内容涵盖各业务条线，同时引入“案防与反腐倡廉”“情绪管理与压力纾解”“企业文化建设”等新课程，着力从多方面提高员工综合素养。（余素梅）

【协助侦破传销案件】 2014年7月9日,雨花农合行环科园支行协助警方成功侦破一起传销案件,客户罗某通过网上求职从江西老家来到长沙,由于缺乏社会经验,下车后即被传销组织控制长达一个月之久,因被胁迫到银行取钱,寻得机会求救,该支行第一时间报警,在场保安人员持械戒备,罗某得救。(余素梅)

【承办全省农村信用社第二届人民币知识及点钞技能比赛】 2014年8月6日,全省农村信用社第二届人民币知识及点钞技能比赛在雨花农合行举行。(余素梅)

【第七届业务技术比赛】 2014年9月13日,雨花农合行在总部三楼举行第七届业务技术比赛。13个支行(含营业部)和8个直管分理处组成13个代表队,118名选手分别参加珠算加减法、存贷款计息、计算器翻打百张传票、单指单张点钞、机器点钞、信贷业务知识笔试、新业务知识笔试、出纳知识笔试等八个项目的比赛。(余素梅)

【服务地方经济】 着力服务三农、服务小微,扶持地方经济发展。自2014年5月1日起,雨花农合行免收客户评级授信及咨询服务费、借款合同工本费、免除代收印花税,全年免收三项费用50万余元。下调抵押贷款上浮比例,为客户节约10%的资金成本。持续加大信贷投放,重点支持区域内具有较好前景、较强竞争力的涉农企业,如红星实业集团有限公司、长沙市雨花区海晨农副产品商行等企业,获得良好的社会效应,实现银企之间稳固而长远的互利共赢。大力支持“失地”农民“二次创业”,发放促进就业小额担保贷款2963万元,当前余额为1753万元,在促进创业、解决就业压力、维护社会和谐稳定方面起到重要作用。推进普惠金融发展,着力解决中小微企业贷款难的问题。采取有效措施,打通金融服务“最后一公里”,在商户云集的高桥大市场,高桥支行在营业大厅设置“阳光信贷区”,为高桥大市场的商户们提供信贷服务;在农产品集散地红星大市场及红星商圈,从5月开始,在直管分理处试点开办信贷业务,在每个支行的营业大厅,都指定一个柜台为信贷业务咨询台,从而更好地为有意向借款的客户提供便捷的信贷咨询服务。(余素梅)

【安徽省联社同仁到雨花区学习交流】 2014年6月19日,安徽省农村信用联社合规与风险管理部总经理韩伟、科长夏建平、杨超,芜湖津盛农商行董事长黄跃红,肥西农商行副行长袁祖政等一行,到雨花农村合作银行观摩FTP系统,湖南省农村信用联社风险管理部总经理宛克尧、科长李昭德、陈晓平陪同,三方就FTP系统的开发、应用、兼容性等内容进行深入的交流。(余素梅)

教育·科技

教　育

【概况】 雨花区教育局主管全区教育工作。内设办公室、基础教育科、政工人事科、计财科、基建规划科、综合科(监察室)、民办幼教科、督导室、教育工会、学生科(团委)。设教育科学研究中心,艺术、体育、科技中心,会计核算中心,招生考试中心,信息技术与装备中心,后勤办,素质教育基地7个二级机构。行政编制20名,其中领导职数7名(含区人民政府教育督导室领导职数2名),机关后勤服务编1名,在职15人,引进人才2人,雇员2人。退休29人。办公地点设在雨花区人民政府机关大院二号楼。

2014年,雨花区有区属公办中小学62所(普通高中3所,职业高中1所、初中5所,小学53所),在校人数67706人(中学16673人,小学51033人),学前教育登记注册幼儿园109所,在园幼儿17974人,民办培训机构47所。雨花区教育工作紧紧围绕办好人民满意教育目标,扎实有效地推进各项工作,全区教育事业保持又好又快发展态势,先后获"长沙市文明指数测评与未成年人思想道德建设先进集体""湖南省平安校园建设先进区""全国义务教育基本均衡区""全国教育信息化创新应用典范区""全国社区教育示范区"等26项市级以上荣誉。　(何兵生)

【统筹推进】 2014年,雨花区认定普惠性民办幼儿园60所,公办园和普惠性民办园占园所总数55%,学前三年教育毛入学率95%。全区小学、初中适龄人口秋季入学率100%。义务教育阶段务工人员子女27420人,占学生总数的39.43%,切实让务工人员子女共享雨花优质教育资源。新建的长沙市一中雨花新华都学校、枫树山南屏锦源小学、长塘里新华都分校、黎郡小学如期开学,新增校舍面积近9万平方米,学位8550个,有效化解入学压力,扩大优质教育资源覆盖面。全民终身教育体系完善,全区社区学校覆盖率100%。提质改造薄弱学校5所,统筹推进校园文化体质改造、合格学校建设、校安工程建设、消防整改工程建设,切实改善办学条件,不断夯实教育事业发展基础。积极实施"三通工程"建设,加快数字化校园建设,强化教师培养培训,教育信息化应用水平不断提升。区教科中心、雅礼雨花中学、省二幼选派的展示课在"2014年全国新技术支持下的个性化学习高峰研讨及应用成果展示活动"中获一等奖。井圭路小学、长塘里小学获"全国教育信息化创新应用先锋学校",区教育局获"湖南省2014年度基础教育信息化工作先进单位"称号。稻田中学、泰禹小学等获评"市课改样板优秀学校",雨花亭小学等学校获"市教学常规管理一等奖"。制定《雨花区普通中小学教育质量发展性评价方案》,进一步健全学校教育教学质量发展性评价监控体系,科学评价各学校教育教学质量。下发《雨花区2014年小学招生范围公示》文件,严格规范招生,成立专项督查组,强化全面督查,定期通报情况,实现"阳光招生、公平招生、公开招生"目标。积极推动"两型"社会发展,曹家坡小学、砂子塘吉联小学、砂子塘万境水岸小学、雨花亭小学成功创建为市、区级"两型"示范学校。为民办学校、义务教育阶段学生免除杂费173.25万元;发放高中助学金124.45万元,资助普通高中家庭经济困难学生1659人;免除中职学校学生学费595.2万元,惠及贫困学生4960人;发放中职学校国家助学金88.575万元,惠及贫困学生1181人,将党的惠民政策落到实处。获长沙市"关爱留守儿童先进单位"。 (何兵生)

【教育教学】 2014年,雨花区严格落实教学中心地位,坚持常规教学视导,以及学校行政听课、兼课制度,确保教育质量持续提升。小学生毕业测试语数两科合格率、中考一次性合格率以及各学科平均分均名列全市前茅;高考中,区属三所高中成绩600分以上人数,一、二本上线人数均创新高,继续在全市同类学校中保持领跑优势。 (何兵生)

【素质教育】 2014年,雨花区深入开展"培育和践行社会主义核心价值观""我的中国梦" 主题活动,强化学生思想引领,促进学生健康成长、全面发展。成功承办《长征组歌》少年版全国巡演湖南长沙站"童心向党·励志追梦"歌咏活动,赢得各方赞誉。东方红小学游柘楠同学获"2014年度全国最美孝心少年"称号。打造以"生命教育"为主题的区域教育特色。三十七中学举办"基于孩子生命成长教育路径"论坛,深化对生命教育内涵的认识。桂花树小学获第二十六届全国"苗苗杯"小学篮球赛男子组冠军,雅礼雨花中学、德馨园小学夺得"谁是球王"足球争霸赛东南赛区中、小学组冠军,双双晋级全国总决赛;26中学、枫树山鸿铭小学蝉联三届市长创新奖,韶山南路小学连续三年夺得省国际象棋锦标赛团体冠军。包揽长沙市艺术展演小学组合唱、舞蹈、校园剧、朗诵类6个特等奖。红星二小、雨花实验小学、长塘里小学、砂子塘新世界小学创建为"全国书法教育实验学校"。《湖南日报》以《多彩梦在每所学校放飞》等为题,连续三期报道特色教育发展成果。 (何兵生)

【教师队伍】 2014年,雨花区教育局制定《雨花区深入推进师德师风建设工作实施方案》,健全学生、家长、社会三位一体的师德师风评价体系,通过党建示范、榜样引领等形式使师德师风建设走向规范化、品质化。获2014年度长沙市教育系统师德师风建设工作先进单位,作为区县唯一代表在全市教育系统师德师风建设推介会上作经验介绍。重点实施教师培训"五大工程",即新进教师三年培养工程、临聘教师"半小时带"培训工程、书记·校长表率工程、骨干示范引领工程、名师孵化工程,持续引导广大教师朝着专业化方向发展。教师参加国家、省、市、区各级培训2044人次,占教师总数的68%,参培率、合格率均为100%。创建名师工作室8个,7个课题获市级课题优秀成果奖,87位教师获评为长沙市第三批骨干教师,育新小学教师臧迎春获长沙市第三届"感动星城十大魅力教师"。公开招聘教师241人,选聘免费师范生30人。进一步推进区域间、校际间师资力量的均衡与共享,印发《雨花区中青年教师城乡交流工作实施意见》《雨花区新进教师二次分配工作实施方案》文件,推进校长等行政管理干部和教师交流工作,交流277人,其中教师城乡交流29人、二次分配13人、异校调配134人、洞口支教25人、跨区交流12人,校长等行政干部交流任职64人。举办"美丽教育筑梦行——雨花区深化师德师风建设教师风采展示"活动,点燃教师的教育激情,强化教师的职业认同。教师节期间,评选表彰一大批"优秀教师""优秀班主任""优秀教育工作者"。各学校通过组织心理健康知识讲座与辅导、开展丰富多彩的文娱活动、慰问困难教师等一系列人文关怀活动,为广大教师创造和谐、愉悦的工作环境,进一步增强广大教师的凝聚力、向心力和职业认同感。 (何兵生)

【规范发展】 2014年,雨花区教育局下发《关于切实改进工作作风的规定》,开通教育阳光服务中心及网络平台,努力为群众提供优质高效的教育民生服务。开展联合清理整顿无证办学工作,按照"整改一批、提升一批、取缔一批"要求,下达限期整改通知书71份,限期停办通知书152份,取缔、关停无证幼儿园20所,不断促进民办教育规范健康发展。认真落实安全工作"一岗双责"制度,加强人防、物防、技防建设,不断提升校园安全防范水平,全年教育系统安定和谐。投入资金177万元,健全公办中小学校、幼儿园校门、食堂网络监控系统,实现"透明化、全程

化”管理,《中国教育报》《长沙晚报》进行推介报道。（何兵生）

【建议、提案办理】 2014年,雨花区教育局办理人大代表、政协委员建议、提案19件。按照“交办环节责任到人、督办环节跟踪到底、答复环节质量到位、落实环节满意为止”的工作要求,狠抓工作落实,确保办理工作圆满完成,代表、委员当面征求意见满意率为100%。（何兵生）

【党风廉政建设】 2014年,雨花区教育系统党风廉政建设工作与教育教学工作一起研究部署、一起狠抓落实、一起督促检查,为深化党风廉政建设提供保障。围绕“为民务实清廉”主题,全系统46个党支部,2061名党员深入开展群众路线教育实践活动。全局性文件、会议、评比表彰分别减少12%、18%、57.1%,清理、撤销各类议事协调机构22个。“三公”经费和公务招待费分别下降46.4%、69.9%,面向社会公开拍卖公务用车1台,及时腾退调整超标办公用房。严格实施教育收费重点监控制度,开展“小金库”治理、公款送礼、公款吃喝、公车私用等专项治理工作,及时处理存在问题。召开教育系统党风廉政建设大会,与各二级机构、学校、幼儿园签定党风廉政建设责任书,开展廉政文化进校园研讨会、第九届“4·20”廉政文化节、读书思廉、廉政讲座等活动,切实增强教育系统广大干部职工严格守规、廉洁从教的自觉性。在区纪委的指导下,精心组织廉政动漫大赛,3件作品由省纪委推介到中纪委网站展播,8件作品在三湘风纪网展播。聘请40名党风廉政建设监督员,加强教育行风、政风建设方面。（何兵生）

【服务社会】 2014年,雨花区教育局继续联点阿弥岭社区,常态联系万博汇三期项目,主动排忧解难,全程贴心服务,项目建设进展顺利。对“三定三抓”办交办的七项任务按时办结销号,为企业热心服务。严格执行教育配套政策,适时向区委、区政府提出合理化建议,欧莱雅郡等十余个房地产项目提出的减免部分配套费用的诉求获得区常委会通过。局机关支部与泉塘社区、活力社区党组织签订结对共建协议,与泉塘社区开展“庆元旦·帮扶社区困难群众”活动,捐献3000余元物资。未成年人思想道德建设受到省、市领导充分肯定。中小学校心理辅导站工作、乡村少年宫建设、城市少年宫的建设成为全市示范中心。区少年宫心辅中心接受中央文明委的现场检查,受到检查组的高度评价。（何兵生）

【合作办学】 2014年4月24日,雨花区人民政府与长沙市一中签约合作办学。雨花区委副书记、区长邱继兴,长沙市一中校长赵雅茜,长沙市教育局党委书记、局长王建华分别代表雨花区人民政府、长沙市一中、见证方共同签署长沙市雨花新华都学校合作办学协议。市教育局副局长缪雅琴,区委常委、常务副区长王雄文,区委常委、副区长罗予武,副区长王清华以及区直相关部门及配建单位的主要负责人出席签约仪式。（何兵生）

【《长征组歌》歌咏音乐会】 2014年6月27日,“颂歌飞扬党旗飘同心共筑中国梦”纪念中国工农红军长征胜利80周年《长征组歌》少年版全国巡演湖南长沙站“童心向党励志追梦”歌咏音乐会,在雨花区大会堂举办。音乐会由文化部文化艺术人才中心、中国传统文化促进会、湖南省文明办、长沙市文明委联合主办,中共长沙市委宣传部、市文明办、北京中联育青少年文化发展中心、中国少年艺术团湖南省分团、《长征组歌》少年组剧组湖南办公室承办,由长沙市未成年人思想道德建设工作办公室、雨花区委宣传部、区文明办、区教育局、砂子塘教育集团、枫树山教育集团执行。省、市、区相关领导应邀出席音乐会。歌唱家马子跃、耿莲凤受邀到音乐会现场,并和小朋友一起演唱。音乐会上的小歌手、小演员均来自砂子塘教育集团和枫树山教育集团。（何兵生）

【海峡两岸综合实践活动课程深化与改革专题研讨会】 2014年11月10日,海峡两岸综合实践活动课程深化与改革专题研讨会在枫树山东南海小学学术报告厅举行。长沙市教科院院长黎奇、书记龙迪辉、区教育局副局长张新卫、区教科中心党支部书记黄生英、副主任胡小梅,枫树山小学党总支书记饶嘉应邀出席。会议由市教科院综合实践教研员姜平主持,张新卫致欢迎辞。长沙市五区四县教研员以及综合实践教师两百余人参加研讨会。全国著名综合实践课程专家、台湾南华大学副校长李坤崇教授交流和探讨 PBL(problem-based learning)教育理念。雨花区教科中心综合实践教研员杨玺就简明介绍区域推进综合实践活动课程的实施。枫树山东南海小学教师蒋畅上以"消防安全"为主题的综合实践活动成果研讨课,李坤崇作彩点评和互动交流。研讨会为期两天,设小学主会场(雨花区枫树山东南海小学)和中学分会场(长沙市第十五中学),研讨会通过分享海峡两岸在课程与教学改革中的经验,将综合实践学习方式引入到学科课程,促进教学方式的转变,进一步推动综合实践活动课程常态化实施。 (何兵生)

【教育工作大会】 2014 年 2 月 10 日,雨花区教育局在区会议中心召开 2014 年度教育工作大会。区人大党委会副主任周凌云、区人民政府副区长王清华、区政协副主席廖云伟出席会议。区教育局全体班子成员,各学区书记、教研主任,各中小学校书记、校长、副校长,公办幼儿园书记、园长,各二级机构党政负责人及副职,各民办学校校长,民办培训学校、民办幼儿园联组长及全体局机关干部共 240 人参加会议。会议由区教育局党委副书记、副局长王朋主持。区教育局党委书记、局长喻小健作教育工作报告,从教育事业、教育内涵、党建引领、队伍建设、教育保障、教育品牌六个方面,全面回顾总结 2013 年工作,部署 2014 年教育工作,重点抓好办学水平、素质教育、队伍建设、提升管理、组织建设实现加强校园建设、保障入学机会、夯实平安基础、提升治理能力、铸造教育品牌五项工作目标,努力办人民满意教育,为推进"五新雨花"建设作出贡献。王清华强调,2014 年要客观总结,提振信心,增强做好教育工作的责任感;要明确目标,乘势而上,努力向教育强区、教育名区迈进,不断更新教育发展理念、提升教育教学质量、强化教师队伍建设、提升校园安全指数;要改进作风、真抓实干,确保工作落到实处,走在前列。她指出,全体教育工作者要讲感情,敢担当,强素质,为推动雨花教育高位均衡发展作出努力。区政府主任督学李长青宣读 2013 年绩效考核、中小学教学质量奖励等文件。区教育局纪委书记谢述飞宣读区教育局相关决定,表彰先进单位 40 余个。会议邀请市委党校教授姚庆武进行"认真学习贯彻十八届三中全会精神、办好人民满意教育"专题讲座。 (何兵生)

表 2　　2014 年雨花区区属公办学校名单

类　别	学　校　名　称
高　中	稻田中学　二十六中学　三十七中学
职　高	长沙汽车工业学校
初　中	井湾子中学　长郡雨花外国语学校　雅礼雨花中学　明德洞井中学　长沙市一中雨花新华都
直属小学	砂子塘小学　砂子塘天华寄宿制学校　砂子塘泰禹小学　砂子塘新世界小学　砂子塘万境水岸　砂子塘湘天小学　砂子塘吉联小学　枫树山小学　枫树山鸿铭小学　枫树山大桥小学　枫树山东南海　枫树山南屏锦源　长塘里小学　育新小学
井湾子学区	德馨园小学　红星小学　红星二小　韶山南路学校　香樟小学　燕子岭小学　井圭路小学　莲湖小学
高桥学区	雨花实验小学　树木岭小学　圭塘小学　培蕾小学　五一小学
雨花亭学区	雅塘村小学　东方红小学　锦源小学　自然岭小学
洞井学区	和平小学　洞井小学　桃花小学　新世纪实验小学　圭白路小学

表 3　　雨花区 2014 年驻区学校名录

类　别	学　校　名　称
左家塘学区	桂花树小学　曹家坡小学　麻园湾小学　赤岗冲小学　车站南路小学　红花坡小学　劳动东路小学
东塘学区	王家冲中心小学　雨花亭小学　砂子塘第二小学　桔园小学
黎托学区	黎托中心小学　托溪小学　潭阳小学　花桥小学　粟塘小学　合丰小学
高　校	国防科学技术大学人文与社会科学学院　湖南中医药大学　湖南中医学院湘杏学院　湖南女子学院　长沙航空职业技术学院（空军航空维修技术学院）　长沙民政职业技术学院　湖南科技职业学院　长沙商贸旅游职业技术学院　湖南外国语职业学院　湖南体育职业学院　长沙环境保护职业技术学院　湖南大众传媒职业技术学院
中　学	雅礼中学　南雅中学　雅礼实验中学　市十一中　市十五中　市二十一中　长沙外国语学校　金海中学　同升湖实验中学　广益实验中学　地质中学　耀华中学　市美术学校　长沙舞蹈艺校

科学技术

【概况】 雨花区科学技术局(简称“区科技局”)内设办公室、科技管理科、知识产权管理科 3 个科(室),核定编制 6 名,全体在职干部职工数 8 人,其中借调 1 人,雇员 3 人。局党支部党员 10 人,其中在职党员 10 人。办公地点设在雨花区人民政府机关大院内。2014 年,区科技局紧紧围绕年初确定的科技工作要点,以加强提升自主创新能力,不断提高科技管理与服务水平工作为重点，不断推动科技工作发展。

（刘子溶）

【科技管理】 2014 年,雨花区科技局技术升级“区级科技计划在线申报管理系统”,新增专家评审模块,实现企业足不出户报项目,专家网上在线评审与会审相结合,使整套管理流程更为科学、严谨。为区内企业提供服务,走访区属企业,了解企业发展状况,收集企业发展难题。规范组织区内企业申报上级科技计划项目。组织企业技术需求对接会，邀请中南大学机电工程学院、信息科学与工程学院、资源加工与生物工程学院及化学化工学院等 7 位专家与需求单位长沙长泰机械股份有限公司、湖南国喜新能源科技有限公司、长沙环康环保科技有限公司和湖南清之源环保科技有限公司进行技术沟通和对接。发挥中南大学、长沙理工大学、湖南大学等创新资源优势,吸引鼓励区内外高校、科研机构面向雨花区优势产业和社会领域，开展产学研基地共建。左家塘街道、左家塘街道赤岗社区、高桥街道金环社区、井湾子街道融城苑社区、雨花区枫树山鸿铭小学、市二十六中学、湖南省冶金材料研究所、湖南欧林雅服饰有限公司创建为市级创新型单位，全区市级创新型单位增加至 30 家。开展长沙湘邦化工科技有限公司、长沙风雷节能科技有限公司和长沙创良热能科技有限公司科技项目验收。

（刘子溶）

【科技成果转化】 2014 年,雨花区科技局组织区内科技项目争取市级科技类创业富民专项资金，向市科技局推荐创业富民项目 4 个，争取市级科技专项 2 个,资金 25 万元。对 25 个专利项目进行奖励,共资助 5.14 万元。完善科技类“创业导师库”“创业项目库”“创业典型库”,健全信息发布机制。发布 2014 年科技成果转化项目 5000 余项。全区 20 余家科技型企业与国内高校共同组建产学研合作、大学生实习基地。新增省级科技创新平台 5 家,其中省级重点实验室 1 家、省级工程技术研究中心 4 家。新增市级创新平台 4 家,其中市级工程技术研究中心 3 家、市级院士工作站 1 家。全区获 2014 年市级科技进步二等奖 2 个、三等奖 2 个。雨花区委书记、区长邱继兴,副区长陈怀宇率队参加 2014 中国(长沙)科技成果转化交易会。雨花区完成市科交会组委会交办的中科院武汉分院、兰州分院专家的接待工作任务,通报对市级 2007—2013 年历届科交会 66 个签约项目进行实施情况调查,推荐技术需求项目15个、融资项目8个、人才需求28个,成功签约项目5个。

(刘子溶)

【科技普及】 2014年3月7日,雨花区科技局组织推荐应用节能技术推广与食用菌栽培技术应用及推广。5月12日,高桥街道永定社区组织开展“关注地震灾害 普及防震知识”防震减灾科普宣传活动,辖区居民、社区工作人员志愿者参加活动。5月17日,梨托街道组织在东澜湾社区开展科普知识进社区暨街道科技活动周启动仪式。6月5日,华云社区组织“让科技点亮生活 让科普服务百姓”大型科普宣传活动。社区充分利用办公阵地的空间,制作30米室内科普走廊。在室外制作10余个科普宣传橱窗,在显眼位置悬挂科普宣传横幅、标语,组织开展科普知识有奖抢答赛,提高居民对学习科普知识的兴趣。居民自编自导一系列文艺活动。

(刘子溶)

【科技活动周】 2014年5月18日,雨花区“创新驱动发展 科技引领未来”科技活动周启动式暨节能与新能源产品展示在砂子塘凯德广场举行。会上表彰2012—2013年度区科技进步奖获奖单位,湖南亿利达实业有限公司、湖南普斯赛特光电科技有限公司分别代表获奖单位和参展企业作典型发言。区发改局开展“两型社会”宣传;区卫生局派出专家义务为群众把脉问诊。市科协科普大篷车展览“环保节能多功能电暖餐桌”“LED灯具”“太阳能热水器”等节能与新能源产品。5月20日,副区长李国军陪同区政协主席会议全体成员视察科技型企业湖南普斯赛特光电科技有限公司、湖南科比特新能源电气技术有限公司、长沙新中制药机械有限公司和长泰机器人有限公司并听取区科技局关于全区科技创新工作的汇报。5月21日,区创业富民办、区科技局、雨花亭街道办事处在华翼府创业基地联合举办高校专家进创业基地、进企业指导服务活动,中南大学技术转移中心副主任关选国、长沙理工大学产学研促进办副主任徐学军、中南林业科技大学科技处处长刘君昂、湖南科技大学科技处产学研合作办主任谭远宏、湖南农业大学科技处综合科科长周耀与20余家初创企业进行对接。5月23日,区科技局组织企业技术需求对接会,邀请中南大学机电工程学院、信息科学与工程学院、资源加工与生物工程学院及化学化工学院等7位专家与需求单位长沙长泰机械股份有限公司、湖南国喜新能源科技有限公司、长沙环康环保科技有限公司和湖南清之源环保科技有限公司进行技术沟通和对接。5月22日,区科技局、区现代服务业办邀请市科技局高新办副主任杨楚彬、市商务局电子商务处处长郭宏举办现代服务业企业创新培训,50余家企业参训。

(刘子溶)

【知识产权保护】 2014年,雨花区成立以区长邱继兴为组长的知识产权保护工作领导小组,明确领导小组成员单位,成员单位根据各自职责,分别组织开展“双打”行动。4月18日召开全区打击侵犯知识产权和制售假冒伪劣商品工作(简称“双打”工作)会议,出台《关于加强打击侵犯假冒伪劣信息报送和数据统计工作的通知》《雨花区打击侵犯知识产权和制售假冒伪劣商品工作实施方案的通知》。4月22日,举办雨花区2014企业专利工作能力提升培训班,全区50家科技企业专利工作者参加培训。4月26日,由区“双打”办牵头,区科技局(知识产权局)、区商务和旅游局、区食品安全管理办公室、区工商分局、区质监分局、区文体新局、砂子塘街道办事处等部门单位在东塘步步高超市前坪共同举办雨花区2014打击侵权假冒鉴真辨假活动,面对面地指导群众分辨真假;免费发放《知识产权100问》《鉴真辨假100问》以及食品安全宣传册等资料;各部门工作人员和五粮液酒厂等企业打假专业人员一道,接受群众咨询,帮助群众提高鉴别真假的能力。6月5日,区“双打”办组织召开关于做好制售假冒伪劣商品和侵犯知识产权行政处罚案件信息公开工作大会,区法院、区检察院、区公安分局、区商务和旅游局、区文体新局、区农林水局、区食安办、区工商分局、区质监分局等部门单位“双打”工作联络员参加会议。组织学习全国打击侵权假冒办、省“双打”办《关于做好制售假冒伪劣商品和侵犯知识产权行政处罚案件信息公开工作的通知》等文件精神，部署区侵权假冒行政处罚案件信息公开事项，明确案件信息公开方式及途径、案件信息报送方式及报送时间节点以及案件信息公开的主管负责人、联络员及其联系方式。9月23日，市“双打”办领导小组办公室主任、市知识产权局副局长崔晓，市知识产权局协调处处长甘永雄一行督查雨花区开展打击侵犯知识产权和制售假冒伪劣商品工作情况。10月10日，雨花区知识产权局与市知识产权局执法人员共同联手，对沃尔玛深国投百货有限公司长沙高桥分店、湖南华润万家生活超市进行专利行政执法检查。对家用电器、五金交电、日常用品中有专利标识的产品进行仔细辨认甄别，对涉嫌有假冒专利或专利标准不规范的20余种商品进行调查取证，随后对商场下达协助调查通知书，要求商场在规定时间内提供有效专利证明材料、专利缴费发票和专利产品进货合法来源等资料。（刘子溶）

【知识产权周活动】 2014年4月20日至26日，雨花区举办2014知识产权宣传周系列活动。区科技局（知识产权局）、各街道、园区制定《2014年雨花区知识产权宣传周活动方案》，召开全区知识产权宣传周动员会议。通过区内信息平台，开展知识产权相关知识信息群发活动。开展知识产权进社区活动，各街道、社区通过横幅、标语、宣传橱窗等形式营造宣传氛围，在市民广场、市场、居民小区等人群密集的场所开展形式多样的知识产权集中宣传活动。4月22日，在雨花经开区国际企业中心举办企业知识产权工作能力提升培训班，邀请市知识产权局局领导班子成员、副调研员徐拥军进行授课，组织40余家企业分管专利工作的负责人、专利工作专干进行培训。4月25日，在东塘步步高超市前坪开展鉴真辩假活动，区“双打”办、区知识产权局、区食安办、区工商分局、区质监分局、区商务局、区文体新局现场向市民演示鉴真辩假，并提供咨询。4月中下旬至5月，在车站南路学校开展上一堂知识产权课，开展一次知识产权知识竞赛，组织知识产权手抄报评比，知识产权教师学生签名等系列活动。（刘子溶）

【知识产权进学校活动】 2014年，雨花区科技局（知识产权局）牵头联合区教育局开展知识产权进校园工作，在雨花区车站南路学校集中开展系列宣传教育活动。学校在校园的显眼位置悬挂宣传标语，制作相关的宣传栏和宣传板，营造浓烈的氛围。4月17日由大同二小老师秦志刚授课，举办“我们生活中的商标”专题讲座，增强学生对身边的知识产权的保护意识。组织三至六年级学生通过卷面知识答题比赛，让学生了解基本的知识产权的相关知识。4月21日—23日，开展保护知识产权专题黑板报、手抄报评比。组织“保护知识产权　我们在行动”主题升旗仪式、红领巾广播。4月24日，组织五、六年级两支代表队参赛，开展“知识产权知识抢答赛”，加深对保护知识产权的认识，学会用合法的武器来保护和运用知识产权。开展“保护知识产权——我们有责”签名仪式。通过签名活动，师生承诺要尊重和保护知识产权，把知识产权的概念带给身边的每一个人，做到“教育一个学生　影响一个家庭　带动整个社会”。（刘子溶）

【科技政策及业务知识培训举办】 2014年12月30日，雨花区科技局在区委党校举办雨花区2014年科技政策及业务知识培训。全区50余家企业60余名企业科技工作者及区属12个街道的科技专干参加培训，解读科技政策、科技奖励、科技平台、项目验收，解读科技计划及工业项目管理、高新技术企业认定，解读知识产权保护、农业科技项目及科普进社区项目管理等内容，区科技局编写的《科技法律法规及科技政策汇编》及中共长沙市委、市政府《关于强化企业自主创新能力建设加速转型创新发展的意见》（长发〔2014〕16号）文件作为资料发放。（刘子溶）

【长泰机器人获“IERA发明与创业奖”提名】 2014年7月8日，由国际机器人联合会（IFR）与美国电子电气工程师协会（IEEE）共同发起、中国机器人产业联盟（CRIA）等三家机构承办的“IERA发明与创业奖”公布结果，作为中国机器人产业联盟（CRIA）副理事长单位的雨花区长泰机器人成为联盟正式加入国际机器人联合会(IFR)以来首家、唯一入围此奖项的中国企业。长泰机器人所获提名的“CTR铸铁件机器人自动化精整系统”,能突破性地解决铸造行业恶劣环境下工作的困扰,利用机器人实现铸件精整的自动化清理全过程。由机器人抓取主轴,针对不同的清理特征选取相对应的刀具对铸件进行定点清理。该系统配备光电传感器,扫描铸件达到精确定位的功能,以适应铸件毛坯上料位置误差及铸件毛坯形状误差、精确计算误差并自动修正机器人加工路径;并配备隔噪和除尘设备,保证操作人员处在相对安全、舒适的工作环境,并且利于环保;同时,系统具备较好的柔性,如产品换型仅需要更换工装并重新示教机器人加工路径,即可满足生产需求。每套系统采用两台机器人同时参与清理,系统具备较高的生产效率。单套六缸发动机缸体系统能够达到30—35件/小时的生产效率。 (刘子溶)

文化·体育

综　述

【概况】 雨花区文化体育新闻出版局(简称“区文体新局”)为区人民政府工作部门,内设办公室、公共文体艺术科、文化产业科(市场科)3个职能科室,核定行政编制7名,其中领导职数3名。下设4个二级事业单位:文化市场综合执法局,正科级,核定事业编制8名,其中领导职数2名;文化馆,副科级,核定事业编制3名,其中领导职数1名;公共图书馆,副科级,核定事业编制3名,其中领导职数1名;文物管理所,核定事业编制1名。全局共有干部职工48人,其中在职干部24人,引进人才1人,雇员15人,退休8人;全局党员30人,其中在职党员26人,退休党员4人。办公地点设在雨花区人民政府机关大院文化中心。

2014年,雨花区深化文化体制改革,努力提升公共文化服务,积极推进文体活动开展,牢牢把握文化市场管理和文化产业发展,不断推进全区文化繁荣与发展。全面完成省、市为民办实事工程任务和公共文化体育服务体系建设任务,并实施免费开放。开展“群众文化节”“欢乐大潇湘 美丽新雨花”“书香雨花”等系列活动,打造一批原创文艺节目。评选首届“雨花文化领军人物”。组队参加长沙市“公仆杯”篮球赛、“羽协杯”羽毛球赛和第八届老年人运动会比赛。加强文物保护,文物安全无事故。开展“文化遗产日”宣传活动,编辑出版《楚湘谜苑》第59期专辑。推行行政审批“三优化”和商事登记制度改革,全面实现网上在线审批。开展“诚信经营、文明上网”活动、“清源”“秋风”“阳光暑假”等专项整治和“扫黄打非”行动,文化市场健康发展。获评国际奖项3个、国家级奖项8个、省级奖项2个、市级奖项50余个。　(黄靖宇)

【首届雨花区十大文化领军人物】 2014年3月,雨花区评选首届“文化领军人物”。分文化事业和文化产业两类,共评选出“雨花区首批文化领军人物”10名,湖南省灯谜协会会长、谜语项目市级传承人敖耀寰等6人被评为文化事业领军人物,湖南联盛网络科技有限公司董事长邓俊西等4人被评为文化产业领军人物。　(黄靖宇)

文　化

【文化活动】 2014年,雨花区进一步健全三级公共文化设施网络,馆、站、室免费开放常态化、优质化。区文化活动中心免费接待活动人员6万余人次,开展文化培训、辅导、排练200余次。新建砂子塘示范性街道综合文化站,提质井湾子示范性街道综合文化站和12个示范性社区文化活动中心。区公共图书馆以建设“全能阅读基地”为重点,推出“东塘十分钟读书圈”“雨花亭十五分钟读书圈”,在区政务中心、东塘街道等5处设置“雨花Mini阅读空间”视频阅读机,着力打造覆盖全区、方便市民的“家门口的读书室”,得到广大群众的欢迎和喜爱。利用“文化遗产日”开展系列非遗保护传承活动,精心组织省级项目——洞井龙舞参加2014“湖湘记忆”湖南省非物质文化遗产展演活动;市级项目——长沙谜语参加长沙市文化遗产日活动。利用中小学非遗传承基地及街道文化站等基层文化设施,挖掘文化遗产,弘扬民族文化,传承非遗工作推陈出新,中国文化报进行专版报道。举办2014年雨花区第13届群众文化节,7月19日,在火车南站举行的文化志愿者"快闪"活动,展示雨花文化志愿者的风采。举办"欢乐大潇湘 美丽新雨花"大型群众文艺团队展演,打造"品质新雨花 演艺惠万家"惠民基地,到长沙实验剧场观看近2万人次。继续深入开展送文化、送电影进社区等活动,全年送电影800余场,送文化40余场。结合"4·23"世界读书日,举办第六届"书香雨花"读书节八大系列活动,"书海导读"推荐新书10期、开设"心灵之约"公益文化讲坛5次、举办"乐享文化 精彩假期" 暑期青少年读书系列活动1场、"幸福悦读 知识共享"图书漂流4次、"书香校园"快乐阅读日24场、"关爱社区" 送图书进社区2000册、"我们的节日"谜语竞猜1次,参与和覆盖达到10万余人次。重点打造"欢乐潇湘"系列文艺精品节目,精心打造音乐作品《入党宣誓》《桂花开在妹心上》和舞蹈作品《舞龙人》。11支团队获评长沙市"百佳团队"称号,湖南路桥艺术团等16支队伍获星级团队荣誉称号。 (黄靖宇)

【文物保护】 2014年,雨花区健全文物管理制度,规范安全巡查秩序,构建三级网络化管理常态,确保辖区文物安全。参加省、市各类培训,落实《长沙市不可移动文物安全管理实施细则》,建立完整的文物档案资料。完成全区不可移动文物点的保护标志及说明碑建设、杨坦园墓保护规划调研和省保单位 "四有"档案及全区不可移动文物的建档工作。开展"文化遗产日"宣传活动,打造洞井中学"舞龙"、东方红小学"长沙谜语"、燕子岭小学"剪纸"和桂花树小学"诗歌吟诵"4个"非遗"传承基地,编辑出版《楚湘谜苑》第59期专辑。组织洞井龙舞参加2014"湖湘记忆"省级非物质文化遗产展演,选送洞井小龙参加第七届中国学生舞龙锦标赛获初中组教学双龙第1名、男子规定套路第2名。获评长沙市不可移动年度文物安全管理工作"先进集体"。 (新 文)

【文化市场】 2014年,雨花区文化市场推行行政审批"三优化"和商事登记制度改革,全面实现网上在线审批,完成各类审批47件,重新审核登记437件,行政审批整体提速50%。每周对辖区内261家网吧经营情况进行日常巡查。开展为期三个月的"阳光暑假"网吧专项整治行动,重点整治黑网吧和接纳未成年人上网、无实名登记等违法经营行为,共办理违法案件83起,收缴违法罚款34.4万元。元旦、春节及"两会"期间联合相关部门及街道开展对全区文化娱乐市场的集中整治专项行动,收缴盗版光盘3500本,盗版书刊1200本。开展"扫黄打非"社区示范点创建工作,制作宣传教育展板46块,发放绿色书签50余份,发放倡议书600多份,建立区"扫黄打非"领导小组微信平台,获评湖南省"扫黄打非"先进单位。 (黄靖宇)

【文化产业】 2014年,雨花区首次全面系统摸清文化产业家底,全区文化企业1834家。分街道、分行业建立详细的企业台账和骨干企业档案。引进奥地利知名冰场品牌AST投资公司、快乐老人产业经营有限公司 "湖南民营文化传媒美国第一股"——北纬国际传媒等知名文化企业20余家。12月,"雨花区文化产业示范基地"在汇艺文创中心正式授牌,奥地利AST公司、湖南演艺集团、湖南搜啦购等16家知名文化企业现场集体签约入驻。出台《长沙市雨花区促进文化产业发展扶植奖励办法(试行)》。 (刘振球)

【群众文化节】 2014年,雨花区以"文化惠民"为出发点,创新思路和举措,注重提升文化活动品质,不断丰富群众文化生活。精心实施"群众文化节"系列群众活动。坚持"植根社区、贴近百姓、惠民利民"的原则,以满足社区群众文化需求为出发点和落脚点,通过打造群众家门口"文化乐园"等形式组织街道、社区开展团队展演、展示等系列活动。 (黄靖宇)

【"欢乐大潇湘 美丽新雨花" 群众文化活动】 2014年3月起,雨花区开展"欢乐大潇湘 美丽新雨花"系列群众文化活动。一方面通过组织专家和文艺团队的座谈会为打造“欢乐潇湘”参赛精品集思广益，出谋划策，着力打创文艺节目，推选6个优秀节目送选市级欢乐潇湘决赛。在市级欢乐潇湘决赛中获评2个一等奖、1个二等奖、3个三等奖。另一方面邀请知名文艺家参与节目创作、编排和演出。国家一级作曲家孟勇为雨花区量身打造的《入党宣誓》音乐作品获得2014年“长沙市精神文明建设五个一工程”奖。（黄靖宇）

【千团百佳】 在2014年10月开始的长沙市“千团百佳”评选活动中，雨花群星艺术团、雨花友好合唱团及潇湘越剧知音会获最佳团队。湖南路桥艺术团、雨花区民族民间艺术团、广德戏剧社获优秀团队；湘女艺术团、自然艺术团等5支团队获先进团队称号。湖南路桥艺术团等16支队伍获评星级团队。（黄靖宇）

【第六届“书香雨花”读书节】 2014年4月23日，世界读书日，雨花区第六届“书香雨花”读书节开幕式暨“阅动我心”亲子阅读知识竞赛在区会议中心举行。第六届“书香雨花”读书节的主题是“阅动我心”，涵括亲子阅读知识竞赛、“书海导读” 新书推荐、“心灵之约” 公益文化讲坛、“乐享文化 精彩假期”青少年培训、图书漂流、快乐阅读日、“我们的节日”猜谜到图书馆以及送图书进社区等一系列参与面广、内容丰富、特色突出的活动，让阅读进机关、社区、家庭、学校、企业，充分发挥了读书在人民群众学习、工作、生活中的积极作用，营造书香氛围，倡导全民阅读。（黄靖宇）

【雨花区开展网吧集中整治行动】 2014年6月8日至8月31日，雨花区文化市场综合执法局联合市执法局开展为期3个月的“阳光暑假”网吧集中整治专项行动。成立网吧集中整治领导小组，分“依法查处见成效(6月7—30日)、加强巡查成常态(7月1—31日)、整顿规范强巩固(8月1—31日)”三阶段，按内、外城区两个不同区域开展整治工作。同时出台《雨花区实行网吧行业诚信守法经营通报公示制度》，在全区网吧电脑上设置“健康上网、文明上网、杜绝未成年人上网”的开机提醒界面，并先后在区网吧行业QQ群公布违法违规网吧 “黑榜”4期，“红榜” 1期。8月初，组织辖区400余家文化市场经营单位参加“遵规守法，遵德守礼”培训。编印《雨花文化市场从业人员手册》，成立诚信联盟，签订“诚信守法，合法经营”承诺书，有效引导文化市场经营业主自觉遵守国家法律法规、诚信经营，进一步规范雨花文化市场经营秩序。经过三个月的整治，基本实现网吧依法经营常态化、依法监管常态化、回应百姓诉求常态化的目标，全区网吧管理秩序得到有效改善，无实名登记、违规接纳未成年人现象得到有效遏制。（黄靖宇）

【“扫黄打非” 社区示范点建设】 2014年7月中旬至10月底，雨花区文化市场综合执法局开展雨花区“扫黄打非”社区示范点创建工作。从雨花实际、居民实情角度出发，以“邻里守望 邻里情”为出发点，在全区营造“扫黄打非”宣传氛围，制作宣传教育展板46块，发放绿色书签50余份，发放倡议书600余份。通过建立区“扫黄打非”领导小组微信平台进行宣传，指导社区工作人员从传统的灌输教育向灵活多样的形式转变，增强宣传工作的吸引力、感染力，让居民“扫黄打非”观念入脑入心。通过组织街道、社区开展各类惠民活动、文化活动，将“扫黄打非”宣传、教育等工作融入邻里活动，同时以“先锋自助书吧”为平台，召集居民到书吧进行“大家来找茬”活动，一起找出书吧盗版书籍，给借阅者打造一片纯净的书海。“扫黄打非”示范点创建工作使“扫黄打非”意识深入人心，形成社区居民共同参与、共同抵制、打击违法经营商户的良好局面，有效净化了社会文化环境。2014年“扫黄打非”社区示范点建设工作圆满完成，获评湖南省“扫黄打非”先进单位。（黄靖宇）

体　育

【概况】 2014年，雨花区新建5个篮球场、34个乒乓球场、44套健身路径、4套室内健身房并投入使用;6家游泳场馆免费对外开放40余天,共接待中小学生近2万人次;组织300余人次对全区大专院校、中小学校的913个体育场地进行普查登记,总面积为167.53万平方米;组队参加长沙市第八届老年人运动会,获7金、4银、1铜、144分;组织“全民健身节”系列活动赛事30余场次,参加人数达3万多人次,形成雨花区全民健身活动的特色和品牌。 (唐天明)

卫生医疗

卫生行政

【概况】 雨花区卫生局设办公室、政工科、医政科、公共卫生科、会计核算中心、基层卫生综合管理中心（二级机构）、红会办（二级机构）7个职能科室。核定编制20名，其中领导职数4名；全体在职干部职工数19人，引进人才3人，雇员4人；退休8人，离休1人；党员27人，其中在职党员20人。办公地点设在雨花区人民政府机关大院1号楼。

2014年，全区卫生工作不断深化医药卫生体制改革，基层医疗卫生服务体系建设进一步加强，基药实施成果进一步巩固，基层医疗卫生服务机构的运行机制进一步完善，疾病预防、妇幼保健、卫生监督、无偿献血等工作卓有成效，较好地发挥了医疗卫生行业对改善民生、推动经济社会全面协调可持续发展的重要作用。全年处置突发事件18起，出动救护车35台次，人员307人次；接待医疗机构投诉事件61起，接待人次243人次，移交医疗事故技术鉴定14起，成功处置率100%。

（于向光　张　静　尹　平　张剑屏）

【医卫改革】 2014年，雨花区积极推进区级公立医院改革，原黄兴医院137名退休人员统一交由区卫生局基层卫生管理中心管理，59名黄兴医院在职人员进行社区卫生服务转岗培训后，统一分配到全区6个社区卫生服务中心。医院资产平稳移交给区城投公司统一管理。老院址引进北京长峰医院集团继续办医。整个改革过程平稳有序。进一步落实基本药物制度的项目执行，政府办基层医疗机构门诊人次达到21.4万人次，门诊人均药品费用24.67元，住院人次3413人，住院次均药品费用644.33元，较上年，门诊人次增长21.75%，门诊人均药品费用下降6.5%，住院人次增长85.6%。基层业务量较实施基本药物制度前实现“双增长双降低”，即门诊人次和住院人次分别增长82.38%、49.1%，门诊次均药费和住院次均药费分别下降48.74%、16.5%，基层医疗机构群众认可度和满意度进一步提高，群众实惠进一步显现。创新管理模式，强化督导考核，制发社区卫生服务站、村卫生室分级分类管理实施方案，根据机构服务功能和社区卫生服务工作开展情况等将社区卫生服务站（村卫生室）分为三类，建立区卫生局管中心、中心管站（村卫生室）的分级管理模式，明确考核指标、数量、质量考核标准、专业公共卫生服务机构和基层医疗机构的职能分工，各中心、站（村卫生室）年内需要完成的二类项目任务量，强化中心对站的指导和分类督导，按考核结果进行经费拨付。制定和完善公卫专干管理制度，全面摸底全区300余名公卫专干，并进行动态监管。在左家塘社区卫生服务中心实行公卫专干一体化管理模式，效果良好。

（尹　平）

【公共卫生服务】 2014年，雨花区积极应对埃博拉出血热和人感染H7N9高致病性禽流感疫情；做好结核病和艾滋病防控工作，完成国家级孕产妇HIV监测任务，对161名艾滋病患者提供免费抗病毒治疗。继续开展麻疹、脊灰疫苗强化免疫工作。全接种疫苗近32万余份，建卡建证率及基础“五苗”全程合格接种率均超98%。不断强化卫生应急能力建设，加强“一网四库”建设，有效处置多起托幼机构手足口病聚集疫情、腮腺炎聚集疫情和聚餐引起的食物中毒性事件。开展卫生应急医疗救援和传染病发现与报告专题培训。开展2014年卫生应急演练及考评工作。联合长沙爱尔眼科医院开展糖尿病眼病光明行动，定期轮流为辖区各街道糖尿病患者提供免费的眼底检查。启动2014年区为民办实事“重性精神疾病患者救治救助工程”项目和“情系万家·健康进社区”主题系列活动，对31名重性精神疾病患者开展医疗补助等救治救助。开展健康知识宣传普及、免费食品快速检测、健康讲座、慢性病专家义诊咨询、慢性病现场访视和体检等。开展健康教育进社区活动42场，现场快速检测食品1000余份，3000余人参与健康讲座，发放宣传折页1万余份，义诊咨询、血压血糖检测和慢病访视4000余人次。组织开展“3·24”世界结核病日、“4·25”全国儿童预防接种日等宣传日活动12场。继续做好农村孕产妇住院分娩补助、农村妇女“两癌”普查项目、婚检、增补叶酸预防神经管畸形项目等。为668名孕产妇提供住院分娩补助20.235万元；免费“两癌”检查6635人，普查率142.7%；随访梅毒孕产妇160位；免费婚检1万余人；免费发放叶酸2万余瓶。专项检查助产机构和社区卫生服务中心母婴保健技术2次，组织死亡孕产妇评审2次。入园体检儿童1.4万余人，幼师体检3764人；儿童门诊共体检15.5万余人次。发放“文明餐桌”提示牌和标语万余份，“内四塘”文明餐桌覆盖率达到100%。开展春、秋两季学校(含托幼机构)食堂安全、地沟油、散装食用油、明胶专项整治、校园周边餐饮单位专项检查和农村食品市场“四打击四规范”专项整治，出动人员2000人次，车次700台次，责令整改300余家。圆满完成各大节会食品安全保障专项行动。定期组织打击非法行医联合整治行动，出动执法人员100人次，执法车辆20台次，排查疑似非法诊所100余家，查处医疗卫生方面侵害群众利益行为18起，查处人数18人。实施首次举报奖励制度，共处理投诉12次。结合文明城市指数测评，对辖区内的各类经营性公共场所进行地毯式清理整治，总巡查店次达2万余次，公共场所量化评级实现100%全覆盖。 (谢姣梅)

【卫生信息化建设】 2014年，雨花区进一步完善卫生信息化建设基础业务系统，开发惠民、利民，方便基层工作人员业务开展的特色系统，完成区域卫生平台开发部署，与市级区域卫生信息平台开展对接，对接省卫生厅各项业务系统，开通双向转诊业务系统、区域电子病历业务系统、药品(疫苗)电子监管系统；区域卫生信息子平台，依托市级平台独立运行，初步实现公卫数据与基本医疗数据实时抽取，立体化展示。进行个性化开发机构绩效考核模块，上线运行正常；居民可以通过各社区卫生服务中心建立的自助服务一体机，了解各中心情况，对医务人员进行实名、匿名评价，查询个人健康信息、查询药品价格、预约挂号各大省级、市级医院等。建设短信平台进行居民健康教育、优质医疗资源信息共享等，方便群众就医。(于向光)

【中医药事业】 2014年，雨花区卫生局每季度开展对社区卫生服务中心中医药服务能力建设情况进行摸底、调查、督导；争取上级资金25万元，扶持社区卫生服务中心中医药服务能力建设；联合区文体新局举办中医传统养生导引师资培训班，培训五禽戏、六字诀、八段锦、导引术、易筋经等中医传统养生导引，为辖区培养中医养生项目师资40名，培训结束后，下到社区为居民免费提供教学，在社区中积极推广中医养生保健相关知识。全区217家基层医疗机构设置中医科。 (汤亚子)

【红十字工作】 2014年，雨花区完成无偿献血4437人，超额87人。组织各街道进行每年两次的救护培训，并在卫生系统“夏日送清凉”活动中为环卫工人开展应急救护专项培训。为云南昭通鲁甸地震募捐12万余元。通过市红十字会专项救助资金5万元救助120余人。开展博爱送万家活动，将总价值25.092万元的款物，发放到12个街道红十字会和卫生、教育系统红十字会。 (黄新明)

【卫生宣传】 2014年，雨花区卫生局信息数量和质量均有突破。在新华网、《湖南日报》《长沙晚报》《潇湘晨报》等主流媒体上发表反映卫生系统工作成效、工作经验11篇、区政务动态240余篇。下发500份宣传海报、5万份宣传手册至社区居委会及居民手中,宣传卫生惠民、利民、便民政策。（王赞谊）

【项目建设】 2014年,雨花区公卫大楼主体施工年底完工,进入室内装修设计阶段,砂子塘社区卫生服务中心进入项目改造阶段,洞井、黎托社区卫生服务中心进入设计工作,同升社区卫生服务中心进入选址工作,相关工作有条不紊地进行。区内7所村卫生室的改造工作进入扫尾阶段。（黄　江）

【专项整治】 2014年5月16日,雨花区召开卫生系统坚决纠正医疗卫生方面损害群众利益行为专项整治工作动员部署会议,宣读《雨花区医疗卫生方面损害群众利益行为专项整治工作实施方案》,区直各医疗卫生单位和各社区卫生服务中心支部书记递交党风廉政责任状。5月29日,区发改局、卫生局联合工作组,到湖南省水利水电医院、长沙浦沅医院、侯家塘街道社区卫生服务中心等7家区内一级医疗机构,集中开展医疗机构违规收费专项治理行动,检查医疗机构自立项目收费、分解项目收费、重复收费、擅自提高收费标准情况。9月17—18日,区委政法委组织区公安分局、区司法局、区卫生局、各街道组成督查组,督查医疗机构组织学习国卫医发〔2013〕43号文件,及9月5日省打击涉医违法犯罪专项行动电视电话会议的情况、医疗机构警务室、人民调解室的建设情况及内保安全防范情况。驻区湖南省儿童医院、湖南中医药大学第一附属医院、长沙市妇幼保健院、长沙市中心医院、长沙市第三福利院(长沙市精神病医院)、长沙正和骨科医院、湖南省职业病防治院、湖南省第二人民医院、长沙老年康复医院9家医院接受督查。（张剑屏）

【国家基本药物配送企业遴选】 2014年6月26日,雨花区卫生局组织召开区2014年度国家基本药物配送企业遴选会。区卫生局、街道社区卫生服务中心、村卫生室、报名参会的药品配送企业代表参加会议,使用基药的社区卫生服务中心负责人、使用量较大的村卫生室代表投票,企业代表监票并现场唱票,区纪委常委、监察局副局长彭灿全程参与监督遴选会。经过两轮投票,最终遴选出8家单位作为雨花区2014年度基本药物配送企业。（尹　平）

【突发公共卫生事件应急演练】 为建立健全突发公共卫生事件的应急处理机制,提高快速反应和应急处理能力,保障广大人民群众身体健康和生命安全,2014年11月6日,雨花区政府应急办和区卫生局在湖南广益实验中学体育中心举行以食物中毒为例的突发公共卫生事件医疗救援应急演练。湖南广益实验中学、区疾控中心、区卫监所和街道社区卫生服务中心参与演练。区内各学校卫生老师等共150余人参加观摩。（张剑屏）

【“爱眼日”主题活动】 2014年6月6日,第十九届全国“爱眼日”,雨花区卫生局联合长沙爱尔眼科医院在东山街道社区卫生服务中心开展“关注眼健康,预防糖尿病致盲”主题活动。活动现场,近百名糖尿病患者听取长沙爱尔眼科医院教授林丁主讲的眼健康知识讲座,林丁详细讲解糖尿病眼病的发病原因、常见并发症和预防办法,并为每位听众提供免费的眼健康检查,提高糖尿病眼病防治效果。（张剑屏）

【青年座谈会】 2014年12月24日,雨花区卫生局党委组织卫生系统“80后”“90后”青年干部聚集一堂,畅谈“青春、奉献、梦想、健康”,迎接即将到来的2015年。区委组织部副部长王青春、团区委书记陈昊出席座谈会。座谈会上,17名青年基层医疗卫生工作者,交流、分享生活、工作中的得失、感悟。区卫生局党委书记、局长韩哲寄语青年卫生工作者:胸有阳光,准确把握人生大方向;爱岗敬业,在基层岗位中成就大事业;勤学善思,在平凡的工作中成就大本领;包容友善,在纷繁的社会中营造大和谐。陈昊与青年卫生工作者现场互动,建立微信群,希望借助网络将青年座谈会交流平台持续下去。王青春就该怎样看待青春、怎样度过青春、怎样实现青春交流体会。（张剑屏）

疾病预防

【概况】 长沙市雨花区疾病控制中心(简称"区疾控中心")为区卫生局二级机构,是全额拨款的副科级事业单位,坐落于雨花区政府机关大院东南角,办公楼面积为3304平方米。内设办公室、财务科、质控科、传染病防治科、公共卫生科、体检科、结核艾滋科、检验科、免疫规划科、地慢病健教科9科1室。核定编制28名,2014年,在职在岗工作人员26人,引进人才1人,雇员21人,退休职工26人。

2014年,区疾控中心全面落实传染病及慢性病防控、扩大免疫规划、卫生应急、食品安全风险监测及其他卫生监测、健康教育、健康体检等工作任务,由班子成员和科长作为联点人员,采取传、帮、带、教的方式,深入每个社区中心包干负责,及时帮助协调解决疾控工作中遇到的突出问题和矛盾,出谋划策,帮助整改,联点社区中心70余人次,填写督导意见书41张,指导解决实际问题32个,开展督导结核病防治35次、艾滋病督导3批次,常见传染病防控156次,慢性病和精神卫生工作7批次,食品风险监测2批次,地方病(消除疟疾)1批次,免疫规划(强化免疫接种点指导)40余人次。编写《督查通报》7期。获2013—2014年度湖南省城市癌症早诊早治项目工作实施单位三等奖,2014年度湖南省艾滋病抗体检测实验室质量考评优秀,湖南省麻疹监测网络实验室麻疹、风疹病毒抗体检测盲样考核优秀,湖南省质量技术监督局食品酸价质量考核优秀,2014年长沙市慢病宣传技能竞赛最佳创意奖,长沙市疾控系统麻疹、风疹IgM盲样考核及已检标本再验证考核优秀。 (杨欣霖)

【疫情监测】 2014年,雨花区定期、不定期开展对医疗机构督导;开展传染病及死亡病例的漏报调查2次,托幼机构、中小学的卫生老师手足口病、水痘、H7N9禽流感等传染病防治培训2次。组织5个应急机动队,开展多次培训和演练,24小时值班电话保持通畅;装备齐全,救灾防病药械齐备;开展"5·12"应急宣传;全区未发生突发公共卫生事件。全区网络直报单位29家,审核传染病卡38940张、死亡卡4996张,及时审核率100%。报告雨花区现住址的传染病卡7076例,死亡5例,死亡病例3216例,死亡率为4.449‰。死因居前三位的疾病是循环系统疾病、肿瘤、呼吸系统疾病。 (杨欣霖)

【重点传染病防控】 2014年,雨花区接诊腹泻病例1206例。霍乱弧菌环境监测中采集外环境和食品标本181份,均未检出阳性标本。报告手足口病本地病例4345例,处置聚集性手足口病疫情2起,处置外地重症、死亡手足口病例50例。犬伤门诊接诊处置本地犬伤病例1358例,采样送检外地疑似狂犬病例5例。下发肾综合征出血疫苗1600人份。报告并成功处置外地肾综合征出血热病例2例。组织埃博拉出血热防控技术知识培训和现场穿脱隔离服演练3次,与各大型企业建立通信信息。对28名归国人员开展健康监测。主动搜索不明原因肺炎,对2例不明原因肺炎进行排查,结果均为阴性。开展人感染H7N9禽流感专题培训2期。在30家活禽市场采集环境标本136份,血清标本50份,处置疑似病例3例。对三起输入性登革热疫情进行现场调查处理、入户100户进行蚊虫—布雷图监测,组织街道办事处开展防蚊灭蚊措施,开展细菌性痢疾、感染性腹泻以及伤寒/副伤寒等自然疫源性疾病的常规监测。 (杨欣霖)

【性病、艾滋病防控】 2014年,雨花区上报性病6种776例。VCT门诊接待咨询者462人次;黎托强制戒毒所新入所的259名被监管人员开展艾滋病病毒抗体筛查。完成国家级孕产妇HIV监测任务,采集合格血标本400份,均进行HIV、丙肝、梅毒抗体检测,无阳性病例。5月13日,开始对辖区内医疗机构开展性病疫情报告质量综合督查。督查医疗机构12家,其中8家医疗机构能够开展梅毒THRUST或RPRS、TPPA检测,4家不能够开展相应检测的单位,将检测血样送往有检测资质的检测机构进行检测。12家医疗机构有6家能够做淋球菌涂片或培养检测。对辖区内医疗机构性病疫情报告质量综合督查，调查病例数99521例。8月，组织辖区所有上报梅毒病例的单位进行梅毒报告质量自查。抽查10家医疗单位，核查梅毒病例200例，准确率89.00%。帮扶救助艾滋病病人及感染者，承担住院治疗病人60%的住院费用，对177名HIV/AIDS发放费用108310元。监测农民工208名，收到调查问卷208份，采集到合格血标本208份。湖南省中医附一监测性病病人108人，采集合格血标本108份，均进行HIV、梅毒抗体检测，未发现阳性病例。（杨欣霖）

【结核病控制工作】 2014年，雨花区非结防机构共报告肺结核患者或疑似肺结核患者484例，转诊93例，转诊到位93例，患者转诊率19%，转诊到位率100%。经中心核实、开展追踪工作，追踪到位242例，追踪到位率89.30%，总体到位383例，总体到位率92.96%，超过市级到位率大于88%的要求。发现活动性肺结核患者数311例，完成率150.97%（市级任务数为206例），其中发现新涂阳患者数105例，完成率143.84%（市级任务数为73例）。访视病人517人次。新涂阳病人治愈率87.96%，涂阴病人完疗率87.30%，系统管理率为96.30%。3月24日，"世界防治结核病日"，区疾控中心联合井湾子、雨花亭、东塘、洞井等9家街道社区卫生服务中心开展肺结核防治大型义诊宣传活动。（杨欣霖）

【慢性病防治】 2014年，雨花区建立居民健康档案629662份。高血压在管档案39305份，健康管理率35.27%；糖尿病档案12559份，健康管理率21.85%；重性精神疾病档案2641份，任务完成率100%，在管档案1830份，检出患者管理率为69.32%。在全区部分医院及社区卫生服务中心开展慢病与肿瘤登记工作，做到了慢性病个案实行一人一病一档案。完成城市癌症早诊早治项目10000份高危问卷调查和1869人次的高危人群临床筛查，完成5例国家老年健康影响因素跟踪调查现场入户调查，完成420例居民慢病防治知晓和健康行为形成调查。（杨欣霖）

【地方病防治】 2014年，雨花区开展"4·26"全国疟疾日和"5·15"防治碘缺乏病日系列宣传活动。完成5例间日疟病例和1例卵形疟病例的休止期根治发药及督导服药。各街道"三热"病人血检数361例全部完成。碘缺乏病病情监测项目于10月中旬完成所有盐、尿样的采集和甲状腺容积的检测工作。（杨欣霖）

【麻风病防治】 2014年1月26日，世界第六十一届"世界防治麻风病日"，雨花区组织各街道社区卫生服务中心开展以"加速行动，消除麻风危害"为主题的宣传活动。及时上报麻风病监测月报表并开展相关工作。（杨欣霖）

【免疫规划】 2014年年初，雨花区对辖区内疫苗针对疾病监测医院以及接种单位开展专题培训。3月5日—7日集中培训辖区各预防接种单位和各医疗机构产科免疫规划专干和信息系统操作人员。10月至12月在全区范围内开展一轮次的麻疹类强化免疫和两轮次的脊灰疫苗强化免疫，达到了以街道为单位，目标人群强化免疫接种率达95%的目标。全年抽查1—6岁儿童650名，基础"五苗"全程合格接种率98.00%。报告30例疑似预防接种异常反应病例，未发生任何预防接种安全事故和接种纠纷。冷链运转正常，确保账苗相符。报告AFP病例44例、麻疹疑似病例477例、乙脑病例29例，所有病例均进行规范管理。（杨欣霖）

【卫生监测】 2014年，雨花区疾控中心监测餐饮具单位85家，监测样品数668份，合格数657份，合格率98.35%；监测医疗机构141家，监测样品数396份，合格数381份，合格率96.21%；监测直饮水单位408家，监测样品数535份，合格数531份，合格率99.25%；监测二次供水单位85家，监测样品数85份，合格数83份，合格率97.65%；监测桶装水单位33家，监测样品数33份，合格数15份，合格率45.45%；监测公共用具单位23家，监测样品数175份，合格数175份，合格率100%；监测环境卫生单位6家，监测样品数31份，合格数31份，合格率100%;监测食品单位306家,监测样品数306份,合格数279份,合格率91.18%;监测泳池单位38家,监测样品数38份,合格数37份,合格率97.37%;监测末梢水单位18家,监测样品数18份,合格数18份,合格率100%;监测井水单位58家,监测样品数58份,合格数7份,合格率12.07%;监测学校幼儿园4家,监测生活饮用水样品数4份,合格数4份,合格率25%。做好“四害”密度监测工作,积极与区安监局协调沟通,基本掌握企业本底资料,做好职业病防治工作。对区直机关各部门桶装饮用水进行两次水质分析监测。5月26日起,抽样监测辖区内供高（中）考生用餐和住宿的定点单位，合格率97.31%。5月28日,联合区教育局、区卫监所对辖区内托幼机构和中小学进行集中检查，合格率70.59%。7月25日,联合区卫监所抽样监测辖区内包子肉馅。按要求对辖区内哨点医院食源性疾病监测进行督导和专干培训。（杨欣霖）

【卫生检验】 2014年，雨花区对辖区10个街道卫生院的检验人员进行《疟原虫镜检技术》集中培训,提高检验人员的整体业务能力。2014年共完成食品检验2151项次。卫生监测井水、二次供水、管网末梢水和学校直饮水、桶装水、游泳池水,完成水质分析检验4609项次。完成HIV抗体检验、梅毒检验、丙肝检测1061人次,风疹、麻疹检测40人次。参加国家疾控中心举办、全国碘缺乏病实验室组织的盐碘质控考核、省疾控中心开展的风疹麻疹、疟原虫镜检、食品中总砷质控考核、省质量技术监督局开展的食品中酸价能力验证活动、市疾控中心组织的风疹麻疹质控考核,均取得优秀的成绩。（杨欣霖）

【健康体检】 2014年，雨花区接检从业人员40759人,实检40688人,受检率99.82%,其中公共场所771人,食品行业39891人,供水单位26人。发现透视阳性21人,大便培养阳性2人;均按照要求调离工作岗位。（杨欣霖）

【健康教育】 2014年,雨花区制定《2014年雨花区健康教育与健康促进计划》和《雨花区城乡居民健康促进行动方案(2014—2015)》,建立健全健康教育工作网络,3月、6月分别开展健教专(兼)职人员培训。建立并完善健康生活方式指导员管理、培训制度,培训200名具备社会动员、倡导、传播与教育、实施能力的健康生活方式指导员，开展健康生活方式干预工作。组织辖区内卫生单位开展无烟医疗卫生系统创建自查自评工作,区疾控中心达到卫计委《无烟医疗卫生计生机构评分标准》无烟单位标准。大力开展慢性病防治健康教育工作。对南雅中学和湖南广益实验中学高中生健康素养监测工作,9月底完成问卷调查和数据录入。（杨欣霖）

【组织编写专业指导书】 2014年,雨花区疾控中心为加大对街道社区卫生服务中心的专业指导,加强规范和统一操作流程，确保基层人员规范各项工作行为,帮助新上岗人员最短时间熟悉业务,1月下旬,区疾控中心集中各业务科室骨干力量,历时2月余,编写《雨花区疾病预防控制工作指导手册》和《雨花区疾病预防控制工作主要法律法规文件汇编》两本书,免费发放至辖区单位相关人员人手一本。编写《手足口病知识》海报、《疫苗接种知识》海报、《“情系万家·健康进社区”系列活动》手册等指导书籍分发到各街道社区卫生服务中心;编写的《疾病防控工作手册》在9月开学之际,分发到辖区学校,9月初,质控科牵头,编写各工作岗位的作业指导书,完成初稿。同时,与区老年保健协会合作编写的10万册《雨花区中老年健康手册》分发到全区每一个中老年家庭。（杨欣霖）

【疾控工作法律法规知识竞赛举办】 2014年7月27日,为提高疾控系统人员学法、用法、依法的意识与能力，雨花区疾控中心组织辖区疾控人员开展疾控工作法律法规知识竞赛活动,辖区29家医疗机构和区疾控中心180名疾控人员参加现场竞赛，通过全程盲样阅卷,真实有效分数产生,最终评选出团体奖6个、组织奖3个及个人奖12名,并于8月5日开会表彰。（杨欣霖）

【预防接种知识演讲竞赛举办】 为提高预防接种人员业务知识和技能，提供预防接种人员提升能力的机会和舞台，2014年6月12日，雨花区疾控中心组织雨花区2014年“关爱明天”预防接种知识演讲竞赛，10家街道社区卫生服务中心以及省儿童医院、市妇幼保健院的12名选手参加比赛。冠军选手代表雨花区在6月29日长沙市举办的“关爱明天”预防接种知识演讲竞赛总决赛中获二等奖。 （杨欣霖）

公共卫生

【概况】 雨花区卫生监督所（简称“区卫监所”）隶属雨花区卫生局，为参照公务员管理的事业单位。内设办公室、医疗卫生监督科、卫生监督一科、卫生监督二科4个职能科（室）。共有编制数32名，2014年，在职干部职工数32人，其中领导职数2名，引进人才1人，雇员10人，退休1人。所党支部有党员17人，其中在职党员17人。办公地点设在雨花区人民政府机关大院一号楼。

2014年，区卫监所以加强卫生监督体系、执法队伍建设，保障生活饮用水、学校和公共消费场所、餐饮食品卫生安全，规范整治医疗服务市场等工作为重点，不断推动卫生监督工作稳步发展，获评湖南省卫生监督新闻宣传先进单位、长沙市卫生监督行政执法案卷评查优秀单位。 （李 奔）

【食品安全】 2014年，雨花区积极开展“诚信经营、文明餐桌”行动，全面铺开“文明餐桌”行动，鼓励消费者文明用餐、理性消费、杜绝浪费。全区共发放“文明餐桌”提示牌和标语2万余份，“内四塘”文明餐桌覆盖率达到100%。开展春、秋两季学校（含托幼机构）食品安全联合专项检查，地沟油、散装食用油、明胶专项整治，食品药品安全方面损害群众利益行为专项整治，大型快餐连锁食品安全检查，鲜肉经营、采购使用专项检查，以校园及其周边200米范围为重点区域的专项检查，农村食品市场“四打击四规范”专项整治，对存在食品安全隐患的889家餐饮单位提出指导意见，责令其限期整改。完成元旦、春节、两会、“五一”劳动节、清明节、全国高考、端午节、国庆节、“大运会”“农博会”等节会保障专项行动，下达卫生监督文书300余份，发放各类宣传材料1157份，有效预防了食物中毒、二次供水污染事故等突发公共卫生事件的发生。 （李 奔）

【医疗执业监督】 2014年，雨花区检查各级各类医疗机构500余家次，对139家医疗机构下达卫生监督意见书，立案查处5家；开展院内感染专项检查、口腔专科医疗机构专项整治、滥用儿童生长激素专项整治、疫苗接种机构专项检查、美容场所专项整治共5次，检查医疗机构86家。开展非法行医集中取缔行动10次，排查疑似非法诊所120余家次，发现并取缔非法行医点20个，没收药品60余箱，牙椅4张，灯箱广告10个，并对现场正在行医的黄某某进行立案查处；以巩固取缔成果为目的，开展非法行医5次“回头看”。全年不间断的持续开展“两非”专项整治，规范母婴保健技术服务机构工作，严厉打击“两非”行为，共检查母婴保健机构40家。协助区卫生局“医疗机构执业许可证”换证工作的现场勘验、校验、现场检查；开展对辖区内19家一、二级医院传染病防治专项检查，对存在问题的3家医院下达“卫生监督意见书”并责令立即或限期整改；开展病原微生物实验室、医院消毒供应中心专项检查，规范医疗废物处置。 （李 奔）

【公共场所卫生监督】 2014年，雨花区经营性公共场所单位1268户，其中住宿旅店业338户，文化娱乐场所212户，美容美发331户，游泳场28户，浴场（含足浴）176户，酒楼221户。区卫生监督所开展监督检查1860户次，公共场所量化评级覆盖率和监督覆盖率均实现100%；联合区疾控中心完成对公共场所卫生重点监督检查各项工作，下达卫生监督意见书200余份。对全区28家游泳场（馆）进行全面的专项检查，重点检查区政府公布的对中小学生免费开放的6家游泳池的卫生管理情况，卫生设施设备运转情况及游泳池、浸脚消毒池余氯含量，对不符合要求的上海城游泳池等5家游泳场馆，下达

"卫生监督意见书",责令立即整改并督促整改到位。整治住宿场所、沐浴和KTV场所的杯具、修脚工具、布草等公共用品用具消毒情况。 (李 奔)

【饮用水卫生监督】 2014年,区卫生监督所对辖区内73家二次供水、集中式供水单位进行专项检查,检查从业人员159名,对无健康证上岗的18名从业人员均责令立即改正,督促各供水单位对蓄水池定期清洗消毒。对湖南嘉达物业公司无证供水予以立案,责令限期改正,并处2200元罚款。 (李 奔)

【学校卫生监督工作】 2014年,雨花区卫生监督所联合区教育局开展春、秋季两次学校卫生专项联合检查,全面检查学校食堂、自备水源和生活饮用水、传染病防治、消毒管理,检查学校223所,其中大中专院校19所,中小学校69所,幼儿园135所,下达卫生监督意见书175份,责令整改13家。对存在较大食品安全隐患的14家学校食堂、13家幼儿园食堂的法人(负责人)进行约谈。积极开展中小学校卫生监督检测,督促被监测的10所学校落实各项卫生监督工作。 (李 奔)

【行政执法】 2014年,雨花区卫生监督所办结各类卫生行政许可事项1065件,其中餐饮服务类643件,公共卫生类353件,生活饮用水类29件,各项卫生许可办结率100%。受理各类投诉举报139例,其中餐饮类投诉112例,公共场所类投诉9例,二次供水投诉3例,医疗类投诉15例,调查举报属实135例,举报不实4例。处置率、反馈率和满意率均达到100%。行政处罚立案42起,结案42起,其中食品安全类案件33起,医疗类案件7起,公共场所类案件1起,生活饮用水类案件1起,累计罚款金额84088元。开展对职工的风纪风貌稽查12次,稽查执法责任落实情况48次,开展集中文书制作情况的稽查1次。 (李 奔)

【宣传培训】 2014年,雨花区卫生监督所举办10期对全所干部职工的培训。组织食品安全培训班5期,64家大中型餐饮单位、机关企事业单位食堂、建筑工地食堂、大中专院校及中小学校、托幼机构等单位的负责人及从业人员280人次参与培训,举办公共场所卫生及消毒知识培训。培训人数800余人次。开展"2014年省会城市《中华人民共和国职业病防治法》宣传周活动",出动宣传车4台,悬挂宣传横幅10条,制作宣传版面8块,发放科普读物100余本、宣传单1000余份,接待咨询者120余人。联合区疾控中心开展饮用水卫生宣传周活动,发放宣传资料320余份,现场接受咨询110余人次,收到意见和建议7条,受理并处理投诉举报2次。 (李 奔)

【卫生监督信息平台建设启动】 为进一步完善卫生监督三级监管网络平台,2014年,雨花区有效提升三级网络监管模式新内涵。5月,通过前期实地调研和准备,启动研讨、建设三级网络信息平台程序;8月,配套出台《雨花区卫生监督三级网络工作联动制度》和《雨花区卫生监督三级网络稽查制度》;9月,在圭塘社区卫生服务中心召开三级网络现场观摩会,各社区卫生服务中心主任及公卫专干畅谈对三级网络信息平台建设的建议和想法。 (李 奔)

妇幼保健

【概况】 雨花区妇幼保健所(简称"区妇幼所")负责妇幼卫生工作,为副科级全额拨款事业单位,是区卫生局二级机构。内设妇保科、儿保科、婚检科、计指科、检验科、健教科、信息科、办公室。核定全额拨款事业编制28名,2014年在职干部职工数39人,其中在编职工19人,雇员20人;所党支部党员14人。

2014年,区妇幼所将全区10个街道分为3组,实行联点分片业务指导管理制度。各组明确一个由政府主办的社区卫生服务中心牵头,形成管理片区。区妇幼所业务骨干组成业务指导工作组(外线组),定期对社区卫生服务中心进行业务培训、指导、考核。片区内形成业务帮扶互助,共同发展的良好局面。分别于4月14—18日和8月25—29日对9家助产机构和10家社区卫生服务中心进行妇幼卫生、母婴保健技术服务及计生工作专项检查。7月18—22日,对驻区

9家助产医疗机构进行产科质量评审和爱婴医院进行复审督导检查,检查组给予充分肯定。获评长沙市2013年度妇幼卫生工作先进单位。（杨　珊）

【妇女保健】 2014年，雨花区妇幼所对全区准备怀孕和早期妊娠的妇女(含流动人口)免费增补叶酸，目标数8022人,实际完成7946人,孕产妇叶酸增补率99.1%。农村孕产妇住院分娩率100%,高危孕产妇实行分级住院分娩,住院分娩率100%。艾滋病、梅毒和乙肝母婴传播免费检测17781人。辖区孕产妇艾滋病、梅毒及乙肝孕期检测率分别达96.0%、99.7%,孕28周前应查13780人，实查11772人，检测率85%。婚前医学检查率90.59%。爱婴医院复评率100%,产科质量督查率100%。妇幼所对黎托、东山街道的已婚农村妇女进行免费宫颈癌、乳腺癌查治,应查人数4650人,实查6635人,普查率142.7%,查出患病人数2765人（其中一人患多种疾病按一人计算),转诊二级筛查529人,患病率41.7%,查出宫颈癌2例,共投入费用58.38万元。（杨　珊）

【高危孕产妇管理】 2014年,雨花区妇幼所全年管理高危孕产妇1978人，全部实行专案专人管理,每月随访一次。不低于20分166人,红色预警1人,橙色预警43人,黄色预警1352人。10个社区卫生服务中心与9家助产机构实行双向转诊、信息反馈、联合管理,杜绝高危孕妇的漏筛、漏管。春节期间及冰冻期间孕产妇进行全盘摸底及高危追访工作，对高危孕妇及春节期间对预产期的孕妇全部进行电话访视或面访。聘请省劳卫医院妇产科主任带领3位妇产科医生、区妇幼妇女保健科4位医生及健教科1名专干组成高危筛查队伍,于2014年1月14日、15日对黎托、东山、洞井、同升4个街道所有孕妇进行地毯式筛查。应接受高危摸底筛查的孕妇541人,集中筛查240人，电话访视341人，筛查出高危孕妇10人。5月,长沙市中心医院报告暂住黎托的一缅甸籍高危孕产妇,病情危重,找不到其家人,得到报告后区妇幼所和黎托街道一起寻找其家人，了解到其经济拮据,即启动困难救助基金,补助5000元,并协调市中心医院减免部分住院费用,家属万分感谢。6月,接到市妇幼所反馈的一例红色预警孕妇,当即联系该孕妇所在社区卫生服务中心妇幼专干，进行重点管理,上门访视。及时督促其去医院进行诊治,当病情变化时多次与湘雅二医院联系安排住院，经及时治疗，孕妇病情明显好转，由红色预警转归为橙色。对流动人口孕产妇实行流入地管理;对9名寄居在株洲、益阳、北京等地的孕妇流入外地孕产妇寄出委托书,委托当地妇幼保健机构进行管理,与孕妇及当地妇幼保健机构保持电话联系,保证追访到位。与福建泉州建立“泉州市流动人口计生区域协作信息共享通报平台”,在长沙地区的泉州11个市、区、县流动孕产妇女查环查孕信息均可以通过本平台通报原籍。通过电话、QQ、上门等方式配合市产前筛查中心对268名唐氏筛查高风险孕妇孕产期追踪随访804人次，其中引产10人,21三体确诊8例,NTD2例，孕期因各种原因流引产7例，督促进行产前诊断,召回率85.8%(其中38例无法找到),高风险孕妇分娩无一例畸形儿。严格按照《湖南省孕产妇危重症评审实施方案》，开展2次孕产妇危重症集中评审，对发生在辖区内的4例危重症的救治过程进行的讨论,评价医院对危重症患者的判断和处置,对医疗处理中存在的问题进行批评。（杨　珊）

【农村妇女病普查】 2014年,雨花区免费实施“宫颈癌”“乳腺癌”及妇女常见病普查工作,采取“集约服务、计卫合作”的方式,送医疗保健服务到村、社区,对流动人口“协同管理,均等服务”。将“两癌”普查任务分解落实到街道,“两癌”检查项目工作列入区对街道的考核指标。加强部门协作,区计生局负责宣传动员,区妇幼所负责普查技术工作,利用辖区优质医疗资源,从各医疗机构抽调业务人员组成“两癌”普查工作组,配备B超、红外线乳腺探测仪、阴道镜,到各街道各村开展普查,主管副区长和卫生、计生局局长亲自下街道督查。2014年计划普查4650人,实际免费“两癌”检查6635人(流动人口),普查率142.7%。共查出患病人数2765人,转诊二级筛查529人，患病率41.7%，查出宫颈癌2例,CIN1–10

例,CIN2-3 例,CIN3-2 例,共投入费用 58.38 万元。区妇幼所安排专人共对 529 人转诊定点机构的阳性病人进行追踪随访，督促对象及时就诊治疗，并给 15 例 CIN1-3 的对象建立特殊病例档案。对 2 名癌症患者分别给予 5000 元的大病补助。（杨 珊）

【儿童保健】 2014 年,雨花区登记备案管理托幼机构 156 个。全年卫生保健评估合格的幼儿园有 14 所,不合格幼儿园 1 所。全面落实托幼机构餐饮服务许可工作,有效保障集体儿童的饮食卫生安全。入园体检儿童 14301 人,体检率 100%;发现有营养性疾病的 462 人,其中单纯性肥胖 124 人、贫血 236 人,中重度营养不良 102 人，都对其进行针对性的指导及管理。区妇幼所儿保科专线人员每季度到各社区卫生服务中心和社区卫生服务站进行指导。利用儿童门诊、免疫接种的机会和下到各幼儿园集中体检等多种方式相结合，对散居、集体儿童进行健康体检,建立儿童健康档案。做好儿童先天性疾病知识、母乳喂养知识、儿童口眼耳保健知识的宣传工作。社区儿保门诊体检 154896 人次,发现儿童营养性疾病的 546 人。10 家产科医院活产新生儿 18513 人,开展新生儿两病筛查的 18100 人,筛查率 97.8%,四病筛查 14007 人,筛查率 75.7%。开展新生儿听力初筛查 19100 人(包括院外),筛查率 103.1%(不包括院外 98.8%),初筛未通过 1753 人,复筛 1545 人,未通过 114 人,转诊 103 人。定期到辖区医院收集“新生儿死亡调查表”和“儿童死亡报告卡”,4 月 28 日和 10 月 14 日进行两次新生儿死亡评审工作，对住院死亡的 21 例新生儿(含放弃治疗的 10 例)组织专家组进行评审，要求新生儿死亡医院主管医生带齐病历相关资料参加讨论,最后评定其中有 11 例是创造条件可避免死亡,9 例是不可避免的死亡,1 例是可避免死亡。通过评审对新生儿死亡主要死因的影响因素作出科学分析和评估。（杨 珊）

【关爱听障儿童】 2014 年 7 月 25 日，长沙市雨聆聋儿康复中心主任带领靠安装人工耳蜗或助听器才能听到声音的 9 位听障儿童到区妇幼所免费体检。体检项目包括内科、外科、眼科、耳鼻喉科、血液与尿液等检查。并为每个孩子建立健康档案,雨聆聋儿康复中心的老师和孩子们为妇幼所的医务人员送上“关爱残疾儿童、构建和谐社会”的锦旗,以表达师生的感激之情。（杨 珊）

【剖宫产信息质量控制】 2014 年 12 月 1 日—3 日，雨花区卫生局组织进行全区 9 家医疗保健机构 2014 年 7—9 月剖宫产信息质量控制督导检查,全区剖宫产率为 34.0%(1549/4552)，其中疤痕子宫(486/4552)10.7%,社会因素(145/4552)3.2%,随机抽查 90 份医院产科病例,平产 45 份,剖宫产 45 份,没有发现弄虚作假,瞒报剖产率的现象。区卫生局、区妇幼所每季度组织进行剖宫产率的督查，定期通报,对剖宫产率高的单位相关领导进行约谈,制定整改措施。各医院执行《降低剖宫产率管理制度》,加强产科质量关键环节的管理，采取多种措施减少产程中不必要的医疗干预,减少并发症,提高助产质量,严格控制剖宫产率。临床中,对于没有剖宫产指征,孕妇及其家属要求实施剖宫产手术的，产科医生及助产人员耐心细致地进行解释；对符合剖宫产手术医学指征的,也向其充分讲清剖宫产手术的利弊,在知情同意的原则下,严格履行手术签字手续;严禁开展无手术指征及择期的剖宫产手术，严禁实施趋利和避责行为的剖宫产手术,切实降低剖宫产率。实行人性化、个性化、科学化的一对一陪伴分娩模式,整个分娩过程中有助产士陪同,产科医生及时检诊,增加产妇及其家属的安全感及自信心。让孕产妇及家人能预先充分了解产程的进展。减少因信息不足造成的焦虑和紧张,降低因精神因素导致难产的发生。充分利用孕妇学校授课、入院宣教、微信、微博等宣传平台对孕妇和家人进行相关知识的宣传，大力提倡和促进自然分娩。（杨 珊）

【婚前免费检查】 2014 年，雨花区免费婚检 10842 人,检查出疾病人数 693 人,其中指定传染病 322 人次,生殖系统疾病 361 人,性传播疾病 42 人次。地中海贫血 4 人,转诊 1199 人,随访 1078 人。（杨 珊）

社会生活

民政事务

【概况】 雨花区民政局设办公室、计财科、基层政权和社区建设科、优抚安置科、社会福利科、社会事务科、社会组织管理科7个科室,设区社会救助局、生活无着人员救助管理站、社会服务管理中心(雨花区社会工作局)、社会福利中心(雨花老人之家)4个二级机构。编制37名(行政编制8名,机关工勤编1名,全额拨款事业编制28名),其中,区社会救助局编制8名,区生活无着人员救助管理站事业编制7名,区社会服务管理中心事业编制11名,区社会福利中心事业编制2名。局党支部党员29人。办公地点设在雨花区人民政府机关大院1号楼1楼。

2014年,雨花区开展"全国社区治理和服务创新实验区"创建,保障基本民生,优化为民服务,创新社会治理,各项工作任务顺利完成。成为全国社区治理和服务创新实验区、全国和谐社区建设示范城区、全国社会组织建设创新示范区、全国适度普惠型儿童福利制度建设试点区、全省"救急难"工作试点区;被评为全国服务业标准化试点单位、民政标准化建设试点单位、全国第二批收养评估试点单位、全省慈善工作先进单位、全省社会救助工作示范单位、全省社会事务工作优质服务先进单位、全省殡葬改革工作先进单位、全省居民家庭经济状况核对工作先进单位、全省民政新闻宣传信息工作先进单位;连续第十年获得全市民政工作目标考核第一名和全市殡改工作目标管理一等奖等多项市级荣誉,民政事业持续向上发展。 (邓颖晴)

【社区建设】 2014年1月,雨花区被正式确定为"全国社区治理和服务创新实验区"和"全国社会组织建设创新示范区",实施"两区联动",在全区范围内开展"居民服务需求大调查""社区治理点子大征求""社区干部苦乐大倾诉"和"社区办公服务用房大清查"等四项活动,进行社区增效减负的调研,并形成专题报告,受到上级肯定,在民政部全国社区治理和服务创新实验区工作简报上发表。圆满完成36个社区筹委会选举工作,依法依规产生社区筹委会成员132名。新成立井旺等4个社区,对新设立社区进行摸底调研,对拟新建、配套和改扩建社区公共服务用房进行初步规划。促进和谐社区建设,创建国家级和谐社区建设示范街道3个,示范社区6个;省级和谐社区建设示范街道1个、示范社区3个、书香社区1个,市级示范社区2个、精品社区4个、"两型"社区1个。10月底,被民政部确定为全国和谐社区建设示范城区。打造社区服务品牌,创建市级社区服务品牌8个,市级社会工作服务项目5个,区级社区服务品牌21个、区级社工服务项目6个,创建品牌将通过第三方机构评估后,由区财政给予奖励扶持。

给社区工作松绑,进一步去行政化,最大限度地发挥社区服务功能,实现社区"减负增效"。4月,区民政局对社区承担事务进行摸底调查,5月,组织部分社区主任(书记)召开第一次座谈会,确认社区职能职责相关情况,梳理出社区事务245项,挂牌50块,操作系统38个,盖章事项22个;区委政研室摸底出对社区的考核62项。7月初,区委出台《雨花区规范清理社区职能职责工作方案》,明确由区委政研室牵头,区编办、区民政局配合,成立雨花区社区职能职责清理办公室,全面展开对全区社区职能职责的统计、清理与规范工作。对所涉及的52个部门,558项事项（其中302项社区事务、48个操作系统、84块社区挂牌、72项社区考核、52个社区盖章)进行规范清理,核减至35个部门,147项事项(其中社区工作事项65项,操作系统32个、社区挂牌31块、社区考核5项、社区盖章14个),核减411项职能职责,形成社区工作事项、社区限定性事项、社区挂牌、社区操作业务系统、社区证明性盖章事项、区级部门对社区考核事项6张清单。

推进实验区和示范区的创建工作,创新“以居民服务需求为导向的社区分类治理模式”,注重在社区分类培养不同类型的社会组织参与社区治理和服务。全区105个社区分为老旧城区居民型、单位型、新楼盘型、综合型、失地农民安置型、保障性住房型、商贸型等7个类型，确立基本治理框架为老旧城区居民型保基本,从“老城区”到“新社区”;单位型促转变,从“单位人”到“社区人”;新楼盘型增团结,从“安家所”到“生活地”;综合型谋整合,从“分隔墙”到“紧密网”;失地农民安置型重规划,从“老村民”到“新居民”;保障性住房型强保障,从“积弱者”到“受惠者”;商贸型变理念,从“被监管”到“被服务”。

明确各个街道负责社区分类治理模式的任务,在侯家塘街道廖家湾社区、东塘街道牛婆塘社区、东塘街道政院社区、井湾子街道红星社区等13个社区先行试点社区分类治理，积极探索新模式在实践中的应用。拟通过一年的试点，提炼出成熟的治理模式,在全区推广。8月中旬,在民政部组织的中西部地区社区治理和服务能力建设示范培训暨经验交流会会上作《以居民服务需求为导向探索社区分类治理新模式》的典型发言,得到民政部的认同和推广。根据该次会议精神，在各试点社区进一步调研论证社区分类治理新模式在各典型社区中的运作方式。13个典型社区均根据各自实际,在分类治理新模式的指导下,提交类型化特点鲜明、个性化服务显著的初步方案。社区分类治理成为雨花区与民政部合作研究课题。

建设社区公共服务综合信息平台，两次组织区编办、区电子政务办、区财政局等相关部门及各相关街道负责人,赴上海、南京、铜陵、芜湖等地考察社区公共服务综合信息平台建设工作，学习各地在信息平台建设过程中的资源整合方式、部门配合方式以及后期跟进方式。由区政府组织两次召开社区公共服务信息平台建设研讨会,集省厅、市局及区领导、专家学者等的集体智慧,研究建设方案。7月底,区长办公会议讨论通过《关于推进社区公共服务综合信息平台建设的实施方案》,明确信息平台包括公共事务服务平台、社区管理服务平台和社区生活服务平台三大块。按照方案,分三步实施,在东塘、砂子塘两个街道试点完成公共事务服务平台的开发、建设并投入使用,将民政、人社、残联、计生四个部门事项作为首批服务事项纳入信息平台,完成首批“一口式受理”社区公共事务梳理工作;逐步增加服务事项,争取城区街道建成社区事务受理中心，完成社区管理服务平台和社区生活服务平台的开发、建设并投入使用;实现全区全覆盖,理顺并进一步健全社区公共服务综合信息平台的管理体制机制，形成逐步完善和发展的长效机制。（邓颖晴）

【城中村改造】 2014年,雨花区民政局指导各街道按时完成试点村申报、拆迁安置预案和三年改造方案。积极配合市政府多次调研。5月19日,市委副书记、市长胡衡华带领市规划局、市国土局、市民政局等到雨花区实地考察城中村改造工作，雨花区很多重要数据为全市城中村改造工作的推动和发展,为市委、市政府决策提供重要依据。（邓颖晴）

【区划地名】 2014年,雨花区贯彻落实《长沙市地名管理办法》，完成新建道路命名和道路更名工作，修补路名牌6块,新订路门牌1000余块,确定并安装街巷牌16块。完成圭塘街道和东山街道关于樱之谷小区确定归属。加强平安边界建设,配合长沙县完成长雨线联检工作。召开全区地名普查工作动员会，为全国第二次地名普查工作在雨花区的顺利开展奠定坚实的基础。高效完成区划微调接管长沙县跳马镇相关工作。按全市统一部署,在12月3日之前完成所有区划调整申报材料的整理与上报，制定全区

区划微调工作实施方案，协助区委办、区政府办做好各项综合协调工作。（邓颖晴）

【婚姻登记】 2014 年，雨花区民政局办理结婚登记 6843 对，离婚登记 1964 对，补发婚姻证件 642 对，出具(无)婚姻登记记录证明 15000 余份。做好“5·20”等特殊日子的婚姻登记工作。开展婚姻登记窗口规范化建设，加强宣传力度，打造以国内外名人婚恋故事为主题的文化宣传长廊，设置安全出入无障碍通道，推进 1970 年以来历史档案数据补录工作，开通网络预约登记。7 月底，雨花区婚姻登记处申报国家 AAAA 级婚姻登记机关。（邓颖晴）

【殡葬管理】 2014 年，雨花区开展殡改执法行动，查处违规车辆 4 台，及时妥善处置室外违规搭棚治丧行为 10 余起。充分发挥红白理事会的作用，推进殡葬惠民进社区。竭诚做好殡改惠民工作，基本殡葬报销补助 224 人，补助金额 17.165 万元。精心组织殡改宣传活动，加大殡改宣传力度，清明节期间在各街道组织主题鲜明的殡改宣传活动，《长沙晚报》、政法频道等进行宣传报道。（邓颖晴）

【社会组织管理】 2014 年，雨花区出台社会组织发展“1+7”系列政策文件(《雨花区社会组织登记管理创新和改革的意见》《雨花区政府向社会组织购买民政事务服务暂行办法》《关于实施社会组织公益创投项目的通知》《关于印发雨花区社会组织登记办事指引的通知》《关于社会组织直接登记相关事项的通知》《关于社区社会组织登记管理事项的通知》《关于社会组织分类及重点培育类别的通知》《雨花区社会组织培育扶持暂行办法》)，为社会组织和社工机构发展提供政策支持。形成区、街道、社区三级社会组织孵化网络，引进长沙(雨花)群英会承接区社会组织孵化基地工作，为公益类社会组织提供筹建场地、政策咨询指导、员工培训、项目资金引进、资金扶持等服务，入住孵化中心的组织 10 个，成功孵化 3 个；在两个街道试点建设街道社会组织孵化和公益项目实践基地。以社会组织公益创投项目和社工品牌示范项目的形式给予项目补助，扶助各类社会组织发展。清理社区办公服务用房，免费或低价提供给社会组织，做到“办公场所最小化、居民服务最大化”。开展政府向社会组织购买服务，通过项目招投标、财政补贴和委托服务等方式，支持社会组织承接政府职能和购买服务，全年区级政府购买养老、残联康复、基层卫生服务等服务项目 2200 万余元。围绕全国社会组织建设创新示范区的目标，进行登记管理制度改革，简化登记程序，缩短办证时间，社会组织工作得到飞跃式发展。全区社会组织 698 家，其中社会团体 23 家，民办非企业 296 家；注册登记 319 家，备案 379 家。在康乐爱老、怡智家园、砂家帮、孙建华工作室等原有品牌的基础上，涌现出群英会、老首长工作室、邻里情社工中心、温心家园、向阳花等一批社会组织品牌，社会组织体系不断健全。雨花区社会组织的先进经验和做法经常，《光明日报》《中国社会报》《湖南日报》、湖南卫视、人民网等主流媒体均宣传报道。（邓颖晴）

【社会救助】 2014 年，雨花区全面贯彻《社会救助暂行办法》，推进社会救助标准化建设，整合社会救助资源，实施惠民解困雨露工程，全力推行城乡低保一体化建设。1 月，区社会救助标准化建设被确定为“全国服务业标准化建设试点项目”；5 月底，被确定为民政部第二批标准化试点项目；9 月 4 日试点项目顺利通过国家标准化委员会中期评估；10 月 14 日《湖南日报》专题报道雨花区社会救助服务标准化建设工作。建立《雨花区社会救助服务标准体系》，出台 26 项社会救助服务标准，建成 40 个基层社会救助示范平台。《湖南日报》专版报道梯级社会救助体系建设情况。成为全省“救急难”工作试点单位，启动实施“一门受理、协调办理”工作机制。成为全市城乡低保一体化建设试点区，实现应保尽保、应救尽救。低保对象 3036 户，5408 人，全年救助 3.76 万户次，6.81 万人次，发放救助金和各种补贴 2399.83 万元，城市月人均最低生活保障标准 450 元，农村人均最低生活保障标准 340 元，农村“五保户”年分散供养标准完成 4240 元，完成指标 161%。

全面加强基层社会救助平台和队伍建设,联合区人社局出台关于基层人力资源和社会保障公共服务平台、社会救助工作平台的管理办法,新增街道、社区专职社会救助工作人员岗位41个。生活无着救助变被动为主动,被民政部授予全国三级救助管理机构。为流浪乞讨人员提供食宿2345人次,提供乘车凭证985人次,提供医疗救助55人次。不断完善救灾体系,积极开展国家级综合减灾示范社区建设,东塘街道政院社区、侯家塘街道湘农桥社区被评为2014年度国家级综合减灾示范社区。充分发挥慈善救助功能,慈善救助惠及困难群众5000人次。克服新址宣传受限、彩民培育期长、彩民停车不便等困难,彩票销售稳定、安全运转,销售彩票4640万元。 (邓颖晴)

【社会福利】 2014年,雨花区完善居家养老服务中心站建设,对政府购买服务对象实行动态管理,区级投入77.23万元为503位享受基本养老服务补贴的老人提供上门服务28000余个小时。为1.06万名高龄老人发放高龄津贴601万元,办理老年优待证4800本,向"三无"、"五保"、"失独"等老人赠送老年人意外保险。率先完成普亲、松泉两家养老机构设立行政许可。实施全区城乡65岁及以上低保家庭失能和半失能老年人基本养老服务补贴政策,区基本养老服务补贴覆盖率100%。广泛开展敬老爱老助老活动,开展重阳惠老慰问,全区评选"敬老模范单位"15个、"助老之星"25名。积极完善区社会福利中心运营,5月底区社会福利中心被确定为民政部第二批标准化建设试点单位。孤残儿童保障能力不断增强,率先出台《雨花区孤儿基本生活费和困境儿童生活补贴发放暂行办法》,全面对孤儿和事实无人抚养、重病、重残的困境儿童发放基本生活补贴,被确定为全国适度普惠型儿童福利制度建设试点区。全区困境儿童119人,散居孤儿12人,全年发放基本生活补贴29.85万元。积极搭建社会服务平台,建立5家困境儿童帮扶基地,号召机关干部、社会爱心人士与首批74户困境儿童家庭结对帮扶。福利企业安全生产管理不断加强,联合区残联依法对长沙市莲湖医氧厂和长利电工材料有限责任公司两家单位进行社会福利企业资格年检和合格认定,定期开展消防隐患排查。全年受理收养18起。全面加强精神病康复会所的建设,按照民办公助的模式,建设区怡馨家园精神病康复会所,引进专业社工,开展全区精神康复病人专项调查和一对一服务工作,会员达50余人。 (邓颖晴)

【双拥优抚】 2014年,雨花区深化双拥创建工作,严格按照省市双拥创建要求,加大双拥宣传阵地建设,完善各项双拥宣传设施,新建社区双拥公园1个。组织开展春节、"八一"走访慰问活动,慰问经费172.2万元,走访慰问各类优抚对象3372人,赠送新年日历1000份,召开各类联谊和座谈会150余场。广泛发动区直部门、街道、社区及社会各行各业积极开展拥军活动,切实解决好部队官兵子女入学入托、家属就业、军属优待、生活等方面的实际困难,掀起爱国拥军工作新高潮。积极打造"退役军人服务之家",扶持退役军人创业就业,激发创业富民和带头维护稳定的积极性。全面落实优抚政策,切实保障优抚对象的各项待遇,发放优抚经费1524.9万元,按质按量做好评残、换补证书、烈士纪念等各项优抚日常工作。确保军休人员政治待遇有保障,生活待遇有落实,发放军休经费1410.96万元,接收安置军队退休士官1人、第六批军休职工53人。扎实做好退伍安置工作,大力推进自谋职业,发放自谋职业补偿金160.35万元,发放城乡义务兵家属优待金707.36万元,发放待安置期间生活费13.91万元,发放城乡自主就业退役士兵一次性地方经济补助金175.66万元。加强对优抚对象的动态管理,及时掌握情况,切实解决他们的实际困难,做好对困难对象的帮扶,妥善处理遗留问题。 (邓颖晴)

【社区筹委会换届选举完成】 2014年2月13日,雨花区启动社区筹委会"两委"选举工作,严格选任标准,坚持精简高效,注重优化结构,选优配强社区筹委会"两委"班子。全区36个社区筹委会于3月15日完成党组织选举,产生社区筹委会党组织成员

154名（书记36名、支委118名）；4月10日、11日，完成社区筹委会选举，产生社区筹委会成员131名（主任36名、副主任及委员95名），其中女性41名，占31.3%，党员114名，占87%，大专及以上学历88名（研究生学历1名），占67.2%，35岁及以下的44名，占33.6%，平均年龄为39.76岁，比上届年轻5岁，新当选社区筹委会成员48名（主任14名，副主任及委员34名），占36.6%，全区实行书记、主任一肩挑的有6名，16名后备干部当选社区筹委会班子成员。选举结束后，由各社区筹委会选举委员会主持，各街道党工委、办事处依法依规在新一届社区筹委会产生之日起十日内指导、监督完成新老社区筹委会工作的移交；新一届社区筹委会产生十五日内完成各社区筹委会村民小组长的推选工作，各社区筹委会依法推选产生新一届事务监督委员会；依法选配人民调解、共青团、妇代会等下属委员会，完善村级组织机构；各社区筹委会制订新的社区筹委会发展规划和年度工作计划，完善村民自治章程、议事规则和村规民约，建立健全村民会议、村民代表会议等规章制度；做好新任社区筹委会班子成员培训工作；完成资料立卷归档工作。4月底，全区社区筹委会选举后续工作完成。（邓颖晴）

人口与计划生育

【概况】 区人口和计划生育局（简称"区计生局"）内设办公室、法规科、宣教科、规划统计科、奖扶科、科学技术科。二级机构长沙市雨花区计划生育药具技术站负责全区药具发放、普及和使用等工作，流动人口计划生育服务管理中心负责全区流动人口计划生育服务管理工作。行政编制12名（其中领导职数7名），事业编制7名。在编在岗人员19人，专业引进人才2名、雇员3人；离退休人员7名（党员5人）。在职干部中，党员22名。办公地点设在雨花区人民政府机关大院区治2号楼四楼。

2014年，区计生局紧扣"争先进位"目标，立足机构改革的新要求，着眼政策调整的新形势，更加注重目标管理，更加注重责任落实，更加注重长效机制，进一步"强基础、稳队伍、抓转型、促提质"，致力于"抓重点、破难点、创亮点、上水平"，有效促进了全区人口计生工作整体水平的不断提升。年度出生9106人（其中常住人口出生5892人），人口自然增长率5.13‰，符合政策生育率95.04%，人口性别比109.61，全面完成各项人口计划生育指标。被评为"省人口计生工作模范单位""市人口计生工作红旗单位""省计划生育协会工作县级先进单位"，继续保持"全国计生优质服务先进单位"荣誉称号。（龚德文）

【基础建设】 2014年，雨花区建立健全党政领导一把手亲自抓、负总责的目标管理责任制，形成一把手亲自抓、分管领导具体抓、相关部门配合抓的人口计生工作格局。加大财力投入，按高于区级财政2014年预计经常性收入增长幅度的标准安排人口和计划生育经费，比上年增长54%；5月开始为全区计生协管员每月增加工资400元。加快计生队伍的专业化、科学化、规范化建设步伐，全年组织"单独两孩政策"培训、城镇独生子女父母奖励政策培训等各类培训60余次。举办健康知识讲座6场，聘请专业教授进行党委中心组人口理论学习1次，落实民主党派和无党派人士的建议，开展生殖健康进校园的活动，聘请专业教授到长沙商贸旅游职业技术学院授课。印制宣传品22万份，制作宣传板报126块，出动宣传车140台次，广泛宣传造势，普及计生政策。在《光明日报》《湖南日报》、幸福人家网等媒体发表报道100余篇，其中省级以上媒体报道70余篇。制定计划生育新闻报道审查及应对处置机制，建立舆情监测及应对处置制度，定期通报舆情监测处置情况，无计生重大负面舆情。首次评选全区"十佳计生干部""十佳流动人口计生协管员"，加大对优秀计生干部的奖励，进一步激发计生干部队伍活力。坚持把提高人口计生统计质量作为夯实基础、提升工作水平的关键措施来抓。深入探索人口网格化信息系统的二次开发应用模式，形成"信息引导、动态监测、服务全局"的信息化应用格局。开发"幸福家""十分钟服务圈"、区域协作模块软件。分别对数据测评、实时通、重点信息通报、网格化四块数据,实行“周排名、月点评”的工作制度。数据测评工作在省市排名前列,流动人口数据平台在省半年度通报中,全省排名第一,确保人口信息及时异动,真实准确。（龚德文）

【优质服务】 2014年,雨花区依托区、街、社区三级计生服务平台,开展“家庭健康发展计划”系列活动,积极开展健康知识公益大讲堂、计划生育爱心助孕、绝经期妇女取环、妇女生殖健康“两癌”筛查等四大主题活动,为广大家庭成员提供“婚、孕、产、育、教、健、养”全程服务,打造新型人口和家庭公共服务网络体系。实施“幸福家园”“家庭医生”计划和成立家庭发展指导中心,加大对辖区家庭的帮扶力度。在上年“温心计划”试点的基础上,全面推广通过政府购买服务的方式,对全区计生特殊家庭实施心理、生育、健康、生活、养老等五大关怀行动,全方位呵护,全程跟踪服务。继续做好计生技术服务,开展免费孕前优生健康检测854对,发放各类宣传资料6万份。对全区准备怀孕和早期妊娠的妇女(含流动人口)免费增补叶酸,扩大发放渠道,实现区妇幼保健所、驻区9家助产机构、各街道社区卫生服务中心三级同时发放,免费发放叶酸11286瓶,服用率99%。全区助产医疗机构对7963人孕产妇(含流动人口)进行有效管理,孕产妇保健覆盖率100%,住院分娩率100%,所有孕产妇均进行产前筛查,同时进行艾滋病毒、梅毒检测,对高危孕妇实行区、街两级管理,每月随访。完善免费婚前医学检查,实行婚前医学检查与婚姻登记一条龙服务,免费婚检6198人。免费孕前优生健康检查4999人次,早孕随访9223人次,目标人群覆盖率、早孕随访和妊娠结局随访率均为100%,婴儿出生缺陷率从1.67%降到1.5%以下。（龚德文）

【流动人口服务】 2014年,雨花区以“日常工作标准化,特色工作品牌化”为目标,完善一个阵地(流管中心“一站式”服务阵地),建设两支队伍(流管员队伍、新市民计生协会会员队伍),突破三个难点(重点区域个性化服务、均等化服务转型、区域协作多元化)。6月13日,区委常委会同意成立雨花区流动人口服务管理中心,为区计生局二级机构,增加事业编制3名。坚持“以人为本,服务至上、健全体系、公平对待”的工作原则,积极构建“四大体系百项服务”流动人口均等化服务平台,各街道深化流动人口均等化服务,形成一街一品特色服务。区财政投入330万余元,增配流动人口协管员36名,在东塘、井湾子、左家塘、侯家塘、高桥街道打造五大均等化服务模式,东塘街道打造“双联式”新模式,推出人生五期服务生命全程服务;井湾子街道“幸福里”工程实现流动人口与常住人口幸福融合;左家塘街道推出“部门联动式”均等化服务品牌,以党建带动流动人口社会融合;侯家塘街道打造“自助式”模式,构建“心文化”社会融合自助服务工作品牌;砂子塘街道金地社区打造“一站式”综合服务示范区;高桥街道实行“组团式”模式,实现市场流动人口均等化服务;同升街道开展“蓝丝带”关爱流动人口女职工健康活动,打造工业园区流动人口服务品牌。确定四个街道为流动人口管理重点治理街道,流动人口基础管理成效显著;区域协作工作进一步深入,与省内34个区县,省外7个区县建立区域协作关系,开展活动20次,与常德汉寿县开展流动人口宣传周活动,利用区域协作系统为辖区流动人口免费孕检2.5万余人次。处理各类流动人口信息45万条,其中流动人口新增信息15.2万条,报离开信息25万条,接收并反馈流动人口信息约4.8万条。简化办证流程,提升服务水平。依托人口网格化系统,实行实名登记制度,建立育龄妇女生殖健康档案,办理省内流动人口“一孩生育证”200余本,办理“婚育证明”2500余本,简化办证流程,提升了服务水平;流动人口在居住地和就业地均可以就近享受免费查环查孕、妇科病普、优生检测等服务。（龚德文）

【综合管理】 2014年,雨花区加强前置审查机制落实,严格落实“一票否决”制度,在评先评优、公务员录用、领导干部提拔选聘以及酝酿党代表、人大代表、政协委员候选人时，均经计生部门严格审核把关，对被“一票否决”的单位和个人，严格问责。进一步强化综治部门协调配合，完善部门综治会议、工作监督调查制度，注重部门联动配合，破解难题。区公安分局协同组织定期对流动人口进行清查；区民政局办理收养登记时查验由区计生局出具的收养人的生育状况证明；区人社局办理档案托管、失业登记时均查验计划生育证明；区建设局协同对建筑工地流动人口进行管理和服务，督促施工单位查验工地育龄妇女办理流动人口婚育证明。进一步强化计划生育相关信息共享，构建“互通信息、共建共享”的工作机制。各综治部门均认真履行信息共享职责，严格按照相关要求进行通报。区公安分局向街道计生办实时通报迁入户口的已婚妇女5774人、新登记上户人口4061人，区民政局向区计生局实时通报新增婚姻登记4085人；区教育局3月31日前向区计生局通报上年度新入学的小学在校生的基本数据为10140人；区建设局向街道计生办通报施工单位查验育龄妇女的流动人口婚育证明情况82人；区工商分局向街道计生办通报核发营业执照的已婚育龄妇女数为2134人。加强街道和社区政务公开、办事公开、村务公开情况的力度，开通阳光计生服务热线，开展“阳光计生行动”，推行“阳光管理”，优化“阳光服务”，保障“阳光维权”，提高办事效率、依法行政和优质服务水平，组织开展“下评上”和“请流动人口评计生”活动。开通准生证办理、政策咨询等为民办事的绿色通道，切实做到依法行政、便民利民。依法加大社会抚养费征收力度，切实提高依法征收到位情况和依法管理到位情况，全区无违法行政行为出现，社会抚养费征收立案率100%。高度重视打击“两非案件”，成立由分管副区长任组长，区纪检、公安、工商、卫生、计生等相关部门为成员的专项集中行动领导小组，制定详细行动方案，专题部署集中行动，查处典型“两非”案件3例，有力整治了全区的生育环境，被评为全省打击“两非”先进单位。 （龚德文）

【计生新政落实】 2014年4月，省卫计委出台《湖南省“单独两孩”政策实施办法》，8月1日，湖南省人民政府印发《湖南省完善城镇独生子女父母奖励办法若干规定》。为确保计生新政平稳落地，雨花区印制各类宣传资料10万余份，举办各类政策解读培训30场，开展集中宣传活动12次。审核确认城镇独生子女父母信息并录入到信息系统4.1万余人，办理符合单独两孩政策再生育证525本，其中生育人数212人，办证人群为25岁至40岁的占85%。制定《雨花区计划生育奖励扶助实施办法》，成立以区委书记、区长邱继兴为组长的专门领导组织机构，分管副区长陈怀宇专门召集计生、财政、人社、公安、民政、审计等部门和街道主要负责人强力部署该项工作，加强人财物统筹保障，全力做好该项民生工作。充分利用宣传媒体，发放宣传资料，悬挂横幅，张贴标语，广泛宣传发动，让群众迅速了解、掌握政策。组织街道、社区计生专干的政策培训，确保吃透政策、熟悉流程；开展辖区内区直机关事业单位、国有及国有控股企业计生专干培训，准确掌握奖励政策。区计生、人社、财政等部门以及街道通力协作，确保了摸底审核、参保情况、资金拨付等环节顺畅有序，确保在10月1日之前有部分对象的奖励金发放到位。根据辖区实际情况，先易后难，对于情况简单的申请对象，加强审批进程，落实确认，信息录入，迅速发放。对于情况复杂的申请对象，分步推进，在12月底落实发放到位。各相关部门和街道责任上肩，落实到人，认真研究方案、全力接受办理、严格资格审查、做好咨询解释、严格信访责任，认真履行职责，确保工作稳妥推进，将该项民生工作惠及群众。确认符合农村奖励扶助条件的对象76人，发放金额7.30万元；符合计划生育特别扶助家庭奖励的对象658人，发放金额315.84万元；放弃再生育奖励对象37户，发放金额3.95万元；城市低保扶助对象58户，发放金额3.45万元。独生子女家庭14706户，发放独生子女保健费341.58万元；计划生育家庭特别扶助专项补助对象16户，发放金额15万元；城镇独生子女父母奖励1014人，发放金额325.12万元。全区共发放奖扶资金1012.22万元。 （龚德文）

【计生协会】 2014年,雨花区计生协会深化“三级联创四到基层”工作,全面推进“创先争优,服务大局”活动。建立基层协会300余个,重点推广“支部+协会”“企业+协会”的建会模式,扩大新市民计生协会影响力。全区计生协会走访慰问、扶助辖区计生困难家庭5000余人次。雨花区被评为“全省计划生育协会工作县级先进单位”,雨花亭街道获评“全省计划生育协会工作乡级先进单位”,红星农副产品大市场、东山街道黎郡社区获评“全省计划生育协会工作村级先进单位。” (龚德文)

【全区计生大会】 2014年3月25日,雨花区人口计生工作大会在雨花会议中心召开,区委、区人大、区政府、区政协分管领导,区人口计生工作综合治理部门分管领导,街道党政一把手、计生办主管、计生办主任、计生协会会长,社区(筹委会)主任,双十佳代表(十佳计生干部、十佳流动人口计生协管员)参加会议。会议由区委常委、宣传部部长何托林主持。副区长李国军作工作报告,总结2013年人口计生工作,传达省市人口计生工作相关会议精神,部署2014年工作。会议表彰砂子塘街道办事处等12个单位、区委组织部等6个综治部门、电院社区等113个社区、湖南省林业调查规划设计院等54个驻区单位、胡煜等143名个人。12个街道和19个计生综合治理部门递交2014年度人口计生工作目标管理责任书。 (龚德文)

【詹鸣调研城镇独生子女父母奖励工作】 2014年10月29日,省卫计委党组书记詹鸣调研雨花区城镇独生子女父母奖励工作。 (龚德文)

【莫丽霞调研雨花区人口计生工作】 2014年12月9日,国家卫计委家庭司副司长莫丽霞一行调研雨花区“单独两孩”政策实施情况,听取雨花区贯彻落实“单独两孩”政策工作情况汇报,并与基层计生工作人员及群众代表进行交流。雨花区坚持宣传先导,规范办证程序,开展出生缺陷综合防治,提高出生人口素质,稳步推进“单独两孩”政策落实到位。莫丽霞对雨花区计生工作给予充分肯定,希望雨花区在落实好计划生育利益导向政策的基础上,进一步整合创新各方面政策资源,将好政策继续扎实稳步推进,同时对政策实施过程中可能出现的新情况、新问题等,要早作研究、及时发现、及时反馈,并根据群众需求和意见不断改进,切实做好服务,让群众满意。 (龚德文)

【区人大常委会听取全区人口计生工作汇报】 2014年5月29日,区人大主任召开会议,专题听取区人口计生工作情况汇报,会议分为观看街道现场点和听取汇报两个环节。区人大常委会主任龚景顺一行观看圭塘街道的“温心家园”关爱计生特殊家庭项目,详细了解政府购买服务的具体做法和取得的成效,并希望区计生局将这种模式进行推广,辐射到全区。到全省网格化展示点砂子塘街道了解人口网格化工作,街道通过PPT演示的形式全面展示人口网格化的成效。听取全区人口计生工作基本情况、主要工作开展情况、存在的主要问题及下步工作思路。 (龚德文)

【区政协听取全区人口计生工作汇报】 2014年9月30日,区政协主席会议专题听取区人口计生工作情况汇报,会议分为观看街道现场点演示和听取汇报两个环节。区政协各与会人员从统筹保障、队伍建设、业务工作、特色工作等几个方面对全区计生工作给予了充分肯定,也从信息化建设涉密、计生队伍建设、加强宣传、转变工作思维等几个方面提出建设性的意见。 (龚德文)

【“国策杯”气排球比赛】 2014年10月23—24日,雨花区组织全区12个街道计生办举办“国策杯”气排球比赛。区人民政府副区长陈怀宇、区人大常委会副主任周凌云、区政协副主席任壮岳现场指导。比赛采取分组循环和淘汰赛相结合的方式进行,东山街道代表队力挫群雄,一举夺得该次比赛的冠军。 (龚德文)

民族·宗教

【概况】 雨花区民族宗教和外事侨务局(简称“区民宗外侨局”)为区政府直属事业单位,负责全区民族宗教和外事侨务方面的事务管理,宣传民族、宗教、外事、侨务法律、法规和政策并开展执法工作。核定编制5名,2014年年末,在职干部职工数5人,局党支部正式党员4人。办公地点设在雨花区人民政府机关大院2号楼3楼。

2014年,区民宗外侨局以巩固和发展平等团结互助的社会主义新型民族关系为重点,做实民族工作,构建团结共进的民族关系。充分发挥宗教界人士和信教群众在经济社会发展中的积极作用、着力营造良好的涉外涉侨环境为重点,推动民族宗教和外事侨务工作发展。（王 卓）

【民族事务】 2014年,雨花区严格执行民族优惠政策,办理普通高校招生享受民族优惠政策考生资格审核94人,更改少数民族51人。在少数民族群众、学生较多的左家塘街道牛角塘社区、长沙市第二十六中学、湖南高桥大市场股份有限公司三个单位开展民族工作“三进”(进社区、进企业、进学校)活动,并将活动向全区辐射,延伸民族工作触角。牛角塘社区打造民族文化墙,开展民族知识宣传教育活动;8月,开展“民族连心·五教同行”纳凉晚会,吸引200余名社区居民参与。长沙市第二十六中学以校本课程开发为途径,开展民族知识抢答赛,打造民族文化长廊,建立共产党员与少数民族学生“一对一”的帮扶关系。11月,高桥大市场股份有限公司以“民族之家”为阵地开展活动,公司组织市场10个民族,30余名少数民族同胞与部分汉族同胞开展联谊活动,考察麓山寺、清真寺、城北堂3个具有代表性的宗教活动场所,开展民族知识竞赛活动。加强少数民族流动人口服务管理,整合各部门职能,建立涉及少数民族的急难救助、矛盾纠纷调处等制度,构建左右协作、上下联动的服务、管理、执法的良性工作机制。大力宣传民族知识,增进民族同胞之间的了解和信任,及时处理少数民族同胞租房难问题。主动对接学校,做好高校少数民族学生的服务和管理工作。（王 卓）

【宗教事务】 2014年,雨花区在清泉寺、川河占白龙王庙、佛圣禅寺等宗教活动场所和民间信仰活动场所制作固定宣传栏,开展宗教法律法规宣传;编印《宗教工作法律法规政策汇编》《民族宗教知识问答》,在清泉寺“简公生日”庙会和川河占白龙王庙庙会期间向群众发放。加强协调服务,引导区内唯一宗教活动场所清泉寺积极继续开展以“教风”为主题的和谐寺观创建活动。年初召开宗教活动场所管理工作会议,宗教活动场所清泉寺、三个民间信仰活动场所的负责人和财务人员以及宗教活动场所所在地的街道统战专干参加会议,学习和培训财务、安全管理知识,进一步提高宗教场所的管理水平,推进创建工作。加强宗教活动场所人员管理制度,做好宗教教职人员摸底排查工作,严格场所常住人员管理制度,对外来挂单人员实行登记造册。切实做好宗教活动场所安全防范制度,与宗教活动场所签订《安全责任书》,严格按照市民宗局下发的《安全检查事项目录指引》内容加强监管,在寺院内安装监控摄像头,建立健全内部安全保卫、防范、管理工作制度。9月,积极配合市民宗局开展消防安全检查,对存在安全隐患的地方,及时整改到位。与同升街道一起为清泉寺重新打出一口几十米的深井,既解决缺水问题,又解决水质差的问题。严格宗教执法,依法取缔东塘、高桥等地非法宗教活动2起,全力维护宗教领域的和谐稳定。（王 卓）

【服务管理】 雨花区建立涉及少数民族流动人口的急难救助、矛盾纠纷调处等制度,设立少数民族优先服务窗口、法律援助工作站。在高桥大市场建立“民族之家”,定期开展活动,中央、省、市领导多次考察。姚正清撰写的《在长新疆少数民族群众的管理服务亟待规范》在省政协《社区民意》第154期

刊发,引起省领导重视。少数民族流动人口服务管理工作成为全省的品牌,永州市民委专程到雨花区考察交流。 (王　卓)

【维权帮扶】 2014 年，雨花区民宗外侨局主动积极开展少数民族维权帮扶活动，及时组织协调处置涉及民族方面的矛盾纠纷，将矛盾和纠纷化解在萌芽状态。妥善处理涉及少数民族人员矛盾纠纷 4 起,得到区领导的高度肯定。积极开展课题研究,《少数民族权益保障与创新社会管理研究——以雨花区为例》列入湖南省民族研究课题。

(王　卓)

【区民族联谊会第二次会员大会召开】 2014 年 12 月 19 日,长沙市民族联谊会雨花区分会召开第二次代表大会全体会议。长沙市民族宗教事务局副局长彭晓军,长沙市民族联谊会会长姚子珩,雨花区委常委、组织产部长、统战部部长冯聪龙等出席会议。杨宁代表第一届理事会向大会报告工作。讨论通过《章程》和《选举办法》。会议选举产生第二届理事会,选举邵广江为会长,杨宁为常务副会长,姚正清、徐玲娜、彭臻宏、马文轩、戴红花为副会长。 (王　卓)

人民生活

【概况】 2014 年雨花区全面小康人民生活实现程度为 91%,人民生活质量逐步改善,生活水平不断提高。

【居民收入】 2014 年,雨花区城镇居民人均可支配收入、农村人均纯收入小康实现程度分别为 81%、100%。其中城镇居民人均可支配收入同比增长 9%,高于地区生产总值(GDP)增长速度;人均储蓄存款为 84936 元,是目标值 32000 元的两倍多。

【居民消费】 2014 年，雨花区人均住房使用面积、农村居民安全饮水比率及行政村客运班线通达率均达 100%。居民住房条件改善,人均住房使用面积达 42.83 平方米，同比增长 33%，实现程度达 100%。

(柯　科)

街　道

雨花亭街道

【概况】 雨花亭街道地处长沙市雨花区“腹地开发”和长株潭三市融城的前沿阵地,北起南二环、劳动东路,西至韶山南路,南抵香樟路,东临万家丽路,是典型的城乡结合地带,也是城区建设改造的攻坚区域。2014年,下辖13个社区(筹委会),辖区面积7.8平方千米,有政府机关、企事业、驻区单位500余家。常住人口近10万人。内设机构有党政办、经济办、社会事务办、综治办、城管办、计生办、财政所,街道行政机关编制核定16名,其中领导职数9名,机关后勤服务人员事业编制1名,二级事业单位事业编制核定38名。在职在岗人数51人,其中行政编18人,行政待编1人,事业编32人,退休干部32人。

2014年,街道面对持续趋紧的调控政策和宏观经济下行的严峻形势,贯彻“强信心、夯基础、稳大局、攻项目”工作思路,化压力为动力、化危机为契机,扎实有效地工作,为街域经济社会事业的厚积薄发积蓄充足能量。(姜佳妮)

【街域经济】 2014年,雨花亭街道完成税收收入5.54亿元,完成非税收入征管1008万元。实现规模工业总产值4.8亿元,完成社会消费品零售总额10.07亿元,限上增幅达11.2%。实际到位外资3500万美元,省外境内资金4.0亿元,完成全年目标任务的111.03%,市外境内资金形成固定资产7.22亿元;外贸进出口2400万美元,完成全年任务的100%。加强支出管理,保证运转资金、专项资金、重点支出资金及时到位。街道、社区所有办公设备均实行政府采购。实行公车改革,留下5辆公车由党政办和后勤统一进行管理。票据管理规范,严谨。严格社区(筹委会)日常“三资”业务管理;经济责任审计社区筹委会主要成员3人。有乐尚城和清溪川九号等在建项目19个,占地面积约63.61公顷(954.11亩),总建筑面积230.79万平方米,预计投资额16.02亿元,完成投资额19.8亿元;待建项目6个,涉及土地总面积18公顷(270亩),预计总投资43.1亿元;全街7个“三定三抓”项目进展迅速,清溪川九号、旭辉香樟公馆、五江天街、蓝光幸福满庭项目进入销售阶段。推进统计“四大工程”,全年报送无差错。成立经济普查领导小组开展全国第三次经济普查,完成上级部门下达的核查单位数。统计站建立健全街道统计制度,统计台账,加强报表资料管理,加强统计信息化建设、积极组织辖区内统计员参加全国统计从业资格考试,召开年报会议,统计业务培训2次,及时做好统计服务。全年居民调查、劳动力、投入产出调查工作无差错。(姜佳妮)

【社会事业】 2014年,雨花亭街道实现城镇新增就业1572人,失业人员再就业1073人,就业困难对象再就业191人,农村劳动力转移就业182人,城镇登记失业率控制在2.24%以下,位居全区第一;安排公益性岗位就业30多人,促进就业小额担保贷款放款45万元;4415人纳入城乡居民养老保险和新型农村社会养老保险;新增工伤保险1050人,失业保险862人;居民医保参保缴费12584人,基本实现养老保险、医疗保险全覆盖。救助城市低保306户,农村低保24户;城乡月救助金额212828元,大病救助30人次,金额102007元,精神病人药物救助69人次,

5941.3元。企业养老保险、工伤保险、医疗保险等参保人数均排名全区之首。完成图书室、公共阅览室、文化信息资源共享工程室和培训教室共400平方米的阵地建设,投入近20万经费专项采购图书、电脑等设备,有效确保“全国公共文化服务体系示范区”迎检工作到位。全街打造“文化渗透”工程,举办“欢乐大潇湘·爱在雨花亭”系列活动,获得人民网、新华网、红网、《潇湘晨报》等媒体好评。新星社区外来务工人员子弟游柘楠同学获评“全国十佳孝心少年”“湖南省首届十佳孝心少年”“长沙市第二届十佳孝星特别奖”等荣誉,并在中央一台、中央十二台、湖南卫视、《湖南日报》《潇湘晨报》等媒体宣传报道。打造“计卫合作”“新市民计生协会”“区域协作”等品牌,获“湖南省计划生育协会先进单位”和“长沙市阳光计生示范单位”称号。按照“五室一厅一市一站一吧一中心”的设置标准,完成华云社区、自然岭社区的阵地搬迁,曲塘社区成功创建为“省级两型示范社区”,香南郡社区被评为“市级两型示范社区”。完成街治政务服务大厅提质改造工程,成功打造区级标准化政务服务中心。在全街各社区、社区筹委会基层党组织和社会团体中开展领养“红色助残责任田”活动。从助困、助行、助视、助听、助训、助岗、助业、助学、助养及助老10个方面进行“一对一”式的360度帮扶,10个单位(企业)与10名残疾人结成“对子”;联合长沙理工大学化学与生物工程学院举办“阳光使者,关爱失独老人”公益活动,11个班级的学生志愿者分别与雨花亭街道11位失独或空巢家庭老人结成帮扶对子。(姜佳妮)

【城建城管】 由于历史沿袭因素和城郊结合特点,雨花亭街道的征拆任务主要集中在井塘、自然、石马(雅塘)三个社区筹委会的集体土地征地拆迁及华云、正圆、鼓风机厂等老牌改制国有企业。航空路、民政学院扩征、城际铁路、圭香路、圭塘路二标、洞井路等项目和井塘村自主开发建设完成“两安”项目拆迁扫尾。2014年启动、待启动的市区重点工程、民生保障、产业开发征拆项目12个,圭塘河综合整治配套工程项目已拆自然村工业园村组厂房约6.7万平方米,私房已签60户、已拆59户,剩余38户,司法强制拆除两户。欧亚达项目(即圭塘村生产安置项目)完成4栋6户的签约和1栋集体厂房的搬迁倒地。天心区南湖片区棚改安置房源用地天凯东苑项目项目,应拆除集体房屋6000平方米,已全部拆除,5户栋私房约2100平方米,拆除4户栋1100平方米。自然保障住房星城新宇·颐景苑2号、3号栋竣工分房;完成自然片区前期已拆、征拆的8个项目、120户、511人的安置房分房。含城中村及棚户区改造于一体的综合性片区旧城改造开发项目雅塘片区综合改造项目列入长沙市棚户区改造重点项目,一期主要项目包括石马村集体土地征拆和整村改造、华云机器厂棚户区改造,总面积约300公顷(未含民政学院、中心医院),整合后可供开发建设用地约93.74公顷,周边3平方千米可辐射人口超过30万人,预计总投资88.6亿元,完成石马社区筹委会安置房建设用地14.74公顷的统征,华云机器厂棚户区改造,办公场所改造施工基本完工。维护城市环境,全年启动“十大专项行动”,3月集中开展市容秩序集中整治月行动,4月集中开展“提升市容品质,再掀整治高潮”行动,成功创建“市级文明卫生单位”。拆除违法建筑52处5万平方米,未发生抗拆、投诉、上访。受理各类数字化城管案卷10562件,所有案卷全部结(销)案,结案率和按期结案100%。强调“网格化”管理和“全民化”参与,积极探索新市民素质的养成,完成文明委对中心医院、韶山南路、南二环线等重点部位的测评,曲塘、雨新路社区创建为市级文明社区,街道机关创建为市级文明机关。(姜佳妮)

【综合治理】 2014年,雨花亭街道坚持防控结合、疏堵结合,重点针对全街历史遗留、企业改制、涉军群体、拆迁群体、物业纠纷等信访维稳难题,全街13个社区(筹委会)建立健全不稳定信息报送平台,确保信息报送及时,台账管理到位,街域管控机制进一步完善。针对矛盾相对比较集中的征地拆迁、物管纠纷等问题,以“一推行四公开”活动为契机,变群众上访为干部下访,通过反复上门上户沟通、逐案剖析破解老案积案，辖区内51名上访老户及重点人员基本得到化解、缓解，进京非访登记次数由上年的46次下降到19次。成功化解鑫秋大厦民工工资纠纷、融科东南海堵门堵路等事件；开展打击黄赌毒、非法营运、校园周边环境整治等行动50余次。建立覆盖全街重点部位、重点对象的安全巡查整改网络，层层签订安全生产目标管理责任书，高密度地实现对生产经营单位和安全隐患的常态化管控，根据季节特点，分季度对辖区地质灾害、危房、围墙、护坡、楼盘基坑等进行排查，指定专人负责监控，定时巡查监管，及时上报情况，积极协调上级部门和相关单位整改隐患。扎实开展街道、社区(筹委会)、单位消防安全三层网格管理。雅塘村社区代表区安监局参加省安全生产月活动取得圆满成功，曲塘社区创建安全生产示范社区验收成功，街道被评为区级安全生产工作一等单位。完善食品安全监管体制机制，进一步健全街道社区(筹委会)基层食品药品安全监管网络系统。开展食品安全示范创建活动，组织“食品安全宣传周”“蓝帽侠话你知”保健食品宣传、全国安全用药月宣传、幼儿园及学校食品安全培训、大型文体娱乐活动。制定《雨花亭街道食品安全事故应急预案》，全年没有发生Ⅰ——Ⅳ食品安全事故。开展食品安全专项排查11次，重点整治学校和建筑工地食堂。积极配合启动开展病死动物及其产品监管工作，扑杀全街小反刍兽疫。　（姜佳妮）

【环境保护】　2014年，雨花亭街道完善环境保护监管体制机制，进一步健全街道社区(筹委会)的基层环境保护监管网络系统。组织“绿色社区创建”“6·5”世界环境日宣传、大型文体娱乐活动三次大活动。积极应对雾霾，对照大气污染联防联控重点项目责任分解表，按属地管理原则，成立大气污染防治工作领导小组，配合区职能部门专项执法，及时报送工作开展情况。成立大气污染防控小分队及时制止焚烧垃圾等违法行为，并对辖区内门店和企业进行无缝管理。履行环境保护统一监管职责，严肃上报环境违法行为，对违反环保法律政策造成重大环境破坏的，及时上报并配合有关部门依法追究有关责任人责任。辖区内未发生重大大气污染事故、未发生群体性环境污染上访事件，未发生同一环境污染问题反复投诉问题。城管协管员纳入区域环境保护网格化管理，定期开展业务培训，组织一支40人的环保志愿宣传督查队伍，严控垃圾焚烧等行为，对辖区进行网格管理。配合区环保局成功处置15家油烟直排、噪声扰民投诉；汽修厂废气、有毒气体排放扰民投诉；自然村垃圾倾倒点、木莲路口、井塘村马家湾组等15起垃圾焚烧投诉问题。制定圭塘河雨花亭段环境综合整治方案。圭塘河沿岸树立5块宣传栏，组织人员220人次，清理垃圾15吨，蔬菜8吨，清理整治菜土16000平方米。　（姜佳妮）

【基层党建】　2014年，雨花亭街道基层党组织49个、党员1759名。全体班子成员带头执行上级指示要求，严格落实民主集中制原则和党风廉政建设各项制度，带头落实办公用房清理腾退，规范公务车辆使用，带头投身“学习雷锋”“群众工作”“创先争优”主题活动，开展党的群众路线教育实践活动。以党政领导、村组干部、社区主职为重点对象，通过会议贯彻、干部沙龙、团队拓展等方式，定期开展理想信念教育、党纪条规教育、廉政警示教育等活动，构筑全方位、宽领域的廉政宣教格局，进一步强化党员干部的党性修养和自律意识。通过中层干部择优上岗、社区干部考评调整、街道雇员公开招聘等系列举措，在全街树立良好的用人导向，进一步提高干部队伍的战斗力和执行力。全程依法依规实施社区党组织换届选举“两推一选”，选举产生30名支部委员，社区组织年龄结构、学历结构、性别结构更趋合理，一线干部干事能力更强、热情更足。街道积极探索社区党建、楼宇党建、商会党建、协会党建、机关党建的联动机制，确保基层党建的实效性和满意率。集中打造以“三建三联三创”为特色的“百企联建”非公党建示范点，成为市区非公党建对外展示的重要窗口；曲塘社区党支部的“十分钟便民服务圈”、路桥社区党支部的“党建文化超市”、正圆社区党委的“老军人志愿巡防队”等党建工作品牌，均取得良好的实效。
（姜佳妮）

【文明创建】 2014年,雨花亭街道结合“在职党员进社区”活动,组织广大党员、驻区党员走进小区,深入一线,进行文明创建的宣传。对于小区、农贸市场和商业街等,通过采取评选“优秀住户”“文明经营户”等形式,树立榜样,将自治管理和专业化管理相结合,取得良好创建效果。街道联合各社区积极把物业管理融入到社区管理中,通过对物业的管理和对人的服务,营造良好的社区环境,努力构建和谐社区。根据各社区的创建情况,把社区划片,分片包干,责任到人,并落实首问负责制,实行24小时动态考核,组成专门人员对社区进行不定点巡查,及时将巡查结果反馈给物业公司,物业公司针对问题,及时整改,确保了整个社区文明水平的稳步推进。增加保洁作业人员数量,并在人员密集和流动量大的区域适量增设垃圾桶或垃圾池。针对夏季到来之后温度高、湿度大,垃圾易腐败的特点,建议各社区和物业公司根据实际情况,对小区内垃圾采取一日两清,对步行街和农贸市场等人流量大的区域一日三清或四清的方式,做到无垃圾外露、有效防止了蚊蝇滋生现象的发生,确保辖区内居民环境卫生安全。成立街道控烟领导小组,制定创建无烟单位奖惩制度;积极开展无烟环境创建工作,明确规定街道办公楼室内所有区域禁止吸烟,党政领导带头在公共场所禁烟。 (姜佳妮)

【群众工作】 2014年,雨花亭街道积极探索和创新基层管理服务的模式,街道选取雨新路社区,深入开展“两站两室两点”群众服务体系标准化建设,力争构筑360° 服务群众工作格局。挖掘辖区群众力量和统战资源,发挥“两站”(群众工作站和同心工作站)作用,建设标准化双向服务阵地,开展“美在雨新路、爱在雨新路、乐在雨新路”系列活动。成立“同心儿童助困基金”,专项募集资金、财物和帮扶资源价值10万余元,首批结对帮扶10名特困失独家庭、特困农民工子女、特困自闭症儿童、特困失业家庭子女。发挥“两室”(两代表一委员工作室和心桥志愿者工作室)作用,结合代表类别和委员界别,定期开展群众走访接待和社区公益活动,先后组织代表和委员们参与“听民意、解民忧、促民富”活动50余批次,组织策划雨花亭街道“红色围脖、爱心元宵”关爱外来务工人员、“爱在雨花亭”扶残助残等活动,整合辖区志愿者力量和志愿资源,集中有序参与街道、社区组织开展的创建、义工、救助、帮扶等公益活动,吸引来自辖区单位、企业、居民、学生等常态化志愿者158名。建设“两点”(非公党建示范点和创业富民示范点),选取华翼府商务楼宇为试点,着力打造以“三建”(建班子、建阵地、建机制)、“三联”(组织联建、活动联办、发展联动)、“三创”(创一流价值、创一流基地、创一流窗口)为特色的“百企联建”非公党建示范点,依托市级创业基地“华翼府”,积极开辟创业富民绿色通道,以“格子公司”的形式为初始创业的大学生和居民群众提供创业场所,同时明确实行“三免”(免创业阵地租金、免物管费用、免水电费用)的孵化政策,为17家初创企业申请创业富民专项资金。 (姜佳妮)

【打造华翼府商务楼宇优质创业服务基地】 2014年,雨花亭街道通过完善基础设施建设、党建带团建的引领、提供全过程、全方位的创业服务等措施,致力于将华翼府商务楼宇打造成孵化企业发展的公益平台。创业富民“直通车”构建创业公共服务平台,为创业者提供项目、资金、技术、政策、信息等多方面支持。指导华翼府非公企业支部开展一系列企业党组织建设活动,华翼府商务楼宇党委以此为基础打造以“三建三联三创”为特色的“百企联建”非公党建示范点。建立华翼府“同心工作站”,从华翼府多家企业募集近20万元成立“同心助困基金”,用于扶助自闭、留守儿童和失独家庭,与8户家庭结成帮扶对子。通过党务工作指导、企业形象宣传、党员技能培训、人才资讯服务等方式,提升非公企业党员素养和企业形象,促进非公企业和区域经济科学发展。 (姜佳妮)

【志愿服务】 2014年,雨花亭街道结合全市群众工作的广泛开展,在全街成立以学习雷锋精神为高尚追求,以服务群众为己任的“锋尚志愿服务团队”。

志愿者队伍分为心理咨询、计划生育咨询、法律咨询、就业咨询、文明劝导、思想道德教育等多支服务队，定期定时在辖区开展服务活动。以“锋尚志愿服务团队”为基础，开通锋尚雨花亭微博、开展锋尚大讲坛、锋尚广播站等多种形式的服务载体，通过党员干部和居民群众面对面的沟通交流，心贴心的志愿服务，实打实的排忧解难，把雨花亭街道“锋尚团”打造成学习雷锋，创先争优和群众工作的前沿阵地。在2014年二季度“长沙好人·我身边的雷锋”评选中，香南郡社区书记尹芬芳入登长沙好人榜“雷锋式人民公仆”；自然岭社区王艳华获“雷锋式优秀义工”。

（姜佳妮）

【民政部开展城乡典型困难家庭走访调研】 2014年5月31日，民政部政策研究中心副主任刘更光，华北电力大学教授栾文敬，武汉大学博士生董明媛、严妮一行，走访调研雨花亭街道城乡典型困难家庭。省民政厅政策法规处处长李鄂辉，雨花区民政局副局长（兼）、社会救助局局长李敏，雨花亭街道办事处副主任黄滔陪同调研。（姜佳妮）

【多层面践行“雨花梦”】 2014年，雨花亭街道按照区委“打造现代服务业中心”战略部署，立足发展的实际，从物质、体制、观念三个层面着手，进一步夯实基层基础、提速城市化进程，践行雨花梦想。“物质”层面，重点解决“怎么建设”的问题。紧扣全区产业规划布局，坚持片区统筹、错位发展的思路，主动对接武广南站交通枢纽、圭塘河生态风光带等重点项目，进一步促进资金、技术、人才等要素的集聚，完善街域现代服务业的布局和布点。重点推进航空路、圭塘路、洞井路、雅塘路、城际铁路等基础项目拆迁、建设，进一步规范停车场、幼儿园、学校、公园等配套设施建设，为街域产业发展提供良好的载体空间。着力从“点、线、面”全面提升街域现代服务业建设，以城中村改造和生产安置项目建设为契机，重点培植以现代服务业为中心的楼宇经济和总部经济。推进雅塘综合片区开发，高起点定位沿线产业规划和布局，强力推进雅塘新城建设，力促该产业带整体升级换代。以培育打造井塘商圈为切入点，加快在建待建项目启动、建设和运营进度，引导井塘产业带向井塘商业圈的转型提质。“体制”层面，重点解决“怎么管理”的问题。做好石马、自然和井塘的生产留地规划和股份制改造工作，深入探索集约节约土地、筹集资金、资产管理、经营模式、利益分配等问题，充分运用市场机制，实现生产安置项目的成功运作，指导村级集体经济规范发展。结合文明创建和数字城管等活动，按照常态化、规范化、精细化的要求，强化拆违控违力度，加强城市的综合管理，提高维护管理的水平。集中街道可用财力、引导社会资金重点倾斜“社会事业、劳动就业、社会养老”等民生保障项目，充分利用商务楼宇党委、两代表一委员室、群众工作站、同心工作站等群工平台，充分组织、统战、志愿服务等方方面面的力量，为基层群众就业创业、文娱活动、帮扶救助等方面提供优质服务。“观念”层面，重点解决“怎么引导”的问题。针对城乡一体化背景下的农民变市民、村民变股民的身份转变，充分借助“锋尚广播”“市民论坛”“工委党校”等宣传媒体、教育平台和活动载体，积极引导失地农民转变传统思想观念，破除“等、靠、要”思想，传播都市生活方式、都市思想文化，引导农民自谋职业、竞争就业，主动参与市场化就业，尽快融入城市生活，真正“洗脚上岸、洗脑进城”。建立健全人力资源信息网络，为失地农民提供更多的用工务工信息和机会，确保失地农民“失地不失业”，有计划有重点地开展失地农民职业技术、岗位技能就业培训，提高失地农民转岗再就业能力，推动和促进失地农民尽快就业。加强专业技能培训、提升转移就业能力的后续保障机制。

（姜佳妮）

【花鼓戏进社区】 为发扬民族文化，传承湖南花鼓戏，丰富居民的业余文化生活，从2014年10月13日起，雨花亭街道各社区（筹委会）组织社区居民观看湖南省花鼓戏保护传承中心的惠民演出。第一场演出于10月13日在井塘社区筹委会井塘家园拉开帷幕。（姜佳妮）

高桥街道

【概况】 高桥街道位于雨花区东北部，东临浏阳河支流圭塘河,南接劳动东路,西靠二环线,北至人民东路,距长沙火车站、长沙火车南站、黄花机场均只有十几分钟路程,地处武广高铁和沪昆高铁、京珠高速和机场高速、城市地铁和城际轻轨交汇区域,总面积4.71平方千米。2014年,辖友谊、高桥两个社区筹委会和金环、怡园、火焰、高桥大市场、五一、永定、永祥7个社区及鑫华社区筹备组,有省邮政局、省计生委、长沙海关等驻街企事业单位28家,有高桥大市场、高建市场、高桥汽配等综合(专业)型市场8个,总人口16万人,其中流动人口13万人。街道内设党政综合办、经济发展办、社会事务办、社会管理综合治理办、城市管理办、人口与计划生育办、财政所,设公共服务中心(政务服务中心)、综合文化服务中心、安全监督管理中心、征收安置服务中心、人民来访接待暨矛盾纠纷调处中心。机关行政编制13名(领导职数9名),后勤服务事业编制1名,二级单位事业编制35名。工作人员86人,在职在编实有50人(行政编15人、事业编34人、工勤编1人),引进人才1人,随军家属2人,临聘人员26人,两保人员7人,退休干部7人。全街党员1521人,街治驻万家丽中路88号。 (刘响玲 郑 琼)

【街域经济】 2014年，高桥街道完成财税总收入8.7亿元,完成规模工业总产值1.56亿元,完成社会固定投资58亿元，限额以上社会消费品零售额32亿元,合同利用外资3600万美元,引进省外境内资金7.7亿元、市外境内资金2.2亿元。华雅林语苑、天下一家·华府、铭诚摩根进入销售阶段,金鸿宇国际商业广场待开售,湖南省信息园建设如火如荼;华晨世纪广场、华雅国际财富入驻企业120余家,运营良好,效益凸显。高桥大市场投入10.2亿元改造专业市场24.5万平方米,成立电商运营中心,提质转型进程加快;火焰神农茶都二期"腾笼换鸟"和三期招商基本完成;涟源百货城、货运物流市场经过整治,形象明显提升。成功引进上市公司区域性总部山东高速湖南发展有限公司、国药控股湖南大健康产业有限公司、搜啦集团区域总部湖南搜啦移动电子商务有限公司等多家国内知名品牌企业，以及世界500强企业温德姆豪生湖南区域酒店。天下一家物业签订中高端建材经营项目引进协议，高福星小区三期招商工作有序推进。变更企业税证关系400余家,全年新入驻企业新增税收近2000万元,征收私房租赁税收1300万元。 (杨春光 郑 琼)

【社会事业】 2014年，高桥街道强势推进拆迁安置。东片区——区一号攻坚项目,拆除合法建筑75栋、违章建筑63000余平方米,27栋多层安置房待分配到户;西片区——区党的群众路线教育实践活动一号攻坚项目(友谊棚户区拆迁安置),成立高规格工作机构,明确60号令高层安置模式和标准,启动桂友路拆违;北片区——拆安扫尾,五一村片区强势拆除13栋,仅剩1栋未拆,火焰社区安置工作圆满收官。科学调整社区区划,新增鑫华社区筹备组,积极创新社区管理服务模式,率先试点"乐住"智慧社区建设,为全区推广积累实践经验。新建社区公园3200平方米，为居民群众提供休闲娱乐场地。扩建街道政务中心106平方米,新增至10个窗口,推行"一条龙、精细化、规范化"服务,提升窗口服务水平。开通街道微信公众账号,定时推送各类资讯,实现与居民线上线下即时互动交流。制作高桥公益科教三维宣传片,在市场、楼宇等30个投放点滚动播放，增强市民文明素养及安全防范意识。拓展丰富"他乡美"俱乐部内涵,落实活动阵地150平方米。完善社会保障体系,居民参保率96%以上。建设救助服务中心,深化社会救助工作,民政部给予高度评价。巩固文明创建成果,怡园社区成为全市首批文明"示范社区"。加大教育工作重视力度,搭建"启善读书会"学习平台,街道社区学校获长沙市示范性社区学校称号、终身教育学校品牌,教育部对此充分肯定。开展"失独不孤独"家庭关爱活动,发放3万余元的"家庭关爱卡",温暖失独家庭。实施文化惠民工程,举办文艺汇演、拔河比赛等20

余场文体活动,进一步丰富群众文化生活。

(杨春光 郑 琼)

【综合治理】 2014年,高桥街道创新理顺城市管理体制机制,成立"两委一办一中心",制定"一办法一细则",建立"两级网格、三类区域"管理模式,下移工作重心。坚持每月逢5开展城管综合执法行动,启动"城管风暴月"行动,铁腕整治大市场酒水食品城、一品东庭马路市场、五一片区绿化提质。推进朝晖路提质改造,商业景观街打造初见成效。保持拆控违高压态势,拆除违章11.5万平方米,完成目标任务192%。连续6个月整治市场片区非机动车运营,优化拓宽"两横四纵"道路网络,强势整治长沙大道、马王堆路、石坝路、民主路等7条道路,切实清除管理斑点,打通交通堵点。投入200万余元完善巡防设施设备,建立巡防等级考核制度,壮大"红袖章"巡防力量,持续开展"平安高桥"专项整治行动,连续10个月发案率同比下降20%以上。建立信访"五老联调"等工作机制,开展化解信访积案"百日专项行动",信访问题按期办结率100%,实现赴京"零非访"目标。着力源头稳控,依法处置五一变电站阻工等一批涉法涉诉重大矛盾纠纷。2014年度综治考核居外街第一位,连续两年获市、区社会管理综合治理工作红旗街道等荣誉。落实安全生产"党政同责、一岗双责"制度,确定每月29日为消防安全工作日,设立消防安全警示教育墙15处,签订安全责任书1万余份,"大安全"理念渐入人心。加大安全生产监管力度,挂牌整治友谊棚户区等5个重点区域,整治富通、星城名典、长沙茶市等6处地下车库存在的安全隐患。充分发挥消防协会、义务消防大队、专职消防员和蓝天应急救援作用,健全常态化工作机制,开展"打非治违""清剿火患"、食品安全等6类专项整治行动,安全生产形势持续好转,全年无重特大事故发生。

(杨春光 郑 琼)

【基层党建】 2014年,高桥街道高标准超前谋划教育实践活动,街道领导班子教育实践活动方案作为模板被省简报推介。收集整理365条意见建议。怡园社区专题组织生活会得到市委常委、统战部部长文树勋高度评价。分类梳理,逐条逐项销号,26项具体任务整改到位。切实扎紧制度笼子,出台《高桥街道党政会议议事规则》等13项制度规定。为群众办实事270余件,帮扶困难群众1087人。完成高桥、友谊社区筹委会党组织选举工作,新建6家、升格1家、整顿4家党组织,党组织覆盖更加全面。依托商圈党校、微信等平台载体,坚持每月一期党课,每天推送学习信息,做到常学常新、常用常新,党员学习教育更加常态。调整交流干部65人,公开招聘社区工作人员15名。深入开展商圈党建"三亮三创"活动,扎实推进"网格化管理,组团式服务"活动,9名街道大工委兼职委员、44名社区兼职委员、30余支网格服务团队、1000余名在职党员积极联系服务群众,助推经济发展。严格落实党风廉政建设责任制和责任追究制,突出监督职责,完善街道、社区工作人员和"五支队伍"考核管理办法,健全"三资"监管制度、监管平台和社区重大事项"两议两监督"工作机制;完善社区(筹委会)"三重一大"事项"双管双控"责任制,财务审计6个安置小区物管办,其中高石坝、火焰大市场两个审计项目获全省优秀内部审计项目;健全完善社区(筹委会)、非公企业纪检监察网络和全街廉政文化宣教体系,社区廉政义工室、廉政工作站、廉政文化宣教中心"一室一站一中心"建成投入使用,依托商圈党校和廉政文化沙龙,举办廉政专题辅导授课,开展观看警示教育电教片、参观警示教育基地等一系列活动。开展办公用房、公务用车等专项整治行动,制定整改措施,及时整改问题,切实解决"四风"突出问题。认真执行《廉政准则》,严明作风建设各项规定。

(杨春光 郑 琼)

【民政部调研街道社会救助工作】 2014年3月13日,民政部低收入家庭认定指导中心副主任陈埙吹、民政部信息中心副主任张建民、民政部信息中心副处长戴朝云一行到高桥街道政务中心检查指导社会救助工作。湖南省民政厅低收入家庭认定指导中心主任廖国核、信息中心副处长李国华、长沙市社会救助局局长周义中、社会救助局局长助理卢小丹、雨花

区社会救助局局长李敏、高桥街道工委副书记、政协联络处主任刘曙林等陪同检查。（郑　琼）

【教育部调研社区教育工作】 怡园社区“他乡美”俱乐部是2012年全国农民工文化建设示范项目单位。2014年12月9日,教育部职成教司副司长达娃一行到“他乡美”俱乐部考察社区教育工作,高桥街道工委书记李才军、办事处副主任肖英陪同考察。高桥社区书记游端霞介绍俱乐部的基本情况。活动室内,“他乡美”俱乐部会长游伟手把手的教导学员剪纸、抗美援朝老兵许浦志在细心指导外来务工子女写毛笔字、健康卫士志愿者给老年“新市民”量血压测血糖,居民群众在活动室练习书法小篆、在爱心图书馆内看书等。（谢宇慧　郑　琼）

【高桥大市场提质改造】 2014年,高桥大市场作为市政府唯一指定不外迁的市场,投入10.2亿元改造酒水食品城、酒店用品城等24.5万平方米的专业市场。11月,提质改完成造,酒水食品城改建面积8万平方米,共53栋,总投资2.4亿元;酒店用品城改建面积12万平方米,共44栋,总投资4.8亿元,商户入驻率100%。（郑　琼）

【高桥村拆迁安置扫尾】 2014年11月4日,区委书记邱继兴在冯聪龙、王雄文、余宏卿、李国军等区领导陪同下,到高桥街道调研、调度高桥片区相关工作。高桥村高福星三期安置房于2013年4月开工建设,项目占地面积5.67公顷,总建筑面积15万平方米,由27栋多层安置房和2栋26层高层组成,总投资2.5亿元,是集专业性市场、商务写字楼及村民安置住宅于一体的大型商业综合体,2014年竣工,交付使用。（郑　琼）

【高桥街道友谊片区拆迁安置攻坚指挥部成立】 2014年9月1日,高桥街道友谊片区拆迁安置攻坚指挥部挂牌仪式在友谊社区新塘垅小区举行,区委常委、常务副区长王雄文,区规划、国土、征地办,街道全体党政领导,友谊社区两委成员及村民代表参加挂牌仪式。指挥部成立,标志着友谊社区拆迁安置工作正式启动。（郑　琼）

【高桥街道市场管理办公室挂牌】 2014年9月1日,高桥街道市场管理办公室挂牌成立。区人民政府副区长邹犇淼,区副县级干部、城管局局长刘文舫,高桥街道全体党政成员,湖南高桥大市场股份有限公司董事长罗映红及市场相关负责人,城管、交警、安监等部门代表和市场经营户代表参加揭牌仪式。街道工委副书记、办事处主任李才军主持揭牌仪式。（郑　琼）

左家塘街道

【概况】 左家塘街道地处雨花区北部,总面积7.80平方千米,系长沙市城区面积最大的街道。办事处驻桂花路271号。人口17万人,其中常住人口12万人。街道内设党政综合办、财政所、司法所、经济发展办、社会管理综合治理办、城市管理办、人口和计划生育办、社会事务办;下辖20个社区。街道党政机关核定行政编制14名,核定领导职数9名,核定后勤服务人员事业编1名,核定二级事业单位事业编制36名。2014年,街道机关工作人员70人:在职在编干部实有45人(其中行政编13人、工勤编2名、事业编30人),临聘人员27人。全街党员3498人。

2014年,左家塘街道借助二次开发,主攻项目建设;落实最严城管,美化城市环境;完善救助体系,推进民生事业;深化组织建设,提升队伍活力,不断推动街域经济社会全面发展,获全国“和谐社区建设示范街道”。窑岭社区被评为全省“和谐社区建设示范社区”。牛角塘社区、官塘冲社区获2014年“湖南省综合减灾示范社区”称号。（卢金慧）

【街域经济】 2014年,左家塘街道牢牢把握“稳中求进”总基调,推动经济转型升级、提质增效。完成财政总收入9.65亿元,完成规模工业总产值1.71亿元,固定资产投资33.64亿元,引进省外境内资金5.49亿元,市外固投12.66亿元,实现限额以上社会消费品零售总额34.59亿元，新引进合同外资企业6家，申报省外境内新项目10个。韶山路支路42拆迁如期零强拆倒地；轻安五栋危改项目创造10天全部签约腾地的“轻安速度”；杨家山家禽市场率先全市整体外迁；中铁五局、芒果天地等重大项目的建设瓶颈逐一被突破；长钢片区一期、二期棚户区改造和模拟征收项目正式启动。坚持全面产业提质，大力发展楼宇经济和现代服务业，促进产业优化升级。天翼未来城项目获批区电子商务信息示范基地；铂金馆、宇洋东海等重大楼宇和总部项目建设进展顺利；新引进信达财险湖南分公司、安大汽车销售、深圳华阳工程设计长沙分公司等多家现代服务业企业，为全街经济的后续增长提供强大的动力。（卢金慧）

【社会事业】 2014年，左家塘街道社保覆盖面进一步扩大，办理灵活就业人员社保补贴259人，补贴资金182万元；新增城镇企业基本养老保险1040人，城镇居民养老保险参保1159人，缴费金额33万元，居民医保缴费人数20372人。城镇新增就业1628人，帮助失业人员再就业843人，就业困难对象再就业463人。完善救助体系，发放高龄津贴35.6万元，发放社会救助资金977.24万元，为176户无房和住房困难家庭发放住房租金补贴64.4万元；完成残疾人“家庭畅行”工程30户，完成窑岭社区无障碍改造工程和桂花、红花坡、车站南路、王公塘、长钢、曹家坡等社区的残疾人家庭无障碍改造工作；全年为12名0—14岁贫困残疾儿童开展抢救性康复训练工作。街道代表全市迎接民政部验收，以排名全省第一的成绩获“全国和谐社区建设示范街道”荣誉称号。全面调查摸底全街食品生产、加工、流通、餐饮等企业，对156家食品单位进行联合执法，对5家农贸市场肉品品质进行大检查，保障了辖区内无食品安全事故。广泛开展群众文化活动，“聚校园文化、展文明新风”“校园书画作品展”“红领巾践行社会主义核心价值观——雷锋超市进校园”等活动，使社区与学校更好地实现交流与互动，丰富了辖区群众的文化生活。加强人口计生工作，以申报“全国先进计生协会”为契机，进一步完善计划生育利益导向机制，开展流动人口大排查，启动长沙市首家关爱外来务工人员子女的“蒲公英成长教育基地”服务项目，得到《中国人口报》《湖南日报》等媒体报道。顺利通过省、市计生委年度检查，无一错、漏、瞒报现象，并获全省“创先争优、服务大局”先进单位、“长沙市人口计生工作模范单位”称号。（卢金慧）

【城市管理】 2014年，左家塘街道不断完善基础设施，注重城市管理水平整体提质，积极构建文明创建长效机制，城市面貌发生深刻变化。街本级财政投入城管工作总经费800万元，比上年增加60%。新增灭火器2800余个，添置果皮桶180余个、垃圾桶800余个，更换沟盖480处，规范停车位126个。全面完成牛角塘社区综合整治工程；投资5000万元，综合提质改造赤岗社区、桂花树街、王公塘街，进行化粪池、下水管拆除重建，自来水改水，楼栋墙面改造、铺设道路、人行道路面，硬化场地等，因地制宜提质改造桂花社区公园，新增绿化面积约7500平方米。针对市容环境管理的重点、热点问题，街道在全面守店布控的基础上，抽调60余人组成日常巡查整治队伍，对辖区内的主次干道、背街小巷的店外经营和流动摊担进行全天候巡查、劝导和整治，暂扣违规经营工具、取缔占道经营现象800余处，暂扣流动摊担1570余个，劝导教育门店店主、流动摊主3540余人次，纠正违章15000余起；拆除影响市容市貌的违章设施、户外广告和不规范的门店招牌2200余处，9405平方米；加大拆违控违力度，拆除湖橡、赤岗社区内所有乱搭乱建的违章建筑、违建棚点650余处64896.91平方米。出台网格化管理工作实施意见和城市管理工作检查考核实施办法，设立街道城管协管员大队和社区城管工作站，进一步细化网格化管理模式，强化履职履责意识。全街整改数字化问题9679个，城管工作数字化信息结案率和按期结案率每月都达到100%，实现“双百”工作目标。2月、11月均取得全区第一的成绩，继续保持数字化城管工作在全区的领先地位。坚持落实“门前三包”责任制，实现城市管理常态长效。通过短信平台发送“门前三包”短信2.6万余条,依法依规对326家门店进行处罚,另有12件移送到城管执法大队,为全面落实门前责任制起到较好的促进作用。街道获“长沙市市容环境十佳街道”等荣誉称号。 (卢金慧)

【综合治理】 2014年,左家塘街道加大安全隐患查处力度,完成红花坡护坡、中铁五局宿舍危房等隐患排危施工,积极促成怡景民居、天润花园等隐患的改造建设。加强社会治安综合治理,开展烟花爆竹、电梯安全、液化气站等专项整治活动,全面排查加油站、超市、KTV等人员密集场所的消防安全问题。取缔涉黄场所6家,销毁赌博机6台。抓获违法犯罪嫌疑人270人,其中刑事拘留107人,强制戒毒14人,治安拘留163人,通过加强全方位的防范与打击,街道刑事发案率同比下降4.63%。全年未发生重大食品安全和生产安全事故,获“长沙市平安街道”荣誉称号。 (卢金慧)

【基层党建】 2014年,左家塘街道开展“在职党员进社区”“网格化管理、组团式服务”“结队帮扶”等活动,确保党建活动经常化。深化“小区党建”,充分发掘小区优秀老党员、老干部资源,为小区建设献计出力,培育一心花苑等新的小区支部。长钢社区佳润新都离退休干部党支部获全省离退休干部先进集体。开展社区书记党建述职评议工作,表彰奖励一批党建工作先进单位,加大对非公党建扶持力度。组建阿弥岭社区“爱心服务联盟”、官塘冲社区“五老邻里互助队”、车站南路社区“亲儒e家”等新的党建特色活动品牌。开展“党员奉献日”“同心同行同发展、共驻共建促和谐”等一系列丰富多彩的党建活动。启动“左家右邻同心银行”建设,开展爱心帮扶、共驻共建活动,得到人民网、中央文明网、《湖南日报》《长沙晚报》等多家主流媒体的广泛报道。深入开展党的群众路线教育实践活动,严格落实党风廉政建设责任制,收集各类问题和建议31条,收集居民反映强烈的急需解决的问题59个,逐项整改、逐一落实。强化干部队伍建设,定期培训街道社区干部,组织各类学习活动15场次。注重青年干部的培养教育,开办街社两级“青年干部沙龙”,为青年人才“充电补血”。创造性地实施“社区工作人员三考制度”,考事与考人有机结合,通过考试、考核、考察,对4位排名靠后的社区工作人员进行转岗学习,辞退1人。努力打通“联系服务群众最后一公里”,加大投入,坚持把有限财力用于改善民生。将可用财力的70%以上投入到改善民生工作中,实实在在地解决了一批居民反映强烈的路不平、沟不通、灯不亮、环境不洁等问题。坚持“办公最小化、服务最大化”,在狠抓社区阵地配套建设的同时,注重拓展社区阵地的服务功能,实现“五进社区”(党员服务、文化娱乐、养老健身、康复矫正、技能学习进社区)的工作要求,社区阵地不仅仅是社区工作人员办公、社区居民办事的场所,更是社区党员、群众有所教、有所乐、有所养的家园。 (卢金慧)

【省级红十字会模范单位创建】 2014年2月19日,省红十字会救护培训部部长陈希武、副部长曹向东率领验收组到左家塘街道,验收桂花社区、狮子山社区省级红十字会模范社区创模工作,长沙市红十字会综合处处长黎跃刚、雨花区卫生局副局长邱林强等全程陪同。两个社区对各自2013年红十字会创模工作进行全面汇报,验收组从组织宣传、赈济服务、救护培训等6个方面工作开展情况进行全面察看,并实地考察,一致认为桂花社区和狮子山社区的红会工作网络健全、思路清晰、资料齐全、特色显著,肯定社区创模工作特色显著,成效突出,有声有色。陈希武希望社区能继续加强工作,做好红会服务,让社区红会服务更加深入民心。9月,街道和桂花社区获评省红十字会“湖南省社区红十字服务模范单位”,狮子山社区获评“湖南省红十字会先进单位”。 (卢金慧)

【省级基层自治社区创建】 2014年,左家塘街道窑岭社区通过重点打造社区群众计生自治组织,实现组织网络化、主体多样化、制度规范化的计生自治组织建设全覆盖。并以“知心娘家工作室”“蒲公英教育成长基地”等载体服务社区居民,赢得社区群众的认可与赞扬。11 月 3 日,省计生协会副巡视员彭祥兴、省计生委综合处处长刘琼林一行听取该社区创建省级基层自治社区的验收汇报，市计生协会常务副会长胡平,区人大常委会副主任、区计生协会会长周凌云，区计生局局长周宏伟及街道工委书记张良欣等陪同。社区主任黄玲介绍窑岭社区计生工作的基本情况,彭祥兴高度评价窑岭社区的计生工作,认为窑岭社区真心实意把有效的资金用于民生方面，尤其社区“知心娘家工作室”能为育龄群众办实事,想她们之所想,整体来说,计生协会的章程、措施、效果都很到位。11 月,窑岭社区被评为第五批全国人口和计划生育基层群众自治示范居委会。（卢金慧）

【雨花区“蒲公英成长教育基地”】 2014 年 5 月 25 日,左家塘街道计生协会联合长沙市科协、长沙市按摩骨科医院、窑岭社区等辖区单位共同打造的雨花区“蒲公英成长教育基地”启动仪式在雨花区少年宫举行。长沙市计生协会常务副会长胡平,雨花区计生局副局长李春云、张丽娜,左家塘街道工委书记张良欣,街道工委副书记、办事处主任向星,街道工委副书记邓集林以及社区居民代表、志愿者代表、进城务工人员子女代表等出席启动仪式。启动仪式上,长沙市科协向基地捐赠爱心书籍，雨花区少年宫与受助进城务工人员家庭签订一对一帮扶协议。胡平、张良欣为“蒲公英成长教育基地”揭牌。“蒲公英成长教育基地”启动后,街道、社区的广大青年志愿者以及各界社会资源,通过开展四零零课堂、课外加油站、超级周末等多项活动，为进城务工人员子女提供学业辅导、社会化技能培训、亲情陪伴、自护教育和爱心捐赠等活动，为进城务工人员子女健康成长提供服务;与进城务工人员家庭建立结对关系,集中开展内容丰富的志愿服务活动。（卢金慧）

【“左家右邻同心银行”志愿服务】 2014 年 6 月 11 日,长沙市“节俭养德全民节约行动”推进活动暨雨花区邻里守望“左家右邻同心银行”启动仪式在左家塘街道友阿百货朝阳店广场举行。长沙市文明办副主任丁德喜,雨花区委副书记汪娟,区委常委、组织部部长、统战部部长冯聪龙,区委常委、宣传部部长何托林,区委党校校长杨仕斌,区政府副调研员刘贤宏、文洲等出席活动。“左家右邻同心银行”是由左家塘街道工委、办事处牵头,各社区和辖区单位共同参与建设的公益慈善帮扶平台,设有总行和分行两级服务管理机构，街道设总行,20 个社区阵地设分行。同心银行秉承“人人为我、我为人人”互助精神,志愿者可以存储自己的爱心和劳动,在自己有需要别人帮助的时候再联系银行,获得其他志愿者等值等量的帮助。丁德喜为“左家右邻同心银行”总行授牌,区、街道领导为分行授牌。活动现场,爱心特使代表讲述各自的经历和故事,现场观众在会场的爱心板上签名,承诺支持节俭养德;在“左家右邻同心银行”登记处,大量热心居民主动注册成为爱心大使,并表示愿意成为爱心志愿服务的拥护者与践行者，爱心特使郑德临当场捐赠现金 1000 元、刘明宇捐赠价值 10000 元的物资等,活动被人民网、《湖南日报》、政法频道、都市频道等 10 余家媒体关注报道。（卢金慧）

【“校园雷锋超市”】 2014 年 12 月 30 日,“红领巾践行核心价值观——雷锋超市进校园” 启动仪式在长沙市雨花区枫树山鸿铭小学举行。活动由长沙市文明办、长沙市教育局、雨花区文明委主办,长沙市未成年人工作办公室、雨花区文明办、雨花区教育局协办。左家塘街道的枫树山鸿铭小学、劳动东路小学、赤岗冲小学等 7 所学校被授予“校园雷锋超市”铭牌。左家塘街道工委委员、左家塘街道左家右邻同心银行行长朱映凯表示,雷锋是一个响亮的名字,是一个让长沙人民骄傲的名字,“雷锋超市”,则是一个让左家塘街道自豪的“名片”,希望红领巾小志愿者们积极投身志愿服务。枫树山鸿铭小学校长朱帅珩作为“雷锋超市”学校代表发言,号召同学们从小事做起,践行核心价值观,希望雷锋超市成为校园里激发爱心、传递爱心、聚集爱心的基地,并为构筑“文明校园”助力,为和谐幸福校园增光添彩。学生表演童谣传唱、校园剧、舞蹈《小苹果》等节目,并进行现场作画、写春联。“雷锋超市”成立八年,社区居民感受到雷锋精神的关爱和温暖,随着“雷锋超市”走进枫树山鸿铭小学等校园,发动广大师生传递爱心,使雷锋精神进一步的拓展和延伸。 (卢金慧)

【湖南省第一季“肾斗士在行动”公益项目】 2014年3月13日,左家塘街道阿弥岭社区携手辖区内的长沙普济医院(湖南省“肾斗士在行动”组委会唯一指定医院)启动湖南省第一季“肾斗士在行动”大型援助公益项目,爱心企业湖南龙之媒集团向该公益项目捐赠救助金10万元。经过两个月的前期准备,首批覆盖湖南省各个市县的肾病患者积极参与,经组委会评定,会议现场选出10名“肾斗士”接受长沙普济医院颁发的“肾斗士”荣誉证书、奖章和奖金,并获得肾病治疗援助。 (卢金慧)

【“民族同心·五教同行”纳凉晚会】 牛角塘社区依托长沙市民族宗教事务局联点社区的资源,以民族“六进”工作为平台,举办“民族同心”系列主题活动,以宗教服务社会为支点,出亮点,树品牌。2014年8月1日,牛角塘社区与长沙市民族宗教事务局联袂举办“民族同心·五教同行”社区纳凉晚会,省民族宗委副主任赵仁秀,长沙市委常委、统战部部长文树勋等市领导出席晚会,雨花区委常委、组织部部长、统战部部长冯聪龙,左家塘街道工委书记张良欣等陪同出席晚会,中国佛协副会长、省佛协会长、麓山寺方丈圣辉大和尚等宗教界人士和社区居民一起参加纳凉晚会。晚会通过抢答民族知识题目普及民族知识,通过抽奖、文艺表演及慰问等环节帮扶社区群众,拉近与群众的距离。赵仁秀、文树勋等慰问社区特困少数民族家庭和居民群众14户,各宗教团体负责慰问特区困难群众35户。 (卢金慧)

【易炼红慰问公交职工】 2014年1月29日,湖南省委常委、长沙市委书记易炼红,市委副书记、市长胡衡华,市委常委、宣传部部长张湘涛一行在雨花区委书记周杏武,区委副书记、区长邱继兴等陪同下,到左家塘街道牛角塘社区的6路公交车总站,亲切慰问春节期间坚守在岗位的湖南龙骧巴士一车队全体员工。易炼红代表市委、市政府送去慰问金,并亲切地询问工作生活情况。易炼红表示,希望大家在春节期间一如既往地发扬为人民服务的优良传统,一定要将安全放在第一位,并做好服务工作,度过一个平安祥和的春节。 (卢金慧)

【陈通调研左家塘文化市场情况】 2014年8月11日,文化部市场司副司长陈通一行在区文体新局陪同下,到左家塘街道调研文化市场经营情况,实地考察左家塘街道大型网吧博联天马店。该网吧经营场所面积2500平方米,是集简餐、咖啡、茶吧、上网和电子竞技为一体的综合性互联网服务场所。网吧负责人从运行机制、内部管理、特色举措等方面介绍其经营的总体状况。调研组就经营方式、业态特点等问题进座谈、交流,并希望业主抓住契机,结合实际,做出品牌,做出特色。 (卢金慧)

【赤岗社区获“中华诗教先进单位”】 赤岗社区重视诗教工作,一方面与社区关协、老科协、“五老四教”、社区青少年教育等工作相结合,诗教队伍健全、工作方法新颖、活动典型突出、阵地建设健全;另一方面通过设立具有特色诗墙、诗碑,开展诗词书画主题教育及展览等多种形式的活动,带动社区群众、青少年积极参与到诗教活动中来,提升居民群众、青少年文化素养,进一步促进学习型、创新型社区建设。2014年10月12日,北京中华诗词学会诗教中心主任范诗银、编著中心主任李葆国,湖南省诗词协会副会长彭崇谷等一行,到赤岗社区考察指导诗教工作。雨花区委常委、组织部部长、统战部部长冯聪龙,区老干局局长章波,区民政局局长周敏,区关工委主任谭小杰,区诗词书画协会会长李仲文等陪同。视察组听取社区诗教工作开展情况的汇报,参观社区诗词书画活动室、市民学校及国学、道德讲堂;参观毛主席诗碑、社区诗墙以及楼栋诗词宣传橱窗等,充分肯定社区不拘形式、创新加特色的诗教方法以及所取得的成绩,并指出社区基层组织的重要性和加强社区诗教工作的必要性,希望社区再接再厉,更上一层楼。李葆国为社区题诗《赤岗社区印象》“政策条条都落实，参天大厦柱梁支。休言社区规模小，一步楼台一步诗。”12 月 25 日，受中华诗词学会的委托，湖南省诗词书画协会会长助理、常务副秘书长赵乐安、办公室主任李文勇，区诗词书画协会会长李仲文等一行到左家塘街道为赤岗社区获“中华诗教先进单位”授牌。（卢金慧）

【雨花区支路 42 道路征收项目清零】 雨花区支路 42 道路征收项目系区重点工程建设项目 2013 年 10 月启动以来，左家塘街道秉承着“阳光征收、和谐征收、廉洁征收”的理念，坚持“征收补偿政策不动摇”“一把尺子量到底”的工作原则，严格按照相关法律法规要求，把握节奏，审慎推进，认真落实，共征收土地面积 0.284 公顷，私房 2 栋共 52 户，无一户司法强征，确保该项目取得全面签约的大胜利。2014 年 12 月 18 日，雨花区支路 42 道路征收项目最后一户征收户与指挥部签署征收协议，标志着该项目征收工作圆满完成，实现区委、区政府下达的 12 月底项目清零的工作目标。（卢金慧）

【王公塘新街市】 王公塘新街市致力于打造让政府部门信任、让市民放心的“菜篮子”工程。2014 年 8 月中旬起，王公塘新街市——长沙首个五星级菜市场，在左家塘街道的指导下，联合“左家右邻同心银行”、街道属下王公塘、桂花村、长钢、左家塘、曙光、阿弥岭社区居委会，掀起为数万户社区居民以及特殊帮扶家庭派送生态鱼、生态菜的爱心公益活动热潮。通过惠民活动的举办，体现了王公塘新街市作为“左家右邻同心银行”爱心特使单位的社会责任，让社区居民充分感受到社区爱心特使所承载的公益理念，提前体验到王公塘新街市所提倡的生活理念。（卢金慧）

侯家塘街道

【概况】 侯家塘街道位于雨花区西北部，地处长沙城区“心脏”位置，东起韶山北路，南至劳动西路，西到芙蓉中路，北抵人民中路，总面积 1.78 平方千米。2014 年辖电院、泉塘、广济桥、麻园湾、枫树岸、湘农桥、廖家湾、侯家塘、韶山路、水院、活力、梓园 12 个社区，常住人口 7 万余人，流动人口 3 万人。街道党政机关核定行政编制 16 名，核定领导职数 9 名，核定后勤服务人员事业编 1 名，核定二级事业单位事业编制 36 名。内设党政综合办公室、财政所、经济发展办公室、社会管理综合治理办公室、城市管理办公室、人口和计划生育办公室、社会事务办公室。有综合文化服务中心、公共服务中心、安全监督管理中心、计划生育服务所、征收安置服务中心、人民来访接待暨矛盾纠纷调处中心 6 个二级事业单位。街道机关工作人员 69 人：在职在编干部 37 人（其中行政编 15 人、事业编 22 人），引进人才 3 人，临聘人员 20 人，两保人员 9 人。党员 1328 人。

2014 年，街道获“国家级社区公共服务标准化试点单位”“湖南省和谐社区建设示范街道”“2013 年度市级社会管理综合治理红旗街道”“2013 全市加速推进新型工业化工作红旗乡镇（街道）”“长沙市 2013 年度经济社会发展综合实力十强乡镇街道”“长沙市人口计生工作模范单位”“长沙市文明标兵单位”“长沙市消防安全工作先进街道”、长沙市“平安街道”等多项荣誉称号。（刘伊祉）

【街域经济】 2014 年，侯家塘街道完成财政总收入 10.41 亿元，地方财税收入 2.40 亿元，全社会固定资产投资 26.94 亿元，规模工业总产值 17.27 亿元，实现全社会消费品零售总额 43.57 亿元，各项经济指标均走在前列。落实党政领导干部蹲点联系项目责任制，协调解决大财门项目挡土墙与梓园花苑消防通道纠纷，联合城管、交警等部门为嘉熙中心项目施工扫清障碍。大财门项目进入外墙施工，销售逾 56%，嘉熙中心建至第 11 层，10 月 31 日开盘，地质家园二期顺利开盘，小林子冲棚改项目获长沙市发改委立项批复，进入规划蓝线调查审批阶段。推出以街道为主导，国、地两税为主体，公安、工商、物业公司、社区为补充的“六位一体”协税护税工作体系，保持单位面积经济产出全区第一。成功引进华融证券湖南分公司、天健湘江等两大总部项目落户，新注册

公司426家，进一步巩固街道高端现代服务业集聚优势。（刘伊祉）

【社会事务】 2014年,侯家塘街道出台《社区治理和服务创新建设三年规划》，重点打造韶山路社区“桑榆舒苑”日间照料服务中心、廖家湾社区社会组织发展中心、活力社区“幸福家园”计生特殊家庭社会工作服务中心等7个项目。引进仁与、康乃馨等2家专业社会组织,为群众提供养老、志愿服务、计生等专业社工服务，启动购买社会组织服务项目，与长沙仁与公益组织发展与研究中心签订廖家湾社区社会组织服务项目、侯家塘街道计生特殊家庭服务项目合作协议。9月,街道承接的全国首个社区公共服务领域标准化试点项目顺利通过国家标准委验收,填补国内空白。运用“社会组织+居民自治”的方式,推广民情听证会、居民公约等居民自治新方法，有效破解群众反映强烈的宠物店扰民、老旧社区停车等难题,得到《湖南新闻联播》《湖南日报》等宣传推介。认真落实城镇独生子女父母奖励新政策,率先在区内向符合条件的群众发放独生子女费20万余元,发放各类补助、救助金、慰问金、低保金390万元,成功推荐就业155人。完成政务中心标准化升级改造,中心受理事项10800件,接待咨询来访8600人次，办结率、群众满意率均达100%。（刘伊祉）

【城市管理】 2014年,侯家塘街道强力推进史上最严城市管理工作,实施精细化管理,构建网格化体系,启动全方位考核,先后投入66万元购置专业清洗设备、聘请专门力量,开展大清洗活动110余次,带动近万人参加。创新推出“五星”物业评选和月度“最佳”“最差”门店评选,组建84人的“红袖章”市容监督队，督促辖区30家物业公司、1600家门店“门前三包责任”落实到位。创新推出“雅致微信号”“城管曝光台”等新平台,有效控违17起,处置流动摊贩和店外经营390余起。扎实推进“一路两社区四广场”(长塘里路、活力社区、侯家塘社区、梓园路红旗广场、廖家湾崇德广场、活力小游园、梓园小游园)综合改造,拆除违章搭建67处1373平方米,粉刷14栋居民楼,规范小区停车位190余个,新建三级化粪池10个，规范红旗广场周边和长塘里小区内门店招牌，社区面貌焕然一新。启动活力生鲜市场改造工作，有效解决长塘里马路市场的历史顽疾。（刘伊祉）

【综合治理】 2014年,侯家塘街道推进老旧社区治安防控体系建设,“三防” 建设立体化模式在全市老旧社区治安防控体系建设观摩会推介。调处各类矛盾纠纷312起,调处成功率99%,第三季度全区“五零”竞赛活动排名第一,发案率较上年下降20%。创新推出“消防体验角”“安全知识角”等安全生产宣传阵地,组织开展“消防大篷车”进社区、进学校、进企业宣传活动35场次,培训2450余人。推进高士居边坡治理、长岭大院危墙修缮、麻园湾棚户区安全监管等排危工程,重点排查整治三合一场所、瓶装液化气等经营场所，排查单位3070家次，整治安全隐患2362处,行政处罚单位76家,临时查封单位4家,关停单位1家,保障辖区持续平安稳定。（刘伊祉）

【志愿服务】 2014年,侯家塘街道牵头制定《社区志愿服务规范》,并作为全国首个省级地方标准公开发布实施;廖家湾、湘农桥社区获评市级文明创建示范社区。开展“邻里守望”学雷锋志愿服务活动,承办市、区现场交流会;深化“雷锋e超市”创新品牌,发动16家企业、“两代表一委员”，募集爱心资金38700元和价值2万元的爱心商品,帮助“十大社区感动人物”和15位“随手正能量”人物实现梦想;开展“爱尚随手正能量海选”“你说话吧”诚信论坛等活动。街道文明创建工作多次得到中央文明网首屏推荐,孟繁英获评全国“最美志愿者”、中国(湖南)法治人物,其先进事迹在中央和省市媒体重点报道。（刘伊祉）

【侯家塘公共服务标准化试点项目通过国标委验收】 2014年9月1日，侯家塘公共服务标准化试点项目,以95.8分通过国标委验收。山东省质量技术监督局高级工程师杨冬静、安徽省标准化研究院教授级高级工程师王琛、湖南大学教授侯俊军、湖南师范大学副教授陈云凡、湖南省质量技术评审中心高级工程师孙华、省质监局标准化处处长李少阳、副处长刘红、侯家塘街道工委书记贺芳、办事处副主任蒙正国等参加验收。（刘伊祉）

【长沙首个商圈诚信微评体系上线试运行】 2014年7月25日，长沙首个商圈诚信微评体系在雨花区侯家塘街道试运行。顾客只要在侯家塘商圈消费，就可用手机扫一扫店内公示的“诚信PK二维码”，直接点赞或给差评，相关部门将根据反馈进行核查评定，将商家请上雨花区诚信“红黑榜”。（刘伊祉）

【“《诚信论坛》你说话吧”活动】 7月31日，长沙市文明办、雨花区委宣传部、区文明办、区食安办、侯家塘街道联合举办“《诚信论坛》你说话吧”活动，市文明办副主任丁德喜、区委常委、宣传部部长何托林、区委宣传部副部长、区文明办主任谢国文，侯家塘街道、侯家塘地税四分局、工商所主要负责人，“内四塘”创建办主任、侯家塘辖区商户代表、市民代表30余人，一起讨论企业诚信话题。各方代表针对侯家塘街道诚信PK台微信平台建设、诚信与企业发展关系、诚信红黑榜发布等话题阐述建议，并提出不少具有新意和建设性的意见。丁德喜充分肯定侯家塘诚信体系建设。（刘伊祉）

【综合治税工作体系】 2014年，侯家塘街道建立以街道为主导，国税、地税为主体，户籍民警、工商、物业企业以及社区为辅的“六位一体”综合治税工作体系。成立侯家塘街道六位一体综合治税工作领导小组，明确各成员单位工作职责，完善以“三本台账”（企业台账、个体户台账、私房出租户台账）为基础的税源征管信息库，以网格化为体系支撑，以“双联”（街道联工商、税务，社区联户籍民警、物业）为保障，确立“着重优化服务，突出协税护税”的工作思路，强化“四抓四促”（抓分工促落实，抓宣传促提升，抓摸底促夯实，抓联动促共享）解决税务部门单一治税、涉税信息不对称、税源管控难到位等问题。（刘伊祉）

【汪鸿雁调研侯家塘基层团建】 2014年8月11日，团中央书记处书记汪鸿雁在团省委副书记、党组副书记汤立斌，团市委书记喻志军、副书记詹萍萍陪同下，到侯家塘街道调研基层团建。区委书记、区长邱继兴，区委副书记汪娟、团区委书记黄金、侯家塘街道工委书记贺芳等参加。汪鸿雁一行实地参观廖家湾社区“雷锋号”志愿者工作站、鲁爷爷爱心室和孟妈妈青护园，了解社区志愿服务标准，听取街道区域化团建工作的情况汇报，并与社区团委书记、社区金牌义工鲁遐龄进行亲切交流，对街道青少年权益保护工作和各项工作给予充分肯定。（刘伊祉）

【陈宁考察廖家湾社区志愿服务工作】 2014年4月16日，陕西省榆林市委常委、宣传部部长陈宁到侯家塘街道廖家湾社区考察志愿服务工作。长沙市委宣传部副部长、市文明办主任郑力虎，市文明办志愿服务处处长袁军，区委宣传部副部长、区文明办主任谢国文，侯家塘街道工委书记贺芳等陪同。陈宁参观廖家湾社区“雷锋号”志愿者工作站，察看社区志愿服务展板、道德时光隧道、居民心愿墙、志愿者广场等，详细了解廖家湾社区邻里守望等志愿服务特色工作。在“鲁爷爷爱心室”，陈宁与省金牌义工鲁遐龄进行亲切交流，对鲁爷爷热衷志愿服务、关爱未成年人工作给予高度赞赏，并邀请鲁爷爷到陕西榆林考察，同时高度评价孟妈妈青护园在帮扶和教导特殊群体青少年方面所做出的贡献。（刘伊祉）

【随手正能量海选】 2014年3月4日，侯家塘街道联合区志愿者联合会、市青基会、侯家塘街道、爱尚通程等单位共同举办“2014雷锋e超市暨爱尚随手正能量海选”。市文明办综合处处长鲁旸，市青基会秘书长羊舒麟，区委宣传部副部长、区文明办主任谢国文现场指导。活动现场，专家评审、爱心企业、个人代表、全省感动人物、全国金牌义工、社区感动人物及辖区党员等80位评审选出“爱心妈妈联盟”、热心公益的小学老师等10例具有正能量的随手举动,并依托街道首创的全省首个电商公益平台“雷锋e超市”开展爱心义卖和1+1行销,汇集爱心款注入侯家塘“心基金”,专门列支“好人好梦圆梦基金项目”,通过“一笔捐助、一次义卖、一份爱心、一种善行”来传递社会的正能量。 (刘伊祉)

砂子塘街道

【概况】 2014年砂子塘街道地处雨花区东塘东南角,处于城市繁华中心。辖区面积2.6平方千米,常住人口6万余人,流动人口1万余人,辖8个社区。辖区内有曙光南路、韶山南路、劳动东路、新建东路、砂子塘路“三横二纵”五条主次干道,长沙卷烟厂、沃尔玛、友谊商场、中医学院、万博汇、顺天财富、潇影集团、阳光锦城、通程电器、国美电器等近百家单位驻街。街道内设党政综合办公室、经济发展办公室、社会事务办公室、社会管理综合治理办公室、城市管理办公室、人口与计划生育办公室、财政所;下设公共服务中心、综合文化服务中心、安全监督管理中心、计划生育服务所、征收安置服务中心、人民来访接待暨矛盾纠纷调处中心6个二级事业单位;司法所派驻。街道机关行政编制16名(其中领导职数9名),后勤服务人员1名。二级事业单位事业编制核定36名。在职在岗人员33人,其中行政编制人员13人,事业编制人员20人,区引进人才人员3人;雇员29人,离退休22人。街道机关设立2个党支部,机关党支部党员54人,离退休党支部党员15人。街治驻曙光南路1号。

2014年,街道被评为“湖南省和谐社区建设示范街道”和2014年度长沙市计划生育“十佳街道”、长沙市“平安街道”、长沙市社会管理综合治理先进街道、长沙市消防工作先进街道、雨花区社会管理综合治理红旗街道、雨花区防范和处理邪教问题工作优秀集体、雨花区2014年度信访工作一类单位、雨花区2014年城市管理工作一等单位、雨花区安全生产先进单位。 (周巧兰)

【街域经济】 2014年,砂子塘街道完成财税收入8.06亿元,在雨花区内四塘排名第二,引进省外境内资金4.8亿元,合同利用外资3618万美元,引进市外境内资金18.6亿元,完成率均为100%。完成规模工业总产值5.98亿元(不含烟厂);完成全社会固定资产投资32.8亿元,完成生产性服务业投资17.65亿元;社会消费品零售总额48亿元。全街续建、新建产业项目9个,项目计划总投资40.4亿元,总建筑面积64.1万平方米。顺天国际金融中心投入使用,潇影综合大楼竣工验收;48层217米的超高层AAAAA级商务写字楼万博汇三期完成基坑建设,裙楼建设达到正负零;友谊公寓项目主体建筑完成封顶;泰禹国际项目完成基坑建设;楚城东塘一号和拿铁空间项目前期工作有序推进。街道按照“一圈、两带、三板块”战略规划,以专业化高端化楼宇建设推动全街现代服务业发展升级。顺天国际金融中心被区政府授予全区唯一“金融业示范楼宇”。凯宾斯基超五星酒店正式营业,南北两栋AAAAA甲级商务写字楼引进中国建设银行、华润怡宝、金元证券等40余家泛金融机构入驻;引导潇影集团将潇影综合大楼打造成文化创意类专业楼宇。 (周巧兰)

【社会事业】 2014年,砂子塘街道城镇新增就业人数1603人,失业人员再就业507人,城镇登记失业率2.41%;零就业家庭动态清零100%,职业培训622人,居民医疗保险缴费12844人,企业养老保险扩面1120人,工伤保险扩面954人,居民养老保险缴费12.76万元,均圆满或超额完成工作任务。已建工会组织企业工资集体协商建制率100%。承接全国社区管理和服务创新试验区培育发展社会组织和信息化管理工作稳步推进;雨花区社会组织孵化中心入驻街道金地社区阳光锦城新阵地,打造了街道级社会组织实践园地;引进尚善公益、德行天下、同行者等5家成熟的公益组织,培育本土慈爱公益助残组织等社会组织。大力开展社会组织公益创投项目,砂家帮志愿者协会“关爱孤老项目”通过区民政部门的联合验收。国家工作人员慈善募捐,筹集爱心款15630元;完成双拥优抚各项工作。承办雨花区殡葬改革主题宣传活动，营造浓厚绿色生态殡葬氛围，街区室外搭棚治丧处置率100%，辖区居民群众火化率100%。探索建立家庭发展指导中心，新增“幸福家之家庭保健项目”系统模块，“家庭医生工作站”为辖区200户特殊计生家庭建立重点医疗档案，并每季度上门探视查病1次，开展健康讲座10次、义诊6次，率先实现基层计生、卫生部门的工作融合。街道连续3年蝉联长沙市计生“十佳街道”。及时落实7272人独生子女父母奖励费及其他扶助资金发放。以创建市级公共文化示范站点为契机，结合幸福主题，举办“欢度元宵·让爱传递”“欢乐潇湘”原创文艺节目评选、非公经济组织党组织“先锋杯”篮球赛、“冬日暖阳”登山比赛、“幸福像花儿一样”文艺汇演、“残疾人才艺汇演”等群众活动。结合德育主题，组织开展长沙市第二届孝文化节百场“孝”文化展宣活动、长沙市“感恩思源·孝老爱亲”暨雨花区孝道“红黑榜”发布活动，长沙市基层社区“善行义举榜”发布活动、道德讲堂之诚信教育知识讲座，市民素质明显提升，社会风气明显好转。（周巧兰）

【综合治理】 2014年，砂子塘街道与辖区8个社区、172家企事业单位签订安全责任书，与1300余家“五小”门店签订防火公约。组织开展安全生产检查165批次，排查生产经营单位1050家，发现隐患420处，现场整改纠正415处，下发整改通知书210份；联合公安、工商、消防、建设、质监等部门组织专项整治行动12次，处罚责任单位84家，整改“三合一”场所35家，取缔液化气站3家，约谈建筑工地2家，劝退托管机构26家，整治安全隐患6处。组织全街性安全生产宣传培训活动4次，辖区近500家单位接受安全生产轮训；利用社区广播、橱窗、横幅等多种形式宣传新《安全生产法》，有效增强企业负责人、企业职工和居民群众的安全生产意识。以社区治安形势通报会、“平安夜话”等形式营造共建和谐的良好氛围，成立“红袖章”义务巡防队伍8支400余人，定期进行安全提示和治安巡防；联合公安、工商、交警、城管等执法部门，专项整治校园周边综合环境整治及“黄赌”，维护辖区治安环境；通过有效调处，多方联动，成功处理历史信访积案2例，全年未发生一起重大刑事案件、群体性事件、非正常上访，刑事发案同比下降12%。以建设法治街区为目标，深化群众维权工作室品牌，通过组织经验交流、更新驻站维权律师，提升维权服务能力。联合湖南省律师协会、湖南师大法律援助中心开展以“法治社区行，我来帮帮您”主题维权活动，以案说法，为近千居民免费提供各类咨询服务。将法律义工和人民调解组织相结合，定期开展法律咨询、法律宣传和司法调解等特色服务，将矛盾纠纷解决在基层、化解在萌芽，全年化解纠纷42起，挽回经济损失130万余元。（周巧兰）

【基层党建】 2014年，砂子塘街道加强非公经济组织党组织建设，实行非公经济组织“星级支部培育计划”，打造白沙群众艺术团党支部等四星支部2家，中科支部等三星支部4家，方圆支部被评为市级先进基层党组织。全面实施街道“大工委制”和社区“兼职委员制”，举办“大工委杯”拔河比赛。在职党员1288人到社区报到，参加“洁净城市”、敬老爱老等主题志愿服务活动。发展党员13个，其中非公支部党员5名，健全完善“网格化管理、组团式服务”等制度，完善智慧党建版块，健全党员信息电子台账。组织基层党组织书记现场观摩经验交流会、红色教育基地实践、“三问三思”征文、“做群众贴心人”大讨论、党纪条规和群教路线基础知识抢答赛等主题活动。收集整理对街道班子意见建议311条，制定整改措施100余条，建立财经审批、公车使用、党员干部管理等长效机制，确保问题整改率达到100%，群教活动整改落实长效机制经验在《湘组研究》刊发。出台党员领导干部联点楼栋支部实施方案，实行项目申报制，楼栋支部统一配备《党支部基础工作台账》，制作《楼栋里的红色情怀》优秀楼栋支部书记典型宣传片。各楼栋支部走访居民群众1300余人次，收集意见建议80余条，解决问题纠纷60余个。涌现野坡社区党员关怀室“一事一议”工作法、砂子塘社区“先锋讲堂”、梨子山社区“红色畅想”、金地社区“社情民意角”、茶园坡社区“民情小板凳”等一批叫得响、立得住、做得实的品牌特色项目，树立易嘉勋、彭旦如、左树德等一批服务明星。（周巧兰）

【“一事一议”党建品牌】 2014年5月开始，野坡社区党总支在公交小区设立“一事一议”宣传栏，每月评出一名最佳志愿服务优秀事例，年底累计出墙报15期。通过“一事一议”宣传栏，“议”出身边的好人好事，宣传社区的真善美，培育先进典型，积极传递正能量。12月2日，市委组织部部长程水泉一行考察野坡社区公交小区的“一事一议”党建工作，充分肯定“一事一议”党建工作的成效，同时对易家勋党员关怀室工作予以高度赞扬。（周巧兰）

【潇影综合大厦竣工】 潇影综合大厦位于韶山中路15号，地处东塘商圈中心位置，占地面积7819平方米，总投资2.6亿元，湖南潇湘影视集团自主开发，2014年竣工。大厦呈书卷打开式造型，为雨花区文化创意类专业楼宇。湖南潇湘影视集团曾是全国七大电影产业集团之一。以深厚文化基础为依托，潇影大厦将努力打造为集创意设计、数字出版、信息服务、现代传媒、动漫游戏、影视演艺、艺术创作、教育培训、文化休闲为一体的文化创意项目综合大楼，优化东塘商圈产业结构，推动区域经济发展。（周巧兰）

【“大浪淘砂”考评机制改版升级】 2014年，砂子塘街道改版升级“大浪淘砂”考评机制，增加第三方民意调查比分权重，会前选定本季度岗位标兵和模范单位，减小“印象分”和“感情分”对考评结果的影响，进一步提升“大浪淘砂”季度考评机制的科学性和公正性。会议现场随机抽取机关干部和社区工作人员各5人，进行季度工作述职，提升街道党员干部的参与度和积极性。（周巧兰）

东塘街道

【概况】 东塘街道地处东塘广场西南角，四周韶山路、劳动路、芙蓉路、二环线环绕，新建西路、雨花路贯穿其中，三纵四横的路网格局初步形成，交通便利。2014年辖区总面积2.4平方千米，常住人口4万余人，流动人口1万余人，辖牛婆塘、枫树山、新雨、七里庙、芙蓉南路、东塘、省人大、政院、华银园、浦沅10个社区居委会。街道内设党政综合办、经济发展办、社会事务办、社会管理综治治理办、城市管理办、人口与计划生育办、安全监督管理中心、财政所，二级事业单位有公共服务中心(政务服务中心)、综合文化服务中心、征收安置服务中心、计划生育服务所、人民来访接待暨矛盾纠纷调处中心，并建立有共青团街道工作委员会、工会、妇女联合会等群众团体。街道行政编制数12个，事业编制数36个。2014年，在职在岗41人(不包含随军家属、引进人才、两保人员、街道雇员)，其中行政编人数15人。机关党支部党员35名。办公地点设在雨花区新建西路188号。东塘街道突出“正作风、强服务、惠民生、聚民心、保和谐、促发展”工作主题，街域经济社会持续健康发展。2014年，被评为全国和谐社区建设示范单位、湖南省红十字模范街道、省级标准化财政所、市五四红旗团支部(总支)、市计生工作“模范街道”、长沙市警备区民兵工作先进单位、市级“红旗街道”、长沙市无偿献血先进单位、全市城管工作“五佳街道”（肖　嘉）

【街域经济】 2014年，东塘街道完成税收收入5.30亿元，为年任务100.75%。完成固定资产投资39.4亿元，为年任务100%；完成生产性服务业投资21.4亿元，为年任务的152%；完成工业总产值2.86亿元，为年任务190%；完成社会消费品零售总额(限上)26.11亿元，增速(不含肯德基)为22%；实际到位省外境内资金5.67亿元，为年任务120%；市外境内实际固定资产投入16.73亿元，为年任务120%；实际到位外资4340万美元，为年任务120%；完成外贸进出口736万美元，为年任务123%。华狮棚改项目一期征收补偿工作完成，并基本完成拆迁腾地；二期征收补偿发布1号、2号、3号公告，并选定评估机构。长城信息棚改项目征收补偿工作程序启动并发布1号公告，完成入户调查摸底，进入评估机构选定。芙蓉路小学建设拆迁工作全部完成。完成地铁3号、4号线征拆前期走访、调查摸底工作。六都国际三期住宅、长沙建鸿达威斯汀酒店进入动工准备。中机新里程项目一期研发中心双子塔楼主体封顶；二期开发商业征收进展顺利，486户已签约472户。新芙蓉之都进行前期招商。大鸿裕华公馆（鸿图花苑）项目主体完工。成功培育全区首屈一指的商会大厦东、西塔楼2栋税收超亿元楼宇及中机、神农、大华3栋税收超千万元商务楼。新芙蓉之都鑫融国际写字楼被区政府认定为专业服务业示范楼宇。成功吸引兴业银行湖南总部、西南证券湖南总部、华夏人寿保险长沙分公司、阳光人寿保险湖南分公司、都邦财产保险湖南分公司、湖南省联合产权交易所等重点企业17家进驻。（肖 嘉）

【社会事业】 2014年，东塘街道发放低保金117户67987元；医疗救助36人61485元，临时救助17人28200元；发放80岁以上高龄补贴2920人次47.05万元；申请住房保障48人，审批通过46人。慰问各类人员655人次，发放慰问金16.5万元。登记失业率2.54%，新增就业1645人，工资集体协商建制率完成187家。小额担保贷款38万。居民养老保险缴费3.6万（任务3.54万），企业养老保险完成660人；工伤保险完成800人；居民医疗保险缴费6668人。发放60岁以上老人退休金422.49万元。参与调解劳动纠纷10起。完成4户残疾人"家庭畅行"工程改造，为12名残疾人家庭大学生、残疾人小学、初中生申请助学补助1.7万元，为10名残疾人申请重残补助、114名重度残疾人申请重残护理补助。6个明星社区创建全部通过市区残联验收，8个社区被评为"长沙市充分就业示范社区"，枫树山社区被评为"省级社区养老服务中心示范点"。打造300余平方米街道政务服务大厅，规范服务，通过市级标准化政务服务中心验收。推进"公共服务综合信息平台"试点单位工作，打造"智慧东塘"。及时办结反馈12345市民热线问题38件，态度满意率100%。投入50万元建设社会组织发展扶持中心，培育或引进向阳花、麓山枫、老首长工作室、金牌帮女郎等社会组织53个，社会服务全面开花，其中老首长工作室服务社区、服务群众典型事迹被《长沙晚报》多次头版头条报道。理顺规范小区业委会、物业管理工作，完成中江国际花城小区业主委员会换届选举，监督指导长城非常生活、中远公馆、南方电信等小区业主委员会筹建，积极协助三重星都心、中江国际花城、长城非常生活等小区物业专项维修基金申请使用工作。街道成功保牌"全国和谐社区建设示范街道"，牛婆塘社区成功保牌"全国和谐社区建设示范社区"，政院社区被评为"全国和谐社区建设示范社区""全国综合减灾示范社区"，枫树山社区被评为"全省和谐社区建设示范社区"。计生服务转型提质，"一盘棋和网格化"系统数据全年完善20000多档册信息，确保栋不漏户、户不漏人。各项数据指标在全市、全区均名列前茅，上半年全省数据测评第一名、区检综合排名第三，下半年专项区检排名第一。办理单独再生育证120本，城镇独生子女奖励录入3595人，发放纯居民奖励75人26万余元。打造近1000平方米新概念计生文化屋，免费开放，受到群众普遍欢迎。政院社区被评为"市级文化大院""市级新家庭文化屋"。推行"社区+社会组织+社工"三社联动模式，构建"关爱人生五期"全程化服务体系，成立社区早教服务基地、心晨青少年心理服务中心，开展免费早教课堂、亲子运动会、青春期健康进校园、关爱女性生殖健康等活动10余场，助力家庭幸福，深化计生服务转型，被《中国人口报》多次报道。街道被评为"市计生工作模范街道"，枫树山社区被评为"市计划生育基层群众自治示范社区"。成立老年保健协会，关心老干部生活的同时发挥其优势开展"五老四教"主题活动，提高市民道德素质。新雨社区中江国际花城退休党支部获评"全市五好离退休干部党支部示范点"，政院社区老首长工作室获评"市级发挥五老作用示范阵地"，枫树山社区获评离退休干部社区"四就近"工作示范社区。广泛发动辖区党团、工会、妇联组织等深入开展志愿服务活动，形成"锋蜜帮帮团""银发先锋""老口子亲情服务队""红色片区党建服务联盟"等志愿服务品牌。枫树山社区获评"市妇女儿童之家示范社区"。充分发挥"两代表一委员"资源优势,开展"同行你和我,共圆健康梦""折翼天使旅行梦""感恩祖国,同心共建美丽社区"书画摄影展等活动,服务居民群众。积极开展"同心社区"创建工作,广泛凝聚人心,工作经验在《长沙统一战线》专题刊登。省人大社区被评为"全国侨务工作示范社区"。科技知识全面普及,两型理念深入人心,枫树山社区被评为"全国科普示范社区",浦沅、政院社区被评为"全省两型示范社区"。（肖 嘉）

【城建城管】 2014年,东塘街道以新建西路城市景观街建设为契机,雨花巷老街提质改造成古色古香景观一条街,新建雨花巷标准化生鲜市场,有效解决周边两万居民买菜难问题。枫树山社区综合提质改造,市委书记易炼红到现场并给予充分肯定,《湖南日报》《长沙晚报》、长沙新闻频道等10余家媒体广泛报道。牛婆塘社区提质改造工程进展顺利。芙蓉南路社区自来水表入户改造全面完工。针对校园周边和重要节点,开展食品安全集中整治行动30余次,严格保障食品安全,全年辖区未发生一起食品安全责任事故。组织市容环境、经营秩序整治行动50余次,收缴流动摊担300余个,整顿店外经营400余起,清理乱涂乱贴乱挂牛皮癣4000余处,清除堆物700余处,路面修复3000平方米,绿化补损500余平方米,市政补损400余处。浦沅社区被评为"市开放式社区物业服务精品社区",牛婆塘、枫树山社区被评为"市开放式社区物业服务样板社区",七里庙、芙蓉南路社区被评为"市开放式社区物业服务示范社区"。督促门店及专业公司科学投药,加强监管,辖区环境综合治理成效显著。连续第四年被评为"全市无偿献血工作先进单位"。推行城管新模式,打破管理障碍,全面整合街道城管、执法中队、环卫所三方力量,建立市容秩序分队、环境卫生分队等10支专业分队,统一指挥调度,形成最大管控合力。投入专项资金,以分队为单位分别配备执法车、电动车、对讲机、执法监督仪、照相机等设备,建成3个多功能城管执勤室,队伍硬件装备升级,执法处置行为进一步规范。全年处理数字化案卷8000余条,基本做到日清月结。强力遏制违法建设,有效制止在建违章建筑20余起,拆除新建违章面积4000余平方米,拆除违章广告招牌400余块。街道城市管理工作在全区的综合考核排名中位居前列,3月、5月、10月被评为全市城管工作"五佳街道"。注重常态化文明创建,认真落实全国文明城市建设和未成年人思想道德建设各项指标任务,创建工作亮点特色突出,市民文明程度不断提高。省人大社区被评为"省级文明社区",政院、枫树山社区被评为"市文明创建示范社区"。深入开展培育践行核心价值观活动,率先打造"街道社会主义核心价值观教育基地",开展巡讲、巡展、巡演"三巡"系列活动,举办"大手拉小手,文明路上走""向国旗敬礼、做诚信少年"经典诵读、"书爱国豪情,画祖国变化"书画摄影比赛活动,开辟青少年成长全程陪伴空间"爱Q乐园",评选"东塘先锋"人物,承办2015年长沙市"学身边雷锋,扬文明新风"社区网络春晚展演、"向阳花开,同心送福""邻里守望,与爱同行"红红火火过大年等活动,被《中央文明网》《湖南日报》《长沙宣传》《长沙晚报》等媒体专题推介。推行"5A"式志愿服务,不断深化"邻里守望"志愿服务活动。涌现"中国好人榜"敬业奉献好人傅学俭、省两型示范家庭丁秋林、市文明市民彭忠秋等先进典型。实施"十分钟读书圈"、社区"小喇叭"工程,开展"红色乐章,欢乐潇湘"文艺汇演、拔河比赛等多彩文化活动,吸引数千名群众参与。培养壮大新境界艺术团、新潮流书画院、新气象影像社、新风格创作室等一批群众文艺团队,群众文化蓬勃发展。（肖 嘉）

【综合治理】 2014年,东塘街道持续推行综治工作"项目化治理",实施"治安巡防、安全巡查、矛盾巡诊、法治巡讲、消防巡练、文化巡演"等"六巡工程"。与社区、单位签订年度工作目标责任书,制定完善并实施7类综治工作考核细则,实施"月考核、月通报、月讲评、年底奖惩"考核方式,责任明确到位,奖罚落实到人。充分利用辖区盈科、大成、协力等律师事务所优势资源,举办《继承法》《婚姻法》《物权法》等"法治巡讲"课堂6次,受教群众上万人;创办《法治东塘》刊物,出刊7期,面向群众广泛赠阅;编印发放

《平安手册》40000册，法治理念深入人心。2014年度街道司法工作排名全区第一，华银园社区被评为“省民主法治示范社区”，省人大社区被评为“市法治社区”。深入推进“红袖章”工程，组建“老口子”“老首长”等义务巡防队伍，群防群治保平安，浦沅社区连续7个月零发案、华银园社区连续4个月零发案，被《法制日报》、湖南都市频道、《潇湘评论》《长沙晚报》等媒体报道。芙蓉南路社区省二人民医院职工王丽见义勇为事迹被中央电视台一频道等媒体广泛宣传报道。狠抓“黄赌毒”违法犯罪及校园周边环境整治，清查各类场所30余家，关停6家，查处“黄赌毒”类案件17起。安全生产工作实施“月考核、月通报、季讲评、半年奖惩”考核方式。组建安全生产“隐患巡诊”队伍，排查发现政院与省人大交界围墙倾斜、牛婆塘社区金牛巷液化气站消防通道堵塞、中机八院暗沟塌陷、老湘食消防通道堵塞、九芝堂消防通道堵塞等各类隐患140余处，整改率100%，保持“零事故、零死亡”记录。街道安监站站长师志强被评为市“十佳安监员”，并被国家安监总局授予“全国安全生产监管监察先进个人”称号。2014年度街道安全生产工作排名全区第一，安监站被评为“全区先进安监站”，东塘、浦沅社区被评为“市安全生产示范社区”。构建街道、社区、楼栋三级联动分级调处网络，建立矛盾纠纷排查调处中心，实行专家会诊、联合处理。引进“麓山枫”等社工组织，对社区特殊群体进行专业心理疏导咨询，有效监测预防矛盾。依托“医调委”、调解室有效处理群众纠纷，成功调处重特大医疗纠纷28起，其中死亡纠纷5起。积极调解华银园小区长达6年之久的电费物业纠纷80余次，成功化解三万英尺罗麦公司与华尚国际酒店经济纠纷、魏家村经济纠纷、九芝堂（集团）有限公司砂子塘生产基地开发纠纷、市公路局一人意外坠楼、华狮啤酒厂鸳鸯楼违章搭建冲突、湘计算机厂职工堵门等事件，无一起演化成重大群体性事件。成功处置华尚酒店、中亿佰联、开达投资等涉嫌非法集资案件。各特护期重点人员稳控到位。保持非法登记零上访。多次获全区政法“五零”竞赛第一名，信访、维稳、基础、综治工作排名全区第一，综治民调工作排名全市第十三名、全区第一名，2012—2014年连续被评为“市级红旗街道”。

（肖　嘉）

【基层党建】 2014年，东塘街道扎实开展群众路线教育实践活动，结合群众工作日“双百千户”“五个必访”大走访、廉政义工“访基层群众，问干部作风”“访民情、解民忧、聚民心”等活动，走访群众3000余户，收集梳理意见建议及诉求300条。解决群众反映突出问题210条。持续推进“5280”组团式服务，扩大“党员服务自助餐”服务、在职党员进社区等活动覆盖面、服务力、品牌度。搭建“金叶情”困难帮扶基金、“青枫义工”等平台，深化街道大工委制、社区兼职委员制，进一步优化区域党建格局。切实推进“双进四联”活动，深入开展星级非公党组织创建，不断提升非公党组织凝聚力、服务力，非公示范点北京盈科（长沙）律师事务所支部开展的“盈科大讲堂”系列讲座，深受好评。盈科支部被评为市级“先进基层党组织”，区授予四星级非公支部2个、三星级非公支部4个。充分整合各类服务资源，联合开展关爱“折翼天使”名源堂“健康圆梦”等活动，进一步推动“多位一体”服务平台建设。开展“强素质，增活力，优服务”系列培训活动，举办“激扬青春担使命，齐心共筑东塘梦”青年干部座谈会，组织干部赴先进地区学习信息化建设、城管工作、社区建设、参加社区治理服务创新培训班，开展调研文章评比，优秀调研文章被《长沙通讯》《雨花调研》专题刊登，干部队伍素质大幅提升。组织入党积极分子参加培训32人，发展党员13人，从精从严充实党员队伍。推荐提拔干部1人，选聘社区正副职10人，公开面向社会招考社区工作人员6人，基层队伍结构进一步优化。修订街道对部门、社区绩效考核办法，分类制定综治、城管、计生等各线工作考核细则，将考核结果运用到岗位调整、评优评先及经济待遇上，形成争先比优良好氛围。党风廉政建设纳入工委重要议事日程，实行“一岗双责”，推行联点制度，构建齐抓共管的责任体系。建立源头防腐工作机制，严格落实“三个不直接分管”制度，财务、人事、工程建设分开管理，初步形成“正职监管、副职分管、集体领导、民主决策”的工作机制。三公经费较上年同期下降70.94%,公务接待、会议、车辆运行经费分别同比下降86.7%、66.21%、23.72%。全面落实“三重一大”事项有关制度,全面清理办公用车用房,上交超标超配公车6台,腾退调整超标办公用房200平方米。街道、社区开设信访接待窗口、举报箱、举报电话,自觉接受群众监督。深化社区党风民情观测站建设,设立党风民情楼院观测点,充实廉政义工队伍,扩大群众监督,有效监测党风、回应民情。全街没有出现一例干部违法违纪现象,没有一名干部受到处分。（肖　嘉）

【蝉联市级“社会管理综合治理红旗街道”称号】 2014年,东塘街道继获2012年度市级“社会管理综合治理红旗街道”光荣称号后,再次获2013年度市级“社会管理综合治理红旗街道”、市级“社会管理综合治理平安街道”称号。东塘街道积极探索综治工作新方法、新模式,做新、做实、做细综治工作,维护一方平安稳定。立足街区实际,全街综治工作实施以“项目化设计,目标化管理,企业化经营”为主要内容的“项目化工作法”。构建“大安全”体系,扩大社区“天网工程”覆盖面,开展“红袖章”工程建设,合力铺排专业巡防力量,引导“老口子义务巡防队”“五老巡逻队”等多支义务巡防队伍发挥作用,全街构建起“人防、物防、技防、警防”联动的平安网络。构建“大调解”体系,通过抓调解组织建设,建立起多层次的调解组织结构,健全调解网络。成立街道人民调解委员会,加大对全街矛盾纠纷的调处力度,负责协调、处理全街重大的、疑难的、群众关心的热点、难点矛盾纠纷。在全街社区、医院、矛盾多发点的单位建立基层人民调解委员会和调解小组,并对全街基层调解组织进行全面调整,加强对调解工作的指导,将一批有调解工作经验、工作责任心强、热心为群众办事和热爱调解工作的人员吸收到调解队伍中来,充实基层调解队伍力量。固化“大普法”“大法治”工作格局,开设“法律巡讲”课堂,开通“法治在线”服务,开展“法律援助”活动,开辟“普法宣传”长廊,创办《法治东塘》刊物,发放法律宣传手册,播放“每日听法”广播,编发“益民法宝”短信,通过一系列扎实有效的举措,切实提高干部、群众运用法治思维和法治方式推动发展、化解矛盾、维护稳定的能力。（肖　嘉）

【共推信息化“湘赢E企来”】 2014年3月,“湘赢E企来”电子商务座谈会在东塘街道湖南云企网络科技有限公司举行。长沙市工信委信息化和通信局局长肖逸、长沙市工业和信息化委员会主任赵跃驷以及各区县工信委信息化和通信局领导出席座谈会,来自湖南省内的近百家企业的企业家参加座谈会。与会人员围绕打造湖湘特色产业链电商主题展开讨论。湖南云企网络科技有限公司董事长李泊分析电商市场现状,并介绍湖南云企未来的发展思路,多家企业代表就推动“湖湘特色产业链”、电商创新化发展、电商区域化集群发展、人才培养和企业标识定制等内容,提出大量具有可行性和操作性的建议。（肖　嘉）

【长城信息棚改项目启动】 2014年12月4日,伴随着长沙市雨花区人民政府文件雨政征告字(2014)76号文件的出台,东塘街道长城信息棚改项目正式启动。“我们将告别以前低矮旧的老房子,很快就能住上亮堂的新房了。”雨花路沿线居民张娭驰听到这一消息说。长城信息项目位于雨花路161号,待征收的范围包括长城信息宿舍区,占地面积0.812公顷(12.18亩),房屋7栋17734.11平方米,其中私有住宅228户16783.11平方米,单位公房面积951平方米;雨花路47号—191号历史性占地棚户区建筑,私房16栋3336平方米。大多数房屋建于新中国成立前,土木结构房屋占80%,由于年久失修,部分房屋破烂不堪,卫生状况较差,出行通道狭窄,安全隐患严重。为顺利启动长城信息棚户区改造项目,雨花区未雨绸缪,前期做了大量准备工作,多次召集相关部门负责人专题研究,现场解决困难和实际问题。6月。市人大常委会会议通过将长城信息棚改项目列入2014年国民经济发展计划,根据区棚改办的安排部署,7月初,街道对项目征收红线范围内的居民住户进行入户调查摸底工作。棚户区改造的目的是通过综合改造完善城市功能、提升城市品位、改善群众居住环境，并使城市发展成果与棚户区群众共享。区委区政府高度重视长城信息棚改项目，要求依法、依规、依序推进项目征收补偿工作。（肖　嘉）

【湖南建鸿达实业集团落户东塘】 2014年5月，湖南建鸿达实业集团有限公司正式落户东塘街道商会大厦西塔楼27层、28层，为东塘经济发展注入新活力。湖南建鸿达实业集团有限公司成立于2001年，是一家集有色金属矿业、房地产业、特种纸业、生态旅游和现代农业等为一体的投资管理型企业集团，拥有建鸿达房地产、六都矿业、湘丰特纸、魏源故里旅游等20余家控股公司，总投资数十亿元，员工2000余人，已成为湖南民营企业中富有活力和最具前景的集团公司之一。有色金属矿业是集团的支柱性产业，已形成有色金属矿勘探、采选、冶炼、加工等成熟的产业链条，并拥有相当规模可供开采的矿产资源储备。房地产业是集团的龙头产业，开发类型有高档住宅、别墅、写字楼、商业地产、酒店和城市基础设施配套建设项目，从单栋高层到上百万平方米的城市综合体，从单一项目开发到拥有工程建设、物流贸易、营销策划、物业管理等业务单元，初步形成房地产开发领域全过程、多方位经营管理体系。

（肖　嘉）

圭塘街道

【概况】 圭塘街道位于雨花区东南角，是雨花区区治所在地，西临京广铁路，东连京珠高速公路，北靠机场高速、高桥大市场，南抵省森林植物园。2014年街道面积8.22平方千米，辖长重、劳动东路、美林景园、体院路、圭塘、中南院、大塘、雨花家园、景程、泰安10个社区居民委员会，月塘、圭塘、大塘3个社区筹委会，常住人口7.2万人，辖区有法人单位1200家，个体户2300家，中央驻街单位8家，厅、处级驻街单位11家。街道内设党政综合办公室（纪检监察室）、经济发展办公室（统计站）、社会事务办公室、社会管理综合治理办公室、城市管理办公室、人口与计划生育办公室和财政所（“三资”监管服务中心、审计站）；公共服务中心（政务服务中心）、综合文化服务中心、安全监督管理中心（水务农业生态服务中心）、计划生育服务所、征收安置服务中心和人民来访接待暨矛盾纠纷调处中心。机关核定行政编制16名，后勤服务人员编制1名，事业编制36名。全体在职干部职工98人，其中科级实职领导10人，引进人才3人，雇员48人；退休干部10人。全街党员915人，其中机关支部党员70人。

2014年，街道着力推进“政治要街、经济强街、品质新街”建设，先后获“湖南省群众体育工作先进集体”“长沙市和谐社区建设示范街道”“长沙市人口与计划生育先进单位”“长沙市社会治安综合治理先进街道”等荣誉。

（王　艳）

【街域经济】 2014年，圭塘街道完成两税总收入11.10亿元，一般预算收入3.04亿元，任务指标和进度连续在全区保持前列。完成全社会固定资产投资40.75亿元，完成限上社会零售品总额22.3亿元，完成规模工业总产值11.7亿元。实际到位外资完成6300万美元，完成目标任务的174.23%；合同利用外资6300万美元；完成外贸进出口5800万美元；市外境内资金形成固定资产完成22.8亿元；省外境内资金完成7.21亿元。

街域级“三定三抓”项目43个，引进旭辉国际广场、欧亚达第一国际、长房·半岛蓝湾产业项目，其中半岛蓝湾一期项目完成50%的工程建设，旭辉国际广场完成整体50%的土方量，两个项目进入销售阶段。沟通、协商帮助市广电及其附属产业迁证落户雨花区，培育可持续性的优质税源。帮助长沙强野信息科技有限公司、雨花家园社区等11家单位申报区科技计划项目。落实骨干企业的跟踪服务，摸排中小微企业的登记造册，维系大企业做龙头榜样，小企业学样的良性发展模式。“扫荡式”摸底排查全街各个企业，掌握全街的经济现状。吸收长沙强野信息科技有限公司等5家代表性企业，壮大工商联会员队伍。结合全国第25个节能宣传周，开展节能减排工作，向辖区居民共推广节能灯8000余只。景程社区申报为雨花区“两型”创建示范单位。（王　艳）

【社会事业】 2014年,圭塘街道有效落实各项民生保障、惠民利民政策,为56名民政双定对象足额发放优抚金294070元;做好参战人员和涉核人员的政策补助措施,完成关于李绍恺、穆光信、彭成章等农村籍退役士兵和参战退役士兵的民政补助申报审批工作;为18名困难人员申请各类救助资金45000元。辖区65岁以上失能或半失能低保老人76人享受政府购买服务;完成高龄老人生活津贴签字认证781人;享受困境儿童生活补贴13人。发放慰问资金、雷锋超市、慈善慰问物资513户,145200元。整理上报人口死亡信息140条,17户城乡居民申请核发基本丧葬补贴13830万元。保障残疾人权益,组织9名残疾人参加长沙市"新年新起点"招聘会、推荐4名残疾人在成才职业培训中心培训、为5名残疾人申请机动车燃油补贴、对10名适龄残疾儿童少年进行入学情况调查、低保残疾人对象及残疾人创业者摸底调查,帮助14位贫困残疾人家庭的大学生(高中生)和残疾学生办理助学补贴,发放补贴19000元;73人享受重度残疾生活补助金62400元;开展社区康复、"光明·关爱行动""助听工程"等,为10位0—7岁贫困残疾儿童进行抢救性康复救助;为80余名易患白内障、眼底病、青光眼、胬肉患者进行免费检查。开展"家庭畅行"工程,6户家庭申报安装无障碍设施;开展领养"红色助残责任田"活动,对辖区10位帮扶对象量身定制个性化帮扶计划,帮助帮扶对象张亮开办网店,推荐李航在侯家塘家乐福就业,为李思乐争取康复资金30000元,通过康复,李思乐的肢体协调能力及语言能力均得到很大改善。

雨花家园小区、美林景园小区完成业主委员会换届选举,博雅公寓、湘核佳苑小区、丽景香山小区、嘉盛华庭小区、和顺苑小区、和景园小区选举产生第一届业主委员会并通过备案。协调、化解天赐良园、湘核佳苑、兴鑫佳园等小区业主与物业公司的矛盾纠纷。完成对雨花家园小区、美林景园小区、丽景香山小区、城市山水豪园小区、泰禹家园小区10批次物业维修的外勘与验收工作。发放计生宣传资料1万余份,清查辖区流动人口6500余人,办理一孩生育证、再生育证、流动人口婚育证、计划生育手术证明等各类计生类证件、证明1400余份;发放独生子女保健费、申请放弃再生育奖励、计生家庭特别扶助等各类奖励扶助资金近60万元;《光明日报》《湖南日报》、人民网等主流媒体大幅报道"温心家园"关爱失独家庭项目。

采取以奖代拨的方式,支持各社区(筹)开展一系列群众喜闻乐见的文体活动,扎实推进文化下基层、电影进社区、社区体育运动节、农民工文化沙龙、读书节等乐民活动。街道组织开展各类公共文化服务活动近百场,举办第二届群众体育节暨"篮球嘉年华圭塘总动员——'圭建杯'篮球赛"活动,23支队伍参与其中;圭塘社区"新梦"艺术团获"欢乐大潇湘　美丽新雨花"原创作品大赛优胜奖。

(王　艳)

【城市建设】 2014年,圭塘街道全年拆除合法建筑34栋,违章房屋115栋,违章面积3万余平方米,拆迁人口197人,腾地56公顷,完成长房·半岛蓝湾、香月路二期、航空路、圭塘村重建地、长塘路和安徽国祯等项目的腾地任务,完成全部18栋城中村改造的拆迁任务。解决月塘社区筹委会的留地问题和圭塘社区筹委会60号令拆迁村民集体购买社保的难题,启动月塘社区筹委会二期安置房和圭塘社区筹委会四期安置房建设。圭塘社区筹委会和大塘社区筹委会分配安置房95套,安置村民99人;3个社区筹委会完成73%人口的安置工作。支路一、支路二、松林路、香月路一期完成建设并实现通车;长塘路(万家丽路—香月路)、香月路二期进行建设;沙湾北路完成改建,沙湾南路破解困扰四年之久的K5140-K5040段难题,实现全线拉通。街道"四纵十横九大支路"的路网骨架日臻完善。(王　艳)

【城市管理】 2014年,圭塘街道保持文明创建常态,严格对照省检和国检测评细则,集中及时、有效整改动态督查和"斑点"整治行动中发现的各类问题,全面深入落实诚信建设制度化、学雷锋志愿服务制度化、群众性精神文明创建活动、未成年人道德建设等专项任务,规范和加强社区文明创建工作阵地、活动载体、宣传平台和台账资料，各项工作有序推进。培育美林景园社区“邻帮邻”邻里守望志愿服务品牌，“美林邻帮邻共筑亲情梦”大型主题活动获中央文明网长沙网报道，雨花家园社区获评省级文明社区。强力实施“拆除违章、整治乱源”行动，铁腕整治乱停乱放、店外经营、夜宵摊档占道经营等城市顽疾。投入400余万元，对3个农民安置小区“脏乱差”现象进行20多次较大规模联合整治行动，制止店外经营600余处，硬化裸露黄土1000余平方米，强制拆除违法搭建500处，对1.1万多平方米的毁绿、占绿种菜进行强制铲除，对400余个小区停车位进行规范。出资180余万元，就近新建规范的菜市场，彻底解决大塘村马路菜市场环境卫生“脏乱差”，违章搭建、乱摆乱放现象严重影响居民出行的老大难问题。以建立务实管用的长效机制为目标，不断完善日常调度、宣传发动、应急处置、网格管理、工作激励、考核管理等制度，扎实推进精细化、常态化和长效化管理，促进整个圭塘城管工作的转型提质。（王　艳）

【综合治理】 2014年，圭塘街道不断完善党政领导公开接访、领导直接包案、随访随接和“干部下访”工作机制，接待来访群众1200余人次，成功化解李阳信访积案、湘核佳苑业主因违章建筑影响进出道路施工而引发的上访事件、美林景园业主因小区停车秩序混乱堵塞消防通道而引发的群体性上访事件等信访案件。坚持群防群治，完善防控体系，保障了中央省市“两会”无一人到现场进行非法上访；处理南屏锦源、新城新世界、利璞大厦、圭塘村豆花塘组及大塘村、月塘村民工工资、村民安置、经济纠纷、死亡事件等各项纠纷。在全区信访工作暨信访积案化解工作考评中，“李阳案”被评为一类化解积案，圭塘街道被评为无进京、赴省、到市非正常上访的“三无”街道。落实安全生产责任制，层层签订安全生产责任书，突出抓好安全生产宣传、排查与整治等重点工作，在定期常规排查的基础上，组织开展在建工地安全检查、危险化学品行业安全检查、烟花爆竹行业安全检查等大型安全排查和整治活动。专项投入4万元印发针对家庭和企业的宣传资料3万余份，对13个社区（筹委会）的安全员和辖区多个单位的负责人进行安全生产知识业务培训，组织广汽三菱、省保安公司和402队等20余家辖区单位开展安全生产演练活动，集中检查全街18所幼儿园的证照办理、校车安全、校园安全、消防安全，以及食品安全等情况，并对存在的问题给出处理意见。辖区的13个在建工地、9个重点企业、10所学校、10家大型酒店，13处人群密集场所和多处临建仓库等重要部位均管控到位，确保安全生产不出事故。锁定涉嫌传销骨干分子3名，遣散涉嫌传销人员135名。（王　艳）

【群众工作】 2014年，圭塘街道党员干部共走访困难群众和弱势群体3500余户，发放调查问卷2300余份，为群众解决各类疑难问题156件（个）。有效解决或促成解决大塘社区玉竹家园无物业管理，长治小区居民二次供水，沙湾路两厢门店脏、乱、差及店外经营情况严重，长重社区筒子楼化粪池堵塞，中南院社区西区1栋至4栋围栏破损，进出长冶小区的道路路面破损严重，长冶小区入口旁空闲荒地绿化，万科一、二期之间道路亮化等与群众日常生产生活密切相关的各类问题。全年共办理即办件7600余件，上报件6500余件，咨询400余人次，按时办结率（回复率）100%。（王　艳）

【基层党建】 2014年，圭塘街道加强反腐倡廉宣传教育，把《中国共产党党员领导干部廉洁从政若干准则》、中央“八项规定”、省委“约法九章”、市委“五项规定”，以及省委《关于党和国家工作人员操办婚丧喜庆事宜的暂行规定》等制度文件作为必学科目。修订和完善党风廉政建设和反腐败工作责任分工，印发《圭塘街道领导班子成员以及各部门2014年党风廉政建设责任分解表》，明确责任、分解任务，确保党风廉政建设工作的责任落实。推进惩治和预防腐败体系建设。坚持开展“周月季”活动，基本做到会议随时喊醒，“学查诺行”学习短信周周提醒，案例月月警醒，结合“4·20”廉政文化节，组织开展廉政文化演讲等活动。严格落实党政一把手“三个不直接分管”制度。全面落实“三重一大”事项报告制度。全面加强基层党务公开和民主监督。全面健全预防不正之风的长效机制,对照《圭塘街道干部作风“五要十不准”行为规范》《圭塘街道社区(筹)工作人员廉洁履职行为规范》和《圭塘街道机关、社区(筹)工作人员作风和效能建设责任追究暂行办法》等制度,积极开展工作督查和问题整改落实;进一步规范政府采购行为。全街13个社区(筹委会)科学划分为189个服务网格,通过开展“‘五化’搭起服务连心桥,党员种好网格‘责任田’”“党群连心一网情深”等主题活动,广大党员在网格中树形象、结对子、进项目、比贡献,实现对社区党员管理的全覆盖,推进了服务型党组织建设。经过集中组建,非公党组织累计42个,通过夯实基础工作,拓展工作平台,延伸党建工作触角,进一步深化项目党建,培育打造出版物非公党建示范点,积极推进喜盈门项目党建向综合体党建转变。推进“大工委制和社区兼职委员制”,聘请11名驻街单位代表作为街道兼职委员,吸纳72名各界党员担任社区兼职委员,构建区域化党建工作新格局。持续加强“学习型党组织”建设,通过不断丰富学习方式,创新学习载体,建立健全制度,切实增强创建学习型党组织的灵活性、实效性和长效型。“圭塘学苑”理论学习和业务学习平台,举行各类学习活动10余次,覆盖人群近千人次。积极搭建“先锋工程”载体,以“当先锋、走前列”为目标,围绕党员先锋模范作用发挥,积极搭建“先锋工程”载体,先后打造“孙建华党员志愿者联盟”“党员365天天工作室”、刘正德“劲流书屋”“温心家园”“农民工文化沙龙”“快乐湾义工团”“百姓驿站”“项目党建”“为民食堂”等20多个党建服务平台。全力深化“项目党建”服务品牌,进一步完善“双重式”共同管理、“四联式”跟踪管理和“家庭式”关爱管理为原则的项目党建工作,在服务好项目农民工党员的同时助推项目建设。（王　艳）

黎托街道

【概况】 黎托街道地处长沙东大门,东西北三面分别为浏阳河、圭塘河环绕。境内长潭高速、京珠高速纵穿南北,长沙大道、机场高速横贯东西,立体互通高效衔接。2014年,街道总面积15.5平方千米,总人口5万人(含流动人口)。街道辖粟塘、合丰、花桥、大桥、潭阳、川河、平阳7个社区筹委会,广益、东澜湾2个社区居委会,体育新城、黎锦苑2个社区筹备组。内设党政综合办公室、纪检监察室、经济发展办公室、社会事务办公室、社会管理综合治理办公室、人口与计划生育办公室、城市管理办公室、财政所,设二级机构政务服务中心、征收安置服务中心、安全监督管理中心、人民来访接待暨矛盾纠纷调处中心。辖区有企事业单位512家。街道行政机关编制16人,待编1人(其中领导职数10人);事业单位编制26人,在职在岗26人。退休干部31人(含集体退休人员),全街党员912人。

2014年,街道紧扣“凝心聚力、攻坚克难,建设全面发展新黎托”主题,立足实际,攻克难题,扎实推进各项工作,全街经济社会实现又好又快发展。获评市2014年度无偿献血先进单位、2011—2014年度长沙市老年体育工作先进集体、市2014年老龄人保险工作十佳街道奖。（周李琦）

【街域经济】 2014年,黎托街道完成税收总收入12.49亿元,较上年增加6.36亿元,比上年完成数翻了一番,年度税收总量由全区街道排名第九上升至第一;非税收入1350万元,为全年任务数的450%,增加1006万元,同比增长292.45%。完成规模工业生产总产值2.51亿元;限额以上社会消费品零售总额完成30.28亿元,同比增长17.7%;固定资产投资完成49.27亿元,其中生产性服务业投资16.29亿元;省外境内资金6.59亿元,市外境内项目形成固定资产投资16.96亿元;合同利用外资、实际到位外资完成4170万美元,完成年度任务的115%。在建项目13个,待建项目4个,计划投资额超过45亿元,其中年度投资5亿元以上项目5个,超50万平方米的在建项目6个。国中星城万国商业广场项目启动,运达中央广场的白金5星级“W”酒店、“瑞吉”酒店、国际名品贸易中心准备开业。好润家购物中心、湘酒鬼营销总部落户黎托,新华都万家城、江河东澜湾、万科魅力之城等加紧建设。（周李琦）

【城建城管】 2014年，雨花区成立黎托拆迁指挥部，设立分指挥部4个，由区领导亲自指挥，抽调25个区直部门共49人推动拆迁腾地。全面启动拆迁项目20个，涵盖“两河污染”治理、市政重点设施建设、保障住房建设和产业住房项目。应拆违章建筑49万平方米，实现拆违48万余平方米；应拆合法建筑407栋，签订协议312栋，拆除247栋。川河社区筹委会的红旗路、川河苑、川河路三个项目实现基本腾地；潭阳泵站、红旗路机场高速以南区域、磁悬浮、湘城壹佰、川河路(合丰段)、黎托派出所、京珠高速辅道扩租、黎锦苑二期、花桥污水处理厂9个拆迁项目全面实现腾地；稳步推进合丰万家城、粟塘文化产业园、圭塘河等项目。完成新、老政策安置对象4776人，其中103号令配合回购590人住房指标。完成黎锦苑一期保障住房和安置工作，涉及1858套、2230余人。完善大桥四期安置工作，按60号令完成286户、1732人的分房、交房工作。扫尾安置平阳安置建设拆迁户254人。粟塘公寓安置房建设封顶。落实区政府下达的50万平方米拆违任务，拆除违章51.5万余平方米，占全区年度拆违总量的43%，居全区第一。组织协调完成项目内违章程序认定74户。街道成立专职拆控违队伍和巡查组，坚持常巡查、早制止、严打击，发现、制止和拆除新建违章83处31000余平方米。按照巡查时间全天候、巡查范围全覆盖、巡查重点全把握的要求进行拉网式排查，加大渣土治理惩处力度，完善备案登记。扣留处罚运输渣土车23台，130台在建工地营运车辆办理备案登记手续，遏制渣土治理无序状态。数字化城管平台处置案件月结案率与按期结案率均达100%，在数字化城管月度评比中获第一名一次、第二名一次。结合文明城市创建要求，协调上级部门成立黎托环卫所，组建环境巡查小组，制定垃圾清运信息表，实现垃圾清运动态统一管理；大力开展“治脏、治乱”，实施大清洗活动，开展环境卫生整治22次，下发督查通报21期，督查裸露垃圾1260处。全面改善辖区环境卫生和人居环境，推动了“品质雨花，洁净黎托”建设。

(周李琦)

【社会事业】 2014年，黎托街道举办“就业援助月”“春风行动”“民营企业招聘周”等活动，逐步完善失地农民信息数据库和就业岗位信息库，新增城镇就业1326人，完成任务率125.9%，农村劳动力转移就业390人，完成任务率185.7%；全年新、老项目转户纳入社保1436人；出台《黎托街道临时救助办法》，救助边缘困难对象13人；广益、潭阳社区顺利创建社会救助标准化社区；街道成立12345市民热线工作领导小组，设置热线处理窗口，有效提升热线覆盖率和影响力。

(周李琦)

【综合治理】 2014年，黎托街道建立“专职民警带队、巡逻队长牵头、巡防队员为主”的三级联防队伍格局，专项打击“扫黄打非”“两抢一盗”，联合派出所对治安复杂区域重点排查29次，收缴“老虎机”472台、“打渔机”主板164台。构建立体化禁毒工作治理体系，成立社区戒毒(康复)站和禁毒协会，举办禁毒晚会，教育群众，凝聚防毒治毒的社会共识。全年刑事案件下降9.2%，并获区第二季度“五零竞赛”第一名。司法所通过省级模范司法所验收。接处进京上访71人次，进京上访总量下降10%，省市区接处168人次，街道接访192人次，其中集访42人次。成功化解庄建清、叶慧英2名老上访户积案，并签订息访息诉协议书。形成“领导带头、综治处置、部门跟进、调解善后”的高效处置群体性事件机制，稳妥处置群体性事件22起，排查化解各类矛盾纠纷603起，调处率100%，成功率99%，挽回经济损失超1000万余元。基本实现“一提高、三下降”的工作目标，有力保障街域和谐稳定。

(周李琦)

【基层党建】 2014年，黎托街道内部择优选拔社区负责人2人，工作人员6人，“两保”工作人员2人。在社区筹委会换届选举中，选优配强一批“领头雁”，新任主要负责人4人，新进支筹班子11人。开展“干部夜校”“国旗下的讲话”“为干部送书”“书记讲党课”等活动，坚持以党的理论成果、市场经济知识等为主要内容开展集中培训，实现党员干部思想与能力的双提升、双加强。继续探索党员“梯级管理”制度,实行量化积分考核,将筹委会党员划分五大类别,设置三大类20多项考核评议指标,进一步理顺党员管理思路。切实实行“双述双评一考核”制度,评议社区“两委”成员42人,参与群众1200余人。实行干部“驻村夜访”制度,通过夜访收集民情,着力解决环境卫生、“黄赌毒” 等七大民生难题,打通联系服务群众“最后一公里”;推行“大工委制”和社区“兼职委员制”;积极开展“网格化管理、组团式服务”;有效推动“双重报到”工作,43名机关在职党员进联点社区、进居住社区报到。聚焦“四风”,查摆出领导班子问题清单27条,班子成员个人172条,实行销号式管理,紧扣时间节点,立行立改;出台《关于完善党员干部直接联系群众制度的若干意见》等12项相关制度,做到作风抓常、抓细、抓长,逐步实现风清气正的基层政风、社风。 (周李琦)

【干部“驻村夜访”活动】 2014年,黎托街道针对“村改筹”的街情特点,在全街开展旨在打通联系服务群众“最后一公里”的干部“驻村夜访”活动。成立11个“驻村夜访”工作组,街道社区负责人担任组长。确定6类必访对象,包括拆迁户、失业户、老党员、村民组长、企事业代表、“两代表一委员”等。设定政策法规宣传、富民强村服务、社情民意调研、群众信访调解、民主制度监督6个夜访目标。规定“两访三带”,每周夜间走访至少两晚,带问题、带目标、带感情。构建“联系平台”,发放“夜访干部联系卡”,公布服务号码,接受群众的咨询、求助。搭起“纳言平台”,统一印制“驻村夜访”工作日记薄,整理“夜访民情登记表”,形成民情档案。发放“驻村夜访”征求意见表。构筑“传播平台”。以夜访为契机宣传讲解就业创业、拆迁安置、人口与计划生育等具体政策,提高群众对政策的知晓度,引导群众需求合理表达和实现。召开夜访工作例会,制定夜访帮扶台账。与群众结对帮扶,共解难题。密切跟踪督办和反馈回访,坚持每事一复一查一回访,向群众反馈,请群众评议,确保每项民生问题按质妥善解决。活动实施后,夜访组收集失地农民再就业、环境卫生改善、拆迁安置、打击“黄赌毒”、社会救助等意见建议278条,形成帮扶台账计划解决事项126个,帮扶新增农村劳动力转移就业330人,再就业人数288人;推动制定《黎托街道临时救助办法》,并成功救助7人;坚持政策底线与引导疏通并重,成功处理矛盾纠纷290余起,成功率100%,有效解决一批群众关心的难点问题。 (周李琦)

【“三合一”多维立体开展党员学习教育】 2014年,黎托街道街道采取系列措施提高“村改筹”下党员干部的素质能力。发放一套书,强化自学。分类向各级党组织发放各种书籍2500余册,各基层党组织开展集中学习教育总计60余次。参加一次课,引导听学。利用3个月时间,以干部夜校、业务大课堂、党员轮训、能力拓展项目、作风大排查、党员义工社六大措施为平台,实施提升党员干部五个方面能力的“365”工程。不断提升 “干部夜校”“手机课堂”“为干部送书”“书记讲党课”等活动质量。安排一场会,交流共学。开展专题大讨论,深入开展“学习弘扬焦裕禄精神”“做群众贴心人”“我是谁,为了谁,依靠谁”“如何当好村干部”以及“入党为什么、为党干什么”等系列专题讨论会。通过学习教育,广大党员干部思想上充了“电”,精神上补了“钙”,贯彻执行群众路线的“指路牌”“导航仪”建立起来,在强学风改作风,密切联系群众方面,思想朝向更清晰明朗,行动方向更坚定明确,风气走向更浓厚强劲。 (周李琦)

【“三深入”狠抓禁毒工作】 2014年,黎托街道在转型发展中面临巨大的社会治理压力,“黄赌毒” 形势较为严峻,群众要求严厉打击“黄赌毒”呼声很高。街道积极创新管理,深入实际、深入社区、深入群众禁毒工作取得新成绩。街道成立社区戒毒(康复)工作领导小组,开展打击黄赌毒专项行动20余次,破获涉毒案件21起,抓获涉毒人员53人;同时以结对帮教、交心帮教、引导帮教等守望相助的方式,树立戒毒人员信心。街道率全区之先,于2014年6月底成立潭阳社区禁毒协会,由群众中威望高的党员、骨干、代表等组成,配合街道、社区禁毒办公室共同开展禁毒治控和宣传教育。7月,街道投入25万元开展大型禁毒宣传文艺晚会，通过采用舞蹈、小品、歌曲、长沙弹唱等群众喜闻乐见的形式，展现禁毒工作者、志愿者的精神风采，反映毒情形势和毒品危害，2000余名群众观看并一致好评。《黎托街道社区禁毒戒毒工作出经验》在湖南社会管理网首页推介。12月5日，街道作为全省唯一禁毒工作基层受检单位，接受国家禁毒委委员、司法部副部长张苏军一行的禁毒工作督导并得到高度评价。（周李琦）

【安全生产“1+X”模式】 “1”即网格化管理。黎托街道物流、仓储门店众多，消防隐患突出。为有效落实安全管理责任，2014年，黎托街道实行网格化管理，将辖区划分为49个网格，每个网格均配备街道社区干部，具体负责安全检查、宣传和监督。“X”即依托网格化管理，多层次全方位开展安全工作，细化落实安全责任。街道先后对“三合一”场所、液化气门店、废塑加工厂、电线线路、吸烟及明火作业、沪昆沿线、木制品加工厂等进行消防安全大检查，开展食品安全专项行动24次，取缔黑作坊、地沟油场所等违规厂家21处。与区消防大队、派出所、农电站不定期开展联合执法行动，全年拘留2人，罚款200余人次，断电500余次。举办大型安全教育培训6场，邀请多位经验丰富的专家指导，培训人数1100余人次；举办社区全民消防培训8场，人数达1万余人次。发放宣传海报1万余份，宣传手册5000余份。经过努力，街道安全形势明显好转，火情数量下降显著，全年无重特大安全事故发生，无一起食品安全事故发生。（周李琦）

洞井街道

【概况】 洞井街道是长株潭“两型社会”建设的前沿阵地、“生态绿心”区域和三市一体化的“功能纽带”。东连武广新城，西通湘江生态产业经济带，北融红星商圈，南接长沙雨花经济开发区，京港澳高速、万家丽路、韶山路、绕城高速、时代阳光大道、湘府路“三纵三横”的路网覆盖全街，是长沙新南城的东南门户，雨花区域一体化的新增长极。2014年，辖区总面积22平方千米，辖高升、新城、商贸城、丰园、新裕、湘天、植物园、南庭、歇马亭、龙庭10个社区，牛头、洞井、天华、桃花、和平、板塘、鄱阳7个社区筹委会。总人口约10万人。内设党政综合办、经济发展办、社会事务办、社会管理综治治理办、城市管理办、人口与计划生育办、财政所，二级事业单位有公共服务中心（政务服务中心）、综合文化服务中心、安全监督管理中心、计划生育服务所、征收安置服务中心、人民来访接待暨矛盾纠纷调处中心。辖区有政府机关、企事业、驻区单位1400余家。街道机关核定编制53人，全体在职干部职工数105人，其中领导职数13人，引进人才3人，退休16人。街道机关党支部，党员56人。

2014年，街道坚持“转型融城，创新示范”的，统筹推进产业项目、城市建管、公共事业、社会保障、产权改制、物业管理等服务综合创新，加快宜业、宜居、小康、幸福“四个洞井”建设，加快洞井由“乡”到“城”的历史性蝶变，全街呈现出经济实力不断增强、城市形象日益提升、社会民生持续改善的喜人局面。（王 勇）

【街域经济】 2014年，洞井街道实现税收总收入6.8亿元，完成固定资产投资47.3亿元，完成限额以上社会消费品零售总额65亿元，实现规模工业总产值3.9亿元。高升、桃花、和平等村级集体经济年收入相继突破千万元大关。产业项目35个，其中区级“三定三抓”产业项目11个。街道按照“在建项目抓进度、续建项目抓投产、开工项目抓保障、前期项目抓落地”的原则，分类服务。中豪城南时代、才子佳都、卓越蔚蓝城邦等项目相继完工并开盘销售；桃花苑、雅仕亚酒店项目完成招商并进入装修阶段，牛头酒店项目营业。着力引导产业向“一廊两环”集聚发展。区文化产业示范基地落户湘府十城，集聚湖南演艺集团总部、湖南佳悦文化创意集团总部、湖南思齐文化教育集团总部、加拿大环球传媒、腾讯·大湘网、天闻数媒等16家龙头文化企业。积极推进北大未名湘雅健康中心、全洲健康城等项目建设，构筑环植物园生态健康新航母；着力推进冠铭生活广场、裕天国际、鄱阳生产安置用地等项目建设，塑造环汽车南站融城商业新地标。天华村申报为城中村改造试点单位。作为全区唯一基层两型示范片区创建单位，撰写的控规绿地保护管理研究课题调研文章被《湖南日报〈内参〉》采用，得到市委书记易炼红的重要批示。（王　勇）

【社会事业】 2014年，洞井街道指导和督促鄱阳、牛头、桃花加快农民安置房项目启动和建设进度。鄱阳村三期安置房高层房屋建设推进顺利，牛头三期安置房主体建设基本完成，针对待安置的103号令拆迁户，基本完成区保障性住房主体建设，相关统计工作完成。企业养老保险扩面、工伤保险扩面、城镇居民医疗保险缴费人数等各项指标均超额完成区下达任务，工伤保险新增扩面人数1049人，完成比例209.8%，全区排名第一。继续完善《创业富民办法》，连续6年兑现和实施创业富民奖励扶植资金。全年实现新增城镇就业1869人，失业人员再就业和就业困难对象再就业完成比例达170%以上，新增农村劳动力转移就业完成比例全区排名第一，小额担保贷款发放额50万元。重点做好单独“两孩”政策放开后的服务工作和独生子女家庭奖励等工作。组织开展首届“洞井杯”新市民拔河比赛和校园文化进社区活动。做好12345市民服务热线工作，全年处理工单203件，按时办结率达100%，及时回应群众诉求，通过市、区“标准化政务中心”建设验收。（王　勇）

【城建城管】 2014年，洞井街道完成区重点工程万侯路、城投18号地、豹塘路等项目的拆迁腾地工作，全力做好万家丽路提质改造、汽车南站综合交通枢纽改扩建、武广动车所扩容、坪坝塘体育休闲公园等重大项目的环境维护、征地拆迁前期工作。按照“清洁城市洁净雨花”工作要求，集中力量开展省市“一号工程”圭塘河环境卫生整治行动。汽车南站及周边综合整治、中意一路提质改造成绩明显。依法拆除违法违章建筑5万余平方米。（王　勇）

【综合治理】 2014年，洞井街道联动公安、工商等执法部门，开展汽车南站周边等重点区域综合整治、治枪缉爆管刀行动、非法营运集中整治、非法集资和传销清查清理行动。构建板塘小区治安防控体系，《法制日报》以《“洗脚进城”安家安身又安心》为题，推介街道破解农民安置小区刑案高发难题的经验。连续6年无进京赴省非访纪录。妥善处理牛头村民围堵村部和百家春超市、岳泰理想城业主堵路、洞井和桃花非正常死亡等突发性事件，重点解决天华水产品市场纠纷，板塘、和平集体利益分配，鄱阳两安建设等历史积案和系列信访遗留问题。加大安全生产、消防安全、食品安全专项整治力度。在湘府十城建筑工地、湘天广场、洞井社区筹委会等重点区域深入开展“安全文化大讲堂”活动12次，将全街干部下派至各联点单位，开展安全生产大检查大排查行动。（王　勇）

【基层党建】 2014年，洞井街道深化健全“大工委制”、社区党组织兼职委员制，依托“在职党员进社区”活动，着力推进基层党组织“网格化管理、组团式服务”，积极探索建立基层服务型党组织；以社区筹委会“两委”选举为契机，6个筹委会党支部升格提质为党总支，“两推一选”产生党总支委员28名。加大对非公党建指导，湘辉人力党支部被评定为市优秀非公党组织和区四星级非公党组织，正和医院、红星物业和机电市场3个党支部被评定为三星级非公党组织。紧扣“为民务实清廉”主题，纠查出领导班子存在的28个“四风”问题，并逐一进行集中整治。发文数较上年减少8%，“三公”经费支出减少49.96%，公务招待费下降67.93%，上交并拍卖公车9台，腾退调整超标办公用房1123.99平方米，干部上交廉政账户礼金2800元，退还礼金5000元。（王　勇）

【品质雨花市民素质提升行动】 2014年7月8日，长沙市新市民培育和践行社会主义核心价值观暨品质雨花市民素质提升行动主题活动洞井专场在机关篮球场举办。“管事娭毑”“德乐娭毑”“先锋模范”“红袖标”“和事佬”等优秀代表走进活动现场。街道社会各界代表及500多新市民共1000余人，倾听身边的友善典型故事，观摩小学生们原创的体现友善价值的画作，评选洞井"最美友善志愿者"和"最美友善小志愿者"，并对高升德乐园和星火志愿者两个社会志愿公益组织分别给予10000元资金扶持。湖南省文明办副主任周孟霞，省文明办综合调研处处长雷艳林，长沙市委宣传部副部长李卫政，市文明办副主任丁德喜，雨花区委书记、区长邱继兴，区委副书记汪娟，区委常委、宣传部部长何托林，副区长王清华、余宏卿，区妇联主席郑迎春等出席活动。（王　勇）

【扶贫助学】 2014年8月22日，长沙市委老干部局和高升社区的工作人员带着宁乡县沩山乡同庆村和洞井辖区的13名贫困孩子到长沙世界之窗游玩，晚上，洞井街道高升社区举行"梦想出发·德乐同行"扶贫助学行动，一起为宁乡县沩山乡同庆村和洞井辖区贫困孩子筹集学习和生活资金，洞井街道"两代表一委员"工作室、洞井街道关心下一代工作委员会、高升社区群工站及洞井街道各社区（筹委会）群工站、高升德乐园、高升社区"同心工作站""同心梦工厂"15位来宾与15位孩子达成结对意向，负责帮助解决孩子学习生活过程中遇到的困难和问题。（王　勇）

【"校园文化进社区"活动】 2014年12月22日，洞井街道在洞井社区筹委会文化广场举办校园文化进社区活动。活动分为"与青春握手·看花朵绽放"文艺汇演和"发现美丽·放飞梦想，践行社会主义核心价值观从小做起"书画展两个部分。洞井辖区6所中小学的学生将课本剧、现场作画剪纸、拉丁舞、英语秀、弦乐齐奏等才艺节目搬上舞台，为社区居民们送上一场校园文化盛宴。现场展出摄影、书法、绘画等作品36幅，由社区新市民进行投票，评选出一、二、三等奖和优秀奖。"校园文化进社区"旨在通过集体学习、体验培育、榜样引领，实现学校和社区文化资源的互惠共享，架起学校教育与社区教育互通"桥梁"，促使新市民崇尚优秀传统道德，弘扬现代文明新风，形成共同的价值观念、价值准则、价值追求，释放全面深化改革和全面建成小康社会的正能量。（王　勇）

井湾子街道

【概况】 井湾子街道扼据建设区域国际化城市长沙的东南门户，既是交通枢纽的必经之道、高铁经济的辐射带，也是城市化推进的要冲之地、高端产业转移的首选之地。东临圭塘河风光带，西依韶山路，南抵涟源百货城，北接香樟路。2014年，辖区面积9.8平方千米，常住人口近11万人。辖冯家冲、赤岗岭、三湘、香樟路、德馨园、井湾子、融城苑、红星、井湘、井圭路、井巷、井旺12个社区，莲湖1个社区筹委会。内设党政综合办公室、经济发展办公室、社会事务办公室、社会管理综合治理办公室、城市管理办公室（食安办）、人口与计划生育办公室、财政所、人民武装部。设公共服务中心、综合文化服务中心、安全监督管理中心、计划生育服务所、征收安置服务中心、人民来访暨矛盾纠纷调处中心6个二级事业单位，司法所1个派驻机构。街道党政机关行政编制核定16名，机关后勤服务人员核定事业编制1名，街道二级事业单位均为全额拨款，核定事业编制36名，领导职数9名。街道实有行政编制人员15人、事业编制人员26人、工勤编制人员1人、人才引进人员1人、无编聘用人员1人、雇员56人、工会职业化工作者1人、区司法局外派人民调解员4人。街道机关党支部，党员58人，预备党员1人。办公地点设在井湾路与洞井路交汇处东南角（湖南省煤炭科学研究所院内）。

2014年，街道紧紧围绕"以人为本、科学发展，全面建设首位首善井湾子"的战略目标，大力加强产业项目建设、城市综合整治、两型社会建设、民生实事建设、维稳和谐建设和基层组织建设，经济社会各项事业稳中有为、稳中有进。获得"区'三定三抓'活动红旗单位""雨花区创业服务先进单位"，雨花区委政法委员会"政法工作先进集体""信访工作先进集体""长沙市优秀乡镇街道统计站""消防工作先进单位"等多项荣誉。（周　知）

【街域经济】 2014年，洞井街道实现财税总收入7.16亿元，总量由析置街道的第9位进位到第7位，较上年增长7.18%，增速列全区第6位；实现社会消费品零售总额71.66亿元，总量列全区第2位；限额以上社会消费品零售总额44.28亿元，增长22.65%，增速列全区第2位；完成城镇固定资产投资52.92亿元，较上年增长17.3%，增速列全区第2位；实现生产性服务业投资19.71亿元，总量列全区第3位，较上年增长117.9%，列全区第4位；引进省外境内资金4.6亿元；市外境内资金完成固定资产投资12.24亿元，较上年增长13.8%。引进注册资金1000万元以上的企业127家；扶植25家初创企业获市级专项资助115万元，89家创业企业申报2015年市级专项资助；扶持12家企业申报列入市级科技计划项目。（周　知）

【社会事业】 2014年，井湾子街道按照“单项工作创一流，整体工作上水平”的总体要求，落实各项民生、社会事务，打造精品社区、特色社区。积极开展“春风行动”“就业援助月”“爱心一夏，幸福井湾”等招聘会，针对困难群体开发公益性岗位，促进各类群体就业，实现城镇新增就业人数1656人，困难人员再就业156人，完成数均居全区第一。个人劳动力资源采集36604人，居全区第一。基本居民医疗保险缴费21100人，居全区第二。企业保险新增参保567人、工伤保险新增参保541人，动态管理低保，应保尽保，新增低保户12户，取消33户。发放“优抚”经费36万元，“双定”经费1.2万元。为9名特困家庭子女申请高等教育慈善助学金1.8万元。小额贷款金额217万元，居全区第一。完成10个单位、4161户的图纸设计，解决融城苑小区、景湾小区困扰多年的户表改造问题。新培育备案登记民办非社会组织4个，完成7个社区社会救助标准化社区创建申报，指导成立小区业委会2个，成功处理物业纠纷10余起，参与落实物业维修资金使用问题9起，维护和保障了群众利益。（周　知）

【项目建设】 2014年，井湾子街道创新“亲情服务”工作机制，协调解决德思勤城市广场项目与省地震局住户日照纠纷等问题52个，7个区“三定三抓”活动项目和4个街道“三定三抓”项目完成全年“三定三抓”目标。实现房地产项目固定资产投资25.7亿元，房屋施工面积296.4万平方米，当年新开工面积24.26万平方米，竣工面积14.43万平方米；实现商品房销售面积26.83万平方米，销售额18.66亿元，其中住宅销售面积24.97万平方米，销售套数2881套。全力打造德思勤城市广场现代服务业示范综合体，双塔国际广场专业服务业示范楼宇；全力推进商业商务楼宇产业载体建设，加快奥地利AST真冰场、韩国CJ集团4D影院、快乐老人报、物产中拓子公司三维企业等现代服务业产业项目落地。强势推进红莲商业广场的拆迁腾地，木莲冲路、莲湖二路项目实现拆迁扫尾，莲景苑等两个项目完成结算扫尾，重启恒盛佳苑等两个项目拆迁。全年实现腾地6.55公顷，完成年度腾地拆迁指标。（周　知）

【城市管理】 2014年，井湾子街道理顺城管队伍管理机制，将城管执法中队分为四个工作组，特勤和协管员队伍由街道城管办、城管中队共同管理、交叉管理，把执法、管理、日常巡查的责任落实到人，既形成全街合力，又明确各个队伍和人员的具体责任。实行督查通报和问责制度，下发督查通报9期。解决城管中队办公用房，加大经费投入保障。开展红星商圈“百日整治”行动，对红星大市场、红星建材交易中心的环境卫生、配套设施、经营秩序以及食品安全、消防安全实施综合整治，加强周边秩序管控，打造“五好”商圈。积极适应数字化运转、考核机制调整，处置案卷5757条，9次获得数字化结案率和按期结案率双100%。开展“大清洗行动”“城市斑点”集中整治、地下通道专项整治等行动210余次，出动人员7000余人次、车辆60余台次，取缔乱摆乱卖摊点850余个，全街11条主次干道、夜市规范点的市容市貌获得改善。街道城管工作从年初排名全区第十二，上升至12月排名第六。全面加强环保监管，开展圭塘河环境整治行动4次，整治5家、搬离1家污染超标企业。（周　知）

【综合治理】 2014年，井湾子街道大力控压发案，化解积案，全力推动“事要解决”，控压发案下降9.8%。创新基层综治“1+3+N”模式，有效整合街道、社区、派出所的多股综治力量，以多数人影响多数人、多数人管多数人，实现群众自我监管。推行班子成员包案和信访积案化解责任制，推进“红袖章”工程和“压发案”治安巡防活动，调处各类矛盾纠纷3462起，受理信访11起，处理10起，防止群体性事件2件。信访积案化解成效明显，上级交办的15名信访重点人6名承诺息访息诉。开展“三调联动化矛盾、息访息诉促平安”专项调解行动，接受社区矫正人员76名，解除社区矫正人员38名，无一例脱管、漏管和重新犯罪。开展“安全生产月”活动，组织开展安全日常排查636家次，解决各类安全隐患110处。排查整治红星大市场，对686家“三合一”场所集中执法；莲源百货城仓库拆违2.2万平方米，红星美凯龙地下车库拆违9000平方米，彻底消除安全隐患。申报创建安全生产标准化企业9家。建立计生工作月考核机制，以小考核支撑大考核。加强计生基层群众组织建设，发挥社区协会网络优势，突出协会特色，创新开展计生协会工作。开展“世界人口日”“男性健康日”等主题宣传活动，对有困难的计划生育家庭开展帮扶、救助活动和生育关怀工作。全面清理红星大市场流动人口，落实各项流动人口便民措施，实现流动人口卫生和计生基本公共服务均等化。征收社会抚养费10户，征收金额28.4万元，征收立案率100%。（周　知）

【基层党建】 2014年，井湾子街道工委组织集中学习11次，开展理论学习及交流5次，其他形式的集中学习20余次，举办党风廉政建设、群众工作、创新社会管理等专题报告会15场。开展党的群众路线教育活动，纠治“四风”问题、关系群众切身利益问题和联系服务群众“最后一公里”问题。走访联系群众1200余人次，收集意见建议643条，解决突出问题43个，纠治“四风”问题27项，开展专项整治13项，修改完善制度规定35个。落实街道“大工委”制和社区“兼职委员”制，定期组织9名街道“大工委”委员和57名社区“兼职委员”召开党建工作联席会议。推行班子成员联点和在职党员进社区制度，形成街道、社区、楼栋、“幸福里”网格四级党建责任网络。坚持党员发展标准，培训入党积极分子41名，确定党员发展对象15名，新发展党员13名。对全街1554名党员民主评议，党纪处分党员2名。选派12名干部到香樟路社区、三湘社区、拆迁项目指挥部等压岗锻炼。坚持开设井湾子街道“周末大课堂”，将党员“三会一课”与干部教育培训有机结合。搭建社区党建工作载体，300多名“360”志愿服务站党员志愿者参与全方位服务。全面开展在职党员“到社区报到，当幸福使者”活动，分网格推选一批在职党员、退休党员担任“幸福里长”，着力建设社区楼道文化、邻里文化、志愿文化和平安文化，全街的志愿者总数稳定在2000人左右。高标准建设井巷社区党员服务中心，重点打造融城苑社区党建综合示范点和红星社区职工服务站。在全区率先开展莲湖（筹委会）“两委”换届选举，通过集中走访、分层座谈、“两推一选”等方式实现成功换届。（周　知）

【综合文化站提质建设】 井湾子街道综合文化站是市文体实事工程，2013年11月投入使用，2014年完成综合文化站的提质建设。落实井巷社区办公阵地，室内面积近800平方米，室外活动场所2000平方米，软硬件配套设施齐全。文化站划分为培训教室、图书阅览室、公共电子阅览室、多功能活动厅、剪纸工艺室、书画展示室、舞蹈排练厅、健身活动室、音乐文化室等。舞蹈排练室配备音响、灯光、基本乐器等文化活动必需设备；图书阅览室有书报刊阅览设备；公共电子阅览室配备有网络服务器；周边打造社区公园和活动广场，为广大居民群众提供优美舒适的活动环境，为开展各种群众文化活动创造有利条件。（周　知）

【窦玉沛调研普亲老年养护站】 2014年3月13日，民政部副部长窦玉沛一行在省民政厅厅长段林毅，副厅长唐白玉、邓磊，长沙市副市长黎石秋，市民政局局长曹再兴，副局长范凤芝，雨花区委书记周杏武等陪同下,调研冯家冲社区普亲老年养护站。听取海南普亲集团董事长唐文湘的介绍,参观各功能室,倾听老人对养护站的建议和看法。窦玉沛肯定普亲养护站的成绩,指出养护站虽处于起步阶段,但发展前景大;虽然规模小,但是功能大。 (周 知)

【德思勤城市广场挂牌中部电子商务总部基地】 2014年3月31日,雨花区井湾子街道亚洲金融文化产业中心——德思勤城市广场"中部电子商务总部基地"挂牌,这是继影响长沙金融进程的"TASKIN金融下午茶"之后,推出的"TASKIN电商下午茶"系列活动。活动特邀中国电子商务协会常务副理事长、湖南网商协会常务副会长李青,主讲《后马云时代湖南电子商务的崛起》。作为电子商务与传统产业的创新探索之道,德思勤城市广场践行"金融文化产业集聚中心",将电子商务作为产业中心的核心,形成金融、文化、产业等多产业与电子商务共同生长的商务生态。 (周 知)

【木莲冲路拆迁圆满收官】 木莲冲路西起书院路、东至沙湾路的木莲路,全长约10千米,随着省府南迁和经济重心南移,由原来的城市次干道升格为城市主干道。洞井路至沙湾路的路段建成后,木莲冲路未完成拆迁的1.5千米路段成为最后一个瓶颈。2014年初,区人大将拉通木莲冲路列为第1号议案。街道坚持以人为本、阳光操作,统筹安排、调整好拆迁各方利益,形成网格化运行、组团式推进、动态化管理的工作格局。5月27日,木莲冲路(韶山南路—洞井路)拆迁项目最后一栋楼体顺利拆除,宣告该项目历时两年多的集体土地拆迁工作圆满收官,也标志着区人大2014年第1号议案项目取得突破性进展。 (周 知)

【第六届湖南(长沙)节能和循环经济博览会】 2014年6月8日,2014年湖南省节能宣传周暨第六届湖南(长沙)节能和循环经济博览会在长沙红星国际会展中心启幕。节博会邀请全国100余家企业,展出上千种节能、节水、新能源和资源循环利用等先进技术并开设节能和循环经济知识普及展,展会包括节能低碳与循环经济、绿色建筑与新型城镇化、新能源与雾霾治理、绿色出行与智能交通四大主体展区。街道辖区内湖南龙骧交通发展集团有限责任公司、长沙民政职业技术学院、湖南科技职业学院、中建(长沙)不二幕墙装饰有限公司等重点能源单位参观展览。 (周 知)

【第三届中国中部金融中心论坛】 2014年7月8日,由光明日报社、湖南大学、第一财经主办,湖南德思勤投资有限公司、第一财经《中国房地产金融》、农银国际(湖南)投资管理有限公司联合承办的第三届"中国中部金融中心论坛"在井湾子街道融程花园酒店召开。省委常委、宣传部部长许又声,副省长张剑飞,长沙市委副书记、市长胡衡华等省市领导出席。 (周 知)

【基层党建专题调研座谈会】 2014年7月23日,中组部党建研究所副所长赵湘江、调研室主任刘建辉一行在省委组织部党建所所长彭江龙、市委组织部副部长陈昌佳、雨花区委常委、组织部部长、统战部部长冯聪龙等陪同下到井湾子街道红星实业集团有限公司开展调研座谈"城镇化进程中加强农村和社区党建问题研究"。会议就在城镇化进程中农村和社区党建工作面临的挑战、基层一线有益探索和经验、现状、存在的问题及对策进行探讨。 (周 知)

【红星大市场"城市斑点"整治】 2014年8月2日,井湾子街道召开"城市斑点"问题整改工作会议。会后,街道联合区城管执法大队、区城管警察大队、区工商分局等部门,组织街道工作人员、城管执法中队、派出所、特勤中队、城市协管员等,按照具体分工,对"城市斑点"问题迅速整改。至4日,出动2000余人,发放宣传资料4000余份,搬运车辆15台次、执法车辆10台次,暂扣经营物品15大卡车,查处占道经营商贩210处,处罚114家,劝阻占道经营行为230余起,没收灯箱150个,烧烤炉具120个,拆除违法违章建筑320余处，配备垃圾桶300余个，设立水泥墩、麻石球等交通设施120余个。11日，拆除钢架棚点30个，300余平方米，暂扣经营物品两大卡车，查处占道经营商贩13处，处罚5家，劝阻占道经营行为30余起。　（周　知）

【红星实业集团专职消防队成立】 2014年11月10日，湖南红星实业集团专职消防队成立，并由井湾子街道与红星实业集团联合组织消防安全应急演练。区政府副调研员刘贤宏，井湾子街道工委副书记、办事处主任杨钦涵，工委委员王况到场观摩，红星实业集团副总经理杨林波具体实施指挥消防演练。

（周　知）

【2014中国中部（湖南）国际农博会】 2014年11月17日，2014中国中部（湖南）国际农博会在长沙红星国际会展中心开幕。18日为专业观众观展日，19日至24日对市民开放。农业部原党组成员、中国农产品市场协会会长张玉香，中华全国供销合作总社监事会副主任汤益诚，省委常委、市委书记易炼红，省人大常委会副主任徐明华，副省长张硕辅，省政协副主席武吉海、袁隆平，省农委主任刘宗林，市领导胡衡华、张迎龙、袁观清、范小新，以及中部五省和甘肃、黑龙江、山西等省市相关部门领导出席。1000余家中外企业参展。首次引入移动互联网电商与消费者和客商进行O2O和B2B线上线下互动。

（周　知）

东山街道

【概况】 东山街道是连接武汉、广州和上海、昆明的联结点、交汇区，由高铁带动的人流、物流、资金流、信息流等各种经济发展要素日益集聚扩张，成为雨花区规划建设的高铁新城崛起、高铁经济兴起的核心区域。街道南起劳动东路，北至湘府路，西到京珠高速，2014年，辖长托、黎托、东山、边山、侯照、渔场6个社区筹委会、东山镇、南雅、黎郡3个社区。总面积14.2平方千米，总人口5.1万，其中常住人口13732人。内设党政综合办公室（纪检监察室）、经济发展办公室（统计站）、社会事务办公室、社会管理综合治理办公室（高速铁路协调管理中心）、城市管理办公室、人口与计划生育办公室、财政所（“三资”监管服务中心、审计站），设公共服务中心（政务服务中心）、综合文化服务中心、安全监督管理中心（水务农业生态服务中心）、计划生育服务所、征收安置服务中心、人民来访接待暨矛盾纠纷调处中心6个二级事业单位，司法所1个派驻机构。驻街企事业单位有雨花区合丰堤委会、长沙市雅礼雨花中学、长沙皓宇贸易发展有限公司等12家。街道党政机关核定行政编制16名，领导职数9名，机关后勤服务人员核定事业编制1名。街道二级事业单位均为全额拨款，核定事业编制36名。2014年在职干部46人，行政编制12人；事业编制30人；工勤编制1人。机关党员48人。街道办事处暂驻曲塘路黎明渔场社区筹委会。

2014年，东山街道始终围绕“一大中心（经济建设）五大重心（大征拆、大安全、大城管、大稳定、大民生）”，整合街村力量，科学铺排工作，强化工作举措，务求明显实效，努力为街域经济社会发展奠定了更为坚实的基础。　（张　欣）

【街域经济】 2014年，东山街道完成财税收入2.75亿元。完成规模工业总产值2.10亿元；完成社会消费品零售总额7500万元；完成固定资产投资23.37亿元。实际到位省外境内资金1.24亿元，市外境内实际完成固定资产投入3.08亿元，外贸进出口200万美元，实际到位外资2400万美元。“三定三抓”项目6个，跨国公司总部经济园、绿地之窗和万里时代3个纳入区“三定三抓”项目；中港珠宝城、台商总部大厦和雨花物流园纳入市重点项目。全力推行项目征拆“一站式”全程服务；主动上门与在建项目企业沟通，排查解决项目建设中的困难和问题，积极组织企业和项目参加政企对接会，为项目解决实际困难23个。坚持“发展有空间、项目出形象、产业见成效”的工作思路，强力构建以浏阳河生态景观带为核心，打造高端商务板块、高端住宅板块、高端物流板块的“一带三板块”产业结构。万里时代·城市综合体项目10月开始销售,销售39套;集商业娱乐、城市旅游、都市居住为一体的“高端城市高铁商务社区”绿地之窗项目,销售499套。（张　欣）

【社会事业】 2014年,东山街道分两批向社区拆迁户发放延期过渡费共1107.5万元。周密部署三期保障住房(黎雅苑、太和园)两个批次的大规模集中分房工作,东山、边山、侯照、黎托、长托、渔场等6个社区(筹委会)的1077户、3876名村民分到新房,并为分房业主争取多项惠民政策,完成交房1401套,完成交房总量的98%。切实关爱家庭、关心女性,兑现计生奖扶政策,五项奖扶对象上报率100%,向1254户计生家庭发放奖扶资金30.972万元。开展常住人口育龄妇女B超孕检7600人次,在全市率先采用“流动孕检服务车”上门为流动人口提供免费B超孕检服务。为4800余户计生家庭购买家意险6万元,各项计生指标在全区名列前茅。组织开展“红红火火过大年”“庆七一”党员群众千人大联欢文艺汇演、“东山杯”拔河比赛、2014年龙舟大赛、“东山健康生活大课堂”“东山杯”篮球比赛等群众喜闻乐见的文体文娱活动,丰富群众文化生活,培养群众骨干,淳化民风民俗,提高群众对基层工作的参与率和满意率。落实区委“民生幸福化”要求,将就业培训、创业扶持、医社保、大病救助等民生事业摆在突出位置。举行招聘会4场,组织100多家企业提供10000多个岗位信息。全街新增城镇就业1443人,公益性岗位安置就业困难人员19人,城乡医保6934人均完成任务指标。办理“失业就业登记证”739本,征地农民社保补偿申领696人,共计298万元,发放城市和农村低保50万元,征缴社保基金15700元,发放大病救助128044元,老年人高龄津贴补助255人。（张　欣）

【城市建设】 2014年,东山街道扫尾项目10个,征地面积98.99公顷,应拆合法117栋。逐项目调度,逐个案分析,妥善处理复杂关系,有力地推进扫尾攻坚。签订合法房屋拆除协议112栋,拆除109栋。完成湘府东路扩征、新花侯路南延长线、黎托路、片区19号地、21号地、社保融资5号地、周大生珠宝城、川河南路(东山镇)及东山社区片区30号地等项目扫尾任务,腾地86.47公顷。启动红旗路、高铁东广场、磁浮线、侯照统征地(物流园)1号地、京珠高速临时用地项目、沪昆高铁配套工程、城投2号地、城投3号地等8个项目,征地面积72.43公顷,应拆合法212栋,违章229089.36平方米。签订拆迁协议174栋,拆除161栋,拆除违章175098.41平方米。磁浮线、高铁东广场、侯照统征地(物流园)1号地、京珠高速临时用地、城投2号地5个新启动项目及红旗路渔场段、边山段、侯照段实现全面腾地,腾地43.05公顷。片区17号地续拆项目,征地面积28.24公顷,应拆合法94栋,违章66984.6平方米。签合法房屋拆除协议62栋,拆除48栋,拆除违章21709.85平方米,E11地块6.51公顷,实现腾地并交付施工。（张　欣）

【城市管理】 2014年,东山街道严格落实《东山街道控违拆违工作方案》,强化控违拆违责任,以专职控违拆违巡查队伍为主体,“全天候”开展辖区违章搭建动态巡查。制止动建初期的违章建筑(构)物81处,拆除17处,全年拆除违章367处、面积42.38万平方米。全年上数字化城管的违章建筑仅52平方米,并全部拆除。按照“最严城管”工作要求,制订网格化工作方案,组建83人协管员队伍,通过日常巡查、清扫道路、清理裸露垃圾,清除牛皮癣,拆除违章广告牌,协调基础设施建设等,确保全街保持良好市容环境。数字化处理实现处置率和结案率“双百”,获长沙市“五佳街道”荣誉。实行24小时渣土监管,有效控制乱倒渣土的行为,在30号地、19号地等处发现并制止乱倒渣土行为30起,开展整治行动11次,处理渣土车辆29台次。（张　欣）

【综合治理】 2014年,东山街道发案375起,打击处理175人,其中刑事拘留70人,治安拘留105人,打击犯罪团伙8个。街道加大基本建设的经费投入,投资20余万元,设置黎郡警务室、香樟路巡防站,投资10万元购置两台巡防车，配合派出所对周边环境加大治安整治。深入社区及学校进行防盗抢、防诈骗、打架斗殴等治安宣传工作，努力增强群众的自我保护意识及安全感。街道建立信访维稳和矛盾调处中心，组建区、街、社区综治维稳网络和20人的应急分队。始终按照“情报先行、排查跟进、化解主动、处置果断”的基本思路，围绕项目征拆、矛盾调解、重点人群稳控、应急处突等重点工作，排查、化解不稳定因素，快速化解群体性事件隐患，维护辖区大局稳定，信访维稳中心接待群众来访16次，矛盾调处中心排查调处矛盾纠纷305起，调处成功300起，成功率98%。全年未发生一起非法到市、赴省、进京上访。街道成立以办事处主任为组长的铁路护路联防工作领导小组，实行一级抓一级，一级保一级，一级对一级负责，做到领导、组织、责任、措施“四到位”；组建一支6人组成的高铁护路志愿者队伍坚持常规巡护、特殊时期重点巡护、重点区段定人巡护，并与沿线6个社区和相关单位负责人签订铁路护路联防责任书，层层落实责任，维护辖区内铁路运输秩序，确保铁路沿线治安稳定和铁路运输安全畅通。12月24日，东山街道对辖区内公众娱乐场所的消防安全工作进行检查整治，扣留涉赌人员9人，现场销毁赌博游戏机4台，“捕鱼机”3台。 （张 欣）

【安全生产】 2014年，东山街道与各社区（筹委会）及辖区2061家企事业单位签订安全生产责任书和消防安全责任书，强化落实安全生产责任制。扎实开展安全生产大检查“回头看”“打非治违”、用电安全隐患排查、“三合一”“多合一”场所整治、“百日消防安全大检查”等15次安全专项检查整治行动，检查单位2061家，下达整改通知书754份，并全部督促整改到位。投入100多万元新增两台消防车和消防工具设备，新聘10名安全协管员，建立消防安全台账和网格管理，强化安全生产软硬件建设。建立网格化管理、“自查、检查、巡查、督查”、每月9号消防安全工作日、书记或主任每月至少带队检查1次、联合执法、排查问责、值班备勤及教育培训等八大工作机制。率先开展消防安全网格化管理，推行以街道、社区（筹委会）、居民楼院（小区）和单位为大网格、中网格、小网格的三级划分管理。划分网格119个，306名消防安全排查员，对全街2061家单位开展地毯式排查。 （张 欣）

【基层党建】 2014年，东山街道党政领导班子集中学习中央、省、市纪委全会精神和廉政准则，贯彻落实党风廉政建设责任制。班子之间真诚沟通交流，相互交心谈心，营造相互尊重、相互理解、相互支持的良好氛围。8月，召开党政领导班子专题民主生活会，进一步改进作风，增进班子的团结、理解。街道班子通过对中央“八项规定”、群众路线，及物业管理、拆迁安置等政策法规的学习理解，提升工作能力；通过重点工作督查督办、拆迁工作日调度、每月9号定为全街消防工作日、党政领导带队检查等一系列制度和机制的设置，强化班子成事保障。召开全体干部大会和机关负责干部座谈会，全面与街道中层骨干逐一谈心，进一步把街道的工作定位、工作举措，以及班子倡导的“相互尊重、团结干事、开心快乐、共同进步”的氛围要求跟干部讲清、讲透，让全街干部对班子充分了解，对工作全面了解，赢得干部职工真心实意地支持和维护。街道通过到基层指导、参加民主生活会、定期与社区主要负责人交心等形式，加强社区班子建设。在社区筹委会“两委”选举中，综合运用细化候选人资格条件、组织谈心、纪委训诫、动用查处措施等，35名“两委”意向人选全部高票当选，158名男女村民组长、196名村民代表、18名事务监督委员会委员全部顺利产生。加大对基层党组织建设工作经费和党建活动经费的保障，并从年度绩效考核奖金等方面，提高村和社区“两委”成员的待遇，组织参加体检。组织拔河比赛、篮球赛、群众文艺团队庆“七一”等群众文化活动，淳化民风，密切党群干群关系。 （张 欣）

【“8341”安全生产工作模式】 2014年，东山街道创新推行“8341”安全生产工作新模式，建立网格化管理、四查、消防安全工作日、带队检查、联合执法处置、应急处置、问责督办奖惩、定期培训的八项工作机制;加大人员、设备、资金的三大投入保障;加强重点区域、重点人群、重点行业、重点隐患的四个监管;确保一个效果,不发生重特大火灾事故,不发生重大财产损失和人员伤亡。 (张 欣)

【涉拆资金"一折通"监管】 2014年,东山街道率先在全区实行涉拆资金专项监管,通过采取"专项账户、集中支付、分户核算、统一管理"的新模式,有效防控街道涉拆资金管理支付的廉政风险。科学实施农民征拆收益分配资金,统一通过银行"一折通"发放的模式,严格规范涉拆补偿、惠民补贴、集体经济组织收益分配的廉政监管,确保发放公开公正,群众明明白白。 (张 欣)

【流动人口均等化计生服务】 2014年,东山街道孕检服务主动上门,配置全市首台"流动孕检车",为3678名流动人口育龄妇女提供零距离免费孕检;生育关怀主动上门,为52户流动人口在子女入托入学、创业和社会救济等方面给予相应帮扶。计生关爱主动上门,为506户困难计生家庭、孤寡老人、留守儿童发放慰问物资和资金19万元。 (张 欣)

【深化"土地征收全程服务所"模式】 2014年,东山街道推行"土地征收全程服务所",将"一推行四公开"群众工作与项目征拆中心工作有机结合,依托全程服务的新模式,为征拆群众提供政策宣讲、个案处理、生活过渡、住房安置、就业创业、社会救助等六类服务。走访群众5000余户,为群众办结各类服务事项500余起,有效破解了征拆安置工作系列难题。全年共拆除合法房屋318栋,拆除违章21.5万平方米,实现腾地136.02公顷,未发生一例涉拆上访、上诉,实现了项目拆迁"拆得快、拆得稳"。

(张 欣)

【维护农民工权益】 2014年,东山司法所采取畅通受援通道,服务维权民工;延伸援助手臂,落实便民措施;依靠办案手段,全程提供服务三项举措,无偿提供法律援助,维护农民工合法权益。调处各类矛盾纠纷325件,其中,调处民工侵权赔偿纠纷124起,调处民工重特大纠纷26件,为民工挽回经济损失504万元。 (张 欣)

同升街道

【概况】 同升街道地处长沙市东南角,东与长沙县跳马镇接壤,西南与大托镇为邻,北邻洞井街道,是长沙市内城区最东端,绕城高速、京珠高速、武广高铁、沪昆高铁从中穿过,拥有李家塘、绕城互通和万家丽路三个入城口,是长株潭融城的前沿,长株潭一体化的"桥头堡"和两型社会建设的核心区域。2014年总面积23.3平方千米,是雨花区面积最大的街道。辖7个社区筹委会(白田、洪塘、新兴、联盟、同升、金井、桃阳)和5个社区(景环、同升湖、古樟树社区,新聚园、仙姑岭两个社区正在筹备)。户籍人口1.3万余人,流动人口5.5万余人。街道内设党政综合办、纪检监察室、财政所、经济发展办、人口与计划生育办、城市管理办、社会管理综合治理办、社会事务办、劳动与社会保障办、国土城建与拆迁安置办,辖公共服务中心(政务服务中心)、综合文化服务中心、安全监督管理中心、计划生育服务所、征收安置服务中心(城乡一体化服务中心)、人民来访接待暨矛盾纠纷调处中心6个二级事业。2014年,街道机关干部职工总人数180人,其中,在职在编干部38人(核定行政编制16名,实有14人,核定事业编制36名,实有24名,核定领导职数9人,实有8人),引进人才2人,随军家属无编聘用1人,雇员48人,在编职工91人,退休11人。街道机关党支部党员43人。辖区内有省内直属机关单位7个、事业单位2个,各类学校8个,企业30个,其中,房地产企业8个、工业建筑类企业4个、商贸类企业14个、服务类企业4个。办公地点设在环保大道。

2014年,同升街道围绕"工业新城、两型同升"目标,围绕"品牌创建"和"民生发展"两大主题,从细微处入手,打造十个品牌,争做民生十事,坚持走理性发展、科学发展之路。获得"市级计生优质服务模范街道""2014年度区重点工程建设协调服务工作

一等单位”“长沙市雨花区安全生产工作一等单位”等多项荣誉。（彭小翠）

【街域经济】 2014 年，同升街道实现财税总收入 4.70 亿元，占全年任务 103.1%（全区第一）；完成固定资产投资 30.14 亿元，占全年任务的 95.31%（外街前列），限额以上社会消费品零售总额完成 37.65 亿元，完成全年任务的 104.58%，较上年同期（带基数）增长 27.42%（全区第一）。产业项目 17 个，其中待建项目 2 个。新增商贸企业 6 家，其中，限额以上商贸业企业 2 家，资质等级以上房地产业企业 1 家，重点服务业 2 家，建筑业 1 家。绿化带汽车 4S 店一条街项目形成规模，并成立“雨花黄谷路 6S 街区”，16 家营业，1 家正在建设。合同利用外资 2400 万美元，实际到位外资 2200 万美元；省外境内资金固定资产 1.55 亿万元；市外境内资金形成固定资产 3.1 亿元；外贸进出口 6100 万美元。工业旅游加速推进。街道制定同升街道生态休闲旅游 DIY 学习体验基地建设方案，与长沙商贸旅游职业学院、长沙米琪食品有限公司合作建设“生态休闲旅游 DIY 学习体验实践基地”，进一步丰富同升生态休闲旅游内涵。克明面业股份有限公司评为市级工业旅游示范点，并申报湖南省工业旅游示范单位；加强与旅行社合作，积极同市场对接，进行专业的区域规划、产品设计，设计精品线路 5 条。（彭小翠）

【社会事业】 2014 年，同升街道救助农村低保 472 户次，1062 人次，发放救助资金 204080 元；农村五保 132 户次，144 人次，发放救助资金 52980 元；城市低保 70 户次，81 人次，发放救助资金 32340 元。发放精神病患者药物救助 68 人次，救助金额 4710 元；大病救助 18 例，发放救助资金 107878 元；“同心圆”慈善救助 30 人，发放救助资金 22.26 万元。政府买单的居家养老服务品牌——永济医院老年养护院，为 15 名五保困难老人提供上门服务。2741 套廉租住房房源验收交付，300 套公租房投入使用，满足不同条件、不同对象的实际需要。开通 21 路公交路线，延伸 806、810 路公交线路，有效解决居民出行难的问题。举办 5 次大型招聘会，提供就业岗位 3000 多个，参加招聘会的企业累计 162 家，到达现场求职 1900 余人，当场达成就业意向 263 人。申报两个充分就业社区。推荐 100 多名失业人员参加各类免费职业技能培训班，失业居民就业指导率、就业推荐率均 100%。做好单独两孩政策放开后的服务工作和独生子女家庭奖励工作，退还利益 69 万元，获得“市级计生优质服务模范街道”的荣誉。处理 12345 市民服务热线工单 71 件，按时办结率 100%。（彭小翠）

【综合治理】 2014 年，同升街道依托社区人民调解委员会，有效化解矛盾纠纷，排查调处各类矛盾纠纷 102 件，挽回损失人民币 450 万余元，清退涉嫌传销人员 124 人。接收社区矫正对象 44 人，依法解除矫正对象 27 人，组织开展矫正人员集中学习 30 次，组织集中公益劳动 3 次，未出现漏管、脱管的现象。接纳 21 起信访案件，接访 34 批次、596 人次，办结 5 起，16 起正在协调处理中。发放安全常识小册子 5 万余份，检查企业 252 家次；排查“三合一”场所 417 家，整改 417 家；排查一般火灾隐患场所 326 家。高效推进数字化城管工作，重点打好“百万拆违大行动”硬仗，拆除大型违法违章建筑 24 处，总面积 27312.34 平方米。开展综合整治行动 57 次，收缴流动摊贩经营工具 425 台，违章灯箱 161 个；拆除违章搭棚 800 平方米，拆除违章广告 5000 平方米；清理堆物 541 处，清理裸露垃圾约 235 吨，清除牛皮癣 28000 平方米；受理数字化信息平台上的案卷 1015 件，处理 1013 件，案卷结案率达 99%。（彭小翠）

【基层党建】 2014 年，同升街道建立健全工委统一领导，党政齐抓共管，纪检组织协调，部门各负其责，依靠群众支持和参与的反腐倡廉工作机制。以“党建十事”引导广大基层干部转变观念，在拆迁户群体中开展“暖心行动”，积极探索建立“功能型”党组织。结合《中华人民共和国村民委员会组织法》，完成换届选举工作。大力推行务实作风建设，进行重点督查 20 次，编发《同升督查》14 期。整合“同升讲堂、夜校”

等资源,开展机关、学校、企业、社区微党课20余次,进行各类微宣讲120余次。依托350余家园街企业资源优势,提出"实化企业党建"的概念并逐步落实,搭建"一往情'升'企业单身联谊会""党组织进班组""同升党员形象在一线"等一系列平台,让园街企业、员工对基层党建有崭新认识。坚持"任人唯贤、德才兼备"的选拔任用原则,注重选拔群众公认、注重实绩、在本职岗位上表现优秀的干部。坚持资格条件不符合要求的不提拔,群众基础差、威信低的不提拔,严把干部入口关。 (彭小翠)

【获评"加速推进新型工业化工作红旗街道"】 2014年3月3日,长沙市对全市2013年度工业和信息化工作先进单位进行全面总结表彰通报,同升街道获"2013年度长沙市加速推进新型工业化工作红旗乡镇(街道)"荣誉称号。 (彭小翠)

【惠民乐购雨花房产节比亚迪专场团购活动】 2014年11月20日,"幸福比亚迪,置业在同升"惠民乐购雨花房产节同升片区比亚迪专场团购活动在长沙市比亚迪汽车有限公司拉开序幕。此次活动由长沙雨花经开区管委会、同升街道办事处指导,雨花区工商联同升分会联合同升片区7家房地产企业共同举办。雨花经济开发区党工委副书记、管委会主任郭四军,雨花区发改局副局长黄杰,长沙住房公积金管理中心雨花区管理部副主任赵朝晖,同升街道办事处主任尹新国,雨花经开区管委会经济发展局局长余忠等领导出席此次活动。晚上6点,在比亚迪4号厂房11部总装工厂3楼活动现场播放7家房地产的项目视频,让现场观众对各房地产的特色亮点有一个全面的了解。穿插一系列互动游戏和现场抽奖环节,现场播放爱情影片《一生一世》。 (彭小翠)

【桃阳生产安置合作项目成功落地】 桃阳34亩(约2.27公顷)生产安置项目位于万芙路与万家丽路东北角,从2010年开始进行招商策划,按照街道经济发展中长期规划,结合桃阳社区筹委会实际,通过整合区域资源优势,最终将项目定位成商住一体的城市综合体,为桃阳全体居民实现集体经济利益最大化提供机会。2014年3月13日,桃阳社区筹委会与天豪置业有限公司在街道办事处正式签订合同。桃阳34亩生产安置项目成功落地。 (彭小翠)

【"惠聚同升·乐购雨花"汽车消费嘉年华】 截至2014年6月,雨花黄谷路6S汽车街区签约19家汽车4S店,开业的14家,在建3家,待建2家,囊括了进口、合资和自主品牌汽车,表明黄谷路的汽车产业已经具备一定的竞争实力,汽车销售集群已经形成。7月19日,首届"惠聚同升·乐购雨花"雨花黄谷路汽车6S街区"汽车消费嘉年华"活动启动。由长沙市商务局、长沙市雨花区人民政府、长沙市雨花经开区管委会、长沙晚报报业集团指导,雨花区商务和旅游局、同升街道办事处、长沙晚报汽车事业部共同承办。同升街道党工委书记张建为活动致辞,中共雨花区委常委、雨花经开区党工委书记杜旭辉,长沙晚报总编辑徐辉为巡游车队授旗。长沙市商务局局长刘素月,长沙晚报报业集团党委书记、社长龙钢跃,中共雨花区委书记邱继兴共同拉动启动杆,宣布"惠聚同升·乐购雨花"汽车消费嘉年华活动正式启动。该活动是推动汽车"工业旅游"的一个重要方式,持续到9月17日。 (彭小翠)

【打造"四位一体"社区教育平台】 2014年,同升街道以科学发展观为指导,围绕建设学习型社区、提高社区居民整体素质和生活品质总体目标,街道成立社区学校,与10余所驻街院校志愿者签订共建协议,开展社区服务、文化活动、职业技能、文化文艺培训班以及提供各类图书、信息资料,旨在通过打造"农民、社区学校、职教城及企业""四位一体"社区教育平台、助推城市化进程中农民市民化角色转型。同时以此平台为契机服务街道发展中心和农民,初步形成适应社会发展和居民需求的有特色、有影响的社区教育品牌。 (彭小翠)

【"孝"活动举办】 2014年9月30日,雨花区委、区政府在同升街道比亚迪汽车公司展示厅举办"三合一”系列“孝”活动(“我们的节日·重阳”敬老月主题活动、实施失独老人关爱计划、开评“孝行同升”十佳孝星)。活动由雨花区老龄工作委员会、雨花区文明办、雨花区民政局、同升街道办事处承办,市民政局党委委员杨为锦,市老龄办主任郭华,市文明办志愿者服务处处长袁军,雨花区政府副区长陈怀宇等领导出席活动。区直机关工委、区文明办、区民政局、区人社局、区城管局、区卫监所等单位负责人,各街道分管民政工作副职、民政办主任、老龄专干,老年人代表,受表彰的先进单位和个人代表,基层为老服务组织和爱心企业代表共 300 人参加活动。雨花区民政局局长周敏主持活动。陈怀宇致辞。区委宣传部副部长、文明办主任谢国文宣读雨花区敬老模范单位、助老之星和同升街道“十大孝星”表彰决定。雨花区启动实施失独老人关爱计划,杨为锦、陈怀宇为由雨花区社会组织建立的两家失独老人关爱中心“长沙善行社会工作服务中心、长沙市雨花区温心家园社会工作服务中心”授牌,市、区领导和中国人寿长沙分公司负责人同时为失独老人代表赠送节日礼品。杨为锦对雨花区区老龄工作给予充分肯定,并指出下阶段工作要“突出主题、精心组织,确保活动取得实效;把握重点、拓宽领域,做实失独老人关爱计划;开拓思路,优质服务,打造养老服务产业发展的新模式。”最后,同升街道组织社区文娱康体队伍开展一系列文艺表演及老年人风采展示活动。　(彭小翠)

【长沙首届微电影文化节启动】 2014 年 8 月 26 日，由同升街道承办的长沙市首届微电影文化节启动仪式暨媒体见面会在区政府中型会议室举行。区委副书记汪娟,区委常委、宣传部部长何托林,区委常委、区委办主任黄文先，区人大常委会副主任杨平,区政府副调研员盘正元有关领导出席启动仪式。区宣传部、教育局、文体新局等区直部门,企业家代表、高校大学生代表、媒体记者代表等共计 200 余人参加媒体见面会。何托林在活动致辞中表示,这次微电影文化节是创新之举,不仅设立了“微梦想微公益微力量”的主题,也为树立雨花美丽形象,打造雨花良好口碑,增进社会各界人士对雨花的认同,传播了正能量。汪娟宣布微电影文化节正式启动，并点击 LED 屏幕,助推文化节官网正式上线。　(彭小翠)

【长沙市党政系统第二期政研沙龙】 2014 年 9 月 26 日,由长沙市委政研室主办,雨花区委政研室、同升街道办事处共同承办，以“新媒体·新视角·新政研”为主题的“政研沙龙”活动在同升街道比亚迪公司一楼会议室举行。长沙市委办公厅副主任、市委政研室主任蒋红波,雨花区委书记、区长邱继兴,区委常委、区委办主任黄文先等市、区领导出席。各兄弟区、县委政研室的负责人及雨花区各街道文秘人员参加活动。“春之风组”“夏之花组”“秋之月组”“冬之雪组”4 个团队,分别在导师的指导下,围绕新常态下政研工作有何新作为这一中心议题依次阐述观点,深刻地阐述政研工作的新思路、新方法、新主题。蒋红波对活动进行点评，他指出此次政研沙龙就是一场思想的狂欢、逻辑的盛宴和语言艺术的大餐,显示了政研人“有为·有位·有味”的精神风貌,突出了政研界“新媒体·新视角·新政研”的时代脉搏,体现了政研活动“多形式·多角度·多层次”的文化内涵。希望其他县市区政研室，以雨花区政研沙龙活动为标杆,学习、借鉴好的经验和做法,奋起直追,共同推动全市政研工作理论和实践的发展，为长沙更好更快发展贡献自己力量。　(彭小翠)

【“同心圆”杯摆手舞大赛】 2014 年 5 月 15 日,同升街道 2014 年“欢乐同升”群众文化节启动仪式暨“同心圆”杯摆手舞大赛在桃阳商业广场开场。区委常委、宣传部部长何托林，区人大常委会副主任杨平,区政府副调研员盘正元,省群众文化艺术馆艺术部主任、省原创广场舞总编导周固坚,区文体新局副局长李犟和长沙市舞蹈学校专业评委老师杨斌等出席此次活动。街道工委书记张建致辞,何托林宣布同升街道 2014 年“欢乐同升”群众文化节正式启动。来自各社区(筹委会)的 9 支舞蹈队参加比赛,分为必选舞蹈和自选舞蹈，两组舞蹈分数分值各占 50%。白田社区筹委会青春活力队的《热辣辣》获一等奖,同升社区筹委会《向快乐看齐》和白田美好健身队《阿拉伯之夜》获二等奖，联盟社区筹委会《茉莉花》、金井社区筹委会《青藏女孩》、桃阳社区筹委会《我相信》获三等奖。（彭小翠）

【田家贵调研同升绿心保护工作】 2014年8月6日，省人大财经委主任委员田家贵一行莅临雨花区同升街道，实地考察调研绿心地区保护条例在绿心清泉寺片区的实施情况，长沙市委常委、常务副市长陈泽珲，雨花区委常委、常务副区长王雄文等领导陪同。在考察现场，调研组一行欣赏绿心清泉寺片区的“绿色”风景，听取同升街道负责人全程讲解，高度肯定雨花区绿心保护工作取得的实效，并就下一步工作措施提出更高的要求。（彭小翠）

【李春艳督查安全生产工作】 2014年8月26日，长沙市委常委、长沙警备区政委李春艳率领市安监局、住建委、文广新局部门负责人，在区委书记、区长邱继兴，区政府副区长余宏卿等领导的陪同下，到同升街道辖区网吧进行安全生产工作督查。督察组一行深入网吧实地检查各项安全措施落实情况并召开座谈会。（彭小翠）

人　物

新任区领导

邱继兴

邱继兴，1972 年 4 月出生，1994 年 7 月参加工作，湖南浏阳市人，大学学历，中共党员。

1990 年 9 月至 1994 年 6 月，在湖南农业大学动物科学技术学院学习；1994 年 7 月至 1997 年 7 月，在浏阳市永和镇畜牧水产站工作；1997 年 7 月至 1998 年 11 月，任浏阳市张坊镇镇长助理；1998 年 11 月至 1999 年 8 月，任浏阳市张坊镇副镇长；1999 年 8 月至 2001 年 4 月，任共青团浏阳市委书记。2001 年 4 月至 2006 年 7 月，任共青团长沙市委副书记；2006 年 7 月至 2006 年 9 月，任共青团长沙市委书记；2006 年 9 月至 2009 年 9 月任中共长沙市委候补委员、共青团长沙市委书记；2009 年 9 月至 2009 年 12 月，任中共长沙市雨花区委副书记；2009 年 12 月至 2010 年 3 月，任中共长沙市雨花区委副书记、常务副区长；2010 年 3 月至 2010 年 4 月，任中共长沙市雨花区委副书记、代区长；2010 年 4 月至 2011 年 9 月，任中共长沙市雨花区委副书记、区长；2011 年 9 月，任中共长沙市委委员、长沙市雨花区委副书记、区长；2014 年 5 月，任中共长沙市委委员、长沙市雨花区委书记、区长，区人武部党委第一书记；2014 年 10 月，任中共长沙市委委员、长沙市雨花区委书记、区人武部党委第一书记。（柳　旻）

张能峰

张能峰，1969 年 12 月出生，湖南安乡人，在职研究生，法学硕士，中共党员。曾任共青团湖南省委常委、青工部部长。

2002 年 5 月至 2005 年 8 月，任中共绥宁县委副书记（正处级）；2005 年 8 月至 2006 年 4 月，任中共武冈市委副书记（正处级）；2006 年 4 月至 2007 年 2 月，任中共邵阳市大祥区委副书记、代区长，2007 年 2 月，在邵阳市大祥区第二届人民代表大会第六次会议上当选为区长。2007 年 2 月至 2012 年 4 月，任中共邵阳市大祥区委副书记、区长；2012 年 4 月至 2014 年 10 月，任中共邵阳市大祥区委书记；2014 年 10 月，任中共长沙市雨花区委副书记、副区长、代理区长。（柳　旻）

肖集林

肖集林，46 岁，湖南洞口人，大学本科学历，中共党员，上校军衔。

1987 年 11 月入伍，毕业于装甲兵指挥学院。曾任 28 集团军指导员、干事、股长；湖南预备役步兵师一团股长、后勤处长、政治处主任;衡阳预备役保障旅政治部主任;长沙市芙蓉区人民武部政治委员。2014 年 2 月,任中国人民解放军长沙市雨花区人民武装部政治委员;2014 年 6 月,任中共长沙市雨花区委常委、雨花区人民武装部政治委员。(柳 旻)

陈怀宇

陈怀宇,1968 年 4 月出生,湖南长沙县人,1991 年参加工作,1997 年 6 月加入中国共产党,大学学历。

1991 年 7 月至 2001 年 5 月,任长沙市岳麓区(郊区)水利局干部;2001 年 5 月至 2002 年 2 月,任长沙市岳麓区水利局副局长;2002 年 2 月至 2003 年 1 月,任长沙市岳麓区农林水利局党组成员、副局长;2003 年 1 月至 2003 年 10 月,任长沙市岳麓区观沙岭街道工委副书记;2003 年 10 月至 2004 年 4 月,任长沙市岳麓区天顶乡党委副书记(主持乡政府工作);2004 年 4 月至 2008 年 1 月,任长沙市岳麓区天顶乡党委副书记、乡长;2008 年 1 月至 2009 年 8 月,任长沙市岳麓区天顶乡党委书记;2009 年 8 月至 2012 年 8 月,享受副县级待遇,任长沙市岳麓区天顶乡党委书记;2012 年 8 月至 2012 年 11 月,享受副县级待遇,任长沙市岳麓区天顶街道工委书记;2012 年 11 月至 2013 年 1 月,任长沙市岳麓区人大常委会副主任、天顶街道工委书记;2013 年 1 月至 2014 年 9 月,任长沙市岳麓区人大常委会党组成员、副主任;2014 年 9 月,任长沙市雨花区人民政府副区长。(柳 旻)

模范人物

姜鹏鹏

姜鹏鹏,女,1989 年 9 月出生,中共党员,大专文化,长沙神农大酒店餐饮部楼面主管。

她始终保持勤奋敬业的工作作风,本着全心全意为人民服务的宗旨,努力为宾客提供满意的服务。在酒店工作期间,参加过多次重要接待,2010 年被酒店派往张家界参加首届中国旅游文化节接待活动,得到一致好评;2012 年被湖南省旅游局选派前往张家界接待国家领导人,以优异的表现获得领导赞许。2011 年,代表长沙市参加湖南省旅游饭店服务技能大赛获得第一名;2012 年,参加长沙市商务局主办的“百万市民票选服务明星”获得“金牌服务明星”称号;2013 年,参加长沙市第七届旅游行业职工职业技能竞赛,获得中餐宴会摆台一名,参加湖南省旅游行业岗位明星评选活动获得“餐厅服务员岗位明星”荣誉称号。在平凡的工作岗位中,她一直以积极认真的态度对待每一件事,积极参加单位组织的各项公益活动,工作勤勤恳恳,任劳任怨,对待同事亲切友善,对待客人积极主动。自从事酒店工作四年以来,一直在酒店一线服务的工作岗位上重复着平凡的工作,默默奉献着自己的青春和热血,收到客人书面表扬信 86 封,年年被评选为酒店优秀员工。2014 年,获“全国五一劳动奖章”。(柳 旻)

单 丹

单丹,1969 年 10 月生,大专学历,长沙市比亚迪汽车有限公司整车检验科科长,工程师。多次被公司授予“最佳员工”“年度精英”等称号。2013 年获长沙市雨花区劳动模范。2014 年获评长沙市劳动模范。单丹默默无闻地在一线岗位上工作 20 余年,从不叫苦喊累,2009 年 10 月进入比亚迪汽车有限公司的品质部,负责管理整车检测线，该检测线是美的遗留下来的且已闲置 1 年，他在同事的配合下，在很短的时间内将检测线恢复投入使用，并顺利通过省计量院的计量。在公司缺乏技术全面人才的情况下，他勇担重任，带领 4 名同事驻扎在龙骧巴士公司，负责公交客车的售后工作，为确保车辆的正常运行，每天工作到深夜，通过 40 多天的努力圆满完成了任务。2010 年 10 月，公司开始生产纯电动客车，在试制阶段他提出大量建设性的建议，均被公司采纳，受到一致好评。2011 年 1 月，电动客车试运行过程中，在试运行的半年中，他既要当驾驶员，又要负责车辆的维护、保养、记录，春节期间他一直加班加点，监测运行状态，反馈相关数据，促进电动客车提前上市并批量生产。单丹以其过硬的专业技能和任劳任怨的工作态度，为一线职工树立了榜样。（凌　敏）

仲志刚

仲志刚，1960 年 10 月生，中共党员，本科学历，江苏南京人，研究员高级工程师、享受国务院特殊津贴的专家。湖南晓光汽车模具有限公司董事、总经理、党支部书记，雨花区第三届政协委员、长沙市优化经济效能办优化监督员。2011 年被评为长沙市雨花区劳动模范。2014 年获评长沙市劳动模范。

仲志刚扎根汽车模具行业，默默坚守在这个基础工业的技术和营销领域，怀着对汽车模具事业深厚的感情，毅然放弃外企优越的工作环境和待遇，背井离乡只身来到长沙。自 2007 年加入湖南晓光汽车模具有限公司以来，勇挑重担，公司在短短几年内建立起健全的管理制度、培养出渐成梯次的人才队伍，并以领先的硬件装备和技术优势、先进的制造能力和一切以客户为中心的服务理念在业内迅速获得广泛的市场认可。在投产一年半时间内产值迅速突破 1 亿元，到 2013 年产值已达到 3.5 亿元。被湖南省科技厅认定为高新技术企业，被中国汽车模具协会认定为全国汽车覆盖件模具重点骨干企业，湖南省“四千工程”企业、长沙市“小巨人计划”单位、长沙市“三百之星”的行业之星单位。（凌　敏）

罗浩明

罗浩明，女，1964 年 5 月生，高中文化，中共党员，左家塘街道营山巷社区主任。长沙市雨花区党代表、雨花区侨联副主席、长沙市侨联代表，先后获雨花区优秀女社区工作者，2013 年被评为雨花区劳动模范。2014 年获评长沙市劳动模范。

自 1997 年走上社区工作岗位以来，她把自己的青春、感情、智慧、心血和爱心全部倾注到社区工作上，把营山巷社区建成一个和谐幸福的家园，赢得居民的交口称赞。社区先后被评为全国综合减灾示范社区、省级和谐社区建设示范社区、省级防灾减灾示范社区、市级四星残疾人明星社区、市级扶残助残十佳爱心社区以及雨花区先进集体。17 年来，她用关爱温暖民心、用真诚化解矛盾、用言行赢得民心，她走家串户 6000 多户，为社区居民解困解难 2000 多人次；她在全市率先和 NGO 组织怡智家园合作，培育和发展全市首家社区“助残合作社”，为残疾人免费提供职业指导和培训，拓展社区服务内涵；她腾出社区用房，引进社会组织“爱乐社工服务中心”，为特殊儿童提供学习交流的环境。组织群众性文化活动 180 多场次，组织开展职工维权等讲座 100 多场，为下岗失业人员提供就业岗位 300 多人次，受到居民的好评。（凌　敏）

周　玲

周玲，女，1971 年 12 月出生，中共党员，大学本科学历，长沙市雨花区市政工程管理局物资供应科科长。曾多次获得市、区“先进工作者”“优秀共产党

员”等荣誉,2011年被评为雨花区第二届劳动模范,2014年4月,获评长沙市劳动模范。

“老老实实做人,踏踏实实做事”。周玲在市政战线默默耕耘二十余年,无论是在道路抢修、排水疏浚一线,还是在仓库管理员、物资供应科科长的岗位上,服从领导安排,主动加班加点,从来都是无怨无悔。从事物资供应工作以来,抓管理,勤思考,提出许多节约成本、提高效率的合理化建议,得到领导的采纳。她分类整理、科学调剂、勤于节俭,每年在材料、工具方面就节约开支近5万元,有高度的责任感和事业心。从事仓库管理工作3年中,经手的材料物资数千吨,从未出现任何差错。每天总是第一个赶到单位,为十几个维护班组分发各类物资材料,大家下班了她还在继续整理仓库,做好废料回收利用及第二天的准备。全区每一条主次干道、人行道上的行道砖、侧平石、盲道板、下水井盖的各种规格尺寸,她都能一一道来,丝毫不差。总是第一时间出现在下水井澎溢,护坡垮塌,井盖缺失破损,路面沉陷等突发性的“道路病害”现场,带领人员一道出色完成各项任务。

(凌　敏)

彭明强

彭明强,1971年7月出生,湖南长沙人,2008年参加湖南农业大学的成人学习班,2010年取得兽医大专文凭。雨花区动物卫生监督所副所长。住黎托街道平阳社区七组。

1989年,彭明强在园艺场完成兽医技术学业学习,在本地从事畜禽的诊治工作。2000年被黎托动物防疫站招聘为专职动物防疫员。2006年,被评为雨花区重大动物疫病防控工作先进个人;2007年到2009年,连续被本单位评为先进个人,2014年被评为长沙市劳动模范。(肖梦佳)

邓　悦

邓悦,湖南浏阳人,1973年5月出生,中共党员。研究生文化。

1989年9月考入湖南省第一师范,1991年6月,中专毕业;1998年5月,中共长沙市委党校经济管理专业函授大专毕业;2003年6月,湖南师范大学体育专业函授本科毕业;2010年6月,中共湖南省委党校在职研究生公共管理专业毕业。

1991年8月至1995年8月,在长沙市南区碧湘街小学任教;1995年9月至2000年7月,在长沙市郊区、雨花区雅塘村小学任教;2000年8月至2006年3月,任长沙市雨花区圭塘中心小学校长。2006年3月调入中共长沙市雨花区委办公室工作。2009年4月,任中共长沙市雨花区委办公室副主任科员;2011年10月任长沙市雨花区住房保障局党委副书记、副局长;2014年3月任中共长沙市雨花区东山街道工委委员、街道办事处副主任。先后获得长沙市教学能手、督查工作先进个人、创建全国文明城市工作先进个人;雨花区优秀共产党员、经济工作先进个人、城市管理工作先进个人等荣誉称号。

无论从事哪一项工作,邓悦都能牢记党的宗旨,以强烈的事业心、责任感,忘我工作、务实进取、克己奉公、清廉为民,在平凡的岗位上创造不平凡的业绩。他干事创业有激情、勇担当,抽调长沙重型机械厂棚改项目指挥部任办公室主任,顶住巨大的工作压力,积极为领导当好参谋,与城管、交通、园林等单位积极沟通协调,耐心细致地做拆迁户的工作,经常加班熬夜,敢于攻坚克难,保证项目建设高效推进。他服务群众心贴心、有方法,担任东山街道办事处副主任期间,分管城管、拆违控违等工作,他沉下身子,深入群众,跑遍辖区内所有小区、主次道路,发动群众一起开展城乡环境整治,得到群众一致称赞。他为人处事讲原则、有操守,不怕吃亏,从不利用职权为自己或亲友谋取私利，始终保持了共产党员清正廉洁的形象。

2014年9月13日，邓悦因积劳成疾、肝癌晚期医治无效，不幸去世，终年41岁。11月3日，中共雨花区委追授邓悦“优秀共产党员”称号。11月10日，中共长沙市委决定，追授邓悦“优秀共产党员”称号，号召全市各级党组织和广大党员向邓悦学习。

（柳　昱）

其他典型人物

孟繁英

孟繁英，女，1958年4月出生，湖南长沙人，民盟盟员，高中文化。长沙孟妈妈青少年保护家园园长。

2000年退养后，走进社区做义工。2006年创办全省首个社区青少年禁毒教育基地，2008年首创民间社团——长沙孟妈妈青少年保护家园，义务服务失足青少年、流浪儿童和社区特殊群体子女、家属。15年来，她常年组织开展公益活动，参加志愿者活动6万余人次，全国道德模范文花枝、洪战辉、任菲莉等2000余名先进模范、社会爱心人士成为“青护园”爱心园丁。针对青少年人群开展禁毒法律宣传教育上万人次，“一对一” 帮扶矫正失足少年220多名，帮扶关爱特殊群体青少年2000余名。先后获评 “中华慈善人物”“全国十大民间戒毒人士”“首届中国好人榜好人”“全国维护妇女儿童权益先进个人”“民盟全国优秀盟员”“全国百佳优秀志愿者”“湖南省十大杰出志愿者”等。2014年3月，获评 “长沙市最美女性人物”，11月获评 “2014年度CCTV中国（湖南）法治人物；12月5日，孟繁英被中共中央宣传部、中央文明办、中国志愿服务联合会授予“全国十大最美志愿者”。

（柳　昱）

傅学俭

傅学俭，湖南石门县人，1935年9月出生，1956年7月加入中国共产党。大专文化，湖南省人大常委会退休干部。现任华夏廉洁文化研究会会长，《清风》杂志社社长。住东塘街道省人大社区。

2003年2月，从湖南省人大常委会退休后，他把主要精力花在做三件事情：弘扬廉洁文化、讲廉政课、扶助残疾人。媒体报道称他“虽然不是纪检干部，却一辈子在反腐。”他发起成立全国首家弘扬廉洁文化的民间社团——华夏廉洁文化研究会，并连任两届会长。2006年领导创办中华廉洁文化第一刊《清风》杂志；举办五次全国性的廉洁文化论坛。他被媒体称为“廉洁文化的播种机”。自1970年始，坚持义务讲政治课千余次，听课的干部、职工、士兵、学生近20万人。尽管他退休多年，但名声在外，还是有不少党政机关、企业、学校争相邀请他讲课。身兼湖南省残联名誉副主席的傅学俭总是随身带着一摞“特殊名片”，上面印着湖南省残疾人福利基金会的爱心账号。多年来，一直坚持为保障残疾人权益鼓与呼，把自己所有的课酬都无偿捐给湖南省残联。自2009年担任省残疾人福利基金会副会长起，捐献党课课酬近20万元。2014年入登“中国好人”榜，获评全国助残扶残先进个人称号。

（肖　嘉）

文德元

文德元，湖南长沙人，1955年9月出生，中共党员。湖南性保健研究所附属医院院长、副主任医师，教授，中国医师协会首席专家。曾获中国医学科学院硕士、博士，国内皮肤病与性病学领域首位临床医学博士后，中国性学会理事，湖南省中西医结合

学会副主任委员，湖南省中医男科学会副主委，美国皮肤病协会委员。

2014年8月底，"冰桶挑战"热潮席卷世界。陈光标放出一系列视频，自称在零下20℃的冰水中可以浸泡20分钟，并号召粉丝挑战自己。这一违背科学常识的浸泡结果遭到文德元的强烈质疑。文德元通过媒体公开质疑陈光标冰桶挑战作假。从一个医生的角度出发，他理性发声"炒作不能超越法律底线"，"以我的临床经验而言，人如果在冰水混合物中浸泡5分钟以上，铁定不育，严重的甚至有生命危险"。文德元通过动物冰水浸泡实验，揭穿陈光标"冰水挑战"作假闹剧。其敢言、直言、善言的举动赢得社会各界的尊重，11月9日，文德元入选由全国普法办、中央电视台主办，湖南日报报业集团、三湘华声全媒体承办的"2014年度CCTV中国(湖南)法治人物"。

（柳　旻）

游柘楠

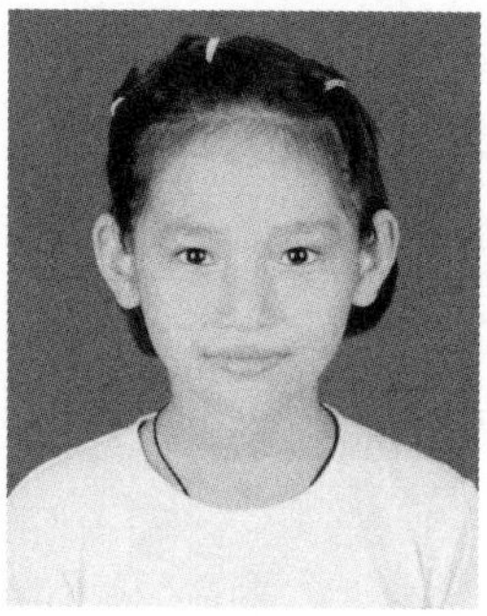

游柘楠，女，10岁，雨花区东方红小学学生。

她的父亲长年在外地打工，3年前母亲患癌症去世，她成了家里的顶梁柱，一边读书一边洗衣做饭照顾弟弟妹妹，并且卖报补贴家用。因为她又当姐又当"娘"，街坊们都亲切地称她"娘姐"。爸爸工作不能回家，她就给他写信，落款写上她和弟弟妹妹还有妈妈的名字，好像妈妈还在身边一样。2014年9月16日，她获评"全国十佳最美孝心少年"。10月，获第二届"长沙十大孝星"特别奖。（柳　旻）

2014 年统计资料

表 4

行政区域

指标单位	社区数（个）	社区（筹）（个）	面　积（公顷）	总户数（户）	总人口（人）
雨花区	109	36	11522.90	193987	576257
雨花亭街道办事处	10	3	775.69	16471	45159
高桥街道办事处	8	3	678.33	11253	27914
左家塘街道办事处	20	0	480.05	40942	112098
侯家塘街道办事处	12	0	176.11	20548	65850
砂子塘街道办事处	8	0	241.18	19586	55383
东塘街道办事处	10	0	239.42	13839	44130
圭塘街道办事处	11	3	822.29	14693	42696
黎托街道办事处	2	7	1554.30	10772	27927
洞井街道办事处	10	7	2201.24	12114	55645
井湾子街道办事处	12	1	727.55	23751	70626
东山街道办事处	3	6	1423.51	6082	15340
同升街道办事处	3	7	2223.23	3936	13489

表 5

经济社会发展主要指标

指标	单位	2014 年	2013 年	同比增长(%)
一、土地面积	平方千米	115.23	115.23	0
二、年末总人口	万人	57.63	56.54	1.9
三、地区生产总值	亿元	918.49	826.57	9.4
第一产业	亿元	0.79	1.43	-44.8
第二产业	亿元	365.1	334.45	8.6
第三产业	亿元	552.60	490.69	10.1
四、工业总产值	亿元	—	497.13	—
规模工业总产值	亿元	506.93	480.15	12.7
五、农林牧渔总产值	亿元	1.16	2.06	-43.6
# 农业	亿元	0.7	1.27	-44.9
六、粮食产量	吨	67	206	-67.5
七、全社会固定资产投资	亿元	512.86	499.65	18.2
# 城镇固定资产投资	亿元	512.86	499.65	18.2
八、社会消费品零售总额	亿元	593.96	542.65	9.5
九、进出口总额	亿美元	12.45	7.19	73.2

续上表

指标	单位	2014年	2013年	同比增长(%)
#出口总额	亿美元	11.42	6.2	84.2
十、实际利用外资金额	亿美元	5.4915	4.74	15.9
十一、引进市外境内项目固定资产投资	亿元	198	163	21.5
十二、财政总收入	万元	1186561	1086688	9.2
十三、地方公共财政预算收入	万元	526433	441831	19.1
地方公共财政预算支出	万元	618961	547345	13.1
十四、城市居民人均可支配收入	元	40497	37147	9.0

表6　　经济社会发展综合指标

指标	单位	2014年	2013年	同比增长(%)
科学技术支出	亿元	0.6206	0.768	-19.19
认定国家级企业(集团)技术中心	家	0	0	0
省部级以上科技成果	项	30	27	11.11
专利申请	件	2367	2682	-11.74
授权专利	件	1532	1532	0
签订产学研技术合同	项	520	510	1.96
年技术市场成交合作合同金额	万元	49500	49200	0.61
产学研科技人员服务企业人数	人	12000	11500	4.35
其中:科研院所服务人员	人	7820	7610	2.76
其中:企业科技服务人员	人	4180	3890	7.46
人均水资源	立方米	1456	1509	-3.51
平均年降水量	毫米	1392	1439	-3.27
总用水量	亿立方米	3.78	3.8	-0.53
人均用水量	立方米	511	532	-3.95
森林覆盖率	%	29.02	28.75	0.94
完成造林面积	公顷	13	12	8.33
园内企业个数	个	496	418	18.66
园内企业产值	万元	3102451	2491442	24.52
新签约企业数	个	62	53	16.98
合同签约总额	万元	52654	25358	107.64
登记个体工商户个数	个	11379	11009	3.36
市场个数	个	30	30	0
新修市政道路	千米	6.7	7.3	-8.22
基础设施投资总额	万元	85000	80200	5.99
维修路面及人行道	万平方米	14.99	14.37	4.31
投资立项数	个	136	117	16.24
投资备案数	个	67	61	9.84
投资立项总额	万元	931353	1019951	-8.69
投资备案总额	万元	2161253.80	1845084.54	17.14
社区改造	个	5	2	150.00
拆违面积	平方米	1249300	1135429	10.03
高新技术产值	亿元	877.63	510.84	510.84
高新技术产业增加值	亿元	454.80	179.4	179.40

表 7

生产总值

指标	单位	2014 年	2013 年	同比增长(%)
地区生产总值	万元	9184905	8265693	9.4
第一产业	万元	7914	14320	-44.8
第二产业(含长烟)	万元	3650951	3344502	8.6
工业	万元	2715549	2506096	7.8
建筑业	万元	947436	838406	11.3
第三产业	万元	5526040	4906871	10.1
交通运输、仓储邮政业	万元	179923	175498	0.9
批发和零售业	万元	928395	871775	4.8
住宿和餐饮业	万元	254929	240626	3.7
金融业	万元	521059	459282	11.1
房地产业	万元	269708	336776	-21.2
其他服务业	万元	3372026	2822914	16.1
营利性服务业	万元	1597184	1316043	20.5
非营利性服务业	万元	1774842	1506871	12.3
人均地区生产总值(现价)	元/人	122205	111023	—

表 8

财政收支情况

指标	单位	2014 年	2013 年	同比增长(%)
一、财政总收入	万元	1186561	1086688	9.2
上划中央两税	万元	107040	105987	1.0
其中:公共财政预算收入	万元	526433	441831	19.2
二、公共财政预算支出	万元	618961	574345	13.1

表 9

招商引资情况

指标	单位	2014 年	2013 年	同比增长(%)
一、进出口总值	万美元	124500	61964	75.0
其中:出口	万美元	114172	26	-73.1
二、当年新签项目(合同)个数	个	7	30000	—
三、合同利用外资	万美元		47400	15.8
四、实际到位外资	万美元	54900	6	66.7
其中:已投产(开业)企业	个	10	163	21.5
五、引进市外境内项目固定资产投资	亿元	198	7.19	73.2
海关进出口总额	亿美元	12.45	6.2	84.2
出口	亿美元	11.42	0.99	4.0
进口	亿美元	1.03	6.63	67.1
# 一般贸易	亿美元	11.08	0.12	16.7
加工贸易	亿美元	0.14	26	—
利用外资签订合同项目	个		26	—
外商直接投资	个		3	—
协议利用外资合同金额	亿美元	5.49	4.74	15.8
外商直接投资额	亿美元	5.49	4.74	15.8
实际利用外资金额	亿美元	5.49	4.74	15.8
外商直接投资额	亿美元	0.63	0.17	270.6

续上表

指标	单位	2014 年	2013 年	同比增长(%)
对外承包工程和劳务合作合同金额	亿美元	1.42	0.21	576.7
对外承包工程和劳务合作完成营业额	亿美元	76.3	65	17.4
实际引进省外境内资金	亿元	1375.4	1196.03	15.0
国内旅游人数	万人次	142.64	122.76	16.2
国内旅游收入	亿元	17.32	15.47	12.0
境外入境人数	万人次	148.3	129.1	14.9
旅游业总收入(人民币)	亿元	142.64	122.76	16.2
国内旅游收入(人民币)	万人次	35	37	−5.4
旅行社总数	个	17	18	−5.6
星级饭店总数	个	3	3	0
其中:五星级	个	5	6	0
四星级	个	7	7	−14.3
三星级	个	2	2	0
二星级	个	3720	3823	−2.7
星级饭店客房总数	间	71896	73.2	

表 10

教育事业基本情况

指标	单位	2014 年	2013 年	同比增长(%)
一、中等专业学校数	所	1	1	0
中等专业招生数	人	1108	1046	5.9
中等专业毕业生数	人	926	1041	−11.0
中等专业在校学生数	人	3001	3026	−0.8
二、普通中学学校数	所	8	8	0
普通中学招生数	人	5382	5502	−2.2
普通中学毕业生数	人	4751	4610	3.1
普通中学在校学生数	人	15607	14962	4.3
普通中学本部教职工数	人		1011	—
三、小学学校数	所	53	54	−1.9
小学在校学生数	人	57143	55230	3.5
四、幼儿园数	所	144	137	5.1
幼儿园在园幼儿	人	21723	20684	5.0
教职工数	人	3370	3065	10.0
五、小学生初中入学率	%	100	100	0
六、高中阶段毛入学率	%	99.21	98.67	0.5
高中阶段辍学率	%		0	

表 11

文化体育事业基本情况

指标	单位	2014 年	2013 年	同比增长(%)
一、图书馆(室)基本情况				
图书馆	个	1	1	0
图书室	个	4	4	0
藏书	万册	21.7	21.28	2.0
发放借书证	万个	0.46	0.44	4.5

续上表

指标	单位	2014 年	2013 年	同比增长(%)
图书流通人次	万人次	5.7	5.45	4.6
本年新购图书	册	3000	3005	-0.2
公用房屋建筑面积	平方米	3040	3040	0
阅览室座席数	个	301	301	0
二、体育事业基本情况				
1.举办运动会次数	次	0	0	0
参加人数	人次	0	0	0
2.举办区级体育竞赛次数	次	36	30	20
参加人数	人次	4000	30000	-86.7
3.组队参加省市级比赛次数	次	14	30	-53.3
参加人数	人次	600	2000	-70
4.参加省市比赛获奖牌数	枚	12	237	-94.9
金牌	枚	7	124	-94.4
银牌	枚	4	65	-93.8-
铜牌	枚	1	48	97.9

表 12 **卫生事业基本情况**

指标	单位	2014 年	2013 年	同比增长(%)
卫生机构数(含驻区)	个	488	476	2.5
医院、卫生院(含驻区)	个	50	45	11.1
妇幼保健院(所、站)	个	1	1	0
医院、卫生院床位数	张	1005	956	5.1
卫生技术人员	人	13821	12914	7.0
执业医师和执业助理医师(含驻区)	人	2952	1736	70
注册护士	人	1329	1272	4.5
疾病预防控制中心(防疫站)	个	1	1	0
疾病预防控制中心(防疫站)卫生技术人员	人	23	24	-4.2
卫生监督检验机构	个	1	1	0
卫生监督检验机构卫生技术人员	人	18	22	-18.2
社区卫生中心	个	10	0	—
社区卫生中心床位数	张	523	0	—
社区卫生中心卫生技术人员	人	441	0	—

表 13 **环境卫生事业基本情况**

指标	单位	2014 年	2013 年	同比增长(%)
一、完成工作量				
收运垃圾	万吨	42	45	-6.7
清扫街道	万平方米	852	820	3.9
保洁从业人数	人	2716	2560	6.1
二、环卫专用设备				
垃圾运输车	辆	78	56	39.3
扫路车	辆	23	16	43.8
洒水车	辆	39	37	5.4

续上表

指标	单位	2014年	2013年	同比增长(%)
三、环卫设备				
公共厕所	座	69	67	3
其中:本年新建	座	2	2	0
垃圾站	个	133	131	1.5
其中:本年新建	个	2	3	-33.3

表14　　**园林绿化基本情况**

指标	单位	2014年	2013年	同比增长(%)
园林绿化覆盖面积	万平方米	2362.6	2645.095	-10.7
绿化覆盖率	%	41.4	38.2	7.6
绿地面积	万平方米	2210.39	2143.01	3.1
新增绿地面积	万平方米	67.38	84	-0.3
绿地率	%	38.4	32.62	14
人平绿地面积	平方米	39.75	37.29	3.2
公共绿地面积	万平方米	1041.27	1022.5	1.5
人平公共绿地面积	平方米	18.72	18.37	1.6
公园个数	个	27	19	17.4
公园面积	万平方米	235.77	214.83	8.2

表15　　**环境保护基本情况**

指标	单位	2014年	2013年	同比增长(%)
工业废水排放总量	万吨	193.6	217.1	-10.8
工业废气排放总量	万标立方米	289625	317055	-8.7
工业固体废物产生量	万吨	0.66	1.95	-66.2
其中:工业固体废物综合利用率	%	100	100	0
水质满足Ⅲ类标准的断面比例	%	33.3	33.3	0
水质满足Ⅳ类标准的断面比例	%	33.3	33.3	0
城市污水处理率	%	96.88	96.32	0.6
空气质量达到二级标准的城市(区)	个	1	1	0
烟尘控制区	个	5	5	0
其中:烟尘控制面积	平方千米	47.6	47.6	0
区域环境噪声功能达到二级标准的城市(区)	个	1	1	0
环境噪声控制区	个	3	3	0
其中:环境噪声控制面积	平方千米	28	28	0
全省已批准国家生态示范区个数	个	1	1	0

表16　　**劳动就业和社会保障情况**

指标	单位	2014年	2013年	同比增长(%)
城镇新增就业人员	人	19442	17091	13.8
城镇登记失业人员	人	5930	6003	-1.2
城镇登记失业率	%	2.30	2.23	3.1
安排下岗失业人员再就业	人	6594	6141	7.4
其中:大龄就业困难对象再就业	人	3028	3171	-4.5

续上表

指标	单位	2014 年	2013 年	同比增长(%)
下岗失业人员再就业培训	人	48	325	-85.2
农村富余劳动力转移就业增加人数	人	2660	2166	22.8
农村劳动力转移培训	人	1534	850	80.5
参加基本养老保险人数	人	110533	107537	2.8
职工[注]	人	96476	95100	1.4
离退休人员	人	14057	12437	13
企业参加基本养老保险离退休人员	人	13571	11990	13.2
农村社会养老保险投保人数	人	27024	22938	17.8

说明:指标口径除含正常参保人员外,还包含机关养老保险参保人员和暂停参保人员。

表 17

人事工作基本情况

指标	单位	2014 年	2013 年	同比增长(%)
一、各类专业技术人员总计	人	3349	3180	5.3
其中:工程技术人员	人	26	23	13
农业技术人员	人	4	3	33.3
卫生技术人员	人	150	164	-8.5
教学人员	人	3125	2965	5.4
会计人员	人	8	12	-33.3
经济人员	人	5	7	-28.6
二、各类专业技术人员构成				
其中:工程技术人员	%	0.78	0.72	8.3
农业技术人员	%	0.12	0.09	33.3
卫生技术人员	%	4.48	5.16	-13.2
教学人员	%	93.31	93.24	0.1
会计人员	%	0.24	0.38	-36.8
经济人员	%	0.15	0.22	-31.8

表 18

安全监督基本情况

指标	单位	2014 年	2013 年	同比增长(%)
一、特殊行业人员培训	人	1596	1545	3.3
其中:雨花亭街道	人	54	195	-72.3
高桥街道	人	380	128	196.9
左家塘街道	人	30	115	-73.9
侯家塘街道	人	80	32	150
砂子塘街道	人	63	48	31.3
东塘街道	人	66	40	65
圭塘街道	人	17	49	-65.3
黎托街道	人	120	90	33.3
洞井街道	人	320	172	86
井湾子街道	人	95	188	-49.5
东山街道	人	37	80	-53.8
同升街道	人	24	109	-78
环科园	人	310	299	3.7

续上表

指标	单位	2014年	2013年	同比增长(%)
二、重大危险源监控率	%	4处100%	4处100%	
其中:井湾子街道	%	2处100%	2处100%	
同升街道	%	2处100%	2处100%	

表19 民政工作及社会救助情况

指标	单位	2014年	2013年	同比增长(%)
一、登记结婚数	对	6843	6292	8.8
二、离婚总数	对	1964	1964	0
登记离婚	对	1964	1964	0
三、城镇居民得到政府最低生活保障	人	4937	5513	-10.4
四、各类收养性社会福利单位床位数	张	611	416	46.9
五、各类收养性社会福利单位收养人员数	人	3232	300	7.7
六、城镇各种社区服务设施	个	920	920	0
综合性社区服务中心	个	1	1	0
七、年末农村贫困人口	人	471	569	-17.2
八、社会救济总人数	人	5408	6082	-11.1
居民最低生活保障人数	人	4937	5531	-10.4
农村“三无”人员低保	%	38	44	-13.6
其他特困人员低保	人	433	525	-17.5
九、综合性社区服务中心	个	1	1	0
十、接受社会捐赠资金	万元	174.2	264.8	-34.2
销售社会福利彩票	万元	4480	4445	0.8
筹集社会福利资金	万元	224	222.3	0.8
直接接收社会捐赠	万元	174.2	264.8	-34.2

表20 档案事业与馆藏情况

指标	单位	2014年	2013年	同比增长(%)
机构数	个	1	1	0
专(兼)职工作人员	人	16	18	-11.1
馆藏档案				
全宗	个	120	120	0
案卷	卷	47150	44871	5.1
录音、录像、影片	盘	155	155	0
照片	张	6138	6072	1.1
资料数量	册	3820	3812	0.2
利用人数	人次	2160	1500	44
利用档案	卷次	3290	2600	26.5
利用资料	册次	345	329	4.9
利用档案资料	页	232	890	-73.9
公开出版	种	1	0	—
公开出版字数	万字	76.5	0	—

表21

农林牧渔总产值

指标	单位	2014年	2013年
一、按现价计算			
农林牧渔服务业总产值	万元	11625	20611
农业产值	万元	7057	12738
林业产值	万元	0	0
牧业产值	万元	3362	6168
渔业产值	万元	1132	1620
服务业产值	万元	74	85
二、按可比价计算			
农林牧渔服务业总产值	万元	11493	20188
农业产值	万元	6689	12588
林业产值	万元	0	0
牧业产值	万元	3610	6008
渔业产值	万元	1121	1510
服务业产值	万元	73	82
农林牧渔服务业总产值速度	%	-43.6	-39.7

表22

主要农作物生产情况

指标	单位	2014年	2013年	同比增长(%)
农作物总播种面积	千公顷	0.17	0.31	-45.16
一、粮食作物播种面积	千公顷	0.01	0.03	-66.67
总产量	吨	67	206	-67.48
谷物播种面积	千公顷	0.01	0.03	-66.67
总产量	吨	67	206	-67.48
稻谷播种面积	千公顷	0.01	0.03	-66.67
总产量	吨	67	206	-67.48
(1)早稻播种面积	千公顷	0	0.01	-100
总产量	吨	0	61	-100
其中:优质稻面积	千公顷	0	0.01	-100
总产量	吨	0	61	-100
(2)中稻与一季晚稻播种面积	千公顷	0.01	0.01	0
总产量	吨	67	76	-11.84
优质稻面积	千公顷	0.01	0.01	0
总产量	吨	67	76	-11.84
(3)晚稻播种面积	千公顷	0	0.01	-100
总产量	吨	0	69	-100
优质稻面积	千公顷	0	0.01	-100
总产量	吨	0	69	-100
二、蔬菜播种面积(含菜用瓜)	千公顷	0.16	0.28	-42.86
总产量	吨	5100	7800	-34.62

表 23

畜牧业生产情况

指标	单位	2014 年	2013 年	同比增长(%)
当年出栏猪头数	万头	1.2	1.3	-7.69
出栏肉猪	万头	1.2	1.3	-7.69
当年出售和自宰的家禽(鸡鸭鹅)	万羽	1.8	2.1	-14.29
当年出售和自宰的狗	只	0	0	
当年肉类总产量	吨	867	777	11.58
猪肉产量	吨	840	730	15.07
禽肉产量	吨	27	47	-42.55
其他肉产量	吨	0	0	
当年禽蛋产量	吨	83	74	12.16
生猪存栏	万头	0.49	0.49	0
家禽存笼	万羽	1.7	1.6	6.25

表 24

渔业生产情况

指标	单位	2014 年	2013 年	同比增长(%)
水产品总产量	吨	934	1350	-30.81
浅水产品养殖产品	吨	934	1350	-30.81
鱼类(含鳝鱼、泥鳅)	吨	934	1350	-30.81
淡水养殖面积合计	千公顷	0.1	0.14	-28.57
池塘养殖	千公顷	0.1	0.11	-9.09
其中:精养池塘	千公顷	0.1	0.09	11.11
水库养殖	千公顷	0	0.03	-100

表 25

规模工业企业主要经济指标

指标	单位	2014 年	2013 年
企业单位数	个	104	101
工业总产值(现价)	万元	5069313.4	4801467.9
工业销售产值(现价)	万元	4977517.2	4648942.9
工业增加值(现价)	万元	2423588	2203049

表 26

2014 年建筑业企业生产情况(综合)

指标	单位	2014 年	2013 年
一、企业个数	个	131	34
有工作量的企业个数	个	129	34
二、建筑业合同情况			
签订的合同额	千元	435787873	401944852
1.上年结转合同额	千元	241720296	226387087
2.本年新签合同额	千元	194067577	175557765
三、承包工程完成情况			
1.直接从建设单位承揽工程完成的产值	千元	108987011	92351388
(1)自行完成施工产值	千元	108832881	92200598
(2)分包出去工程的产值	千元	154130	150790
2.从建设单位以外承揽工程完成的产值	千元	5891186	5739684

续上表

指标	单位	2014 年	2013 年
四、建筑业总产值	千元	114724067	97940282
其中:装饰装修产值	千元	3334276	2767635
其中:在外省完成的产值	千元	76326873	73149955
1.建筑工程产值	千元	107773261	94246826
2.安装工程产值	千元	2580139	1219785
3.其他产值	千元	4370667	2473671
五、竣工产值	千元	60294571	50324030
六、房屋建筑施工面积	平方米	102700898	92124218
其中:本年新开工面积	平方米	33512388	29207337
其中:实行投标承包面积	平方米	99709135	91853124
其中:本年新开工	平方米	31747111	29123499
七、劳动人员情况			
直接从事生产经营活动的平均人数	人	317997	266514
从业人员期末人数	人		
其中:工程技术人员	人	26913	18695
其中:一级建造师	人	2424	1633

表 27 **房地产企业**

指标	单位	2014 年	2013 年
房地产企业数	个	129	146
计划总投资	万元	14028129	12575795
自开始建设累计完成投资	万元	9278072	7970352
本年完成投资	万元	1879008	2133341
本年新增固定资	万元	901476	820082
本年购置土地面积	平方米	376145	586298
房屋施工面积	平方米	16238788	14971231
竣工面积	平方米	1985703	2055962
竣工价值	万元	583369	729633
商品房销售面积	万平方米	178.7971	281.87
商品房销售额	万元	1254412	2058685

表 28 **全社会固定资产投资完成情况表**

指标	单位	2014 年	2013 年	同比增长(%)
固定资产投资	万元	5128581	4338901	18.20
一、城镇及以上投资	万元	5128581	4338901	18.20
1.城镇 500 万元以上固定资产投资	万元	3249573	2205560	47.34
2.房地产投资	万元	1879008	2133341	−11.92
二、商品房销售情况				8.72
1.商品房销售面积	万平方米	178.80	281.87	−36.57
其中:住宅销售面积	万平方米	155.98	249.92	−37.59
2.商品房销售额	万元	1254412	2058685	−39.07

续上表

指标	单位	2014 年	2013 年	同比增长(%)
其中:住宅销售额	万元	1001926	1685955	-40.57
附一:工业投资	万元	614167	477764	28.55
附二:更新改造投资	万元	1376392	1288242	6.84
附三:建安工程投资	万元	3596944	3540574	1.59
其中:生产性服务业投资(占比)	万元	1846290	1488554	36.00
园区工业投资	万元	452620	286121	58.19
园区技改投资	万元	225220	178306	26.31

表 29　**固定资产投资完成情况**

指标	单位	2014 年	2013 年	同比增长(%)
一、计划投资	万元			
1.计划总投资	万元	5617248	4720120	19
其中:本年新开工项目	万元	3443617	2932516	17.4
2.自开始建设累计完成投资	万元	4522827	3758684	20.3
二、自年初累计完成投资	万元	3249573	2863179	13.5
其中:本月完成投资	万元	183666	74312	147.2
其中:国有经济控股	万元	506454	657928	-23
1.按登记注册类型分				
内资企业	万元	3220268	2812504	14.5
国有企业	万元	444550	591694	-24.9
集体企业	万元	93146	152378	-38.9
股份合作企业	万元	34669	87107	-60.2
联营企业	万元	3000	6470	-53.6
国有联营企业	万元	3000	3820	-21.5
其他联营企业	万元		2650	.-100.0
有限责任公司	万元	709020	65551	8.2
国有独资公司	万元	10653	15004	-29
其他有限责任公司	万元	698367	640547	9
股份有限公司	万元	151107	261220	-42.2
私营企业	万元	1545308	779580	98.2
私营独资企业	万元	52968	126449	-58.1
私营合作企业	万元	47793	57126	-16.3
私营有限责任公司	万元	1396977	587405	137.8
私营股份有限公司	万元	47570	8600	453.1
其他企业	万元	239468	278504	-14
港、澳、台商投资企业	万元	9510	4280	122.2
合作经营企业(港或澳、台资)	万元	4950		
港、澳、台商独资经营企业	万元		4280	-100
其他港、澳、台商投资企业	万元	4560		
外商投资企业	万元	7815	2900	168.5
中外合资经营企业	万元	2915	2900	0.5
外资企业	万元	4200		
其他外商投资企业	万元	700		

续上表

指标	单位	2014年	2013年	同比增长(%)
个体经营	万元	11980	43495	-72.5
个体户	万元	11980	24645	-51.4
个人合伙	万元		18850	-100
2.按建设性质分				
(1)新建	万元	1716716	1528767	12.3
(2)改建	万元	156465	32170	386.4
(3)改建和技术改造	万元	1376392	1288242	6.8
3.按构成分				
建筑工程	万元	1641605	1485078	10.5
安装工程	万元	411182	270311	52.1
设备工器具购置	万元	594685	412464	44.2
其中:购置旧设备	万元	2840	9073	-68.7
其中:用于更新的设备	万元	95675	105697	-9.5
其他费用	万元	602101	695326	-13.4
其中:房屋建筑物购置费	万元	0	1200	-100
其中:建设用地费	万元	35705	67128	-46.8
4.按国民经济行业分				
(一)农、林、牧、渔业	万元	11650	10068	15.7
农、林、牧、渔服务业	万元	11650	10068	15.7
(二)采矿业	万元	11960	0	
有色金属矿采选业	万元	4960		
开采辅助活动	万元	7000		
(三)制造业	万元	608678	463384	31.4
农副食品加工业	万元	6926	39610	-82.5
食品制造业	万元	22050	31170	-29.3
纺织服装和服饰业	万元	15700		
木材加工及木、竹、藤、棕、草制	万元	9260	4100	125.9
家具制造业	万元	3600	11500	-68.7
造纸及纸制品业	万元	18665	15742	18.6
印刷业和记录媒介的复制	万元	6499	14020	-53.6
文教体育用品制造业	万元	4800	3545	35.4
化学原料及化学制品制造业	万元	20693	4800	331.1
医药制造业	万元	27750	36255	-23.5
化学纤维制造业	万元	0	3520	-100
橡胶和塑料制品业	万元	15130	14650	3.3
非金属矿制品业	万元	21485	5050	325.4
黑色金属冶炼和压延加工业	万元	5100		
有色金属冶炼和压延加工业	万元	4950	1000	395
金属制品业	万元	39020	26843	45.4
通用设备制造业	万元	125040	42465	194.5
专用设备制造业	万元	114360	72278	58.2
汽车制造业	万元	8600	72115	-88.1
电气机械及器材制造业	万元	89250	45740	95.1

续上表

指标	单位	2014年	2013年	同比增长(%)
计算机、通信和其他电子制备制造业	万元	37200	12981	186.6
仪器仪表制造业	万元	12600	6000	110
(四)电力、热力、燃气及水的生产和供应业	万元	83529	14380	480.9
电力、热力的生产和供应业	万元	77729	5580	1293
水的生产和供应业	万元	5800	8800	-34.1
(五)建筑业	万元	124536	61583	102.2
房屋建筑业	万元	19428	7030	176.4
土木工程建筑业	万元	55324	25117	120.3
建筑安装业	万元	14457	11060	30.7
建筑装饰和其他建筑业	万元	35327	18376	92.2
(六)交通运输、仓储和邮政业	万元	230952	168686	36.9
铁路运输业	万元		7809	-100
道路运输业	万元	61823	94107	-34.3
航空运输业	万元		2560	-100
装卸搬动和运输代理业	万元	93563	27740	237.3
仓储业	万元	75566	32870	129.9
邮政业	万元		3600	-100
(七)信息传播、软件和信息技术服务业	万元	177843	149484	19
电信、广播电视和卫生传输服务业	万元	4360	11997	-63.7
互联网和相关服务业	万元	45223	51637	-12.4
软件和信息技术服务业	万元	128260	85850	49.4
(八)批发和零售业	万元	543079	305737	77.6
批发业	万元	350458	110889	216
零售业	万元	192621	194848	-1.1
(九)住宿和餐饮业	万元	36046	52140	-30.96
住宿业	万元	6515	24650	-73.6
餐饮业	万元	29531	27490	7.4
(十)金融业	万元	6300	22980	-72.6
货币金融业	万元	6300	18050	-65.1
保险业	万元		4930	-100
(十一)房地产业	万元	175800	260353	-32.5
房地产业	万元	175800	260353	-32.5
(十二)租赁和商务服务业	万元	511166	645727	-20.8
租赁业	万元	54970	44445	23.7
商务服务业	万元	456196	601282	-24.1
(十三)科学研究和技术服务业	万元	508894	380720	33.7
研究与试验发展	万元	152849	71831	112.8
专业技术服务业	万元	93315	99233	-6
科技交流和推广服务业	万元	262730	209656	25.3
(十四)水利、环境和公共设施管理业	万元	79674	127412	-37.5
水利管理业	万元		4700	-100
生态保护和环境治理业	万元	4000	7200	-44.4
公共设施管理业	万元	75674	115512	-34.5

续上表

指标	单位	2014 年	2013 年	同比增长(%)
(十五)居民服务和其他服务业	万元	18210	20445	-10.9
居民服务业	万元	6650	4870	36.6
机动车、电子产品和日用产品修理业	万元	11560	7875	46.8
其他服务业	万元		7700	-100
(十六)教育	万元	30496	41929	-27.3
教育	万元	30496	41929	-27.3
(十七)卫生和社会工作	万元	33544	38605	-13.1
卫生	万元	31228	32405	-3.6
社会工作	万元	2316	6200	-62.6
(十八)文化、体育和娱乐业	万元	42070	50080	-16
广播、电视、电影和影视录音制作业	万元	30450	24200	25.8
文化艺术业	万元	2000	17880	-88.8
体育	万元	4920	3800	29.5
娱乐业	万元	4700	4200	11.9
(十九)公共管理和社会组织	万元	15146	49466	-69.4
国家机构	万元	6800	10300	-34
基层群众自治组织	万元	8346	39166	-78.7
(二十)国际组织	万元	0	0	
三、新增固定资产	万元	3367747	2268717	48.4
四、项目个数				
1.施工项目个数	个	776	663	17
其中:本年新开工	个	558	549	1.6
2.本年投产项目个数	个	576	450	28
五、房屋建筑面积				
施工面积	平方米	16860	15250	10.6
六、本年资金来源合计	万元	3396643	3313706	2.5
1.上年末结余资金	万元	8965	69240	-87.1
2.本年资金来源小计	万元	3387678	3244466	4.4
(1)国家预算资金	万元	21901	72310	-69.7
(2)国内贷款	万元	96621	115138	-16.1
(3)利用外资	万元	0	5630	-100
(4)自筹资金	万元	3234400	2953234	9.5
其中:企、事业单位自有资金	万元	255361	134934	89.2
其中:股东投入资金	万元	25905	0	
其中:借入资金	万元	11970	0	
(5)其他资金来源	万元	34756	98154	-64.6
七、各项应付款合计	万元	2940	50390	-94.2
其中:工程款	万元	2000	15160	-86.8

表 30　**社会消费品零售总额及增速(2000—2014)**

年份	单位	总额	增幅%
2014	万元	5939602	9.5
2013	万元	5264307.3	12.67

续上表

年份	单位	总额	增幅%
2012	万元	4672148.8	14.95
2011	万元	4072964.8	19.15
2010	万元	3441217.4	20.80
2009	万元	2853144.0	20.16
2008	万元	2374522.2	21.57
2007	万元	1953167.0	19.60
2006	万元	1633073.2	16.96
2005	万元	1396301.0	16.96
2004	万元	1193827.8	17
2003	万元	1020365.6	17
2002	万元	872107.4	15.48
2001	万元	755202.1	16.21
2000	万元	649860	16.08

说明:经省统计局统一评估,社会消费品零售总额的累积增长速度采用滚动基数计算,2013 年、2014 年数据按经普资料进行调整。

表 31　**全社会消费品零售总额分类**

项目	单位	2014 年	2013 年	增幅(%)
社会消费品零售总额	万元	5939602	5426467	9.5
一、按销售单位所在地	万元			
1.城镇	万元	5938814.5	5425731.9	9.5
2.乡村	万元	787.5	735.1	7.1
二、按行业分组	万元			
1.批发业	万元	672928.1	664951.8	1.2
限额以上企业	万元	498608.4	499928.3	-0.3
限额以下及个体户	万元	174319.7	165023.5	5.63
2.零售业	万元	4878331.4	4397324.2	10.94
限额以上企业	万元	3193525.9	2932803.9	8.9
限额以下及个体户	万元	1684805.5	1464520.3	14.6
3.住宿业	万元	58539.2	57409.1	1.97
限额以上企业	万元	48082.2	48290	-0.4
限额以下及个体户	万元	10457	9119.1	14.7
4.餐饮业	万元	329803.3	306781.9	7.5
限额以上企业	万元	203476.8	197268.7	3.1
限额以下及个体户	万元	126326.5	109513.2	15.4

表 32　**2014 年商品交易额亿元以上市场**

序号	市场名称	商品交易额
1	湖南高桥大市场	3141350
2	长沙市红星实业集团有限公司农副产品大市场	3050606
3	长沙市五金机电大市场	221838
4	长沙市设备交易中心	188600

续上表

序号	市场名称	商品交易额
5	长沙红星花卉大市场	188050
6	湖南高桥汽配城	30000
7	红星实业集团有限公司湖南井湾子家具广场	29800
8	长沙市大都市商业街	29407
9	长沙市高桥建筑装饰材料市场	20000
10	长沙市大全联机电市场	19600
11	长沙市红星建材交易中心	18753
12	长沙市红星糖酒批发大市场	16200
13	长沙市东塘交易市场	12972
14	长沙市高桥火焰大市场	10350
15	长沙高桥商贸市场	10350
合计		6987876

表 33

2014 年大型会展情况表

序号	会展名称	举办时间	举办级别
1	2014 第六届湖南(长沙)节能和循环博览会	2014 年 6 月	省级
2	齐家家博会	2014 年 6 月	省级
3	2014 第五届中国(湖南)教育博览会	2014 年 6 月	省级
4	第 12 届全国种子交流暨产品交易会	2014 年 9 月	全国级
5	2014 湖南秋季品牌家居博览会	2014 年 9 月	省级
6	中国(长沙)国际食品博览会	2014 年 9 月	全国级
7	2014 中国湖南(国际)老年产业博览会	2014 年 10 月	省级
8	2014 第六届湖南茶业博览会	2014 年 10 月	省级
9	中国长沙(国际)孕婴童产业博览会	2014 年 10 月	全国级
10	2014 湖南网购节房产汽车博览会	2014 年 11 月	省级
11	2014 中国中部(湖南)国际农博会	2014 年 11 月	全国级
12	2014 湖南(长沙)投资理财博览会	2014 年 12 月	省级
13	2014 中国长沙茶业博览会	2014 年 12 月	省级

说明:以上会展的承办单位均为长沙红星国际会展中心。

表 34

2014 年星级宾馆

序号	宾馆名称	星级	地址	联系电话
1	长沙神农大酒店管理有限公司	五星	长沙市芙蓉中路三段 269 号	84218888
2	湖南华雅国际大酒店有限公司	五星	长沙市万家丽南路 81 号	85322222
3	长沙通程控股股份有限公司通程山庄酒店	五星	长沙市同升湖	85168888
4	湖南省大华宾馆	四星	长沙市劳动西路 528 号	85509980
5	长沙湘城大酒店	四星	长沙市韶山南路 133 号	82811111
6	湖南五华酒店有限公司	四星	长沙市芙蓉中路三段 255 号	85528888
7	湖南金辉大酒店	四星	长沙市雨花路 181 号	85608090
8	湖南湘投金源大酒店有限公司	四星	长沙市芙蓉中路二段 279 号	85558888
9	湖南金赋大酒店	三星	长沙市芙蓉中路三段 5 号	85555499

续上表

序号	宾馆名称	星级	地址	联系电话
10	湖南省神禹大酒店有限公司	三星	长沙市劳动西路529号	82776888
11	湖南金叶神农大酒店	三星	长沙市曙光中路249号	85488206
12	长沙市华宇酒店有限责任公司	三星	长沙市劳动中路87号	85510429
13	湖南南枫大酒店有限公司	三星	长沙市劳动西路78号	85549999
14	湖南新海悦酒店有限公司	三星	长沙市东二环一段678号	84781788
15	长沙市天洋大酒店	三星	长沙市劳动中路98号	85508588
16	长沙美仑和一酒店有限公司	二星	长沙市东二环一段632号	82815111
17	湖南省华云经济开发公司华云大酒店	二星	长沙市雨花路163号	85510562

表35　**城乡一体化城镇住户收支调查**

项目	单位	附加单位	2014年	2013年	增幅(%)
家庭基本情况	—	—			
调查户月数	户		840	900	
可支配收入	元	人	40497.42	37147.01	9.02
消费性支出	元	人	33216.35	26892.65	23.51
恩格尔系数	—	%	23.1	31.6	
现金收支情况	—				
一、家庭总收入	元	人	42254.12	38428.25	9.96
# 可支配收入	元	人	40497.42	37147.01	9.02
(一)工资性收入	元	人	23114.69	21788.52	6.09
(二)经营净收入	元	人	5991.67	5806.55	3.19
(三)财产净收入	元	人	3298.41	2710.52	21.69
(四)转移净收入	元	人	8092.66	6841.42	18.29
二、家庭人均总支出	元	人	38382.69	34387.04	11.62
(一)消费性支出	元	人	33216.35	27248.58	21.9
1.食品烟酒	元	人	7684.17	8605.58	-10.71
2.衣着	元	人	2196.16	2507.38	-12.41
3.居住	元	人	6883.66	7042.86	-2.26
4.生活用品及服务	元	人	1362.84	1688.07	-19.27
5.交通和通讯	元	人	6986.31	3123.39	123.68
6.教育文化娱乐服务	元	人	5209.29	2468.28	111.05
7.医疗保健	元	人	2107.54	1516.86	38.94
8.其它用品和服务	元	人	786.37	296.16	165.52
(二)生产经营费用支出	元	人	45.36	26.28	72.6
(三)财产性支出	元	人	59.73	138.3	-56.81
(四)转移性支出	元	人	1128.71	734.01	53.77
(五)部分商业保险支出	元	人	122.98	222.25	-44.67
(六)购置资产及非经常性转移支出	元	人	2505.94	2942.23	-14.83
(七)借贷性支出	元	人	1303.62	3075.39	-57.61
主要消费品拥有量	—	—			
1.汽车	辆	百户	39.89	27.7	44.01
2.助力车	辆	百户	15.96	16.62	-3.97
3.洗衣机	台	百户	92.02	91.03	1.09

续上表

项目	单位	附加单位	2014 年	2013 年	增幅(%)
4.电冰箱	台	百户	88.83	88.65	0.2
5.彩色电视机	台	百户	103.19	101.85	1.32
6.家用电脑	台	百户	89.36	90.24	–0.98
7.摄像机	架	百户	25.53	25.33	0.79
8.微波炉	台	百户	73.4	73.61	–0.29
9.空调器	台	百户	157.45	155.94	0.97
10.淋浴热水器	台	百户	87.23	86.26	1.12
11.消毒碗柜	台	百户	43.09	45.12	–4.5
12.健身器材	套	百户	1.6	6.33	–74.72
13.固定电话	部	百户	71.28	68.87	3.5
14.移动电话	部	百户	194.15	191.03	1.63
15.接入互联网的移动电话	部	百户	52.13	35.62	46.35
16.接入有线电视网络的电视机	台	百户	85.64	57.78	48.22
17.接入互联网的计算机	台	百户	51.06	43.54	17.27
住房情况	—	—			
1.家庭居住人口	人	户	2.69	2.63	2.28
2.现住房总建筑面积	平方米	人	42.8	42.8	13.01

（区统计局）

文献选录

迎难而上　奋发有为
为加快打造中部现代服务业中心
凝聚强大力量

——在区委四届十八次全体（扩大）会议上的讲话

区委书记、区长　邱继兴

（2014 年 7 月 29 日）

同志们：

这次区委全委(扩大)会议的主要任务是,报告今年以来的工作,研究部署下阶段工作,动员全区上下迎难而上,奋发有为,为加快打造中部现代服务业中心凝聚强大力量。下面,受区委常委会委托,讲三个方面的意见。

一、顶住压力,积极应对,上半年各项工作强力推进

今年以来,面对错综复杂的国内外环境,全区上下紧扣"锐意改革创新,率先科学发展"的工作主题,攻坚克难,砥砺奋进,顺利实现了"双过半"目标。

1.经济工作克难而上。一是主要指标持续攀升,1—6 月份,全区完成地区生产总值 431.05 亿元(含长烟),完成固定资产投资 249.59 亿元。实现财政总收入 62.55 亿元,占全年任务的 50.4%,地方公共财政预算收入 26.46 亿元,占全年任务的 53.2%,两项收入总量均位居内六区第一。二是产业项目稳步推进,与国家商务部合作,现代服务业中心规划编制工作基本完成,9 个项目获批国家级现代服务业试点扶植。社会类投资在建项目达 107 个，完成投资 79.14 亿元,德思勤城市广场、运达中央广场、比亚迪二期、电子商务示范基地等项目推进顺利。三是重点工程高效落实,承担市重点工程项目 23 个,10 个新建项目全部开工,是全市唯一实现全部开工的城区。万家丽路快速化改造外围交通疏导工程、磁悬浮项目、两河流域治理工程、沪昆高铁东广场红旗路项目、城际铁路项目等省市安排的重点任务,克服了时间紧、任务重、难度大的种种困难,确保了按要求如期推进。区重点工程项目也做到了有序推进。

2.民生事业不断改善。一是城市品质显著提升,大力实施"清洁城市、品质雨花"战略,推动"门前三包"、渣土扬尘、夜宵摊担、控违拆违、绿化提质等专项行动,开展最美社区、最美街道、最美家庭等"八大最美"创建活动,城区形象、城区环境和城区秩序不断改观。深入开展"百万大拆违",拆除违章 862 处、62.89 万平方米。二是发展成果普惠共享,20 项省市为民办实事工程,5 项提前超额完成任务,9 项实现任务过半,全区在教育、社会保障和就业、医疗卫生等民生支出达到 21.2 亿元,占公共财政预算支出的 77.8%。一汽、长重、锁厂等棚户区改造顺利推进,颐景苑完成主体工程,487 套廉租住房主体竣工。三是社会大局和谐稳定,深入推进"平安雨花"、"和谐雨

花”建设，严打各类违法犯罪，全区发案率连续三个月实现下降。扎实开展信访积案化解活动，全区没有发生重大群体性事件、舆情危机事件，进京非访人次同比下降55%，成为全市内城区唯一没有被省委、省政府通报约谈、挂牌督办的城区。

3.改革开放步伐加快。不断推进改革创新，用好改革开放红利，全面释放发展潜能。雨花经开区正式获批全省唯一一家省级工业机器人产业示范园区，正在申报国家园区。坚持“做权力的减法，做服务的加法”，在全市率先完成行政审批项目的清理精简工作，行政审批项目由224个精简到65个，精简比例达到61.76%。对社区职能职责进行全面清理规范，400余项职能摸底统计、方案制定、程序提速等工作正抓紧推进。对绩效考核工作进行大幅度的规范精简，街道工作目标的考核由66项减到48项，街道自身建设的考核由20项减到10项，部门自身建设由28项减到9项。全面完成了全区行政事业单位、国有公司、重点工程指挥部超标超编车辆的集中处置。全区部门预算、“三公经费”预算和重大民生项目预算全面公开。

4.党的建设全面加强。坚持把抓好教育实践活动作为重大政治任务，聚焦“四风”问题、聚焦群众关注突出问题、聚焦“联系群众最后一公里问题”，科学部署安排，精心组织实施，教育实践活动取得阶段性成效。全体县级领导坚持高标准、严要求，带头示范，直面问题，敢于揭短，“四风”突出问题得到有效整治，区委、人大、政府、政协四大家班子专题民主生活会批评与自我批评真刀真枪，辣味十足，取得了预期效果。扎实开展“三述”活动(述教育实践活动、述管党责任、述廉)，进一步落实基层党组织书记履行管党责任制。社区筹委会全面完成党组织选举，对一批软弱涣散社区筹委会党组织班子进行了调整。切实落实党风廉政建设两个“主体责任”，反腐倡廉工作成效明显。

二、精准发力，坚定信心，确保全年目标任务圆满完成

做好下半年的工作，对确保完成全年目标任务至关重要。在当前面临困难挑战较多、经济形势严峻复杂的背景下，我们尤其要弘扬实干精神、提升工作状态，既不能盲目乐观、回避问题，又不能人云亦云、心慌神乱，要做到心中有数、全力以赴、攻坚克难、稳中求进。

1.要增强定力，坚定发展的信心。上半年，我区一些主要经济指标与全省、全国一样，增速也出现了一定的放缓趋势。对此，我们要冷静分析、科学研判、保持清醒。要看到，当前发展速度的回落，既是转型发展、主动调控的结果，也是连续多年高基数上高增长后的理性回归，符合经济发展规律，处于合理波动区间。同时，我们要看到，在经济增速回落的同时，雨花经济的结构、质量、效益得到了改善提升。上半年我区税收收入为51.3亿元，占比由去年的79.7%提高到了82%，收入质量有了较大提升。当然，这样分析和判断，绝不是慢发展，甚至不发展的理由，更不是我们面对困难挑战听之任之、高枕无忧的借口。在经济下行面前，们更要看到，雨花区的发展已经站在一个全新的起点上，保持经济持续健康发展的基础扎实、机遇很多、优势明显、潜力很大，我们完全有信心、有能力实现全年发展目标。一是蓄势待发。过去几年，雨花区的修路任务重，省市安排的重点项目多，为此我们付出了大量的时间和精力。据统计显示，这几年我们的拆迁总量达到了7万多亩，其中大部分是省市重点项目，客观上牵扯了我们抓产业项目的精力。随着这些基础项目的拆迁完毕，我区产业项目的拆迁和发展，由过去的战略基础期，进入到了战略机遇期，必将迎来一个爆发式的增长。二是空间巨大。目前，雨花可供开发土地面积2万多亩，已拆迁熟地面积4000余亩，企业二次开发用地1800余亩，能够在城市开发的核心区域推出这么大面积可供开发建设用地，这在中部城区来讲都是比较少有的。三是平台众多。黎托高铁片区、雨花经开区，包括湘府路现代服务业黄金走廊片区，经过过去几年大规模的修路、蓄势打好基础，也将进入全面开发建设的黄金期和回报期。加上区位、交通等诸多方面不可复制、无法比拟的优势，我们完全有理由、有条件、有能力在新一轮区域竞争中脱颖而出。

2.要攻坚项目，扭住发展的重点。没有项目，一切都是空谈；没有项目，经济发展就是“空对空”。要围绕现代服务业、新型工业、批发零售业、房地产业等产业项目,精心谋划,全速建设。一是大力发展现代服务业。特别重视规划引领作用,坚持规划先行,修改完善全区现代服务业发展整体规划和核心片区规划,尽快出台全区促进区域产业发展扶植奖励办法。要制定现代金融、专业服务、文化创意、信息技术、医疗产业等专项扶持政策,突出抓好现代物流园、德思勤广场等城市综合体项目,加快推进深港澳高端服务业项目、绿地中心、跨国公司总部经济园的对接和落地,推动现代服务业发展提速、比重提高、层次提升。二是壮大新型工业。要依托雨花经开区这一主阵地,坚定不移地推进新型工业化。着手研究园区体制机制优化的具体政策措施。对园区招商引资、项目建设定期调度和通报。加快推进比亚迪汽车城建设,促进汽配企业与整车企业集群发展。全力抓好九泰置业、唐智科技、东湖高新、楚天电力等项目达产增效,助推康胜生物、全洲药业、博瑞新特药等企业发展壮大,逐步形成汽车制造、节能环保、信息技术、医疗器械等产业集群。三是做强批发零售业。坚持线上线下联动发展,推动高桥、红星、东塘三大商圈由传统商贸向现代商贸转变,加快推进以电子商务、物流配送为代表的现代流通方式的发展步伐,以规范化管理、规模化经营和标准化服务为核心,不断提高连锁经营、物流配送的总体规模和水平。做大做强现有的限额以上的批发零售业企业和星级住宿限额以上餐饮企业,创新品质,打造品牌,实现批发零售业新的繁荣。四是稳住房地产业。坚持市场化取向,加强规划把关和刚性执行,合理确定住宅、办公楼、商业用房等不同性质,商品房、经济适用房、廉租房等不同类别房地产项目的用地布局和比例,避免房地产开发同质化竞争。办好"惠民乐购"雨花房产节,有序引导房地产企业参加各类房产促销活动,培育新的消费热点。针对当前房地产企业发展面临的困难,及时掌握情况、梳理研究,出帮扶的实招,出管用的措施,给企业以坚定的信心和到位的支持。

3.要深化改革,增强发展的动力。改革是促发展、稳增长最根本的动力。全区各级各部门要以改革统揽全局,进一步提气、鼓劲、加速,真正聚焦、聚神、聚力抓改革落实。一是要增强狠抓改革落实的紧迫感。改革机不可失,时不我待。对部署的 8 大类 57 项改革,必须不折不扣地确保完成。各专项小组要按照"问题倒逼、时间倒排、责任倒查"的原则,拿出每一项改革的具体方案,成熟一个,就提交区委全面深化改革领导小组研究部署一个、推动一个。二是要以重点领域的突破来带动改革。行政审批的改革要继续深化,把所有的审批事项包括显性和隐性的都清理出来,实行"清单制",做到"清单之外无权力"。行政审批提速方面,抓紧对行政审批程序进行流程再造,审批流程再优化、审批事项管理再规范。突出抓好社区职能职责的规范精简,加快建立社区职能职责准入制,力争社区工作事务规范精简 60%以上。绩效考核优化精简方面,要对照省市考核新的要求和区内年度工作重点的调整,与加快建成全面小康考核有机结合起来,精简目标数量,改进考核方法,增进考核实效。三是要大力优化经济发展环境。发展环境不优的问题,在很大程度上是"人祸",现在吃拿卡要的行为可能减少了,但服务意识淡薄、办事效率低下还不同程度存在,比如说简政放权,有的部门没有真放,导致审批时间长、收费高的问题仍然突出,手续简化还有空间;商事登记制度改革后,办营业执照快了,但后置审批仍然慢腾腾,等等。要从根本上解决问题,必须依靠改革,大力简政放权。对影响发展环境的行为要敢于"动真碰硬",发现问题绝不姑息,坚决查处,切实为经济发展保驾护航。

4.要改善民生,营造发展的氛围。抓发展归根到底是为了惠民生。要结合群众路线教育实践活动的整改,把民生保障抓得更实更到位。一是提升城市品质。大力推进品质雨花建设,用三年时间投资 10 亿元全面完成 47 个老旧社区和 78 条背街小巷的提质改造任务。切实落实城市管理"三进"工作要求,积极推行城市管理网格化,认真促进门前三包责任制的到位,积极推进社区物业服务,推进市容环境义务监督管理,实现管理和维护的全面提标。二是守住安全底线。安全这根弦任何时候都松不得。交通安全、消防安全、防汛安全、食品安全、建筑工地安全等等,都要以"零容忍"的态度抓常态监管、抓责任落实。当前，正值高温酷暑季节，我们消防安全的防范与排查一刻也不能放松，对仓储物流企业、大型综合性市场、危化品行业等重点领域要扎实开展安全隐患大排查，确保不漏死角、不留隐患。三是办好民生实事。要深入实施“惠民解困”雨露工程，推进“15分钟满意就业圈”品牌升级。加强教育民生工程建设，推进配建学校建设，确保如期投入使用。加强社区建设，建好2个社区公园、5个小游园。加快雅塘片区综合整治和黎锦苑、颐景苑、川河苑等保障房建设，推进科技教育、医药卫生、文化体育等民生实事工程，健全社会治安防控体系，实施食品药品安全“放心工程”，提高人民群众的生活质量。总之，要全力确保各项民生实事按时间进度同步推进，完成达标。

三、焕发激情，敢于担当，做奋发有为的好干部

前不久，区委组织相关部门对全区426名干部进行了随机抽样问卷调查，发现我们的干部存在着激情不够、作风不实、能力不强、不愿干事、不敢作为的倾向，也提出了进步无望、待遇不高、机制不活、环境不优等问题。面对当前日益激烈的区域竞争，特别是面对历届区委区政府和各位老领导艰辛努力取得的良好局面，我们必须要打造一支有激情、能干事、敢担当、守规矩的干部队伍。这是摆在我们面前最现实、最迫切的问题。

1.有激情。根据调查显示，有56.6%的干部认为身边的干部最突出的问题是“缺乏激情”；有59.86%的干部“有或者偶尔有”离开公务员队伍的念头；有48.82%的干部认为身边少数干部状态不好。状态也好，激情也好，都是做好一切工作的前提，唯有激情才能焕发斗志，唯有激情才能成就事业。一是要大胆使用，焕发激情。要加大年轻干部的选拔力度，优化全区干部年龄结构，领导班子既用好“老黄牛”，更要带好“青年军”。要加强对基层一线干部、人大、政协干部、改任第一副书记干部、女干部、党外干部和后备干部的选拔和使用，焕发各个层面干部的激情活力。二是要加大交流，保持激情。加大干部在部门与部门、部门与街道、外街与内街之间的交流力度。要推行街道部门中层干部、后备干部培养锻炼性交流，拓宽交流途径，提升成长空间。对任职年限较长的干部，对项目建设、安全生产、信访维稳等特殊岗位的干部，要有计划地进行交流。对青年干部，要通过压岗、轮岗等形式，丰富工作经历，进行跟踪培养。三是要关心爱护，呵护激情。要尊重干部休假的权利，切实落实公休假、定期健康体检制度，让干部工作有好的心情、好的身体。要建立激励奖励机制，打破“加班与不加班”“干多与干少”“干好与干坏”一个样的现状。特别是对在项目建设、征地拆迁、中心工作等完成任务较好的干部，要大胆给予奖励，让干部付出有回报。要探索建立社区等基层工作者的工资待遇自然增长机制，让他们安心基层、建功立业。要大力推动机关文化建设，鼓励全区机关干部开展各类文娱体育活动。

2.能干事。敢干事是胆识，能干事是本领，干成事是追求。一是要让敢干事的人有机会。现在，有的干部认为作风建设越来越紧了，问责越来越多了，一事当前的时候，总是不愿直面矛盾，不善于攻坚克难，不敢干事，害怕出事。如果任其蔓延泛滥，放任自流，长此以往，势必会错失战机，延误发展。我们唯有解放思想，放开胆子，甩开膀子，迈开步子，才能促进事业进步、促进发展提速。敢干事要体现在一线，体现在基层，体现在最艰苦的环境，体现在最难开展工作的部门。二是要让能干事的人有舞台。当前，雨花蓬勃发展的各项事业，为各级干部干事创业提供了广阔的空间。对于能干事的干部，我们一定要拿出创新的举措，搭建良好的舞台，让他们能够一显身手、一展才华。建功立业，必须在自己的舞台上，让英雄有用武之地。我们要严格地实行考核调度机制，大胆地奖优汰劣，让能者上，平者让，庸者下，要给敢干事、能干事的同志提供机会、腾出位子。要推行公务员职务与职级并行、职级与待遇挂钩制度，让那些能干事的干部，在职务难以晋升的情况下，也能满足提高职级待遇的需求。对于街道大办主任、专业人才、政府雇员、社区主职等能干事的队伍，要扫除身份障碍，推行主管业务聘用制，让他们安心基层、扎根基层。三是要让干成事的人受尊重、得重用。要在全区大力倡导“以项目论英雄，凭实绩用干部”，真正把干成事的好干部选出来、用起来，尤其把那些在条件艰苦、工作困难地方和领域能干出实绩的同志用起来。

3.敢担当。从这次调研来看,在对待工作任务的态度上,64.39%的干部“积极主动,全力以赴”,30.66%的干部“被动接受,尽力而为”,也有2.59%的干部“应付了事,得过且过”和2.36%的干部“不愿接受,只图省事”。担当是一种思想境界、一种素质要求、一种品格修养。干部干部,先干一步,当干部,就是要敢担当。敢担当就是要立足岗位,尽心履职。我们有些干部安心不尽心,在位不谋政,在岗不履职,干不好本职工作,总想着平平安安占位子、疲疲沓沓混日子,蹉跎岁月、庸碌无为,职责挂了空挡、承诺放了空炮,误了事业、伤了民心,这些人是干不了大事,也成不了大器的。所以我们讲,履职尽责也是对干部最基本、最起码的要求,必须知责思为,尽心尽责,在其位就要谋其政,任其职就要尽其责。敢担当就是要创新突破,勇于担责。工作就在于主动谋划,敢想敢干,出新出彩,争一流,走前列。创新突破就要少讲不能干,多想怎么干,敢为人先,敢闯敢试,敢作敢为,始终保持创新创业的激情和韧劲。要努力营造鼓励探索、宽容失误的干事氛围,只要有利于解放和增强社会活力,有利于推动雨花发展,就要大胆试、积极闯,坚决破、勇于改。敢担当就是要冲锋在前,攻坚克难。攻坚也好,克难也好,都存在一定的风险,面对风险,是进是退?是冲是躲?考验的就是有没有担当、敢不敢担当、会不会担当。无论是城市建设,还是城市管理,无论是信访维稳,还是安全生产,我们干部都应奋战在一线、冲锋在前头,绝不能遇到困难绕着走,碰到问题躲着行。要以一抓到底的勇气扭住不放,以不出成效不撒手的决心务求实效。对立功受奖、狮子型干部、重点项目攻坚克难、为区域经济社会发展作出突出贡献的,就是我们重点关注,优先提拔的对象。这样的干部,哪怕得票不高,也要大胆使用。

4.守规矩。我们常说,“少数人靠觉悟,多数人靠制度。”如果外在的制度转化为内在的遵从,那么,我们所付出的管理成本就会降低,治理效果却会更好。这种对规则制度的敬畏与遵从,用老百姓的话来说就是守规矩。对领导干部来说,“守规矩”,不仅是一种责任、一种约束,更是一种对自己的保护。要学会在约束中工作。要强化政治意识、大局意识、责任意识和纪律观念,自觉置于规矩之下,严格按党性原则办事,按政策法规办事。当然,我们强调约束,绝不是束缚干部手脚,“为官不易”不能“为官不为”,要防止在工作中把守规矩同思想解放、工作创新割裂开来、对立起来,要时刻保持昂扬向上的进取心和干事创业的精气神。要习惯在监督下干事。信任不能代表监督,要把自觉接受监督作为一种习惯,把从严管理干部贯彻落实到干部队伍的全过程,严格执行“一把手”的监督管理,探索“一把手”离任用人审计等制度,落实好干部任用纪实、责任倒查制度。要实行科级干部个人重大事项报告制度,在干部提拔使用时,把查阅有关事项报告作为考察的规定动作。要切实强化党风廉政建设党委的主体责任和纪委的监督责任。要引导干部树立正确的政绩观,科学考核考评,既看发展又看基础,既看显绩又看潜绩,通过绩效考核的调整优化和用活用好,引导干部以“功成不必在我”的境界,多做既利于当前、又惠及长远的事情。要适应在高压下作为。高压、问责将逐步成为当前干部从政的一种常态,只有从思想深处纠偏,才能赢得行为的主动。各级干部要从心底里把党纪法规当成高压线、警戒线,切实做到不想碰,不能碰,不敢碰,让法纪真正成为带电的“高压线”,这既是对法纪的敬畏,也是对自身的保护,更是对事业的负责。区委把规矩立在明处,把“红灯”亮在前头,有错无为皆问责,不换状态就换人,凡是不作为、慢作为、乱作为的干部,坚决予以调整,实行退出机制;凡是工作推进不力,影响中心工作完成的,坚决实行问责追责;凡是违法乱纪的,坚决有腐必反、有贪必肃,决不姑息。

同志们,全面深化改革号角已经吹响,人民群众对幸福美好生活充满向往。让我们以党的十八大、十八届三中全会精神为指导,在省委、市委的坚强领导下,团结带领全区广大干部群众,锐意进取,迎难而上,奋发有为,真抓实干,创造新优势,再创新辉煌,为建设“五新”雨花,打造中部现代服务业中心作出新的更大贡献!

长沙市雨花区人民代表大会常务委员会工作报告

——在长沙市雨花区第四届人民代表大会第三次会议上

区人大常委会主任　龚景顺

（2015 年 1 月 14 日）

各位代表：

我受雨花区第四届人民代表大会常务委员会的委托，向大会报告工作，请予审议。

2014 年主要工作回顾

2014 年，区人大常委会在中共雨花区委的正确领导下，认真贯彻党的十八大和十八届三中、四中全会精神，深入开展党的群众路线教育实践活动，紧紧围绕全区发展大局，始终坚持履职不懈怠、监督不失职、尽责不越位的工作理念，依法行使职权，主动开展工作，实现有效作为。一年来，共举行主任会议 34 次，常委会会议 10 次，审议议题 29 个，听取和审议专项工作报告 17 次，作出决议决定 8 项，组织开展执法检查调研 5 次、专项工作评议 1 次、集中视察调查 5 次，对 8 件规范性文件进行备案审查，圆满完成了区四届人大二次会议决定的各项目标任务。

一、紧跟区委决策，始终把促进雨花发展作为首要目标

常委会积极发挥地方国家权力机关职能作用，紧跟核心、紧扣中心、紧贴民心，按照“议大事、促发展、求实效”的总体要求，抓住依法履职的着力点，把握共谋发展的结合点，真正做到“与区委合拍、与政府合力、与群众合心”，为推动全区经济社会发展作出了积极贡献。

1.突出重点，助推经济转型升级。常委会高度关注全区经济运行情况，重点围绕发展方式转变、经济结构转换、产业项目转型，进行调查研究，提出意见建议。着眼打造中部现代服务业中心这一战略部署。积极响应区委号召，认真贯彻“加快打造中部现代服务业中心”战略，注重在增进共识、营造氛围、提出建议等方面下功夫。主任（扩大）会议专题听取区政府关于中部现代服务业中心建设的汇报，提出了完善产业链、抢占制高点、打造新平台、提高集聚度的合理意见以及观念带动、规划驱动、政策推动、项目促动的具体建议。着力深化“项目推进雨花行”这一重要抓手。重点围绕产业项目建设、农民拆迁安置、城中村和棚户区改造、城市综合体发展等议题，开展“基层集中走访月”活动，听取全区 12 个街道有关情况汇报，视察重点项目 43 个，向区委提交《看项目、听意见、找出路》的调研报告，为全区经济发展和项目建设提供了重要参考。认真研究项目建设情况，针对项目投资趋缓、进展迟滞、后劲乏力等问题，专门提出产业项目引导帮扶、择商选资、税收调度、“两安”用地等方面建议。督促项目加快施工进度，2014 年“项目推进雨花行”重点项目——欧亚达第一国际的拆迁腾地等工作进展顺利。着重关注高桥、红星两大市场群体的发展走向。为加快推动高桥大市场的提质改造和红星大市场的择址迁建，常委会组成人员多次到两大市场调研，主任会议专题听取区政府关于两大市场未来发展定位的汇报，提出了科学论证、合理布局、争取政策、整合资源、强化引导、加快实施的建议，要求区政府及相关部门尽快“搭建一个工作班子、制定一个推进计划、解决一些眼前问题、出台一些扶持政策”，抓紧推进提质迁建的相关工作，切实维护两大市场的繁荣稳定。

2.发扬民主,科学决定重大事项。常委会选择事关全区工作大局和群众切身利益等重大问题，在集体讨论和行使职权的基础上,依法进行听取和审议,及时作出决议和决定。加强政府性债务监管。先后听取审议2013年区本级政府性债务融资与偿还执行情况及2014年区本级政府性债务融资与偿还计划、城投公司债券发行、经开区向市先导投公司拆借短期借款的报告,常委会作出决议明确了2014年政府性债务规模,要求区政府加强科学决策、控制债务规模、规范举债行为、完善全程管理,保障了全区经济社会良性健康发展。关注雨花长远发展。通过广泛调研、综合考虑,认真向省、市人大会议提交启动长沙东南区划微调的建议，积极为雨花区划拓增鼓与呼。常委会听取审议了区政府关于提请接管跳马镇的议案,及时作出批准成建制接管跳马镇的决定。积极投身一线工作。服从区委统一安排,常委会领导、部分委室负责人分别参与和服务雅塘片区改造、红莲广场拆迁、川河片区建设、平阳项目征收及教育实践活动督导、文明创建督查等重要工作,督促解决经济社会发展中的困难问题。扎实开展群众工作和联点工作,努力为街道社区和基层群众排忧解难。

3.注重方法,加强财政审查监督。常委会全面履行预算监督职能，着重加强对预算资金使用绩效的监督,代表人民管好政府“钱袋子”。强化预算执行监督工作。先后两次听取审议区本级财政预算执行情况报告，审查批准了2013年决算报告和2014年预算调整报告,提出了严格预算管理、完善预算编制、培植壮大税源、防范债务风险等意见,要求区政府更好发挥财政资金在促进经济增长中的调控作用和社会发展中的主导作用。探索全口径预决算审查监督。专门召开全口径预算探索研讨会，推动区政府确定了实施全口径预算管理的具体步骤。邀请省人大财经委副主任委员、预算工委主任朱新民来区作了《加强对政府全口径预决算审查监督》的专题讲座,为开展全口径预决算监督打下了良好的认识基础和方法基础。坚持全面监管和全程跟踪。实行提前介入,积极参加部门预算编制工作等财政专题会议，全面把握年度预算编制的总体情况和基础数据。从预算的编制、执行、调整、决算及审计等环节入手,深化预决算全过程监督。对财政、审计和国地两税等部门进行重点调研,听取区审计有关工作情况报告,切实增强了预决算监督的针对性。

4.坚持原则,依法开展人事任免。坚持党管干部与依法任免有机统一的原则，进一步健全人事任免工作制度。规范拟任免干部呈报工作,加强常委会组成人员对拟任人员的了解，完善听取拟任人员有关情况说明、任前调查、法律考试、任前陈词、无记名投票表决和颁发任命书等法定程序，提高了任免工作的规范性和公信力,增强了新任命干部的公仆意识、法制意识、责任意识和人大意识。一年来,共依法任命国家机关工作人员23人、免职16人,任命区法院人民陪审员79人、免职1人，补选区人大代表16名、市人大代表4名,为全区各项事业推进提供了有力保证。

二、紧扣工作大局,始终把增强监督实效作为履职取向

常委会坚持围绕中心、服务大局，按照依法监督、突出重点、注重实效的原则,认真行使监督职权、不断改进监督方式,在监督中予以大力支持,在支持中实现有力监督。

1.工作监督致力方法创新。抓住影响全局发展的“关键点”,选准日常工作监督的“切入点”,力争监督工作落到实处、见到实效。监督议题有新的侧重。为避免监督议题大而化之、流于形式,常委会年初审议通过了《2014年工作要点》,印发了《2014年工作计划安排表》,分月份、按计划、有重点地选择主要议题。同时,在各议题审议时再选取主要侧重点:如对财政监督侧重于政府性债务、税源建设和全口径预决算审查监督等，以此推动财政监督由程序性向实质性转变；对城市建设监督侧重于城中村和棚户区改造等，以此推动城市建设由低端粗放向扩容提质方向发展。监督方式有新的突破。在坚持运用召开“一府两院”工作联席会议、听取审议工作报告、视察调研、执法检查等常规监督方式的同时,常委会审议通过了《专项工作评议暂行办法》,开启了对“一府两院”工作监督专题化、精细化、制度化的新篇章。监督实效有新的提升。根据“凡议必调研”的原则，有针对性地开展会前视察活动，不断强化对议题有关情况的掌握。探索满意度测评，组织参会人员对听取的报告，按照“满意、基本满意、不满意”三个等次，采取无记名投票进行评价。建立会后跟踪督查机制，对审议意见实行致函交办，对整改进度进行跟踪问效，对落实情况推行刚性监督。

2.*法律监督立足关注热点*。认真贯彻依法治国方略，监督区政府及有关部门制定落实年度普法工作计划，广泛宣传“学法知法、依法办事”理念，不断浓厚“崇法守法、依法行政”氛围。深入开展“司法公正长沙·雨花行”活动，把监督支持区法院、区检察院、区公安分局、区司法局贯彻落实《刑法》、《刑事诉讼法》和其他法律法规关于社区矫正工作的有关规定列为活动重点，有力地促进了司法机关相关工作在阳光下运行、在监督中规范、在规范中提升。大力弘扬宪法精神、维护宪法权威、保证宪法实施，协调开展“12·4”国家宪法日活动，由常委会组成人员带领新任法律工作者向宪法宣誓，进一步增强了宪法意识。配合省市人大开展了《城乡规划法》《税收征收管理法》《专利法》《禁毒法》《森林法》等法律法规实施情况的执法检查，并针对检查中发现的问题提出意见交政府办理，跟踪监督落实情况。完善规范性文件备案审查机制，对区政府报备的规范性文件进行了备案审查，维护了国家法制的统一。

3.*信访办理更加规范有效*。按照“件件有着落，事事有回音”的原则，积极探索加强人大信访工作的新途径、新方法。实行信访接待、协调沟通、交办督办“一体化”制度，全年共受理人民群众来信来访23件次，办理省市人大转办案件7件，均按照法律法规和政策要求进行了转办、交办和督办。特别是对于重大的涉法诉求、矛盾纠纷、拆迁安置等问题，及时向区委汇报，与“一府两院”交换意见，协调交办，跟踪督办。认真帮助联点街道和社区做好信访维稳工作，推动问题解决在一线、矛盾排解在基层。运用“民族团结进步行”活动平台，协调处置涉及民族方面的矛盾纠纷，促进少数民族流动人口服务管理试点工作。

三、紧贴民意民生，始终把坚持以人为本作为基本遵循

常委会坚持把关注民生、改善民生、保障民生作为依法履职行权的出发点和落脚点，通过发挥人大职能作用，着力推进解决人民群众最关心、最直接、最现实的利益问题。

1.*聚焦生态文明建设*。继续开展“环保世纪行”活动，听取区环保工作汇报，加强对“两河”流域污染整治工作的监督，实地察看花桥污水处理厂、圭塘河生态经济带和浏阳河沿线现状，督促职能部门履职；关注大气污染，深入具有代表性的小微企业调研，着重就工地扬尘控制、企业锅炉改烧等方面提出建议。区政府认真研究对策，扎实开展“清霾”行动和高污染燃料燃烧、餐饮油烟专项整治行动，湘府路至时代阳光大道段环境综合整治基本完成。

2.*专项评议禁毒工作*。常委会高度重视《禁毒法》的贯彻执行，年初就将禁毒工作确定为2014年专项工作评议重点，组织对区政府进行了为期4个月的禁毒工作专项评议活动，并召开雨花区禁毒工作专项工作评议大会，参会范围扩大到部分市区人大代表、区禁毒委成员单位负责人及各街道分管禁毒工作负责人。通过走访调查、听取汇报、民主评议、满意度测评、意见反馈等工作，常委会提出了“提高认识、强化领导、加大投入、注重宣传、整合力量、打防并举”的意见建议，要求区政府在规定时限内报告整改落实情况。

3.*推进保障住房建设*。为推动全区保障性住房建设工作健康发展，主任会议实地视察了黎郡新宇等3个安置小区、华狮啤酒等6个棚改项目以及黎锦苑等4个农村拆迁保障住房项目。主任会议成员深入项目工地，与相关职能部门、街道、项目负责人进行面对面交流，详细了解每个项目的起源、资金投入、手续办理、建设进度等情况。针对视察中发现的问题，要求区政府积极争取政策、做好立项评估、加快施工进度、落实质量监管、重视物业管理。区政府高度重视、迅速研究，在保障住房项目建设管理、资金投入、分房工作、后期物业等方面进行了规范落实。

同时,继续推进"三湘农民健康行"活动,督促政府职能部门在提质农村卫生服务、美化农村环境卫生、保障农村饮水安全等方面履职作为。重视人口计生法律法规的贯彻落实，围绕计生政策调整实施情况、加强社会抚养费征收与管理等方面听取了区人口计生工作汇报。把"三湘农产品质量安全行"的重点放在溯源体系的建设完善上，通过开展专项整治和综合执法行动，有力推动了对农产品质量安全的重点监管和长效监管。

四、紧密联系代表,始终把发挥代表作用作为活力源泉

常委会高度重视代表工作,始终坚持"人大工作的主体是代表,人大工作的开展靠代表,人大工作的潜力在代表"的理念,不断激发代表履职热情,充分保障代表履职权力，致力将人大常委会机关建设成为真正的"代表之家"。

1.以服务为根本,代表联系常态化。深入开展"双联"活动,主动为代表履行职责提供平台,为代表知情知政拓宽渠道,为代表联系选民创造条件,为代表干事创业竭诚服务。坚持日常走访制度,常委会组成人员经常深入基层了解代表的工作和履职情况,听取收集对全区各项工作的意见建议。建立代表QQ群、联络微信等平台,及时通报常委会公报、计划安排、审议意见及区情信息等,畅通了常委会与代表、代表与选民联系沟通的新渠道。

2.以活动为载体,代表履职规范化。加强代表小组制度规范和阵地建设,区人大代表活动室的建设即将完成,12个代表小组基本实现了工作有计划、活动有阵地、履职有平台。深入开展代表工作调研,举办区人大代表履职专题培训班,建立代表履职档案,召开代表履职工作经验交流会,涌现了一批创新成果和先进典型。切实提高代表在常委会工作中的参与度,全年共邀请代表280人次列席常委会议、参加各项视察、旁听区法院庭审、参加区检察院开放日等活动,部分人大街道工委还组织代表对政府职能部门的派驻机构进行工作评议。常委会审议通过了关于人大代表向选民述职的制度，已有29名代表向选民述职,代表投身区域发展、积极为民代言、支持公益事业的责任意识和履职意识进一步增强。

3.以满意为标准,意见办理实效化。注重在引导代表提出意见上求质量、办理方式上求创新、督办落实上求实效。坚持常委会领导重点督办、委室归口督办、邀请代表共同督办和开展专项视察制度,先后两次听取审议区政府关于区四届人大二次会议议案、建议、批评、意见办理情况的汇报,办复率和满意率明显提升。区四届人大一次会议大会立案件区公卫大楼项目主体完工验收，重点督办件石坝路项目预计2015年上半年实现全线贯通。区四届人大二次会议大会立案件木莲冲路项目一标段桥梁以东部分实现主线贯通,二标段实现毛路通车;重点督办件赤新农贸市场提质改造项目已完成北向道路施工及下水管网疏通,预计春节前全面完工。

五、紧抓作风转变,始终把加强自身建设作为有力保障

常委会以践行党的群众路线教育实践活动为契机,深入学习贯彻习近平总书记系列重要讲话精神,认真执行中央"八项规定"、省委"九项规定"、市委"两规定一办法"和廉洁从政要求,全面加强自身建设,不断提高履职能力。

1.扎实开展教育实践活动。常委会党组贯彻落实"照镜子、正衣冠、洗洗澡、治治病"总要求,认真搞学习、查问题、抓整改、建机制,以聚焦"四风"抓转变作风,扎实推动教育实践活动深入开展。通过抓集中培训、学先进典型、搞专题讨论、写对照检查材料等方式，进行了一次深刻的马克思主义群众观点的教育和实践。认真查找了"四风"方面存在的突出问题43个,逐一提出整改措施,逐步建立长效机制,常委会机关风正劲足、气顺心齐的局面进一步巩固,干部勇于担当、恪尽职守的意识进一步增强。

2.着力加强机关能力建设。加强学习型党组织和学习型机关建设，坚持并完善常委会集体学习和党组班子成员轮流讲党课制度，不断提高常委会机关干部的理论素养和业务能力。认真组织学习习近平总书记在庆祝全国人大成立60周年大会上的重要讲话精神,并组织召开了全区庆祝座谈会。加强对上联系和对外交流，安排机关干部到省市人大进行学习培训，组织常委会各工作委员会兼职委员、人大街道工委负责人以及机关干部分赴外地专题考察，接待兄弟区县人大来区考察调研3批次，达到了系统学习人大业务知识、熟练掌握人大工作程序、切实提升依法办事水平的目的。

3.不断健全完善各项制度。进一步健全党组会议、主任会议、常委会议议事规则，全面梳理常委会及区人大机关各项规章制度，修改完善周一工作例会、主任会议成员走访代表、视察调研活动流程等14项制度，努力提高议事、决事、办事水平，确保机关日常工作高效有序运行。落实“三会一课”制度，坚持民主生活会制度，推动批评和自我批评常态化、长效化。加强人大制度和人大工作宣传，充分发挥新闻媒体和网络平台作用，为常委会和人大代表履职营造良好舆论氛围。严格执行党风廉政建设责任制，没有发生违法违纪的现象。

各位代表，区人大常委会过去一年各项工作的进展和成效，是区委正确领导的结果，是全体区人大代表、常委会组成人员、人大各街道工委以及人大机关干部辛勤工作的结果，是“一府两院”密切配合的结果，也是全区人民群众和社会各界支持参与的结果。在此，我代表区人大常委会向重视、关心、支持和共同推进人大工作的同志们表示衷心的感谢！

在总结成绩的同时，我们也清醒地认识到，与党和人民的期望、宪法法律的要求、改革发展的需要相比，常委会工作还存在一定差距和薄弱环节，如讨论决定重大事项的机制有待完善，依法监督工作的实效有待增强，代表联系选民的渠道有待拓展，意见建议督办的力度有待加大等。对此，我们将认真研究，切实改进。

2015年重点工作任务

2015年是全面完成“十二五”规划的收官之年、全面深化改革的关键之年、全面推进依法治国的开局之年。新的一年，区人大常委会工作总的思路是：在中共雨花区委的坚强领导下，深入学习贯彻落实党的十八大和十八届三中、四中全会精神，坚持党的领导、科学发展、深化改革的根本原则，坚持围绕中心、服务大局、关注民生的价值取向，坚持依法治国、依法行权、依法监督的前进方向，坚持服务代表、积极作为、改进作风的具体要求，主动适应发展新常态，不断凝聚履职新动力，努力开创工作新局面，为雨花区加快打造中部现代服务业中心作出积极贡献。

一、坚持围绕中心，突出服务发展大局

常委会将从维护党的领导核心、维护宪法法律权威的高度出发，自觉把人大工作置于区委领导之下，全面贯彻落实区委重大决策部署，围绕全区经济社会发展中带有根本性、全局性、长远性的重大问题，认真行使重大事项决定权，使党的主张经过法定程序成为全区人民的共同意志和统一行动。依法督促政府全面履行工作职能，建设法治政府和服务型政府。继续提出符合雨花实际的区划调整建议，提高“项目推进雨花行”活动实效，重点听取审议发展和改革工作、重点工程建设项目推进和财政预决算及审计工作等情况报告，督促政府全面推行全口径预决算体系，实行审计报告中指出问题的有关责任单位向常委会报告整改情况。健全完善任职宣誓和履职培训等制度，进一步规范国家机关工作人员任免工作程序。

二、把握监督重点，积极回应社会关切

围绕事关全区经济社会发展和人民群众切身利益的重大问题开展监督，全面增强监督实效。按照全面推进依法治国要求和《监督法》规定，配合上级人大常委会检查相关法律法规实施情况。深化“司法公正长沙·雨花行”活动，开展人大代表旁听、评议庭审工作，听取审议区法院、区检察院、区公安分局关于办案质量检查情况的报告。深化“环保世纪行”活动，推进两河流域治理和大气污染防治，围绕圭塘河治理工作开展专项工作评议。深化“三湘农民健康行”活动，关注医疗卫生体制改革，听取审议区卫生工作汇报。深化“三湘农产品质量安全行”“民族团结进步行”活动，推动相关工作开展。探索新的监督方式，年初审议通过专题询问暂行办法，有选择性地确定重

点议题,年内至少开展1次专题询问和满意度测评。认真做好信访工作,探索及时就地解决群众合理诉求机制。

三、强化服务保障,发挥代表主体作用

人大常委会整体工作的推进必须紧紧依靠全体代表。要通过完善相关工作机制、创新联系代表方式、优化服务代表平台,切实保障人大代表依法履职。继续深入开展“双联”活动,认真落实常委会组成人员联系走访代表制度和主任接待日制度,加强对闭会期间代表活动的指导、协调和服务,提升人大代表活动室建设实效。积极拓展代表联系选民渠道,全面实行代表向选民述职,探索开展驻区市人大代表述职工作。办好代表履职专题培训班,发掘宣传代表依法履职先进典型。健全代表意见建议办理机制,规范办理程序,全程跟踪问效,提高办结率和满意率。

四、围绕建章立制,注重加强自身建设

区人大常委会要进一步深化对人民代表大会制度的认识,牢固树立政治观念、大局观念、群众观念和法治观念,努力提高为民掌权、为民履职、为民服务的本领。加强学风建设和调查研究,举办十八届四中全会精神培训班和依法治国专题讲座,组织好人大工作者能力提升高级研修班。适应全面深化改革要求,推进人民代表大会制度理论研究和实践创新。巩固群众路线教育实践活动成果,落实各项规章制度和作风建设规定,始终保持同人民群众的血肉联系。加强机关干部队伍建设,健全机关管理制度和激励机制,加强上下级人大机构联系,共同提高人大工作质量、运行效率和整体活力。

各位代表!党的十八届四中全会为我们描绘了依法治国的崭新蓝图,我们又一次站在了改革与发展新的起点上。历史赋予我们的使命光荣而艰巨,人民对于我们的期待殷切而厚重。让我们在中共雨花区委的坚强领导下,同心同德,开拓进取,扎实工作,努力开创我区人大工作新局面,为加快雨花社会主义民主法治进程、打造中部现代服务业中心作出新的更大贡献!

政府工作报告

——在长沙市雨花区第四届人民代表大会第三次会议上

代区长　张能峰

（2015 年 1 月 13 日）

各位代表：

现在，我代表区人民政府，向大会报告工作，请予审议。并请各位政协委员和其他列席会议人员提出意见。

一、关于 2014 年的工作回顾

2014 年，在市委、市政府和区委的正确领导下，在区人大、区政协的监督支持下，区政府紧紧围绕率先建成“三市”、强力实施“三倍”的战略部署，牢牢把握“锐意改革创新，率先科学发展”的工作主题，积极应对复杂的宏观经济形势，紧贴政策不偏离，紧盯目标不动摇，紧扣发展不松劲，全力抓好稳增长、调结构、促改革、惠民生各项工作，较好地完成了区四届人大二次会议确定的目标任务。

一年来，我们致力于科学发展、三量齐升，经济实力进一步增强。2014 年，是雨花转型发展较为艰难的一年，困难比想象的要大；2014 年，是雨花加快发展值得欣慰的一年，成效比预料的要好。一年中，全区上下尽心谋发展，尽力求发展，尽责抓发展，实现了经济总量、人均均量和运行质量“三量齐升”。全年完成地区生产总值 1400 亿元（含中烟，预计数，下同），增长 9%。完成财政总收入 118.66 亿元，增长 13.06%；地方公共财政预算收入 52.64 亿元，增长 19.15%。完成固定资产投资 513 亿元，增长 18.2%。实现社会消费品零售总额 580 亿元，增长 10%。规模工业总产值、增加值（含长烟）分别达到 543 亿元、246.7 亿元，分别增长 13.1%、7%。引进省外境内资金 75 亿元，市外境内资金形成固定资产 198 亿元，实际到位外资 5.24 亿美元。城镇居民人均可支配收入 42000 元，增长 10%。

一年来，我们致力于调优结构、做大产业，发展基础进一步夯实。编制了区现代服务业总体发展战略规划和核心片区规划，高桥大市场提质、红星冷冻四期、养天和大药房 3 个项目纳入国家级现代服务业综合试点。全区登记在册的 10 亿元以上项目达到 59 个，一批城市综合体相继启动建设、投入运营，打造专业示范楼宇 5 个，培育 2 个“亿元楼宇”。积极参加沪洽周、深洽会等招商节会，累计签约重大项目 18 个，中石油、昆仑能源、华夏人寿保险等 12 家区域性总部签约落户。湖南工业机器人产业示范园落户雨花经开区，长泰、库卡、拓野、佛山精一、湖南大捷、艾伯特等 6 家机器人厂商成功签约。比亚迪电动大巴、乘用车销售良好，克明面业、金杯电工、晓光模具等一批骨干企业不断发展壮大。成功举办 2014 中国中部（湖南）国际农博会、福满星城·福传雨花购物消费节等节会活动，雨花的知名度和美誉度进一步提升。

一年来，我们致力于改善设施、加强管理，城市品位进一步提升。主动服务国家、省市重大工程建设，沪昆高铁站场投入使用，磁悬浮开工建设，地铁 2 号线竣工运营，地铁 1 号线、城际轻轨、京珠高速、万家丽路快速化改造、洞株公路等项目完成年度建设任务。积极推进高铁新城、雅塘片区开发建设，洞井路、大桥路、楠竹路、东进路、曙光南路、圭塘路二标、马王堆路、嘉雨路、万侯路等 9 条道路建成通车，木莲冲路、石坝路、川河路等 10 余条道路抓紧建设。加强了建设行政执法监管，强化了质量安全监督，有效确保了工程质量。确立了“4+X”征拆模式，强力推进征拆工作，全年腾地 5570 亩。实施了“百万拆违”大行动，拆除违法建筑 126 万平方米、违章户外广告招牌5.5万平方米。开展了城管“三进”、“清洁城市”等行动,强化“门前三包”、夜宵摊担、渣土扬尘管理,改造了一批老旧社区、背街小巷,组织了火车南站、汽车南站、高桥大市场、红星大市场等区域综合整治,市容市貌有效改善。实施“三年造绿”大行动,开展了花侯路、长沙大道等道路绿化提质,打造了2条景观街,兴建了2个社区公园和4个小游园,新增绿地67.3公顷。实施了清霾、碧水、静音和污染隐患排查整治四大行动,开展了“两河”流域综合治理,圭塘河二期开工建设,花桥污水处理厂二期、雨花污水处理厂建设顺利。巩固文明创建成果,开展了“八个最美”创建活动,打造了“高铁志愿服务”“七彩雷锋日”等服务品牌。

一年来,我们致力于兴办实事、保障民生,群众生活进一步改善。民生保障有效加强,新增城镇就业1.94万人,农村劳动力转移就业2600人,城镇登记失业率2.3%,“零就业”家庭实现动态清零。新增企业养老保险1.5万人,城乡居民医疗保险缴费16万人。推进惠民解困“雨露工程”,城乡低保救助6.8万人次,高龄老人津贴1.06万人。民生项目取得实效,圆满完成省13件、市7件实事。黎锦苑、黎雅苑、太和园、颐景苑等农民保障住房竣工分房,桃花苑、瑞景苑、莲景苑、月雅苑等农民保障住房主体封顶。长沙锁厂棚改竣工交房,一汽棚改主体封顶,长重棚改一期竣工,华狮、长城信息、长钢、梨子山等项目启动改造。新建廉租房616套,185套公租房建设顺利。红星、高升、石马等城中村改造试点工作稳步推进。社会事业协调发展,推进合格学校、校安工程建设和薄弱学校提质改造,市一中雨花新华都学校、枫树山南屏锦源小学、长塘里新华都分校、黎郡小学等学校如期开学,新增校舍面积10万平方米、学位8550个,荣获“全国义务教育发展基本均衡区”。科技服务水平进一步提升,新增省级科技创新平台5家、高新技术企业15家。打造了群众文化节、“书香雨花”读书节等品牌,建成示范性街道综合文化站2个、示范性社区文化活动中心12个。落实国家基本药物制度,区公卫大楼完成主体工程,砂子塘、洞井社区卫生服务中心建设如期推进,改造村级卫生室7所。开展幸福家庭创建活动,加强流动人口管理,落实“单独两孩”政策、“城镇独生子女父母奖励制度”,关爱计生特殊家庭,连续七年保持“全国计生优质服务先进区”称号。双拥工作和国防教育全面加强,征兵工作顺利完成,民兵预备役质量有了新提升。人事编制、统计、疾控卫监、质监、史志档案、人防、工会、共青团、妇联、工商联、民族宗教、外事侨务、侨联、对台、残联、科协、老干、老龄、关工委、机关后勤等工作扎实开展,取得了较好成绩。

一年来,我们致力于加强治理、平安创建,社会大局进一步稳定。积极推进“平安雨花”建设,开展了“春雷行动”、“亮剑行动”和“黄赌毒”专项整治,严厉打击各类违法犯罪活动,构建了立体化的治安防控网络,群众的满意度进一步提升,连续八年保持全省“平安县(区)”称号。完善领导包案接访、矛盾纠纷排查、信访稳定评估等机制,开展了化解信访积案专项行动,化解信访积案71件,非访人数大幅下降。深入推进“打非治违”、“火灾隐患大排查大整治”,加强重点行业、重点领域安全隐患排查治理,扎实推进企业安全生产标准化建设,全区安全生产形势持续好转,保持“省级安全生产示范县(区)”称号。加大食品药品安全监管力度,对校园周边、餐饮门店、加工作坊等重点场所进行治理,有效保障了人民群众“舌尖上的安全”。深入实施全国社区治理和服务创新实验区建设,完成社区筹委会选举,开展了社区职能职责清理工作,成功创建“全国和谐社区建设示范城区”。

一年来,我们致力于依法行政、提升效能,自身建设进一步加强。在区委的正确领导下,自觉接受区人大的法律监督、工作监督,主动接受区政协的民主监督,办理各级人大代表议案、建议110件,政协委员提案107件,办结率100%、满意率99%。发挥各民主党派、工商联、人民团体和无党派人士的参政议政作用,促进了政府决策法制化、民主化、科学化。深入推进“六五”普法,法治雨花建设取得积极成效。全面推进行政审批制度改革,承接市下放权限78项,区本级行政审批项目由224项精简至65项,精简比例达70.9%。商事登记制度改革全面铺开，政府行政管理体制、财税体制等领域改革有序推进。发挥"12345"市民服务热线作用，窗口服务进一步向基层延伸。开展了"三定三抓"和创业富民活动，帮扶了企业发展，助推了项目建设。扎实开展了党的群众路线教育实践活动，积极落实中央"八项规定"，巩固办公用房清理成果，开展公务用车专项整治，"三公"经费下降30.5%。完成310个财政投资项目结算评审，核减资金5.01亿元，核减率29.4%。在门户网站公开部门"三公"经费预算，主动接受社会监督。落实党风廉政建设责任制，加强行政监察和审计监督，查处各类违纪案件55件，党纪政纪处分48人，树立了良好的政府形象。

各位代表，成绩来之不易，发展令人振奋！成绩的取得，是市委、市政府和区委坚强领导、总揽全局的结果，是区人大、区政协及全体代表、委员有力监督、全力支持的结果，是全区广大干部群众团结一心、奋力拼搏的结果。在此，我谨代表区人民政府，向在各个岗位辛勤劳动、无私奉献的全区人民，向给予政府工作大力支持的各民主党派、工商联、人民团体、驻区单位，向各位人大代表、政协委员、老领导、老同志和社会各界人士，表示衷心的感谢，并致以崇高的敬意！

在肯定成绩的同时，我们也清醒地看到，经济社会发展仍然存在一些困难、问题与不足：经济运行总体保持平稳态势，但下行压力加大，投资动力不足，消费需求不旺，区域经济保持高基数上的高增长压力较大；产业结构逐步优化提质，但发展质量和效益仍然不高，缺乏强有力的大项目、好项目支撑，企业创新能力和产业附加值相对较低，转型升级任务艰巨；项目帮扶的成效明显，但征地难、拆迁难、融资难等问题依然突出，重点项目建设有待进一步加快；城市承载功能不断增强，但建设品质还需进一步提升，管理水平有待进一步提高；社会大局持续稳定，但安全隐患较多，安全形势依然严峻，社会矛盾较多，维稳任务依然艰巨；政府效能不断提升，但社会管理和公共服务职能还需进一步强化，行政效率有待进一步提高，"为官不为"的现象在一定程度、一定层面客观存在，干部工作作风有待进一步改进，等等。这些问题，我们将高度重视，采取有力措施，切实加以解决。

二、关于2015年的工作安排

2015年，是全面深化改革、全面建成小康社会的关键之年，是全面推进依法治区的开局之年和"十二五"规划的收官之年，也是主动顺应新常态、谋划长远发展的重要一年。我们要敏锐而行、顺势而为、精准发力，努力在新常态中体现新担当。我们要在把握新形势中适应新常态。新形势下，我国经济正在从高速增长转向中高速增长，从结构不合理转向结构优化，从要素投入驱动转向创新驱动，从隐含风险转向面临多种挑战，呈现"中高速、优结构、新动力、多挑战"的新常态。我们既要保持经济在合理区间运行，又要把握"重点区域重点发展、优势区域优先发展"的现实要求，在中高速、中高端上增创新优势、谋求新发展。我们要在适应新常态中抢抓新机遇。国内经济企稳向好的基本面没有变，中央继续坚持稳中求进的总基调，以提高经济发展质量和效益为中心，实施积极的财政政策和稳健的货币政策，保持经济运行在合理区间。注重保持稳增长和调结构之间的平衡，突出淘汰落后产能与实施创新驱动双管齐下，调速不减势，量增质更优。湖南正发挥"一带一部"的区位优势，抓住产业梯度转移和国家支持中西部地区发展的重大机遇，以全面建成小康社会为总揽，着力促进"三量齐升"，大力推进"四化两型"，提高经济整体质量和竞争力。市委、市政府积极落实"六个走在前列"要求，强力实施"三市三倍"战略，提出坚持稳得住、进得好、调得优，更加突出项目拉动、改革推动、创新驱动、开放带动，引领经济转型升级、城市转型升级、社会治理转型升级、法治长沙建设转型升级向更高层次攀升。最近，国务院批复长株潭建设国家自主创新示范区。这都为我们雨花加快发展带来更多的政策支持，带来更大的市场空间，带来更多的项目布局，带来更多的投资机会。我们要在抢抓新机遇中谋求新作为。我们雨花有在区委坚强领导下的几大家班子精诚团结、和衷共济的良好局面，有忠诚奉献、真抓实干的干部队伍,有敢为人先、勤劳能干的雨花人民,有全国重要高铁枢纽、大批项目聚集的希望热土,有历届班子为我们创造的良好环境和打下的坚实基础。这是我们发展的资本,这是我们发展的优势。只要我们继续同心同德,抢抓机遇,苦干实干,我们雨花就一定能够走在前列、率先发展!

今年政府工作的总体要求是:全面贯彻落实党的十八大、十八届三中、四中全会和中央、省委、市委经济工作会议精神,主动适应经济发展新常态,以全面建成小康社会为总抓手,高举全面深化改革大旗,着力转型升级,提速项目建设,狠抓城市管理,改善民生福祉,维护社会稳定,筑牢基础,破解难局,朝着打造中部现代服务业中心、加快实现基本现代化目标阔步迈进。

2015年全区经济社会发展的主要预期目标是:地区生产总值增长8%以上;财政总收入增长8%以上;地方公共财政预算收入增长10%以上;固定资产投资增长13%;社会消费品零售总额增长10%;实际到位外资6亿美元,引进省外境内资金80亿元,市外境内资金形成固定资产220亿元;城镇居民人均可支配收入增长9.5%;城市登记失业率控制在4%以内;人口自然增长率控制在6.5‰以内;节能减排等约束性指标全面完成。

实现上述目标,我们将重点抓好以下五个方面的工作:

*(一)以产业升级为龙头,着力兴园区、调结构、促增长。*产业是实现稳增长的关键,是富民强区的强大动力。推动新型工业发展壮大。以更大的勇气、更多的精力、更快的速度推进经开区开发,抓好工业机器人产业发展,抓紧办理一切手续,加快基础设施和配套设施建设,支持长泰、科达等机器人企业做大做强,争取库卡、拓野、佛山精一、湖南大捷等6家机器人企业尽快落地建设,力争年内入园机器人企业15家以上。争取政策资金扶持,加大资金投入,规划建设机器人展示、演示、体验中心,组建机器人研究院,力争机器人检测评价机构落户。重点发展新能源与节能环保、新能源汽车产业,启动比亚迪E3电动轿车项目,新建一条年产40万台的全自动电动轿车整车生产线,实现电动乘用车规模量产。扶持入园企业做强做优,加快工业楼宇、企业中心的发展,引导工业企业向园区聚集,年内至少引进投资过10亿元项目1个、5亿元项目3个,延伸产业链条,形成产业集群,逐步把园区打造成工业基地、产业福地、就业洼地、税收高地。力争通过两年左右的时间,创建国家级经济开发区。引导现代服务业集聚发展。按照"一核、两带、四组团"的整体布局,重点发展现代金融、现代物流、现代商贸、文化创意、电子商务、工业设计、专业服务、服务外包、体育产业、健康养老、移动互联网等服务业。强力推进东塘商圈二次开发,加快"腾笼换鸟",培育高端商务楼宇、商业街市,促进商圈持续繁荣。按照"整体规划、市场运作、逐步实施"的原则,进一步提质高桥大市场,优化功能分区,调整业态布局,激发高桥商圈活力。加快规划选址,全力支持红星农副产品大市场搬迁建设,提升品牌影响力和市场竞争力。积极将现代电子商务物流园纳入经开区统一布局,享受同等政策,高起点规划,高门槛准入,高标准建设,高速度推进。启动仓储1号地建设,年内引进2家以上有真实力、高品质的企业入园。完善产业配套服务体系。围绕产业发展整体规划,不断构建政策措施配套、基础设施完备、公共服务良好、科技创新给力的产业发展服务体系,引导社会投资和战略项目向区域集聚,加快现代服务业、高新技术和战略性新兴产业集群发展。搭建企业公共服务平台,大力吸引社会投资,鼓励引导企业上市,为企业提供创业辅导、教育培训、信息咨询等服务。规范产业扶植,支持现代服务业试点项目建设,鼓励扶持总部经济、商务楼宇、工业楼宇蓬勃发展,积极支持房地产业和城市综合体健康发展。

*(二)以重大项目为带动,着力强拆迁、抓招商、优环境。*项目是发展的有效载体,建设项目是加快发展的强有力支撑。将今年确定为"项目奋进年",奋发有为,积极进取,形成齐抓项目、共推项目的良好局面。规划项目布局。推进高铁新城建设,以高强度、大规模的投资撬动片区开发,抓紧规划建设一批战略投资项目,打造新的经济增长点。依托雨花

经开区，积极培育工业机器人、新能源与节能环保、汽车等重点产业，打造新的经济增长极。加快圭塘河综合治理与沿河开发，打造新的经济增长带。积极争取项目。抓紧2015年项目申报工作，科学编制区"十三五"发展规划，策划包装一批大项目、好项目，力争更多项目进入国家、省市计划"笼子"。强力推进拆迁。形成凝心聚力推进拆迁的气势，集中力量攻坚重点片区拆迁，力争两年完成高铁新城拆迁，三年完成雅塘片区拆迁，四年完成棚户区拆迁，五年完成城中村拆迁，积极推进其他项目拆迁，年内腾地5000亩以上。以拆除违章仓储为重点，继续实施"百万拆违"大行动，拆除违法建筑100万平方米以上。突出招商选资。严格准入制度，围绕园区开发招商，紧扣工业项目招商，注重商贸物流招商。重点引进区域总部、产业龙头企业、高科技企业和产业带动大、市场竞争力强的高附加值项目，坚决杜绝高能耗、高污染项目进入。优化项目环境。坚持一切围绕项目，一切服从项目，一切服务项目，继续开展"三定三抓"活动，帮助项目解决拆迁、融资和手续办理等问题，提供便捷高效的政务服务。严厉打击强揽工程、强买强卖、阻工闹事等破坏发展环境的行为，推行企业"宁静日"制度，营造良好的项目发展环境，实现签约项目早日落地、待建项目早日开工、在建项目早日投产。

（三）*以城市建管为抓手，着力抓规划、搞建设、精管理。*城市是发展的窗口、对外的形象，抓城建就是抓经济，抓城管就是抓发展。坚持规划先行。先规划后建设，按照规划建设。搞好城市片区功能定位，完善城市控制性规划及修建性详规，认真做好高铁新城、雅塘片区、"两圈一路"等重点区域的城市设计和跳马的城乡一体化发展规划。注重规划衔接，促进各组团融合发展。统筹规划基础配套与公益设施，搞好地上路网建设与地下管网配套，完善城市功能，彰显城市特色。加快城市建设。全神贯注、全力以赴推进高铁新城开发，充分发挥区位、交通优势，推动片区规划提升、建设提速，年内完成核心片区拆迁，力争10个以上的大项目签约落地，建好火车南站东广场，配建一批公共设施，加快打造城市新名片。通过3—5年努力，让一座高铁新城拔地而起、风景独好。支持磁悬浮、京珠高速、城市地铁建设，配合万家丽路快速化改造、劳动路跨京广铁路桥改造和时代阳光大道东延线建设，实现木莲冲路、石坝路、川河路、民主路、圭塘河路、圭白路等项目竣工通车。完成长沙大道、沙湾路提质改造，建设韶山路高标准示范路。改造老旧社区5个、背街小巷5条，打造特色景观街1条。切实提高工程建设监管水平，确保工程建设质量。提升管理水平。落实"最严"城管要求，凸现"最严"城管效果。切实推行城市综合管理精细化、维护作业专业化、执法联动系统化，进一步扩大市政、环卫、园林专业维护覆盖面，实行分时段清扫保洁，扎实推进城郊结合部、客运站场、商业广场等区域的环境综合整治。深入开展"门前三包"、夜宵摊担、扬尘渣土、物业管理等专项整治，严查十大类城管违规行为。加强火车南站地区综合管理，扮靓湖南窗口，打造全国标杆。推进汽车南站综合交通枢纽改扩建工程，巩固提升汽车南站综合整治成果。规划建设停车场，加强停车管理。巩固全国文明城市创建成果，向国家卫生城市标准看齐，保持创建常态，提升品牌影响，展示货真价实、名副其实的文明卫生城市的风采风貌。突出文化引领。注重把反映社会主义核心价值体系文化的教育与本土文化的弘扬很好地结合起来，注重对需求的把握，对情趣的提升，用文化力推动生产力，把文化力转化为生产力。挖掘人文资源，保护历史痕迹，追寻红色记忆，规划重建雨花亭，恢复重建红一方面军总前委指挥部，打造一批特色文化项目。完善公共文化设施，建设一流的图书馆、科技馆和政务服务中心（雨花市民之家），打造湘府路文化示范街。注重生态建设。与其推山绿地，不如封山育林；与其拆房造绿，不如养绿护绿，要痛下决心，不惜代价，把雨花的青山绿水保护好。将圭塘河作为"母亲河"打造好、保护好，搞好圭塘河全线28公里的整体规划、综合整治和生态绿化。保护好清泉寺城市公园、狮子山城市公园、牛栏山城市公园、石燕湖生态公园和跳马的绿心绿肺等原始生态，不毁山砍树，不开发建房。配合市里建设沙湾公园。落实

“三年造绿计划”,新增绿地55万平方米,新建2个社区公园和3个小游园,实施立体绿化2万平方米,建设城市绿道5公里。加强环境保护。实施第三个“环保三年行动计划”,深入开展“清霾、碧水、静音、净土”四大行动,继续推进“两河”流域污染整治工作,实现花桥污水处理厂二期、雨花污水处理厂竣工,抓好水环境、大气污染治理,继续开展环境污染隐患集中排查整治,坚决查处破坏环境的违法案件,不断提升环境质量,改善人居环境。

(四)以社会治理为重点,着力惠民生、保稳定、促和谐。社会治理是政府的重要职能,保障和改善民生是我们的根本。完善社会保障体系。积极扩大就业,新增城镇就业1.5万人,就业困难人员再就业1000人。实施创业富民,推进创业型城区、创业孵化基地建设。强化社会保险扩面征缴,确保基本养老、基本医疗保险全覆盖,最低生活保障应保尽保。实施惠民解困“雨露工程”,完善梯级社会救助体系,发展慈善、福彩公益事业,建立高龄津贴自然增长机制,实施困境儿童“幸福计划”。培育养老服务社会组织,统筹发展机构养老、居家养老、社区养老。实施安居工程,加快推进雅塘片区、华狮、长城信息、长钢、长橡、友谊、小林子冲、梨子山等棚户区改造,完成棚改868套。抓好农民保障住房建设,确保瑞景苑、月雅苑、桃花苑一期竣工交房,黎锦苑西片区、莲景苑主体完工,启动川河苑、中城苑、桃花苑二期建设。启动“6+5”城中村改造试点。完成公租房、廉租房任务。统筹社会事业发展。优化教育资源配置,新建芙蓉路小学、莲湖小学、鄱阳小学、东方红小学、洪塘小学等学校,扩建新世纪小学、砂子塘新世界小学等学校,配建雅礼万境中学、东澜湾小学、培蕾小学等学校,扶持兴办一批民办幼儿园。加强师资队伍建设,加大校长教师轮岗力度,严查师德失范行为,提高教育教学质量。加快科技服务体系建设,推进产学研合作,增强科技转化能力。加强公共文化服务,注重文化市场管理,开展群众文体活动,推进文化事业健康发展。扩容提质区档案馆,加快档案信息化建设。夯实基层卫生服务基础,推行全科团队服务;依大靠强,加强与省内重点医院的协作,构建卫生服务协同体系,推进双向转诊工作,提升医疗公共服务水平,创建全省卫生应急示范区。开展幸福家庭创建活动,加强流动人口管理,稳定低生育水平,提高人口质量,落实“单独两孩”政策、“城镇独生子女父母奖励制度”。加强婚姻登记标准化管理,健全婚姻登记服务体系。维护社会和谐稳定。推进“平安雨花”建设,完善信息化、立体化治安防控体系,严厉打击各类违法犯罪活动,持续开展对各类治安复杂地区、乱点乱源、重点问题的集中整治,净化治安环境,提升群众满意度。拓展信访渠道和利益表达途径,努力化解一批信访积案,积极防范化解各类矛盾。防范打击非法集资,优化区域金融发展环境。健全食品药品监管体制和责任追究制度,扎实开展食品药品安全专项整治,确保群众饮食用药安全。坚持铁腕治安、铁面执法、铁拳“打非治违”,开展重点行业领域、重大安全隐患专项整治等行动,切实抓紧抓好安全生产工作,杜绝重特大安全事故发生。加强社会综合管理。创新社会服务管理,探索政府购买公共服务机制。深化全国社区治理和服务创新实验区创建,清理规范社区职能,加强社区公共服务平台建设,壮大集体经济,完成第九次社区居委会换届选举。健全防灾减灾救灾体系,提高应对各类灾害和突发事件的能力。加强国防教育和人防建设,提高民兵预备役质量。加大人事编制、物价、统计、审计、监察、国土、规划、质监、工会、共青团、妇联、工商联、民族宗教、外事侨务、侨联、对台、残联、科协、老干、老龄、关工委、机关后勤等工作力度,促进各项工作协调均衡快速发展。

(五)以改革创新为动力,着力破瓶颈、建机制、激活力。认真研究上级政策,掌握政策动态,把握政策导向,使我们的决策部署和工作推进紧跟政策、紧贴实际。深化重点领域改革。深化行政管理体制改革,加快政府职能转变和机构改革,积极稳妥推进事业单位分类改革。深化财政体制改革,落实“营改增”政策,实行全口径预算管理,构建财政支出绩效评价机制,提升科学理财水平。深化投融资体制改革,构建多元化、多层次的投融资机制,大胆规范使用民间资本，积极有序推行 PPP 模式。深化工商登记制度改革，推进工商登记便利化。适应城市管理新要求，理顺城管工作体制。加快自主创新发展。实施创新驱动战略，加快科技自主研发，开发一批重点产品，培育一批骨干企业，积极构建市场主体自主创新服务体系。狠抓创新平台建设，支持企业与高等院校、科研院所深度开展产学研合作，联合建设实验室、工程技术中心，加快科技成果转化。探索“科技 + 金融”模式，促进科技与金融机构、创投资金及社会资本对接，建立中小微科技企业融资长效机制。推进“引智工程”，大力引进培育创新人才和创新团队。提升对外开放水平。大力发展外向型经济，深化与长三角、珠三角、环渤海等区域的交流合作。参加“广交会”、“深洽会”、东盟博览会等国内外知名展会，举办好 2015 中国中部（湖南）国际农博会、乐购雨花消费节等节会，进一步扩大雨花的影响力和知名度。

三、关于政府的自身建设

新的形势，新的任务，对政府工作提出了新的更高的要求。我们要继续保持奋发进取、务实担当、苦干实干的精神风貌，树立发展决定一切、创新重于一切、为民高于一切、务实成就一切的理念，倾力打造人民信任的政府、人民满意的政府，努力让雨花经济发展得更好更快，让雨花人民生活得更美好更幸福。

（一）坚持政治自觉，清醒行政。坚定政治立场，增强全局观念、大局意识，自觉同党中央和省委、市委、区委保持高度一致，坚决贯彻执行党的路线、方针、政策，落实好各项决策部署。自觉接受区人大的法律监督、工作监督，认真执行区人民代表大会及其常委会的决议、决定；主动接受区政协的民主监督，广泛接受社会公众监督和新闻单位的舆论监督，认真办理好人大代表议案、建议和政协委员提案；诚恳听取并积极采纳各民主党派、工商联、无党派人士和人民团体的意见和建议，切实把分内的职责落实好，把群众的事情办理好，对组织负责，对地方负责，对百姓负责。

（二）坚持依法治区，规范行政。发展需要法治，改革依靠法治，群众期盼法治。我们要坚持用法治的精神、法治的思维、法治的方式、法治的力量高效行政、科学理政，强化对行政权力的制约和监督，严格按法定权限和程序行使行政权力，自觉运用法律手段调节和管理经济社会事务，把依法行政贯穿到政府决策、执行、监督的全过程。加强制度建设，进一步规范行政决策、行政执法、行政监督等制度，按制度办事，按程序办事，按规矩办事。全面实施“六五”普法，增强法律意识，树立法治观念，推进司法公正，努力营造公平的社会环境。坚持民主、科学决策，完善重大事项专家咨询、社会稳定风险评估、合法性审查、公示听证等制度，深入调查研究，进行充分论证，集体讨论决定，把好事办实办好、办出成效。

（三）坚持真抓落实，务实行政。进一步转变政府职能，确保政令畅通，不断增强执行力和落实力。巩固好发展好和谐共事、团结成事的良好局面，心往一处想，劲往一处使，迸发活力，精准发力，形成合力。敢于担当、大胆作为，始终保持一抓到底的闯劲、韧劲和干劲，立说立行，干就干好，善始善终，善做善成。只要我们保持良好的工作状态，激情干事，真情为民，任何困难都可以克服，一切障碍都可以排除。强化问责，奖惩兑现，对事关全局的重大决策、重要工作、重点项目，定时间、定标准、定要求，做到干与不干不一样、干好干坏有分别。把握政绩业绩导向，不追求没有实际意义的政绩，不捧拿没有真正效果的荣誉，营造“鼓励创新、激励干事、宽容失误”的工作氛围，引导全体政府工作人员，把心思精力凝聚到推动雨花科学发展上来，把智慧力量投入到各项工作实践中去。

（四）坚持反腐倡廉，廉洁行政。巩固党的群众路线教育实践活动成果，抓好全面整改、常态保持。严格落实中央“八项规定”，精简会议文件，规范公务接待，加强公车管理，坚持开源节流，反对铺张浪费，勤俭办一切事务，把钱用在保重点、保发展、保民生上。进一步规范项目招投标，加强对工程建设、土地出让、政府投资项目全过程的监管。坚持以制度管权、管事、管人，加强“三重一大”管理，强化财政监管、审计监督和效能监察。加强党风廉政建设,强化经济责任审计,加强对重点领域、关键岗位的廉政风险防控,加大反腐败工作力度,坚决查处各类违法违纪案件。切实加强干部队伍建设,严格规范干部从政行为,努力做到干部清正、政府清廉,以风清气正的政府形象取信于民。

各位代表!形势催人奋进,发展任重道远。让我们紧密团结在以习近平同志为总书记的党中央周围,以党的十八大和十八届三中、四中全会精神为指引,在市委、市政府和区委的正确领导下,在区人大、区政协的监督支持下,与全区人民一道,锐意进取,真抓实干,筑牢基础,破解难局,为加快打造“中部现代服务业中心”而努力奋斗!

推进协商民主　助力“五新”雨花

——2015 年 1 月 12 日在政协长沙市雨花区第四届委员会第三次会议上

李电晖

各位委员、同志们：

我受政协长沙市雨花区第四届委员会常务委员会的委托，向大会报告工作，请予审议，并请列席会议的同志提出意见。

2014 年工作回顾

一年来，区政协以“党的群众路线教育实践活动”为主线，以“三服务”主题活动为抓手，以“勇、智、善、雅”的政协文化为引领，坚持“强定力、提能力、显魅力、激活力”的工作思路，积极助推雨花发展，帮助改善民生，促进社会和谐，科学履职有力度、有品牌、有成效。

一、忠实履职促发展，助推“五新”雨花有力度。区政协充分运用民主协商、视察调研、提案办理等多种履职手段，主动服务雨花建设，积极助推雨花发展，贡献了智慧和力量。一是协商民主助力发展。政协协商民主的过程，是一个汇集和释放智慧的过程。这一点，在助力雨花科学发展上得到了生动体现。区政协常委会邀请区委、区政府领导和相关部门负责同志，首次专题协商我区的大气污染防治工作，几大家联动合力倍增。15 名政协委员作为特约监督员在监督中支持发展，受到区领导和相关部门的一致好评。区政协主席会议就跳马镇接管、政府机构改革、财政预算编制等重大事项进行专题协商。区政协领导不定期列席和协商区长办公会议题，有效促进了政府决策中的协商民主，有利于更加精准地议定发展中的重要事项。二是视察调研紧贴发展。本着“少而精、重实效”的原则，围绕雨花经济社会发展的热点难点问题，开展视察调研，推出了不少精品。高铁新城无疑是雨花发展的一方热土。针对热土“慢热”现象，区政协在 2013 年调研高铁新城开发建设问题并得到省、市重视的基础上，2014 年继续就高铁新城的产业项目建设问题开展深度调研，形成了《聚焦产业建设难点，提速高铁片区发展》这个视为姊妹篇的调研报告，为高铁经济继续“加热”。根据社区事务繁杂、不堪重负的现状，适时开展“社区减负”问题专题调研，并提出《关于雨花区“社区减负”问题的意见与建议》，有效推动了全区社区职能职责的清理规范。此外，关于雾霾治理、信访维稳等方面的几个调研报告，也为夯实发展基础、优化发展环境提供了智力支持。在深入调研的同时，区政协还组织政协委员，重点围绕区内重大项目、重点工程以及征地拆迁、违章拆除、社区卫生服务中心建设、科技创新、民族宗教、安全隐患整治、计生改革等工作开展专题视察并提出意见建议，为区委、区政府提供了重要决策参考。三是项目帮扶推动发展。以“三定三抓”为平台，区政协领导和政协机关同志与区内重点产业项目进行结对帮扶、排忧解难。对康胜科技等 6 个重点产业项目，不仅“一对一”地开展帮扶服务，还及时组织主席会议成员进行集中视察，依靠集体智慧解决企业难题。同时，全区各基层政协工作联络处和广大政协委员也为全区项目建设作出了重要贡献。四是提案办理促进发展。通过领导批办、会议督办和协商促办等途径，区政协四届二次会议期间立案的 99 件提案都得到了认真办理，提案建议的采纳率逐年提高，不少提案成功纳入区委、区政府的决策范畴，得到了区直部门的采纳，并逐步转化为雨花发展的推力。如圭塘河治理方面的提案就有 4 件。对此，区委、区政府领导对相关提案作出批示，并通过专题协商，拟将圭塘河引水这一核心难题列入重要议事日程。《关于加快我区电子商务发展的建议》得到区委主要领导的批示，区政府专门出台《长沙市雨花区电子商务业和信息服务业示范园区、示范楼宇扶植奖励办法》(试行)，有效加快了雨花电子商务的发展步伐。

二、凝心聚力惠民生，服务雨花群众有品牌。政协组织的特点，决定了其必定与人民群众紧密相连。为民服务是政协十分重要的选项。厂家、商家都想有知名的品牌，区政协在惠及民生的过程中，也逐渐形成了自己的品牌。一是打造了社区委员工作室的履职品牌。进一步加强阵地建设，健全规章制度，完善工作程序，强化督查指导。广大政协委员更加积极地驻室工作，更加认真地服务群众，更加踊跃地反映民声，更加主动地促解民困。社区委员工作室的建设，不仅为政协畅通了联系群众的渠道，更为居民群众搭建了反映诉求的平台，赢得了上级的肯定和群众的好评。市政协领导再次带队来我区专题调研。广州市番禺区政协以及长沙市开福、岳麓等兄弟区政协组织先后来区考察学习，予以赞扬。二是打造了“真情五助”的爱心公益品牌。总结提升“百日十二助残”、“幸福生活舞起来”等活动经验，精心策划和实施了以“助残、助困、助学、助老、助业”为内容的“真情五助·温暖雨花”公益活动。通过活动引导，有力推动了全区政协系统的定向帮扶，实现了委员爱心的集体发力。“委员助残圆梦”等系列活动形式多样，内容丰富，深受欢迎，影响深远。系列爱心公益活动，充分展示了雨花政协人“勇、智、善、雅”的内涵，打造了雨花政协的公益惠民品牌，为建设幸福雨花聚集了更多正能量。《湖南日报》《湘声报》等媒体多次进行宣传报道。三是打造了为民鼓与呼的民生服务品牌。吃透社情，把握民意，将民众之言转化为政协之声，这是政协委员服务民生的一大亮点，一个品牌。根据社情民意，通过政协刊物或报纸、网络等媒体，向党委、政府积极建言，并抓好跟踪落实，有效推动了一系列群众关注的热点、难点问题的解决。全年共收集社情民意信息100多篇，经综合整理，向省、市政协报送社情民意信息10多篇，其中《在长新疆少数民族群众的管理服务亟待规范》被省政协《社情民意》刊发，引起了省政府重视，长沙市政府专题调研落实。

三、群教活动强内功，雨花政协文化建设有成效。以党的群众路线教育实践活动为契机，以雨花政协文化为引领，一手抓区政协班子思想作风建设，一手抓委员队伍建设，苦练内功见实效。区政协班子高度重视群教活动的开展，严格按市委、区委要求，不折不扣地完成了各项任务。教育活动期间，市委督导组主要领导先后两次专程视察雨花政协，并高度肯定活动成效。根据政协自身特点，我们把雨花政协文化建设融入群教活动之中，形成了特色和亮点。群众利益高于一切，这是群众路线的必然要求。为了群众利益，政协委员就应该勇于担当，奉献才智，多施善举，彰显高雅。把雨花政协文化建设与践行群众路线有机结合起来，能使我们的内功更显强大，更好地担负起科学履职的重任。一年来，区政协党组、主席会议和常委会充分发挥了核心领导作用；各专委会很好地发挥了方面军作用；各联络处基石作用十分突出，井湾子、洞井等6个联络处荣获“三好”称号；广大政协委员履职热情、履职能力、履职效果令人钦佩，刘金华、易静、陈永忠等10位委员荣获“十佳”称号。许多政协委员得到区委重用，相继走上了更加重要的领导岗位。通过群教活动的洗礼，雨花政协文化建设向前推进，自身建设显著加强。政协上下，履职意识更加务实，履职重点更加突出，履职方式更加丰富，履职保障更加有力，履职合力更加凝聚。

各位委员、同志们，回顾过去一年的工作，我们深感欣慰。在此，我谨代表区政协常委会，向所有关心、支持政协工作的各级领导、各位同志以及社会各界朋友表示衷心的感谢！向为政协事业做出贡献的全体委员、政协工作者致以崇高的敬意！

虽然我们的工作取得了一些成效，但还存在不少的差距与不足。如协商民主的内容与方式如何更加优化，参政议政的形式与效果如何更加统一；民主监督的重点与力度如何更好把握，党派作用与界别作用如何更好发挥；联系服务委员如何更加密切，等等。对此，我们将在今后的工作中认真探索并逐步加以改进。

2015 年工作思路

2015 年，全区政协系统要深入贯彻落实党的十八届三中、四中全会精神和习近平总书记“9·21”讲话精神，牢牢把握团结和民主两大主题，紧紧围绕区委的重要战略部署，坚持“明大势、谋大局、做大事”的工作思路，继续以“勇、智、善、雅”的雨花政协文化为引领，切实加强社会主义协商民主，切实加强政协基层基础工作，凝心聚力，务实创新，为雨花经济发展、民生改善和社会进步做出新的贡献。

一、坚定政治导向，维护雨花大局。要以中央全会精神和习近平总书记“9·21”讲话精神武装思想头脑，深化学习成果，不断增强雨花政协的政治把握力，养成良好的大局观。要坚定维护雨花改革发展的大局。正确理解和支持区委推出的各项改革措施，帮助消除各种阻力。深刻领会区委提出的“筑牢基础、破解难局”的工作要求，顶住经济下行的压力，为发展支招出力，促进雨花经济发展上台阶。要坚定维护雨花和谐稳定的大局。多做化解矛盾的工作，多做正面宣传的工作，多做温暖人心的工作，帮助消除杂音，弘扬雨花主旋律。要坚定维护雨花团结干事的大局。始终坚持区委的正确领导，主动支持区政府依法行政，精心维护区几大家的精诚团结。充分发挥政协“地位超脱”的优势，广泛团结各界人士，凝心聚力，帮助激发各级各部门的工作热情，为实现区委提出的奋斗目标尽职尽责，多做贡献，多创佳绩，让雨花展示更加美好的形象。

二、坚持科学履职，推进协商民主。今年，区政协科学履职的重点是：协商民主，求真务实。全区政协系统要按照习近平总书记关于“协商就要真协商”的要求，在“商”字上多做文章，在“真”字上多下功夫，不断提高人民政协协商民主制度化、规范化水平。突出重点真协商。积极探索建立季度协商制度和协商成果采纳落实与反馈机制，组织开展专题协商、对口协商、界别协商、提案办理协商等活动。今年将重点围绕电子商务物流、文化产业建设、城市管理难点、跳马镇保护性开发等课题开展 4 次专题协商。抓住要点真议政。参政议政不搞面面俱到、泛泛而谈。在内容上，重点抓住三个方面：一是“筑牢基础、破解难局”中的重要问题；二是协商民主活动中的重要课题；三是各级各部门和居民群众反映强烈的突出问题。在方式上，要充分发挥视察调研、提案办理、通报协商等主渠道作用，《意见与建议》、《社情民意》等要提高质量，增加数量。针对难点真监督。政协民主监督要在敢于监督和善于监督上有新的突破。监督内容要增强针对性，突出发展和民生中的重要事项。监督机制要更加完善，加大特约监督员选派力度，有效防止监督流于形式，让更多委员加入监督队伍，真正履行职责。要充分发挥好委员提案的特殊监督作用，继续推行领导批办、主席督办、协商促办的提案办理机制，逐步解决委员“被满意”问题。

三、加大服务力度，助推区域发展。主动适应经济发展的新常态，通过深入开展“三服务”、“三定三抓”活动等平台和途径，帮助保持雨花发展速度，提升雨花发展品质。主动服务中部现代服务业中心建设。这是区委四届十九次全会特别强调的奋斗目标。全区政协系统和广大政协委员要积极响应，找准对接点；尤其要高度关注园区、高铁片区、雅塘片区、湘府路两厢、圭塘河两岸等区域的开发建设，并围绕这些开发重点献计出力。主动服务项目建设。按照区委“提速项目建设”的要求，在项目引进、项目征拆、项目攻关等方面多想办法、多做贡献。同时，要认真做好联点项目的帮扶工作。政协委员要千方百计把自己的项目做优做强，提供更多的税源。主动服务中心工作。对区委、区政府不同时期的中心工作，政协组织和政协委员都必须具备担当精神。凡是雨花发展和民生改善急需的事，都要积极思考，多提建议，并以实际行动帮助落到实处，见到实效。

四、致力民生幸福，促进社会和谐。秉承履职为民的理念，忠实践行群众路线，积极反映民声、传递民意、疏导民怨、促解民难，全力助推民生改善。深入开展“五助”(助残、助困、助学、助老、助业)活动。在区内外颇有影响的委员助残等活动要体现更高水平;在助老方面今年要加大力度,帮助提高雨花老人的健康幸福指数。及时反映民众呼声。政协委员最易接近民众,倾听民意。对群众的各种意见要善于归纳整理,去伪存真,并及时通过政协组织向党委、政府或相关部门反映,能解决的问题尽量帮助解决。广泛凝聚各界力量。主动担当起凝心聚力的职责,更加注重各民主党派、各群团组织在政协舞台上的作用发挥,通过搭建履职平台以及走访慰问、联谊座谈等形式,着力加强与各民主党派、工商联、无党派人士及社会各界人士的联系,增强凝聚力,扩充正能量。

五、加强自身建设,夯实履职基础。今年是本届政协的第三年。我们已经拥有一支比较优秀的委员队伍,有了一批方便实用的履职阵地,有了一个更加宽广的工作舞台和更加优越的履职环境。按照区委和政协工作的要求,我们仍要下大力气加强自身建设。要更加重视雨花政协文化的引领作用。一方面,要深入进行理性思考;另一方面,要引领委员主动履职,科学履职,争当勇者、智者、善者和雅者。要提高委员综合素质。上半年将组织部分委员进行一次集中培训。同时,采取灵活的学习教育方式,组织各种小型培训活动。要加强委员之间的沟通交流。通过专委会、联络处等联络平台,加强委员之间的联系,加大委员走访力度。要打造一批委员示范工作室。精选10个基础较好的委员工作室,采取正、副主席联点的方式,指导开展工作,真正起到示范带动作用。

各位委员、同志们,习近平总书记的“9·21”讲话精神为新时期政协工作提供了新指南,率先发展的雨花为政协履职拓展了新空间。让我们在中共雨花区委的坚强领导下,以“勇、智、善、雅”的雨花政协文化为引领,科学履职,开拓创新,扎实工作,为雨花政协事业再上台阶、雨花经济社会再创辉煌作出新的更大的贡献!

长沙市雨花区人民政府关于雨花区打造中部现代服务业中心的意见

为贯彻落实省市“六个走在前列”和率先建成“三市”、强力实施“三倍”的总体要求和区委、区政府“稳中求进,改革创新,加快打造中部现代服务业中心”的工作部署,促进全区现代服务业经济规模与质量、速度与效益的协调发展。现结合我区实际,特制定如下意见。

一、指导思想

坚持以党的十八大和十八届三中全会精神为指导,紧扣区委、区政府确定的“锐意改革创新、率先科学发展”工作主题,深入贯彻以“稳中求进、新中求进、好中求进”为总基调,以全面深化改革为动力,着力促进产业升级,着力提升城市品质,加快打造中部现代服务业中心这一工作总体要求,坚持世界眼光、国际标准、本土优势,按照“政府引导、企业主导、市场运作、政策扶持”的产业发展格局和“一核、两带、四组团”的战略布局,放大优势、突出特色,以生产性服务业为重点,强化政策引导,优化空间布局,完善服务平台,提质产业结构,加快打造中国中部现代服务业中心。

二、基本原则

1.坚持市场主导与政府引导相结合。充分发挥市场机制在服务业资源配置中的基础性作用,加强和改善政府对服务业发展的管理和调控,合理规划布局,促进服务业协调发展。

2.坚持开放包容与变革创新相结合。放宽市场准入,鼓励企业和各类资本以多种方式,跨地区、跨行业进入服务业领域。积极引进国内外资金、人才、经验、技术,提高创新能力,增强服务业发展活力。

3.坚持突出重点与整体推进相结合。根据区域功能定位和产业发展布局,立足现有资源,统筹协调,分类指导,既要全面发展,更要突出重点,体现区域特色,形成竞争优势。

4.坚持普惠公平与注重效益相结合。加大政府对公共服务和非营利服务的投入,完善覆盖全面、功能合理的公共服务体系,逐步实现公共服务的均等化。鼓励各类经济实体以灵活多样的方式搞活服务类企业,提高经济效益。

三、发展目标

充分发挥作为“一带一部”(即东部沿海地区和中西部地区过渡带、长江开放经济带和沿海开放经济带结合部)的区位优势,紧紧围绕“打造中部现代服务业中心”这一目标,把现代服务业中心建设作为抓经济工作的主引擎、重头戏,通过集中全区智慧、汇聚全区力量,全力打造以“一园、一走廊”(雨花现代电子商务物流园、湘府路两厢黄金走廊)为载体的“湖南省万亿级现代服务业产业园”,实现服务业发展倍增目标,推动和引领三次产业高端发展和城市功能显著提升。到2020年,初步把我区建设成为立足长株潭、服务中部、面向全国的中部现代服务业中心。

1.规模结构目标。服务业增加值年均增长12%;服务业增加值占GDP(含长沙卷烟厂)比重增至65%以上。

2.企业实力目标。形成年经营收入(或销售额)超过100亿元的大型服务业企业达到10家、超过50亿元的达20家、超过10亿元的达到30家,引进5家世界500强企业区域总部、30家上市公司区域总部。

3.载体建设目标。新建15家建筑面积在100万平方米以上的城市综合体;培育50栋全口径财政收入亿元以上楼宇;建成1个千亿级现代电子商务物流园;提质改造传统商贸业,全力打造千亿级现代商贸业市场集群。

四、重点产业

坚持以“一核两带四组团”为格局，以发展总部经济为总揽，紧扣现代金融、商贸物流、商务智慧、健康养老、文化休闲五大产业支点，高标准、高起点实施雨花区现代服务业总体发展战略规划和核心片区规划编制工作，实现规划引领产业高端、集聚发展。

1.现代金融。以加快发展为主题，确立“金融先行”发展战略，吸引更多金融类企业到区落户，逐步形成门类齐全、功能发达、内外互补、全面开放的金融组织体系。一是大力扶植金融服务业，着力引进各种新型金融机构。探索、鼓励、规范和完善互联网金融发展和监管。要摆脱同类同城竞争，实现差异化定位和创新发展，在吸引各类金融机构区域性总部落户的基础上，重点引进股权基金、金融后台服务等机构，力争引进北京金融街，逐步搭建并形成金融聚集平台。二是加快金融功能区基础设施和软硬件配套设施建设，提升金融配套服务能级。加强与保险机构的深度合作，合理引导保险资金投向重点领域。研究制定规范民间融资的管理办法，探索建立民间融资备案管理制度和民间融资监测体系。推进政府投融资平台改革，实现投资主体多元化、项目建设市场化。三是加强对股权投资类企业的备案管理和扶持政策，吸引各地资本集聚，提升资本活跃度。到2020年以后，基本形成立足长株潭，辐射中部地区，金融机构聚集、金融市场辐射能力较强、金融产业化程度较高的中部区域性金融中心框架。四是强化监管打造金融安全区，建设有序、诚信、公平竞争的金融生态环境，鼓励、规范并完善互联网金融的发展和监管，形成有效的金融监管预警和风险控制体系。

2.商贸物流。加快推进现代商贸物流产业的发展，抢抓长沙市以农产品流通为主体的国家级现代服务业项目试点，立足现有优势和基础，着力从做大、做强、做优、做全、做活上下功夫。一是大力发展商贸服务业。优化商业网点布局，引进一批高端星级酒店和品牌餐饮；积极引导传统商贸服务企业开展电子商务，建设特色商业街，打造体验式消费中心；加快东塘、红星、高桥三大商圈的提质升级，着力引进大型城市综合体项目，发展新型业态，吸引国际、国内品牌店入驻，不断提升商圈品质。二是壮大发展现代物流业。抢抓长沙定位于全国一级物流园区布局城市的契机，按照国家级现代服务业项目试点要求，加快雨花现代电子商务物流中心建设，通过重点发展电子商务物流、医药物流、农产品冷链物流和商贸物流公共服务平台，实现与周边物流园区的错位发展。三是推动物流产业转型升级。以雨花现代电子商务物流中心为依托，大力发展电子商务、分拨、配送中心，重点引进和培育电子物流和虚拟物流企业中的龙头企业、5A级物流企业以及第三方、第四方物流企业等一批有核心竞争力的品牌物流企业，鼓励区内有条件的物流企业实施行业整合，做大做强物流业上下游相关产业，逐步形成以物流业为纽带、配套产业为支撑的特色产业集群。

3.商务智慧。充分发挥雨花区在法律服务、工程管理与咨询等行业的比较优势，促进法律服务、会计咨询、设计研发等专业服务业健康发展；加快形成现代信息网，开辟信息“高速公路”，探索“智慧城市”建设。一是要加快商务楼宇建设。督促台商总部大厦、香港金轮集团总部基地等项目早日开工，完善片区基础设施，推进跨国公司总部经济园等项目建设，将跨国公司总部经济园打造成集现代商贸、现代新型服务、文化休闲、商道文化、商务地产等产业于一体的“两型”产业园区和示范性城市综合体。对闲置楼宇要加快招商引资，按照高端商务、品牌商贸的发展定位，广泛吸纳附加值高、带动力强的区域总部经济进驻，积极引导同类型、有特色的服务业企业实现“楼宇化”聚集。二是要扩大商务楼宇二次招商。促使楼宇经济进一步与招商引资相结合，与引进税源相结合，与产业结构调整相结合，与区域发展需求相结合，整体提升发展规模和质量。要主动出击，组成招商小分队，锁定电子商务、现代物流、金融保险、新型工业等方面在全国乃至全球有实力、有影响的龙头企业，登门拜访，深度洽谈，促成引进。要给足政策，对于影响全局发展的战略项目，要把可以用的政策用足用好，在用地、规费、手续办理等方面给予有力保障。要宣传推介，联合企业、行业协会共同举办以现代服务业、大型商业地产、可供开发土地、行业招商为主题的专题招商推介会，精心策划和打造一年一度的品牌招商活动，促成一批优质项目落户雨花。三是要推动智慧产业发展。积极培育创新主体，创新发展动力，鼓励科技创新及新产品、新技术研发，发展专利申报代理等知识产权中介服务、风险投资评估服务机构，鼓励企业实施知识产权战略，扶持产业领头企业，壮大高新技术产业。支持爱瑞杰、唐智科技、北大未名生物能源等智慧产业领域具有代表性的企业发展壮大；加快发展电子商务业，引导嘉丽购、爱尚通程、京东商城等品牌做大做强，打造国家级电子商务示范基地。

4.健康养老。引导健康服务业稳步发展，促进养老服务业快速发展。一是支持养老等新兴服务业发展。加大财政支持力度，支持街道、社区（筹委会）健康服务业和养老服务业设施建设，重视发展医疗保健、养老家政、养生休闲等服务业，促进健康消费与文化、体育、旅游、保险等各种服务业的深度融合和互动发展。加快大型连锁养老机构建设，并逐步将其培育成“服务业发展生力军”。同时发展养老地产等新兴业态，满足居民多层次住房需求。二是加快健康养老基础设施建设。以项目规划为平台，以“一园、一谷、一城”（即湖南健康产业园、湘雅健康谷、全洲健康产业城）三个健康基地为核心，推进雨花经开区健康产业园开发，加快推进北大未名湘雅健康中心、中部生物谷等项目建设，打造“中国·雨花生命健康中心”，引导健康服务业稳步发展。三是加大健康养老资金投入。鼓励社会资本投向养老服务业，支持民办养老。通过补助投资、贷款贴息等方式，引导社会各方面加大养老、健康等服务业投入。引导开发多种形式的健康保险，大幅提高商业健康保险支出占卫生总费用的比重。

5.文化休闲。大力发展文化产业，鼓励文化传媒业创新发展，推动休闲旅游业绿色发展。一是强力推动文化产业快速发展。实施文化产业倍增战略，力争总产值、增加值保持不低于15%的年均增长率。实施集聚发展战略，以城市综合体、专业楼宇、特色街市为载体，推进文化产业集聚发展，建设好创意设计、影视传媒、数字资讯等三大产业基地，规划建设好若干特色文化产业街市，做大做强做实雨花文化创意产业园，使之成为我区现代服务业和文化产业对外展示的重要窗口。实施重大项目带动战略，策划包装并扎实推进一批重大文化产业项目建设，坚持每年新安排重大文化产业项目不少于4个，扶持培育一批龙头企业，积极延伸完善产业链。二是大力打造文化娱乐产业。实施高端发展战略，以创意设计、影视传媒、数字资讯三大产业为重点，强力引进国内外知名文化企业落户雨花，努力抢占产业发展制高点。依托德思勤城市广场与韩国CJ娱乐集团、湖南卫视等联手打造亚洲文化娱乐中心，建设卫视直播中心、文化演艺剧场、4D及IMAX影院等，为居民提供一流文化娱乐服务。三是推动休闲旅游业绿色发展。实施产业融合发展战略，推动文化与旅游、体育、信息、物流、工业、建筑、会展、商贸、休闲等行业融合发展，提高国民经济的文化附加值。加快特色街市建设，鼓励和支持挖掘地方文化、依托地方特色打造特色商业和文化街市，提质曙光路餐饮文化街、车站南路景观商业街；依托德思勤城市广场，依托省植物园、圭塘河生态景观带等加快城市绿道建设；推进工业旅游特色街道、示范点创建，打造“工业旅游”品牌；策划举办系列节会、活动，促进文化教育、体育休闲等服务消费，提高文化消费水平，增强文化休闲产业发展的内生动力。

五、保障措施

1.强化组织领导。要加强领导，统一认识。各级各部门要提高对加快发展现代服务业重要性的认识，把现代服务业作为经济社会发展中的支柱产业来谋划。要明确责任，形成合力。各级各部门及各班子成员要明确责任和分工，营造更加协调、齐抓共促的工作氛围，为加快服务业发展提供坚强有力的组织保障。要统筹兼顾，协调推进。落实由区主要领导牵头、各街道具体负责、相关区直部门密切配合的协调推进责任制，并在区现代服务业发展领导小组的统筹领导下，研究协调解决服务业发展中的重大问题（详见附件）。

2.加强载体建设。要抓住高铁新城建设的机遇，以“三定三抓”为抓手,高起点、高标准兴建一批新的楼宇,并按照高端商务、品牌商贸的发展定位,广泛吸纳附加值高、带动力强的区域总部经济进驻。积极构建总部经济、楼宇经济更大的发展空间,大力引进和培育龙头企业，鼓励跨国公司和国内大型企业集团在辖区内设立区域研发中心、销售中心、采购中心、物流中心、培训中心、旅游和会展服务中心、中介服务中心、营运总部或分支机构,确保商务楼宇使用一批、建设一批、规划一批,保证商务楼宇的建设总量和楼宇档次,不断壮大总部经济规模。

3.加大扶植力度。要认真落实国家和省、市、区促进现代服务业发展的相关政策,优化整合各类专项资金,有效引导服务业产业培育。积极做好国家级现代服务业综合试点项目的后续跟进工作,监督专项扶持资金落实到位。进一步修订完善并严格执行促进现代服务业发展的各项扶植奖励政策,力促产业扶持资金、特定专项扶持资金、科技“三项资金”等财政性资金重点向现代服务业倾斜。综合运用规划调控、土地供应、财税扶持、资金引导、人才服务等多种政策手段,优先安排现代服务业集聚区建设用地,支持现代服务业企业规划调整、报建报卷及手续办理,引导银行业金融机构信贷重点向现代服务业倾斜。坚持政府投入为导向、社会投入为主体、金融信贷为支撑的原则,建立多渠道、多层次的服务业投资体系。做到既有招商扶植,又有育商奖励。

4.优化发展环境。大力营造有利于现代服务业发展的宽松稳定的政策环境、快捷高效的服务环境、公正严明的法制环境和规范守信的市场环境。要简化手续,设立“绿色通道”,推行“阳光审批”,对进驻我区的现代服务业企业,办理经营资格审批和各类证照手续提供便利。要扶持到位,协调帮助项目企业做好项目的包装基础工作,主要包括编写可行性研究报告、节能报告、环评报告、安全生产预评估等,为项目列入省市如节能减排、创业富民、科技研究等各类扶持口径打好基础。要做好营商保障，为企业经营创造良好营商环境,对扰乱企业正常经营秩序的行为予以打击;确定企业联络员,了解企业项目进度,发现问题及时反馈,帮助企业项目顺利建设。

5.落实人才培养。健全服务业人才管理服务机制,搭建人才交流平台,完善就业服务网络,为现代服务业发展提供高素质的人力资源。一方面，要建立人才集聚机制。制定相应的政策措施,加快引进文化创意、工业设计、现代物流、金融商务、软件外包、信息服务和营销管理等高级专业人才，为人才集聚搭建创业平台。同时,加大宣传力度,营造良好氛围,吸引更多的投资者到我区发展现代服务业。另一方面,要加大学习培训力度。有计划地举办全区现代服务业高级研修班、全区现代服务业企业专题培训班,以及现代服务业与文化产业专题培训班和现代服务业人才培训班，着力打造一支业务精通、有专业水平、有务实能力和有创新意识的经济工作专业团队,激励优秀人才积极投身现代服务业。

附件：雨花区打造中部现代服务业中心工作责任分解表(略)

长沙市雨花区人民政府

2014年5月4日

长沙市雨花区促进专业服务业发展扶植奖励办法(试行)

为充分发挥我区专业服务业的基础优势，进一步培育、发展和壮大专业服务业，努力实现我区专业服务业优先发展、集聚发展、错位发展和转型发展，全面服务于我区“中部现代服务业中心”建设，现根据国家、省、市相关产业政策，结合《长沙市雨花区促进区域产业发展扶植奖励办法》的相关规定，制订本办法。

第一条 扶植对象

本办法扶植奖励对象指在雨花区进行了工商注册和税务登记，具有企业法人资格的以下四类专业服务业企业：

(一)法律和财务服务类：律师事务所、会计师事务所、审计师事务所、税务师事务所等；

(二)规划设计服务类：规划设计、勘察设计、工程设计、建筑设计、园林景观设计、装饰设计、工业设计、科研设计等；

(三)专业咨询服务类：经济咨询、管理咨询、技术咨询、信息咨询、工程咨询、投资咨询、教育咨询等；

(四)中介代理服务类：商务代理、房地产中介、科技中介、招投标代理、工商税务代理等。

第二条 鼓励专业服务业企业根据国家、省、市相关政策积极调整产业方向和开展转型升级，支持其申报国家、省、市相关专项资金，争取上级相关配套优惠政策。

第三条 符合申报条件的专业服务业企业，除享受本办法规定的扶植奖励，还可享受《长沙市雨花区促进区域产业发展扶植奖励办法》中招商引资、投资建设、发展贡献等相关扶植奖励。

第四条 展会补贴

举办或承办专业服务业展会的，经区产业建设领导小组办公室认定，按照国际级(国家级)、省部级、市级展会标准，一次性分别给予20万元、10万元、5万元的补贴。

第五条 示范楼宇扶植奖励

凡新入驻经区人民政府认定的专业服务业示范楼宇的专业服务业企业，还享受以下扶植奖励政策：

(一)购房补贴

1.凡采取买受方式新入驻的企业，合同约定购房面积1000m²(含)以上的(不含附属和配套用房，下同)，给予600元/m²补贴；合同约定购房面积1000m²以下的，给予550元/m²补贴。

2. 上述购房补贴按照50%、30%、20%的比例分三年发放，补贴发放期间，相关物业不得对外出售、出租或变更用途，违反上述规定的需退还已获得的购房补贴资金。

3.先租赁后买受的，在享受购房补贴时，需扣除已享受的租赁补贴部分。

(二)租赁补贴

1.凡采取租赁方式新入驻的企业，自租赁入驻之日的当年度起，给予三年扶植期，根据合同约定的租赁面积，每年给予200元/m²补贴。

2.享受租赁补贴期间，不得将自用办公用房对外出租、转让或改变用途，违反上述规定的需退还已获得的租赁补贴资金。

(三)装修补贴

凡新入驻并首次进行装修的企业，装修工程竣工验收并投入使用的当年，根据装修合同约定的装修面积，一次性给予100元/m²补贴。

(四)高管奖励

1.贡献奖励。自入驻之日的三个年度内，凡年度实缴区级税收50万元(含)—100万元、100万元(含)以上的专业服务业企业，综合考虑其经营业绩、行业影响力，对贡献突出企业每年分别给予5万元、

10万元高管奖励（高管指获得相关部门资格认定，并在企业担任董事长、副董事长、总经理、副总经理、监事长等职务的高级管理人员，下同）。

2.学位支持。优先为专业服务业企业高管子女就近提供区属中、小学学位。

（五）物业扶植

自示范楼宇认定之日起的三个年度内，专业服务业企业入驻率（按面积计算）50%（含）—80%、80%（含）以上的，对为示范楼宇提供优质物业服务，企业物业满意率达到90%（含）以上，积极协助招商引资、税收摸底等工作的具有独立法人资质的第三方物业管理公司，每年分别给予5万元、10万元扶植。

第六条 附则说明

（一）重大专业服务业项目的引进和特殊情况，可另行申报，实行“一事一议”，由区政府专题研究和商议扶持政策。对已享受单独政策的企业，不参照本办法。

（二）凡享受示范楼宇扶植奖励的专业服务业企业，必须签订5年内不得迁出雨花区的协议，如有违反须退还已享受的示范楼宇扶植奖励资金。

（三）企业向雨花经开区或所属街道申报奖项，雨花经开区或所属街道以企业为单位，将该企业全部奖项进行打捆申报至区相关职能部门。

（四）区相关职能部门进行初审，初审合格的企业名单及相关资料报区产业建设领导小组办公室。

（五）区产业建设领导小组办公室组织相关部门、单位复审（含资料会审、现场审核和税收查实），形成奖励兑现意见草案。

（六）草案报区产业建设领导小组审核后报区人民政府审定，统一在年度经济工作大会上进行奖励兑现。

（七）本办法自2014年1月1日起试行。如遇国家和省、市财税体制重大调整或因区域经济发展需要，本办法另行调整修订。

（八）本办法由区产业建设领导小组办公室负责解释。

长沙市雨花区促进区域产业发展扶植奖励办法(修订稿)

第一章 总 则

第一条 目的意义

为贯彻落实科学发展观，加快转变经济发展方式，推进产业转型升级，促进产业高端发展，提升区域产业竞争力，努力把雨花区建设成为中国中部现代服务业中心，根据省、市相关政策并结合我区实际，制订本办法。

第二条 适用范围

（一）扶植奖励的对象为辖区内符合本办法规定条件的企业（项目、楼宇），有关单位或个人。

（二）在加快推进区域经济全面、协调、可持续发展的同时，支持鼓励重点引进企业总部、品牌企业、重大投资等项目，重点建设商务楼宇、城市综合体、特色街市等载体，重点培育金融保险、专业服务、现代物流、电子商务等生产性现代服务业和现代商贸、旅游、健康服务等生活性现代服务业。

第三条 奖励原则

（一）扶植奖励的企业（项目、楼宇）必须纳入区域统计范围，并对区级财力产生贡献。

（二）新入驻企业必须是当年在我区新成立注册或由区外迁入后重新注册且税务关系在我区的企业。

（三）对落户本区的企业（项目、楼宇）或其投资方、股东等关联方，若已享受特殊政策奖励或优惠（含土地优惠政策），不再依本办法进行扶植奖励。

（四）符合本办法扶植奖励的对象按从优、从高、同类别不重复计算的原则享受扶植奖励。

（五）对重大企业（项目、楼宇）及具有特殊税源性的项目，一事一议，另行确定扶植奖励政策。

第四条 资金来源

扶植奖励资金主要从区经济发展奖励资金中列支，由区级财政承担。

第二章 招商引资奖

第五条 引进企业总部

（一）凡新引进一家世界500强企业[1]中国总部、区域性总部，一次性分别奖励招商引资中介人（项目签约前在区商务和旅游局进行了备案登记，经被引进企业确认，最终促成项目落户我区的直接引进人，下同）100万元、80万元。

（二）凡新引进一家传统金融机构（银行[2]、保险[3]、证券[4]等）中国总部、区域性总部，一次性分别奖励招商引资中介人100万元、80万元。凡新引进一家新型金融机构[5]总部，实收资本1亿元（含）以上，一次性奖励招商引资中介人10万元。

（三）凡新引进一家国内100强企业[6]中国总部、区域性总部，一次性分别奖励招商引资中介人80万元、50万元。

（四）凡新引进一家国内主板[7]（含国内中小企业板[8]、香港或境外上市）上市公司中国总部，一次性奖励招商引资中介人80万元。凡新引进一家新三板[9]上市公司中国总部，一次性奖励招商引资中介人50万元。凡新引进一家区域性股权交易市场[10]上市公司中国总部，一次性奖励招商引资中介人20万元。

第六条 引进品牌企业

（一）凡新引进一家五星级（含）以上酒店，一次性奖励招商引资中介人20万元。

（二）凡新引进一家一级（含）以上总承包资质建安企业，一次性奖励招商引资中介人20万元。

（三）凡新引进符合区域产业发展规划的新型工业或战略性新兴产业[11]企业，实际投资额（不含购地费）2500万元（含）以上—5000万元，项目竣工验收并投入使用当年，一次性奖励招商引资中介人10万元；实际投资额（不含购地费）5000万元（含）以上，项目竣工验收并投入使用当年，一次性奖励招商引资中介人20万元。

（四）凡新引进专业服务、现代物流、电子商务、服务外包、现代商贸、旅游、健康服务等服务业企业，实际投资额（不含购地费）1000万元（含）以上，开业经营当年，一次性奖励招商引资中介人10万元。

第三章 投资建设奖

第七条 商务楼宇建设

（一）对新建单体建筑面积3万平方米（含）以上的纯商务楼宇[12]，或总建筑面积5万平方米（含）以上且商务面积达到3万平方米（含）以上的综合性楼宇，项目竣工验收并投入使用当年，商业、商务使用面积分别按30元/平方米、50元/平方米，一次性给予投资主体奖励。

（二）对新建单体建筑面积2万平方米（含）以上的纯商业楼宇[13]，项目竣工验收并投入使用当年，商业使用面积按20元/平方米，一次性给予投资主体奖励。

（三）对建筑面积1万平方米（含）以上的原有商务楼宇进行整体改造提质，改造公共部分和公共设施设备投入达到500万元（含）以上，改造竣工验收并投入使用当年，楼宇配套设施完善、服务功能齐全，按照商务使用面积30元/平方米，一次性给予投资主体奖励。

第八条 城市综合体建设

商业、商务总面积10万平方米（含）以上的新建城市综合体[14]，竣工验收并投入使用当年，商业使用面积按20元/平方米，一次性给予投资主体奖励；

商务使用面积按10万平方米(含)以内、10万平方米—30万平方米(含)、30万平方米以上分段进行计算，一次性分别给予投资主体50元/平方米、60元/平方米、70元/平方米的奖励。

第九条　特色商业街市建设

凡经申报备案，新建、改建长度200米(含)以上，且营业面积3万平方米(含)以上的特色商业街市(特色美食街、商业步行街、休闲娱乐街、历史文化街、古玩艺术街、电子产品街、书刊音像街等，不含专业市场、商场)，建设、改造投入(不含购地费)5000万元(含)以上，竣工验收并投入使用，经营户入驻率80%(含)以上、工商税务登记率95%(含)以上，一次性给予投资主体30元/平方米的奖励。

第十条　品牌市场建设

对新建或整体改造提质建筑面积5万平方米(含)以上的市场，竣工验收并投入使用，建设或改造资金投入(不含购地费)1亿元(含)以上，且经营管理规范，配套设施完善，经营户入驻率80%(含)以上、工商税务登记率95%(含)以上，一次性给予投资主体150万元奖励。

第十一条　工业标准厂房建设

凡一次性投资开发1万平方米(含)以上，三层(含)以上或单体高度15米(含)以上的标准厂房(不含自建自用)，项目竣工验收并投入使用当年，按其用于生产厂房的面积一次性给予投资主体20元/平方米的奖励。

第十二条　标准仓库建设

凡新建3万平方米(含)以上，三层(含)以上或单体高度15米(含)以上的标准仓库，项目竣工验收并投入使用当年，按用于仓储使用的面积一次性给予投资主体20元/平方米的奖励。

第十三条　旅游景区建设

凡来我区投资建设旅游景区(文化主题公园、旅游度假区、文化景点等)的企业，旅游景区实际投资额(不含购地费)5000万元(含)—10000万元、10000万元(含)—15000万元、15000万元(含)以上，景区开业经营的当年，一次性分别给予50万元、100万元、200万元奖励。

第十四条　文体设施建设

对社会投资建设群众文化、体育、艺术、图书、博物、演艺等文体场所设施的，实际投资额(主要指建筑工程、装修工程及相关硬件设施设备的投入，不含购地费、人力资本投入等经营成本)200万元(含)以上，项目开放经营的当年，一次性给予投资主体10万元奖励。

第十五条　固定资产投资

凡落户我区的新办工业企业或新办战略性新兴产业企业，项目竣工验收投产后，生产性固定资产投入(不含购地费)1000万元(含)以上的，按其实际投资额的2%一次性给予投资主体奖励，最高奖励金额不超过50万元。

第十六条　技术改造

区内工业企业符合区产业发展方向，采用新技术(含信息化技术)、新工艺、新设备、新材料提升产品品质档次或实现产品换代升级，实施技术改造后，生产能力显著增强，年度销售产值与实缴税额同步增长20%(含)以上，当年技术改造投资额500万元(含)以上的，按其实际投资额的2%给予投资主体奖励，最高奖励金额不超过50万元。

第十七条　电子交易平台建设

区内企业建立独立电子交易平台(如支付平台、金融服务平台、第三方物流平台、智能仓储配送平台、集中展示平台等)并投入使用，实际投资额(不含人力资本投入)500万元(含)以上的，一次性给予该企业50万元奖励。

第四章　发展贡献奖

第十八条　总部经济

(一)制造业

1.凡新入驻我区的制造企业，自注册之日起的三个年度内，对年度实缴区级税收300万元(含)以上的中国总部，当年度给予30万元奖励；对年度实缴区级税收100万元(含)以上的区域性总部，当年度给予10万元奖励。

2.对年度实缴区级税收1000万元(含)以上的制造业中国总部,当年度给予50万元奖励;对年度实缴区级税收500万元(含)以上的制造业区域性总部,当年度给予25万元奖励。

(二)金融业

1.传统金融机构

(1)凡新入驻我区的传统金融机构(银行、保险、证券等,下同),自注册之日起的三个年度内,对年度实缴税收区级所得部分1000万元(含)以上的中国总部,当年度给予100万元奖励;对年度实缴税收区级所得部分800万元(含)以上的区域性总部,当年度给予80万元奖励。

(2)对年度实缴税收区级所得部分1500万元(含)以上的传统金融机构中国总部,当年度给予75万元奖励;对年度实缴税收区级所得部分1200万元(含)以上的传统金融机构区域性总部,当年度给予60万元奖励。

2.新型金融机构

(1)凡新入驻我区的新型金融机构,自注册之日起的三个年度内,对年度实缴税收区级所得部分500万元(含)以上的中国总部,当年度给予50万元奖励;对年度实缴税收区级所得部分400万元(含)以上的区域性总部,当年度给予40万元奖励。

(2)对年度实缴税收区级所得部分800万元(含)以上的新型金融机构中国总部,当年度给予40万元奖励;对年度实缴税收区级所得部分600万元(含)以上的新型金融机构区域性总部,当年度给予30万元奖励。

(三)现代商业服务业

1.凡新入驻我区的现代商业服务业企业,自注册入驻之日起的三个年度内,对年度实缴区级税收300万元(含)以上的中国总部,当年度给予30万元奖励;对年度实缴区级税收200万元(含)以上的区域性总部,当年度给予20万元奖励。

2.对年度实缴区级税收600万元(含)以上的现代商业服务业企业中国总部,当年度给予30万元奖励;对年度实缴区级税收400万元(含)以上的现代商业服务业企业区域性总部,当年度给予20万元奖励。

第十九条　现代商贸业

(一)品牌商场[15]

1.凡经营管理规范,营业面积5000平方米(含)以上的新开业品牌零售商场(超市),开业经营当年一次性给予经营管理单位10万元奖励。

2.对年度实缴区级税收200万元(含)以上的品牌商场,当年度给予10万元奖励。

(二)星级酒店

1.凡经营管理规范的五星级酒店,星级评定成功的当年一次性给予经营管理单位10万元奖励。

2.对年度实缴区级税收300万元(含)以上的星级酒店,当年度给予15万元奖励。

(三)品牌餐饮[16]

1. 凡经营管理规范的新开业品牌餐饮企业,自开业之日起的三个年度内,年度实缴区级税收达到50万元(含)以上的当年,一次性奖励经营单位5万元。

2.对年度实缴区级税收100万元(含)以上的品牌餐饮企业,当年度给予10万元奖励。

第二十条　旅游业

(一)工业旅游[17]。工业企业获批国家级、省级工业旅游示范点的,获批当年一次性分别给予50万元、20万元奖励。

(二)级别评定。旅游景区凡当年首次被国家旅游局评定并获得标志、证书的国家4A、5A级旅游景区,一次性分别给予10万元、20万元奖励。凡总部设在我区,首次被评为国家百强旅行社、省级五星级旅行社的,一次性分别给予10万元、5万元奖励。

第二十一条　专业服务业

(一)凡新入驻我区的专业服务企业[18],自注册之日起的三个年度内,年度实缴区级税收50万元(含)以上的,当年度给予5万元奖励。

(二)对年度实缴区级税收100万元(含)以上的专业服务企业,当年度给予10万元奖励。

第二十二条　现代物流业

(一)按照国家中物联《物流企业分类与评估指标》或国资委《中国交通物流企业评估和评价办法》,

首次被评为国家4A、5A级的物流企业，一次性分别给予10万元、20万元奖励。

(二)对年度实缴区级税收200万元(含)以上的现代物流企业，当年度给予10万元奖励。

第二十三条 电子商务业

(一)凡新入驻我区的电子商务企业，经市级以上商务部门认定并开展电子商务的，开业经营当年，一次性给予1万元奖励；凡首次进入全国百强或全市同行业十强之列的，一次性给予10万元奖励。

(二)对年度实缴区级税收100万元(含)以上的电子商务企业，当年度给予10万元奖励。

第二十四条 健康服务业[19]

(一)凡经营管理规范的高端健康服务企业，投资额5000万元(含)以上，开业经营当年一次性给予经营管理单位10万元奖励。

(二)对年度实缴区级税收50万元(含)以上的高端健康服务企业，当年度给予5万元奖励。

第二十五条 服务外包业

(一)凡新入驻我区的服务外包企业，经市级以上商务部门认定并开展服务外包业务的，开业经营当年，一次性给予1万元奖励；凡首次进入全市同行业十强之列的，一次性给予5万元奖励。

(二)对年度实缴区级税收50万元(含)-100万元、100万元(含)以上的服务外包企业，当年度分别给予5万元、10万元奖励。

第二十六条 工业与战略性新兴产业

(一)凡新入驻我区工业企业或战略性新兴产业企业，自注册之日起的三个年度内，年度实缴税收区级所得部分30万元(含)以上的，当年度给予3万元奖励。

(二)对年度实缴税收区级所得部分50万元(含)以上的工业企业或战略性新兴产业企业，当年度给予5万元奖励。

第二十七条 建筑安装业

(一)建安企业总承包资质从二级升级为一级、一级升级为特级的，升级成功的当年，一次性分别给予10万元、20万元奖励。

(二)对年度实缴区级税收1000万元(含)-1500万元、1500万元(含)-2000万元、2000万元(含)以上的建安企业，当年度分别给予20万元、40万元、60万元奖励。

第二十八条 企业上市

凡经中国证监会批准正式发行证券的区内企业，在国内主板(含国内中小企业板或创业板、香港或境外上市)、新三板、区域性股权交易市场上市的，一次性分别给予100万元、50万元、30万元奖励。

第五章 附 则

第二十九条 区人民政府每年在全区企业中评选若干个经济社会效益好、税收贡献大、社会评价高的企业，经公示无异议，授予“优秀企业”荣誉称号。在全区企业厂长(经理)中，评选若干名政治素质高、法律意识强、企业效益好、税收贡献大的优秀厂长(经理)，经公示无异议，授予“发展区域经济贡献奖”荣誉称号。

第三十条 符合上述扶植奖励条件的对象，有下列情形之一者，当年不予扶植奖励：

(一)发生安全责任事故或未按要求获国家安全生产标准化企业(三级及以上)认证的；

(二)计划生育、社会治安综合治理、环境保护等被一票否决的；

(三)劳资纠纷影响恶劣的；

(四)有其他违反法律法规或相关政策行为的。

第三十一条 符合本办法规定条件的扶植奖励对象，须在规定时限内向雨花经开区或所属街道办事处申报，由雨花经开区和街道办事处统一向区产业建设领导小组办公室提出申请，由区产业建设领导小组组织审核，经区人民政府审定后给予奖励兑现。根据本办法奖励到企业(项目、楼宇)的奖金可主要用于奖励企业高级管理人员及相关有功人员，做到专款专用。申请扶植奖励对象必须保证申报资料的真实性，如有弄虚作假行为或拒绝配合监督检查的，将取消或收回扶植奖励资金，同时三年内不再将其列入扶植奖励范围。

第三十二条 2014年度区促进区域产业发展扶植奖励政策按本办法实施,区原有的产业发展扶植奖励办法停止执行。如遇国家和省、市财税体制重大调整或因区域经济发展需要,本办法另行调整修订。

第三十三条 本办法由区产业建设领导小组办公室负责解释。

附:名词解释

[1]世界500强企业:指最新被《财富》杂志或《福布斯》杂志评为世界500强的企业。具备中国大陆境内总结算资格的为中国总部,具备湖南境内总结算资格的为区域性总部。

[2] 银行:指经中国银行业监督管理委员会批准,依法成立的经营货币信贷业务的金融机构。具备中国境内总结算资格的为中国总部,具备湖南境内总结算资格的为区域性总部。

[3] 保险公司:指经中国保险监督管理机构批准,依法登记注册的商业保险公司,包括直接保险公司和再保险公司。具备中国境内总结算资格的为中国总部,具备湖南境内总结算资格的为区域性总部。

[4]证券公司:指经国务院证券监督管理机构审查批准,依法成立的专门经营证券业务,具有独立法人地位的有限责任公司或者股份有限公司。具备中国境内总结算资格的为中国总部,具备湖南境内总结算资格的为区域性总部。

[5]新型金融机构:指基金管理公司、资产管理公司、股权投资公司、信托投资公司、期货公司、私募投资公司、风险投资公司、融资性担保公司、财务咨询公司、小额贷款公司、金融租赁公司、消费金融公司、互联网金融机构等从事货币信用活动的中介组织。

[6]国内100强企业:指最新被中国企业联合会或中国企业家协会评为中国500强企业的前100强。具备中国境内总结算资格的为中国总部,具备湖南境内总结算资格的为区域性总部。

[7]国内主板市场:中国主要的证券交易所,即上海证券交易所和深圳证券交易所。

[8]国内中小企业板市场:又称创业板市场或二板市场,指深圳证券交易所为了鼓励自主创新,而专门设置的中小型公司聚集板块。

[9]新三板市场:特指中关村科技园区非上市股份有限公司进入代办股份系统进行转让试点。

[10]区域性股权交易市场:根据《关于规范证券公司参与区域性股权交易市场的指导意见(试行)》和《证券公司参与区域性股权交易市场管理办法》,证券公司以区域性股权交易市场会员的身份开展相关业务或在会员基础上入股,为特定区域内的企业提供股权、债券的转让和融资服务的私募市场。

[11]战略性新兴产业:体现新兴科技和新兴产业深度融合的代表科技创新方向和产业发展方向,对经济社会发展具有较强关联带动作用的一类新兴产业。我区的战略性新兴产业企业主要指先进装备制造、新材料、生物医药、新能源、信息技术、节能环保等六大产业。

[12]商务楼宇:以商务性质报建的,使用用途为企业办公的写字楼。

[13]商业楼宇:以商业性质报建的,使用用途为商业营业场所的楼宇(包括商场、百货、超市、酒店、餐饮等)。

[14]城市综合体:集合了酒店、写字楼、公园、购物中心、会展中心、公寓等至少三种以上功能的城市开发项目。

[15]品牌商场:上规模、有影响、效益好、形象佳的零售商业企业,主要包括全国性连锁商场、大型超市和百货大楼。

[16]品牌餐饮:由中国烹饪协会公布的年度中国餐饮百强企业。

[17]专业服务业企业:指法律和财务服务类(律师事务所、会计师事务所、审计师事务所、税务师事务所等)、规划设计服务类(规划设计、勘察设计、工程设计、建筑设计、园林景观设计、装饰设计、工业设计、科研设计等)、专业咨询服务类(经济咨询、管理咨询、技术咨询、信息咨询、工程咨询、投资咨询、教育咨询等)、中介代理服务类(商务代理、房地产中介、科技中介、招投标代理、工商税务代理等)等专业

服务机构。

[18] 工业旅游：主要是依托运营中的工厂、企业、工程等工业场所开展参观、游览、体验、购物等活动,包括参观产品的生产和制造过程等。

[19]健康服务业:以生命技术和生物技术为先导,以健康至上理念为指导,服务人的生命健康,涵盖健康检查、健康疗养、健康运动、三甲医院等多个领域多产业集合,具有较强的综合性,不包含诊所、药店、高尔夫俱乐部。

雨花区计划生育奖励扶助实施办法

为全面贯彻实施人口与计划生育法律法规,维护群众实行计划生育的合法权益，建立和完善计划生育利益导向机制，鼓励和引导群众自觉实行计划生育,进一步稳定低生育水平,促进人口与经济社会协调、可持续发展,依据《中华人民共和国人口与计划生育法》《湖南省人口与计划生育条例》(以下简称《条例》)的规定,结合本区实际,特制定本办法。

第一条 本办法适用于户籍或者现居住地在本区行政区域内的公民以及本行政区域内的国家机关、社会团体、企事业单位和其他组织。

第二条 人口和计划生育行政部门负责计划生育利益导向政策落实的日常工作。

各相关责任单位应当按本办法内容履行其职责。

第三条 符合下列条件之一，年龄在育龄期内(夫妻申请的，女方年龄在49周岁以内；单方申请的,女性年龄在49周岁以内,男性年龄在60周岁以内),夫妻双方或者符合规定的一方自愿提出申请的(有工作单位的向单位申请,无工作单位的向户籍所在地村或社区居委会提出申请),可以申领《独生子女父母光荣证》:

(一)夫妻双方只生育一个子女或者只依法收养一个子女;

(二)没有结婚的公民只依法收养一个子女,自愿不再结婚生育或收养子女的;

(三)原合法生育或收养两个以上子女,其中一个或两个以上子女死亡,现只存活一个子女的;

(四)非婚生育一个子女后,办理了结婚证,按规定缴纳了社会抚养费,不再生育也没有收养子女的;

(五)离婚前只生育或者只依法收养一个子女,但没有申领《独生子女父母光荣证》,离婚后不再结婚生育也未收养子女的,可以单方申领;

(六)离婚前只生育或者只依法收养一个子女,但没有申领《独生子女父母光荣证》,离婚后与无子女者结婚,不再生育也未收养子女的,再婚夫妻双方均可以申领;

(七)再婚夫妻双方各只生育或者只依法收养一个子女,再婚后未再生育或者收养子女的,双方均可以申领;但双方均直接抚养子女的,均不得申领;

(八)一方再婚前只生育或者只依法收养一个子女,但没有直接抚养,另一方无子女的,依法再生育一个子女后,初育一方可以单方申领。

第四条 独生子女保健费。领取《独生子女父母光荣证》的对象,从领证之月起到子女十四周岁止,每月发给独生子女保健费不得少于10元,有条件的单位每月可发20元(单方申领《独生子女父母光荣证》的,按一半标准发放)。夫妻双方有工作单位的,由双方工作单位各支付一半;一方有工作单位,另一方无工作单位的，由有工作单位的一方工作单位支付;夫妻双方均无工作单位的,由户籍所在地区人民政府支付,按每月20元发放。

第五条 放弃再生育奖励。具有我区户籍的公民,符合《条例》规定可以再生育子女的夫妻,其女方年龄在40周岁以上49周岁以内,且男方年龄在60周岁以内的，提出自愿不再生育的申请，经审查属实,可以享受我区放弃再生育奖励政策,按下列标准给予一次性奖励:农村居民每户1000元,城镇居民每户2000元。

第六条 城市低保户部分计划生育家庭奖励扶助。夫妻双方或一方为我区城镇居民,1933年1月1日(含本日)后出生,到奖励的上年度12月31日之前年满60周岁,1973年以来没有违反计划生育法规和政策规定生育，终身只生育或只依法收养一个子女或终身未生育的，上年度在我区享受了城镇居民最低生活保障的对象,经审查属实,可以享受城市低保户部分计划生育家庭奖励扶助政策，按照每人每月不低于50元的标准给予扶助。

第七条 城镇独生子女父母奖励。夫妻双方或一方为我区城镇居民,持有有效《独生子女证》或《独生子女父母光荣证》或终生未生育也未收养子女,达到省人民政府规定的年龄时，可以享受城镇独生子女父母奖励政策。奖励标准按省人民政府今后出台的文件执行。

第八条 农村部分计划生育家庭奖励扶助。夫妻双方或一方为我区农村居民,1933年1月1日以后出生且年满60周岁,1973年以来没有违反计划生育法规和政策规定生育子女，同时存活子女数从未超过两个，现存一个子女或两个女孩或子女死亡现无子女,经审查属实,可以享受农村部分计划生育家庭奖励扶助政策，按照每人每年960元的标准给予奖励扶助。

第九条 计划生育家庭特别扶助。具有我区户籍的居民,1933年1月1日以后出生且女方年满49周岁的夫妻(离婚或丧偶现无配偶的,本人年满49周岁),只生育一个子女或合法收养一个子女,现无存活子女，或现存一个子女且该子女被依法鉴定为三级以上残疾(含三级)并持有中国残联统一制发的《中华人民共和国残疾人证》,经审核属实,可以享受计划生育家庭特别扶助政策，区财政按照每人每月400元的标准给予扶助。

区政府设立失独家庭专项扶助资金，用于独生子女家庭在其失去子女时，一次性给予精神慰藉费和生活补助费。一次性给予精神慰藉费和生活补助费不受该家庭再生育或收养子女的限制。同时用于政府购买失独家庭专项服务和特困失独家庭帮扶。

第十条 实行计划生育手术并发症人员扶助制度。经区级以上计划生育手术并发症专家组鉴定为计划生育手术并发症的人员，均可享受定点免费对症治疗和资金扶助。政府发放扶助金的标准为:一级乙等每人每年7200元,二级每人每年4800元,三级每人每年2400元。

第十一条 符合政策生育医疗费用补助。参加了长沙市基本医疗保险的城乡居民，符合计划生育政策规定生育子女的，其生育医疗费用给予一次性补助,最高补助标准1000元;对符合规定的产前检查费用给予一次性补助,最高补助标准300元。已享受农村孕产妇医疗补助的，补足未达到补助标准的差额部分。

第十二条 实行计划生育的育龄夫妻（含本区户籍人口、纳入本区人口和计划生育行政部门管理的常住人口和流动人口）可免费享受下列项目的计划生育技术服务。

(一)凡符合法定生育条件,计划怀孕的夫妇,每孩次享受一次免费孕前优生健康检查;

(二)符合政策要求生育的夫妻,其亲生子女或夫妻一方自身有致残性出生缺陷或女方年满35周岁的,待孕或怀孕在20周以内的,可以免费接受出生缺陷干预检测;

(三）育龄夫妻可在户籍地或现居住地的街道计划生育技术服务定点机构免费接受基本项目的计划生育技术服务;在计划生育技术服务定点机构以外的医疗保健机构接受基本项目的服务费用,可按省规定的标准到户籍所在地(非本区户籍纳入管理的常住人口和流动人口到现居住地)街道办事处报销;

(四）单位职工接受基本项目的计划生育技术服务费用,按《湖南省城镇职工生育保险办法》规定执行。

第十三条 农村实行计划生育的独生子女家庭凭有效的《独生子女证》或《独生子女父母光荣证》享受以下优惠政策:

(一)集体经济组织分配集体经济收益和征地补偿费时对有权参与分配的独生子女家庭增加一人份额;

(二)在农村集体土地征地补偿安置中,被征地农民的独生子女家庭可凭经区人口和计划生育行政部门审核有效的《独生子女父母光荣证》或《独生子女证》增加一人份额。具体按本市、区征地补偿安置有关规定执行;

第十四条 农村居民实行计划生育享有的其他优惠政策:

(一)有条件的地方,可以通过居(村)民代表会议制定对独生子女入托、入园、就学、就医等给予补助,对独生子女及其父母在扶持生产、介绍就业等方面给予照顾的规定;

(二)有条件的地方,对生育一个子女或两个女孩后落实了绝育措施的夫妻,可以采取政府、集体、个人共同出资的形式,为其办理养老保险。

第十五条 单位职工实行计划生育享有的其他优惠政策:

(一)男女双方系初婚,男方在25周岁以上、女方在23周岁以上结婚为晚婚,增加婚假12天;

(二)已婚妇女24周岁以上或者实行晚婚后怀孕生育第一个子女为晚育,增加产假30天,视为出勤;

(三)产假期间申领《独生子女父母光荣证》的产妇增加产假30天,丈夫休护理假15天,视为出勤;

(四)有条件的单位,可以通过职代会制定对独生子女入园、入学、就医给予补助的标准;

(五)接受计划生育手术,享有下列规定的休假待遇,按规定休假期间,视为出勤:

1. 放置宫内节育器,自手术日起休息2天,重体力劳动者,术后一周内不从事重体力劳动;

2. 取宫内节育器,当日休息1天;

3. 输精管结扎,休息7天;

4. 单纯输卵管结扎,休息21天;

5. 怀孕不满4个月流产,休息15天;

6. 怀孕4个月及以上流产的,休息42天;

7. 产后结扎输卵管,按产假另加21天;

8. 同时施行两种节育手术的,可以合并计算假期。

上述规定,如遇特殊情况,根据医院出具相关诊断证明及相关建议决定。

第十六条 部门优惠政策:

区教育局:义务教育阶段计划生育家庭子女在评先评优方面同等条件下享受优先倾斜的优惠政策;联合区机关工委、区妇联等相关单位对于在校接收义务教育困难、伤残计划生育家庭子女,在同等条件下给予优先扶持资助;凡在校计划生育家庭子女均优先享受国家政策范围内教育资助,在为中等职业学校和普通高中进行教育和贫困生的相关扶持时,在同等条件下优先扶持计生家庭子女。

区民政局:对本辖区户籍低保和低收入计划生育家庭,因临时性突发事情导致家庭基本生活暂时出现较大困难的对象,经计生部门认定后,按临时救助政策执行。

将本区户籍的失独老人纳入惠民解困雨露工程,为失独家庭提供基本生活保障,符合低保条件的纳入低保;符合居家养老政府购买服务的纳入政府购买服务对象,并为其提供生活照料服务,或开展社工服务。

区人力资源和社会保障局:农村独生子女和计生两女家庭的成员,在劳动年龄段内有就业培训意愿的,经申请可根据职业培训工种的类别享受就业培训补贴(标准:A类1000元/人、B类600/人、C类300/人);农村独生子女和计生两女"零就业"家庭,可在区人力资源市场享受免费推荐就业服务;城镇独生子女家庭的下岗职工及农村独生子女和计生两女家庭有创业意愿的,经申请可参加免费的SYB创业培训;城镇独生子女家庭的下岗职工及农村独生子女和计生两女家庭符合贷款条件的,可申请最高不超过10万元的政府全额贴息小额担保贷款,贷款期限不超过二年,并优先办理。

区卫生局:计划生育家庭在局属各医疗保健机

构进行生殖保健方面的咨询、就诊时，给予优先、优惠、优质的待遇。

辖区内社区卫生服务中心对失独家庭设立绿色通道，优先看病、免费挂号，检查费用在三类收费标准的基础上优惠20%。为失独家庭每年进行免费体检一次，优先为特困失独家庭提供家庭医师契约服务。

区人口和计划生育局：大力开展计划生育系列保险，每年为具有本区户籍的农村和城镇无工作单位、已领取《独生子女父母光荣证》、子女未满14周岁的家庭购买1份计划生育家庭意外伤害保险。

区农业林业水利局：在制定其他农村和农民普惠政策时，对独生子女户和计划生育困难户予以优先和优惠。

区公安分局：对拐卖、溺弃女婴和"两非"案件依法进行重点打击，维护计划生育家庭的合法权益；免费为符合政策生育的新生儿办理上户手续。

区工商分局：开设办理营业执照的绿色通道，简化办照流程和手续，优先办理营业执照；个体劳动者协会对生活特别困难的会员给予适当资助。

区国土分局：在征地补偿时，农村居民中独生子女家庭按《湖南省人口计生委关于如何执行"农村集体经济组织分配集体经济收益征地补偿费对独生子女家庭增加一人份额"问题的批复》（湘人口函〔2012〕32号）和《长沙市征地补偿实施办法》（长沙市人民政府103号令）规定执行。在划分宅基地时，对独生子女家庭增加一人指标。

区工商联：非公企业根据企业实际情况，安排计划生育家庭成员就业；提倡和引导非公有制企业优先安置独生子女家庭和农村计划生育两女户家庭成员就业。

第十七条 计划生育利益导向政策实施程序：

1.本人申请：由本人向户籍所在地社区（筹委会）提出申请，填写《申请表》，并提出本人身份证或户籍证明、结婚证及计划生育等相关证明材料。

2.村级评议：社区（筹委会）对申请对象逐户上门核实，并在社区（筹委会）居务公开栏张榜公示5—10天，如无异议，将《申请表》和有关证件上报街道。

3.街道审核：街道办事处各相关办公室负责对社区（筹委会）上报的对象逐人逐户核实情况，对上报资料仔细审核。对审核通过的对象，在街道办事处和社区（筹委会）范围内张榜公示5—10天，如无异议，街道办事处分管领导在《申请表》上签署初审意见，按照奖励、救助、优待政策类别分别上报区直各相关职能部门。

4.区级确认：区直各相关职能部门负责对街道办事处上报的计划生育奖励、救助、优待对象进行审核确认。

5.奖励优惠兑现：由相关职能部门对符合条件且经过社区（筹委会）、街道、区三级审核的对象兑现奖励、救助、优待政策。

第十八条 计划生育利益导向退出（退还）机制：

（一）奖励扶助对象具有下列情形的应及时退出（退还）计划生育奖励扶助：

1.计划生育家庭特别扶助对象的小孩残疾等级转换为三级以下，城市低保部分计划生育家庭奖励扶助对象已经退出低保范围以及奖扶对象死亡、子女数发生变化等情形的，按国家、省、市规定，及时退出相关计划生育奖励扶助。

2.领取《独生子女父母光荣证》后再生育子女的，注销其《独生子女证》或《独生子女父母光荣证》，停止享受独生子女及父母优待。已领取的独生子女保健费和其他奖励扶助费用全部退还。属于违法生育或违法收养子女的，按《条例》第四十二条，四十四条规定追究法律责任。

3.符合再生育政策申请放弃再生育，领取奖励费后再生育或再收养子女的，原享受的奖励资金全部退还，属于《条例》第四十三条规定情形的，还应按《条例》规定追究法律责任。

4.农村独生子女家庭凭《独生子女证》或《独生子女父母光荣证》享受了集体收益分配（含土地补偿费分配）、征地补偿安置等优惠政策后，再生育子女的，原已享受的以货币形式体现的待遇全部退还，并注销其《独生子女证》或《独生子女父母光荣证》。

5. 被征地安置的农村居民凭《独生子女证》或《独生子女父母光荣证》享受分配保障住房和重建用地面积后,再生育子女的,应按照当时签订的协议约定返还享受;没有签订协议的,按当时享受保障住房时的建设成本(含土地成本、手续费、工程费、配套费及各项税费等)扣除保障住房购房费后或土地成本扣除个人支付费用后,以货币方式返还,并注销其《独生子女证》或《独生子女父母光荣证》。

对于以上已领取的奖金,独生子女保健费,多分配的集体经济收益、征地补偿费、征地补偿安置优惠,奖励扶助金等,必须全部退还,拒不退还的,申请人民法院强制执行。

(二)退出(退还)流程

1.报告:计划生育奖励扶助、优待对象发生应当退出(退还)奖励扶助、优待条件情形之一的,社区(筹委会)专干应当在15日内将情况报告社区(筹委会)主要负责人。

2.核查:社区(筹委会)调查核实后,应当将不再符合计划生育奖励扶助、优待对象条件的当事人情况张榜公示5个工作日后,上报街道办事处。

3.初审:街道办事处组织人员对应当退出(退还)计划生育奖励扶助、优待的当事人基本情况进行核实,张榜公示5个工作日后,上报区各相关责任单位。

4.审核:各相关责任单位对上报的资料进行核定,并将计划生育奖励扶助,优待对象退出(退还)情况向社会公布。

5.决定并执行:区人民政府委托街道办事处,由街道办事处向退还计划生育奖励扶助、优待的当事人作出追缴计划生育奖励扶助资金的决定,街道办事处作出追缴决定后,当事人必须在规定的时间内向雨花区非税收入管理局全额缴纳应退还的金额,拒不履行的,申请人民法院强制执行。

第十九条 执行监督和责任追究规定:

(一)奖励扶助政策落实到位情况纳入人口与计划生育目标管理责任制,实行年度目标管理考核。对执行中出现重大问题、造成社会影响的,追究主要负责人及相关部门的责任,实行"一票否决"。

(二)社区(筹委会)和相关单位应当将奖扶政策、奖励对象、标准和奖扶发放情况张榜公布,接受监督;

(三)骗取、虚报、冒领、克扣、贪污、挪用、挤占奖励扶助资金的单位和个人,一经发现,按有关法律法规严肃查处。

第二十条 本办法中所涉及的奖励扶助标准,以后国家、省、市有提高或有新增的,均按新标准执行。未涉及的,按国家、省、市标准执行。

第二十一条 本办法从2014年6月1日起实施。

雨花区实施三年造绿大行动总体方案

为贯彻落实市委十二届六次全会精神,深入开展"六个走在前列"大竞赛活动,率先把长沙市建成全面小康之市、两型引领之市、秀美幸福之市,根据长沙市《实施三年造绿大行动总体方案》精神,经区人民政府研究决定,从2014年到2016年,在全区实施三年造绿大行动。为确保工作顺利进行,结合我区实际,特制定本方案。

一、总体思路

1.指导思想。以邓小平理论、"三个代表"重要思想和科学发展观为指导,深入贯彻落实党的十八届三中全会精神,以落实《绿色湖南建设纲要》为主线,以适应长沙"三市"建设和人民群众宜居宜业需求为目标,以"规划控绿、清脏播绿、拆违建绿、择空补绿、见缝插绿、垂直挂绿"为主要内容,以全市城乡绿化

“八大”示范工程为重点，统筹城市生态系统、森林生态系统、湿地生态系统、农田生态系统、流域生态系统建设，切实走出一条生产发展、生活富裕、生态良好的可持续发展路子。

2.基本原则。坚持政府主导，社会参与原则；坚持属地管理，条块结合原则；坚持规划先导，城乡一体原则；坚持科学绿化，注重实效原则；坚持因地制宜，适地适树原则。

3.主要目标。通过奋战三年，力争“一年一变样、两年大变样、三年成榜样”。到2016年末，全区实现现有林地面积净增6000亩以上，建成区绿化覆盖率由41.59%提升到50%(含湿地)，全面提升城乡绿化水平。

二、重点任务

按照城市建成区造绿任务总体由区城市管理局、区园林局牵头，农村造绿任务由区农业林业水利局牵头，各成员单位参与，各街道为主体的原则，重点抓好以下“八大工程”：

1.城郊绿化工程。按照“绿化增景，生态提质，环境优化”的总体要求，全面推进城郊造林绿化。在城郊结合部、市三环线内特别是二环线周边的棚户区、堆放场、仓储地、取土区和立交桥周边等脏乱差区域实施城郊绿化工程，对废气、废水、固体废弃物、噪音污染、违章建筑开展环境综合治理，推进拆违还绿、清脏播绿、平土复绿、垂直挂绿、造景添绿。加快长沙火车南站、雨花经开区周边片区绿化，对核心片区已完成拆除且暂未出让地块和未开工建设地块按照“地属谁管，绿归谁造”原则进行复绿，着力将长沙火车南站周边等重点区域打造成组团式绿地版块和城市绿色窗口。根据“城区绿化与城郊绿化同步，绿量扩张与绿质提升并举，生态效益与景观效益兼顾”的原则，对香樟路、湘府路、韶山路等主要出城口干道和高速公路、铁路两厢及节点实施绿化提质改造，建成环城林带、绿色长廊。

2.宜林地绿化工程。实施人工造林、封山育林、补植补造、抚育培育等方式相结合，对宜林荒山荒地等进行全面造林，对矿山等废弃地实施复绿。切实加强对新造林和中幼林的抚育管理，提高造林成活率与保存率，确保新造林和现有未成造林地转为有林地。全区完成“三边”(城郊边、江河边、公路边)、“四旁”(路旁、水旁、宅旁、村旁)新增地造林6000亩，由区农业林业水利局牵头负责，每年在“三边、四旁”新增地造林2000亩。

3.社区(单位)绿化工程。按照将长沙打造成文化名城与山水洲城交相辉映的大景区要求，将生态元素深度融入城市建设，推进绿化进单位、进学校、进社区、进企业、进园区，加快社区公园建设和小区绿化、楼栋建设，着力建设公园式、花园式社区，使社区绿化覆盖率达到40%以上，绿地率达到33%以上，努力实现市民群众出门平均300—500米以内有1000平方米的休闲绿地、公园或广场。单位、学校、企业、园区等实现宜绿尽绿。对新城规划区实施规划控制，由规划部门牵头，对全区的山地和林地进行摸底统计，并做出标注，禁止开发坡度大于25度、相对高差大于30米的山地和林地，开发建设尽量多地保留原生山体植被和水面、湿地，禁止乱挖山填水，并对新城规划区林地实行保留征收。由区园林局牵头负责，对全区绿地摸底统计，三年时间在建成区新增绿地200公顷以上，建成社区公园(街头小游园)8个，创建绿色示范社区(筹委会)15个。

4.城市绿道工程。按照《长沙市绿道专项规划(2012—2020年)》，依托浏阳河、圭塘河风光带、路网绿化带，着力串联城市及周边的风景名胜区、森林公园、社区公园等自然景观资源，积极打造城市绿道，切实方便市民健身、游憩，亲近绿化，回归自然。立足“生态雨花”定位，依托现有山体、水系、绿地，加快以浏阳河、圭塘河、植物园、林科所基地为核心的城市“环型绿道”建设，总长23公里。

5.街景(立体)绿化工程。街景绿化结合城市建筑设计风格和不同街区的风貌特色，建成以城区为重点，以彩色绿化工程为抓手，以城市主干道为轴线，规范建绿，拆违还绿，择空补绿，见缝插绿，加快韶山路、芙蓉路等城市主干道绿化提质改造，加强城市次干道、背街小巷新植造绿，全面推动公共绿地建设。立足长沙气候特征和城区建筑特点,大力提倡屋顶、阳台、裙楼、坡塴、墙体立面、立交桥等立体绿化,切实提高城市绿化覆盖率和“三维绿量”,改变城市“水泥森林”形象。力争三年内在建成区新增立体绿化5万平方米。

6.庭院绿化工程。外城区社区筹委会家庭庭院突出绿化、美化、香化、林果化,引导居民充分利用房前屋后的空坪隙地,科学栽种树木、果林、花草、蔬菜,提高养护水平和绿化效果,达到绿地整洁、林相美观,各社区筹委会现有庭院80%以上实现绿化美化。创建绿色示范庭院150户。

7.水系绿化工程。紧紧围绕“水清流畅、岸绿景美、人水和谐”发展要求,启动浏阳河和圭塘河河道绿化建设,对重点干渠、塘坎周边宜林地进行条线绿化,全面提高沟渠、塘坝生态保护范围的绿化覆盖率,增强水系生态功能。全区沿河两岸、水库周边、干渠沿线宜林宜绿地绿化率达到85%以上。抓好河道清理管护和库、塘、沟渠整治,实施病死家禽、家禽无污染、无害化处理,提升安全供水保障能力。

8.屏障绿化工程。推进城市林业生态圈建设,大力实施生态公益林、长防林、血防林、碳汇林等重点生态工程,坚持对重要生态区、生态脆弱区进行封山育林,对天然林实施禁伐,严禁滥占乱占林地开垦,生态公益林保护面积达到1.3万亩,重点加强对绕城高速、京珠高速和机场高速防护林带的建设力度。

三、工作机制

1.创新造林绿化用地机制。要积极探索行之有效的造林绿化用地机制,认真借鉴省内外造林绿化先进地区的成功经验,因地制宜地采取征用、流转、租赁土地和实行土地作价合资、入股合作等形式,着力解决重点造林绿化工程“用地难”问题。

2.健全生态效益补偿机制。实行区域补偿、流域补偿和要素补偿相结合,进一步巩固现有市级生态公益林,扩大县级森林生态补偿范围,逐步提高补偿标准,积极探索湿地生态补偿。建立森林碳汇机制,大力推行碳排放权交易制度,建立绿色碳基金,实施异地造林绿化补偿,探索创建多种生态补偿机制。

3.建立依法治绿保障机制。积极推进城乡绿化和生态建设规范化、法制化建设,严格执行《森林法》《湖南省湿地保护条例》《长沙市城市绿线管理办法》等法律法规,全面落实属地管理为主、部门协调监管的造林绿化责任制,强化绿地、林地监管,实施生态公益林禁伐工程,严厉打击毁林占绿、滥占乱占林地等破坏森林资源的违法犯罪行为,严防森林火灾和病虫害发生。

4.完善科技创新应用机制。优先支持生态建设、环境保护、能源节约等领域的创新平台建设,加大新技术、新设备在造林绿化中的应用推广力度。完善造林绿化科技推广网络,搭建科技普及平台,大力推进造林绿化科技进村入户,充分利用林业测土配方成果,指导适地适树科学绿化。加强绿化专业技术人才队伍建设,提高行业发展整体水平。

四、保障措施

1.加强组织领导。成立雨花区三年造绿大行动领导小组,负责全区三年造绿大行动的组织、指导和协调工作。由区委书记、区长邱继兴同志任组长,区人大常委会主任龚景顺同志、区政协主席李电晖同志任顾问,区委副书记汪娟同志,区委常委、常务副区长王雄文同志,区委常委、副区长罗予武同志,区人大常委会副主任谢爱龙同志,副区长邹犇淼同志(常务),副区长李国军同志,区政协副主席陈国强同志任副组长,区委组织部、区委宣传部、区监察局、区城乡建设局、区财政局、区审计局、区农业林业水利局、区城市管理局、区统计局、区工务局、区城建投、区园林局,区国土分局、区委督查室、区政府督查室为成员。

领导小组下设办公室,办公室设在区园林局,由区政府副区长邹犇淼同志兼任办公室主任,副县级干部、区城市管理局局长刘文舫同志,区农业林业水利局局长袁林同志,区园林局局长宋电同志任副主任。

雨花区三年造绿大行动由区园林局牵头组织,区农业林业水利局共同协调,全区各街道、相关部门积极配合。各成员单位根据职责分工，成立由党政主要负责人亲自挂帅的领导机构，将城乡绿化作为“一把手”工程抓好落实。成员单位之间要加强协调和督查，开设“绿色通道”，对三年造绿大行动各项工程建设给予大力支持。由于三年造绿大行动各项工程建设受季节影响较大，不能按照常规招投标办法进行，需要特事特办的，由三年造绿大行动领导小组研究决定，交由相关职能部门直接负责进行实施。

2.落实责任分工。各城乡绿化的实施主体，要召开专题会议进行动员部署，并结合各自实际，以“八大工程”建设为重点，科学制定实施方案，实行一个工程、一名领导、一个班子、一套方案、一抓到底，明确各责任部门和街道责任，落实项目实施地点，确保各区域绿化建设扎实推进。“八大工程”的区直牵头协调单位要组织相关部门，认真研究制定各工程实施子方案，细化指标，分解任务，明确责任，落到实处。区直责任单位要根据职责分工，加强协调和督促，严格按绿化施工技术规程操作。要在落实造林绿化实施单位的同时，确保管护主体，划分管护区域，组建管护队伍，细化管护责任，不造无主林，防止重造轻管，真正做到种一棵、活一棵，造一片、成一片、绿一片。

3.加大扶持力度。突出“绿色 GDP”考量，城乡绿化的重点项目优先列入市重点建设项目计划，并在资金、技术、用地、信贷、风险投资等方面给予政策扶持；要尽快制定完善国土绿化、节能减排、森林碳汇等扶持政策；健全金融支撑体系，深化森林资源保险、林权抵押贷款、林农小额贷款。出台社会资本建设绿地的鼓励奖励机制，鼓励不同经济成分的投资主体参与城乡绿化建设，建立“政府奖补、部门筹集、工商资本投入、社会投资投劳”的多元化投融资渠道。区财政设立专项造绿资金，2014 年—2016 年连续三年，每年预算安排 200 万元，采取以奖代补的形式对造绿工程给予支持，重点工程建设经费专题另议。各街道要相应设立专项资金。

4.鼓励全民参与。建立健全社会公众参与城乡绿化建设的机制和渠道，广泛进行宣传发动，形成全市动员、全民参与的城乡绿化良好氛围。认真落实《长沙市义务植树基地建设管理办法》，将每年的 2 月 12 日—3 月 12 日作为植树活动宣传月，发动社会各界大力开展植树造林活动。各级领导干部要带头参加造林绿化行动，当好引领者和示范者。广大干部职工要积极投身植树造林活动，争做履行义务植树责任的标兵。各爱绿护绿组织要积极倡导和组织志愿者参与爱绿护绿行动，当好宣传员和实践者。要动员社会团体、企业和群众大力开展“成长林、青年林、巾帼林、同心林、创业林”等多种形式的造林绿化活动，鼓励市民群众门前植绿护绿、就近认绿养绿，努力构建多层次的城乡绿化新格局。

5.严格考核问责。三年造绿大行动推进情况将纳入市、区绩效考核内容，具体考核标准根据市绩效考核办法制定。区绩效办、区委督查室、区政府督查室、区三年造绿大行动领导小组办公室要加大检查督导力度，实行“一季一调度、半年一讲评、一年一总结”制度。区委、区政府每年组织召开一次现场会，督促检查各地进展情况，协调解决具体问题。严格实行责任追究制度，对全区各责任单位，凡完不成造绿任务的，要对相关责任人进行问责和通报批评；对因重视不够、措施不力等严重影响造绿进度的，严格追究有关责任人的责任。

附件：

1. 长沙市雨花区三年造绿大行动任务分配表

2. 雨花区三年造绿大行动“八大工程”责任分解表

附件 1

长沙市雨花区三年造绿大行动任务分配表

单位	绿化工程(200 公顷)	“三边”造林“四旁”植树(6000 亩)			街景(立体)绿化	绿色创建(3 年共创建)	
	2014 年—2016 年(公顷)	2014 年(亩)	2015 年(亩)	2016 年(亩)	2014 年—2016 年(平方米)	创建绿色社区(个)	创建绿色庭院(个)
雨花亭街道	新增绿地 200 公顷,建成社区公园(街头小游园)8 个	80	80	80	50000	15	0
高　桥街道		60	60	60			0
圭　塘街道		200	200	200			10
黎　托街道		200	200	200			5
洞　井街道		400	400	400			50
井湾子街道		60	60	60			0
东　山街道		400	400	400			35
同　升街道		600	600	600			50
城区其他街道		0	0	0			0
合计	200	2000	2000	2000	50000	15	150

附件 2

雨花区三年造绿大行动“八大工程”责任分解表

序号	八大工程	牵头领导	牵头部门	责任单位	建设任务及目标
1	城郊绿化工程	邹犇淼	区城市管理局区园林局	区环境保护局、区城市管理局、区国土分局、区规划分局等相关部门	在城乡结合部、三环线以内特别是二环线周边的棚户区、堆放场、仓储地、取土区和立交桥周边等脏乱差区域实施城郊绿化工程,对废气、废水、固体废弃物、噪音污染、违章建筑开展环境综合治理,推进拆违还绿、清脏播绿、平土复绿、垂直挂绿、造景添绿。加快长沙火车南站周边片区绿化,对核心片区已完成拆除且暂未出让地块和未开工建设地块按照“地属谁管,绿归谁造”原则进行复绿,着力将长沙火车南站周边等重点区域打造成组团式绿地斑块和城市绿色窗口。根据“城区绿化与城郊绿化同步,绿量扩张与绿质提升并举,生态效益与景观效益兼顾”的原则,对主要出城口干道和高速公路、铁路两厢及节点实施绿化提质改造,建成环城林带、绿色长廊。
2	宜林地绿化工程	李国军	区农业林业水利局	区国土分局及相关街道	对宜林荒山荒地等进行全面造林,对矿山等废弃地实施复绿。全区完成“三边”(城郊边、江河边、公路边)、“四旁”(路旁、水旁、宅旁、村旁)新增地造林 6000 亩。
3	社区(单位)绿化工程	邹犇淼	区城市管理局区园林局	雨花经开区、区教育局、区城市管理局、区工业和信息化局、区园林局、区规划分局等相关部门及各街道	推进绿化进单位、进学校、进社区、进企业、进园区,加快社区公园建设和小区绿化、楼栋建设,着力建设公园式、花园式社区,使社区绿化覆盖率达到 40%以上,绿地率达到 33%以上,三年内在建成区新增绿地 200 公顷以上,建成社区公园(街头小游园)8 个,创建绿色示范社区 15 个。
4	城市绿道工程	罗予武	区城建投	区交通运输局、区工务局、区城建投、区规划分局等相关部门	立足“生态雨花”定位,依托现有山体、水系、绿地,加快以浏阳河、圭塘河、植物园、林科所基地为核心的城市“环型绿道”建设,总长 23 公里。

续上表

序号	八大工程	牵头领导	牵头部门	责任单位	建设任务及目标
5	街景(立体)绿化工程	邹犇淼	区城市管理局区园林局	区城市管理局、区园林局、区规划分局等相关部门及各街道	以城市主干道为轴线,规范建绿,拆违还绿,择空补绿,见缝插绿,加快韶山路、芙蓉路等城市主干道绿化提质改造,加强城市次干道、背街小巷新植造绿,全面推动公共绿地绿地建设。大力提倡屋顶、阳台、裙楼、坡塝、墙体立面、立交桥等立体绿化,切实提高城市绿化覆盖率和"三维绿量",改变城市"水泥森林"形象。力争建成区新增立体绿化5万平方米。
6	庭院绿化工程	李国军	区农业林业水利局	区环境保护局、区农业林业水利局等相关部门及各街道	社区居民家庭庭院突出绿化、美化、香化、林果化,引导居民充分利用房前屋后的空坪隙地,科学栽种树木、果林、花草、蔬菜,提高养护水平和绿化效果,达到绿地整洁、林相美观,社区筹委会现有庭院80%以上实现绿化美化。创建绿色示范庭院150户。
7	沿河绿化工程	李国军	区农业林业水利局	区财政局、区环境保护局、区农业林业水利局、区规划分局等相关部门	启动浏阳河和圭塘河河道绿化建设,对重点干渠、塘坎周边宜林地进行条线绿化,全面提高沟渠、塘坝生态保护范围的绿化覆盖率,增强水系生态功能。全区江河两岸、水库周边、干渠沿线宜林宜绿地绿化率达到85%以上。
8	屏障绿化工程	李国军	区农业林业水利局	区财政局、区环境保护局、区交通运输局、区城建投、区规划分局、区两型办等相关部门	推进城市林业生态圈建设,大力实施生态公益林、长防林、血防林、碳汇林等重点生态工程,坚持对重要生态区、生态脆弱区进行封山育林,对天然林实施禁伐,严禁滥占乱占林地开垦,重点加强对绕城高速、京珠高速和机场高速防护林带的建设力度。

附　录

2014 年新闻存目

序号	时间	报道媒体	报道标题
1	1-27	光明日报	失独家庭的温心家园
2	3-25	新华每日电讯	“最有爱粉店”最多感人事
3	5-17	人民日报	长沙磁浮铁路开建
4	5-17	光明日报	长沙建设我国首条中低速磁浮铁路
5	7-3	经济日报	长沙市雨花区权力清单刚性落地:过去一本书如今四页纸
6	7-6	人民日报	李克强在湖南考察时强调:向改革创新要动力向结构调整要助力
7	11-4	科技日报	长泰:机器人制造的“国家队”
8	11-6	光明日报	长沙长泰:机器人制造的后起之秀
9	12-5	光明日报	推进被征地农民素质市民化的思考
10	12-6	人民日报	中宣部、中央文明办、中国志愿服务联合会发布“最美志愿者”事迹
11	12-6	光明日报	中宣部、中央文明办、中国志愿服务联合会发布“最美志愿者”先进事迹
12	12-6	经济日报	中宣部等公开发布 11 个“最美志愿者”先进事迹
13	12-8	光明日报	长沙市雨花区:校长必须登讲台
14	4-1	中央电视台 12 套	《CCTV12》孟妈妈:关爱孩子,守护明天
15	4-8	中央电视台 1 套	《晚间新闻》空巢老人免费出租房屋,只为找人说话
16	4-9	中央电视台 13 套	《CCTV-新闻》八旬老人不收房租找租客
17	5-16	中央电视台 1 套	《中央新闻联播》长沙开建国内首条中低速磁浮铁路
18	7-5	中央电视台 1 套	《中央新闻联播》沪昆高铁南站:李克强在湖南考察
19	8-2	中央电视台 1 套	《中央新闻联播》长沙树木岭隧道:我国城际铁路最大直径盾构隧道首段贯通
20	9-12	中央电视台 13 套	《朝闻天下》走基层寻找最美孝心少年
21	10-10	中央电视台 1 套	《寻找最美孝心少年》长沙雨花区游柘楠:众里寻你 2014 寻找最美孝心少年颁奖典礼
22	11-23	中央电视台 13 套	《新闻直播间》中部国际农博会今日闭幕
23	12-5	中央电视台 1 套	《中央新闻联播》志愿者书写新时代雷锋故事
24	1-6	新华网	长沙夜宵街左家塘“水库”可望变“高大上”
25	1-7	新华网	长沙首条 0.7 公里绿道现身雨花区圭塘河风光带
26	1-24	人民网	长沙雨花区开展千名干部志愿服务高铁春运活动
27	3-28	人民网	长沙市雨花区区长讲党课告诫领导干部廉洁从政
28	4-8	新华网	沪昆高铁长沙南站即将建成
29	4-16	光明网	长沙:雨花区国税局送“税法进社区”
30	6-11	中国文明网	长沙:党政干部领倡节俭“同心银行”助力养德

续上表

序号	时间	报道媒体	报道标题
31	6–11	人民网	长沙雨花区打造中部现代服务业中心加快建成全面小康社会
32	6–11	人民网	长沙雨花区打造 20 个“同心银行”存储群众日常爱心捐助
33	6–11	新华网	新华蓝公益:“筑梦星城·健康社区行”为侯家塘街道送健康
34	6–17	人民网	长沙棚改:助圆棚户区居民的“安居梦”
35	6–22	新华网	长沙科技达人自掏腰包建光伏发电板架点亮一栋楼
36	6–20	中国组织人事报	干部动议要防止“牛栏关猫”
37	6–25	中国经济网、人民网	长沙市雨花区“权力清单”刚性落地
38	6–25	人民网、东方网	长沙市雨花区发布孝道“红黑榜”让孝文化深入社区居民家中
39	6–26	人民网	长沙市雨花区文艺汇演进社区“群众路线”三字经引市民关注
40	7–2	人民网	长沙雨花区“启善读书会”传播国学教授孩子从小诵读《弟子规》
41	7–3	中国经济网	长沙市雨花区“权力清单”刚性落地
42	7–4	人民网	长沙雨花区开展禁毒宣传教育:让城郊群众在节目中认识毒品危害
43	7–4	人民网	雨花区行政审批项目精简、效率提速 50%224 个项目清理精简至 65 项
44	7–6	人民网	李克强总理在湖南考察
45	7–9	人民网	长沙市雨花区提升新市民素质让身边模范群众代表传递正能量
46	7–10	新华网	第三届“中国中部金融中心论坛”在长沙召开
47	8–1	新华网	蓝公益·筑梦星城雨花区开展网络文明引导行动
48	8–26	中国新闻网	长沙首届微电影文化节启动筹募湖南首部草根大电影
49	9–5	新华网	蓝公益·筑梦星城长沙站“水公益”走进雨花交警大队
50	9–29	中国新闻网	2014 中国中部(湖南)国际农博会“掘金新农业”
51	9–30	中国经济网	中部(湖南)国际农博会 11 月启幕触网打造“智慧农博”
52	10–1	光明网	长沙雨花区多样活动迎重阳
53	11–5	新华网	长泰机器人:自主创新成就中国“智造”
54	11–14	人民网	2014 中部农博会 11 月 17 日开幕消费者可现场扫二维码购买产品
55	11–15	光明网	2014 中部农博会:“云农博”引领中部农业发展
56	11–17	中国日报网	2014 中部农博会首推指尖上的“小辣椒”
57	11–18	中国新闻网	中国中部(湖南)国际农博会开幕促农产品产销对接
58	11–18	光明网	千余家中外企业“赴约”中国中部农博会
59	11–18	人民网	2014 中国中部农博会开幕 APP“小辣椒”为消费者送上一亿元红包
60	11–20	人民网	中部农博会主推“立体交易”三大互联网平台吸引老中青消费者
61	11–21	中国食品安全报	2014 中国中部(湖南)国际农博会开幕
62	12–18	人民网	长沙雨花区打造文化产业“黄金走廊”入驻企业可享三年税收优惠
63	12–30	人民网	长沙雨花区举办领导干部安全生产专题培训班
64	2–23	长沙晚报	人人皆义工时时讲奉献
65	3–21	长沙晚报	下岗夫妇 2 年送出万余爱心粉
66	5–17	湖南日报	小康建设领跑全省
67	6–28	长沙晚报	小小少年歌咏长征
68	7–6	长沙晚报	李克强在湖南考察时强调:向改革创新要动力向结构调整要助力
69	7–13	长沙晚报	百万雨花人领跑奔小康
70	7–14	长沙晚报	沪昆高铁杭长段年内通车
71	9–17	长沙晚报	长沙成为高铁黄金枢纽
72	10–6	长沙晚报	六将军带头当义工

续上表

序号	时间	报道媒体	报道标题
73	10-23	长沙晚报	“邓兜”哥,倒下亦如一座山
74	11-7	长沙晚报	坚持正确用人导向营造风清气正环境
75	11-18	长沙晚报	“手机农博汇”首次亮相
76	2-27	长沙晚报	一马当先建设中部万亿中心
77	3-7	香港商报	长沙东南崛起雨花城引领中部强区
78	3-25	湖南日报	从“顶牛”到“牵牛”
79	3-26	湖南日报	稳中求进转型升级——雨花区谋求经济再跨越
80	3-27	长沙晚报	雨花区扎实开展群众路线教育实践活动，推进高铁新城长效管理——省会窗口“面子”越来越靓
81	4-1	法制周报	邻里互助重建传统美德
82	4-3	长沙晚报	雨花区花海氧吧等你来
83	4-29	长沙晚报	地铁加高铁“五新雨花”加速度腾飞
84	4-30	长沙晚报	长沙有所最会玩的小学
85	5-27	长沙晚报	“绿”镜头下雨润花开
86	7-2	三湘都市报	小康雨花,与幸福同行
87	7-6	湖南日报	留在三湘四水的难忘瞬间——李克强总理在湖南考察
88	7-6	三湘都市报	留在三湘四水的难忘瞬间
89	7-7	三湘都市报	敢为人先,总理青睐创新创业湖湘人
90	7-18	湖南日报	“责任田”里耕耘忙
91	7-19	湖南日报	“云监察”下无处藏
92	7-18	长沙晚报	把黄谷路打造成知名汽车 6S 街区
93	7-21	长沙晚报	长沙消费者买车的好机会来了
94	7-23	三湘都市报	老旧社区改造,居民能否说了算?
95	8-8	长沙晚报	中部大枢纽湖南新门户
96	8-8	潇湘晨报	新雨花人见证长沙城市理想
97	8-14	长沙晚报	打通“最后一公里”畅达小康新雨花
98	8-15	长沙晚报	高铁新城的门户价值被低估
99	8-22	长沙晚报	绿色景观编织一条圭塘河生态经济带
100	8-29	长沙晚报	南城汽车嘉年华淡季逆袭
101	9-16	长沙晚报	雨花大问政,15 位“一把手”和你面对面
102	9-16	长沙晚报	为 10 万学生构筑安全防护网
103	9-25	湖南日报	多彩梦在每所学校放飞——从雨花区看教育内涵发展·艺术教育篇
104	9-28	三湘都市报	社区大舞台,唱起来跳起来
105	9-30	长沙晚报	“五老”不老星耀雨花
106	9-30	湖南日报	当孩子乘着创意飞翔——从长沙市雨花区看基础教育内涵发展·科技创新篇
107	10-10	湖南日报	朝向无域界的生命课堂——从长沙市雨花区看基础教育内涵发展·素质拓展篇
108	10-2	潇湘晨报	小区里有支“银发先锋队”
109	10-13	三湘都市报	王均全获湖南法治人物殊荣
110	10-22	长沙晚报	长沙有个“孟妈妈”
111	10-22	长沙晚报	首届雨花汽车消费节圆满落幕黄谷路 6S 街区汽车销售协会正式成立
112	10-30	三湘都市报	湖南上演机器人总动员
113	10-30	长沙晚报	唯一双地铁口城市山体公园动工
114	11-11	长沙晚报	“邓兜”哥,一个有温度有血性的好榜样

续上表

序号	时间	报道媒体	报道标题
115	11–11	三湘都市报	用爱守护迷途孩子,她让法治的温暖甚于阳光
116	11–18	长沙晚报	农博之变抖落泥巴味电商来助阵
117	11–19	长沙晚报	农博之惠带今日晚报和智能手机可享惊喜优惠
118	11–20	长沙晚报	农博之最湘点大师揭秘长沙包子曾令“武汉包贵”
119	11–28	长沙晚报	雨花工业旅游等你来参加
120	12–8	长沙晚报	银发先锋的“黄金时代”
121	12–15	长沙晚报	积淀 18 年,问鼎中部现代商贸中心
122	12–16	长沙晚报	湘府路文化产业“黄金走廊”崛起南城
123	12–25	长沙晚报	严管理大提质雕琢品质雨花
124	12–30	长沙晚报	冬季到雨花来赏梅雨花区特色旅游精彩纷呈
125	12–31	湖南日报	“农”墨重彩谱华章——看雨花区如何打造“永不落幕”的农博会

专　文

雨花区新年借力高铁经济,立足高位增长,力促高速发展,坚持高端转型——

一马当先建设中部万亿中心

记者　李　卓　　实习生　董　韧　徐　妙

核心提示

36台“雨花制造”的比亚迪M6披红挂彩,一字排开,企业纳税大户代表手捧新车钥匙,笑逐颜开。马年伊始,政府兑现产业扶持奖励政策,为经济发展功臣配“好马”——日前,在雨花区经济工作大会上的这一幕,成为了该区马年策马扬鞭,提速发展的好彩头。“随着沪昆高铁即将运营,南中国唯一的高铁‘黄金十字’现身雨花区,高铁经济的‘虹吸效应’,将在这片热土上迅速聚集大量的人流、物流、资金流。”正如雨花区委书记周杏武所分析的,该区可供开发的优质土地约3.2万亩,黄金走廊、工业新城、雅塘片区等区域项目建设风生水起,区级储备的亿元以上产业项目数量和质量均全市区县之首;高铁、高速、地铁、城际轻轨、磁悬浮五大工程在雨花区内全面铺开……一系列发展利好和不懈努力,让雨花区距中部万亿级高端现代服务业中心的战略目标越来越近,在全市“六个走在前列”大竞赛中一马当先。

关键词【高位增长】

GDP总量连续6年雄踞中部城区榜首

镜头:往年此时,张小莎正在长沙东去义乌的列车上昏昏欲睡。坐11个小时的火车,再在几万家商铺的海洋里淘上一天,进一趟货,骨架几乎累散。如今,在高桥经营小饰品的她却坐在店里,泡杯普洱,耍耍键盘、鼠标,在“义乌购”网站上就能轻松“逛”义乌。像张小莎这样,经营户不用再千里迢迢上门进货,因为“义乌购”网上商城将义乌小商品市场整个“搬”进长沙。

“义乌购”网上商城只是雨花区电子商务风起云涌的一个缩影。该区去年实现电子商务总交易额906亿元,比2012年同比增长195%,区内三家电商企业跻身长沙电商十强。

成就:主要指标实现高位增长。电子商务等现代服务业的蓬勃发展,推动该区经济持续高位增长。去年,该区实现地区生产总值1300.3亿元(含中烟),增长9.5%,从2008年起,总量连续6年居中部城区第一。财政总收入突破100亿元大关,达到108.67亿元,增长18.1%,成为全省唯一财政总收入过百亿的城区;完成公共财政预算收入44.18亿元,增长35.9%,总量和增幅均居全市第一。完成固定资产投资499.6亿元,增长22.4%;实现社会消费品零售总额526.4亿元,增长12.7%。城镇居民人均可支配收入37147元,增长10.8%。街域经济取得长足进步,侯家塘、左家塘街道财政总收入超过10亿元,左家塘街道连续三年获得全市“十强”街道荣誉称号。

关键词【项目推进】

166个亿元项目领跑长沙

镜头:在圭塘河畔游园放焰火,看大红灯笼高高挂,逛逛商场陪老婆血拼……去年小年夜,家住圭塘街道大塘村的刘铮没有烤火看肥皂剧,而是带着一家人到家门口对面的圭塘河生态景观区公园赏灯购物瞧新鲜。

历时一年建成的雨花区圭塘河生态景观公园一期,在小年夜正式开园纳客,长沙城东居民家门口又多了一个集生态、体育、休闲于一体的公园佳处。公园一期(香樟路至木莲冲路段)长约700米。公园二期(木莲冲路至湘府路段)长2.5公里,计划2014年启动建设,引进适量的体验式商业,建成集商务、商业、生态、休闲功能为一体的新型生态公园,预计2016年竣工。

成就:重大项目建设全面推进。圭塘河生态景观区是雨花区备受关注的重大项目之一。去年,该区登记在册的亿元以上产业项目达166个,项目总量、投资额、开工率均居全市之首。德思勤城市广场、华晨世纪广场、喜盈门·范城等项目分期投入使用,顺天国际金融中心、潇影综合大楼、长沙新广电、中机国际研发中心、运达中央广场等项目进展顺利。组织实施重点工程项目75个,湘江长沙综合枢纽“四大工程”按期推进,沙湾路、大桥路西段、洞和路、井塘路等10个项目竣工通车。圭塘河生态景观区一期正式开园。白田佳苑、联盟佳苑实现交房,黎锦苑、黎雅苑、太和园主体竣工,湖橡、长重、一汽棚改项目取得实质性进展。

关键词【转型提速】

中部现代服务业中心呼之欲出

镜头:在长沙街头搭乘比亚迪K9电动大巴公交车时,你可曾想到,从2010年第一台K9在长沙下线,到跻身2013年全球可持续发展十佳方案,比亚迪只用了3年,就让“长沙制造”在汽车产业领域蜚声海内外?

去年底,在联合国全球领导者峰会上,长沙制造的全球首款铁电池驱动纯电动大巴比亚迪K9,从世界79个国家1000余方案中脱颖而出,跻身全球可持续发展方案前十名,成为运输领域可持续发展最佳解决方案。值得关注的是,去年雨花经开区规模工业增加值增速在长沙四区十园稳居第一,其中长沙比亚迪项目的拉动作用功不可没,成为该区产业转型升级提速的鲜活典范。

成就:转型升级步伐不断提速。去年,雨花区围绕建设中部现代服务业中心的战略目标,率先启动了区现代服务业总体发展战略规划和核心片区详细规划编制工作,黄金走廊、雅塘新城、东塘组团、浏阳河生态经济带等区域详细规划编制工作取得实效。明确了现代金融、商贸物流、商务智慧、康乐文体四大产业支点,区现代电子商务物流园、全洲农产品电子商务综合服务产业园等8个项目入选国家级现代服务业综合试点,全区综合性和现代服务业项目占比超过35%,高新技术增加值占比达到21.7%;实现第三产业增加值490.7亿元,占比超过60%。新型工业稳步发展,全区规模工业企业达100家,比亚迪电动大巴、乘用车实现量产量销,晓光模具、金杯电工、长泰机械等企业成长良好。东湖高新标准厂房新入驻企业48家,雨花经开区增长速度位居长沙10个省级开发区第一。

关键词【帮扶给力】

百万大拆违舒展城市骨架

镜头:去年10月,随着韶山路省地矿医院路口的一处私房成功自拆,“钉”在这条救护车必经的生命通道上长达10年的最后一处“钉子楼”,终于腾地让道。随着“钉子楼”倒地,因该楼受阻达3年之久的东塘街道支路一于去年底拉通。

在去年雨花区启动的“百万大拆违”行动中,东塘街道通过对征收拆迁公告、拆迁补偿标准等各个环节全程阳光公开,同时在政策范围内解决被征收户的具体困难,终于达成征收协议。东塘街道支路一拉通后,原雨花巷5米宽的路幅将拓宽至20米,韶山南路和芙蓉路之间新增一条便捷互通的交通微循环路。

成就:帮扶工作成效更为明显。比亚迪的快速成长,离不开雨花区的大力帮扶。2013年,雨花经开区全员动员,帮助比亚迪等企业累计招聘2000多人,有效缓解比亚迪用工荒。去年以来雨花区加大“三定三抓”“创业富民”帮扶力度,组织了“百日拆迁”“百万拆违”系列行动,协助企业和项目破解一批拆迁、融资、手续办理、用工等难题。沙湾南路、东塘支路一、航空路、长重棚改等多年遗留拆迁难题得以妥善解决,木莲冲路、洞井路、圭塘路、洞株公路等拆迁工作取得实质进展,高桥村安置扫尾、黎郡新宇一期产权办理等难题得以有效攻克。全年累计征收腾地5845亩,拆除违章建筑105万平方米。

关键词【环境优化】

湖南首个珊瑚人工骨项目2015年量产

镜头:用海洋生物材料珊瑚做成的人工骨头,替代昂贵的钛合金材料,用来为病人做骨移植手术——这不是科幻大片里的镜头,而是即将在雨花区上演的真实场景。去年,湖南首个珊瑚人工骨项目——湖南康胜生物园项目在雨花区启动建设。

珊瑚人工骨项目去年10月19日顺利启动建设,预计2015年可实现批量生产。项目完成后一年可实现销售收入2.4亿元。"高强度珊瑚人工骨"代替传统的钛合金,填补了我国的空白,属高科技产业,既可节约大量外汇,又可节约治疗费用,大大减轻了老百姓的医疗负担。通过雨花区优质政务服务,该项目成功解决手续办理、拆迁扫尾等诸多问题。

成就:经济发展环境持续改善。该区深入开展"转作风、解难题、抓关键、见实效"等专项活动,开通了"12345"市民服务热线,积极承接市级权限事项下放。推进街道政务服务中心标准化建设,区直部门所有政务服务事项实现网上审批和电子监察。全面启动"营改增"试点工作,有效减轻了企业负担。大力整治经济发展环境,加大了对阻工闹事、强揽工程、乱倒渣土等不法行为的打击处置力度,促进了项目建设。

七大举措力促"万亿中心"圆梦雨花

打造万亿级中部高端现代服务业中心,围绕这一区域发展宏梦,雨花区马年将怎样一马当先,务实行动?对此,雨花区委副书记、区长邱继兴指出,建设"万亿中心"将成为该区经济工作的主引擎,通过规划修编、项目建设等七大举措,早日促其梦圆雨花。

战略和核心片区详规年内出台

今年,雨花区将高标准编制区现代服务业战略规划和核心片区详细规划,年内发布成果。完成"两圈一路"城市设计,启动浏阳河风光带规划,加快雅塘新城城市设计和环城绿道规划,深化区现代电子商务物流园控制性详规,提升区域内在编19片控制性详规,开展中部专业服务业集聚区、生态文化旅游休闲集聚区等概念性规划设计。

256亿投资撬动80个重大产业项目

今年,雨花区将铺排重大产业项目80个,年度计划投资256亿元。重点抓好区现代电子商务物流园、德思勤中部电子商务总部基地等8个国家级现代服务业综合试点项目,积极协调台商总部大厦、香港金轮集团总部基地、绿地新都会、跨国公司总部经济园等项目开工,加快推进兴苏广场、中机国际研发中心、湖南省信息园等项目建设,抓紧完成博瑞医药园、通程井塘国际大酒店、天下一家、天翼未来城等项目主体建设,督促引导运达中央广场、顺天国际金融中心等项目早日投入运营。全年计划安排重点工程143个,建设市政道路20条。

完善现代服务业扶持政策

修订完善促进区域产业发展扶植奖励办法,切实加大对电子商务、现代物流、金融服务、文化创意等业态和城市综合体、总部经济、楼宇经济等项目的扶植力度,力促产业扶持资金、特定专项扶持资金、科技"三项资金"等财政性资金重点向现代服务业倾斜。优先安排现代服务业集聚区建设用地,支持现代服务业企业的规划调整、报建报卷及手续办理,健全服务业人才管理服务机制,引导金融机构重点支持现代服务业发展。

抓好现代服务业四大支点

以发展总部经济为总揽,紧扣四大产业支点,推动现代服务业高端、集聚发展,形成总部聚集区。现代金融方面,依托德思勤城市广场和顺天国际金融中心等龙头项目,重点引进股权基金、小额贷款等区域性总部入驻,力争引进北京金融街,逐步搭建并形成金融聚集平台。商贸物流方面,加快现代电子商务物流园建设,力争引进一个以上龙头示范项目，引导优质物流企业向园区聚集，全力打造中部物流中心。商务智慧方面，重点发展生产性服务业，促进法律服务、会计咨询、设计研发等专业服务业聚集发展；加快形成现代信息网，开辟信息“高速公路”，探索“智慧城市”建设，发展策划、软件、动漫、影视、艺术等创新类智慧产业，引导嘉丽购、爱尚通程、京东商城等品牌做大做强，打造国家级电子商务示范基地。康乐文体方面，依托长沙广电集团的入驻，全力打造文化传媒中心。以湖南健康产业集团为核心，加快推进北大未名湘雅健康中心、中部生物谷等项目建设，积极打造生命健康产业集群

新型工业崛起雨花经开区

支持雨花经开区创建国家低碳工业园区试点单位，全面启动国家级园区申报工作。瞄准高端精密制造产业、总部基地及工业标准厂房、产城一体商住配套项目和健康产业园四大板块，加大工业招商力度，力争引进项目100个。打造工业产业集群，助推比亚迪提高整车产销能力，延伸汽车制造上下游产业链，促进汽配与整车企业集群发展；逐步形成汽车制造、节能环保、信息技术、医疗器械等产业集群，全力打造千亿级园区。全力推进技术升级，加快建设现代新材料、汽车关键零部件、医药健康等科技创新平台，支持比亚迪、长泰等企业建设国家和省市级企业工程技术中心，新增高新技术企业2家以上。

推动消费转型升级

以红星大市场外迁和高铁新城、雅塘新城开发为契机，着力发展高端品牌集聚区，吸引高端消费群体。以比亚迪汽车城为依托，打造区域新能源汽车消费中心，为扩大外来消费、推动消费结构升级提供有力支撑。以“三网融合”、4G网络建设为带动，大力发展电子商务、网购网销等新型业态和消费模式，形成信息网络等新的消费增长点。以节会、活动引导消费，促进健康养老、文化教育、体育休闲、家装家政等服务消费。组织举办“房交会”“大型团购”等活动，加大对区域内楼盘的宣传、推介和营销力度，引导房地产业健康发展。

腾地5000亩拆违百万平方米

继续将“三定三抓”、“创业富民”活动作为项目帮扶、企业发展的主抓手，成立专项工作组，实行“一对一”帮扶，通过一月一调度，一季一讲评，力促实现项目履约率、投资到位率、建设开工率、问题办结率和投产达效率“五个百分百”目标，全面推进项目建设的提速提质。要强力组织“拆迁攻坚大会战”、“百万拆违大行动”，集中时段、集中人力、集中火力，实现“腾地5000亩，拆违100万平方米”的目标。

雨花区重点项目一览

1.东湖和庭都市工业总部基地

项目位于经开区55、56号地，振华路东沿线以北，总占地面积220亩，总建筑面积40万m^2，拟建设长株潭中小企业总部聚集区，计划引进企业近200余家。

2.国中医药大健康总部

经济项目

项目位于经开区56号地，总占地面积约50亩，总建筑面积6.6万m^2(第一期工程4.6万m^2，第二期工程2万m^2)。拟建自动立体仓库、自动分拣系统、WMS仓储系统、ERP系统、电子标签、RF手持终端等集中的大健康总部经济现代物流基地。

3.总部基地和标准厂房

项目位于经开区金海路，园区23、28号地及长沙县地域，总占地面积260亩，总建筑面积约45万m^2，拟建设集办公总部、研发基地、生产中心及其他配套设施于一体的工业厂房项目。

4.雨花总部基地

项目位于经开区内88号地，振华路以北，总占地313亩，拟建成30万m^{2}面积的工业厂房，一期建设12万m^2，二期18万m^2。建成后该项目将集合企业总部基地、研发中心、生产厂房于一体的新型工业地产项目。

5.清溪川9号

项目位于圭塘河与木莲冲路交会处，总占地面积96亩，总建筑面积23.82万m^2，规划定位为高端

住宅,布局以点式住宅组团为主,两大组团园林。

6.天龙改建升级项目

项目位于韶山路与城南路交会处东北方向,总占地面积约11亩,总建筑面积2.1万m^2,拟建1栋25层办公楼,用于公司总部入驻办公。

7.全洲农产品电子商务综合服务产业园项目

项目位于桃花塅路沿线,拟建"高层现代仓储"。总占地面积72亩,总建筑面积11.12万m^2,由物流仓库、冷藏配送车间、冷冻及冷藏库,以及其他配套设施组成,项目建成后,将打造集冷冻、冷藏、加工、包装、销售于一体的现代物流中心。

8.德思勤城市广场

项目位于雨花区迎新路898号,总占地总面积550亩,总建筑面积156万m^2,容积率3.98,绿化率30.7%,车位数1万个,拟建大型商业中心、国际五星级酒店、甲级写字楼、淘宝城、主题商业街、电视直播大厅、环球影视城、学校、高档公寓于一体的城市综合体。

9.万境水岸·二十三冶总部办公楼

项目位于湘府路与圭塘路交会处东北角,圭塘河畔,项目南临湘府路,东临圭塘河,西面为圭塘路,总占地面积373亩,总建筑面积93.78万m^2,分四期开发。

10.台商总部大厦

项目位于杜花路与黎托路交叉的东北角,总占地面积89亩,开发商已与2013年7月从武广新城开发有限公司拍得此地,标号为E-20号地,容积率5.5,建筑密度40%,绿地率30%。项目方意向规划为地下三层为停车场,地上1—5层为商业店铺,1栋为超五星酒店,1栋为5A级写字楼。

11.中部跨国公司总部经济园

项目用地位于武广片区香樟路以南,13号路以北,浏阳河以西,平阳南路以东以及13号路以南,湘府路以北、红旗路以西,平阳南路以东地域范围内,净用地面积为657亩,拟打造成高铁新城片区的示范性城市综合体,以世界排名前500强国际、国内龙头企业入驻为支撑点,形成总部经济产业支柱。

12.雨花现代电子商务物流中心

项目位于黎托南片,为湘府东路以南,高速铁路以东,浏阳河以西,南绕城线以北的区域。根据长沙市物流业发展规划和雨花区实际,建设以仓储、配送、电子商务为主导的雨花现代电子商务物流中心,在2015年底基本建成辐射中南地区的国家级区域仓储、配送、电子商务枢纽中心。

13.国际企业中心标准厂房

项目位于经开区1、8、21号地,总占地面积354亩,项目分五期建设,均为工业厂房。

14.通程井塘国际大酒店

项目位于香樟路与圭塘路交会处,总占地总面积37亩,总建筑面积17.83万m^2,容积率8.49,拟建3栋塔楼,每栋高28层。

15.天街国际广场

项目位于曲塘路与圭塘路交叉口,曲塘路两厢,总占地面积60亩,总建筑面积21万m^2,其中商业13万m^2,拟建成集商品住宅楼、商业门店于一体的特色街区。

16.城中村改造圭塘河综合整治项目

项目包含雨花亭街道自然村、圭塘河沿线等共计215亩土地,新城新世界公司有意向拍取城中村改造地块,圭塘河沿线为环保公益建设项目;共有64户私房和1200万m^2厂房需拆迁腾地。

17.红星盈德广场

项目位于嘉雨路,总占地面积68.2亩,总建筑面积24.4万m^2,拟建精品酒店、高端写字楼和公寓的综合性房地产项目。

18.小林子冲片区棚改项目

项目东至活力康城小区,南邻小林子冲路,西达芙蓉中路,北临湖南海利集团围墙,总占地面积约130亩(8.658万m^2),包括省物价局、省统计局、省建六公司、合利华工贸公司、长沙化油器厂、长沙酒厂等单位及宿舍和小林子冲棚户区,共有居民住户1100户,预计拆迁面积94327.43m^2。

19.六都国际

项目位于芙蓉中路三段547号,总占地面积279亩,总建筑面积70万m^2,暂定为分两期开发,由一栋商会大厦（写字楼＋湘电总部）和一栋超五星酒店及26栋（住宅、办公楼和休闲会所）综合体组成。

20.华狮啤酒厂棚改项目

项目位于韶山中路304号，北临长沙市工人文化宫，南临九芝堂药业有限公司，东临韶山路，西临国防科大社科院。项目红线范围面积86.47亩，其中规划道路及公共绿地面积为36.23亩，净用地面积50.24亩。项目分为两期开发。

21.兴苏广场

项目位于万家丽路与曲塘路交会处东南角，总占地面积101亩，总建筑面积50多万 m^2。拟建成大型商业、酒店、写字楼、住宅（公寓）为主的城市综合体。项目分为A、B、C、D地块开发。

22.欧亚达第一国际

项目位于劳动东路和万家丽路交会处西南角、圭塘河西侧；总占地面积50亩，总建筑面积15万 m^2，其中商业面积约7万 m^2，拟建由家居购物广场、商务写字楼及高档公寓组成的大型商业中心。

23.旭辉国际广场

项目位于劳动东路与万家丽路交会处东南方向，北邻劳动东路，东靠市国土局，总占地面积约160亩，净用地149亩，总建筑面积32.7万 m^2，容积率2.8，拟建整体商业4.1万 m^2，金融办公区（含三栋超高层写字楼）10.8万 m^2，高层住宅和洋房11.5万 m^2，配套商业（含影院 $5000m^2$，超市 $6000m^2$）1.25万 m^2，地下车库5万 m^2。

24.圭塘河二期开发项目

圭塘河项目二期项目北起木莲冲路、南至湘府路区域，河道长度约2.3公里的公园规划区域，拟打造成为人文建筑和生态环境有机融合，集商旅结合、风情体验、文化创意于一体的世界级亲水休闲第一品牌。

25.运达中央广场

项目位于长沙大道与沙湾路相交的西北角。总占地面积173亩，总建筑面积58万 m^2。拟建集“瑞吉”和“W”两大白金五星级国际酒店、1栋高249米的国际5A写字楼、国际名品商场、国际名品步行街、酒店式公寓和6栋31层住宅楼为一体的城市综合体。

26.吉联·国中星城

项目位于劳动东路与白沙湾路交会处西南角，由吉联苑和万国商业广场组成，总占地面积94.5亩，总建筑面积38万 m^2，由11栋高层住宅及1栋幼儿园组成；万国商业广场（沃尔玛）商业综合体由1栋办公楼、1栋公寓组成，占地面积86亩，总建筑面积36.9995万 m^2。

27.新华都·城市广场

项目位于长沙大道与京港澳高速交会处，长沙大道以北，含中央公园和城市广场，中央公园占地面积325亩，总建筑面积约74万 m^2，拟建含幼儿园、写字楼、商场及住宅于一体的综合性项目；城市广场占地面积158亩，总建筑面积约60万 m^2，拟建含高端酒店、写字楼、商场及住宅的综合性项目。

28.长房·旭日广场

项目位于劳动东路与花桥路交会处西北角，东邻花桥路，南邻劳动东路，西邻黎托路，北邻新潭白路，总占地面积267亩，净用地面积208亩，总建筑面积59.8708万 m^2。

29.康胜生物科技园

项目位于洞井街道鄱阳村与和平村的交界，万芙路口与韶山路沿线，总占地面积约41亩，总建筑面积8万 m^2，拟建由珊瑚人工骨研发中心、办公大楼、住院楼组成的生物材料中心，建成后可实现年销售收入3亿元。

30.红莲商业广场项目

项目位于湘府路与韶山南路交叉处东北角，东临洞井路，总占地面积168亩，可开发面积152亩。

31.中港珠宝城

项目位于黎托路以东，新花侯路以西，香樟路以北，总占地面积286亩，总建筑面积80万 m^2，投资规模达20亿元，拟建以珠宝为核心、商贸为主体、旅游商住为依托的大型城市综合体。

32.绿地之窗

项目位于东山街道长托村，京珠高速以东，香樟路以南，新花侯路以西，十二号路以北。容积率5.0，建筑密布40%,绿地率30%,拟打造成为以商务金融为核心、高端现代服务业为主导,集商业娱乐、城市旅游、都市居住为一体的"高端城市商务社区"。

33.万里时代城市综合体

项目位于香樟路以北,京港澳高速以西,总占地面积64亩,以杜花路为界限分为南北两个地块(南地块占地面积49亩,北地块占地面积15亩),总建筑面积22万m^2,总投资12亿元。

34.博瑞医药园

项目位于经开区内23号地,振华路以东,总占地面积60亩,建筑面积6万m^2,拟建一座集药品阴凉库、冷库及冷链、物流配送中心、电子商务中心、交易服务中心、检验检测中心、办公用房和其他配套用房等为一体的现代药品物流基地。

(原载于2014年2月27日《长沙晚报》)

稳中求进　转型升级

——长沙雨花区谋求经济再跨越

记者　谢　璐　　通讯员　雨　轩

近年来，雨花区旗帜鲜明地将发展作为第一要务，始终牢牢扭住经济建设这一中心，稳中求进、新中求进、好中求进，比经济总量、发展速度，更比发展质量、发展方式，把主要精力投到转方式、调结构上来，真正在“转型”上动真格，在“升级”上求实效，区域经济工作取得了明显成效。

跨越百亿大关　领跑全省城区

2013年，雨花区凝神聚力谋发展，不动摇、不懈怠、不折腾，主要经济指标实现高位增长。全区完成公共财政预算收入44.18亿元，增长35.9%，总量和增幅均居全市第一。地区生产总值达到1300.3亿元（含中烟），增长9.5%，总量居中部城区第一。财政总收入更是突破100亿元大关，达到108.67亿元，增长18.1%，成为全省唯一财政总收入过百亿的城区。

区域经济稳步提升，项目建设是最有利的助推器。去年，雨花区登记在册的亿元以上产业项目达166个，项目总量、投资额、开工率均居全市之首。德思勤城市广场、喜盈门·范城等项目分期投入使用，顺天国际金融中心、长沙新广电等项目进展顺利。组织实施重点工程项目75个，湘江综合枢纽“四大工程”按期推进，沙湾路、洞和路等10个项目竣工通车。圭塘河生态景观区一期开园，白田佳苑、联盟佳苑实现交房，黎锦苑、黎雅苑、太和园主体竣工，湖橡、长重、一汽棚改项目取得实质性进展。

雨花区率先启动了区现代服务业总体发展战略规划和核心片区详细规划编制工作，黄金走廊、浏阳河生态经济带等区域详细规划编制工作取得实效。明确了现代金融、商贸物流、商务智慧、康乐文体4大产业支点，区现代电子商务物流园、全洲农产品电子商务综合服务产业园等8个项目入选国家级现代服务业综合试点，全区综合性和现代服务业项目占比超过35%，高新技术增加值占比达到21.7%；实现第三产业增加值490.7亿元，占比超过60%。雨花经开区增长速度位居长沙10个省级开发区第一。

百尺高楼再攀登　现代服务业作引擎

站在历史的节点上眺望未来，雨花区经济发展前景喜人。

随着沪昆高铁即将投入运营，中国南部唯一的高铁“十字架”在雨花交会，高铁经济的“虹吸效应”初显，将在短期内聚集大量的人流、物流、资金流；区域可供开发的优质土地约3.2万亩，黄金走廊、工业新城、雅塘片区、腹地等区域项目建设风生水起；区级储备的亿元以上产业项目数量和质量均居兄弟区县之首，高铁、高速、地铁、城际轻轨、磁悬浮5大工程全面铺开，投资将在今后相当长一段时间持续发力。

科学研判当前形势，雨花区提出2014年主要经济发展目标是：地区生产总值增长10%以上；财政总收入增长15%以上；地方公共财政预算收入增长16%以上；固定资产投资增长19%以上；社会消费品零售总额增长15%以上；城镇居民人均可支配收入增长12%以上；城市登记失业率控制在4%以内。资源节约、环境保护、转型升级等约束性指标，均按要求完成。

长沙市作为“一带一部”布局中的“核心城市”，将发挥强辐射、强带动作用。在此大背景下，雨花区委、区政府适时提出“打造中部现代服务业中心”的战略构想。今年，将围绕“锐意改革创新，率先科学发展”的主题，继续把现代服务业建设作为经济工作的主引擎来抓，朝着打造万亿级中部高端现代服务业中心的目标不断迈进。全年铺排重大产业项目80个，年度计划投资256亿元，重点抓好区现代电子商务物流园、德思勤中部电子商务总部基地等8个国家级现代服务业综合试点项目；计划安排重点工程143个，建设市政道路20条，确保木莲冲路、民主路等道路竣工通车。此外，将修订完善促进区域产业发展扶植奖励办法，力促产业扶持资金、特定专项扶持资金、科技“三项资金”等财政性资金重点向现代服务业倾斜，引导金融机构重点支持现代服务业发展。紧扣4大产业支点，推动现代服务业高端、集聚发展，形成中部聚集区。支持雨花经开区创建国家低碳工业园区试点单位，全面启动国家级园区申报工作，瞄准高端精密制造产业、总部基地及工业标准厂房、产城一体商住配套项目和健康产业园4大板块，力争引进项目100个，全力打造千亿级园区。

同时，他们加快打造工业产业集群，助推比亚迪提高整车产销能力，延伸汽车制造上下游产业链，促进汽配与整车企业集群发展。在2月22日召开的全区经济工作会上，区政府拿出36台比亚迪推出的新型M6汽车奖励企业“纳税大户”，用实际行动支持企业经营与园区发展。M6作为比亚迪旗下唯一MPV车型，三款达到国4排放标准的发动机、3H高强度防撞车身、电动滑动门、全息影像、六倒车雷达、车载电视、NAVI语音电子导航系统等高端配置让其兼具时尚与安全、实用与尊贵，商务、家用两相宜。

一马当先抓改革
一抓到底促发展

改革是动力之源。雨花区始终坚持以改革统领全局、驱动发展，以创新破解难题、加快发展，坚定改革正确方向，把握改革目标要求，搞好顶层设计，抓住关键环节，着力制度创新，以大无畏的精神和坚韧不拔的毅力推进改革，为区域发展注入新的强大动力和活力。

为给经济发展提供优良环境，该区深入开展“转作风、解难题、抓关键、见实效”等专项活动，开通了“12345”市民服务热线，积极承接市级权限事项下放。推进街道政务服务中心标准化建设，区直部门所有政务服务事项实现网上审批和电子监察。全面启动“营改增”试点工作，有效减轻了企业负担。同时，加大“三定三抓”、“创业富民”帮扶力度，协助企业和项目破解了一批拆迁、融资、手续办理、用工等难题。去年全年累计征收腾地5845亩，拆除违章建筑105万平方米。

今年，该区将继续把“三定三抓”“创业富民”活动作为项目帮扶、企业发展的主抓手，成立专项工作组，实行“一对一”帮扶，通过一月一调度，一季一讲评，攻拆迁之难，解融资之困，比服务之优，力促实现项目履约率、投资到位率、建设开工率、问题办结率和投产达效率“五个百分百”目标，全面推进项目建设的提速提质。并强力组织“拆迁攻坚大会战”、“百万拆违大行动”，集中时段、集中人力、集中火力，实现“腾地5000亩，拆违100万平方米”的目标。

“雨花区要求所有部门和干部要增强‘一马当先’的进取意识，强化‘一抓到底’的工作作风，营造‘一路绿灯’的服务环境，形成‘一呼百应’的工作合力，确保工作落实到位、释放更大潜力、求得更大发展。”雨花区区委副书记、区长邱继兴说。

短评　以铁的作风抓发展

周云武

雨花区在夺得全省首个财政总收入过百亿的城区之后，迈入新年，便开始对全年经济工作再动员、再部署，特别是以踏石留印、抓铁有痕的作风抓项目建设，以项目建设促经济发展，充分体现了雨花区委、区政府高瞻远瞩的宏观决策和战略眼光。

“我国仍处于并将长期处于社会主义初级阶段的基本国情没有变，人民日益增长的物质文化需要同落后的社会生产之间的矛盾这一社会主要矛盾没有变，我国是世界最大发展中国家的国际地位没有变。”从党的十八大报告“三个没有变”的英明论断，我们可以清醒地认识到：尽管我国改革开放取得了巨大成就,尽管发展速度和成果举世瞩目,尽管各地经济社会的高速发展带来了一系列后遗症，尽管GDP再也不能盲目崇拜,但发展依然是解决一切问题的关键和基础，经济建设仍然是我们必须牢牢抓住的中心,保持一定的、科学的发展速度依然是我们不可松懈的追求目标。

抓发展,除了信心和决心,还要有具体的措施和办法。而且这种措施和办法,必须切合实际,系统科学,发挥“组合拳”的连环和持续能量。今年,雨花区就打出了一整套科学的“组合拳”:以打造万亿级中部高端现代服务业中心作为全区经济工作的主引擎；计划投资256亿元，铺排重大产业项目80个;抓好现代金融、商贸物流、商务智慧、康乐文体4大产业支点;加快建设现代新材料、汽车关键零部件、医药健康等科技创新平台,着力发展高端品牌集聚区;强力组织“拆迁攻坚大会战”“百万拆违大行动”,力争实现“腾地5000亩,拆违100万平方米”的目标等等。

雨花区客观、冷静、全面认识自身的有利条件，充分利用、挖掘和发挥区位优势,以打造中部现代服务业中心为经济建设的总引擎，以稳中求进为总基调,以转型升级为总要求,以深化改革为总动力,以统筹兼顾为总办法。决心一届一届地抓,一年一年地抓,一月一月地抓,咬定发展不放松,不达目的不罢休！这是践行党的十八大和党的十八届三中全会精神的生动体现。

（原载于2014年3月26日《湖南日报》）

雨花区花海氧吧等你来

记者　彭　翔

雨花区让长沙市民印象深刻的景点,可能仅仅是湖光山色的同升湖,流水潺潺的圭塘河,以及有“天然氧吧”之称的森林植物园。虽然生态绿色景点数量有限,但这难不倒当地人,他们将仅有的景点做深做精,在同升湖可以免费钓鱼,在森林植物园种植了大片郁金香,在圭塘河恢复生态景观。此外,在传统与现代交织过程中,雨花区特地推出了科普游:在当地现代化工厂中,推出了特色旅游线路,让带着孩子的市民在看过了鲜花之后,带走一些科技知识和生态文明理念。现在雨花区已经成为高铁交通枢纽,全国各地的游客下了高铁就能到这里旅游。

四个特色旅游区

1.生态景观旅游区:以圭塘河生态景观区建设为龙头,以植物园、同升湖为依托,合理规划建设城市生态休闲用地,与园林规划等绿地系统规划相结合,共同建设好本辖区城市绿地,发展生态休闲旅游。打造新的城市绿道、绿带,形成清泉寺、同升湖、圭塘河、工业旅游小镇“四位一体”的特色旅游格局,以多样性、丰富性提升复合型旅游产品的竞争力。

2.运动休闲旅游区:依托体育新城跳水游泳中心、网球中心等,积极申办国家级赛事,提升区域的影响与服务水平。建立专业运动员训练基地,邀请奥运会冠军种子选手等,开展与明星一起训练、参观、访问等活动,提高本区体育运动休闲游乐的参与性与趣味性。

3.佛教文化旅游区:依托千年古寺——清泉寺和周边独特的、密集的旅游资源优势(周边3公里有长沙野生动物园、省植物园、石燕湖风景区),整合清泉寺公园1400亩绿地、周边相邻2200亩商住及其他出让用地,拟建占地3600亩、以佛文化为主题的大型佛文化生态公园。

4.购物与会展旅游区:依托红星国际会展中心、湖南中国农业博览会及红星农副产品批发大市场超高的人气需求,在湘府路与中意路引导开发美食街。韶山路以东,规划为5个部分:即现代农业科技产品交易中心、粮油交易中心、农副产品市场、现代农业旅游休闲中心、配送中心及相关配套的交易市场、仓库等。韶山路以西,规划为6大功能区:即中国现代农业博览会展中心区、花卉园艺中心、现代农业科技产品中心、大型现代化交易市场、现代生态休闲农业观光园、物流配送中心。

科普游项目

比亚迪工业旅游点:新能源汽车梦想体验之旅

比亚迪汽车工业旅游项目基于新能源汽车梦想体验之旅的定位,总投资1500万元进行建设,主要依托长沙比亚迪汽车城年产80万辆轿车的现代化生产基地,在基地内建有专用的工业旅游参观通道,从办公楼二楼直线式贯通汽车生产四大工艺,全程达1.8公里,客人乘坐电动车依次参观汽车生产的冲压、焊接、涂装、总装等四大工艺,系统、直观地看到从一块钢板进厂至比亚迪汽车整车下线的全过程。配合全新汽车展厅的参观、多媒体室的视听感受,保证工业旅游参观流程的紧凑和丰富,参观结束还可于比亚迪精品店购买心仪汽车精品,并试乘试驾比亚迪新能源电动车,通过亲身体验,感受比亚迪锐意创新、领先全球的新能源技术,打造愉快的新能源参观之旅。

赏花踏青心得

省森林植物园：拥抱郁金香花海

说起省森林植物园，最有名的还是园内的樱花，一大片一大片，就盛开在园内的道路旁，游客走过如临仙境。

除了招牌式的樱花，这个4月省森林植物园最吸引游客的还是郁金香花海，从大门走进去马上就可以看到一片片或红或黄或白的郁金香，让游客在其中流连忘返，沉醉在浓郁的温柔香中，久久不肯离开。

同升湖：清水出芙蓉，天然去雕饰

同升湖在长沙名气很大，但是真正去过的长沙人不多，能在同升湖住一个晚上的长沙人则更少。与开发力度较大的旅游区相比，同升湖是一个特例，它周边的商业开发较少，来这里的市民在感受当地清新空气的同时，那种“清水出芙蓉，天然去雕饰”的自然景观，让市民游客有一种惬意。选一个周末，带上自家的钓鱼竿，来到同升湖边垂钓，鸟语花香、空气清新。最最重要的是，这里钓鱼免费，让钓鱼发烧友们趋之若鹜。钓鱼累了，到同升湖周边的农家借宿，吃吃当地的鲜鱼，别有一番风味。

局长推荐

雨花区商务和旅游局副局长　周舞云

雨花区风景优美，环境怡人，集山的灵秀与水的神韵于一体，被誉为长沙市的生态城区。区内有流淌都市田园风光的同升湖山庄；有被誉为“天然氧吧”、占地3000余亩的湖南省森林植物园；还有流水潺潺、绿树成荫的圭塘河生态景观区；享誉盛名的千年古刹清泉寺；莲花朵朵，暗香浮动的桂花公园以及东山古镇、肖家祠堂等人文古迹。

一日游旅游线路推荐：

1.生态观光：省森林植物园→植物园周边农家乐→同升湖→花卉大世界→清泉寺

2. 健身休闲：华雅高尔夫→二环线生态美食街→海阔浴都

3.休闲娱乐：桂花公园→宏铭中心商业街→曙光南路美食街→港岛

4.购物美食：第五大道商业街→大都市地下商业街→东塘购物中心→雨花亭购物广场→芙蓉南路美食街

（原载于2014年4月3日《长沙晚报》）

“绿”镜头下　雨润花开

记者　李　卓　　实习生:黄佳新

花草绿植由匍匐贴地变为攀缘昂立，将韶山南路装点成全省首条立体绿化的“城市生活形象大道”;花侯路、李家塘互通两条省会东南门户大道,一改往日的灰头土脸,变得绿荫夹道、花团锦簇,为长沙赚足面子;花园绿地化腐朽为神奇,昔日的“龙须沟”、棚户区易容改妆为城市公园……在长沙“三年造绿”行动中,雨花区率全省之先,引进立体绿化景观工程,绿化美化大街小巷,造绿,造出居民的诗意栖居。连日来,记者徜徉在雨花区的街头巷尾,采撷了一组组赏心悦目的“绿”镜头,透过这些镜头赏析雨润花开,城市之变。

绿镜头 1

花园长廊对接南入城口

【现场品绿】五月尽六月临,正是树木茂盛生长的时候。过了樱花盛开的时节，京港澳高速李家塘互通道路两旁,满山的银杏、桂花、香樟舒展开身姿,染绿了出城、进城车辆驾驶员的视野;灌木、草皮覆盖住树下的黄土，屏蔽了城郊结合部常见的漫天尘土。以往那个“晴天满天灰,雨天一身泥”的李家塘互通,如今已是一片绿意盈盈的好春色。

【百姓评绿】广东籍大货车司机刘赞贤驾车由李家塘互通进长沙，大赞这里的变化:“我一年要开车跑几趟长沙,李家塘互通是进城必经之路,现在变得像花园一样,给长沙长面子!”他告诉记者,两个月前他经过这里时,道路两旁和高架桥下都是黄泥土,一刮风就漫天灰尘,李家塘互通的变化让他欣喜。

【数说变化】李家塘互通周边绿化工程于今年 2 月 18 日启动,总投资 360 万元,改造绿化总面积约 3 万平方米。与待建的时代阳光大道东沿线相配合,工程对李家塘互通周边环境进行整治，在待建道路红线范围外的规划绿地进行拆违还绿、清脏播绿、平土覆绿;植物栽种以樱花树、桂花树等乔灌木为主,辅之以流线型模纹植物,营造出错落有致、立体丰富的绿色景观效果。

绿镜头 2

【现场品绿】灰暗的水泥桥栏上倒垂着瀑布一般的油麻藤;紫红色的石竹、橙黄色的孔雀草正开得旺盛,穿插在绿叶间,爬满桥梁墩柱;桥下的通透式围墙被花草结合的波纹状“绿毯”覆盖;来来往往的车辆、行人穿梭于桥上桥下,像漫步在森林溪谷中……如果说东塘立交桥曾是钢筋水泥裸露的“硬汉”,如今真的小清新了一把。

【百姓评绿】“以前桥上桥下都是光秃秃的水泥,现在绿化上墙,既好看,又遮灰尘,每天经过像在花草丛中走。”环卫工人雷素梅每天都在东塘立交桥这一带工作,东塘立交桥变绿的过程,她都看在眼里。

【数说变化】东塘立交桥立体绿化是全省首个城市立体绿化项目,桥上覆盖 20 多种多年生花卉和攀缘植物。利用移动式种植箱以及格栅对墙体以及停车位进行遮挡，形成绿色屏障，改善景观环境的同时,对停车出入口及交通进行梳理;桥护栏内、外两侧沿线挂蓄水式花箱,栽植常绿开花灌木、垂吊藤本植物;东塘桥下 8 个桥墩采用定制蓄水式花柱组合,予以垂直绿化。

绿镜头 3

走出高铁站迎面就是“花园路”

【现场品绿】从长沙南站高铁站口出来,不管你选择东西南北哪个方向,一路放眼望去,满眼都会是绿色，绵延不绝。花侯路两旁宽敞的绿地上，缓坡样式、层次分明的乔木、灌木、草皮完美结合。高大乔木如樟树、杜英、银杏等坚守在后排；桂花、红叶李、樱花等小乔木俏立其中；最外层是茶花、海桐、木芙蓉、紫荆等灌木；地表盖上一层绒绒的绿毯。

【百姓评绿】家住花侯路附近黎郡新宇小区的市民贾柯表示，花侯路以前几乎看不到花，如今变成花园路。“过去因为拆迁，这一路都是乱七八糟的。现在花木夹道，我每天早上六点多出门上班，都觉得空气新鲜不少。”

【数说变化】曾经，花侯路、香樟路两厢绵延数公里都是“遮羞墙”，低矮的围墙遮挡的几乎都是违章建筑和拆违留下的荒地。如今，这些“遮羞墙”都已被推倒，有着长沙东门第一路之称的花侯路和香樟路东段共6公里路段新增9万平方米绿地和花园，道路两厢各拓展10米至15米绿地，以常绿、落叶植物合理搭配，营造三季有花、四季有景、基调统一、节奏有序的城市道路景观。

绿镜头4

“龙须沟”变滨河风光带

【现场品绿】在圭塘河生态景观一期公园里，你可以散步在栽满香樟、银杏、桂花、朴树等植物的林荫道上；可以骑行在特制的塑胶自行车道上，沿河兜风；可以在绿草覆盖的河堤边，通过巨幕电视屏看世界杯；可以在叠水平台上走近圭塘河，享受这片绿带来的宁静。

【百姓评绿】带着女儿出来游玩的雨花亭街道麻塘桥社区居民谷清平告诉记者：“以前这里是一条臭水沟，我几乎从不到河边来。现在公园建成了，经常带着小孩出来逛逛，臭水沟变成风光带。”

【数说变化】圭塘河长期受城市生活、生产污水的排入，曾被戏称为长沙的“龙须沟”。圭塘河生态景观公园项目位于圭塘河中游，南起湘府中路，北至香樟路，全长约3.2公里，沿河展幅最宽处约200米，公园总用地面积为1349亩，计划总投资约18亿元。2011年重点开展公园一期（香樟路至木莲冲路段）占地181亩，其中绿化面积135亩，现已完成。公园二期（木莲冲路至湘府路段）长2.5公里，计划2014年启动建设，引进适量的体验式商业，建成集商务、商业、生态、休闲功能为一体的新型生态公园，预计2016年竣工。

绿镜头5

棚户区脱胎变为社区公园

【现场品绿】从高处看，花桥社区公园呈现为一个郁郁葱葱的绿三角，临近圭塘河畔，绿色植被一层一层向下延伸，层次分明；公园被乔木、灌木、草地覆盖，橙黄花园小径四通八达；公园中央，休闲健身场隐匿在树林中，老人在这里健身，小孩在这里玩乐，谁能想象一年多以前这里还是一片破败棚屋。

【百姓评绿】“这里以前因为有个牛交易市场，还有塑料厂，所以又脏又臭。去年搞了这个公园，方圆十里就数我们家门口最美。”黎托街道花桥社区居民赵全富自豪地说。

【数说变化】花桥社区公园原为棚户区，都是外地租赁户，且因为是牛市交易临时场所，因其西高东低的地理走势，污水横流，臭气熏天，与周边城市环境格格不入。2013年底，该地被规划为绿化用地，施工总面积15800平方米，总投资约540万元，其中绿化面积9380平方米。花桥社区公园焕然一新，拥有生态自然的景石、流畅曲折的园路以及层次丰富的多重垂直绿化、疏林草地等公园景观，并配有广场、休闲健身设施、儿童活动领域、公厕与管理用房等，集景观、休闲、娱乐、健身于一体，惠及黎托街道的花桥社区及周边双水湾、东澜湾等小区的众多居民。

（原载于2014年5月27日《长沙晚报》）

“责任田”里耕耘忙

——长沙市雨花区纪委“转职能、转方式、转作风”纪实(上)

记者 陶小爱 陶芳芳 通讯员 张 磊 陈 昊

7月10日,盛夏的烈日,使长沙城热浪滔滔。

在雨花区会议中心,2014年党风廉政建设责任制主体责任落实大会,更让人们心如火炙、面如汤沸。

一份份白纸上跳着红字的承诺书,是党旗下的宣言,也是锁住权力的笼子;是履职的路径,也是问责的长鞭。

60个区直部门单位、街道,78名党政一把手,承诺书上个个签字画押,人人领衔挂帅。

区委书记、区长邱继兴说:“一岗双责,一案双查,给了我们‘尚方宝剑’,我们履职追责可以理直气壮!”

写在纸上的是承诺,留在地下的是践行。早在承诺书签字之前,雨花区各职能部门就在自己边界清晰、一目了然的“责任田”中辛勤耕耘了!

区卫生局医疗市场整顿声势浩大,力度空前;区教育局规范社会办学,重拳出击,高潮迭起;区城管局控违拆违,围追堵截脏、乱、差……

雨花区“责任田”中无“懒汉”,源于区委、区政府、区纪委“转职能、转方式、转作风”的协调统一、同步到位!

“举旗”的成了“吹哨”的

今年年初,在全区纪委全会上,区委常委、纪委书记王清政提出,纪委要做减法,从“挡箭牌”“救火队”“消防墙”的角色中退出来,人们无法相信。

“纸老虎”“稻草人”“电灯泡”,这似乎是纪委心照不宣的“公众形象”。

项目建设、工程招投标、土地招拍挂,几乎所有重点工程,所有经济领域,纪委的身影无所不在,纪委的椅子无处不安。

有纪委冲锋在前,主管部门悠闲自得;有纪委保驾护航,职能部门高枕无忧;

区区一个纪委机关,满打满算21个人,在115平方公里上成百上千的领地中,在应接不暇的大大小小战役中,只恨无分身之术,纵然有三头六臂,也无以应对。

“种别人的田,荒了自己的地;走别人的路,让别人无路可走。”纪委书记王清政自嘲道。

乘着纪委“三转”东风,雨花区纪委率先响应,从各式各样的议事协调机构名单中撤出,向一个个职能部门一一陈情说明。

规范社会办学,是整治教育腐败的关键。纪委“三转”后,规范社会办学领导小组组长由区纪委书记换成了主管副区长,责任主体理所当然到区教育局头上。原来扯皮不清的教育咨询、教育托管分别归位于工商局、民政局。主体责任一明确,职能部门监管上肩,129所民办幼儿园整治一新,67个教育培训机构,规规矩矩。今年5月,教育局纪检监察室与民教科为期一个月的明察暗访,所到之处,好评如潮。

主管社会办学的负责人说:“过去整治纪委举旗,我们跟着走;如今,纪委吹哨,我们自己走。我走他盯着,走不好,就要被罚下场,压力成了动力!”

制度“咬”人了

有章不依,有责不追,以前是政务环境中的一种通病。制度写在墙上,挂在嘴上,就是难以落到实处。

“三转”以来，问责力度加大了，人们感觉“狼”真的来了，制度真的“咬人”了。

区建设局因施工单位未办证而相关负责人被问责，这还是第一次！

问责因为区保障性住房工程建设。全区 10 个建设项目，9 个没有报建手续却开了工。想不到，惯例从此打破，问责毫不容情。

问责，给了人压力，也给了尚方宝剑：抹不开的面子抹开了，撕不下的人情撕下了。制度面前无弹性，建设局收获的不仅是一周之内办好的 9 个建设证章，还有一叠叠从区建设局飞出的违章处罚书。

某建筑公司违章施工，建设局三次发出停工通知。通知照发，施工照施。自恃区企业的龙头老大、省会建筑企业的王牌，该公司躺在老皇历上有恃无恐，没想到的是制度面前弹棉花的时代已经结束，建设局硬是给它上了黑名单，从此，公司资质升级，招投标都会因此受损，左右逢源的建筑公司受到重创。

违章广告标牌，城市文明的顽疾，一块招牌后面，就是一棵摇钱树。巨大的利益诱惑下，整治的狂飙，也只能治标不治本，可谓是“野火烧不尽，春风吹又生”。雨花区城管局最近尝试的一次问责，让人们看到了“山重水复疑无路，柳暗花明又一村”的希望。

新中路立交桥旁，九禧酒店屋顶耸立起一块违章广告经常在群众的举报下，东塘城管中队现场执法，九禧老板一口承诺自拆，结果标牌的画布拆了，木框却被留下来。留尾巴的行动，不言而喻，违章者将伺机重来。

区城管局督查中，对主责的中队长和副指导员通报批评，白纸黑字的通报，发到每个街道、社区，无疑又是一场心灵的风暴！

没有浩浩荡荡的拆违行动，风平浪静中，雨花区的违章招牌广告纷纷隐退。

检查的再检查，监督的再监督，转职能后的纪委，找到了一条正风肃纪的新方式。

聚焦主业，身无羁绊。抓住“关键的少数，少数的关键”。转体瘦身后，纪委战斗力增强，今年半年立案查处各类违纪案件 8 件，处分干部 21 人。问责案为前三年的总和！

一分耕耘三分收获

职能决定方式，方式决定作风，一环错位，环环错位。

错位的方式，形成了基层纪委工作约定成俗的模式：发出通知、联合检查、整改反馈三部曲。第二年一定是模式再游一轮。由此带来后果两个：一是问题没有从根本上得到纠治，损害了监督权威；二是同样作为监督对象的行政监督部门长期作为合作伙伴而没有纳入监管范围，模糊了纪委职责。

错位，让纪检工作事倍功半。归位，一分耕耘，三分收获。

有着专业话语优势的职能部门逼上前沿阵地，其监督轻车熟路、药到病除。一个个新招竞出，一套套制度诞生。工程建设领域制定“1+6”系列制度，出台“一委一办一中心”监管模式，建立了全省第一个区级公共资源交易中心。“三资”监管领域制定了《雨花区集体资产资源资金管理办法》，曾经权力监督失控的村级经济“野马”，从此装入“制度的笼子”；财政支付账单网上晒出，神秘的三公经费运转也进入“玻璃缸”中；区卫生局成立基层卫生综合管理办公室，监管触角伸入区内各个社区卫生服务中心，令人头痛的医患纠纷有了新解；出台《关于对城市管理工作落实不力追责的暂行办法》，一直处于风口浪尖上的城市管理多了把“刹手锏”……

抓监督的再监督，就是抓正风肃纪的“牛鼻子”；抓检查的再检查，就是抓住问题的关键。苍蝇靠武力无法消灭，要靠制度约束，靠群众监督，靠一方净土的培育，从而让苍蝇没有滋生的土壤！

监督的再监督，还起到防微杜渐的良效。对于干部轻微问题，提前“大喝一声”“扯一扯袖子”，可以一语惊醒梦中人。

“三转”奇效不仅体现在正风肃纪上，更体现在干部的精神状态上。对此，区委书记、区长邱继兴感同身受。

今年3月底,省委常委、长沙市委书记易炼红到万家丽路高架桥施工现场办公,要求雨花区两个月内修通马王堆路,以缓解万家丽路的交通压力。马王堆断头路一搁10年,长重铁道专线横亘其中,专线沿途钢材堆积如山,矛盾交织如一堆乱麻。望着眼前重重叠叠的难题,2个月要拉通搁置10年的断头路,似乎是"天方夜谭"!

市委书记军令如山,万家丽路交通现状刻不容缓。邱继兴态度坚决:必须修通,否则追责。

高压之下,人人作为。全区上下一盘棋,攻坚克难,意气风发。

精神的力量无穷。两个月后,马王堆路竣工通车。

5月28日通车,5月31日,易炼红书记来到现场,兴奋地说:"雨花区新书记,新气象,新作为。"而邱继兴心里明白,这是正风肃纪的奇效,是落实中央"三转"转出的一道风景线。

(原载于2014年7月18日《湖南日报》)

"云监察"下无处藏

——长沙市雨花区纪委"转职能、转方式、转作风"纪实(下)

记者 陶小爱 陶芳芳 通讯员 彭 灿 周洪灵

"风中有朵雨做的云,云在空中飘呀飘……"一首流行歌,将云的飘逸潇洒、云的美妙无穷表述得惟妙惟肖。

云,无处不在,又漂浮不定,是美的化身,也是力的象征。

以云为概念,创出的云计算,这个基于互联网的相关服务的增加、使用和交付模式,通过互联网来提供动态易扩展、虚拟化的资源,让人体验每秒10万亿次的运算能力,可以模拟爆炸、预测气候变化和市场发展趋势。

云计算,以"云"里"物"里的莫衷一是,以排山倒海的穿透之力,改变时代,改变生活……

正当网络霸主们还在圆桌会议上共商推出云计算测试床时,这朵"云"竟漂洋过海,定格在中国中部城市一个区纪委的办公房中!

2014年7月15日,雨花区纪委办公楼前,一块"雨花区电子监察中心"的招牌高悬。那朵写意的祥云,令人耳目一新!

云计算,在大多数人心中,还是一个陌生的概念,云监察,不言而喻,更是闻所未闻了。

云监察中心,这在中国可谓第一次,这是雨花人一次令人拍手叫好的创新!

以科技的手段,借科技的力量,雨花区纪检监察将跃上新台阶,引来新风景。

"大数据"破除壁垒

"三转"后的雨花区纪委,人少事多的矛盾日益凸现。

因为,过去管理,管与不管、管多与管少属于正常状态,人少事多矛盾并不突出;而现在监管标准提高,强调监管实效,人手不足彰显。

将权力关进制度的笼子,而网络又是无形的笼子,它漫无边际,如影随形。靠"网"打"鬼",是雨花区纪委突围的路径,科学的决策,更是成功的秘诀!

作为网络监管捷足先登者的雨花区纪委,也最先品尝到了网中监管"屏蔽"的无奈。

作为监管对象的职能部门,各有自己的专网,形成网上信息的部门壁垒,提供出来的,往往经过过滤和处理,不全面甚至是虚假的,对纪检监察的监管造成失控。信息的不平衡,还造成监督的轻重失衡,对热点部门,监管密切,而一些清水衙门却逍遥自在,逃离监控。

信息的不对称、不连贯,常常造成纪检监督软弱无力,权威感不足。以工程建设领域为例,一个项目从立项到竣工,发改、财政、建设、审计等多个行政监管部门监管,构成项目立项、招投标、现场管理、工程变更、资金支付、竣工验收多个环节。以往惯例,纪委双眼盯在招投标某一环节,而后面众多环节监管缺失,造成腐败滋生。

完成职能转变的纪委,方式的转变成为关键:如何实现监管对象的全覆盖、监管项目的全过程?创新求变的雨花区纪委转向借“云”!

云计算的诞生还那样的“嫩”!

1983 年,太阳电脑提出“网络是电脑”;2006 年 3 月,亚马逊推出弹性计算机云服务;同年 8 月 9 日,google 首席执行官埃里克·施密特在搜索引擎大会首次提出“云计算”。

由一群松散耦合的计算机组成的一个超级虚拟的计算机,让未来的网络不需要硬盘,连电脑也不用了,显示终端可以是电视、冰箱、空调等任意的物件。

当网络界的精英们还在将梦还原于现实的探索之路上跋涉时,小小的雨花区纪委也向“云”中伸手了!

在清理办公用房专项行动中腾出来的办公室,电子监察中心,一船型会议桌,10 个区级行政监管职能部门的 10 台电脑围成一个圆圈,在办公楼一条一米多深的槽中,一根根从各监管部门接进来的数据线,缠绕在一起如一根根粗粗的麻绳。这些数据线中,便是各个部门最原始、最真实、最全面的信息,这些网线,组成一个信息的海洋,全在纪委的手掌之中,只要轻点鼠标,便会自动跳跃在那块小小的显示屏中!

大数据与云计算,如一个硬币的两个面。

大数据打破行政壁垒,雨花区纪检监察进入“云计算”时代!

“云监察”疏而不漏

在雨花区电子监察中心,给人一种洁净明亮之感,区区几十平方米的厅堂,透着庄严而圣洁的光辉。轻点鼠标,投影仪聚焦的墙上,橙、蓝、黄、绿的模块闪现,模块有写意的人像,也有掀动的纸页,还有精确计时工具符号,30 个监察平台,覆盖权力运行的各个方面。

这个由区纪委研发小组策划开发的云监察项目,由自动数据采集、数据整合、综合监察三个部分构成,通过打通系统壁垒,消除信息孤岛,运用网络和云计算的先进技术,实现系统互联互通和数据共享,然后,对采集的各自业务系统的信息数据进行整合和梳理,建立统一的标准规范和数据模型,构建统一的数据平台,最终,实现对各业务领域的综合监察和监察数据的统计分析,形成科学的决策支持。

在云监察平台上,有廉政举报,还有工作视频监控,还有风险预警信号。记者看到在“三资”平台上,凡违规的项目,红灯闪烁,预报长鸣,让人一目了然。

“云监察”,在这双现代科技的“火眼金睛”下,莫伸手,伸手定被捉;

“云监察”,在这个疏而不漏、漫无边际的网里,腐败行为如同在如来佛炼丹炉中,纵有 72 变,法力无边,也将“插翅难逃”!

“电子眼”六亲不认

电子眼,网络的一个代名词。

区政府采购,原是一个尴尬的话题:一个汽车轮胎,商店买 800 元,政府采购 1600 元;一台同一厂商的笔记本电脑,电脑城 4000 元,政府采购 8000 元……政府采购,慢、贵、差,成为一种常态,一个死结。

监管难行找网络。

在区纪委的推动下,2013 年 7 月,雨花区政府采购网上竞价电子反拍系统正式运行。

政府采购用品，由原来采购单位与供应商面对面洽谈采购价，改为采购单位与多个供应商背靠背网上竞价。供应商远程服务，竞拍，采购方单位、名称、联系信息自动“屏蔽”，只有所需商品的名称、数量，腐败源头被截断，同一商品，同一品牌，同一厂家，在一轮轮竞拍中，价高者出局，价廉者成交。

“电子眼”六亲不认，只认“廉价物美”，没有人情价、关系户，雨花区政府采购风清气正。自2013年7月至2014年6月，雨花区共进行网上竞价384次，节减资金137.09万元，电子反拍18次，节减资金28.27万元，节钱也节时，网上竞价一般5个工作日成交，节约时间在5倍以上。

看见的是有形的，感受的却是无形的。最大的收益是堵死了政府采购的腐败源头，也减少了供应商供应成本，一切在足不出户、轻点鼠标中完成。曾经靠关系盘踞在区政府采购中的两个大客户销声匿迹，200家供应商在阳光中入主，区政府庞大的采购队伍缩减为两个人！

区财政投资评审，也是一个让人“眼热心跳”的肥缺。3年前，投评审中心主任在纪委通知谈话之即自杀了；半年后，新任主任又因腐败开除党籍，行政记大过。

任命于危难之时的新任主任文艺明，曾是区纪委纪检监察室主任。为防止悲剧重演，纪委借助科技防腐。

投评审之所以中箭落马，原因在于工程造价追加的游戏。变更施工，增加造价，势必进行工程评审，评审就成了利诱的“黑洞”，光造价评审费一年有1000多万元，因为缺乏监管，原来作为评审“裁判员”的评审主任，摇身一变成了“运动员”。

借“网”防腐，就是创造工程造价咨询库，咨询人员库抽签，主任只管评审结果，不参与评审过程，评审中心，一个腐败高危之地终于消灾灭害了！

靠科技的力量，雨花区纪委推动建立了全省首个区一级公共资源交易中心，第一个集体“三资”监管平台。一个信手拈来的例子，就可以反映“电子眼”六亲不认的奇效：

洞井天华村一块4亩多的地出租，三年前“人情”出租，一年租金仅52万元，租赁到期后，今年通过公开竞价，租金飙至166.5万元！

（原载于2014年7月19日《湖南日报》）

打通“最后一公里”畅达小康新雨花

记者 李 卓

在经济下行压力骤增的当下，宏观经济的大环境，让众多企业在三伏天里如临寒冬。然而，一组来自雨花区的年中盘点数字，却令人倍感振奋：1–6月，该区实现地区生产总值431.05亿元(含长烟)，完成财政总收入62.55亿元，不仅实现“双过半”，且总量均位居长沙城区第一。

财政钱包渐鼓的同时，这里的居民生活品质也水涨船高——该区在教育、社会保障和就业、医疗卫生等民生领域的支出达到21.2亿元，占公共财政预算支出的77.8%。日前，2013年湖南全面建成小康社会工作考评结果揭晓，雨花区在经济发展、人民生活、社会发展、民主法治与生态文明等五大类22项测评中综合排名全省第一。不仅区域经济持续领跑，百万雨花人在奔小康的路上也“跑得快”。

区域发展和民生普惠的优势，是怎样取得的?“我们以党的群众路线教育实践活动为契机，推动项目建设克难而上，民生事业不断改善，改革开放步伐加快，党的建设全面加强。”正如雨花区区委书记、区长邱继兴所说，雨花区通过践行群众路线凝心聚力，推动区域经济社会发展。以群众路线普惠群众，以立行立改改出动力，打通了带领群众奔小康的“最后一公里”。

【项目建设】

重点项目开工领跑全市城区

比亚迪汽车启动新建一条新能源汽车整车生产线，投资达15亿元，今年年底有望正式投产；凯宾斯基酒店开张纳客，运达中央广场项目商业区的瑞吉酒店完成主体封顶，W酒店完成机电安装工程，三大国际白金五星酒店抢滩雨花，呼之欲出……在宏观经济低迷形势下，雨花区却迎来了项目建设蓬勃发展的春天。今年该区承担市重点工程项目23个，10个新建项目全部开工，是全市唯一实现重点项目全部开工的城区。

该区与国家商务部合作，中部现代服务业中心规划编制工作基本完成，在去年9个项目获批国家级现代服务业试点扶植的基础上，高桥大市场提质改造、红星冷链四期等项目申报第三批国家级现代服务业综合试点取得进展。社会类投资在建项目达107个，完成投资79.14亿元，德思勤城市广场、运达中央广场、比亚迪二期、电子商务示范基地等项目顺利推进。万家丽路快速化改造外围交通疏导工程、磁悬浮项目、两河流域治理工程、沪昆高铁东广场红旗路项目、城际铁路项目等省市安排的重点任务，克服了时间紧、任务重、难度大的种种困难，确保了按要求如期推进。在保障已落地项目顺利推进的同时，该区还积极引进培植新项目，组团参加湖南(上海)投资贸易洽谈周活动，成功签约中海油湖南销售总部、绿地智慧产业综合体项目；成功引进山东高速湖南公司、运达中央广场等区域性总部。

【三定三抓】

帮扶80个项目投资逾256亿元

根据2013年《财富》世界500强排名，在进入中国的95家全球500强企业中，有24家的湖南总部设在雨花区，其中大型实力央企就有12家。今年5月底，雨花区举行驻区央企座谈会，提出今年将继续实施央企及世界500强总部招商战略，建设实力央企湖南总部“俱乐部”。

全球500强企业总部纷纷抢滩入驻，正是雨花区贯彻落实党的群众路线教育实践活动，倾力服务企业所取得的成果。今年，雨花区把帮扶项目建设作为践行群众路线的具体行动,筛选出 80 个年度计划总投资 256.18 亿元的重大产业项目作为"三定三抓"项目,明确由 60 名在职县级领导联系,抽调 140 名机关干部,组成 65 个工作组进行项目帮扶。累计解决用地、调规、征拆、融资、手续办理等问题 100 余个。先后召开区现代服务业发展战略及核心片区规划征求意见会、驻区央企座谈会、区直有关部门及街道与产业项目对接会、房地产企业座谈会、惠民乐购房产节会商会,为提振企业信心、加快项目建设、激活房产消费奠定了基础。

在雨花经开区,为更好地与比亚迪进行业务对接和指导,园区专门聘用湖南汽车行业老前辈、美的客车原总经理蔡继刚为高级技术人员;组织比亚迪参观湘潭吉利,联系零部件外协加工企业,帮助长沙比亚迪联系望城区电镀场地,促进企业提高本地生产配套率和产品综合税率。为化解企业用工难题,将大型招聘会开进园区周边社区,为比亚迪汽车、伟力汽车电器、晓光模具等 40 余家企业解决"用工荒"问题。

【民生事业】

近八成公共预算支出服务民生

"以前中午提前来办事,就只能在门外等,现在能进'包厢'休息,享受空调、书报、茶水,一边等还能一边玩网购。"日期,市民刘薇在午饭后来到雨花区政务服务中心质监窗口等待办证,眼前的变化让她感到惊喜。办证的市民没有在办事大厅外排成长龙,雨花区专门在政务服务中心旁边开辟了一间约 80m² 的休息室,有舒适的沙发、空调,还有报刊和饮用水。从中午 12 时下班一直开放到下午 2 时 30 分上班,有志愿者专门提供服务。

在政务服务中心,该区还引进了"拉卡拉"便民服务终端。前来办事的市民在等待期间,可通过该终端代缴水、电、燃气、宽带等居家生活消费,还能用银行卡免费代买机票、火车票,甚至通过淘宝网购。

这些人性化的政务服务变化,只是雨花区践行群众路线,大力开展民生事业建设的一个缩影。该区致力实现发展成果普惠共享,今年 20 项省市为民办实事工程,5 项提前超额完成任务,9 项实现任务过半,全区在教育、社会保障和就业、医疗卫生等民生支出达到 21.2 亿元,占公共财政预算支出的 77.8%。一汽、长重等棚户区改造顺利推进,487 套廉租住房主体竣工,364 套公租房全部建成。全区深入实施惠民解困雨露工程,半年发放低保补贴 1282.4 万元,为 9256 位高龄老人发放高龄津贴 293.6 万元。深入推进"平安雨花""和谐雨花"建设,严打各类违法犯罪,全区发案率连续三个月实现下降。

【立行立改】

率先全市完成行政审批精简提速

"原来是厚厚一本书,现在只有薄薄四页纸。"7 月 7 日,到雨花区政务服务中心办事的市民细心地发现,市、区两级行政审批事项目录大大"缩水",以往摞起来如厚厚一本书,精简后只有 4 张 A3 打印纸篇幅。原来,雨花区率先全市完成对区本级的行政审批项目清理精简工作,原有的区本级加上承接市级第一、第二批下放的行政审批项目共计 224 项,最终精简至 65 项,总精简比例达 61.76%。

既要做好权力的"减法",更要做好服务的"加法"。按照区委书记、区长邱继兴的要求,该区不仅大刀阔斧对区本级行政审批项目进行精简,同时着力提升政府服务效能。早在 4 月 1 日前,上述 65 个项目办理流程全部实现提速 50%以上。

区域发展的动力,在于不断推进改革创新。该区利用党的群众路线教育实践活动中的"立行立改",全面提升区域形象,释放发展潜能。对绩效考核工作进行大幅度的规范精简,街道工作目标的考核由 66 项减到 48 项,街道自身建设的考核由 20 项减到 10 项,部门自身建设由 28 项减到 9 项。

针对备受社会关注的省会窗口长沙火车南站的问题,雨花区从 5 月起,突出治安秩序、交通秩序、基础设施和市容环境等四大重点,制定站区市容环境整治方案,优化站区社会事务服务。针对花侯路沿线及火车南站北广场等区域开展大型清扫,增设了花侯路沿线垃圾桶。对未完善审批手续的龙骧巴士、轨道公司出口线路墙面广告牌进行停工整治，部分开通南站出站口至西广场人行电梯及残疾人电梯，更换调整出站口南北通道指示牌。从7月1日推出了“交通服务月”活动，在下午2时至4时通过广播调度的士，前往长沙火车南站接送旅客，提供便利。

【党风廉政】

发生重大腐败追究领导主体责任

今后，雨花区区直部门单位、街道若发生重大腐败案件或者不正之风长期滋生蔓延，不仅要追究当事人责任，所在部门单位领导也将被追责，视情形予以调离、免职等处分。7月初，雨花区在全市率先落实党风廉政建设责任制党委主体责任，党委(党组)书记的头上将多一柄反腐倡廉的悬剑，对本单位、本地区党风廉政建设切实负起主体责任。

党的十八届三中全会《决定》首次明确要求，落实党风廉政建设责任制，党委负主体责任。雨花区在全市区县中率先落实这一主体责任，明确反腐倡廉，党委书记为第一责任人。该区各级党组织领导班子对职责范围内的党风廉政建设负集体责任，班子主要负责人是职责范围内的党风廉政建设第一责任人；领导班子其他成员根据分工，对职责范围内党风廉政建设负主要领导责任。这就意味着，雨花区落实党风廉政建设主体责任有了“紧箍咒”，凸显了“一把手”的主责，增添了“一把手”的压力。

党风廉政建设，是区域社会经济健康有序发展的根本保障。雨花区在党的群众路线教育实践活动中，聚焦“四风”问题、聚焦群众关注突出问题、聚焦“联系群众最后一公里问题”。从5月9日起，过去长期开放的县级干部小食堂彻底取消。干部职工就餐卡每月200元的公费补助部分年底将清零，用不完的不再积累。同时，机关超市彻底关闭，不能再用就餐卡余额在超市购物，杜绝餐卡变“购物卡”的变相福利。该区对行政事业单位、国有公司及重点工程项目部等各领域的超编制公车向社会公开进行处置，全区共处置车辆209台，其中公开拍卖201台。全区部门预算、“三公经费”预算和重大民生项目预算全面公开。

【干部任免】

为官不为者将被惩诫性交流

毕业于华盛顿大学的“85后”海归硕士任丽莎没想到，自己研修的亚洲法专业，居然在推动依法拆迁工作上有了用武之地。日前，她圆满完成了在雨花区两河治污工程指挥部为期3个月的“培养性交流”，在项目拆迁一线获取的丰富经验，将成为她今后被提拔任用的重要考核依据。

任丽莎是雨花区首批接受“培养性交流”的年轻干部之一。该区出台科级干部交流工作实施办法，在全市首次对干部试行培养性交流和惩诫性交流。培养性交流的重点对象，是工作经历单一的年轻科级和科级后备干部，对其进行有计划的压岗、挂职、轮岗等锻炼，比如派驻社区居委会任第一书记、重点工程项目任指挥长助理、街道部门任主任或局长助理等，交流工作经历将作为未来提拔任用的重要考核依据。

对于那些庸碌无为又无大错的干部，惩诫性交流将起警醒作用。该区规定，对工作落实不力、不胜任现职、在领导班子中搞不好团结、连续两年年度考核被评为基本称职以下的等四类干部，必须交流，由重点岗位转至非重点岗位。如果继续为官不为，将被问责。

建设一支有激情、能干事、敢担当、守规矩的干部队伍，让为官不为者没有市场，这是雨花区今后干部的任用标准，也成为了雨花区实现区域社会经济跨越式发展的人才保障和智力支持。今年3月，该区组织对全区426名干部进行了随机抽样问卷调查，显示有64.39%的干部对待工作任务“积极主动，全力以赴”，这也是雨花区能实现半年度区域经济领跑全市的最大动力。

（原载于2014年8月14日《长沙晚报》）

小康雨花，与幸福同行

记者 尹 挺 张明阳

核心提示

幸福是什么?

对在长沙市雨花区的贾凌峰来说，是上午在武汉敲定一笔不菲的业务，下午就可到广州跟供货商洽谈。2小时区域经济圈，财富比以往聚集得更快速。

在失独者老吴心里，是社区工作人员从心里惦记着他们，把他们当成大家庭一份子，让他们感受这个城市的温度……

腰包更鼓、孩子得到更好的教育，老有所依，病有保障……这是老百姓对幸福最朴素的理解，也是他们对小康生活的美好憧憬。

而这，正是雨花区委、区政府在加快推进全面建成小康社会最大的着力点。去年，该区财政总收入全省首跨百亿，新增财力的80%用在教育、医疗、文化等方面，保障民生。去年，雨花区取得全省一类地区第一的成绩，成为全省唯一一个小康实现程度超过90%的区县。

这是梦想照进百姓生活现实的真正雨花魅力。

A“绿肺”雨花：诗意栖居之地

“出门300米有绿化带，500米有社区公园”

彭炬勋 雨花区园林局办公室主任

篮球场上，几名刚高考完的小伙子挥汗如雨。公园长廊下，老人们或合唱练声，或休憩闲聊。孩童在溜冰场中尽情嬉戏。舒适、惬意写在每个人脸上。

14日上午10点，在雨花区红星社区公园，老长沙赵晨宁由衷感叹，“这里很早以前是红星水库，现在是长沙城区面积最大的社区公园。周边起码4万人受益。”

“居民出门300米之内就有绿化带，500米之内就有可以活动的社区公园。”雨花区园林局办公室主任彭炬勋介绍，该区过去5年里先后投入7378万元，建成21个社区公园，绿化面积约18万平方米。

这些触手可及的风景如水晶般点缀着雨花区，为繁忙的雨花人营造宁静、安然、充满诗意的休闲去处。

诗意城建

组成雨花“绿肺”的元素远不止这些：被喻为“天然氧吧”的省森林植物园一年四季花开不断；清泉寺生态旅游公园自古便有“四面青山环古寺，一轮明月映清泉”的美誉……

长沙首条绿道圭塘河生态公园一期于今年1月正式开园。长达700米的河道两岸，错落有致地设置了台地花园、水韵广场、水生植物园等区域，旁边还配套了购物广场。第二期工程预计将于2016年竣工，届时，圭塘河生态景观区将建成可与橘子洲媲美的长沙第二大集商业、生态、体育、休闲功能为一体的新型生态公园。

这正是生态雨花为居民们打造的充满诗意的生态宜居之地，也是一份值得细心品味的幸福生活。

B创富乐园：“高铁一响，黄金万两”

“这个地方让梦想照进现实”

贾凌峰 湘潭人 创业2年

业内有一句话：火车一响，黄金万两。对于在雨花区像贾凌峰一样的创业者来说，再恰当不过了。

贾凌峰是湘潭人，大学毕业后进入广州一家网络公司工作，心里一直有个创业的梦。在积累了两年工作经验和人脉关系后，2013年初，他来到长沙市雨花区开了一家电子商务公司。

为什么是雨花区？贾凌峰说，自己上游供货商大多在广州，而客户则是北京、武汉两地居多，他常常需要在三个城市之间奔波。“从雨花区坐高铁到武汉、广州都可以当天往返，物流也很方便。”未来几年，贾凌峰还打算向上海等东部地区拓展业务。

地铁加高铁，组合而成的就是流金淌银的经济圈。贾凌峰的公司进入高速发展轨道，财富源源不断地聚集。今年1月，贾凌峰和十几个员工在长沙市雨花区韶山南路一家酒店里举行了公司的第一次年会。“我一直在寻找一个可以让理想照进现实的地方，现在我认为，这个地方就在我脚下。”他在年会上这样说。

优势区位

其实不仅是贾凌峰，还有太多人对雨花区情有独钟。他们关注事业的发展，也看重家庭和孩子的未来。随着武广、沪昆、渝厦三条高铁聚首雨花区高铁新城，长沙跃居中部最大的高铁枢纽，“12345”快速交通网已成现实：1小时到武汉，2小时到广州，3小时到重庆、杭州、深圳，4小时到上海、成都、昆明，5小时抵北京。

凭借区委、区政府打造“中部现代服务业中心”的战略和“中部大枢纽”的区位优势，雨花区正吸引着更多资本大鳄和像贾凌峰一样怀揣理想的青年人，创富梦想在这里遍地开花。

C 优质教育："生命教育以学生为主体"

从邵东到长沙，现代“孟母三迁”

唐胥 邵东人 为教育迁徙

现代教学楼、环形体育馆、全塑胶田径场、足球场，班级文化长廊……一股浓浓的人文素质教育气息扑面而来，这是雨花区砂子塘泰禹小学。

看着双胞胎儿子和同学嬉戏的身影，来自邵东的唐胥幸福满溢。为了孩子的全面健康发展，她几乎上演了一个现代版的“孟母三迁”。

双胞胎中的哥哥小翔今年11岁，自幼喜欢画画。可在老家学校这样不但不会得到表扬，有时还会被老师指为“不务正业”。

为了让孩子得到更好的教育机会，她带孩子落户到长沙市雨花区泰禹小学旁边的小区，将两个孩子都送进了泰禹小学。新学校里倡导“以学生为主体”的“生命教育”理念，让小翔的每一点兴趣和想象力都得到最大的激发。

在最近的手工课堂上，迷上“电路”设计的小翔自己动手鼓捣了一个门铃，为此查阅了不少高年级的物理书籍。完全从填鸭式学习变成自己主动学习，母亲唐胥十分欣慰。

教育均衡优质

据雨花区教育局副局长张新卫介绍，雅礼、砂子塘、枫树山等享誉省内外名校都坐落雨花区，子女的教育没有后顾之忧。雨花区对名校实行“捆绑式”发展，合作兴办了雅礼雨花中学、明德洞井中学，砂子塘小学，发展规划为“一校八址”，实现优质教育资源的辐射扩张。

特别值得一提的是，雨花区总是想方设法解决进城务工子女入学问题。现有在校外来务工人员子弟27164人，几乎占到雨花区中小学生总数的一半，在长沙市外来务工就业人员子女学生中占比超过三成。全区没有一名困难家庭子女失学。

在家门口上名校读好书，政府的民生投入，惠及教育均衡、优质发展，也提升雨花区“引凤来仪”的魅力。

D 不怕老去：双保障关爱老人

“有人惦记我们是最大的安慰”

老吴 雨花区圭塘街道长重社区 失独

“我们最怕的是老了没人管，看不起病。有人能常想着我们，惦记着我们，是我们最大的欣慰。”6月10日，雨花区圭塘街道长重社区60岁的老吴，面对街道“温心家园”社工韩伟伟、社区主任周永进时满是感动。

7年前，病魔夺去了老吴28岁的独子，也夺去他和老伴生活的希望，“几乎整天在家哭”。“温心家园”社工和社区工作人员一次次上门走访、陪伴，让他们走出自闭。“现在我喝喝茶，钓钓鱼，老伴做她喜欢的丝网花。过去的事尽量不再去想了。”老吴说。

很多老年人常担心“看不起病”,而在雨花亭社区李新发看来,通过社区医院和二、三级医院之间的双向转诊,看病不仅不难,还很省钱。

今年4月李新发骨折,被家人送到长沙市中心医院。治疗16天后,病情平稳的李新发通过双向转诊转入雨花亭社区卫生服务中心继续康复,直到出院。“我算了一下,至少省了1000块钱。”李新发说。

养老、医疗双保障

雨花区率全省之先,在圭塘街道创新试点“温心家园”社工服务项目,由财政出资33万元购买专业社工服务,并斥资15万元设立专项救助资金,为失独家庭提供经济辅助、心理关怀等四大方面17个小项的服务。

这只是雨花区政府以公共购买形式提供养老服务的一种。据雨花区社会福利中心负责人郭水莲介绍,该区全省率先实施80岁以上老人高龄津贴制度、投资2000多万元万建成的福利中心、试点虚拟养老院“雨花区社区为老服务信息平台”,为居民搭建立体养老体系。

雨花区卫生局副局长陈泽香介绍,从2008年开始,雨花区着手打造“15分钟就医圈”,全区10个基层卫生服务机构和长沙市中心医院等7家二、三级医院签订双向转诊协议。基本实现“小病在社区,大病进医院,康复回社区”的医疗格局。

立体养老、社区医疗保障体系,就像一道无形的防护墙,时刻守护着雨花人,让他们生活更从容,更有尊严。

记者手记

雨花,凭什么领跑小康?

雨花凭什么持续领跑小康?理由是多方面的,而记者感悟最深的是两个方面。

一是实力为王。凭借高铁、公路、空港立体交会的“中部大枢纽”的区位优势,努力打造中国中部现代服务业中心,以转型创新为驱动,全面提升产业品质实现产业倍增。

2013年,雨花区全年完成财政总收入108.67亿元;地方公共财政预算收入达44.18亿元,总量连续12年位居全省城区第一。作为全省城区第一个突破百亿大关、总量连续12年位居全省城区第一的城区,雨花小康考核工作夺得全省第一,这是长期累积的必然结果。

二是民生至上。“经济发展,社会发展,最终都是为了民生。”雨花区委书记、区长邱继兴说,雨花区持续6年将新增财力80%用于保改善民生,人民群众的幸福指数不断攀升。

也正是由于雨花区委、区政府对经济建设、改善民生不断追求、不断突破,雨花已从经济发展的“一枝独秀”,转向经济、政治、文化、社会、生态文明“五位一体”的协调、均衡、全面发展;从外城简单的拓展转向了区域一体化的同步发展,村民与市民的无缝对接。

英国哲学家休谟说过:“一切人类努力的伟大目标在于获得幸福”。这份幸福和快乐,在雨花弥漫开来。在加快全面推进小康建设征途中,雨花必将持续领跑,铿锵前行!

(原载于2014年10月23日《三湘都市报》)

“邓兜”哥，倒下亦如一座山

雨花区优秀共产党员邓悦隐瞒病情坚持工作，倒在联系服务群众“最后一公里”的路上

首席记者 李 卓 通讯员 朱剑锋

“没有你，世界寸步难行；我困在原地，任回忆凝集……”这个秋天的午后，阳光正好，雨花区东山街道办事处一楼的一间办公室里，隐隐传出了孙楠《你快回来》的歌声。这间办公室的主人是街道工委委员、办事处副主任邓悦。同事们聚在这里，没有人说话，只是默默用他的电脑，一遍遍播放这首老歌。

老歌，唱出了大家的心声。9月13日，邓悦因肝癌晚期猝然离世。从确诊到去世，只有77天，生命永远留在41岁。早在两年前，邓悦发现自己已是肝硬化，但接下来两次工作调动，都是最苦最累的征拆岗位，他却瞒着组织埋头工作，没有一声抱怨。在长重社区棚改最艰难的开端，邓悦用真诚和智慧化解群众误会的坚冰，一期签约率达98%；在高铁新城所在的开发热土东山街道，邓悦分管最棘手的城管、拆违和渣土管理，尽管拆违势如破竹，整治大刀阔斧，邓悦却不仅没遭人忌恨，反倒结交了一群农民、小贩的穷困“铁哥们”。

“活着的时候像一座山，倒下去还是一座山！”同事们这样评价他。记者看到，邓悦的电脑桌面已换上了一张他的黑白照片，身板高大魁梧。照片下是四个楷体小字：邓悦如山。

担当如山：啃硬骨头有我“邓兜”

长沙话里有个词叫“蹬兜”，大意是“敢下狠心、霸得蛮站得住”。在雨花区，邓悦被人称作“邓兜”哥，一来因为姓邓，再者源于他敢担当、有闯劲的行事风格。

长沙重型机械厂棚户区拆迁改造，是长沙市重点民生项目，也是一块极难啃的“硬骨头”。该厂曾是国企房改第一个试点单位，为共和国做出了杰出贡献的老工人们，窝在楼道基本靠摸、如厕基本要缩、家里不敢留客的筒子楼，历史遗留问题错综复杂。2010年，该棚改项目启动。

邓悦是进驻长重棚改拆迁指挥部的第一批工作人员。他充分发扬“蹬兜”精神：“既然来这岗位，就要站得住、立得稳！”为新成立的指挥部建班子、摸底子、定规程、出方案、搞调查，还要和市指挥部、城管、交通、法院、电信、自来水公司、园林等几十个单位沟通协调。一天12小时以上连轴转，此时，他的体检表上，“疑似肝硬化”几个字非常刺眼，他腹胀如鼓吃不下饭。然而，这一切除了家人，谁也不知道。

2012年，项目一期204户签约后，还有60多户因为各种原因没签约。他将刚刚收到的肝硬化确诊书悄悄锁进抽屉，一户户上门走访做工作。拆迁户文春秀过世后，4个子女不住在一起，邓悦主动选择住岳阳的最远的大女儿做工作，多次奔波两地送达文书，面释政策，老人家的子女被他感动，主动签约，避免了强拆。

2014年，邓悦调至东山街道工作。“我们都笑称他是刚摆脱征拆的大麻烦，又坐到了‘火山口’上。”东山街道干部邹霞告诉记者，对邓悦来说，东山街道的岗位更难。这里是省会高铁新城形象窗口，有着“百万大拆违”的艰巨任务，他刚好分管的是城管、城乡环境整治、拆违控违与渣土管理这些棘手难题。到任时，距春节不到5天，“蹬兜”劲头一来，不到3天，他就跑遍了9个社区，做了厚厚一本记录。哪个社区主任叫什么、哪户违章建筑最严重，他这个新人心里却有一本老账。川河南路拆迁，剩下13户建筑物一直拆不动，一拖就是4年。邓悦到

任后,天天上门入户细心说服,一个半月内就顺利拆了10户。而此时,他已隐约感到,病痛远不止“肝硬化”那么简单。

能力如山:赢得享国务院津贴专家点赞

做事敢“蹚兜”,邓悦的底气,来自于扎实的工作能力和艺术的处事方法。

为了让棚户区居民尽快住上好房子,长重项目新楼房采用国际最先进的PC(预制混凝土构件)设计,质量好、建设快、成本低,同时节能环保,是目前国际最先进的住宅产业化制造技术。然而,“像造汽车一样造房子”的高大上技术,在长沙毕竟还是新鲜事物,拆迁户普遍疑虑观望,“政府随便搞个拼装板房糊弄我们”的说法开始流传。

70多岁的住户廖平漳贴出了“告全体拆迁户书”大字报,廖老可是有来头,他是省建六公司退休的老专家,享受国务院津贴,专门研究建设施工、结构。廖老说自己造房无数,这样造房子还是闻所未闻,一度带头反对“拼装房”。连权威老专家都这么说了,拆迁户更是一个都不肯接受,项目面临着停工的危险。

此时,邓悦提出“主动发声、事实说话”的解决方案,主动邀请廖老等反对最激烈的拆迁户,来一趟免费专车“科技之旅”。第一站,大家参观采用相同建筑工艺的宁乡蓝色港湾小区,该小区荣获过住建部“国家康居示范工程”称号;第二站,参观远大住工麓谷工厂,当他们亲眼看到,所有的零部件均实现了毫米级的精准,技术已经全面成熟,房屋比传统工艺更具有防水抗渗、隔热保温等功能时,心悦诚服。等到第三站,回到项目部座谈时,廖老主动带头签约,挑大拇指点赞:“邓主任,眼见为实,你让我这个老专家长了见识。”之后,邓悦又组织了尚存疑问的拆迁户分4批次进行参观,这样一来,反对派变成了宣传队,大家相互说服,彼此安心。没有一味说教,更没有对抗,一场危机化解于无形。其间,肝硬化和高强度工作的双重折磨,除了他自己外,谁人知晓?

信义如山:生命最后20天,帮外来娃解决入学难

邓悦1岁时丧父,被过继给舅舅当儿子,两大家人都住在浏阳洞阳的山村里,生活极端贫困,只有他一人走出大山,在城里“当官”。掏钱接济家人时,他从不吝惜。养父长期生病,费用都是他来负担。去年,养父的儿子遇车祸生命垂危,邓悦毫不犹豫把家里仅有的几万元积蓄全部拿出来救人。直到他去世,一套房子的贷款多年了至今没还完。不过,很多时候他却被亲人认为不懂人情。“你管城管,路子多,随便帮一把。”家里人每次这样提要求,邓悦总是一句“情义归情义,原则是原则”,往往不欢而散。邓悦的妻子说,这些年他每每节假日回老家团聚,心里总是很复杂,生怕一次次拒绝伤和气。

“征地拆屋是得罪人的事,邓悦却因此交了不少朋友,基本都是些穷哥们。”邓悦的同事章锦告诉记者,老邓有情有义讲信用,大家服他敬他,所以他出马拆违都顺利。常德人刘义(化名)在黎郡社区摆夜宵摊,其父母病重,小孩年幼,全家靠他的摊子谋生,由于违反城管条例,屡屡被邓悦带队清退。刘义见老邓一脸和气,便直说了自己的困难。于是,邓悦帮助他在夜宵规范点经营,帮忙找医院熟人,完善了医保手续。刘义在新的夜宵规范点安顿好后,邓悦特意去捧场,还对他的座位安排、食品花色提出意见。“他从不打官腔,帮人帮到底,是我们的铁哥们!”说起邓悦,刘义直抹眼泪。

今年5月,一位菜贩朋友请邓悦帮忙,解决小孩入学事宜,他答应了。6月25日,他住进了医院。到了8月底,这孩子没能及时入学。原来是家长疏忽耽误了入学机会。此时,邓悦已重病在床,不能行走,但他坚持反复打电话沟通,终于帮菜贩的孩子享受了流动人口子弟入学政策,顺利入学。此时,距他离世不到20天,而这可能是他最后一次帮“穷哥们”的忙。

(原载于2014年10月23日《长沙晚报》)

拆迁户分新房欲报喜　才知“邓兜”哥已天人两隔

雨花区当地居民、同事深情忆邓悦：在特权和关系户面前，他敢“蹬兜”，公平公正令人信服

记者　李　卓　　通讯员　章　锦

“这样有情有义的好人，走得太早了！”雨花区东山街道东山镇居民黄亿刚刚拿到黎郡新宇一期的新房钥匙，正准备给热心帮她的街道副主任邓悦打电话报喜，噩耗袭来：可亲可敬的“邓兜”哥已经去世。提起邓悦，黄亿几度哽咽。连日来，记者在邓悦生前工作过的最后一站——东山街道采访时，邓悦的同事和当地居民都不敢相信，41 岁的邓悦已然永别。人们追忆邓悦的一些点滴，仿佛他还在身边。

亲切随和
靠耐心一点点赢得大家理解

“他负责拆迁，真的耐得烦，硬是靠耐心一点点赢得大家理解。”对于黄亿听到邓悦去世的消息而流泪，东山镇社区主任李胜如丝毫不觉惊讶。她说，邓悦去世后，东山镇得知这消息的许多拆迁户都感到痛心。“我家的兄弟姐妹多，邓主任对每家的意见都认真听取，每天都花三四个小时跟我们算细账、讲道理。”黄亿告诉记者，身板高大的邓悦任何时候都是笑容满面、亲切随和，在他的耐心劝解和关心下，黄亿家率先响应政策号召，分到了新房。拿到电梯花园新房的钥匙，满心欢喜的黄亿打电话给李胜如报喜，并向她询问邓悦的电话，希望能和“邓兜”哥分享喜讯，得到的竟是邓悦已去世一个月的噩耗，她当即在电话里哭出声来。

雨花区川河南路两河流域截污工程项目属国有土地拆迁，在东山街道辖区内。该项目于 2009 年启动后，拆迁了几十户，因种种原因有 13 栋未拆，此后 4 年多没有进展。雨花区委决定交由东山街道办事处负责征拆，邓悦来东山街道“新官上任”后，面对的就是这一堆难题。拆迁户陈望抵触情绪最大，邓悦每天从晚 8 时一直等到深夜零时以后，守在他家门口做工作劝服。有一次，陈望看到邓悦，准备一脚油门开车就走，邓悦平静地站到车前，和他和颜悦色谈心，还发动陈望的亲戚一同耐心劝服，用诚意替代了强拆。邓悦去世后，他的威信犹在，根据他之前的铺排，10 月 22 日，余下的建筑都依法顺利拆除。

看重工作
揉搓着肚子奔走在拆违现场

邓悦主管东山街道的控违拆违工作，违章建筑涉及具体的利益冲突，形势十分复杂。但是，在东山街道，邓悦创造了“奇迹”——没有一个被拆的违章户主，对他负面评价。人们觉得邓悦真诚实在，纷纷和他交朋友。“普通居民和干部亲属的违章建筑，在他眼里都一视同仁。”居民们都说，在特权和关系户面前，邓悦敢“蹬兜”，公平公正令人信服。街道某社区书记的父亲在山沟里违章搭建了一间杂屋。邓悦毫不讲情面，反复劝诫，最终把这处违章建筑拆除。由于邓悦坚持原则，敢于碰硬，全街没有新增一处违建，先后组织拆除了 23 万多平方米的违建。

随着病情加重，邓悦常常一边揉搓着肚子，一边奔走在项目拆违现场。他经常加班和征拆对象谈话，光是谈话记录就做了厚厚 5 大本。同事看到他脸色发黑，建议他去医院看看，他却认为工作压头，可以再挺一阵子。“他第一次住进医院时，还觉得躺病床上‘轻松’，很不好意思。”东山街道工委书记陈怀柏说，即使住院期间，他还用电话和微信、短信联系工作。在生命最后的一个月里，同事们的探望往往成了病房里的工作会。“他把工作看得比命还重要。”东山街道原工委书记李劲松说，邓悦的原则性很强，在红旗路项目征拆过程中，有的拆迁户以建过渡住房的名义，借机建厂房、门面，邓悦一户一户地核查，把所有超面积、改变房屋性质的建筑物全部刹住。

（原载于 2014 年 10 月 27 日《长沙晚报》）

积淀18年,问鼎中部现代商贸中心

首席记者 李 卓 实习生 罗雅琴

有人说,陈酿了18年的高桥大市场就像一坛烈酒,浓烈的商业氛围和喷薄的人流、物流、资本流,令此间成了诞生富翁的地方。然而,亦如烈酒粗粝上头一样,高桥大市场脱胎于城郊结合部的集镇市场,其粗放经营的先天不足,该如何弥补?

不过,细心的长沙人会发现,18年几近一成不变的高桥大市场,正在悄悄嬗变:继酒水食品城全新改版后,酒店用品城本月底将新装亮相,推倒昔日灰头土脸的临建棚屋,从“前店后仓”式的市场,蜕变为自动扶梯轻松进客、店堂光鲜敞亮的卖场;电商运营中心进驻大市场,酝酿由批发赶集到“上楼”“上线”“上市”的巨变……

“要通过高桥市场的提质改造,实现高桥商圈整体脱胎换骨。”正如雨花区委书记邱继兴所说,高桥大市场的变化,只是整个高桥商圈升级蝶变的冰山一角。日前,雨花区关于高桥商圈提质改造的三年整体规划新鲜出炉,在长沙市政府对城区市场外迁的大决策背景下,高桥大市场是唯一一个不外迁的市场,未来经过提质与转型升级,高桥商圈可望建成集商品展示、电子商务、金融结算为一体的现代商品交易中心,形成现代商贸业千亿产业集群。

A 一坛浓烈老酒的前世今生

在品味高桥大市场这坛商氛浓烈的老酒之前,不妨来捋一捋它的前世今生。时光回溯,会发现高桥的崛起离不开一个叫下河街的老“码头”。

作为省内外有名的专业体育用品代理、制造和供应商,超勤体育的老板刘博才就是1998年在下河街掘到了人生第一桶金。不过,刘博才回忆说,真正将生意做大却是在高桥,他很早就在高桥大市场租了门面,参透了这里的交通、区位和政策优势。“高桥的商业氛围浓烈,在这里创业,痛快!”短短的几年时间,刘博才在数十家大型商场、超市设立了专柜,顺利晋升为资产上亿的企业新贵。

无独有偶,高桥大市场文体百货城北栋三区的“志平办公”,也是2005年从下河街搬过来的。2001年,该店老板金志平和妻子在下河街置办了一家门面,经营婚庆类产品。但不久后,五一大道修建,交通分流使原本逼仄的下河街变得更拥挤,生意每况愈下。新兴的高桥大市场,让他们看到希望,最后决定换“码头”,选高桥!薄利多销的经营方式,让利润滚滚而来。金志平的妻子至今还在为自己的“任性”而庆幸:“搭帮搬过来了!”

然而,尽管脱胎于下河街,高桥也曾徘徊在下河街式的粗放与无序中,一度困难重重。“前期是求活着的过程,1996、1997那两年,市场空置率很高。”高桥大市场副总经理江守方回忆说,当时高桥大市场采取了第一年免租、第二年租金减半的政策,影响力得以扩大。1998年举办的全国糖酒会是一个重要的转折点。“1998年之后,高桥逐渐火起来了。”江守方说。

此后,高桥大市场将下河街、南门口等市场逐步吸引过来,不断丰富业态。经过18年的发展,目前高桥大市场经营门类主要包括酒水食品、酒店用品、茶叶茶具、医疗器械、中西成药、服装饰品、文化体育用品、IT产品等,形成了文体百货服饰城、现代商贸城、酒店用品城、日化家电城、茶叶食品城、酒水食品城、医药流通园、农副产品城等八大分区。

B“集镇市场”谋划三年之变

在一些人眼里，高桥大市场有点像一个戴着手指般粗金项链的土豪，大富大贵却粗鄙无品。高速发展和规划滞后，随之而来的是日益加剧的交通拥堵、仓储、消防、环境压力与困扰，是安于守成，还是求新谋变？

高桥服饰城，曾备受消防问题困扰。服饰城主任曾辛介绍说，原来的服装城，很多商户的店铺属于典型的“三合一”门面。所谓“三合一”，即既在商铺内经营，又在里面吃住，还在里面仓储。

高桥要变！提质改造，成为政府部门和市场的共识。本月底，高桥大市场酒店用品市场改造开业，悄悄拉开了整个市场提质改造项目的帷幕。今年，在雨花区委、区政府和高桥街道支持下，高桥大市场编制了《高桥大市场三年提质改造整体规划和实施方案》，拟在2014年至2016年，总投入14亿元左右，提质改造总面积32.5万平方米。

“未来三年的提质改造，不光是硬件，更多的是软件的转型。”高桥大市场副总经理罗晓表示，改造工作将分两个阶段进行。今年，高桥大市场投入10.2亿元，改造面积24.5万平方米，其中包括对酒店用品城整体、酒水食品城一期整体、服饰城的转型升级，以及中北栋一楼装修的改造。在2015年至2016年期间，高桥大市场将完成对包括东大门百货、酒水食品城二期、医药流通园等区域的改造。

软件如何改？江守方用“三条腿走路”打了个比方。“首先要做长远的规划；然后是在外围配套一个现代化仓储物流中心；第三是建设电商平台，打造一个网上高桥。”罗晓则指出，未来三年，高桥将重点搭建电子商务平台以及完善物流系统。

目前，高桥市场的经营者们都在积极转变传统交易方式，将线上和线下加以结合。连卖山货的老板们也纷纷上网“触电”。陈德秋与许光辉分别是在高桥农副产品城经营花椒和孜然的商户，如今，他们借助渤海商品交易所的电子商务平台，网上买卖做得有滋有味。高桥大市场正逐步实现“实体店＋网店”双重保障，带动实体市场的商家，接受来自电商的机遇与挑战。目前，高桥大市场已成立了电商运营中心，2015年将完成高桥电商平台整体搭建并上线。江守方称，在实体的高桥市场的基础上，要再造一个网上的高桥市场，全面完成产品的展示、交易、结算。

C 商圈成就区域性现代商贸中心

昨日，家住井湾子的刘洁仪驾车来到高桥大市场，刚刚忙完新房装修的她，在高桥家居饰品市场，一次性挑了千余元的家居配饰。“这个额度完全可以享受批发拿货价，比市场平均价格至少便宜三成。”刘洁仪细心地比较过很多家装精品店，发现不管是个性小店还是大卖场，很多货品都是在高桥进的货，同品同质，价格却悬殊很大。

“过去我们常绕远路去麦德龙采购，现在到高桥购物已经成了习惯。”刘洁仪说，从孩子的童车、玩具到自己经常买的咖啡豆，她都是从高桥采购的，“除了价格更优外，关键是对商品质量逐步有了信任感。”

一家大市场，形成了一整片商圈，改变了人们的消费方式和生活习惯。一组颇能说明问题的数据是：高桥街道仅有4.71平方公里，共有商户1.2964万户，从业人员15万余人，有全国各大商品的省总经销商、总代理商1700余家，承载了长沙市民70%以上的粮油农副产品、糖酒副食品、日用百货产品批发零售交易，年交易额近800亿元，2013年贡献税收近5亿元。

以高桥大市场一家核心市场为圆心，“划”出了一个由高桥建材市场、火焰市场（神农茶都）、长沙茶市、农副产品城等7家专业市场组成的大商圈，一个以糖酒副食、日用百货、建材装饰、汽车配件、货运物流为主导产业的传统商贸产业体系在这里形成，同时带动了餐饮、物流、仓储、房地产业的兴起，将高桥的辐射能力拓展到长沙、湖南甚至整个中部地区。

“高桥大市场过去是高桥商圈的核心,现在和未来也将保持核心地位,我们将以高桥大市场的提质改造为起点,推动整个高桥商圈的升级转型,以高桥市场为核心,将高桥地区打造为中部现代商贸中心。”高桥街道工委书记李才军告诉记者,高桥商圈依托高桥大市场发展壮大的批发零售业,一年税收在5亿元以上,占全街财税收入五成以上,成为了高桥片区经济发展支柱。

根据最新的高桥商圈提质改造整体规划,未来三年内,以高桥大市场提质为核心,积极推进周边7个现有批发市场的提质改造升级,将片区的仓储、物流配送功能逐步剥离外移,实现由现货批发交易向现货交易、订单交易和电子交易相结合的方式转变。而从中长期展望来看,经过市场提质与转型升级,高桥商圈将成为集商品展示、电子商务、金融结算为一体的现代商品交易中心,打造现代商贸业千亿产业集群,成为长沙市乃至中部地区的一张形象名片。

D 商圈致力搭建电子商务平台

常言道:“要想富,先通路。”高桥商圈汇集或辐射“五线交通”(空港、高铁、城际、地铁、高速),辖区路网更是七纵六横交织,为商圈的繁荣发展奠定了坚实基础。今年长沙市政府启动万家丽路快速化改造,更是为商圈未来发展腾飞提供了重要契机。同时为确保在快改期间,大市场及周边地区道路车畅人欢,雨花区、高桥街道按照全市统一部署,主动作为,积极作为,对贯穿商圈的马王堆路、石坝路等多条道路开展了综合整治,进一步规范了交通秩序和市容秩序,打通交通堵点,完善基础设施,强化常态管理,实现了还路于行、还路于民,打通了市场线下实体交通,为商户上线入网提供了快捷保障。

高桥商圈将由高桥大市场牵头,投资成立电商运营中心,致力于搭建商圈的电子商务平台,通过打造“高桥商城”批发网站,实现线上全品类展示、信息发布和定购,线下展示、体验式购物和增值服务等全方位消费体验,以此推进电子商务与实体经济深度融合,推动高桥市场片区产业转型升级。将“高桥商城”打造成为中南地区市场类电子商务平台,再造一个网上高桥大市场,3至5年内实现交易额突破1500亿元。

高桥商圈将根据商贸企业自身的特点,将电子商务平台的架构分为四层两体系,“四层”分别是应用层、支撑层、资源层、基础层;两体系分别为身份认证和安全体系、运行维护保障体系。基于此发展O2O全渠道电商战略,通过创新型的平台架构B2R(商家对零售商)商业模式,将打造全渠道(PC+移动APP+微购物+线下)、服务型、体验型的电子商务产业。

平台架构核心采用“仓储+互联网”的模式,采购商通过网络采购,货品直接从仓储基地发送,实现即时交易和即时发货,整个流程只包括下单和送货两个环节,方便快捷,节省中间交易成本。

雨花区委、区政府积极引导高桥物流市场平稳外迁,对高桥市场片区物流业态进行分类,对片区物流企业有步骤地分流一部分、转型一部分、淘汰一部分。对面临分流的企业,根据城区配送范围,引导组织逐步搬迁至周边成熟物流园区;根据高桥市场片区仓储物流用地需求,目前高桥大市场已启动《湖南高桥大市场股份有限公司物流园区建设用地规划》编制,并着手选址工作;对有转型意向的物流企业积极做工作,引导其向符合规划的产业转型。

(原载于2014年12月15日《长沙晚报》)

湘府路文化产业“黄金走廊”崛起南城

记者 李 卓

上世纪20年代,一只叫“米奇”的小老鼠,从沃特·迪斯尼的笔下诞生,它走进动漫,跳上银幕,成了主题乐园的主角,最终为主人带来了数千亿美元的大产业;电影《变形金刚》热映后,原本积压的T恤印上一个变形金刚LOGO,转眼被抢购一空,影片票房不到1.5亿美元,而其周边衍生产品叫卖创意,市场价值竟超过10亿美元……

这一系列商业“奇迹”背后的推手,正是以知识增值、智慧致富的文化产业。坐拥省会东南门户、高铁枢纽的优越区位,2012年,雨花区委、区政府作出“建设中部现代服务业中心”的战略部署,明确将文化创意产业列为现代服务业五大产业支点之一,出台《雨花区促进文化产业发展扶植奖励办法(试行)》等一系列文化产业扶持政策。今年以来,文化产业项目在雨花区风生水起,长沙新广电中心、圭塘河文化产业带、德思勤文化中心等重大文化产业项目纷纷在湘府东路布局开花。本月18日,位于湘府东路上5A绿色生态写字楼—汇艺文创中心的雨花区文化产业示范基地将正式挂牌落成。以该基地为核心,一条东起长沙新广电中心,西至德思勤城市广场,长约两公里的“黄金走廊”呼之欲出。

点

长沙首条“垂直文化创意街”拔地而起

如果把大都市的写字楼比喻为“垂直的商业街”,那么,位于湘府路上的5A绿色生态写字楼汇艺文创中心可谓长沙第一条垂直的“文化创意街”。作为雨花区文化产业示范基地,汇艺文创中心已云集了湖南演艺集团总部、湖南佳悦文化创意集团总部、湖南思齐文化教育集团总部三家企业总部以及加拿大环球传媒、腾讯·大湘网、天闻数媒等龙头文化企业。截至目前,入驻的文化产业项目总物业面积达17080平方米,占项目写字楼总面积的71%。

雨花区委、区政府实地考察十余个产业基地候选单位,通过综合考量评估地段、交通、生态、产品、品牌实力等多重要素,最后选定汇艺文创中心作为雨花区首个文化产业示范基地。

作为雨花区首个文化产业示范基地,汇艺文创中心有哪些综合优势?从产业优势看,该项目位处雨花区现代服务业规划核心片区,是“金融文化创意电商走廊”的中心地带;湘府路省府板块内,汇聚了省人大、省政府、省政协等上百家省直机关、60多家央企及省直企业。这里也是省府千亿商圈的腹地,周边费尔蒙、凯悦等众多顶级酒店云集,商业配套完善。项目距长沙“文化创意传媒基地”核心—长沙新广电中心仅800米,文化产业氛围浓郁,与雨花区的文化产业规划领域不谋而合。

从区位交通来看,该项目被湘府路、瓦窑路、万家丽路环抱;紧邻万家丽路快速高架桥,轨道交通发达,长株潭城际轻轨,规划中的地铁5、8号线均经过项目周边。同时,距高铁站10分钟车程,距黄花机场仅30分钟车程,大幅度缩短了与全国乃至世界的通勤时间。该项目还是名至实归的绿色生态文化创意基地—背靠2100亩天际岭森林公园和省植物园,开门见绿的优美生态环境,可激发文化创意型企业的想象力和创造力。作为5A级写字楼,配置LOW-E玻璃幕墙,7台三菱高速电梯,3.6米层高,逾1000个地下停车位,5A智能系统,引进律师事务所、会计师事务所、银行等完备的配套生产服务业,使这条垂直的“文化创意产业街”更具吸引力。

线

“黄金走廊”呼之欲出

摊开雨花区区域地图，以雨花文化产业示范基地这个“点”为核心，在湘府路上向东西延展，一段两公里长的文化产业“黄金走廊”正徐徐展开。

新鲜出炉的《雨花区现代服务业核心片区规划》显示，湘府路两厢将打造成为一条金融文化创意电商走廊，横贯雨花区腹地，连接红星商圈和高铁新城。为全面落实规划，实现文化产业跨越式发展，雨花区在这条走廊的核心位置，创造性地建设区内首个文化产业示范基地，以商务楼宇为载体，出台一系列的相关扶植政策，增强区域文化产业的吸附力和发展力，培养文化产业健康快速成长的沃土。

以雨花文化产业示范基地为核心，雨花区将加快湘府路两厢开发，规划建设中部金融中心、国际会议中心、世界名品中心、国际时尚中心、文化传媒中心、现代物流中心、湘雅健康中心，建成“十里长廊、百座楼宇、千亿产值”的现代服务业黄金走廊。其中，文化产业正是现代服务业的支柱性产业，涵盖范围包括创意设计、数字出版、信息服务、现代传媒、动漫游戏、影视演艺、艺术创作、教育培训、文博会展、文化休闲旅游业等领域。

面

集腋成裘近两千家文化企业产值210亿

一个“点”、一条“线”背后，是雨花区文化产业的风起云涌、蓬勃发展。点、线、面的结合，组成了雨花区文化创意产业方阵，目标直指全国知名文化产业集聚区。“在建设中部现代服务业中心的战略目标下，雨花区将大力发展文化创意产业，打造文化新城、创意之都。”正如雨花区委书记邱继兴所说，近年来，雨花区文化产业以年增速高达20%的速度快速发展，2014年，全区共有文化企业1834家，其中规模以上文化企业126家，企业数量位居全市前茅，文化产业总产值达到210亿元。2014年，共引进湖南演艺集团总部、湖南佳悦文化创意集团总部、湖南思齐文化教育集团总部、奥地利AST公司、长沙广电集团、加拿大环球传媒、德思勤24小时书店等规模文化企业20多家，中小文化企业200余家。

文化产业的勃兴，离不开产业政策的扶持。雨花区制定出台了《雨花区促进文化产业发展扶植奖励办法(试行)》，文化企业入驻雨花可享受三年税收全额返还、税收贡献奖励、高达80%的租金补贴、购房补贴、装修奖励、高管奖励、子女就学等方面的支持，扶植力度甚至超过沿海发达地区。

产业集聚效应，也助推了文化产业的发展。目前，雨花区已基本形成影视传媒、数字资讯、创意设计三大优势产业：韩国CJ集团、长沙广电集团、潇影集团、省教育电视台、湖南人民广播电台、第一财经等龙头企业，以及江苏卫视幸福蓝海、保利国际影院等一大批院线集聚雨花，初步形成链条完整、配套完善的影视传媒产业链。区内集聚了中国联通(600050，股吧)手机阅读基地、天闻数媒、腾讯·大湘网、湖南有线长沙网络有限公司、长沙国安广电网络(600831，股吧)、湖南家谱文化网络有限公司、联盛科技、九州众合等300余家数字企业，以及教育出版社、文艺出版社、美术出版社、魅丽文化等几十家内容提供商，形成了较完整的数字产业链。区域内集聚了中机国际工程设计研究院有限责任公司等8家大型设计类央企，湖南方圆设计有限责任公司等400多家民营企业，年营业额达90亿元。

(原载于2014年12月15日《长沙晚报》)

“农”墨重彩谱华章
——看雨花区如何打造“永不落幕”的农博会

记者 王 晗 陶芳芳 通讯员 雨 轩

2014 中国中部(湖南)国际农博会落幕已一月有余,但在雨花区井湾子街道李娭驰的心中,却仍有余温。从 1999 年开始,每年 11 月中旬,为期一周的满心采购,已成为她的惯例。

展会未到,她期盼;展会闭幕,她期待。

与李娭驰一样,对农博会注入深厚情感的,大有人在。

十六载农博会,留下的不仅仅是一种记忆、一种恩惠,更是一份情怀、一份持续可现的期望。

从 1999 年一个小小红星村的小规模展会,到如今辐射至中部六省、全国,乃至世界。十六载农博,在福泽一方百姓之时,得以经久不衰,溢彩流芳。

这,是一种魄力、一种魅力、一种坚持之所为。

这,是敢为人先的雨花人,蕙质兰心描写出的一幅“不落幕”的画卷!

“湖南借助中部农博会这个优质平台,积极推介名优产品,大力引进优质项目,切实加强交流合作,着力发展现代农业,有力加速了向“农业强省”跨越的步伐”。在 2014 中国国际(湖南)农博会开幕式上,副省长张硕辅再次对农博会给予了高度评价。

大情怀护航农博十六载

星移斗转,农博会从“长沙为主”到“湖南为轴”,再到“闪耀中部”,人山人海,满目琳琅。

据相关数据显示:2014 中部农博会,8 天展期内共吸引国内外近 100 万人次参展参观,成交总额首次突破 200 亿元。农博会,再创新高!

这样令人振奋的数据背后,是雨花人不为人知的艰辛付出。

财力、人力、物力……一个区承担一个偌大的展会,要面对多少难题?

据统计,近几年举办的农博会,每年都有数百万人摩肩接踵而至。在一个展会集中区,数百万人的安危也同样系在了雨花的手中,使命何其重?!

一届农博的闭幕正是下一届农博运筹之始。永远在农博路上的雨花人,还来不及抖落满身的尘土,舒一口气,便又开始了新一轮的忙碌。

每届农博会,雨花全区上下紧绷一根弦。从区委、区政府到单位部门,再到每个人,都荣幸地称自己为“农博人”。

“一荣俱荣,一损俱损”。这是雨花区全区上下一致的信念。

一次一次的调度会,宣传、综治、维稳、信访、公安、交通、交警、消防、建设、食安、安监……各项事宜面面俱到。

十六年来,农博会一届比一届火热,一届比一届出彩。尽管政府班子换了数番,但为政者的“农博情”却始终未变。

“全区一盘棋,必须确保农博会安全工作的万无一失!”在今年农博会开幕前夕召开的调度会上,雨花区委书记邱继兴数次强调,掷地有声。

宝剑锋从磨砺出。历经十六年的发展,农博会以“中国品牌展会金鼎奖”“新世纪十年中国会展产业杰出典范”“中国最具影响力的专业展会”“中国十大创新特色展会”等一系列荣誉称号,向人们展示雨花人的辛勤付出,雨花人的博大情怀!

为了以全新面貌举办好今年的农博会,雨花区财政斥资近 4000 万元,对农博会的承办场所红星国际会展中心的主场馆、场馆Ⅱ和周边配套设施进行提质改造。

“洗脸打粉”、检修改造、绿化维护……焕然一新的红星会展中心,以骄人的面容,舒开臂膀,拥揽五湖四海的青睐者。

重任挑肩,大处落墨。农博会绽放异彩,愈演愈烈!

溯源码　“金”字招牌惠百姓

“要将农博会办成一次充分展示农业成果,深入加强区域交流的新平台,办成一次不断展示国内外农业新技术、新产品、新成果的新窗口,让这块金字招牌不断熠熠闪光。”在今年农博会的开幕式上,副省长张硕辅的致辞慷慨激昂。

金字招牌,需要有实实在在的内涵充裕。

据统计,历经十六年的发展,农博会展出产品累计达到16.8万余种,成交额超1860亿元!

农博会“金字招牌”的打造,首先是产品过硬。

湖南粮食集团、湖南茶业集团、唐人神集团、湖南金浩……农博会上,农产品巨头齐齐坐镇。舜华临武鸭、安化黑茶、永兴橘子……农博会捧出的一大批“明星”,也正因有着过硬的产品质量而不断发展壮大。

今年农博,流沙河“土花猪”惊艳了整个会场。尽管售价比普通猪肉高出三倍,但丝毫不影响消费者对它的喜爱,前来订购的市民和客商络绎不绝。仅家乐福一家企业就一举签下亿元大单。年产值近10亿元的流沙土花猪,更是连续3年被评为农博会“金奖产品”。

农博会组委会相关责任人介绍,为了让百姓采购到货真价实的农产品,组委会特别为参展企业提供“真源码”防伪溯源服务,所有参展产品均有“农博会参展产品”属性二维码,杜绝假冒伪劣产品。

物美还要价廉。经过近三年的探索,雨花区以福惠百姓为宗旨,在本届农博会大力推出“直销区”,直销配送长沙市的农产品。直销店农产品的价格普遍低于周边市场10–30%,真正让惠于民,让市民买得舒心、放心。现场的火爆人气,也直接呼应了农博会在老百姓心中的认可。

2014年,300多个国家级、省级农业龙头企业携手国内外1500多家企业参展农博会,跨地域、跨国界的企业集中参展,更显示了农博会的无穷魅力。黑龙江的五常香米、新疆阿克苏鸡蛋大的红枣、平遥的牛肉和老陈醋、打“飞的”越洋而来的澳大利亚乳品……国内外农业企业带着自己的名品、精品,不断亮相农博会的舞台,广袖长舒、各领风骚,让这场“农业大戏”愈发精彩纷呈。

指尖购　智慧农博“云”时代

事物的发展总是要与社会的进步联系在一起的,雨花人深谙其理。

在移动互联网浪潮席卷全球的时代,善谋善为的雨花人巧借“互联网”东风,试以打造高端现代的农博会,让“传统农博”向“智慧农博”转变。

一个巨大的创意温棚徐徐绽开,温棚外的现场舞台则以一个巨大的“@”伸展开来,同时现场辅以六大农业方阵,围绕在“@”周围。随即,巨大的电子屏瞬间变成手机界面,一个具有互联网时代标识性的“农博会二维码”显现在观众面前……开幕式上撼动人心的场景,就是这场巨变的开始,它彰显着雨花人打造“大数据时代的云农博、永不落幕的农博、全民互动型农博、奥斯卡农博”的宏伟愿景。

愿景之下,雨花人更付诸了大胆创新。

手机超级APP应用“小辣椒”在今年农博会上强力推出。一个几十万人规模的APP用户群,实现了农博会从线下交易的单一形式向“线上+线下”立体交易的转型!

首次搭建电子商务交易平台。雨花区主导惠民科技有限公司与纵横会展公司合作,利用移动互联网技术,打造“网上农博会”电子商务交易平台,让“指尖购美食”成为一种新时尚。

为了让网上农博“永不落幕”,自今年起,农博会组委会还与湖南惠农科技有限公司合作,将网上农博会移植到稳定运营的互联网平台。今后,商家和消费者可从中国惠农网进入“2014湖南农博会”

板块,继续逛农博会。惠农科技每年将投入上千万元,用于维护农博会网络平台,让农博会热潮不断延续。

曾以泥土芬芳而亲民的农博会,在褪去泥泞、融入“大数据”元素后,更因便民而备受追捧!

据统计,今年农博会每天线上订单不下1000个。8天展会期间,农博会指定电商平台“手机农博汇”官方微信关注者达6.35万人,APP注册用户4.5万人,实现线上交易订单2.3万余笔,交易额达185万多元!

十年磨一剑,霜刃未曾试。朴实勤劳的雨花人,十六载砥砺为农情,一个“永不落幕”的农博会理所当然,势所必然!

(原载于2014年12月31日《湖南日报》)

表36　　2014年驻雨花区区公立医院一览表

序号	医院名称	地址	服务电话
1	省儿童医院	梓园路82号	85600908
2	省脑科医院	芙蓉中路三段427号	85232209
3	省中医附一医院	韶山路65号	85600737
4	市中心医院	韶山南路161号	85668156　85585216
5	市妇幼保健医院	城南路416号	84136959
6	市精神病医院	香樟路62号	85585069
7	省地矿职工医院	雨花巷31号	
8	长沙179医院	城南东路133号	
9	省司法警察总医院	香樟路502号	
10	省建设医院	小林子冲11号	
11	市按摩骨科医院	人民中路348号	
12	市康宁医院	东山街道边山社区	
13	长沙市医疗急救中心	韶山南路161号	85668120　85667938

表37　　2014年雨花区民营医院情况一览表

序号	医疗机构名称	地址	联系电话
1	长沙美奥口腔医院	人民中路568号融圣国际10栋	89912222
2	长沙瑞澜医疗美容医院	劳动西路446号	88277277
3	长沙正和骨科医院	中意一路518号	84919889
4	长沙亚韩医学美容医院	韶山北路256号	82828018
5	长沙佑康医院	韶山南路443号、658号	85315789
6	长沙肛泰肛肠医院	芙蓉中路二段167号	82820666
7	湖南性保健研究所附属医院	车站南路715号	84133267
8	长沙离退休医协医院	航空路口8号	85097561
9	长沙博大泌尿专科医院	韶山北路288号	84804000
10	长沙光彩明天眼科医院	怡园街紫薇鑫园二期	85496600
11	长沙佳宜芙蓉口腔医院	万家丽中路二段539号11栋5楼	13107116878
12	长沙永济医院	万家丽路桃阳段狮子山综合楼B栋	82671728
13	长沙九龙医院	长沙中意一路79号-91号	88888877
14	长沙美莱医疗美容医院	芙蓉中路339号	13874628888
15	长沙仁汇皮肤病医院	黄土岭路368号星都花苑8栋109号	89919970
16	长沙丽人妇产医院	人民中路511号	82812222—8812
17	长沙普济医院	城南东路120号	13973128888
18	长沙爱思特医疗美容医院	人民中路568号融圣国际	15973196777
19	长沙现代妇科医院	劳动中路59号	85562977
20	长沙年轮骨科医院	香樟路农贸市场旁	84804419
21	长沙安贞妇产医院	韶山中路612号	82921618
22	长沙德雅医院	车站南路466号	5560328
23	长沙康达医院	曙光中路108号	84143587
24	长沙仁和医院	井奎路146号	82512698
25	长沙方泰医院	梓园路377号	82831258

续上表

序号	医疗机构名称	地址	联系电话
26	湖南博雅眼科医院	中意一路 123 号	82809399
27	长沙金润中医医院	车站南路 30 栋 101、102 号	13875919866
28	长沙东华生殖与不孕医院	芙蓉中路 321 号	89860618
29	长沙山水医学检验所	洞井路与木莲路交汇处东南角	89838761
30	长沙中南白癜风医院	韶山中路 752 号	88180315
31	长沙宏朗眼科医院	劳动中路 278 号	84812518
32	长沙利群医院	中意一路 977 号 301 佳园 25 栋	88214266
33	长沙兰卫医学检验所	环保中路 188 号	84455050
34	长沙南仁医院	劳动中路 101 号	85111356
35	湘雅未名健康管理中心	板塘村湖南试验林场	89829748

表 38

2014 年雨花区社区卫生服务中心一览表

序号	单位名称	服务地址	服务电话
1	左家塘街道社区卫生服务中心	曙光中路 108 号	84149110
2	侯家塘街道社区卫生服务中心	梓园路 363 号	85539137
3	砂子塘街道社区卫生服务中心	曙光南路 108 号	89701959　85546909
4	东塘街道社区卫生服务中心	黄土岭路 366 号 -5	82962102
5	圭塘街道社区卫生服务中心	体院路 8 号	83846890
6	雨花亭街道社区卫生服务中心	韶山南路 153 号	85581337　85584816
7	井湾子街道社区卫生服务中心	井圭路 146 号	85045120　82512600
8	高桥街道社区卫生服务中心	上河国际商业广场 H 栋	88517279　82803258
9	洞井街道社区卫生服务中心	洞井街道和平村二组	89781862　85636021
10	东山街道社区卫生服务中心	黎郡新宇熙春园 9 栋	85950017　85950937

表 39

2014 年雨花区零售药店

序号	药店名称	地址
1	城南华生堂药号	城南东路 331 号
2	窑岭大药房	人民中路 221 号
3	湖南省时代阳光养天和大药房连锁有限公司	曙光南路 24 号
4	五洲大药房	桂花路 128 号
5	长沙市医药商业有限公司颐康药号	旺和超市新中店一楼
6	湖南省景生医药有限公司庆丰大药房	城南中路 282 号
7	金沙大药房连锁公司	曙光南路 98 号
8	长沙市心连心大药房	韶山南路 419 号
9	永康兴湘堂药号	红星农副产品大市场 A 栋 5 号
10	同健大药房	城南东路 296 号
11	长沙市医药商业有限公司东塘药店	韶山中路 65 号
12	义恒康大药房	长沙大道 136 号
13	长沙医药商业有限公司盛世堂药号	人民中路 298 号
14	长沙医药商业有限公司赤岗药店	曙光中路 553 号

续上表

序号	药店名称	地址
15	湖南星城医药有限公司五洲大药房	赤岗冲 128 号
16	东塘星城大药房	劳动西路 565 号
17	百盛大药房	人民中路 172 号
18	长沙市诚信大药房有限公司	人民中路 131 号
19	万众药品大超市	韶山中路 412 号
20	湖南恒丰大药房	城南中路 238 路
21	长沙市益丰大药房连锁有限公司长沙朝阳店	人民路 10 号 101 房
22	华卫大药房	桂花路 177 号
23	长沙市康尔佳大药房连锁有限公司井湾店	井湾路 271 号
24	湖南省计划生育药具服务中心金霄大药房	韶山中路 500 号
25	长沙医药商业有限公司树木岭大药房	劳动东路 94 号
26	湖南金海恒丰医药实业有限公司鸿济堂药号	韶山北路 146 号
27	爱生堂大药房有限公司	洞井社区 5 栋

索 引

说明：

1. 本索引采用分析索引方法，按索引词首字汉语拼音顺序排列（阿拉伯数字开头的索引词转成对应的汉语再按拼音顺序排列），首字母音序相同者，按第二音序排列，依次类推。

2. 类目、分目、人名作索引词的用加粗宋体字标明。

3. 索引词后的阿拉伯数字表示内容所在页码，拉丁字母 a、b 表示左右栏；索引词后括注"表"字样的为表。

4. "特载""大事记""统计资料""附录"中内容未作索引。

H

I

J

S

T

W

X

Z